WILEY

U0957407

国外金融
进阶阅读精选

金融工程：市场、应用与案例

FINANCIAL ENGINEERING: The Evolution of a Profession

坦尼娅·比德尔（Tanya Beder）
卡拉·M. 马歇尔（Cara M.Marshall）◎著

对外经济贸易大学金融工程团队◎译

中国金融出版社

责任编辑：张菊香
责任校对：刘　明
责任印制：陈晓川

Title：FINANCIAL ENGINEERING：The Evolution of a Profession by Tanya Beder and Cara M. Marshall，ISBN 978－0－470－45581－4
Copyright © 2011 John Wiley & Sons，Inc.
All Rights Reserved. This translation published under license. Authorized translation from the English language edition，Published by John Wiley & Sons. No part of this book may be reproduced in any form without the written permission of the original copyrights holder.
北京版权合同登记图字 01－2017－3940
《金融工程：市场、应用与案例》一书中文简体字版专有出版权属中国金融出版社所有，不得翻印。

图书在版编目（CIP）数据

金融工程：市场、应用与案例/（美）坦尼娅·比德尔（Tanya Beder），（美）卡拉·M. 马歇尔（Cara M. Marshall）著；对外经济贸易大学金融工程团队译. —北京：中国金融出版社，2023.11
ISBN 978－7－5220－1648－1

Ⅰ. ①金…　Ⅱ. ①坦…②卡…③对…　Ⅲ. ①金融工程　Ⅳ. ①F830.49

中国版本图书馆 CIP 数据核字（2022）第 104285 号

金融工程：市场、应用与案例
JINRONG GONGCHENG：SHICHANG、YINGYONG YU ANLI
出版发行　中国金融出版社
社址　北京市丰台区益泽路 2 号
市场开发部　(010)66024766，63805472，63439533（传真）
网 上 书 店　www.cfph.cn
(010)66024766，63372837（传真）
读者服务部　(010)66070833，62568380
邮编　100071
经销　新华书店
印刷　河北松源印刷有限公司
尺寸　185 毫米×260 毫米
印张　29
字数　670 千
版次　2023 年 11 月第 1 版
印次　2023 年 11 月第 1 次印刷
定价　120.00 元
ISBN 978－7－5220－1648－1
如出现印装错误本社负责调换　联系电话 (010)63263947

Foreword
序　　言

过去的30年是令人瞩目的创新时代，其中金融领域的创新随处可见，之前没有任何一个时代有过这样的金融发展。这些创新涉及金融理论、计算能力、产品设计、交易流程、新兴市场和新的应用。事实上，这些创新中的各个部分是相辅相成且互相支持的。20世纪90年代初期，金融从业者和学者们开始认识到这些创新并非只是昙花一现，而是引发了一些根本性的变革。的确，变革出现了，一个被称为金融工程的新领域因此出现。该领域中打破陈规、掌握技术或者懂得复杂定量分析的人才是新金融背后的推动者。

所有的创新都伴随着扬弃，老旧与陈腐为新兴事物让路，因此只有付出努力才能适应新环境，这使得旧有的东西岌岌可危。例如，股票、期货和期权交易所的许多场内交易者强烈抵制引入电子化的交易平台，但最终新的电子化交易平台取得了胜利。这是为什么呢？因为新的交易平台更好、更快、出错率更低并且买卖价差更小，降低了投资者的交易成本。

创新不是完美的。好的主意有时也会带来意想不到的后果。例如，手机的出现使任何人在任何时间与任何人通话成为可能。那这有什么坏处呢？手机和它的一些功能，例如短信，增加了道路事故，并成为人们外出聚餐、看电影或者安静看书时的干扰。同样，金融创新可能也会带来意想不到的后果。有人将2007年开始的国际金融危机部分归咎于次级抵押贷款和其他的金融创新。证券化大大改变了抵押贷款的方式，这为抵押贷款市场带来了大量资金，使潜在购房者更快也更容易地获得购买房产所需资金。但是证券化确实产生了一些意想不到的后果。很多抵押贷款的提供者把工作重心从管理他们的信用风险转移到发放更多的抵押贷款上，对贷款的信用质量毫不关心。证券化使得信用风险变成了“别人的问题”。

未来将会是金融工程发生翻天覆地变化的时代。无论是投资人、借款人、监管机构、监事、董事会、立法机构还是个人都需要作出哪些资产需要保留、哪些资产需要抛售的决定。本书旨在帮助读者做到这一点。在金融工程方面，无论你是经验丰富的老手还是乳臭未干的菜鸟，这本书不仅会帮助你理解金融工程知识，而且会把你引入一个有着大量机遇和市场需求的领域。

对于那些刚刚接触金融工程的人来说，本书第一部分（第1章至第3章）讲述了金融创新的历史和金融工程作为一个行业的飞速发展。在这一部分中，我们还详细介绍了各种各样的金融工程职业类型，当然也可能存在遗漏。本部分还介绍了与金融工程有关的课程和项目。其中的很多项目名字其实并非叫做“金融工程”，它们的名字多种多样，例如量化金融、风险管理、数理金融等。但它们无一例外都是广义金融工程的一个组成部分。我们将一个域名为 www. wiley. com/go/bedermarshall/（密码：kolb）的网站提供给广大学生们，让大家可以获得开设金融工程相关专业的学校和培养项目内容等一系列资料。由于我们的调查并没有完全覆盖所有开设金融工程专业的学校，并且一些调查问卷没有被及时地回复，其他学校可能也会增设与金融工程相关的新项目，因此数据难免存在疏漏之处。我们向那些认为自己项目应该被纳入的学校表示诚挚的歉意。如果需要，请联系 Survey@ sbc-cgroup. com 以将学校的项目纳入我们的数据库中。

本书章节将围绕四个关键的主题进行。

主题一：衍生品将继续在全球资本市场中扮演关键的、有价值的和永恒的角色

根据国际清算银行的统计，2007年衍生品的名义本金达到1 444万亿美元的峰值（各类衍生品总和）。这个数据在国际金融危机期间明显大幅下滑，但是在2009年下半年，又再次快速上涨。因为这个数据只是名义金额，可能会对人产生误导。许多人倾向于以重置成本（重新购买所有现有合约的成本）作为总市值来衡量市场的规模。通常来说，总市值只是名义本金的一小部分。然而无论如何度量，衍生品市场规模都是相当庞大的，而且不管从哪个角度来看，它都在快速增长。

虽然有一些衍生品，尤其是期货，如第1章金融工程史中所述，有着十分悠久的历史，但是大多数更为重要的衍生品出现还不到35年。这些衍生品包括互换、各类期权（利率上限期权、利率下限期权、利率上下限期权和一些更复杂的期权组合）。在这些衍生品出现之后，创新继续以令人惊叹的速度飞速发展。如今，金融衍生品成为世界资本市场的核心。它们协助借款人实现低成本融资，协助投资人实现更高的收益率或实现风险与收益的权衡，以及协助金融或非金融公司更好地管理与利率、货币、大宗商品、股票、信贷、天气和温室气体等有关的风险。但一些衍生品策略和金融工程产品在飞速发展中难以避免存在着一些问题。事实上，随着某些类型的证券化产品的出现，一些金融工程的先驱者感觉到他们无意间成为制造金融市场上的“原子弹”的帮手。尽管存在上述问题，我们仍认为，衍生品将继续在全球资本市场中扮演关键的、有价值的和永恒的角色。

第二部分（第4章至第9章）每章中详尽介绍了一个主要市场。可以毫不夸张地说，衍生品在每个市场中都扮演着非常重要的角色。具体来说，第二部分依次介绍了与固定收益市场、狭义的抵押贷款市场、股票市场、外汇市场、大宗商品市场和信用市场相关的金融创新及金融工程方面的知识。

主题二：风险度量和风险管理将会从 2007 年的危机中获得大量的经验教训

自国际金融危机爆发以来，世界范围内的各类公司几乎都出现了亏损。纳税人数万亿美元的资金被世界各国分配到不同领域以稳定市场。损失不仅仅出现在奇异证券或者高杠杆证券，还涉及简单的金融产品。随着对这些损失的深入研究，我们发现此前的风险度量和风险管理手段很明显没能成功地识别一些风险敞口。此外，很多监事、董事会、高管和一些其他监察人员过度信任资本市场繁荣期的历史数据，缺乏对风险的敏感性。

改进风险评估方法和风险管理技术将成为金融工程未来 10 年的发展重点。所谓的“百年一遇事件”发生得太过频繁，这暴露出目前识别和管理风险的技术存在严重缺陷。此外，模型测算出的风险可能和最终市场上的实际数值有所不同：模型测算的结果可能是完全不会遭受风险损失，但事实上却损失了上万亿美元。那些假设在多地市场从事分散化投资活动可以规避风险的人都在危机中损失惨重。因为我们发现在市场不景气时，不同金融市场和不同类型的金融服务之间的内在联系及相关性会比风险测量系统中所预测的更强。

第三部分（第 10 章至第 16 章）考察了在过去 10 年带来新变化的一些重要的金融工程创新性应用。在我们看来，这些创新性应用将会在接下来的几年中继续带来新的变化。重要的创新性应用包括：证券化产品（包括那些导致金融危机的产品）的出现，证券化产品成为银行重要的融资新渠道，对金融工程产品进行独立定价的重要性，新兴的针对股票和固定收益市场的量化交易策略。第三部分还包括对一些问题的思考：金融危机带给我们的教训将如何反映在风险管理的改革中？新的金融产品是否能够规避与宏观经济不确定性相关的风险？

主题三：金融工程的产品和策略将通过改革来提高透明度，得到更明确的风险警示

成功的金融工程师总是重新评估之前的情况以及思考在未来怎样才能做得更好。人们只有乐于去考察失败，才能充分认识到可能发生的问题。事实上，人们通常从失败中学到比成功中更多的东西。

第四部分（第 17 章至第 22 章）选取了某些业务失败导致财务灾难的案例。不论怎么说，这些都是彻彻底底的失败，其中一些直接导致了相关公司的破产倒闭。其他一些，往往是靠着被收购或得到政府救助才得以幸存。我们感谢 Algorithmics（全球领先的企业风险解决方案提供商）允许我们借鉴它们深入研究操作风险案例后建立的数据库。我们特别感谢 Algorithmics 前雇员彭尼·卡根（Penny Cagan）对案例进行的整理，并把整理后的案例纳入本书。

本书所包括的案例讨论了多个市场环境下带来损失的风险类型，包括一些我们最近遇到的情况，例如美国国家金融服务公司、英国北岩银行、法国兴业银行、巴林银行、爱尔兰联合银行、好事达保险公司、长期资本管理公司、佛罗里达州地方政府投资基金、加利

福尼亚州奥兰治县的破产危机、美国国际集团（AIG）和美林证券。

主题四：日益严格的监管对于金融工程和金融创新的阻碍程度是不确定的

并非所有的金融工程化证券都面临相同的风险敞口。有些证券本身就比其他的更具有风险。一些忧心忡忡的立法机构、监管机构、学者和监督者极力建议应该将所有的金融工程化产品从某些公司的经营活动中剔除。其他的利益相关者也错误地认为，如果没有金融工程化产品，风险将会得到有效控制。然而令人遗憾的是，剔除了金融工程化产品的公司不仅会面临较大的风险，而且在全球的舞台上也可能失去竞争力。

我们认为将证券化扼杀在萌芽中是不可取的。我们支持那些更具有建设性方案的利益相关者和监督者。金融工程化产品更高的透明度和更严格的披露将是这些公司未来计划如何使用这些产品并且如何从损失中吸取经验的关键。

在第五部分（第23章至第29章）中，我们讨论了如下有趣的专题：金融工程界各个部门以及那些会雇用金融工程师的人群。我们将采用折中的方法进行讲述。首先，我们来看一下薪酬和绩效费用。毫无疑问，随着监管机构、政府官员、公司高管和董事们努力去克服许多现在看来是由于短期与单边激励带来的后果，风险敏感的偿付架构将会因为金融危机的影响而直接改变。同时，我们将继续关注套期保值和其对企业盈利能力波动的影响；操作风险和合规风险的问题；在当前的市场环境中可转移阿尔法策略的使用、无套利条件在定价中的本质以及其在金融工程领域的作用。

虽然跨市场的技术和交易桥梁已经搭建起来，但是支持跨境和跨制度交易的社会和政治结构仍需较长的时间才能建设完成。在之前的金融危机中，全球各经济体之间的联系揭示了如下问题：如今，一个关键部门或国家遭受的冲击可以迅速地在世界范围内传播。伴随危机而来的是人们越来越多的质疑：政府的监督是否过于宽松？监管人员（包括监管机构、高级管理人员、董事会和其他监督人员）的工作是否尽职？此外，保护主义和地方主义是否会压制全球化进程？这些问题在讨论中出现的频率越来越高。在这本书的最后（第29章），我们提出了一些与公共部门在管理系统性风险中应扮演的角色有关的观点。

撰写本书时，世界各国正继续着去风险和去杠杆的进程。2010年4月，国际货币基金组织将之前估计的全球银行业资产减值下调至2.3万亿美元，但这个数据仍大大超过了银行同期新增资本。由于投资者在金融工程信贷工具上遭受了巨额损失，数万亿美元因此蒸发，各国政府展开了对金融公司和跨国公司的救助，甚至对其进行国有化。虽然一些金融工具已经纳入减记周期（例如一些居民住房抵押贷款支持证券），但其他金融工具则是在纳入减记周期的道路上刚起步（例如商业地产抵押贷款支持证券和优质居民住房抵押贷款支持证券）。我们鼓励您思考：大量资金的注入，政府和利益相关者（即纳税人）是否会要求更高水平的监督和管理，以此来换取对他们的救助？因为各国或地区的重点在于限制未来危机所带来的损失，所以很有可能全球银行将会失去部分自由。

在本书的末尾（第六部分）还有两个附录。我们认为其对于期待开始金融工程职业生涯的初学者来说可能是有用的。附录A简要介绍了金融工程师会用到的一些计算和信息技术工具，附录B对金融工程项目和其组成部分的调查情况进行了概述。

特别鸣谢约翰·F. 马歇尔（John F. Marshall），他为我们提供了许多他从此前出版的书籍和发表的文章中得到的见解、建议和经验。他的投入对这本书的完成是非常宝贵的。同时还要感谢SBCC集团有限公司的工作人员进行的研究和对草稿的反复校对。我们还要对约翰威立父子出版公司的整个团队的努力和支持表示感谢。最后，也是最重要的，我们对众多分享他们在过去30年里经历的高管、董事、监管人员、风险管理师、交易员、投资者、借款者、学者和学生表示感谢。

坦尼娅·比德尔（Tanya Beder）

卡拉·M. 马歇尔（Cara M. Marshall）

Contents

目　　录

第五部分　金融工程专题

第六部分　附录

第一部分

概　述

Chapter One

金融工程的历史：从起源至今天 第1章

坦尼娅·比德尔①

什么是金融工程?

广义的金融工程指的是新型金融技术的发展与创新应用。金融技术包括金融理论、定量技术、金融产品以及金融流程。在微观经济层面上，金融工程通过寻找更好的方式来满足社会的需求，进而为创新者创造利润是金融工程发展的推动力量。在宏观经济层面上，金融工程有助于改善稀缺资源的配置。资源分配是任何经济体系的首要任务。实际上，金融工程集中体现了约瑟夫·熊彼特关于资本主义的“创造性破坏”的观点。新产品取代旧产品，新理论完善旧理论，新流程取代旧流程。

金融工程大量而广泛地吸取了其他学科的知识，这就解释了为什么这个领域能够吸引来自科学界的诸多人士。理解金融工程的关键是要从各个方面理解创新，并能够将创新应用于解决实际问题。虽然从某种意义上说，金融工程自货币创新以来一直与我们相伴，但直到最近才被认可为一种职业。金融工程变化最大的是创新的步伐。

金融工程的历史如表1.1所示。

表1.1　　金融工程发展时间轴

诞生及早期阶段（1970—1997年） • 取消对利率、汇率和大宗商品价格的管制，创造了对于风险管理的需求 • 用于风险管理的工具（衍生产品、理论定价模型、风险测度方法）相继产生 • 技术提供了平台并驱动全球化进程（通信技术的发展、硬件、软件、第一台个人电脑） • 除资本中介外，金融公司增加了风险中介的业务
大规模增长期（1998—2006年） • 在全球范围内，金融企业进入彼此的业务领域，同时经营银行、保险公司、传统和另类资产管理业务，从而结束了单一业务模式 • 亚洲金融危机、俄罗斯金融危机和美国长期资本管理公司（LTCM）的破产在全球范围内促使企业增加了对风险管理业务的需求

① 坦尼娅·比德尔（Tanya Beder）现在是总部位于康涅狄格州的SBCC集团有限公司纽约分部的主席。坦尼娅在*Journal of Portfolio Management*、*Financial Analysts Journal*、*Harvard Business Review*以及*Journal of Financial Engineering*发表了多篇学术论文。她在哈佛大学获得MBA硕士学位，在耶鲁大学获得数学与哲学学士学位。

续表

• 不断放松管制和更自由的市场刺激了风险管理业务的增长 • 信用衍生品和证券化从零增长到数万亿美元，极大地改变了风险和收益产生、持有及转移的过程 • 金砖国家、主权财富基金成为世界资本市场的主要参与者，极大地推动了全球化 • 巨大的流动性、低风险溢价和低利率推动了企业（从银行到对冲基金）、资本市场（从新兴市场到发达国家）的规模和杠杆使用的大幅增长
成熟时期（2007 年至今） • 风险开始于居民住房抵押贷款，逐步蔓延至商业房地产、金融企业、公司、市政债券以及主权国家，最终导致全球金融市场崩溃并陷入一片混乱之中 • 不良资产和流动性危机导致数万亿美元的紧急救助款，并推动全球去杠杆和去风险 • 对政府角色/更多监管/管理系统性风险必要性的深刻反思

资料来源：SBCC 集团有限公司。

为什么金融工程没有早点出现?

市场和一些金融职能已经存在了数千年。举例来说，有证据表明罗马人可能早在公元前 352 年就发明了支票。到 1750 年，人们已经建立了基本的金融机构来从事如下业务：吸收存款、发放贷款、承保保险、提供投资渠道（储蓄和养老金产品）、中介业务（支票业务、交叉交易、经纪业务）、包销、发行以及贸易便利。从 18 世纪到 20 世纪 70 年代，在这 200 多年的时间里，金融机构以可控的速度持续不断地发展着。但是这个时期也是频繁的暴力动乱时期，战争一再蹂躏国家和人民。虽然有新企业诞生以及其他企业破产，但银行、保险公司、资产管理公司、养老基金、中央银行、经纪人和经销商的基本职能并未发生根本变化。大多数企业从事单一的业务模式，主要业务是资本中介。

如表 1.1 所示，虽然创新的步伐十分缓慢，但是在金融工程诞生前的 40 年中仍有显著发展。哈里・马科维茨（Harry Markowitz）在 20 世纪 50 年代发表了关于投资组合理论的学术成果；第一只欧洲债券在 20 世纪 60 年代初发行，大额可转让定期存单在 20 世纪 60 年代末引入。技术方面也有了进步，但多数都未普及到个人消费者：切斯特・卡尔森（Chester Carlson）于 1938 年发明了静电复印技术（影印）；第一台计算机（ENIAC）在 20 世纪 40 年代问世；贝尔系统公司在 1947 年发明了足以颠覆通信技术的晶体管；第一个实现机器之间通信的调制解调器在 20 世纪 50 年代后期被研制出来；美国国家航空航天局（NASA）于 1962 年发射了第一颗通信卫星。20 世纪 60 年代末，德州仪器公司（TI）开发了第一台手持式计算器，零售价为 2 000 美元。

自第一次世界大战到 20 世纪 70 年代初，对金融市场的监管日益加强。这个时期经历了不稳定的货币局势，如一些国家的恶性通货膨胀、大萧条、第二次世界大战以及在这场全球灾难之后的欧洲和日本的重建。大量监管规则适时地付诸实施——大多数是按照企业的类别/类型与功能制定的规则，以促进个别国家金融系统的安全与稳定。此外，国家之间还签订了重要的协议，例如 1944 年布雷顿森林会议确定了主要国家之间的固定汇率。储蓄银行规定了支付利率上限。许多国家的政府将大宗商品的价格人为地控制在了一个较低水平。因此，价格的波动性几乎没有，根本不需要人们去管理。值得注意的是，全球只有不到 350 家公司的资产超过 5 亿美元，所以绝大多数的金融活动都局限于本地（本国）而不是全球性的。在这段时期内，金融机构的损失要么是由于信用风险引起的（例如，奥地利信贷银行的破产导致交易对手在一夜间遭受巨大外汇损失），要么是由于操作风险引起的（例如，在美国的纸币危机时期，交易量超过结算能力，导致纽约证券交易所 160 名会员交易失败）。

在这个时期快要结束时，放松管制和技术进步的希望之光为金融工程的诞生奠定了基础。

金融工程的诞生及早期阶段（1970—1997 年）

在 20 世纪后半叶，科学技术、全球化、放松管制和风险中介共同推动了金融公司过去和现在的业务分离。

到 1970 年时，金融机构的业务已经开始了彻底的、不可逆转的改变。银行、保险公司、基金、中央银行、经纪商、经销商、政府机构等的收益状况面临着复杂的新的风险和挑战。如表 1.2 所示，利率和汇率的放松管制、石油输出国组织（OPEC）的建立，所有这些都导致了大量亟待管理的新问题。全球范围内，企业在其利润表、资产负债表和原材料成本的管理上也越来越需要新的金融工具。

表 1.2　　早期阶段（1970—1997 年）

时期	新产品/风险创新	技术	放松管制/监管变化	不同类型金融企业的关键性里程碑
1970—1975	欧洲经济共同体汇率（蛇形浮动汇率制）	软盘的发明：第一种便携式数据存储器（1970）	美国总统尼克松结束布雷顿森林体系，取消了金本位制，同时仍保持固定汇率（1971）；到 1973 年时，浮动汇率制度在全球范围正式被接受	存贷（S&L）机构开始涉足对房地产、建筑和服务业等部门的风险投资是州和联邦政府放松对金融机构管制的开始
	对银行和储蓄机构的早期缺口分析	英特尔推出了世界上第一款单片微处理器（1971）	20 世纪 70 年代的石油冲击：由于美元贬值，实际收入减少，OPEC 提高了石油价格。当时的中东政治冲突也加剧了油价的不可预测性	跨国公司的数量增加：到 1970 年，就有 7 000 家母公司，其中 333 家至少拥有 5 亿美元的资产（其中 1/3 以上的公司的资产至少为 10 亿美元）

续表

时期	新产品/风险创新	技术	放松管制/监管变化	不同类型金融企业的关键性里程碑
1970—1975	资本资产定价理论	作为“全球首个电子股票交易系统”的纳斯达克开始运营（1971）	美国取消了资本管制	美国政府国民抵押贷款协会（Government National Mortgage Association）或吉利美（Ginnie Mae）推出了首个抵押转递证券（1970）
	Black - Scholes 模型	第一个债券到期收益率电子计算器——门罗 1272——出现了（1971）	澳大利亚开始放松金融管制。这一过程一直持续到 20 世纪 80 年代中期	William Fouse 和 John McQuown 设立了第一只指数基金，即著名的先锋集团（Vanguard Group，1971）
	谨慎人规则	BBN 科技公司的 Ray Tomlinson 发明了电子邮件（1972）	《商品期货交易委员会法》（1974）	
	投资组合理论扩展到期货套期保值		《员工退休收入保障法》（ERISA）为员工提供养老基金权（1974）	
	抵押支持债券			
	芝加哥期权交易所（CBOE）于 1973 年成立，开展普通股期权交易			
	浮动利率制（1970 年欧洲市场，1974 年美国市场）			
	交易所交易利率和货币期货（1972—1977 年）			
1976—1980	可回售债券（1976）	西摩·克雷（Seymour Cray）设计了第一台超级计算机（1976）	《国际银行法》（1978）	
	欧洲货币单位（1979）		英国取消资本管制（1979）	

续表

时期	新产品/风险创新	技术	放松管制/监管变化	不同类型金融企业的关键性里程碑
1981—1985	麦考利（Macauley）久期（1938 年发表）的应用	IBM 推出现代电脑（“PC”或“个人电脑”）（1981）	1980 年《存款机构解除管制与货币控制法》（DIDMCA）、1982 年《加恩—圣吉曼存款机构法》开始通过取消对房地产贷款的限制和提高存款保险限额，来放松对银行的管制	恶意收购和杠杆收购的十年；由于迈克尔·米尔肯（Michael Milken）的垃圾债券市场的兴起，融资更加容易
	等价物	惠普公司推出了 HP 12c 金融计算器，并最终成为金融专业人士的标准工具（1981）		第一个货币互换：世界银行使用美元互换。IBM 公司瑞士法郎和德国马克（1981）
	凸性	微软公司推出了 Windows 系统——如今依旧是金融领域主要使用的操作系统（1985）		
	夏普比率			
	期权的希腊字母（delta，gamma，vega，theta，rho）			
	压力测试			
	情景分析			
	期权调整差价			
	投资组合保险			
	附有认股权证的债券			
	附有 7 天卖权的市政债券			
	银指数债券			
	零息债券（1981）			
	双重货币债券（1981）			
	互换，利率上限期权（1981）			
	股指期货（1982）			
	期货期权（1982）			

续表

时期	新产品/风险创新	技术	放松管制/监管变化	不同类型金融企业的关键性里程碑
1981—1985	可调整利率和货币市场优先股（1982—1984）			
	抵押担保债券（1983）			
	风险调整回报率（1983）			1986 年《税收改革法》禁止商业银行购买市政证券
	资产支持证券（1985）		可转让证券集合投资计划（UCITS）（1985）	垃圾债券市场从 1978 年的 100 亿美元增长到 1989 年的 1 890 亿美元（每年增长约 34%）
1986—1990	逆向利率浮动证券（1986）	Lotus Notes 是首个商业发布的产品，具有文档共享和远程定位通信功能，是最强大的网络会议工具之一（1989）	英国“Big Bang”改革：取消固定佣金制度，允许更多的外国投资，并改进交易中的屏幕显示技术	朱利安·罗伯逊的老虎基金的两位数业绩增长令人震惊，引起了人们对对冲基金行业的极大兴趣
	由久期缺口决定的风险暴露机制（1986）		《巴塞尔协议Ⅰ》对银行提出了最低资本充足率要求并向 G10 成员国引入（1988）	保险公司开始提供与重大灾难性的、常常是由自然引发的事件有关的巨灾债券。保险公司将一些风险责任转移给投资者
	信用卡应收账款支持证券（1987）		《金融机构改革、复兴和实施法》（FIRREA）对美国储贷协会的监管进行了重大调整（1989）	20 世纪 80 年代末到 90 年代初期，所有欧洲国家都建立了衍生品交易所——衍生品交易金额从 1986 年的 27 亿美元增长至 2001 年的 2.4 万亿美元
	债务担保证券（CBO）/担保贷款凭证（CLOs）（1987）			跨国公司对发展中国家的对外投资超过 800 亿美元
	本金与汇率联结证券（1987）			长期资本管理公司成立于 1994 年；使用“趋同套利”交易策略，试图从相似证券之间微小的价差中获利；杠杆率非常高，为 25:1

续表

时期	新产品/风险创新	技术	放松管制/监管变化	不同类型金融企业的关键性里程碑
1986—1990	互换期权（1988）			1995 年，比尔·克林顿签署通过了放松银行信贷的法律后，商业银行开始发行大量次级抵押贷款
1991—1996	附有地震看跌期权的债券	CNBC 在全球范围内扩展其广播业务。在亚洲设立分支机构的一年后，CNBC 在欧洲也开始了自己的节目（1995）	日本开始放松金融管制	
	信用违约互换 总收益互换 信用风险联结票据	1996 年，Palm，Inc 推出了首款手持计算机——Palm Pilot（也称为 PDAs 或者个人数字助理）		
	CMT 衍生品 电力结构化产品 能源衍生品			
	商品指数票据（1991） 结构化票据（1991） 路径依赖型衍生品（1991—1994） 股权挂钩票据（1993） 市场风险、操作风险等非信用准备金 在险价值 M^2 基于多期和蒙特卡洛方法的期权模型 模型风险的敏感性 基于风险支出的投资组合配置 风险度量（1994）			

续表

时期	新产品/风险创新	技术	放松管制/监管变化	不同类型金融企业的关键性里程碑
1991—1996	附有诉讼——产出选择权的股权 以欧元为标的的衍生产品 美国通货膨胀指数债券（1996） 天灾债券（1996） 资产负债表抵押贷款债务（1996）			

科学技术是第一推动力。在20世纪80年代个人电脑与并行处理技术到来之前，大多数技术太慢以至于无法应用于资本市场当中。在技术进步之前，在自然科学中长期使用的数学方法只能从理论上应用于金融研究中，因为人们无法像现在这样可以等待几个小时或几天就可以获得问题的解。随着这一时期的发展，许多在20世纪初还只是幻想的技术，已经能被经销商、终端用户、监管机构等应用于实际中。这不仅创造了更多审视风险和回报的机会，而且缩短了创新的周期。

我们能明显看到强烈的对比：在20世纪70年代初的每个季度都有创新成果，创新的速度大大加快。除了商品期货、外汇远期和商品远期之外，在1970年还不存在的衍生产品市场（比如利率互换和货币互换），到1998年末已经突破50万亿美元。① 结构化债券、抵押担保债券（CMOs）和资产抵押债券（ABS）全部被引入市场。技术进步改变了企业和个人参与资本市场的方式。仅仅局限于某一个地区以及采用硬拷贝方式的交易变得越来越少，取而代之的是全球化和电子化的交易方式。相比之下，这个时期的开端犹如黑暗时期：那时人们没有个人电脑，他们使用手写表格以及计算器来进行计算，打字员在打字机上辛苦地打印各种文件；那时没有桌面排版技术，排字工人需要根据特定的格式进行逐行排字，当内容改变时，他们需要通宵达旦地进行逐行校对；那时没有按揭贷款计算器来计算本金和利息，银行家们只能通过查阅书中附有不同利率下本金和利息的表格来计算每月需支付的金额。

全球化是第二推动力。随着电子邮件和卫星通信技术的到来，信息在短时间内传播到世界各地，而且成本变得更加低廉。以往跨境交易需要几天的时间，而此时在几秒钟内就可以完成。随之而来的是，资本市场事件的影响不再局限于此，有时会导致一致性暴跌或影响其他市场的走势，原因在于交易者试图预测一个市场对另一个市场事件的反应。另一个变化是，金融公司不仅为自己，而且也为他们的客户开始在全球市场范围内寻求最好的交易。而在这个阶段的初期，美国公司从其牵头银行或国内债券和股票市场募集资金，很少发行欧洲债券、武士债券或扬基债券。在此期间，募集资金的渠道有了长足发展，标准渠道包括欧洲和亚洲的公开和私募市场以及新的资金提供者（例如共同基金）。通常情况

① 资料来源：国际互换与衍生品协会（ISDA），www. ISDA. org。

下，借款人或投资者在新市场中结合衍生工具的使用，可以将币种或利率转换为其偏好的结构。此外，借款人和投资者开始使用期货和场外衍生工具，特别是利率上限期权、领式期权和利率下限期权，以改变资产和负债的风险/收益结构。

管制的放松是第三推动力。1971 年，自二战结束后通过政府干预，在维持稳定的汇率方面做得非常出色的布雷顿森林体系瓦解了。随之而来的是汇率的大幅度波动。在这个时期，加拿大和德国已经开始放松对利率的管制。1979 年，保罗 · 沃尔克（Paul Volcker）迫于通货膨胀带来的金融脱媒的强大压力，放开了美国短期利率，开始实行市场利率而不是官定利率。1980 年，美国开始放开对储蓄银行、商业银行和投资银行的管制。1981 年法国放松了对许多金融机构的管制。1986 年金融大爆炸时期，英国放松了对证券公司的管制。70 年代以及之后的海湾战争期间的石油冲击，是由市场力量而不是政府决定的。在放松管制以及其他力量的推动下，货币、利率、大宗商品和股票市场出现了前所未有的波动。

金融机构业务的扩展是第四推动力。除了作为资本中介之外，金融机构还充当风险中介。单一业务模式的金融中介不再掌控借贷交易的各个方面。在此期间，不只是银行，还包括共同基金、保险公司、经纪人、政府机构以及信用社，都变得比以往更可能同时从事资本中介以及风险中介业务。大型世界事件进一步增加了风险管理的需要。例如，海湾战争期间石油价格波动率增至 300%，在此之前油价波动率最高为 30% 左右。换句话说，在给定的一段时间内石油价格发生变动的可能性增至原来的 10 倍。全球化和技术进步使得在此期间涌现出的金融产品能够管理这种风险：以前在风险环境中站不住脚的分析和计算变得可行。为了管理自身的风险以及为客户提供服务，金融机构开始设计和交易风险管理产品。

1971 年布雷顿森林体系的崩溃，1973 年、1979 年和 1990 年的石油冲击，1987 年股市暴跌，剧烈的汇率波动（特别是 90 年代的日元、意大利里拉和墨西哥比索）让公司和金融机构清楚地认识到，积极的风险管理对其财务健康和竞争力至关重要。1970 年，大多数股东对于公司宣称的销售收入增加，但由于货币兑换损失或原材料成本波动所导致的利润下降情况是可以接受的，到这个时期末情况已经发生了变化。股东要求公司采用风险/收益管理工具将风险保持在可接受的范围内。

臭名昭著的美国储贷协会（S&L）危机提供了一个很好的例子，说明了如何利用金融机构提供的新产品来更好地管控风险。20 世纪 60 年代末，美国储贷协会的业务基本上是与二战后这些机构刚出现时一样。简单地说，美国储贷协会将短期存款资金投向房主发放长期抵押贷款。资产负债的不匹配在利率低且稳定时不会导致问题，但是，当利率上升时，金融脱媒就不可避免地发生。1979 年的利率放松管制是美国在新的全球竞争环境中保持竞争力的必要条件。由于 1979—1980 年利率上涨了 3 倍，达到 20% 以上，美国储贷协会不得不提高其存款利率，这高于其现有的按揭贷款投资组合收到的利率，从而造成巨大损失，使行业无法维系，这导致了政府救助，很明显加强风险管理是必要的。在这个时期结束时，简单的利率互换——如今最常见的风险管理产品之一，和以 CMOs 及结构化存款形式设计的证券，帮助美国储贷协会有效地管理风险。

这些力量的相互作用在很多时候是痛苦的，但也有助于金融机构和公司。不利的是，许多金融公司在欠发达国家债务、高收益债务以及商业地产的违约危机中挣扎的同时，放松管制减少了利润。有利的一面是，通过技术和其他方面的放松管制，许多创新产品、市场和交付渠道向金融机构开放。此外，对增加的波动性进行管理的需要，以及在交易市场的时间框架内施行技术的能力，为创造新的数万亿美元的市场（例如，风险咨询服务、衍生工具和金融工程证券）提供了手段，从而在关键时刻保持了利润和风险管理能力。

总而言之，在这一阶段，金融机构所从事的大部分业务与其自身及客户的风险管理需求相关。它们创造了新产品，特别是衍生品（起初被称为“合成产品”）和金融工程证券。它们在资本中介业务中增加了风险中介业务。在此期间，金融工程师诞生，金融工程开始成为一种职业。像国际金融工程师协会这样的组织成立①；金融课程新开设衍生品、风险管理、新产品和套期保值技术。由于市场对训练有素的宽客（quant）有着很大需求，重点大学开展了许多研究生项目以培养金融工程师。在1998年之前的30年中，摩根大通（J. P. Morgan）、瑞士银行（SBC，后来成为瑞银集团的一部分）、德意志银行（Deutsche Bank）、公平人寿保险（Equitable Companies）、富达基金（Fidelity Funds）、花旗银行（Citibank）、高盛（Goldman Sachs）以及一些新的实力雄厚的金融公司占据了强大的地位。

但是，其他公司并不像上述公司那样幸运了，或者说它们无法迅速地接受其业务和市场已经发生巨大变化的事实并进行相应的风险管理。惊动一时的破产事件接踵而至，包括基德尔皮博迪公司、巴林银行、花岗岩基金、大和银行纽约分行、东洋新京银行、日产生命保险公司、联邦生活、麦克斯韦公司的养老基金、德崇证券、伊利诺斯大陆银行、国际信贷商业银行（BCCI）以及日本、英国、瑞士和美国的许多区域性储贷协会及信用合作社。少数幸运者得到了资本市场的救助（特别是加利福尼亚州的奥兰治县）。还有少数公司在政府的帮助下或通过强大合作伙伴的接管得以幸存，但很多公司就没有这么幸运了。

在此期间，仅仅通过名称来区分金融机构是不可能的了。例如，保险公司和共同基金开始从事发放贷款和支票签发等传统银行业务，而银行开始从事承保保险以及提供一系列共同基金等传统保险和投资管理公司的业务。业务的重叠和扩张改变了顶级公司的评价标准。例如，过去10~20年，人们以总资产、总贷款和总资本来评价一家银行是否是顶级银行。而在新时期，人们在排名时增添了如下评价标准：“最佳外汇交易中心”“最佳风险管理顾问”“最佳股权交易商”“最佳大宗商品交易中心”等。促使金融转型的另一个因素是许多金融机构开始从事表外业务。根据国际清算银行的估计，到1995年3月，衍生产品的市场金额超过了40万亿美元并且存在超过3万亿美元的市场风险暴露。到20世纪90年代中期，一些金融机构的表外业务超过了表内业务。美国信孚银行是一个很好的例子，1994年它是美国第八大银行，总资产约700亿美元，表外业务项目金额超过1万亿美元。在不到20年前，情况恰恰相反：那时所有的金融机构的表内业务占据主导地位。

在此期间，由于缺乏统一的商业准则，各国央行和政府在监控资产负债表外项目风险敞口和解决大规模跨境金融问题（如冻结伊朗资产、英国商业信贷银行、巴林银行、奥林匹亚 & 约克和劳埃德保险公司）方面面临的困难越来越多。在具有相似经济利益的地区之间开展合作以解决上述问题的需求的推动下，出现了北美、欧洲和亚洲的贸易区。金融工

① www. iafe. org。

程史上一个重要的转折点伴随着三个金融危机的发生：1997—1998 年的亚洲金融危机，紧接着是俄罗斯金融危机，然后是 1998 年美国长期资本管理公司（LTCM）的破产。所有这些事件都引起了人们对全球经济衰退的担忧。1998 年底还有一件事值得注意：花旗银行和旅行者集团合并产生了金融巨头——花旗集团，这对当时仍有法律效力的《格拉斯—斯蒂格尔法》的银行业与保险业分业经营的规定发起了挑战。

大规模增长期（1998—2006 年）

亚洲金融危机是以泰国货币——泰铢的崩溃为开端。亚洲各国货币开始急剧贬值，与此同时股票和其他资产市场市值下跌。相应地，这些事件引起了借款的急剧增加。大范围的内乱和骚动迫使印度尼西亚总统苏哈托在掌舵 30 年后下台。世界大宗商品价格暴跌引发了俄罗斯金融危机。当时，石油、天然气、木材以及金属占俄罗斯出口的 80%。俄罗斯的货币、债券以及股票市场崩溃。紧随其后，美国长期资本管理公司在不到 4 个月的时间里就亏损了近 50 亿美元。由于担心潜在的风险传染，美联储对参与紧急救助长期资本管理公司的主要银行和券商实行了监管。

这些危机重新引起了人们对企业风险管理和所谓的“企业风险管理者”的关注。如表 1.3所示，信用衍生产品以及金融工程工具的创新十分迅速。

表 1.3　　大规模增长期（1997—2006 年）

时期	新产品/风险创新	技术	放松管制/监管变化	不同类型金融企业的关键性里程碑
1997—2000	抵押贷款组合义务（1997）	当 RIM 公司推出黑莓邮件解决方案时，黑莓成为主流（1999）	证券监管的目的和原则（IOSCO 原则）（1998）	长期资本管理公司破产（1998）
	波动率互换（1998）	CNBC 推出环球财经连线，这是第一个全球一体化的实时新闻广播，整合了美国、欧洲和亚洲的金融市场资讯（2005）	《格拉斯—斯蒂格尔法》被废除，从而允许了商业银行和投资银行合并（1999）	
	相关期权（1999）		日本银行发行亚洲第一只表内交易的担保债务凭证（CDO）	
	信用风险与市场风险的融合（1998）		保险和养老金委员会制定的指导原则允许使用衍生工具，但必须遵守非常严格的规定（1997）	

续表

时期	新产品/风险创新	技术	放松管制/监管变化	不同类型金融企业的关键性里程碑
2001—2007	保本票据（PPN）	苹果公司推出iPhone（2007）	《商品期货现代化法》（2000）	全国信贷联合会管理局（NCUA）允许西方联邦信用合作社（WesCorp）成立一项计划，为西方联邦信用合作社进入金融衍生品市场提供便捷渠道（2000）
	重新包装资产	亚马逊发布Kindle，这是一款新兴的电子书阅读器（2007）	《萨班斯—奥克斯利法》（2002）	星展银行对公司贷款证券化了15亿美元的信用违约互换（CDS），这是亚洲第一个表内合成型担保债务凭证交易（2001）
	美林证券发行了第一批外汇担保证券（CFXO）（2007）		《巴塞尔协议Ⅱ》（2004）	截至2004年，全球场外衍生品市场达到248万亿美元（市值约9万亿美元）。美国的交易量占40%，欧洲（主要是伦敦和法兰克福）的交易量占40%，亚洲（主要是东京）的交易量占20%
	二元期权（2007）		1940年《投资顾问法》，要求对冲基金投资者进行注册登记（2004）	非人寿保险联结证券（ILS）的交易总额估计超过80亿美元，对冲基金在其他的ILS——行业损失担保（ILW）、侧挂车公司以及巨灾债券，投资了100亿美元（2006）
	宏观审慎指标/分析（2000）			
	企业风险管理（2000）			
	期望损失值（ES）			
	财务健全指标（FSI）理论（由国际货币基金组织开创）（2004）			

在此期间，利率互换和货币互换增长了 6 倍，达到近 350 万亿美元①，信用违约互换从 2001 年的约 3 500 亿美元增长到 45 万亿美元。这一时期的经济环境十分稳定：充足的流动性、低波动性、低利率，上涨的股价和房地产价格以及易于获得的杠杆。资本市场受到了一些重大事件的影响，其中包括大量会计丑闻（例如，安然和帕玛拉特）和科技泡沫的破灭。在此期间，金融机构的环境发生了很大变化。

- 花旗集团的桑迪·威尔在美国被誉为“《格拉斯—斯蒂格尔法》的毁灭者”。
- 在世界各地，对金融机构的大规模放松管制，使得投资银行、商业银行和交易经纪人的商业模式融合为私募股权、另类资产管理和保险。
- 一些金融公司纷纷投向衍生产品和结构性产品，它们最终成为顶级衍生产品和结构性产品巨头，其中包括瑞银（UBS）、ING、HBC、巴克莱银行、雷曼兄弟、美林证券、贝尔斯登和美国国际集团（AIG）等。
- 在这一时期的开始阶段，对冲基金几乎全部位于美国，但到 2006 年底，对冲基金在亚洲增长到 1 100 亿美元，在欧洲增长到 4 000 亿美元。
- 亚洲和中东地区的中央银行和主权财富基金的资产总额为 7 万亿 ~ 10 万亿美元，逐渐成为美国国债的购买者和全球资本的净输出者。
- 在此期间，像美国富达投资集团这样用了 50 多年时间才成长为拥有数千亿美元管理资产的资产管理公司，其所管理的资产增加了 3 倍，达到数万亿美元的规模。
- 房地美、房利美、美国银行、华盛顿互助银行、美利凯斯特等成为美国次级抵押贷款市场的领导者。
- 由于文艺复兴科技有限责任公司和商品交易顾问（CTAs）策略的成功，量化交易得到了大幅增长。
- 七国集团大幅增加其海外投资，尤其重视巴西、俄罗斯、印度和中国（合称 BRIC）等新兴市场。
- 以数十亿美元计的所谓的“俱乐部交易”（多个私募股权公司共同出资收购大型公司）开始变得普遍。
- 鉴于国际货币基金组织（IMF）在亚洲和俄罗斯金融危机中发挥了重要作用，当 2006 年经济持续地强劲增长时，IMF 在努力地防止全球经济增长过热。

在此期间，企业风险报告里增加了许多新的内容，特别是对相关风险（使不同类别资产或敞口头寸同时恶化的风险）的关注。此外，在险价值（VaR——被广泛使用的一种风险损失度量）、压力测试和蒙特卡洛模拟依旧是在实践中最好的每日风险管理方法。2007 年爆发的次贷危机是一个显著的转折点，它暴露了在风险测量中普遍存在的弱点，尤其是在机构的关联性方面。因此，关于加强国家和全球金融监管的讨论，将重点放在了系统性风险上。

成熟时期（2007 年至今）

扩张性的货币政策和财政政策，以及对资本市场和金融机构的大幅度放松监管，促

① 资料来源：国际互换与衍生品协会（ISDA），www. ISDA. org。

成了金融工程的迅速发展。虽然2005年美国住房抵押贷款市场出现了一些衰退迹象，以及早些时候在其他国家（例如爱尔兰、英国和西班牙）受到极大推崇的贷款市场同样疲软，但是金融危机的开端通常与2007年开始发生的美国次级抵押贷款违约事件有关。在危机初期，人们将重点放在信用衍生工具、证券化、高杠杆、表外业务以及企业风险管理中具体的失败教训上。随着危机的继续发展，人们开始关注顺周期监管、会计核算和风险管理措施；并且，救助措施作为走出国际金融危机的有力推动力量（对金融企业和非金融企业同样适用）也是公众关注的热点。政府监管是否过于宽松？监管人员（包括监管机构、高级管理人员、董事会等）是否充分履行职责？这些问题是当前讨论的核心。保护主义或地方主义是否会压倒正在进行的全球化，这个问题越来越频繁地出现在讨论中。

与此同时，现实中的结果就是去风险和去杠杆：2009年底全球银行资产减值达1.5万亿美元；2010年4月国际货币基金组织估计，在国际金融危机得到彻底解决时，全球银行的资产减值将达到2.3万亿美元。这个数据远远超过同期银行筹措的新资本。某些类型的金融工程信贷工具投资者的大量损失以及数万亿美元价值的蒸发，导致许多金融企业和全球性公司的国有化，以及各国政府惊人的救助计划。虽然一些金融资产已经进入其减值周期（例如居民住房抵押贷款支持证券），但是其他金融资产可能也刚开始它们的减值周期（例如，商用住房抵押贷款支持证券和优质居民住房抵押贷款支持证券）。鉴于资金的大量注入，我们不免会提出这样的问题：政府和利益相关者（即纳税人）是否将会要求更高水平的监管和监督作为提供这些救助金的交换条件？答案显而易见：减少全球银行的自由性是极有可能的，因为各国或地区关注的重点是控制未来危机造成的损失。另一个需要考虑的关键因素是政府、消费者和企业将会如何应对，这决定了金砖国家/中东/主权财富基金在全球经济复苏后是否能够超过全球生产总值（GDP）的50%。这将是这些国家或地区可能主宰全球资本市场的第一个时代。

金融工程被推入成熟阶段。大多数企业正在进行审查、反思或革新其细节及企业风险管理中的流程、政策、假定和技术手段。监管机构、监事和立法者正在对系统性风险和现有的监管框架进行大量审查和听证。他们正在对破产或国有化的公司进行调查。虽然表1.4的内容已经更新过了，但毫无疑问，在“监管变化”和“风险创新”这两栏中还有大量的内容将会补充。

表1.4　成熟时期（2007年至今）

时期	新产品/风险创新	技术	放松管制/监管变化	不同类型金融企业的关键性里程碑
2007				评级机构被质疑对某些金融工具，特别是对居民住房抵押贷款支持证券的评级准确性（2007）

续表

时期	新产品/风险创新	技术	放松管制/监管变化	不同类型金融企业的关键性里程碑
2008—2009	国际复兴开发银行（IBRD）和国际开发协会（IDA）提供了高风险国家的天气衍生品，以缓解粮食供应的损失	Cray XT5 超级计算机，也被称为“捷豹”，号称“世界上运算速度最快的计算机”，每秒能够进行 1 750 万亿次浮点计算（2009）	金融服务管理局（FSA）引入赔偿法则，要求英国的银行、房屋建筑会和经纪商执行这些能够有效促进风险管理的政策（2009）	在被美联储用 850 亿美元救助后，保险巨头 AIC 开始由政府管控；政府担心 AIG 可能会崩溃，因为其向购买了复杂的证券化产品的投资者提供了许多保险合同
				摩根士丹利和高盛这两家最大的投资银行成为银行控股公司（2008）
	为信用状况较差的居民住房抵押贷款提供可调整利率支付选择权			巴克莱资本收购了雷曼兄弟的经纪交易商业务部门，使得这家英国银行在投资银行诸多业务上跻身世界前 10，如全球并购以及全球股票和债券资本市场等（2008）
2010			美国宣布计划对金融机构征收“不良资产救助计划”（TARP）税（2010）。关于系统性风险以及世界各地不同金融机构所发挥作用的听证会继续进行（2010）	
			欧盟委员会继续审查成员国的国家银行提交的重组计划（2009，2010）	太平洋投资管理公司的总回报基金是全球最大的债券基金，总资产近 1 930 亿美元，其中大部分资产是通过衍生品风险敞口（该基金购买期货合约或其他衍生工具以获得相应的风险敞口）而积累的
			奥巴马根据沃尔克的建议，宣布将银行的自营交易等风险承担业务与银行传统业务分离开来。英国宣布对金融公司的奖金征收暴利税（2010）	

续表

时期	新产品/风险创新	技术	放松管制/监管变化	不同类型金融企业的关键性里程碑
2010				NCUA 接管了美国中央联邦信贷联盟（拥有 340 亿美元资产）和 WesCorp（拥有 230 亿美元资产）。通过对两家信用合作社持有的资产支持证券的压力测试，NCUA 认为证券风险过高
				美国及全球数以百万计的小额银行预计会破产（2010）

在金融工程发展的新阶段，也面临着一些问题：

- 监管的加强是否会扼杀金融工程创新和场外衍生品市场？
- 如何加强透明度？
- 如何加强监管部门（监管机构、董事会、高级管理层等）的问责制？
- 对企业（金融和非金融）的补偿模式将发生哪些（永久）变动？
- 如何改进中央银行、监管机构和决策者之间的数据与信息共享以及合作？
- 商业银行的传统业务（例如，资金流动）是否将与商业银行的风险承担功能（例如，风险较高的自营交易）分开？
- 额外的规定或其他变动会如何影响金融机构的成本结构？
- 在这个时期，利益相关者会更多地关注收入和利润的增长（像以前那样）还是更多地关注资产负债表的安全性和资金的充足性？
- 短期和长期资金供给的综合变化如何，这将对企业的行为产生怎样的影响？
- 消费者会如何改变储蓄模式，如果储蓄大幅增长，这种增长将对经济增长有多大程度的影响？
- 评级机构的债务评级是否将被认为是衡量信用风险的准确方法？
- 发达经济体的人口老龄化将如何影响下一代的金融工程产品，特别是与保险和养老金产品相关的产品？
- 将会开发什么样的新风险测量模型，与在险价值、压力测试和模拟一起，用于改进风险管理方法？
- 如何利用诸多模型对最坏情境或预期损失进行更彻底的分析？
- 共同监管、会计审核和风险管理方法是如何帮助解决顺周期性和系统性问题的？
- 是否有新的能更好地揭示风险暴露的流动性风险度量方法？
- 考虑到基于历史数据设定模型和对特定的头寸或策略设定固定参数等缺点，压力测试应该如何进一步修正呢？

• “大而不倒”或是“太关联而不倒”将如何改变公司的全球格局？

• 是否会有评估风险的工具来取代机构评级？公司将如何更好地调整风险补偿和承担的超额风险？

• 哪些企业将专注于新的业务模式和业务战略，能够适应资本市场和金融工程在下一阶段发生的重大变化从而获得成功，而哪些企业将过分关注对金融危机的应对从而失去方向？

参考文献

Abbott, Charles C. 1947. “The Commercial Banks and the Public Debt.” *American Economic Review* 37:2, 265–276.

Aldcroft, Derek Howard. 1993. *The European Economy, 1914–1990*. 3rd ed. London: Routledge.

Andrews, Edmund L., Michael J. de la Merced, and Mary Williams Walsh. 2008. “Fed's $85 Billion Loan Rescues Insurer.” *New York Times*, September 16, A1.

Australia, Parliament, House of Representatives, Standing Committee on Economics, Finance, and Public Administration. 2000. “Inquiry into the International Financial Market Effects on Government Policy,” March 22.

Bank for International Settlements. 2008. “Financial Market Developments and Their Implications for Monetary Policy.” BIS Papers 39.

Barr, Paul G. 1996. “Institutions Cut Derivative Use.” *Pensions & Investments* 24:15, 3–5.

Beder, Tanya S. 1999. “The Great Risk Hunt.” *Journal of Portfolio Management*, 25th Anniversary Special 25:5, 28–34.

Beder, Tanya S. 1995.“VAR: Seductive but Dangerous.” *Financial Analysts Journal* 51:5, 12–24.

Beder, Tanya S. 1997. “What We've Learned about Derivatives Risk in the 1990s.” *Journal of Economic Notes*. Banca Monte dei Paschi di Siena SpA (January 1997).

Beder, Tanya S., with Michael Minnich, Hubert Shen, and Jodi Stanton. 1998. “Vignettes on VaR.” *Journal of Financial Engineering* 7:3/4, 289–309.

Bellis, Mary. “Timelines and Inventions of the 20th Century.” *About.com*. http://inventors.about.com/od/timelines/a/twentieth.htm.

Bing, Liang. 2001. “Hedge Fund Performance: 1990–1999.” *Financial Analysts Journal* 57:1, 11–18.

Braham, Lewis, with Tara Kalwarski. 2009. “What's Inside PIMCO?” *BusinessWeek*, November 19, 72–73.

Brouwer, Gordon. 1999. “Deregulation and Open Capital Markets: The Australian Experience before Wallis.” *Agenda* 61:51–68.

Choudhry, Moorad. 2004. “Securitization: Global Financial Market Development for the 21st Century.” *Euromoney* 35:2–5.

Comissão de Valores Mobiliários: 30th Anniversary Conference. 2006. September 4–5, Rio de Janiero, Brazil.

Csiszar, Ernest N. 2007. “An Update on the Use of Modern Financial Instruments in the Insurance Sector.” *Geneva Papers* 32:319–331.

Cummins, J. David, Richard D. Phillips, and Stephen D. Smith. 1996. “Corporate Hedging in the Insurance Industry: The Use of Financial Derivatives by US Insurers.” Wharton Financial Institutions Center, September 19.

Curry, Timothy, and Lynn Shibut. 2000. “The Cost of the Savings and Loan

Crisis: Truth and Consequences." *FDIC Banking Review* 13:2, n.pg.
Davis, Charles H. 2003. "The History of Computers." www.city-net.com/~ched/help/general/tech_history.html.
Davis, Os. 2006. "How Exchange-Traded Funds Came to Be." *Associated Content*, June 27. www.associatedcontent.com/article/40099/how_exchangetraded_funds_came_to_be.html.
Dodd, Randall. 2000. "The Role of Derivatives in the East Asian Financial Crisis." CEPA Working Paper Series III, no. 20.
Eichengreen, Barry, and Donald Mathieson. 1999. "Hedge Funds: What Do We Really Know?" *Economic Issues* 19 (September): n.pg.
Ely, Bert, "Savings and Loan Crisis." 2008. In *The Concise Encyclopedia of Economics*, 2nd edition.
Embrechts, Paul. "Statistics and Quantitative Risk Management." Department of Mathematics, ETH Zurich, n.d.
Farley, Tom. "Mobile Telephone History." 2005. *Telektronikk* (March 4): n.pg.
Federal Communications Commission. 2005. "Historical Periods in Television Technology." *Communications History* 21 (November).
Federal Deposit Insurance Corporation. 2000. "An Examination of the Banking Crises of the 1980s and Early 1990s" (June 5).
Financial Advisor. 2008. "Barclays Buys Lehman's Broker-Dealer Unit." September 17.
Finnerty, John D., and Douglas R. Emery. 2002. "Corporate Securities Innovation: An Update." *Journal of Applied Finance* 12:1, 21.
Fortson, Danny. 2006. "The Day Big Bang Blasted the Old Boys into Oblivion." *The Independent*, October 29.
Fratzscher, Oliver. 2006. "Emerging Derivative Markets in Asia." *Asian Financial Market Development*, World Bank, (March). http://siteresources.worldbank.org/INTEAPREGTOPFINFINSECDEV/Resources/589748-1144293317827/EAFinance_bkgrnd_Derivative_Markets.pdf (accessed December 1, 2009).
Gordon, Marcy. 2009. "WesCorp, U.S. Central: U.S. Regulators Seize Control of Two Credit Unions." *Huffington Post*, March. www.huffingtonpost.com/2009/03/20/wescorp-us-central-regula_n_177584.html.
Greer, Jed, and Kavaljit Singh. 2000. "A Brief History of Transnational Corporations." *Global Policy Forum*.
Harmon, Florence E. 2007. "Self-Regulatory Organizations: The Options Clearing Corporation; Notice of Filing of a Proposed Rule Change Relating to Binary Options." United States Securities and Exchange Commission, September 19.
"Hedge Fund History." *Hedge Fund History*, n.p., n.d.
Hoadley, John, and Al Javed. 2005. "Overview: Technological Innovation for Wireless Broadband Access." *Nortel Technical Journal* 2 (July):1–5.
Hodgson, Raphael. 2009. "The Birth of the Swap." *Financial Analysts Journal* 65:3, 1–4.
Howell, Paul L. 1958. "A Re-Examination of Pension Fund Investment Policies." *Journal of Finance* 13:2, 261–274.
Hundman, Katie. 1999. "An Analysis of the Determinants of Financial Derivative Use by Commercial Banks." *Park Place Economist* 7. www.iwu.edu/economics/PPE07/katie.pdf.
Investment U Research Team. "The History of Private Equity." *The Oxford Club: Investment U*. The Oxford Club, LLC, n.d.
Investopedia, 2009. *Investopedia ULC*. www.investopedia.com/.
Israkson, Daylin. 2008 "Pension Funds—A Historical Overview." *Associated Content*, October. www.associatedcontent.com/article/1118718/

pension_funds_a_historical_overview.html?cat=55.
Jameson, Rob. 2002. "Case Study: US Savings and Loan Crisis." *Ambit ERisk*, (August).
Jorion, Philippe. 2000. "Risk Management Lessons from Long-Term Capital Management." *European Financial Management* 6:3, 277–301.
Karchmer, Jennifer. 2000. "Tiger Management Closes." *CNNMoney*, Cable News Network, A Time Warner Company, March 30.
Kemp, Robert S., Sharon Graham, and S. Brooks Marshall Jr. 1986. "An Analysis of the Investment Decision of Defined Benefit Pension Funds from the Corporate Perspective." *Benefits Quarterly* 2:1, 18–25.
Kindleberger, Charles P. 1993. "*A Financial History of Western Europe.* "New York: Oxford University Press.
Kindleberger, Charles P. 2000. "*Manias, Panics and Crashes: A History of Financial Crises.*" New York: John Wiley & Sons.
Kiviat, Barbara. 2009. "A Brief History of Ratings Agencies." *Time* 173:12, 18.
Koski, Jennifer Lynch, and Jeffrey Pontiff. 1999. "How Are Derivatives Used? Evidence from the Mutual Fund Industry." *Journal of Finance* 54:2, 791–816.
Lanchester, John. 2009. "Outsmarted: High Finance vs. Human Nature." Review of *Fool's Gold*, by Gillian Tett, *A Failure of Capitalism*, by Richard A. Posner, and *Animal Spirits: How Human Psychology Drives the Economy, and Why It Matters for Global Capitalism*, by Robert J. Schiller and George A. Akerlof. *New Yorker*, June 1.
Ledrut, Elizabeth, and Christian Upper. 2007. "Changing Post-Trading Arrangements for OTC Derivatives." *BIS Quarterly Review* (December).
Maremont, Mark. 2009. "U.S. Moves to Bail Out Credit Union Network." *Wall Street Journal*, January 29, A1.
New York Times (1857–Current File). 1960. "Big Mutual Fund Sets Assets Mark: '59 Report of Massachusetts Investors Also Shows Share Value at Peak." January 27, 48.
New York Times (1857–Current File). 1950. "Investors Trust Increases Assets: Massachusetts Organization Reports $27,490,665 Dec. 31, Against $207,322,061." January 31, 39.
New York Times (1857–Current File). 1935. "SEC Acts to Rule 'Outside' Trading: All Brokers and Dealers in Over-the-Counter Securities Are Ordered to Register; Must Give Reports July 1; New Regulations Aim to Protect Customers Who Invest Outside Regular Exchanges." May 6.
New York Times (1857–Current File). 1940. "Trust Increases Its Asset Value: Massachusetts Investors Trust Reports $18.18 a Share on Sept. 30." October 21.
O'Kelly, Grellan. 2009. "UCITS Funds Gain Popularity, Increasingly Employ Hedge Fund Strategies." *FINalternatives* (September 1).
Park, Yung Chul, and Kee-Hong Bae. 2002. "Financial Liberalization and Economic Integration in East Asia." *PECC Finance Forum Conference*, August 11–13, Hilton Hawaiian Village, Honolulu, Hawaii.
Pogue, Thomas F., and Robert M. Soldofsky. 1969. "What's in a Bond Rating." *Journal of Financial and Quantitative Analysis* 4:2, 201–228.
Qudrat, Abir. "Financial Derivatives and the Global Financial Crisis." *Financial Express*, n.d.
Reckard, E. Scott. 2009. "Federal Regulator Is Blamed in Bank Failures." *Los Angeles Times*, June 18.
Remolona, Eli M., and Ilhyock Shim. 2008. "Credit Derivatives and Structured Credit: The Nascent Markets of Asia and the Pacific." *BIS Quarterly Review*, (June). www.bis.org/repofficepubl/arpresearch_dev_200806.01.pdf?noframes=1 (accessed December 1, 2009).

Rubin, Howard. 2009. "Dynamics of Technology Economy Are Key to Mastering Balance of Expense and Value." *Wall Street & Technology*, November 16.

Sangha, Balvinder S. 1995. "Financial Derivatives: Applications and Policy Issues." *Business Economics* 30:1, 46–53.

Schapiro, Mary. 2009. "Testimony Concerning the Over-the-Counter Derivatives Markets Act of 2009, before the House Committee on Agriculture." U.S. Securities and Exchange Commission, September 22.

Setton, Dolly, et al. 1999. "A Century of Deals." *Forbes* 163:8, 265–272.

South Australia, Legal Services Commission. 2007. "Superannuation." *Law Handbook*, June 27.

United States Securities and Exchange Commission. 2008. "The Laws That Govern the Securities Industry." SEC, September 26.

Wall Street & Technology Daily. 2009. "*WS&T*'s 2009 Gold Book: Wall Street's Top Technology Leaders Drive Innovation in Tough Times." October 19.

Wargo, Brian. 2009. "Credit Union Chief: Cash Infusion Would Fund More Loans." *Las Vegas Sun*, December 29.

Wells, Brenda P., et al. 2009. "Risky Asset Substitution in the Insurance Industry: An Historical Example." *Journal of Insurance Regulation* 27:3, 67–90.

World Council of Credit Unions. "The Birth of World Council of Credit Unions." http://www.woccu.org/about/heritage.

Yamazaki, Tomoko. 2009. "Hedge Funds Post Best Performance Since February 2000 (Update 1)." http://www.canadianhedgewatch.com/content/news/general/?id=4820.

Chapter Two

金融工程职业规划 第2章

斯宾塞·琼斯[①]

引言

金融工程成为一个职业方向以来，在它的发展过程中，市场的需求日益增长。这个专业是跨学科的，在业界和学术界最终将其称为“金融工程”之前它有一些不同，有时会有不恰当的称谓。20世纪50—70年代，金融学家作出的巨大的理论贡献促成了金融工程的诞生。这些金融学家包括哈里·马科维茨（Harry Markowitz）、默顿·米勒（Merton Miller）、弗兰科·莫迪利亚尼（Franco Modigliani）、尤金·法玛（Eugene Fama）、威廉·夏普（William Sharpe）、迈伦·斯科尔斯（Myron Scholes）、费希尔·布莱克（Fischer Black）、罗伯特·默顿（Robert Merton）、马克·鲁宾斯坦（Mark Rubinstein）、约翰·考克斯（John Cox）、斯蒂芬·罗斯（Stephen Ross），还有许多和他们一起共事或者跟随着他们所开辟的新领域的学者。这些金融学家引入了一系列新的工具，为金融领域，同时也为我们对金融市场、金融产品和金融关系的认识带来了一个更加科学的方法。然而，当越来越多的物理学家、数学家、统计学家、天体物理学家、各类工程师大量涌入金融市场时，金融工程这个专业才日益兴起，这些来自传统的定量学科的专家们同样为金融工程作出了重要贡献。这当中的一部分专家加入金融行业是因为他们想去做一些不同的事情，其他的则是因为他们跟不上这个变化的世界而失业了。

时光流逝，在行业组织以及领军人物的带领下，金融工程最初相互独立的各个部分开始融合在一起，最终发展为一个受人重视的行业。随着这个领域的发展，知名财经院校和工程院校的一些重要的学科思想被引入传统的金融学课程中。由于最初的衍生产品交易以及后来的证券化的出现，财经院校和工程院校的很多人纷纷将目光投入到了金融工程。虽然金融工程师的就业机会和岗位在过去几年中急剧增加，但是大众传媒经常将他们统称为量化分析师。不过，并不是所有从事金融工程方面的人都精通数学。虽然许多人是精通数学的，一些定量分析的训练确实会在工作中起到帮助作用，但是仍有很多岗位并不要求有太深的数学功底。

---

① 斯宾塞·琼斯（Spencer Jones）现在就职于SBCC集团有限公司，从事银行重组、信用投资组合结构化分析以及政府风险管理工作。他在纽约大学以优异成绩取得了MBA学士学位，在爱丁堡大学获得最高荣誉经济学硕士学位。

如今，对于有能力的金融工程师来说，他们有着广泛的就业机会。在“金融工程”这个概念提出后的仅仅20年间，这个领域得到了迅速发展，现在已有超过150所大学、学院引入了这门课程并颁发学位和文凭。① 在本章中，我们将展示一个框架去考察一下该行业的职位类别。

在国际金融危机之前，国际金融工程师协会（IAFE）对金融工程本科毕业生进行的一份调查显示，这些毕业生的职业目标有着惊人的一致性。在接受调查的毕业生中，有56%的想去从事关于衍生产品定价或者交易方面的工作。此外，有21%的想从事风险管理方面的工作。虽然就业面很宽，但超过3/4的毕业生都集中地对该类工作产生兴趣，这不得不让我们吃惊。现在每年有超过5 000名金融工程学生毕业，② 对他们而言，更加充分地认识到有关金融衍生产品工作之外的广阔就业机会是很重要的。

乍一看，似乎对学生们为什么纷纷从事与衍生产品交易有关的工作表示理解。毕竟衍生产品已经成为金融工程最典型的工具，我们几乎可以在每一个交易部门看到它们的身影。但是，需要金融工程师的岗位并不仅限于此。自动化交易策略的发展仅仅是市场当中大量需要金融工程师的新岗位的一个例子而已，之前的证券化同样如此。随着复杂证券的大量使用，公司在风险管理方面充满着机遇和挑战。在全行业大约750 000③ 名从事有关风险工作的从业者中，风险管理是金融工程师主要选择的岗位之一。

本章的目的在于，让读者对金融工程职业规划有一定的认识，在看到招聘启事时他们能够知晓工作所需的技能。例如，在量化分析师这个领域中，公司的性质会存在较大的差异，不同类型的分析工作同样也会存在较大差异。并不是仅在全球性银行的CDO结构化部门需要量化分析师，对金融工程师来说，同样如此。确切地说，大量公司的许多岗位都需要量化分析师，如银行、金融服务公司、保险公司、企业、政府和非政府组织（NGOs）。金融工程课堂上所培养的技能不仅仅局限于金融资产分析。雇主会极力寻找那些有着很强分析能力的人，这些能力都是在大学期间习得的。这些特点说明了为什么这个行业不断吸引着那些有着不同的学科背景，并且能够运用他们的分析技能去解决金融问题的人加入进来。

即使是在同一公司，甚至是同一工作部门，从事同一工作的金融工程师的工作职能也会有很大差异。如果读者能仔细回顾一些看起来相似的招聘启事，结果就会是显而易见了。人们通常会立即发现工作的相似之处，但也有一些不易察觉到的不同的地方。一个潜在的求职者应该能够立马从不同的公司中找出那些雇用金融工程师的公司。但是，仅仅做到这些是不够的，求职者还应该能认清该岗位是否对编程、金融建模和数据分析有要求。这对那些初出茅庐的人来说，确实是一种挑战。为了能帮助你，我们试图通过突出强调关键部

① 例如，金融数学专业隶属于金融工程专业。同样地，风险管理专业也属于金融工程专业。

② 根据上文所述，我们把开设金融工程专业的学校定为150个，然后再根据金融工程专业的一项调查可知每个学校每年平均有36名学生毕业。

③ 在权威的风险管理专业协会PRMIA和GARP中，已经有超过250 000个会员。在允许重复的情况下，考虑到许多专业人士并没有加入这些协会，特别是当一个岗位的工作的一小部分也会与风险相关时，以及这两个协会在金融服务方面存在的偏差，我们作出了750 000名从业者这一有点保守的估计。

分来展示这些工作岗位。我们这样做的目的在于，你能够将职位描述与本章内容联系起来，以更好地理解这些职位的本质。

在本章的末尾，读者会看到一个表格，这个表格对金融工程毕业生的工作岗位进行了一个总结。当我们初次写本章内容时，我们仅仅试图去把“量化分析师”这个职位添加到表格当中。这对说明量化分析师的就业面之广有用：起初，量化分析师主要从事证券和衍生产品的交易工作，但后来，比如大型商场购物的数据流分析、市场营销分析甚至新闻业都需要量化分析师。虽然我们已经试图去说明需要金融工程师的工作类别，但无论怎样，我们都无法面面俱到。随着金融工程这个行业的发展，工作类别仍将会继续增加。

一个充满机会的世界

无论是通过一个正式的讲座学习还是通过足够多的实践经验，去完全列举出适合金融工程专业的工作岗位仍然是一个挑战。为了帮助读者了解其不同的工作种类，我们制作了图2.1。我们可以从图中观察到一系列同心圆，每一个同心圆都描述了企业或政府中一个有关金融工程的职能部门。设想一下，如果该行业是一个馅饼，那么这些职能部门就是烘焙这个馅饼的必要的调料。然后这个代表整个行业的馅饼被切成9个雇用金融工程师和（或者）量化分析师的部分。有些部门，比如服务部，被界定得比较宽泛，包括许多职位和业务种类。这张图的目的在于突出强调金融工程师和量化分析师的职业范围，通过一个易于理解的结构图来整理该行业的许多职业道路。

这个可以被认为是代表基本技能水平的同心圆，说明了每一个部门的不同职能。在某些部门，不同层次的工作岗位的差别是显著的；然而在另一些部门，这种差别会比较小。区分两者的不同，这关系到一个求职者能否找到最适合自己的工作机会。

在某种程度上，工作机会的种类是可以通过考虑每一个部门内部能够提供的岗位种类加以确定。风险管理，正如我们之前所强调的，是一个估计有超过750 000名从业人员的部门。已经有超过150所高校开设了金融工程专业，或者提供大量相关的课程。每一所高校的金融工程专业都聘请了一些教授。

此外，那些没有正式开设金融工程专业的财经院校的金融系甚至聘请了更多的懂得金融工程的教师。至于资产管理方面，一份仅对244家美国境内的保险公司（不包括那些资产管理公司）的调查研究显示，每一家公司都雇用了超过1 000名员工，每年都可以取得1亿美元的收入。[①] 有关基金行业的调查研究显示，18 000多只对冲基金和7 050只母基金一共管理着大约1.4万亿美元的资产。[②]在法律监管方面，国际清算银行（BIS）在其官网上关注了166个国家和地区的中央银行（从阿富汗到津巴布韦）。每一个中央银行可能需要少则几十名多则上百名金融工程师。

---

① 资料来源：Manta. com。美国境内符合这些标准的银行有190家。

② 资料来源：PerTrac 对冲基金数据库。晨星公司跟踪调查了8 000家主动型对冲基金。

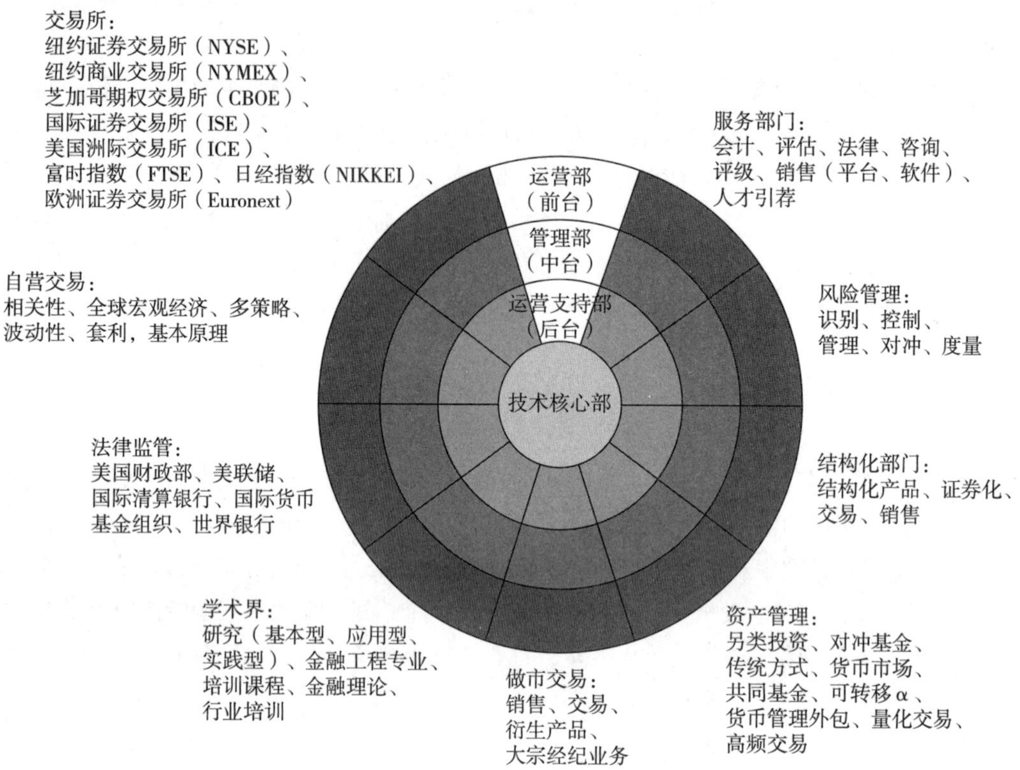

注：饼图旁的例子仅用于说明，并非穷举。

图 2.1　金融工程的职业圈

职能部门

技术核心部

各种职业路线技术核心部门涉及该领域的基本理论和原理。技术核心部是这个行业的基石，并且为业界和学术界的发展提供了思想基础。这个部门的独特之处在于，它可以脱离具体的业务，不仅存在于公司内部，还可以存在于高校或者专业研究机构之中，为行业提供解决问题的方案、建议，或者前沿思想。

技术核心部专注于研发工作：提出新理论并进行检验，开发和测试新产品，并希望将产品能够及时地发展为一个活跃的业务种类。大多数最前沿的公司需要持续不断的创新的想法。这就意味着，学术界的新老引领者要建立一个直接的联系，研究机构所刊登的学术成果需要经常审阅。在风险管理和资产管理部门，它们的工作主要是为企业或者客户发现产生风险暴露的原因并进行管理。这些工作使得金融工程师要么通过组建科研项目，要么自己积极地加入研究中，使自己能够紧跟行业发展的步伐，处于行业发展的前沿位置。

技术核心部的岗位可能会涉及诸如理论模型检验、产品设计、新的应用、交易策略、业务扩展之类的工作。当然也包括大学讲师和教授。这些工作的名称并不能掩盖工作当中需要大量的定量分析和理论分析的本质。在未来，技术核心部门将会对市场中的基本理论和原则进行更多的实证分析。该部门的研发得以运用，最终会形成新的产品和市场。该部门也是金融工程师最可能需要使用到计算机编程或者与那些懂得计算机编程的人共事的部门。

基础设施部

每一个成功的业务背后都有一个强大的基础设施部，该部门是其他部门值得信赖的依靠。基础设施部（在交易市场中被称为后台）是一个涉及最优方案设计的部门。如今，后台工作变得越来越重要，与前台工作几乎同等重要。基础设施部为每一次成功的业务提供了重要保证。大多数金融机构的基础设施部的职责在于处理和核实与其他机构的业务往来，可以通过经纪人、交易所、暗池交易、国债拍卖、场外交易或其他交易载体来实现。基础设施部的工作在于，保证使那些愿意承担风险的交易者在承担企业所面临的风险的同时，获得一定的收益，而使那些不愿意承担风险的交易者能够迅速将风险转移。

在公司内部，基础设施部是一个重要的检查站。该部门通过每天的运算和内部控制来保证数据库、模型或者交易的数据和信息是准确的。《萨班斯—奥克斯利法》（*Sarbanes - Oxley*）要求增加公司财务的报告，使得基础设施部对金融工程师的需求急剧增加。该部门需要有数据分层技能的专业人员，在不需要动用额外的资源或者时间的情况下，就能准确地处理信息。该部门也需要那些有着高级数据挖掘技能的专业人员，从而可以识别出不匹配的信息以及因业务中的欺诈行为所导致的不一致性。

管理部

作为运营部和基础设施部的结合点，中台的管理部对业务活动的监管、汇总以及审核负有责任。管理部通常被认为是风险管理和企业内部控制的中心。随着交易策略和金融产品变得越来越复杂，在充分识别企业内部的风险并及时把这些风险向前台和领导层传达方面，管理部所面临的挑战与日俱增。这个部门工作的复杂性和挑战性，是金融工程师两个最主要的发挥作用的领域。

首先，该部门的金融工程师需要做大量的风险报告。风险报告需要使用到大量的数据、计算机编程和数学知识去处理原始交易数据。金融工程师必须具备上述技能。

其次，管理部需要加强工作，去发现产品中所蕴含的风险，去识别企业在经营过程中所面临的风险，或者创造出新的计量方法揭示风险。每当管理部研究出和发现计量风险的新方法时，就会为运营部门增加一个岗位；管理风险的新观点和新方法重新定义了企业的经营模式，通过将风险分类，开发出新的产品或者制定新的交易策略。只有更好地认识企业所面临的风险及其传导机制，管理部才能更好地承担风险并规避风险。

运营部

运营部，或者称其为前台，是一个涉及产品设计、定价和所有权转让工作的部门。作为企业和客户之间的纽带，这个部门十分依赖于它的技术并且需要一个稳定的运行设备，以便能高效准确地为产品定价并向各方提供信息。

在某种程度上，前台会接收来自风险管理部门和技术核心部门提供的可兼容性软件以及报告。运营部金融工程师的首要职责在于开发新工具，帮助公司发现新的风险。定价模型会将来自存货、风险缓释前景以及市场的信息整合起来，得出市场能够接受的最高价格，以及公司为承担风险所能够接受的最低价格。在新的交易中，为使承担风险的一方得到足够的补偿，转移风险的一方规避损失，运营部的前台起到了至关重要的作用。

在运营部中，不同业务种类的工作性质不同。这些业务种类包括以第一作者身份发表关于金融市场和金融事件的文章，为监管者领导相关团队，或者为客户提供计算机解决方案。从事这些岗位的人员不仅要能够为客户提供其最需要的产品，还要能够迅速适应不断变化的环境以及高质量地完成任务。

具体的职业道路

从前文的介绍中可知，对金融工程师来说，他们的职业道路显然比我们最初认为的要多。此外，在前文所述的运营部、管理部和基础设施部中，都有着众多不同的岗位。

读者会注意到，我们在下文讨论具体的职业规划时，与上文我们在讨论图 2.1 时有一点不同。这样做是为了突出图 2.1 中法律监管部门和服务部门中的各种岗位。在下文中，我们将做一些扩展，目的是让我们更好地发现软件公司、服务公司、咨询公司和评级机构（上述都是服务部门的不同公司）中的不同工作机会。

卖方

“卖方”主要是指全球性银行和经纪人—交易商群体，它们主要的业务就是“出售”金融资产和调查研究。“出售”这个词实际上包括金融资产的买和卖，交易商在进行交易时会报出买卖价格。卖方公司会在一级市场和二级市场中出售证券。一级市场是发行者发行新证券的地方。这可以表现为股票的首次公开发行（IPO）或者已经上市的公司再次发行股票（通常被称为增发）。一级市场中债务凭证的发行包括债券的承销、结构化证券的私募以及银团贷款。二级市场是证券在投资者与投资者之间（而不是发行者和投资者之间）交易的地方。卖方公司以两种截然不同但又有联系的方式参与二级市场：作为经纪人，代客交易以收取佣金；或者作为做市商进行交易。对于大多数交易商来说，其业务核心在于做市，通过交易的金融资产的买卖差价以获取收益。

卖方公司试图将他们参与买卖的交易尽可能做大，手中却只持有能够满足其职能发挥的少量存货。卖方公司通过机构与零售经纪部，扩大了与买方公司的经营网络。过去，这些业务是由公司的场内交易人员完成。然而，在过去几十年间，这些业务逐步由飞速发展的专业的大宗经纪部来完成。

由于美国已经废除了《格拉斯—斯蒂格尔法》，一些传统的卖方公司开始增加了买方相关的业务部门（如保险和资产管理）。新推出的《多德—弗兰克法》试图去抑制业务重合范围的进一步发展。这里我们只考虑那些主营业务是代客交易的公司，不考虑它们的自营交易行为。

卖方公司包括投资银行、商业银行、经纪人—交易商和全球性银行。

买方

买方公司的一个特点是，进入金融市场是为了执行某种投资策略。在某种程度上，它是卖方公司的对立面：卖方公司的目的是在促进交易的同时尽可能地持有最少的存货；而买方公司则试图通过市场交易，将存货逐步增加到一个特定的水平。

卖方的模式相对是同质的，然而买方公司在业务目标、交易策略和公司规模上存在着巨大差异。买方公司包括传统类型和非传统类型两种：保险公司、养老基金、捐赠基金、共同基金和单位投资信托都是传统型的，而对冲基金和私募股权基金都是非传统型的。非传统型公司通常被称为另类投资，与传统的买方公司在一些重要的方面（如人力、运营设备、监管、投资策略）存在差异。至于它们所采用的投资策略，我们将会在另类投资部分中单独讨论。买方公司持有的投资头寸期限可能长达几年（如养老基金），也可能非常短。持有的投资头寸数量从仅仅一手到上百手不等。公司的风险偏好以及可以得到的投资工具也会存在巨大差异，决定了公司所从事的自营交易存在着不同的层次。

买方公司包括基金管理公司、交易所交易基金（ETFs）、养老基金、保险公司、共同基金和投资管理公司。

另类投资

我们在本书中所指的另类投资，是买方中那些至少能够确保它们的投资者达到了美国证券交易委员会（SEC）制定的D条例中合格投资者标准的公司。另类投资公司致力于实现投资收益率跑赢大盘指数，这与其他买方公司的目标相似。不同之处在于，这些公司为了实现它们的收益目标，通常要承担更大的风险，使用更高的杠杆交易策略。

许多另类投资公司采取低分散化，有时候会故意采取暴露于某一风险之下的策略。这不同于持有期最长为几个月的高频交易策略，也不同于持有期大多为几年甚至是几十年的全球宏观策略和私募股权投资策略。

对求职者来说，另类投资的买方公司和传统的买方公司最大的差异往往是公司的规模。虽然这些公司也许管理着大量的资金，但通常情况下，它们会以一种简洁的方式进行运作，很多员工要身兼数职。从目前来看，另类投资公司所处的监管环境与退休基金、保险公司和共同基金大不相同。

另类投资公司包括对冲基金、母基金、私募股权基金和另类资产管理公司。

中央银行

中央银行作为政府的重要部门参与市场当中。中央银行的基本工作涉及货币存量、流动性、借贷成本和外汇的管理。中央银行通过政府债券的买卖，经常性地执行公开市场操作业务，在必要时会干预外汇市场。虽然不是很频繁，但在必要时中央银行也会参与商品市场和非政府债券市场［如不良资产救助计划（Troubled Asset Relief Program，TARP）］。因此，中央银行同样需要活跃在市场中的私人部门参与者所具备的专业知识和技能。

监管当局

大多数国家把对市场和市场参与者的法律监管职能从中央银行的职能中分离出来。通常会成立多个监管部门，分别对产品、行业或者职能进行专门的监管。例如，证券市场受某一个部门监管，而商品市场则受到另一个部门监管。由于监管目的不同，银行可能会受到不同部门的监管。保险公司通常会有专门的监管部门。对监管部门来说，为了更好地分析它们所负责监管的市场中的行为活动，该部门需要经验丰富且具备强大分析能力的从业者。

评级机构

评级机构提供了一项对不同机构、主权国家以及个别证券的信用价值进行评估的重要服务。信用价值的评估涉及对法律结构、信用等级、财务会计和支持资产的详细分析。评级机构的评级是许多机构投资规则的重要部分，投资规则经常会对投资资产的信用等级作出限定。信用评估在债务融资（如债券、贷款、循环信用贷款等）的定价中同样起到了重要作用。

在市场中起支配地位的三家信用评级机构分别是标准普尔、穆迪和惠誉。当然，市场中也存在着其他众多的评级机构，一些评级机构将它们的业务范围限定在特定的资产评级中。这些机构包括克罗尔债券评级机构（Kroll）、邓白氏评级机构（Dun & Bradstreet）、伊根·琼斯评级机构（Egan – Jones）、多美年债券评级机构（Dominion Bond Rating Service）以及澳洲信用局（Baycorp Advantage）。

服务提供商

服务提供商指的是一大批围绕金融公司需求发展而来的支持性公司，其典型业务包括提供信息服务或者打包好的问题解决方案和金融分析工具。在这个领域最为著名的公司就是彭博（Bloomberg LLP），彭博向授权用户提供实时及历史数据，同时其业务扩展至提供大量分析工具（包括定价工具）以及交易服务。这些使用便捷的功能背后隐藏着大量代码开源的金融模型。例如，系统允许用户去选择不同的预设收益率曲线。用户也可以使用系统中的自定义样条图和其他功能去绘制自己的曲线。在用户友好化的背后，是复杂的编程、金融工程的应用以及随市场动态不断调整的金融产品设计。

在这个有利可图的市场中有多种业务类型：为信用衍生品提供个性化数据解决方案（如 MarkIt）；从事财务报表分析（如 Capital IQ）；经营多个领域的业务（如 Reuters Thompson）。这些公司的作用不仅仅是提供市场数据，在数据呈现给顾客之前，这些公司在数据整合、分析和建模中做了大量工作，这些工作需要高水平技术专家才能完成。

个性化解决方案

个性化解决方案指的是在场外交易市场中，为顾客设计出满足其风险敞口要求的产品。

最近几年，最为公众所知的结构化产品就是担保债务凭证（CDOs），一种经过不断设计修改才引入市场的金融产品。个性化解决方案可以定制满足客户风险敞口要求的产品，从股票衍生品和商品套期保值到税收和融资解决方案。不同于场内市场中标准化产品热火朝天的交易场景，为客户定制解决方案的过程是耗时且烦琐的。在完全满足客户要求、得到评级机构同意以及达到合适的风险管理目标前，通常需要多次修改和调整。只有当这些事情全部完成，才可以开始结构化设计。

使用表格

表 2.2 至表 2.7 列举了金融工程师和量化分析师大量的工作岗位。为了给读者说明如何去阅读这些表格，我们将简要讨论表格中所描述的一些岗位，并解释为什么在不同的表格中会出现相同的岗位，以及这些岗位的不同之处。

结构化产品设计员

在过去的十多年间，结构化部门的岗位一直是金融工程专业毕业生梦寐以求的工作之一。后来该专业经历了大范围的创新和发展，工作岗位变得多种多样。

结构化产品设计员是指在卖方公司的前台专门从事为客户提供个性化解决方案的人员。这是一个为客户设计结构化产品以及对产品的安全问题进行积极管理的岗位。结构化产品设计员会进行资产配置，同时与客户、评级机构以及律师一起设计结构化产品以满足交易需求。

然而在卖方公司中，结构化产品设计员会有一些不同的岗位。无论是销售部门还是交易部门，都需要结构化产品领域的专家来提供专业支持。销售部门的结构化设计员在一级市场中出售为客户定制的各种抵押支持债券结构化产品；在二级市场中提升了现有产品的实际交易量。交易部门的结构化设计员要能够对市场中的证券进行评估，提供估值服务，还要能够确定结构化产品的对冲手段。交易员需要依赖那些能够设计个性化模型的人员以帮助市场实现价格发现功能。对销售部门和交易部门的结构化设计员来说，他们工作的重点在于对各种各样的结构化产品进行分析；而为客户定制解决方案的结构化设计员在工作中将会参与少量的证券交易，通过多次修改来为客户设计出专门的产品。

风险管理部门同样需要结构化方面的专家，以便在结构化证券发行前以及计入银行资产负债表时，该部门能够精确地管理和报告与结构化证券相关的风险。风险管理和建模部门与交易柜台相互影响，在潜移默化中，将证券定价中所用到的工具进行了共享。研究和策略部门同样需要结构化方面的专家，以便作出市场评论、为客户或交易者提供建议。研究人员会和从事市场的宏观经济分析的策略分析师一起，积极参与到证券分析的工作中。

类似的结构化工作同样存在于买方中。首先买方公司通过结构化证券可以创造出他们在市场中无法获得的风险敞口，为优先级抵押支持债券的结构化证券提供投资连结保险。其次，买方公司需要结构化设计员去发现设计有利可图的结构化产品的机会。再次，买方公司的设计员需要同样强的从事结构化证券工作的能力，因为买方公司的目的之一是持有而不是卖出有着特定风险敞口的产品。最后，买方公司的设计员不仅要能够与卖方公司的

表 2.2 金融公司的岗位与职能：运营部门/前台

部门	销售部	交易部	定制解决方案部	风险部	监管部	报告部	研究部
卖方	• 销售员 • 结构化设计员 • 量化定价员 • 建模员 • 风险管理员	• 代客交易员 • 自营交易员 • 量化交易员 • 结构化设计员 • 量化交易模型设计员 • 建模员 • 风险管理员	• 结构化设计员 • 交易员 • 量化定价员 • 建模员 • 风险管理员	• 同步风险管理 • 对冲 • 风险建模 • 结构化设计员	• 全方位 • 监管 • 对冲 • 风险管理 • 建模	• 每日损益 • 头寸报告 • 定价 • 风险暴露模型	• 战略分析师 • 技术研究 • 量化程序员 • 结构化设计员
买方	• 客户营销 • 模型回测/策略测试 • 业绩报告	• 投资组合管理员 • 量化交易员 • 结构化设计员 • 量化交易模型设计员 • 建模员 • 风险管理员	• 结构化设计员 • 量化交易员 • 量化交易模型设计员 • 建模员 • 风险管理员	• 同步风险管理 • 对冲 • 建模 • 情景测试 • 结构化设计	• 大范围披露 • 监管条例	• 每日损益 • 头寸报告 • 定价 • 风险暴露模型	• 战略分析师 • 技术研究 • 量化程序员 • 宏观建模
另类投资	• 客户营销 • 模型回测/策略测试 • 业绩报告 • 大宗经纪人	• 自营交易员 • 量化交易员 • 量化交易模型设计员 • 建模员 • 量化分析师 • 研究员 • 风险管理员	• 结构化设计员（定制风险暴露） • 量化交易员 • 量化交易模型设计员 • 建模员 • 风险管理员	• 同步风险管理 • 建模 • 情景测试 • 量化编程 • 结构化设计员	• 《多德—弗兰克法》	• 每日损益 • 头寸报告 • 定价 • 风险暴露模型	• 投资组合管理员 • 战略分析师 • 量化研究员 • 研究分析师
其他	• 产品专家 • 对冲专家 • 奇异衍生品	• 未支出预算 • 公司资金 • 程序员 • 风险交易员 • 对冲 • 风险管理员 • 资产管理员	• 公司资金 • 资产支持证券 • 租赁 • 风险暴露管理 • 商品对冲	• 公司资金 • 流动性和融资风险管理		• 公司资金 • 每日损益 • 头寸报告 • 定价 • 风险暴露模型	• 公司研究 • 量化营销和策略 • 定价策略 • 市场分析

注：不完全列举。

表 2.3　　非金融公司的岗位与职能：运营部门/前台

部门	销售部	交易部	定制解决方案部	风险部	监管部	报告部	研究部
中央银行		• 量化交易员 • 结构化设计员 • 公开市场操作	• 量化分析员 • 结构化设计员 • 建模员	• 量化风险分析员 • 风险建模员 • 系统分析		• 市场分析	• 市场分析和市场动态
监管当局	• 法规分析和诉讼	• 策略分析 • 流动性分析师		• 法律监督和管理	• 交易监管 • 制度设计		• 市场趋势和扭曲分析学
评级机构	• 量化分析员 • 结构化设计员 • 建模员		• 量化分析员 • 结构化设计员 • 建模员	• 风险建模员 • 等级分析师 • 量化分析师		• 评级发布	• 宏观趋势分析 • 行业分析师
咨询机构	• 业绩分析师 • 定价工具建模员	• 策略分析 • 业绩考核标准	• 结构化产品 • 尽职调查 • 策略分析	• 风险顾问 • 量化咨询师			• 最优化分析
服务提供商	• 数据提供 • 用户界面	• 数据提供 • 用户界面	• 数据提供 • 用户界面	• 数据提供 • 用户界面	• 合规性支持		
软件销售商		• 软件交易，定价，编程	• 抵押物管理 • 软件定价工具	• 风险和定价 • 系统缓释工具	• 监管报告 • 软件监管	• 前台会计 • 投资组合软件	
学术界		• 策略分析员 • 实证研究	• ABS 与 CDO 研究、分析、教学	• 实证和理论风险研究 • 培训	• 市场有效性研究 • 建议	• 会计核算标准	
其他		• 场内交易员 • 场内监管	• 日志 • 市场分析员	• 日志 • 市场分析员			

注：不完全列举。

表 2.4　金融公司的岗位与职能：管理部门/中台

部门	销售部	交易部	定制解决方案部	风险部	监管部	报告部	研究部
卖方	• 政策合规性 • 风险控制	• 对冲指令 • 对冲策略	• 风险缓释策略 • 绩效管理	• 日内风险报告 • 理论价格 • 模型验证 • 风险偏好	• 压力测试 • 建模员 • 数据分析 • 合规性	• 风险报告 • 分析员 • 合规性 • 结构化报告	• 监管框架研究 • 风险创新
买方		• 对冲指令 • 对冲策略	• 风险分析 • 风险偏好评估 • 绩效管理 • 量化分析师	• 资产负债管理 • 理论价格 • 投资组合分析	• 压力测试建模 • 数据分析 • 合规性	• 头寸、不匹配和例外报告 • 每日损益核实 • 结构监测	• 资本管理 • 流动性分析 • 管理研究员
另类投资		• 对冲指令 • 对冲策略	• 风险分析 • 风险偏好分析 • 绩效管理 • 量化分析师	• 资产负债管理 • 风险限额 • 日内报告	• 监管谈判	• 内部融资报告 • 头寸、不匹配和特别报告	• 同业分析
其他		• 外包 • 报告解决方案		• 公司整体 • 资产负债管理 • 风险限额 • 日内报告			

注：不完全列举。

表 2.5　非金融公司的岗位与职能：管理部门/中台

部门	销售部	交易部	定制解决方案部	风险部	监管部	报告部	研究部
中央银行		• 数据处理和趋势分析 • 系统分析	• 系统性风险分析	• 宏观市场系统分析和监管	• 宏观市场系统分析和监管		
监管当局	• 销售分析、调查				• 市场分析员		
评级机构	• 评级控制和管理		• 结构分析 • 压力测试	• 模型验证 • 评级分析员（审查）			
咨询机构	• 标准策略分析	• 标准策略分析	• 建模和定价分析学	• 最优化标准			
服务提供商		• 外包方案		• 股东分析		• 数据文件和报告数据库	
软件销售商		• 风险报告软件 • 数据管理		• 风险管理软件和模型	• 监管报告软件	• 标准化报告工具	
学术界				• 国际标准			

注：不完全列举。

表 2.6　金融公司的岗位与职能：基础设施部/后台

部门	销售部	交易部	定制解决方案部	风险部	监管部	报告部	研究部
卖方	• 交易处理 • 数据获得 • 数据核实 • 数据合成	• 交易处理 • 数据获得 • 数据核实 • 数据合成	• 交易处理 • 数据获得 • 数据核实 • 数据合成	• 数据分层 • 例外报告 • 交易核实 • 盯市	• 监管文件 • 数据编程	• 法定账目 • 结构化技能	• 数据处理 • 数据库管理 • 数据质量
买方	• 投资组合数据子集和分析	• 投资组合对账、核实、担保 • 三方回购和托管管理	• 投资组合更新采集 • 合同检查	• 例外交易核实（欺诈检查） • 投资组合装配	• 监管文件 • 数据编程	• 法定账目 • 管理/资金账目	• 数据处理 • 数据库管理 • 数据质量
另类投资	• 大宗经纪业务 • 关系管理	• 投资组合调整、核实、担保 • 三方回购和托管管理	• 投资组合更新采集 • 合同检查	• 例外交易核实（欺诈检查） • 投资组合装配		• 投资者报告 • 管理账目	• 数据处理 • 数据库管理 • 数据质量
其他		• 外包确认和对账	• 外包投资组合管理	• 外包风险控制			

注：不完全列举。

表 2.7 非金融公司的岗位与职能：基础设施部/后台

部门	销售部	交易部	定制解决方案部	风险部	监管部	报告部	研究部
中央银行		• 结算分析 • 流动性分析	• 资产控制	• 数据管理清单		• 市场计量	
监管当局		• 市场操纵分析		• 数据管理	• 文件分析规则的执行		
评级机构			• 投资组合更新 • 评级取得			• 商誉标准	
咨询机构		• 最优化处理 • 延时分析	• 定价业务 • 投资组合业务	• 操作过程分析		• 会计咨询	
服务提供商		• 盯市调整 • 数据汇总	• 后台数据服务 • 外包	• 加密 • 数据安全	• 数据分析 • 法务数据调查		
软件销售商		• 数据处理最优化 • 数据挖掘工具	• 数据管理工具	• 数据处理最优化 • 数据库系统	• 监管备案程序	• 会计软件	
学术界		• 操作分析	• 法律结构分析				
其他		• 交易头寸管理					

注：不完全列举。

交易部门和定制解决方案部门的员工一起工作，还要能够与他们本公司的风险管理部门负责监管最终产品的人员一起共事。

另类投资公司同样需要雇佣具有选购能力的结构化产品设计员。一个吸引了众多监管审查和媒体报道的例子是：保尔森有限公司（Paulson & Co. Inc.，代表买方）与高盛（Goldman Sachs，代表卖方）一起设计的 Abacus 公司的结构化产品。因为公司的人手不够，另类投资公司的职员往往要身兼数职，这在公司内部成为司空见惯的事。当公司设法对一项投资进行调整以充分反映其市场观点时，一个结构化产品设计员既要从事研究工作，很有可能又要兼顾风险管理工作。风险管理工作会缓释公司不想承担的风险。通常，另类投资公司会积极参与特定市场，在最近几年中，可以看到信用市场上不良债券的结构化产品有了很大的发展。

工业部门同样需要结构化专家，因为一些大型公司会使用结构化证券进行风险管理。除了使用利率互换和外汇对冲工具，公司也会积极地对其生产出来的产品进行套期保值以及参与生产成本的结构化产品的交易。公司的结构化专家与相应的卖方公司一起，制作能够缓释风险的证券，这与买方的结构化专家致力于创造风险是完全不同的。

最后一个同样需要结构化专家的市场参与者是中央银行。中央银行在金融危机期间所采取的措施，使得其持有了大量的结构化资产组合。此后，中央银行在其从事产品系统分析的结构化专家中逐渐增加了一些关注交易、投资组合管理和风险管理的人员。在未来，中央银行与监管机构一定会加强对市场的监管，以确保将系统性风险降到最低水平。

对结构化专家来说，不在金融公司工作（运用《多德—弗兰克法》的解释）并不意味着不会参与市场交易。虽然评级机构并不积极参与市场交易，但是同样需要大量的结构化专家去建模、评估以及在结构化产品引入市场之前进行估值。尽管评级机构是提供产品信用评估服务的，但是其从事的工作反映了卖方银行中的定价、风险和研究职能。

服务提供商和软件开发商同样需要结构化产品建模专家。这些专家需要有专业技能并且能够明白结构化产品内在的复杂原理，以便能够开发出让市场参与者受益的工具。这些公司致力于提供有助于分析、定价以及量化与这些证券相关风险的工具，所以他们的工作与卖方或者买方中支持交易的结构化产品设计员的工作是相似的。专门从事结构化产品的咨询机构同样会提供建模、风险管理以及资产管理策略等服务，有时候也会从事结构化证券组合管理的外包业务。在这一系列公司当中，咨询机构对结构化产品各个方面的影响力相对而言可以说是独一无二的。

在需要精通结构化产品的其他行业同样要雇用该方面的专家。因为不同的结构化产品有着特定的处理方式，所以在会计和报告方面需要对结构化产品有一定了解的专家。风险管理需要对结构化产品进行监管，确定风险指标和证券投资组合的原则。律师也会需要结构化专家，因为在每一次发行新的证券时都需要出具非标准化的法律文件。熟悉结构化产品的人们在卖出产品前每天需要对证券进行价格测算（相对于交易定价），价格测算的方式要么是根据已交易产品的市场价格，要么是通过建立一个合适的往往较为复杂的估值模型。

由此我们可以清晰地看到，不同类型公司的许多工作岗位都需要具备相似技能的员工。事实上，工作所需的技能远远超出了我们的预料。此外，由于结构化产品的复杂性，所有的工作岗位都需要大量有关产品设计的知识，如果从事资产配置工作，则对金融建模以及编程有一定的要求。

量化交易员

通过回顾结构化产品设计方向的金融工程师的就业机会，可以得出这样的结论：在本质上属于不同类型的公司都需要具备结构化技能的员工。虽然工作的内容是相似的，但是雇用这些员工的公司类型以及要求该工作技能的原因是截然不同的。通过对量化交易员就业机会的考察，可以从另一个方面去说明：虽然工作的描述是相似的，但是工作内容可能会千差万别。由于《多德—弗兰克法》的推出，量化交易员可能会明显地发现之前卖方公司所提供的工作岗位如今受到了限制。但是量化交易的岗位是永远不会消失的，只不过会转向其他的地方。量化交易员除了为雇用他们的公司赚取收益之外，还为市场提供了流动性。量化交易员很大程度上驱动了电子交易的持续成长和发展。尽管对卖方公司的量化交易做了限制，但是量化交易终将会不断发展与演进。发展暗池交易和灰池交易、优化交易定价技术是其发展的两个方向。此外，量化交易也会涉及建立瞬时对冲系统以及自动对冲交易的工作。量化交易员同样也会从事结构化证券的工作，利用编程技术去发现具有前景的资产，并把它加入最初的组合中，同时剔除前景不好的资产。

除了卖方，量化交易涵盖了交易者开发的所有策略。在这里，量化交易关注的焦点是创造获取利润的交易机会。交易策略有通过向市场提供流动性而获取利润的高频交易策略，也有利用市场走势和定价的非有效性从而作出买卖指令的交易策略。驱动交易模型的方法和步骤只会受到编写策略程序的交易者的创造力的限制。

如今，量化交易策略在股票市场交易中占了相当大的比重，这使得风险管理部门、中央银行以及监管部门增加了对具有量化交易技能的人员的需求。这些人员要么从事逆向工程分析工作，要么开发新的评估交易策略业绩的计量方法。考虑到量化交易策略的运行通常是通过计算机自动完成的，这提升了风险管理和报告部门理解交易者所使用的交易方法以及找出保持金融系统稳定的因素的难度。

计算机编程技能

对模型的开发和维护感兴趣的金融工程师来说，要想在该领域从事工作，掌握计算机编程是一个十分重要的前提。在金融工程师所从事的最需要使用量化知识的岗位中，C++是一门非常重要的编程语言并且经常可以在招聘启事中看到这方面的要求。由于C++的复杂性，金融工程师为了更快地得到结果，通常也会使用 Visual Basic for Applications（VBA）写代码。这两个软件到底哪一个相对来说更重要一些，取决于程序员工作的性质。如果量化分析师想迅速制作一个临时使用的新模型，更有可能使用 VBA 编程。能够在 Excel VBA 环境下开发出金融工程工具的重要性不应该被低估。① VBA 是 Excel 中广泛使用的一部分。

① Excel 是微软公司开发的一款软件。

对复杂性和稳定性要求更高的模型来说，通常使用 C++ 进行编程，或者使用 C#（读作“C sharp”），或者使用 Java。庆幸的是，这三种语言有着明显的重叠部分。掌握 C++ 可以更好地帮助金融工程师处理前辈们留下的模型，因为该语言使用的时间要比大多数金融工程硕士生（MSFE 或 MFE）的年龄都大，并且该语言通常能够更好地嵌入其他系统中。由于很多工作涉及前辈们留下的模型，并且这些模型需要转移到一个更加稳定的环境中运行，因此会使用 C++ 编程就变得尤为重要。

金融公司也会需要具备介于完全开发与基于 Excel 功能之间的编程技能的员工。SAS 和 SQL 通常被用来管理机构内部的数据库。MatLab 有时被用于中间的编程工作，但是并没有被经常使用，而且并不是所有的公司都使用它。

小结

即使是在同一家公司上班，两个金融工程师所从事的工作也很有可能是不同的，甚至存在较大差异。我们希望本章中所涉及的表（表 2.2 至表 2.7）能够引导金融工程专业的学生和毕业生去发现众多的工作机会，并帮助他们去识别招聘启事中各工作岗位的细微不同。

然而，最重要的一点就是本章中所列举的工作岗位并不能面面俱到，还有更多的具有潜力的机会在等待着合格的求职者。就好像在几十年前，物理学家绝对不会认识到“量化分析师”也是他们潜在的职业道路，如今，当我们与一个领域初期的工作机会相比较时，便知从事金融工程行业所获得的工作机会是无法全面认识的，远远多于本章所列举的那些工作岗位。很明显的一点便是，金融工程专业的学生在工作中所需的技能将会不断增加。

Chapter Three

金融工程项目和课程简介 第 3 章

约翰·柯尼施①

引言

我们在前面职业发展章节里提过，金融工程师的工作虽然可以划分为不同领域，但都归属于广义的金融工程学科。由于业内对训练有素的量化金融从业者需求的增加，越来越多的高校开始开设金融工程项目。据估计，目前世界上大约每年有 5 000 名在金融工程领域接受过训练的学生毕业。② 前面的章节也提及，在广阔的量化金融领域中，不同工种的工作需要的工作技能也存在差异。在常见的招聘公告中，企业对各个专业领域的人才偏好也不完全相同。它们可能想要招聘的是金融衍生品、风险管理、数学建模、计算机编程、结构性融资以及其他不同专业领域的人才。因此，我们不必惊讶为什么很多项目没有在学位头衔上直接包含"金融工程"这几个字。尽管如此，这些项目确实提供了必要的量化金融和金融工程方面的训练，这是这些项目区别于其他项目的地方。这些项目的名称和内容虽各不相同，但为了方便讨论，我们在整个章节中都把它们称作金融工程项目。③

无论是准备申请量化金融项目的学生，还是招聘金融工程师人才的企业，理解金融工程项目的相似点和不同点都是非常重要的。对业内与时俱进的金融从业者和想在项目上进一步完善的学者而言，理解不同金融工程项目的差异同样重要。当然，本章主要针对的读者是准备申请金融工程专业的学生，其次才是金融工程领域的企业、学者和相关从业人员。

在金融工程职业规划那一章，我们给读者介绍了金融工程专业的毕业生不同的工作类型，拓展了他们的视野。这对解释为什么相似的工作岗位中存在的略微差异最终演变为金融工程项目培养模式的巨大不同同样有帮助。这在选择培养项目时是需要重点考虑的。当然在本章中，我们不会对这些金融工程项目进行排名，或者对不同项目进行评价并选出一

① 约翰·柯尼施（John Cornish）是 SBCC 集团有限公司的一名分析员。他于2009 年1 月加入 SBCC 集团有限公司，独立负责的咨询项目、客户群体涉及对冲基金、数十亿美元的资产管理公司、大型跨国银行、养老保险基金、各级政府、保险公司。

② 平均每个项目有36 名学生回复了我们的调查，世界上课程体系中有金融工程方向的项目大约有150 个，调查学生人数为两者相乘，大概5 000 人。

③ 值得注意的是，一些大学对"金融工程"的理解比我们更为狭义，往往将其限定为结构化岗位。一些机构更倾向于认为金融工程是量化金融的一部分。这里我们对金融工程采用广义的解释，和国际金融工程师协会（IAFE）的解释保持一致。

个最好的项目。我们只是想提醒一下并非每个金融工程项目都能满足大家的学术和职业目标，对要求不同知识储备和技能的企业而言同样如此。

还有一点值得学生去注意：近年来，尽管对训练有素的金融工程师的总需求都在稳定增长，但是需求金融工程师的具体工作岗位也在变化。这种变化实质上是商业环境持续不断地改变和发展来适应当前的外界环境。例如，自从 2007 年爆发次贷危机后，风险管理领域已经成为全球金融圈关注的焦点。这种外界环境变化带来的影响使对有能力的风险管理经理和专业的风险管理咨询公司的需求增加。同时教育项目也会适应市场环境的变化，提高对风险度量和风险管理领域的关注。相反，在房地产泡沫破裂之前的十年里，结构性融资部门对金融工程师的需求保持稳定增长，尤其偏好那些能够使用未来有可预测现金流的资产（比如住房贷款、商业贷款、信用卡和汽车贷款等）来构造担保债务凭证的金融工程师。2007—2008 年次贷危机在全球蔓延期间，这类资产的流动性变得极差，事实上市场对新结构化产品的需求已然不复存在。这种外界环境变化导致的结果是，对构造这些结构化产品的金融工程师的需求也发生缩减。但这并不是说结构化产品专家永远不会受到市场青睐，事实上，有些以前负责构造结构化产品的人现在正在重新构造这些产品。这些例子是想要表明对于准备申请金融工程专业的学生而言，在选择项目时既要考虑现在的商业环境，同时也要考虑未来的商业前景。

对于潜在的金融工程专业学生而言，了解现在或者未来与金融工程相关的市场和学科领域变革非常重要。以本书后面章节提及的法律风险为例，世界范围内的未决规定可能会对大银行之间的自营交易产生限制。如果你想成为大型金融机构自营交易业务量化交易员，那么理解未决或现有法律将会对交易权限产生怎样的影响尤为重要，这关系到你申请某个相关项目或者选择哪些对应课程。

本章的目的不是支持某个项目，而是给准备申请项目的学生介绍世界上不同金融工程项目之间的区别。学生应根据自己的学术目标和职业规划来选择项目。本章首先是提供金融工程项目的一些背景资料。正如之前所提到的，这些项目都有着不同的称谓，并由不同学校的不同院系开设。比如，有些项目是由工程学院开设的，有些是由数学学院开设的，还有些是由商学院开设的。然后，我们再谈谈这些项目的课程大纲，包括必修和选修课程、课程导向、实习要求、科研要求和教师团队。在本章最后，我们会说明这些项目在就业方面的优点。

本章中大部分关于项目的信息由开设项目的学术机构直接提供。我们在世界范围内各大学术机构的 150 个项目中做了一个调查，然后对调查结果进行了整理与总结，最后在本章的附录中列举出来。这份调查表的具体问题内容如下所示。

- 项目联系方式
- 项目网址
- 项目的奖学金
- 该项目与其他大学相似项目有什么不同
- 项目学位（最多 6 个）
- 基础课程和核心课程有哪些（最多 6 个）

- 选修课有哪些（最多6个）
- 有哪些课程导向（最多6个）
- 需要什么类型的研究（最多6个）
- 院长/系主任
- 项目电子邮件地址
- 每位教师负责的学生
- 教授/讲师（最多6个）
  - 姓名
  - 职称
  - 院系
  - 全职/兼职
  - 研究领域
  - 最高学位
- 项目申请数量
- 项目录取比例
- 录取学生平均成绩
- 本科学生
- 研究生
- 全日制学生
- 非全日制学生
- 学生来自哪些国家（最多5个）
- 生源地国家总数
- 工作经验（最多6个）
- 完成项目的最短时间
- 就业安置

调查中有部分项目没有在截止日期前回复我们的问题，因此本章中出现的示例表不是很详尽。本章中引用的每个项目的信息并不是完整的，所以申请学生应该在申请前将感兴趣的项目详细了解一遍再做决定。还有一个非常有用的金融工程项目信息来源：国际金融工程师协会（IAFE）网站（网址：www. iafe. org）。

金融工程项目背景信息

与其他学科领域开设的项目不同，金融工程是一个不断发展，而且非常特别的学科。特别的原因是金融工程项目不仅称谓不同，而且开设项目的学校院系也不一样。因此，统计这些项目的名称和开设院系有助于我们了解每个项目的背景信息。

项目名称

历史上第一批金融工程项目都是硕士项目。如今世界上大部分金融工程项目仍然在硕士阶段开设，但也有些大学在本科和博士阶段开设金融工程项目，还有些甚至提供金融工程认证项目，专门针对那些已经毕业但想要提升专业技能的学生。

在这些不同的学位中，有相当一部分与金融工程相关的学位并没有涉及“金融工程”这样的称谓。一般来说，项目的名称往往和开设院系有关。在接下来的部分中，我们会讨论授予金融工程相关学位的不同院系。表 3.1 展示了不包括“金融工程”字眼的项目，这个表只涉及部分用作示例的项目。

表 3.1　　项目名称示例

学校	学位
Georgia State University (U. S.) 佐治亚州立大学（美国）	MS in Mathematical Risk Management (MS MRM) 量化风险管理硕士
North Carolina State University (U. S.) 北卡罗来纳州立大学（美国）	Masters of Financial Mathematics 金融数学硕士
University of Westminster (UK) 威斯敏斯特大学（英国）	MSc in Investment and Quantitative Finance 投资与量化金融硕士
Lehigh University (U. S.) 理海大学（美国）	Master of Science in Analytical Finance 金融分析科学硕士
Dublin City University (IE) 都柏林大学（爱尔兰）	MSc in Financial and Industrial Mathematics 金融与工业数学硕士
Columbia University (U. S.) 哥伦比亚大学（美国）	MA in Mathematics of Finance 金融数学硕士
Case Western Reserve University (U. S.) 凯斯西储大学（美国）	MSM Finance MSM 金融硕士
Oxford University (UK) 牛津大学（英国）	MSc in Mathematical and Computational Finance 数学与计算金融硕士
University of Twente (NL) 特温特大学（荷兰）	Master in Applied Mathematics 应用数学硕士
University of the Witwatersrand – Johannesburg (ZA) 约翰内斯堡金山大学（南非）	BSc Honors in Advanced Mathematics of Finance 高级金融数学荣誉学士
Boston University School of Management (U. S.) 波士顿大学管理学院（美国）	Ph in Mathematical Finance 数学金融博士
University of Minnesota (U. S.) 明尼苏达大学（美国）	Post Baccalaureate Certifications – Fundamentals of Quantitative Finance (FQF) 量化金融基础证书硕士

开设院系

金融工程专业是一个综合性很强的学科，涵盖了许多别的学科领域知识，包括数学、统计学、金融学、计算机科学和工程学。所以，金融工程项目在不同学术机构中由不同的院系开设。表 3.2 就是开设金融工程类项目的院系示例。

表 3.2　开设金融工程类项目的院系示例

学校	学位	开设部门
Columbia University (U.S.) 哥伦比亚大学（美国）	Master of Science in Financial Engineering 金融工程学硕士	Industrial Engineering and Operations Research Department 工业工程与运筹系
University of Waterloo (CA) 滑铁卢大学（加拿大）	Master of Quantitative Finance 量化金融硕士	Centre for Advanced Studies in Finance 高级金融研究中心
The Hong Kong University of Science and Technology (CN) 香港科技大学（中国）	Master of Science in Mathematics (Financial Mathematics and Statistics) 数学科学硕士（金融数学和统计学方向）	Department of Mathematics 数学系
Nanyang Technological University (SG) 南洋理工大学（新加坡）	Master of Science (Financial Engineering) 科学硕士（金融工程方向）	Nanyang Business School 南洋商学院
Rensselaer Polytechnic University (U.S.) 伦斯勒理工大学（美国）	MS in Financial Engineering and Risk Analytics 金融工程与风险分析硕士	Lally School of Management and Technology 拉里管理与技术学院

有些金融工程项目是由一个大学内多个院系共同设立的。表 3.3 就是多院系共同开设金融工程项目的示例。

金融工程项目培养内容的一个重要决定性因素就是开设部门院系。有时即使项目名称相似、开设部门院系差别不大，但项目培养内容也有可能不一样。

表 3.3　多院系共同开设项目示例

学校	学位	开设部门
University of Illinois (U.S.) 伊利诺伊大学（美国）	Master of Science in Financial Engineering 金融工程学硕士	College of Engineering and College of Business 工程学院和商学院
University of Dayton (U.S.) 戴顿大学（美国）	Master's of Financial Mathematics 金融数学硕士	MBA Program and Department of Mathematics MBA 项目和数学系
Bogazici University (TR) 海峡大学（土耳其）	MS in Financial Engineering 金融工程硕士	Engineering, Management, and Mathematics Departments 工程系、管理系和数学系
University of Birmingham (UK) 伯明翰大学（英国）	MSc in Mathematical Finance 数学金融硕士	School of Mathematics and Business School's Department of Economics 数学学院和经济学院经济系
Claremont Graduate University (U.S.) 克莱蒙特研究大学（美国）	MS Financial Engineering (MSFE) 金融工程硕士（MSFE）	The Peter F. Drucker Graduate School of Management and the School of Mathematical Sciences Peter F. Drucker 管理研究院和数学科学院

课程体系

现在大量的公司和机构都在招聘金融工程师，市场需求的增加由此带来了很多可供选择的金融工程项目。准备申请项目的学生应该在了解各个项目的优缺点后，再确定自己该如何准备申请项目，选择自己想要研究学习的专业领域。这里“优缺点”不是说“好处和坏处”，而是强调项目研究重点不同。比如，有些项目多注重数学，少注重金融；有些项目多注重金融，少注重数学；有些项目注重理论知识研究，有些项目注重实际操作研究；有些项目可供选择的选修课比较多，有些项目选修课比较少等。

课程体系不同，项目针对的学生也不一样。举个例子：两个背景不同的学生，学生 A 本科专业是计算机科学，并有两年的著名软件公司的工作经验；学生 B 本科专业是金融，在一家投资银行有两年的工作经验。这两名学生都打算通过社会招聘成为量化交易员。为了在专业领域更加有竞争力，他们都需要在现有的水平上掌握新的知识和工作技能。由于他们的背景不同，他们选择的项目也不同。

这部分我们主要讨论金融工程项目在入学要求、必修课和选修课、课程导向以及教师团队这些方面上的相似点和不同点。

入学要求

大部分项目都没有工作经验要求。项目入学前的先修课程要求不尽相同，一般来说，这些项目的目标学生是已经修了大部分数学课程或者金融学课程的学生。这方面的代表项目是美国俄克拉何马州立大学开设的量化金融经济学硕士项目（MSQFE）。

MSQFE 项目提供一个富有弹性的课程体系，主要目标学生群体分为两种：工科背景的学生和商科背景的学生。工程学、物理学和统计学背景的学生有着非常好的分析能力，但是需要增强在金融应用方面的经验。商学和经济学背景的学生能够更好地理解金融应用的背景，但是需要在研究过程中提高分析能力。

必修课程和选修课程

不同金融工程项目课程的必修课和选修课差别很大。但不同的硕士项目设有相当一部分共同课程，比如随机过程、时间序列分析、金融数学、金融衍生品、固定收益证券、金融建模、投资学和资产定价等。一般来说，一个项目的必修课程只会选择其中的一部分，不会涉及全部。

有些项目要求学生修读金融或经济的基础课程，比如美国亚拉巴马大学开设的金融硕士项目必修课程中就包括金融管理、微观经济学和宏观经济学等金融或经济的基础课程，有些项目并非如此。有趣的是，也有少数项目必修课包括一门纯计算机编程课程，比如香港科技大学开设的科学硕士项目就要求学生修读 C++ 编程。你也可以选修必修课涉及的相关课程。

选修课程既包括经济或数学基础课程，又包括专业领域的课程。这些选修课可以拓展学生的视野，让学生了解相关非主修的基础学科。例如，针对想提高金融学基础的学生而开设的选修课包括美国克莱蒙特研究大学开设的财务报表分析，北卡罗来纳州立大学的债券市场和宏观经济分析，伊利诺伊大学的公司金融或财务会计课程，凯斯西储大学的国际金融课程，以及纽约大学工学院的权益证券估值分析或财务报表分析课程等。针对想提高数学基础的学生而开设的选修课包括美国伦斯勒理工学院开设的金融数学导论课程、斯坦福大学的数据挖掘与分析课程、南加利福尼亚大学的数理统计课程和美国戴顿大学的回归分析课程等。

通常来说，学生可以通过选修课来调整学习计划，使自己的知识储备和技能能够适应未来的职业规划。这些金融工程项目开设了很多选修课程，表 3.4 就是一些选修课程的示例。

表 3.4　　选修课程示例

学校	学位	选修课
University of Waterloo (CA) 滑铁卢大学（加拿大）	Master of Quantitative Finance 量化金融硕士	Portfolio Optimization 投资组合优化
Baruch College, City University of New York (U. S.) 纽约市立大学巴鲁克学院（美国）	MS in Financial Engineering 金融工程硕士	Time Series Analysis and Algorithmic Trading 时间序列分析与算法交易
Bogazici University (TR) 海峡大学（土耳其）	MS in Financial Engineering 金融工程硕士	FE 538 Valuation with Real Options FE 538 实物期权估值
Nanyang Technological University (SG) 南洋理工大学（新加坡）	MSc (Financial Engineering) 科学硕士（金融工程方向）	Exotic Options & Structured Products 奇异期权和结构化产品
NYU – Polytechnic Institute (U. S.) 纽约大学伦斯勒理工学院（美国）	Master of Science in Financial Engineering 金融工程学硕士	Behavioral Finance, Trading and Investment Strategy 行为金融、交易与投资策略
Georgia State University (U. S.) 佐治亚州立大学（美国）	MS in Mathematical Risk Management (MS MRM) 数学风险管理硕士（MS MRM）	Stochastic Term Structure and Credit Risk Models 随机期限结构模型和信用风险模型
Baruch College, City University of New York (U. S.) 纽约市立大学巴鲁克学院（美国）	MS in Financial Engineering 金融工程硕士	Commodities and Futures Trading 商品期货交易
University of the Witwatersrand – Johannesburg (ZA) 约翰内斯堡金山大学（南非）	MSc in Advanced Mathematics of Finance 高级金融数学硕士	Swaps & Exotic Options 互换交易和奇异期权
Ecole Polytechnique Fédérale de Lausanne (CH) 洛桑联邦理工学院（瑞士）	Master of Sciences in Financial Engineering 金融工程学硕士	Private Equity 私募股权
Nanyang Technological University (SG) 南洋理工大学（新加坡）	MSc (Financial Engineering) 科学硕士（金融工程方向）	Energy Derivatives 能源衍生品

续表

学校	学位	选修课
Rensselaer Polytechnic Institute (U. S.) 伦斯勒理工学院（美国）	Master of Science in Financial Engineering and Risk Analytics 金融工程和风险分析学硕士	Risk Management 风险管理
North Carolina State University (U. S.) 北卡罗来纳州立大学（美国）	Masters of Financial Mathematics 金融数学硕士	Dynamic Programming 动态规划
Olin Business School, Washington University in St. Louis (U. S.) 华盛顿大学（圣路易斯）奥林商学院（美国）	Master of Science in Finance 金融学硕士	Fixed Income Derivatives 固定收益金融衍生品
University of Limerick (IE) 利莫瑞克大学（爱尔兰）	MSc in Computational Finance 计算金融硕士	Portfolio Risk Analysis 投资组合风险分析
Carnegie Mellon University (U. S.) 卡耐基梅隆大学（美国）	Masters of Science in Computational Finance 计算金融学硕士	Credit Derivatives 信用衍生品
Olin Business School, Washington University in St. Louis (U. S.) 华盛顿大学（圣路易斯）奥林商学院（美国）	Master of Science in Finance 金融学硕士	Finance Consulting Seminar (applied learning course) 金融咨询研讨班（实验课程）
University of Alabama (U. S.) 亚拉巴马大学（美国）	Master of Science in Finance 金融学硕士	Mergers and Acquisitions 兼并与收购
University of California – Los Angeles (U. S.) 加利福尼亚大学洛杉矶分校（美国）	Master of Financial Engineering 金融工程硕士	MBS & ABS Markets 住房抵押贷款支持证券和资产支持证券市场
Columbia University (U. S.) 哥伦比亚大学（美国）	MA in Mathematics of Finance 金融数学硕士	Emerging Markets 新兴市场

有些项目开设的选修课程是基于特定的应用。这对于那些职业路径清晰而且有特定技能需求的学生而言是非常有帮助的。表3.5就是这类定向培养选修课的示例。

表3.5　　定向培养选修课程示例

学校	学位	选修课
Dublin City University (IE) 都柏林大学（爱尔兰）	MSc in Financial and Industrial Mathematics 金融与工业数学硕士	Coding and Cryptography 编程和密码学
University of Birmingham (UK) 伯明翰大学（英国）	MSc in Mathematical Finance 数学金融硕士	Semidefinite Programming 半定规划
University of Birmingham (UK) 伯明翰大学（英国）	MSc in Mathematical Finance 数学金融硕士	Combinatorial Optimization 组合优化

续表

学校	学位	选修课
University of Twente（NL） 特温特大学（荷兰）	Master in Applied Mathematics 应用数学硕士	Stochastic Filtering and Control Theory 随机滤波与控制理论
Oklahoma State University（U. S.） 俄克拉何马州立大学（美国）	Masters of Science in Quantitative Financial Economics 量化金融经济学硕士	Power Systems and Regulation 能源系统与法规

课程导向

项目课程导向能够给学生提供一个更有结构的课程体系。例如美利坚大学（American University）一共提供五个不同的课程导向，包括投资学、公司金融、风险管理、国际金融和房地产金融；美国伦斯勒理工学院的课程导向分为金融技术导向和金融分析导向；荷兰屯特大学课程导向分为管理导向和数学导向；佛罗里达州立大学课程导向分为保险精算导向和回归分析与金融时间序列导向。

相反，有些项目的必修课非常少，选修课却相当丰富，比如佛罗里达大学开设的金融学硕士项目。这些定向培养项目和不定向培养项目都有各自的优点和缺点，但是申请者可以根据自己的职业目标来选择最适合自己的项目。

实习要求/科研要求

有些项目的课程体系中包括对学生的实习经历或者科研经历要求。例如，肯特州立大学开设的金融工程硕士项目要求学生毕业前有一段相关的实习经历。荷兰屯特大学开设的应用数学硕士项目要求学生在项目第二学年的第二学期在金融机构完成一份全职科研工作。

教师团队

这些金融工程项目的教师团队中，有些教师有牢固的理论基础，有些教师有丰富的解决金融工程实际问题的经验。这些有丰富实操经验的教师一般是校外金融行业从业人员，是项目的兼职教师。但很多全职教师同样也有在金融工程行业的实操经验。因此，项目教师团队是学生们获取知识和经验的主要来源。

有些项目在理论基础和实操经验方面相对比较平衡。这两方面孰轻孰重取决于准备申请的学生偏向于学习基础知识还是掌握实操技能。

如果企业想要招聘有特定能力而且能快速上手的毕业生，那么实践经验就是面试官考虑的一个非常重要的因素。对于教授同一门课程的两名教师而言，他们传授给学生的实操经验和理论知识深度是不同的。因此，企业在决定录用毕业生时会评估他们在这两方面的实际水平。有些企业会偏好理论知识牢固的毕业生，以及可以在工作中培养新技能的毕业生。还有些会偏好有特定技能和有较强解决问题能力的学生，对于学生在项目学习期间学习了什么技能并不是很在意。但总的来说，项目的教师团队所讲授的内容是决定毕业生是否适合企业某个特定岗位的重要因素。

就业

准备申请项目的学生的最终目标是就业。有些学生有明确的想要从事的工作领域，有些学生有明确的目标工作地点，有些学生有明确的目标公司。无论学生的就业目标有多详细，在课堂教学之外，仍有大量关于项目能否帮助学生实现就业目标的因素需要考虑。例如，大多数项目都会提供一份毕业生实习和就业率的报告，这有利于申请学生在入学前考量项目。我们在这部分还将从机构合作、校友网络和地理位置几方面来了解金融工程项目。

机构合作

大部分项目都与其他机构建立了合作关系，方便其培养的学生通过合作关系进入就业岗位。不同项目开展合作的机构类型不同，优点也各不相同。有些项目和很多企业都有广泛的合作，而有的项目是和某家企业合作密切。还有些项目和当地企业开展了密切合作，这有助于想留在当地就业的学生。例如，凯斯西储大学 MSM 金融硕士项目与 MSM 金融硕士和 MBA 双学位项目就提供了以下优势：

位于克里夫兰的凯斯西储大学与当地的银行机构、联邦储备委员会、金融机构、对冲基金和中大型跨国公司都有良好的合作。院系老师与上述许多公司建立起紧密的合作关系。此外我们的校友网络也为学生的调研和实习机会等提供了很好的资源。

威特沃特斯兰德大学开设的高级金融数学的荣誉理学学士项目、科学硕士项目和博士项目就自夸称有着“南非最大的教师团队”，而且“与南非国家金融部门有着长期合作关系”。

有些项目能给学生提供接触国外市场的机会。比如，明尼苏达大学中国研究中心就给学生提供接触新兴市场中国的机会。

所有学校都提供校友资源来帮助学生们实习和工作。

地理位置

现如今，所有的发达国家及发展中国家，都开设了金融工程专业。对于有明确目标工作地点的学生，专业所处的地理位置是他们考虑的因素，这对于有些不知道自己想去哪里工作的学生同样重要。但是地理位置不应该成为学生选择项目的决定性因素。例如，在新加坡的企业可以招聘在纽约的毕业生，反过来也可以。学生们应该更多地考虑想要工作的市场领域和公司，然后再寻找最可能符合自己职业规划的项目。而用人企业应该了解除当地以外的项目，这有助于他们招到非常优秀的毕业生。

有些项目是跨地域修读的，这样方便学生接触多个区域的市场。比如，新加坡南洋商学院的金融工程学硕士项目就是和美国卡耐基梅隆大学合作办学的。该项目的学生将会在卡耐基梅隆大学上 7 个星期的课程，获得卡耐基梅隆大学的金融数学证书，他们毕业时还被南洋理工大学授予金融工程硕士学位。

结论

所有对金融工程项目讨论的主题都是不同的。世界上不同学术机构部门提供的课程各不相同，授予的学位也不同。这意味着金融工程项目的申请者能够根据自己的职业规划选择项目。值得强调的是，正是这种多样性使得没有任何一个项目能够完全适合每一个人。因此，申请者在决定项目是否适合自己的职业目标前，应该对每个项目都要有详细的了解。

附录：项目目录

您可以联系 info@ sbccgroup. com 获取所调查项目的更详细资料。

学校	项目	地理位置
Birkbeck College，University of London 伦敦大学伯贝克学院	MSc Financial Engineering 金融工程硕士	英国伦敦
Birkbeck College，University of London 伦敦大学伯贝克学院	MSc Finance 金融硕士	英国伦敦
Birkbeck College，University of London 伦敦大学伯贝克学院	MSc Finance & Commodities 金融与大宗商品学硕士	英国伦敦
Brunel University 英国布鲁内尔大学	MSc Modelling and Management of Risk 风险建模与管理硕士	英国米德尔 塞克斯郡
Cambridge University，Judge School 剑桥大学商学院	Master of Finance 金融硕士	英国剑桥
Cambridge University，Judge School 剑桥大学商学院	MPhil Finance（Financial Engineering Specialization） 研究型硕士（金融工程方向）	英国剑桥
City University，Cass School 伦敦城市大学卡斯商学院	MSc Financial Mathematics 金融数学硕士	英国伦敦
City University，Cass School 伦敦城市大学卡斯商学院	MSc Quantitative Finance（Formerly FEE） 量化金融硕士	英国伦敦
City University，Cass School 伦敦城市大学卡斯商学院	MSc Mathematical Finance & Trading 数学金融与交易硕士	英国伦敦
Dublin City University 都柏林大学	MSc Financial & Industrial Mathematics 金融与工业数学硕士	爱尔兰 都柏林
Herriot Watt University 赫瑞·瓦特大学（海威大学）	MSc Financial Mathematics 金融数学硕士	英国爱丁堡
Imperial College Business School 帝国理工商学院	MSc Mathematics & Finance 数学与金融硕士	英国伦敦

续表

学校	项目	地理位置
Imperial College Business School 帝国理工商学院	MSc Risk Management and Financial Engineering 风险管理与金融工程硕士	英国伦敦
King's College，London 伦敦大学国王学院	MSc Financial Mathematics 金融数学硕士	英国伦敦
Queen's University，Belfast 贝尔法斯特女王大学	MSc Finance 金融硕士	北爱尔兰 贝尔法斯特
Leeds University 利兹大学	MSc Financial Mathematics 金融数学硕士	英国利兹
Leicester University 莱斯特大学	MSc Financial Mathematics & Computation 金融数学与计算硕士	英国莱斯特
Liverpool John Moores University 利物浦约翰摩尔斯大学	MSc International Banking & Finance 国际银行与金融硕士	英国利物浦
London Business School 伦敦商学院	MSc Finance 金融硕士	英国伦敦
Manchester Business School，Manchester University 曼彻斯特大学商学院	MSc Finance 金融硕士	英国曼彻斯特
Manchester Business School，Manchester University 曼彻斯特大学商学院	MSc Finance & Economics 金融与经济学硕士	英国曼彻斯特
Manchester Business School，Manchester University 曼彻斯特大学商学院	MSc Quantitative Finance（Financial Engineering or Risk Management Track） 量化金融硕士（金融工程方向或风险管理方向）	英国曼彻斯特
Manchester Business School，Manchester University 曼彻斯特大学商学院	MSc Mathematical Finance 数学金融硕士	英国曼彻斯特
Oxford University，Said Business School 牛津大学赛德商学院	MSc Financial Economics 金融经济学硕士	英国牛津
Oxford University 牛津大学	MSc Mathematical & Computational Finance 数学与计算金融硕士	英国牛津
University of Birmingham 伯明翰大学	MSc Mathematical Finance 数学金融硕士	英国伯明翰
University College Dublin，Smurfit School 都柏林大学迈克尔·斯莫菲特商学院	MSc Finance 金融硕士	爱尔兰都柏林
University College Dublin，Smurfit School 都柏林大学迈克尔·斯莫菲特商学院	MSc Quantitative Finance 量化金融硕士	爱尔兰都柏林
University College Dublin，Smurfit School 都柏林大学迈克尔·斯莫菲特商学院	MSc Risk Management 风险管理硕士	爱尔兰都柏林

续表

学校	项目	地理位置
ICMA Centre，University of Reading 雷丁大学国际资本市场协会（ICMA）中心	MSc Financial Engineering 金融工程硕士	英国雷丁
ICMA Centre，University of Reading 雷丁大学国际资本市场协会（ICMA）中心	MSc International Securities，Investment and Banking 国际证券投资与银行管理硕士	英国雷丁
ICMA Centre，University of Reading 雷丁大学国际资本市场协会（ICMA）中心	MSc Financial Risk Management 金融风险管理硕士	英国雷丁
University of Dublin，Trinity College 都柏林大学圣三一学院	MSc Finance 金融硕士	爱尔兰都柏林
University of Essex 英国埃塞克斯大学	MSc Computational Finance 计算金融硕士	英国埃塞克斯
University of Exeter 埃克塞特大学	MSc Financial Mathematics 金融数学硕士	英国埃克塞特
University of Limerick，Kemmy School 利莫瑞克大学凯米商学院	MSc Computational Finance 计算金融硕士	爱尔兰利莫瑞克
University of Westminster 威斯敏斯特大学	MSc Investment & Risk Finance 投资与风险金融硕士	英国伦敦
University of York 约克大学	MSc Mathematical Finance 数学金融硕士	英国约克
Warwick University 华威大学	MSc Financial Mathematics 金融数学硕士	英国华威
American University，Kogod School of Business 美利坚大学商学院	MS Finance 金融硕士	美国 华盛顿特区
Asbury College 阿斯伯里学院	BA Financial Mathematics 金融数学学士	美国肯塔 基州维尔莫
Baruch College，City University of New York 纽约市立大学巴鲁克学院	MS Financial Engineering 金融工程硕士	美国纽约州 纽约市
Ball State University 鲍尔州立大学	BS Financial Mathematics 金融数学学士	美国印第安 纳州曼西
Bentley College 本特利大学	MS Finance 金融硕士	美国马萨诸塞州 沃尔瑟姆
Boston College，Carroll School 波士顿学院卡罗尔管理学院	MS Finance 金融硕士	美国马萨诸塞州 波士顿
Boston University 波士顿大学	MS Mathematical Finance 数学金融硕士	美国马萨诸塞州 波士顿

续表

学校	项目	地理位置
Brandeis University 布兰迪斯大学	MS Finance 金融硕士	美国马萨诸塞州 沃尔瑟姆
Carnegie Mellon University, Tepper School 卡耐基梅隆大学泰珀商学院	MS Computational Finance 计算金融硕士	美国宾夕法尼亚州 匹兹堡
Carnegie Mellon University, Tepper School 卡耐基梅隆大学泰珀商学院	MBA Financial Engineering 金融工程 MBA	美国宾夕法尼亚州 匹兹堡
Case Western University, Weatherhead School 凯斯西储大学维泽赫德管理学院	Master of Science in Management in Finance 金融管理硕士	美国俄亥俄州 克利夫兰
Claremont Graduate University, Drucker School 克莱蒙特研究大学德鲁克学院	MS Financial Engineering 金融工程硕士	美国加利福尼亚州 克莱蒙特
Clark University 克拉克大学	MS Finance 金融硕士	美国马萨诸塞州 伍斯特市
Columbia University 哥伦比亚大学	MA Mathematics of Finance 金融数学硕士	美国纽约州 纽约市
Cornell University 康奈尔大学	MSc Engineering (Concentration in Financial Engineering) 工程硕士（金融工程方向）	美国纽约州 伊萨卡
DePaul University 德保罗大学	MS Computational Finance 计算金融硕士	美国伊利诺伊州 芝加哥
DePaul University, Kellstadt School 德保罗大学查尔斯凯尔斯塔特商学院	MS Finance 金融硕士	美国伊利诺伊州 芝加哥
Drexel University 德雷塞尔大学	MS Finance 金融硕士	美国宾夕法尼亚州 费城
Fairfield University, Dolan School 费尔菲尔德大学多兰商学院	MS Finance 金融硕士	美国康涅狄格州 费尔菲尔德
Florida State University 佛罗里达州立大学	MS Financial Mathematics 金融数学硕士	美国佛罗里达州 塔拉哈西
Fordham University 福特汉姆大学	MS in Quantitative Finance 量化金融硕士	美国纽约州 纽约市
Fordham University 福特汉姆大学	Advanced Certificate in Financial Computing 金融计算高级证书学位	美国纽约州 纽约市
George Washington University 乔治・华盛顿大学	MS Finance 金融硕士	美国 华盛顿特区
Georgia Institute of Technology 佐治亚理工学院	MS Quantitative and Computational Finance 量化与计算金融硕士	美国佐治亚州 亚特兰大

续表

学校	项目	地理位置
Georgia State University 佐治亚州立大学	MSc Mathematical Risk Management 数学风险管理硕士	美国佐治亚州 亚特兰大
Golden Gate University 金门大学	MS Finance 金融硕士	美国加利福尼亚州 旧金山
Hofstra University 霍夫斯特拉大学	MS Quantitative Finance 量化金融硕士	美国纽约州 亨普斯特德
James Madison University 詹姆斯麦迪逊大学	BS Quantitative Finance 量化金融学士	美国弗吉尼亚州 哈里森堡
Johns Hopkins University—Carey School 约翰霍普金斯大学商学院	MS Finance（Part – Time） 金融硕士（非全日制）	美国马里兰州 巴尔的摩
Illinois Institute of Technology，Stuart School 伊利诺伊斯理工大学斯图尔特商学院	MS Finance 金融硕士	美国伊利诺伊州 芝加哥
Kent State University 肯特州立大学	MS Financial Engineering 金融工程硕士	美国俄亥俄州肯特
Lehigh University 理海大学	MS Analytical Finance 分析金融硕士	美国宾夕法尼亚州 伯利恒
Louisiana State University，EJ Ourso School 路易斯安那州立大学 EJ Ourso 学院	MS Finance with Minor in Mathematics 金融硕士（兼修数学）	美国路易斯安那州 巴吞鲁日
Loyola College，Sellinger School 马里兰洛约拉学院塞林格商学院	MS Finance 金融硕士	美国马里兰州 巴尔的摩市
Massachusetts Institute of Technology 麻省理工学院	MF in Finance 金融硕士	美国马萨诸塞州 剑桥市
New Mexico State University 新墨西哥州立大学	Professional MS in Financial Mathematics 金融数学专业硕士	美国新墨西哥州 拉斯克鲁塞斯
New York University，Courant Institute 纽约大学库朗数学研究所	MS Mathematical Finance 数学金融硕士	美国纽约州 纽约市
North Carolina State University 北卡罗来纳州立大学	MS Financial Mathematics 金融数学硕士	美国北卡罗来纳州 雷利
Northwestern University，Kellogg School 西北大学凯洛格管理学院	Ph in Finance 金融博士	美国伊利诺伊州 埃文斯顿
Oklahoma State University，Spears School 美国俄克拉何马州立大学 Spears 商学院	MS Quantitative Financial Economics 量化金融经济学硕士	美国俄克拉何马州 斯蒂尔沃特
Polytechnic Institute of New York University 纽约大学工学院	MS Financial Engineering 金融工程硕士	美国纽约州 纽约市
Princeton University 普林斯顿大学	MF in Finance 金融硕士	美国新泽西州 普林斯顿

续表

学校	项目	地理位置
Purdue University, Krannert School 普渡大学克兰纳特管理学院	MS Finance 金融硕士	美国印第安纳州 西拉法叶
Purdue University 普渡大学	MS Mathematics with Specialisation in Computational Finance 数学硕士（计算金融方向）	美国印第安纳州 西拉法叶
Purdue University 普渡大学	MS Statistics with Specialisation in Computational Finance 统计硕士（计算金融方向）	美国印第安纳州 西拉法叶
Queens College (City University of New York) 皇后学院（纽约市立大学）	MS in Risk Management 风险管理硕士	美国纽约州 纽约市
Rensselaer Polytechnic Institute, Lally School 美国伦斯勒理工学院拉里管理学院	MS in Management (Concentration in Financial Engineering & Risk Analytics) 管理硕士（金融工程与风险分析方向）	美国纽约州 特洛伊
Rutgers University (New Brunswick – Piscataway) 罗格斯大学（新伯朗士威校区）	MS Mathematical Finance 数学金融硕士	美国新泽西州 皮斯卡塔韦
Rutgers University 罗格斯大学	MS Quantitative Finance 量化金融硕士	美国新泽西州 纽瓦克
Saint Mary's College of California 加州圣玛丽学院	MS Financial Analysis and Investment Management (FAIM) 金融分析与投资管理硕士（FAIM）	美国加利福尼亚州 莫拉加
San Diego State University 圣地亚哥州立大学	BS in Applied Mathematics (Emphasis in Mathematical Finance) 应用数学学士（数学金融方向）	美国加利福尼亚州 圣地亚哥
Seattle University, Albers School 西雅图大学阿尔伯斯经济贸易学院	MS Finance 金融硕士	美国华盛顿州 西雅图
Stanford University 斯坦福大学	MSc Financial Mathematics 金融数学硕士	美国加利福尼亚州 斯坦福
State University of New York – Buffalo 纽约州立大学布法罗分校	MS Finance 金融硕士	美国纽约州 布法罗
Stevens Institute of Technology 斯蒂文斯理工学院	MS Financial Engineering (Technology Track) — Distance Learning 金融工程硕士（技术方向）——远程教育项目	美国新泽西州 霍博肯市
Stony Brook University 纽约州立大学石溪分校	MS Financial Mathematics 金融数学硕士	美国纽约市 长岛

续表

学校	项目	地理位置
Temple University，Fox School of Business 天普大学福克斯商学院	MS Financial Engineering 金融工程硕士	美国宾夕法尼亚州 费城
Texas A&M University 得克萨斯 A&M 大学	MS Financial Mathematics 金融数学硕士	美国得克萨斯州 卡城
Tulane University，Freeman School 杜兰大学弗里曼商学校	MF in Finance 金融硕士	美国路易斯安那州 新奥尔良， 得克萨斯州 休斯敦
UC Berkeley，Haas School 加州大学伯克利分校哈斯商学院	MS Financial Engineering 金融工程硕士	美国加利福尼亚州 伯克利
University of Alabama – Culverhouse 亚拉巴马大学 Culverhouse 商学院	MS Finance 金融硕士	美国亚拉巴马州 塔斯卡卢萨县
University of Arizona – Eller 亚利桑那大学	MS Finance 金融硕士	美国亚利桑那州 图森
University of California – Los Angeles 加利福尼亚大学洛杉矶校区	MS Financial Engineering 金融工程硕士	美国加利福尼亚州 洛杉矶
University of California – Santa Barbara 加利福尼亚大学圣塔巴巴校区	BS Financial Mathematics and Statistics 金融数学与统计学士	美国加利福尼亚州 圣塔巴巴
University of Chicago 芝加哥大学	MS Financial Mathematics 金融数学硕士	美国伊利诺伊州 芝加哥
University of Connecticut 康涅狄格大学	Professional MS Applied Financial Mathematics 应用金融数学专业硕士	美国康涅狄格州 斯托斯
University of Dayton 戴顿大学	Master in Financial Mathematics 金融数学硕士	美国俄亥俄州 戴顿
University of Denver，Daniels College of Business 丹佛大学丹尼尔斯商学院	MS Finance 金融硕士	美国科罗拉多州 丹佛市
University of Florida，Hough Graduate School 佛罗里达大学惠灵顿工商管理霍夫研究生院	MS Finance 金融硕士	美国佛罗里达州 盖恩斯维尔
University of Hawaii，Shidler College of Business 夏威夷大学商学院	MS Financial Engineering 金融工程硕士	美国夏威夷州 火奴鲁鲁
University of Houston，Bauer College of Business 休斯敦大学鲍尔商学院	MS Finance 金融硕士	美国得克萨斯州 休斯敦
University of Illinois at Urbana – Champaign 伊利诺伊大学厄巴纳—香槟分校	MS Finance 金融硕士	美国伊利诺伊州 香槟
University of Illinois at Urbana – Champaign 伊利诺伊大学厄巴纳—香槟分校	MS Financial Engineering 金融工程硕士	美国伊利诺伊州 香槟

续表

学校	项目	地理位置
University of Michigan 密歇根大学	MS Financial Engineering 金融工程硕士	美国密歇根州 安娜堡
University of Minnesota 明尼苏达大学	Master in Financial Mathematics 金融数学硕士	美国明尼苏达州 明尼阿波利斯
University of North Carolina at Charlotte 北卡罗来纳大学夏洛特分校	MS Mathematical Finance 数学金融硕士	美国北卡罗来纳州 夏洛特
University of Pittsburgh 匹兹堡大学	Professional Science MS Mathematical Finance 数学金融专业科学硕士	美国宾夕法尼亚州 匹兹堡
University of Rochester, Simon School 罗切斯特大学西蒙商学院	MS Finance 金融硕士	美国纽约州 罗切斯特
University of Southern California 南加利福尼亚大学	MS Mathematical Finance 数学金融硕士	美国加利福尼亚州 洛杉矶
University of Tulsa 塔尔萨大学	MS Finance 金融硕士	美国俄克拉何马州 塔尔萨
University of Wisconsin – Madison 威斯康星大学麦迪逊分校	Quantitative Masters in Finance 量化金融硕士	美国威斯康星州 麦迪逊
Vanderbilt University, Owen School 范德堡大学欧文管理学院	MS Finance (Quantitative Track) 金融硕士（量化方向）	美国田纳西州 纳什维尔
Washington University in St. Louis, Olin School 华盛顿大学（圣路易斯）奥林商学院	MS Finance 金融硕士	美国密苏里州 圣路易斯
Worchester Polytechnic Institute 伍斯特理工学院	MSc Financial Mathematics 金融数学科学硕士	美国马萨诸塞州 伍斯特
HEC Montreal 蒙特利尔高等商学院	MSc Financial Engineering 金融工程硕士	加拿大蒙特利尔
McMaster University 麦克马斯特大学	MSc in Financial Mathematics 金融数学硕士	加拿大汉密尔顿
Université de Montreal 蒙特利尔大学	MSc Financial Mathematics & Computational Finance 金融数学与计算金融硕士	加拿大蒙特利尔
Université Laval 拉瓦尔大学	MSc Financial Engineering 金融工程硕士	加拿大魁北克
University of Toronto 多伦多大学	MS Mathematical Finance 数学金融硕士	加拿大多伦多
University of Waterloo 滑铁卢大学	MSc Quantitative Finance 量化金融硕士	加拿大滑铁卢

续表

学校	项目	地理位置
University of Western Ontario 西安大略大学	MS Applied Mathematics (Research in Financial Mathematics) 应用数学硕士（金融数学方向）	加拿大 安大略省伦敦
Université du Québec à Montréal (UQAM) 魁北克大学蒙特利尔分校	MSc Applied Finance 应用金融硕士	加拿大蒙特利尔
York University 约克大学	MS Financial Engineering 金融工程硕士	加拿大多伦多
City University - Hong Kong 香港城市大学	MSc Finance 金融硕士	中国香港
City University - Hong Kong 香港城市大学	MSc Financial Engineering 金融工程硕士	中国香港
Hong Kong University of Science of Technology (HKUST) 香港科技大学	MSc Investment Management 投资管理硕士	中国香港
Hong Kong University of Science of Technology (HKUST) 香港科技大学	MSc Financial Analysis 金融分析硕士	中国香港
Hong Kong University of Science of Technology (HKUST) 香港科技大学	MSc Mathematics (Financial Mathematics & Statistics) 数学硕士（金融数学和统计学方向）	中国香港
Hong Kong University (HKU) 香港大学	MF in Financial Engineering 金融工程硕士	中国香港
Macquarie University 麦考瑞大学	Masters of Applied Finance 应用金融硕士	澳大利亚悉尼
University of New South Wales 新南威尔士大学	MSc Finance 金融硕士	澳大利亚悉尼
University of Technology Sydney 悉尼科技大学	MSc Quantitative Finance 量化金融硕士	澳大利亚悉尼
National University of Singapore (NUS) 新加坡国立大学	MSc Financial Engineering 金融工程硕士	新加坡
National University of Singapore (NUS) 新加坡国立大学	MSc Quantitative Finance 量化金融硕士	新加坡
Singapore Management University (SMU) 新加坡管理大学	MSc Applied Finance 应用金融硕士	新加坡
National Tsing Hua University 台湾清华大学	MSc Quantitative Finance 量化金融硕士	中国台北

续表

学校	项目	地理位置
University of Melbourne 墨尔本大学	MSc Applied Finance 应用金融硕士	澳大利亚墨尔本
Bar Ilan University 巴伊兰大学	MSc Financial Mathematics 金融数学硕士	以色列拉马特甘
Bogazici University 海峡大学	MSc Financial Engineering 金融工程硕士	土耳其伊斯坦布尔
Duisenberg School of Finance 德伊森贝赫金融学院	MSc Risk Management 风险管理硕士	荷兰阿姆斯特丹
Duisenberg School of Finance 德伊森贝赫金融学院	MSc Corporate Finance and Banking 公司金融与银行管理硕士	荷兰阿姆斯特丹
Ecole Polytechnique Fédérale de Lausanne 洛桑联邦理工学院	MSc Financial Engineering 金融工程硕士	瑞士洛桑
EDHEC 艾代克高等商学院（法国北方高等商学院）	MSc Finance 金融硕士	法国里尔
ETH/UZH – Zurich 苏黎世大学	Master of Science in Quantitative Finance 量化金融科学硕士	瑞士苏黎世
European School of Management (ESCP – EAP) 欧洲管理学院	Specialized Master in Finance 金融专业硕士	巴黎、伦敦、马德里
Frankfurt School of Finance & Management 法兰克福金融管理学院	MSc Quantitative Finance 量化金融硕士	德国法兰克福
Frankfurt School of Finance & Management 法兰克福金融管理学院	MSc Finance 金融硕士	德国法兰克福
HEC 巴黎高等商学院	MSc International Finance 国际金融硕士	法国巴黎
International University of Monaco 摩纳哥国际大学	Masters in Finance 金融硕士	摩纳哥芳特维耶
ISCTE Business School 里斯本工商管理大学商学院	MSc Finance 金融硕士	葡萄牙里斯本
Middle East Technical University 中东技术大学	MSc Financial Mathematics 金融数学硕士	土耳其安卡拉
Tilburg University 荷兰蒂尔堡大学	MSc Quantitative Finance and Actuarial Science 量化金融和精算硕士	荷兰蒂尔堡
Tilburg University 荷兰蒂尔堡大学	MSc Finance 金融硕士	荷兰蒂尔堡
Universidad Carlos III de Madrid 马德里卡洛斯三世大学	MSc Financial Analysis 金融分析硕士	西班牙马德里

续表

学校	项目	地理位置
Università Bocconi 博科尼大学	MA Quantitative Finance & Risk Management 量化金融和风险管理硕士	意大利米兰
Universität Konstanz 康斯坦茨大学	Masters in Mathematical Finance 数学金融硕士	德国康斯坦茨
Université de Genève（HEC） 瑞士日内瓦大学	MSc Finance 金融硕士	瑞士日内瓦
Université de Lausanne（HEC） 洛桑大学	MSc Finance 金融硕士	瑞士洛桑
Université de Neuchâtel 瑞士纽沙泰尔大学	MSc Finance 金融硕士	瑞士纽沙泰尔
Université Panthéon – Assas 巴黎第二大学	MSc Finance 金融硕士	法国巴黎
University of St. Gallen 圣加仑大学	MSc Quantitative Economics and Finance 量化经济学和金融硕士	瑞士圣加仑
University of Twente 特温特大学	MSc Applied Mathematics and MSc Industrial Engineering & Management（Specialization in Financial Engineering） 应用数学硕士和工业工程与管理硕士（金融工程方向）	荷兰特温特
Universiteit van Amsterdam，Amsterdam Business School 阿姆斯特丹大学阿姆斯特丹商学院	Master in International Finance（Quantitative Finance Track） 国际金融硕士（量化金融方向）	荷兰阿姆斯特丹
Universiteit van Amsterdam，Korteweg – de Vries Institute with Vrije Universteit & Universiteit Utrecht 阿姆斯特丹大学	MSc Stochastics and Financial Mathematics 推测学和金融数学硕士	荷兰阿姆斯特丹
Università di Torino 都灵大学	MSc Quantitative Finance 量化金融硕士	意大利都灵
University of Piraeus 希腊比雷埃夫斯大学	MSc in Banking and Financial Management 银行与金融管理硕士	希腊比雷埃夫斯
Vienna Institute of Technology 维也纳理工学院	Masters in Finance 金融硕士	奥地利维也纳
Warsaw University 华沙大学	Masters in Quantitative Finance 量化金融硕士	波兰华沙
North – West University 西北大学	MSc Financial Mathematics 金融数学硕士	南非 波切夫斯特鲁姆

续表

学校	项目	地理位置
North – West University 西北大学	MSc Quantitative Risk Management 量化风险管理硕士	南非 波切夫斯特鲁姆
University of Capetown 开普敦大学	MSc Mathematics of Finance 金融数学硕士	南非开普敦
University of Pretoria 比勒陀利亚大学	MSc Financial Engineering 金融工程硕士	南非比勒陀利亚
University of Pretoria 比勒陀利亚大学	MSc Mathematics of Finance 金融数学硕士	南非比勒陀利亚
University of Sao Paulo（Portuguese） 巴西圣保罗大学	Professional Masters—Mathematical Modeling in Finance 金融数学建模专业硕士	巴西圣保罗
University of Stellenbosch 斯坦林布什大学	MComm in Financial Risk Management 金融风险管理硕士	南非斯坦林布什
University of the Free State 南非自由州大学	MSc Mathematical Statistics 数理统计学硕士	南非布隆方丹
University of the Witwatersrand 金山大学	MSc Mathematics of Finance 金融数学硕士	南非约翰内斯堡

第二部分

金融工程及主要市场的演变

Chapter Four

固定收益市场　第4章

佩鲁文巴·萨蒂什[①]

固定收益市场概述

历史： 利率衍生品市场的发展始于20世纪70年代晚期。利率衍生工具起初主要被承担利率波动风险的公司用于风险管理。但很快其他投资者为满足对冲和投资的需求也开始进行利率衍生品交易。这些早期的衍生品交易最终促进了更加复杂和结构化的金融产品的发展。基于这些因素，利率衍生品在当今全球衍生品市场中占有最大份额。

规模： 利率市场在场外（OTC）和场内衍生品市场中均占据着最大的份额。1998年底至2009年底，场外利率衍生品市场的规模从50万亿美元增长到约449万亿美元，同时场内交易的衍生品规模从12.6万亿美元增长至67万亿美元。

产品： 场外利率衍生产品包括利率互换（固定换固定或固定换浮动）、利率上限期权、利率下限期权、领式期权、走廊式期权、互换期权、权证、远期利率协议（FRAs）和债券期权。场内利率衍生产品包括各类国债、票据、联邦基金、欧洲美元和欧元日元的利率期货。

首次发行： 1975年，芝加哥期货交易所（Chicago Board of Trade）首次创造了基于美国政府国民抵押贷款协会即吉利美（Ginnie Mae）抵押贷款转手证券的利率期货合约。虽然合约一开始取得成功，但最终走向失败。第一个真正意义上成功的利率期货合约是由芝加哥商品交易所于同年发行的一个基于90天美国国库券的期货合约。利率互换协议于1982年首次交易，在这一协议中，学生贷款市场协会（Student Loan Marketing Association，简称Sallie Mae）成功地把其对中期负债的固定利息支付转化为以三个月国债利率计息的浮动利息支付。

著名事件：

1989年：由于利率上升导致现金流出现危机，英国哈默史密斯—富勒姆区政府在价值近100亿美元的利率互换和期权合约上出现违约。最终，英国法院裁定哈默史密斯—富勒姆区以及其他参与衍生品交易的地方政府参与利率衍生品合约的交易行为超出其法定的权力。

---

① 佩鲁文巴·萨蒂什（Peruvemba Satish）是好事达投资有限公司（Allstate Investments，LLC）的董事总经理兼首席风险官（CRO）。他在过去15年担任风险管理、投资组合管理和定量研究领域的高级领导职务。他获得得克萨斯大学奥斯汀分校金融学博士学位。

1994 年：宝洁（Procter & Gamble）和银行信托公司（Bankers Trust Company）签署了两份高杠杆利率互换协议，协议的签订使交易双方对市场波动更为敏感。如果利率持续下滑，这些协议能给宝洁公司带来可观的收入。然而，利率的一次突然上升使得宝洁公司遭受 1.57 亿美元的损失。

1994 年：空气化工产品有限公司（Air Products & Chemicals）与美国信孚银行（Bankers Trust）进行了衍生品交易。空气化工产品有限公司试图通过该交易的互换将其支付高固定利率的债务转换为支付较低浮动利率的债务，以降低共计 18 亿美元贷款和债券的利息成本。为实现这一目标，该公司签订了一份 5 倍杠杆利率互换合约。然而最终利率出现上涨，该公司遭受了 9 640 万美元的税前损失。

最佳供应商（2009）：由《环球金融》杂志评选的最佳利率衍生品供应商是北美市场上的摩根大通（JP Morgan）、欧洲市场上的渣打银行（Standard Chartered），以及亚洲市场上的苏格兰皇家银行（RBS）。

应用：利率衍生工具的功能包括对冲利率风险敞口、减轻现金流波动、降低融资成本以及对资本市场中债券定价的差异进行套利。

用户：利率衍生品的投资者包括金融和非金融公司、政府机构和各类国际机构。

引言

全球固定收益市场涵盖了结构和复杂性差异较大的各类证券，这些固定收益证券占据机构投资者投资组合的很大比例。它们为自营交易员和对冲基金经理提供了具有充分规模和流动性的市场来实施相对定价、套利和方向性的策略，同时也直接或间接地为投资者提供了大量有关金融市场稳定健康和宏观经济状况的信息。

过去十年，固定收益投资总体而言跑赢了股票投资。2000 年 9 月至 2010 年 9 月，MSCI 发达国家指数（美国除外）和标准普尔 500 指数的年回报率分别为 1.6% 和 -1.4%。相比之下，巴克莱美国公司（Barclays US Corporate）债券指数上涨 6.9%，巴克莱美国高收益债券指数和巴克莱欧洲公司债券指数的回报率均为 9.4%。而在新兴市场，主权债务和股票投资具有同样出色的表现：MSCI 新兴市场股指上涨 11.2%，巴克莱主权债务指数上涨 11%。如今，随着全球经济走出 2008 年的次贷危机的阴影，固定收益市场正进入一个充满不确定和显著变化的时期。

就需求端而言，2008 年金融市场崩溃后，投资者对固定收益证券表现出极大的投资热情。根据美国投资公司协会（Investment Company Institute，ICI）的数据，2007 年 1 月至 2010 年 7 月，共有 6 980 亿美元流入美国债券共同基金市场，然而同期股票基金市场出现了 1 530 亿美元的资金流出。如图 4.1 所示，约 70% 的债券现金流入发生于 2008 年 9 月之后。

全球低利率环境下对收益的渴求、对过去几年中股票市场表现的失望、经济增长放缓情形下对股票市场投资高风险的担忧，以及对通货紧缩的恐惧使得大量资金涌入固定收益市场。此外，由于退休人口倾向于将更多资金投入固定收益市场，发达国家的人口老龄化

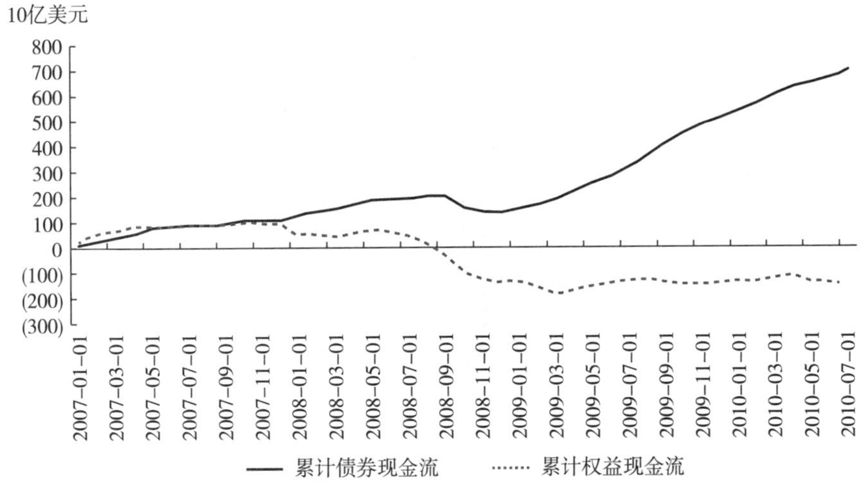

图 4.1 累积长期美国共同基金现金流（2007 年 1 月至 2010 年 7 月）

［资料来源：美国投资公司协会（http：//www. ici. org）］

趋势也可能使固定收益市场持续出现资金流入。为实现这一目标，养老基金在施行债务驱动型投资时，也将进一步增加在这些市场的资金配置。

就供给端而言，一个完全不同的趋势正在出现。金融体系和公司资产负债表的大规模去杠杆化导致固定收益证券供应量下降，一些在信贷泡沫期间出现的金融产品也将不复存在。政府为弥补经济刺激政策带来的巨额预算赤字而大量发行的政府债券在一定程度上缓解了上述现象。债务再投资的挑战、证券供求关系的错配，以及发达经济体对新兴市场主权债务危机的担忧，从根本上改变了固定收益市场的格局。在短期内，流入某些固定收益市场（如新兴市场）的资金可能将超出这些市场的规模，从而可能出现另一个泡沫并加大流动性风险。过去几十年固定收益市场中市场价格和收益率相对稳定的关系如今正开始瓦解。30 年期美元利率互换利差已经变为前所未有的负值。许多市场的关系很有可能需要重新审视，新的投资模式也可能出现。一些新兴市场经济体财政状况强劲，而发达市场则陷入赤字和债务的困境，因而有必要对两个市场的主权债务间的信用利差进行重新调整。监管改革、经销商承担风险意愿的降低以及许多参与者的退出，均影响了市场的流动性和交易量。过去，固定收益市场被利率水平和利率波动率所影响。尽管这种影响将持续下去，但在今后进一步全面评估固定收益市场的风险和收益时，理解并密切关注投资者对需求和供给的看法将变得同样重要。

固定收益市场可以分为现金市场和衍生品市场。美国固定收益市场中的现金市场是当前全球最大的债务市场。美国国债和抵押贷款支持证券（MBS）约占美国现金市场的50%，企业债务约占 20%。图 4.2 描述了 2010 年第一季度末美国现金市场的组成情况。

图 4.3 展示了 2009 年全年美国新债务发行的情况，债务的细分情况与 2010 年第一季度末相似，可以看出美国国债和 MBS 占据较大比例。

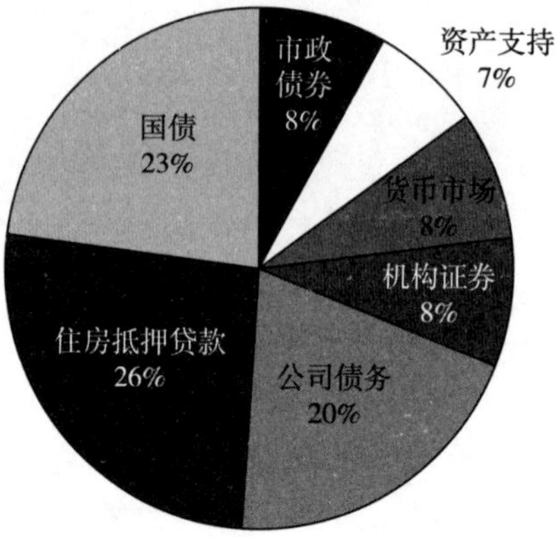

图 4.2　美国债券市场（2010 年第一季度末总债务：35 万亿美元）

［资料来源：SIFMA（http：//www. sifma. org）］

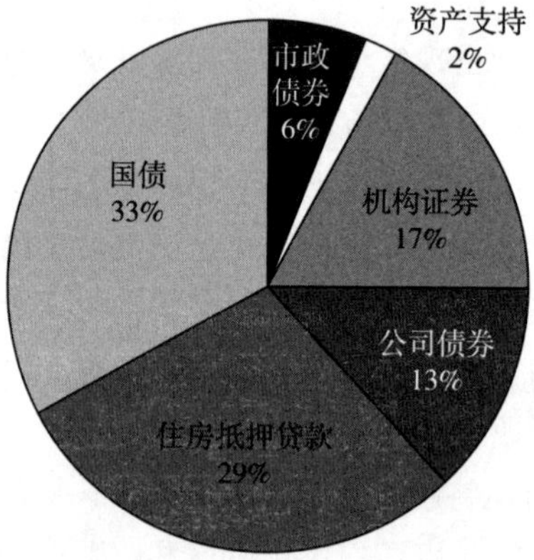

图 4.3　美国债券发行（2009 年发行总额：6.7 万亿美元）

［资料来源：SIFMA（http：//www. sifma. org）］

固定收益市场的衍生工具包括交易所交易工具和场外交易工具两种。固定收益衍生工具在衍生品市场中占据着最大的部分，其中大部分交易活动发生在场外交易市场。截至2009 年底，所有场外交易衍生品合约的总名义价值为 614 万亿美元，利率衍生品占 73%，如图 4.4 所示。

本章主要介绍固定收益市场。第二部分回顾固定收益证券市场的现金部分，其中政府机构抵押担保证券将于其他章节讨论。第三部分展开介绍固定收益衍生产品。第四、第五和第六部分介绍与固定收益证券分析相关的一些重要议题，第七部分概述一些交易策略。

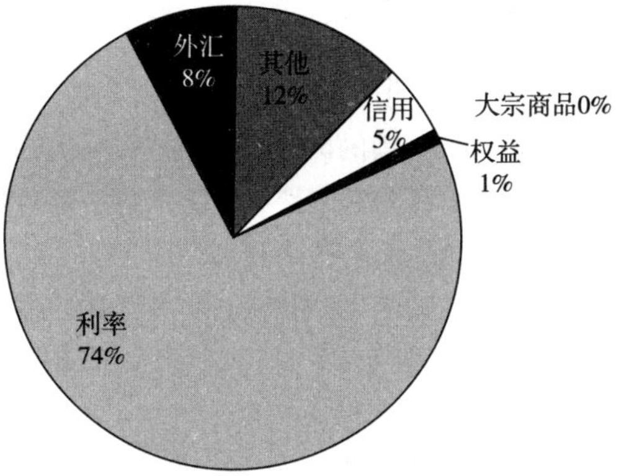

图4.4 场外衍生品市场（2009年总值：614万亿美元）

［资料来源：BIS（http：//www. bis. org）］

现金市场

美国国债

美国国债市场是世界上最大的固定收益市场，市场资金总量约合13万亿美元。这一市场中的债券由美国政府发行，并由美国的税务机关提供偿付保证，是联邦政府为财政赤字和到期债务融资的主要手段。

所有权和组成：历史上，美国国债由于美元的储备货币地位而拥有了价值贮藏功能，中央银行、养老基金、个人投资者都将美元视为避险资产。大约60%的美国国债可以在公开市场进行交易，其余部分为非公开市场交易债券和政府内部持有的债券，包括美联储（U. S. Federal Reserve）和社会保障信托基金（Social Security Trust Fund）。

截至2009年12月，约30%的美国国库券由外国和国际实体持有，另有15%由养老基金、保险公司、共同基金、州和地方政府持有。

在外国和国际机构中，中国内地和香港特区是最大的美国国债持有者，持有全部美国国债的25%，其次是日本（持有20%）、英国（持有9%）。金砖四国（巴西、俄罗斯、印度和中国）连同中国香港、日本和英国共同持有美国国债总量的62%。

8万亿美元公开交易的美国国债可按到期时间长短分为短期国债（T－bills）、中期国债（T－Notes）、长期国债（T－bonds）和被称为国库通胀保值证券（TIPS）的通货膨胀指数产品。若以这种方式划分，公开交易的美国国债的组成如下：短期国债占22%，中期国债占61%，长期国债占10%，国库通胀保值证券占7%。

短期国债是折价发行的短期证券，而中期和长期国债则是按票面金额每半年计息的付息债务。TIPS同样是半年计息，但本金会按CPI－U进行调整。CPI－U是美国劳工统计局按月公布、经非季节性调整的美国所有城市全部商品平均消费物价指数。在通货紧缩的情况下，TIPS 的本金被向下调整，导致较低的利息支付。但财政部保证，如果到期时调整后的本金低于原始本金，则归还原始本金。

新发行债券：美国国债通过公告加拍卖的方式定期发行。4 周、13 周和 26 周的国库券（即短期限国债）每周进行拍卖；而 52 周的国债每 4 周拍卖一次；2 年期、5 年期和 7 年期的长期国债通常在下半月公布，并于几个工作日后拍卖；而 3 年期和 10 年期的债券会在上半月公布。具体而言，10 年期的债券通常在 2 月、5 月、8 月和 11 月进行公布；5 年期 TIPS 于 4 月拍卖（10 月重新开放），10 年期 TIPS 于 1 月和 7 月拍卖（3 月、5 月、9 月和 11 月重新开放），30 年期 TIPS 于 2 月拍卖（8 月重新开放）。重新开放的 TIPS 具有相同的息票率、付款日期和到期日，但价格不同。

国债拍卖流程决定了债券的息票率和发行价格。拍卖流程中，首先公告拍卖的数量，随后交易商便开始以"预发行交易"为基础展开交易。所谓"预发行交易"是指在债券发行日前、公告日后进行的交易，这些交易于发行日进行实际交割，而非像国债二级市场那样实行次日交割。"预发行交易"降低了不确定性，增强了市场透明度，并促进价格发现，潜在投标人可使用其掌握的信息在拍卖中出价。1992 年之前，国库拍卖遵循多价格形式，每个竞价者按自己的投标收益计算出价。而从 1992 年起，美国财政部开始采用单一价格形式进行拍卖。

市场参与者可以提交指定收益率和数量的一个或多个竞争性投标，或提交非竞争性投标，指定其愿意购买的以竞标对手给出的价格成交的国库券数量。财政部将每个投标者的投标量上限设定为发行总量的 35% 减去投标人的"可报告净多头头寸"。

对国债的发行而言，在减去全部非竞争性投标后，财政部按到期收益率由小到大的顺序接受竞争性投标①，直到拍卖的所有证券被售出。接受的最高收益率称为"截止点"，用于确定单一结算价格。要求收益率低于截止点的投标被全部接受，等于截止点的按比例分配，高于截止点的被拒绝，票面利率最终设定为截止点，最小增量为 12.5 个基点，以确保债券不会溢价发行。

国库券的拍卖流程与国债相似，只是投标标价是折扣率。在发现所罗门兄弟公司（Solomon Brothers）严重违反竞标规则，通过不当投标获得 86% 的新发行国库券后，拍卖市场在 1992 年发生了新的变化。

表 4.5 展示了 2010 年 8 月 11 日举行的 10 年期国债拍卖的结果，其中 FIMA 代表外国和国际货币当局，SOMA 代表美联储公开市场账户。将除去美联储公开市场账户的总投标数/成交数定义为投标覆盖率，则本次拍卖的投标覆盖率为 3.04。过去 10 年间，10 年期美国国债的投标覆盖率是 1.2～3.7，平均值约为 2.4。投标覆盖率可用于衡量债券市场的需求，自 2008 年以来，这一指标越显重要。

尽管历史上美国国债在全球投资者的资产配置中占有重要地位，但未来不确定性正在增大。美国财政部的债务在过去几年中呈指数级增长，自 2006 年 12 月以来债务增长超过 50%。这是美国中央银行家和政策制定者为使经济走出 2008 年次贷危机阴影而实行的宽松

① 译者注：同种情况下，到期收益率越低，债券价格越高。

的货币政策和积极的财政政策所带来的结果。美国国债与国内生产总值之比（见图 4.6）达到 100% 。令人警惕的债务上升导致许多专业投资者开始质疑美国国债作为避险资产的地位，并质疑其 AAA 信用评级。鉴于美国国债在市场中的主导地位，任何对其市场需求的改变或者投资者对其看法的变化都将对固定收益市场产生重大影响。此外，由于美国国债的国际持有方的集中性，某些特定外国或国际主体的买卖决策也将对美国国债市场产生重大影响。

表 4.5　　10 年期美国国债拍卖结果

国债拍卖结果：2010 年 8 月 11 日		
发行日期	2010 年 8 月 16 日	
到期日	2020 年 8 月 15 日	
原始发行期	2010 年 8 月 16 日	
息票率	2.625%	
最高收益率①	2.73%	
高收益率分配比②	10.75%	
价格	99.087	
中位数收益率③	2.67%	
低收益率④	2.66%	
	招标	接受
竞争性竞价⑤	$ 72 820 240 000	$ 23 824 219 500
非竞争性竞价⑥	$ 125 810 700	$ 125 810 700
FIMA（非竞争）	$ 50 000 000	$ 50 000 000
小计	$ 72 996 050 700	$ 24 000 030 200
SOMA	$ 1 437 197 100	$ 1 437 197 100
总计	$ 74 433 247 800	$ 25 437 227 300
	招标	接受
初级交易商	$ 49 067 000 000	$ 10 375 725 500
直接竞价商	$ 9 936 000 000	$ 2 532 513 000
间接竞价商⑦	$ 15 817 240 000	$ 10 915 981 000
竞争性竞价合计	$ 72 820 240 000	$ 23 824 219 500

译者注：①最高收益率：拍卖接受的最高收益率，也就是在成功拍到债券的竞价中的最低价格对应的收益率。

②高收益率分配比：恰好以最高收益率竞价并成交的比例占全部成交债券的比例。

③中位数收益率：所有接受的竞价中，收益率的中位数。

④低收益率：所有接受的竞价中，收益率的 5% 分位数，也就是说只有 5% 的成功竞价其收益率低于这个值。

⑤竞争性竞价：参与者给定竞买量的同时给出一个最高可接受的债券价格。

⑥非竞争性竞价：参与者只给定竞买量并愿意接受任何拍卖决定的价格，非竞争性竞价成交顺序排在竞争性竞价之前。

⑦间接竞价商：与为自己提交竞价的直接竞价商不同，间接竞价商受其他机构委托进行竞价，这些其他机构一般被认为是国外央行或者政府。这个指标通常体现了美国国债的海外需求。

国际债券

国际债券市场可分为本国债券、外国债券和欧洲债券市场。本国债券由国内借款人以当地货币发行，并在当地销售。外国债券由外国借款人以国内货币发行并在国内销售的债务。后者的一个例子是日本发行人在美国出售以美元计价的债券。

在外国债券市场上交易的外国债券直到近几十年才在国际债券市场上占有显著份额。外国债券的发行人通常包括国家政府和跨国组织，例如在2010年9月，法国巴黎银行在日本资本市场发行了总计593亿日元的5年期、收益率为1.04%的债券（称为武士债券）就属于外国债券。扬基债券则是指在美国市场以美元发行的外国债券。

欧洲债券不在任何特定国内债券市场上出售，其计价货币为债券发行国货币以外的其他货币。例如，如果一个欧洲债券是以美元计价的，那么它便不会在美国出售。欧洲债券的一个典型例子是2010年4月在俄罗斯发行，总计20亿美元的5年期、收益率为3.625%的债券。

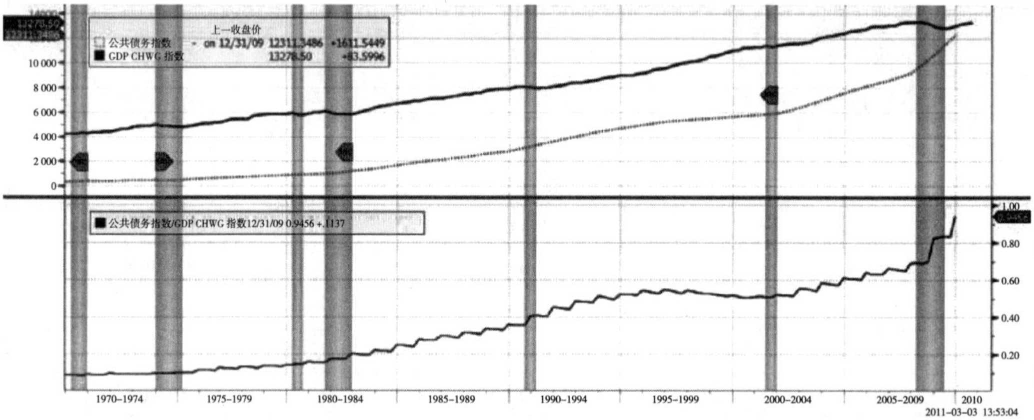

图4.6 1970年第一季度至2010年第二季度美国国债总和

（资料来源：彭博财经）

英镑曾在国际贸易中发挥了重要作用，但这一优势随1944年布雷顿森林会议召开和随后的英镑危机的到来而结束。如今，美元是最大的国际储备货币，其次是欧元、英镑和日元。这些货币主导着全球外汇市场，也占据国际债券市场的大部分。图4.7显示了经合组织前25名国家的公开市场销售政府债券的组成情况。美国国债和日本政府债券（JGB）主导政府债券市场，其次是意大利、法国、英国和德国政府债券。

意大利政府发行的BOTs是存续期为1年的短期债券，CTZs是存续期为2年的零息债券。存续期为3年、5年、10年、15年和30年的意大利国债称为BTPs。意大利财政部还发布了按欧元区通胀率指数调整的债券，并称为BTP Euro i债券，这些债券的存续期包括5年、10年、15年和30年。

法国政府发行的短期、中期（2～5年）和长期债券分别称为BTFs、BTANs和OATs，固定利率OATs的到期日和付息日为4月25日或10月25日。此外，法国政府还发行按通胀调整的 OATs，它们与法国消费者物价指数（不包括烟草）或欧元区通胀指数挂钩。

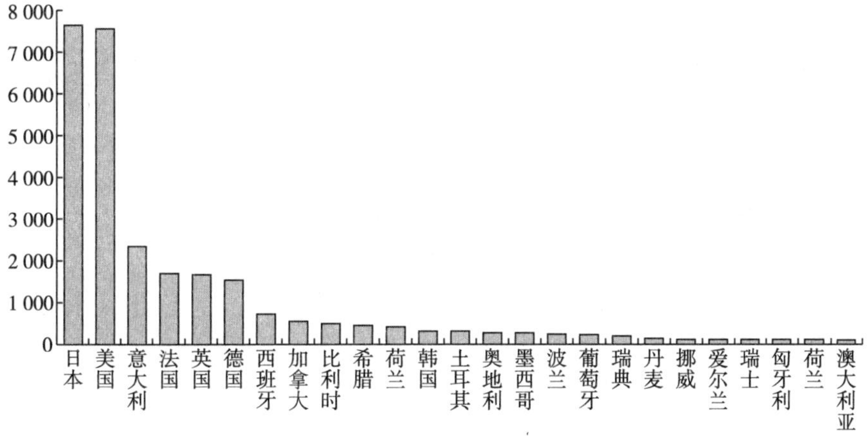

图 4.7　2009 年第四季度主权债务情况

［资料来源：OECD（http：//stats. oecd. org）］

占英国政府债券最大份额的是有确定息票利率和到期日、付息频率为半年的传统金边债券。其次是与指数挂钩的金边债券，它们也是每半年付一次票息，但本金会根据英国零售物价指数调整。

德国债券市场由 Bunds、Bobls 和 Schatz 组成，Bunds 的期限为 10 ~ 30 年，Bobls 是 5 年期票据，Schatz 是 2 年期票据。德国另一个重要的债券市场是潘德布雷夫（Pfandbrief），截至 2009 年，潘德布雷夫在外发行总额为 7 190 亿欧元。这些债券是德国信贷机构（Pfandbriefbanken）发行的中长期担保债券，由符合资格的资产池（例如抵押或公共部门贷款）担保或“覆盖”。潘德布雷夫债务问题受德国《潘德布雷夫法》的管辖，这一法案对资产池中资产的质量和提供担保的条件增加了严格的要求。

欧元区是美国以外最大的流动政府债券市场，区内使用统一货币欧元，并由欧央行统一管理货币政策。然而，欧元区国家的政府债务情况远不像它们使用的货币那样统一。这些国家间存在巨大的经济差距，导致它们债务的收益率和交易活动有相当大的差异。市场对发行人信用质量的看法可由使用信用违约互换（CDS）购买该国债券违约保护的价格来说明，表 4.8 说明了不同国家债务的 CDS 价格。

表 4.8　　主要发达市场政府债券收益率和 CDS 利差

国家	5 年期国债收益率（%）	10 年期国债收益率（%）	5 年期 CDS 利差（基点）
澳大利亚	4.61	4.91	48.7
奥地利	1.7	2.72	82.6
比利时	1.95	2.98	117.2
加拿大	2.2	2.94	—
丹麦	1.06	2.42	35.5
芬兰	1.52	2.53	27.2

续表

国家	5 年期国债收益率（%）	10 年期国债收益率（%）	5 年期 CDS 利差（基点）
法国	1.62	2.63	74.5
德国	1.34	2.36	36.2
希腊	11.49	11.04	890
爱尔兰	4.52	5.59	334.5
意大利	2.6	3.8	188
日本	0.3	1.14	67.6
荷兰	1.43	2.51	43.6
新西兰	4.55	5.25	60.3
挪威	2.65	3.39	23.2
葡萄牙	4.1	5.5	296.7
西班牙	2.96	4.01	222.5
瑞典	1.97	2.49	35.5
瑞士	0.67	1.25	41
英国	1.73	3	63.6
美国	1.49	2.7	44.7

资料来源：彭博财经。

市政债券

2.8 万亿美元的市政债券市场由应税和免税债券构成，美国个人和共同基金（包括货币市场基金、债券基金和封闭式基金）为市政债券最大的所有者。图 4.9 展示了市政债券持有人的构成状况。此外，市政债券可分类为一般义务（GO）债券和收入债券。GO 债券由州和地方政府的无限制税收权做担保，这意味着如果市政当局遇到经济问题，需要增加税收来偿还债权人。在许多州（如加利福尼亚州），法律规定，在为任何其他目的使用资金前，应首先偿还市政债券。因此，GO 债券通常被认为是最安全的市政债券。

收入债券的利息和本金来源于所资助项目的收入，这些项目包括机场、医院、大学、发展工业、供水和排污系统及收费公路等。与 GO 债券不同，收入债券风险更大，因为它们仅受项目收入的支持。基本服务（如供水和排污系统及电力）债券通常被认为比非基本服务债券更安全。2009 年美国共发行了 2 210 亿元的市政债券，其中包括 40% 的 GO 债券和 60% 的收益债券。

美国市政债券市场完全是国内市场，持有市政债券的主要动机是利息可以免除联邦税，同时如果投资者是债券发行州的居民，州税也可以免除。由于市政债券的免税地位，它们一般比公司债券支付的利率低，可见债券的吸引力与投资者边际税率和其他税收有关。

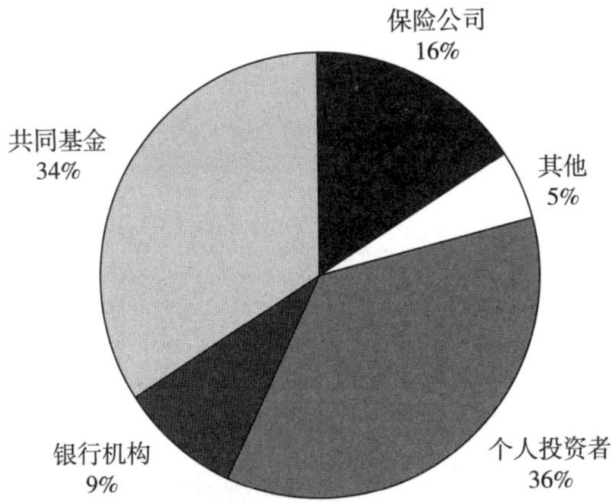

图 4.9 市政债务总额：2.8 万亿美元

［资料来源：SIFMA（http：//www. sifma. org）与美联储数据］

应税市政债券占市政债券发行总额的很小一部分。然而，2009 年引入美国建设债券（Build America Bonds，BABs）情况发生了变化。BABs 是根据 2009 年《美国复苏和再投资法》（*America Recovery and Reinvestment Act*）授权发行的应税市政债券，并于 2009 年 2 月写入法律。BABs 包括直接支付型 BABs 和扣抵税额型 BABs。BABs 向各州和地方政府提供发行免征市政债券的替代方法。此类债券不得用于再融资、补充营运资金、私人活动或 501（c）（3）规定的免税组织。由于 BABs 的利息是缴税的，利率高于免税市政债券。联邦政府通过如下措施对其缺乏免税相关优惠的不足进行弥补。对直接支付型 BABs，联邦政府向 BABs 发行人提供等于其利息成本 35% 的现金补贴。抵扣税额型 BABs 的投资者则会获得等于其 BABs 利息收入的 35% 的联邦所得税抵免。自 2009 年以来，BABs 已经发行了 1 300 亿美元，且大多数发行是直接支付型。加利福尼亚州、伊利诺伊州、纽约州和得克萨斯州都是最大的 BABs 发行方，如图 4.10 所示。

美国国库券通常被认为是无风险资产，但市政债券并非如此。历史上，市政债券违约率一直很低，且最终偿付率很高。自南北战争以来，州政府债券没有出现过违约情况。例如，在广为人知的 1994 年加利福尼亚州奥兰治县违约中，投资者在 18 个月内被完全还本付息。大多数违约与不当的负债管理和融资安排相关。过去，大多数债券发行人向私人保险公司（如 MBIA、Ambac 或 FIGIC）购买违约保险，因此债券投资者并不担心市政债券违约。然而在 2008 年国际金融危机后，市政债券市场正在经历机制转型。随着许多债券保险公司的消亡及州财政状况的恶化，税收和利率不再是影响市政债券价格的唯一因素，市政债券违约率的上升使得这个市场对无经验投资者而言变得棘手。如今市政债券的总违约金额为每年 30 亿美元，超过 1983 年总违约金额（不到 10 亿美元）的 3 倍。据彭博商业周刊报道，2010 年有 35 只市政债券出现违约，总计 15 亿美元。而 2009 年共有 194 只市政债券出现违约，总计 69 亿美元，表 4.11 中描述了一些较早年份的违约总额。可见如今的宏观经济状况、信贷分析和法律结构对评估市场的风险和回报而言同样重要。

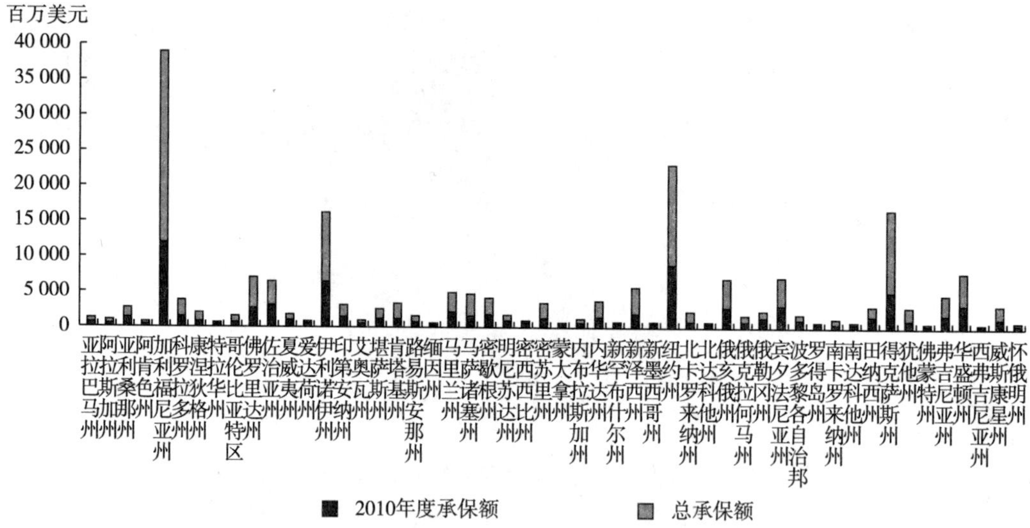

图 4.10　美国各州 BABs 发行量

（资料来源：彭博财经）

表 4.11　　**市政债券违约**

季度	2008 年		2007 年		2006 年	
	违约数（只）	名义本金（百万美元）	违约数（只）	名义本金（百万美元）	违约数（只）	名义本金（百万美元）
第一季度	21	862	11	113	20	542
第二季度	52	1 120	4	86	15	315
第三季度	27	1 225	4	33	9	62
第四季度	36	4 306	10	97	16	226
总和	136	7 513	29	329	60	1 145

资料来源：《持续发生的市政债券违约》，2009 年 1 月 15 日，Forbes. com。

回购协议

回购协议，简称回购（repo），是出售一项证券，并附有协议承诺日后回购这一证券的交易协议。逆回购（reverse repo）则是回购的反向交易。通常，回购价格高于出让价格，差额代表回购利率。可见，回购类似于抵押贷款，标的资产的法定所有权在交易的开始和结束时被转移，这种法定所有权的转移降低了现金出借方所面临的对手方违约风险。虽然很难找到回购市场的总体统计数据，但据估计美国回购市场的规模可达 12 万亿美元左右。纽约联邦储备银行（FRBNY）报告的主要交易商的回购和逆回购融资情况如图 4.12 所示。

回购可以分类为隔夜回购、有期限回购（指定的结束日期）或开放期限回购（没有指定结束日期），也可以分类为一般抵押品（General Cllateral，GC）回购或指定抵押品回购（也称为特定抵押品回购）。在 GC 中，现金贷方愿意接受各种国库券和其他相关证券作为

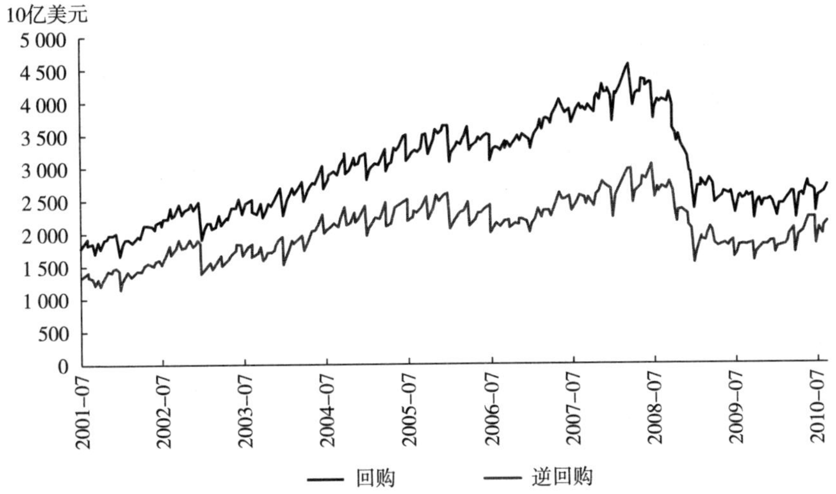

图 4.12 主要经销商融资：回购和逆回购

（资料来源：纽约联邦储备银行）

抵押品，而指定抵押品回购要求借款人将某种特定证券作为抵押品。指定抵押品回购的回购利率总是低于GC回购利率，当作为抵押品的证券供不应求时回购利率甚至可能为负数。

回购交易可以由双边或三方执行。在双边回购中，借款方直接向交易对手邮寄或通过经纪人交送债券，作为抵押品借用现金。在三方回购中，三方代理（通常为保荐行）代表交易方行事，以执行结算、保证金维持和抵押品替代等交易要求。三方回购降低了贷款方的执行风险，并且借助抵押品替代为借款方提供了更大的灵活性。今天，三方回购是美国最普遍的回购交易形式。支付风险委员会（Payments Risk Committee）称，截至2010年第一季度，美国三方回购市场已由2008年初的2.8万亿美元降至约为1.7万亿美元。这一市场同时也是借款人高度集中的市场，前十大借款者占借款总额的85%，而前十大贷款者提供了65%的资金。在图4.13和图4.14中对双边回购和三方回购进行了比较。

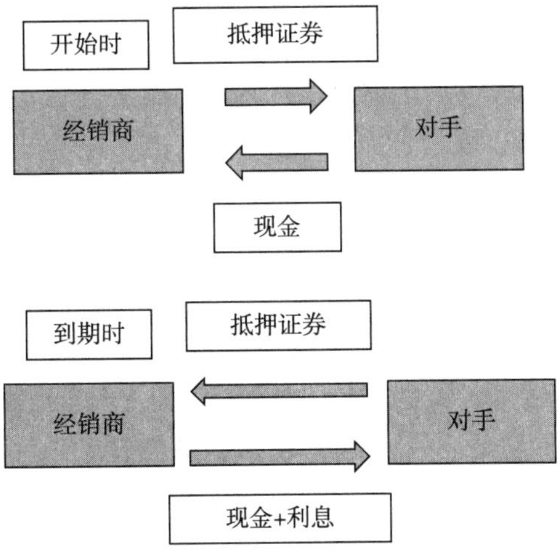

图 4.13 双边回购

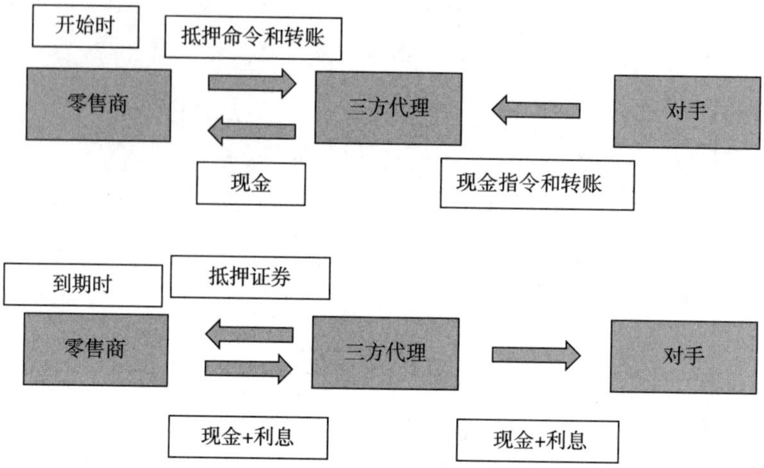

图 4.14　三方回购

回购是对债券市场有效运作至关重要的货币市场工具，它为交易商和其他市场参与者的交易和风险管理活动提供流动性，因此被视作现代金融市场的生命线。政府或公司新发行债券的承销商可以通过在高流动性的回购市场中借入相似风险的债券来建立反向空头头寸，这也使市场参与者能进行买空。中央银行利用回购市场增加和提取银行系统中的储备来管理货币政策。在市场动荡期间，中央银行利用回购市场快速向金融体系注入流动性并控制系统风险（Systematic risk）。最近，纽约联邦储备银行的决策者在测试，将逆回购作为回收 2008 年信贷危机后向银行体系中注入流动性的潜在工具。

由于可以对抵押品进行更广泛的选择，每一种期限的 GC 回购利率在所有金融机构中都是统一的，并且与无担保货币市场利率密切相关。然而，特定抵押品回购利率可能比 GC 回购的利率低，这一差值代表了这一“特定”证券隐含的借款费用。如果 GC 回购利率低，那么这一“特定”证券甚至有负回购利率，这使得证券持有人能够获得超额持有回报。在轧空时期，某些证券出现负回购利率很常见，这一时期，卖空方有大量借入证券以形成空头头寸的需求。负回购利率经常出现于债券期货市场中的“新债”（on the run）① 政府证券或“最便宜交割债”。

回购与抵押贷款相似，但它并不能消除所有信用风险。如果卖方未能于回购期限前购回以前出售的证券，买方可以保留抵押品并清算，以追回现金。但如果在此期间证券价值降低，买方可能会蒙受损失。为了减轻这种风险，实际中一般选择超额抵押（垫头），并实现逐日盯市制度（market - to - market）。

回购市场是流动性的主要提供者，这一市场的失效可能导致流动性危机。Gorton（2009）认为 2007 年的恐慌就是由回购市场造成的。他认为，直到 2007 年 8 月，结构性债务的估值折扣接近于零。而到 2007 年底，这一比例上升至 45%。估值折扣增加导致的大规模去杠杆化引起了市场的恐慌。纽约联邦储备银行和 Libor - OIS 发布的回购“违

① 译者注：新债指同条件的债券中最新发行的一个。

约”统计是回购市场健康性和流动性很好的晴雨表。Libor – OIS 差价是伦敦银行同业拆借利率（Libor）与隔夜掉期指数之间的差额，这一价差的异常表现在图 4.15 中显而易见。

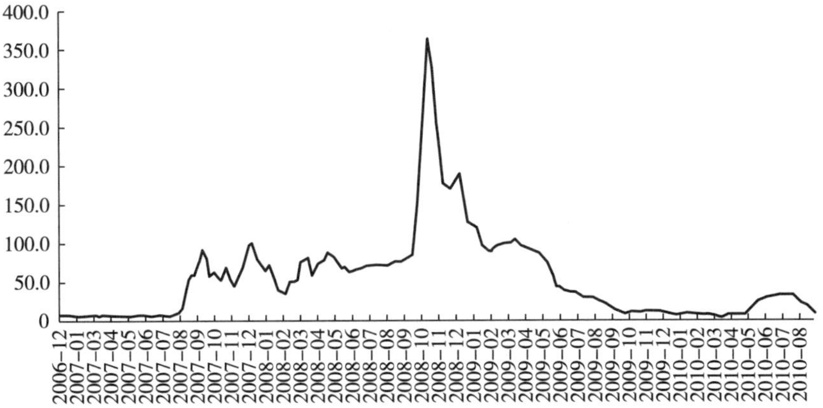

图 4.15 美元 3 个月 Libor – OIS 差价

（资料来源：彭博财经）

纽约联邦储备银行近期开始研究三方回购协议的底层设施。他们发表了一份白皮书来讨论政策问题，并成立了一个工作组来解决这些问题。以下问题被认为有可能扩大金融体系的不稳定性，导致严重的市场混乱：

（1）市场对大量日内信贷的依赖，这些日内信贷由提供交易基础设施的清算银行提供给现金借款人；

（2）现金贷款人和清算银行的风险管理不充分，容易受到顺周期压力的影响；

（3）在不对更广泛的金融体系造成潜在不稳定影响的前提下，市场参与者缺乏应对大型证券交易商违约条件下的第三方抵押品处置的有效计划。

由于金融体系去杠杆和市场参与者对投资行为的调整，如今回购市场规模变小了。

衍生品市场

衍生工具是价值取决于或衍生于一个或多个标的资产价格的一种金融工具（或双方之间的合约），在固定收益投资组合管理中发挥关键作用。机构投资组合经理使用衍生工具来管理其投资组合的整体风险和头寸，衍生产品经销商为投资者的对冲需求提供定制解决方案，还有一些衍生工具的结构有利于规避税费。发行人可使用衍生工具来管理融资结构或对冲发行风险。

现金和衍生品市场一起为寻求阿尔法收益的交易者提供了可观的投资空间。大多数衍生品在场外市场进行交易，但 2008 年信贷危机之后实施的金融改革正在开始改变这一情况，期望交易所增加参与度的呼声高涨。衍生品市场的经销商提供伴有或简或繁的现金流模式的产品，供投资组合经理和风险管理人员使用。根据国际清算银行（BIS）的统计，流通在外的利率合同总额从1998年的50万亿美元增长到2009年的449万亿美元。这证明衍生产品在全球资本中取得了巨大成功。固定收益衍生品市场近期的增长情况如图4.16所示。

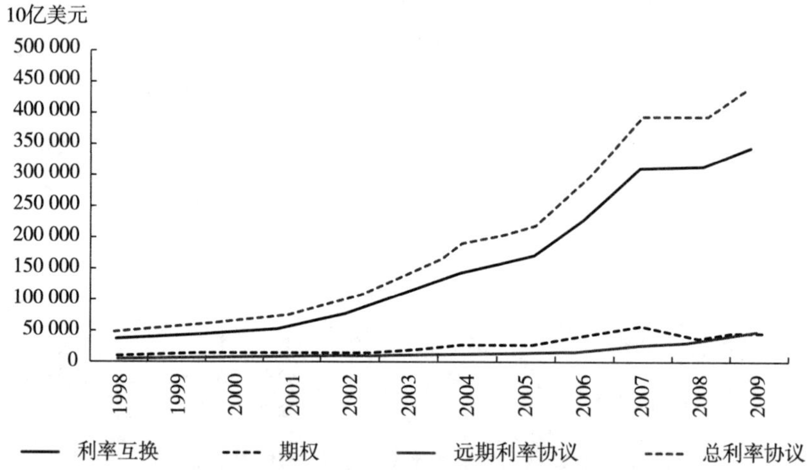

图4.16 流通在外的场外市场名义利率衍生品

（资料来源：国际清算银行季度回顾，2010年6月）

虽然衍生品的版图对于许多专业投资者来说可能错综复杂，但基础衍生产品已能实现大多数投资组合目标。这些基础衍生产品在流动性和透明度上的优势抵消了更加复杂的衍生产品的结构性收益优势。基础衍生产品包括期货、互换、互换期权、利率上限和下限。

利率和政府债券期货

利率和政府债券期货为市场参与者管理其利率风险提供了高流动性和标准化的场内交易工具。

利率期货：让交易双方承担在未来某个特定日期以指定的利率借出或借入指定名义金额义务的合约。利率期货合约的买方相当于借出名义金额，而卖方相当于借入名义金额。全球化交易的主要利率期货合约有芝加哥商品交易所（CME）交易的欧洲美元合约，泛欧交易所（Euronext）交易的欧元同业拆借利率（Euribor）期货，伦敦国际金融期货交易所（LIFFE）交易的短期英镑利率（Short Sterling）期货和东京金融交易所（TFX）交易的欧洲日元（Euroyen）期货。

利率期货报价为100减去年化远期利率，也就是说，远期利率上升时，利率期货价格下降；反之亦然。例如，在CME交易的3个月欧洲美元期货的报价为100减去与合约到期日相同的3个月期美元境外存款利率（欧洲美元定期存款或Libor利率）。如果2011年12月欧洲美元期货合约的价格为99.15，那么这意味着从2011年12月开始的3个月Libor期货利率为0.85%。期货合约的每日价格波动反映了市场对最终结算日利率的预期。在合约存续期内，期货利率与现金市场利率相关性较小，与最终结算日的远期利率密切相关。随着合约趋近最终结算日，期货利率开始趋于现金市场利率。在最终结算日，期货利率与现货市场利率完全相同，这一天欧洲美元期货的最终结算价由 3 个月 Libor 决定。

国债期货： 国债期货合约的交易双方承担在未来交割日收取或交付（根据交易方向是多头还是空头决定）指定债券的义务。结算可以使用现金或指定的证券，具体取决于合同条款。大多数交易者将在合约的交割日之前通过对冲交易来了结其头寸。但如果将国债期货持有到期，则需要进行证券的实物交割。主要的国债期货合约有美国国库券和债券期货（CBOT）①、英国黄金期货（LIFFE）、日本 JGB 期货（TSE）及德国 Bobl、Schatz 和 Bund 期货（Eurex）。CBOT 交易的各种利率和债券期货合约规定见表 4.17。

表 4.17　　CBOT 交易的各种利率和债券期货合约规定

产品	标的资产	合约规模	最后交易日	到期月份
短期利率				
欧洲美元	欧洲美元 3 个月定期存款	100 万美元	合约到期月份的第三个星期三前的第二个伦敦银行工作日（上午 11:00 GMT）	40 个季度（10 年）
30 天联邦基金	合约到期月平均隔夜联邦基金利率	500 万美元	交割月份的最后一个交易日（下午 4:00 EST）	24 个月
3 个月 OIS	3 个月参考季度的日连续复利有效联邦基金利率	100 万美元	参考季度的最后一天（下午 4:00 EST）	8 个季度月
1 个月欧洲美元	欧洲美元 1 个月定期存款	300 万美元	合约到期月份的第三个星期三前的第二个伦敦银行工作日（上午 11:00 GMT）	12 个日历月
国债				
2 年期中期国债	债券原始期限要小于 5 年 3 个月，剩余期限介于 1 年 9 个月和 2 年之间	20 万美元	合约到期月的最后一个交易日（下午 12:01）	5 个季度月
3 年期中期国债	债券原始期限要小于 5 年 3 个月，剩余期限介于 2 年 9 个月和 3 年之间	20 万美元	合约到期月的最后一个交易日（下午 12:01）	5 个季度月
5 年期中期国债	债券原始期限要小于 5 年 3 个月，剩余期限要大于 4 年 2 个月	10 万美元	合约到期月的最后一个交易日（下午 12:01）	5 个季度月
10 年期中期国债	债券原始期限要小于 10 年，剩余期限要大于 6 年 6 个月	10 万美元	从合约到期月最后一个交易日前的第七个交易日（下午 12:01）	5 个季度月

① 译者注：括号内为其交易所简称。

续表

产品	标的资产	合约规模	最后交易日	到期月份
国债				
长期国债	债券剩余期限要大于15年	10万美元	从合约到期月最后一个交易日前的第七个交易日（下午12:01）	3个季度月
超长期国债	债券剩余期限要大于25年	10万美元	从合约到期月最后一个交易日前的第七个交易日（下午12:01）	3个季度月

注：自2011年3月到期之日起生效，美国国债期货的标的工具将包括剩余期限至少为15年但不到25年的债券。

资料来源：CME。

值得注意的是，由于债券和票据期货合约的规定，期货合约的买方同时丧失了一些交割债券方面的权利。以美国国债期货为例，期货合约的卖方可以选择交割哪种债券（质量选择权），在期货市场关闭和通知交割时限之间延迟交割（通配选择权），在期货市场关闭和通知日期之间转换交割债券（切换的权利）。

远期利率协议和利率互换

远期利率协议（Forward Rate Agreements，FRA）：在名义本金上支付或收取固定利率，以换取在未来时点收取或支付Libor利率的合同。付款在浮动利率重置时进行，但因为标的现金工具将在到期日被支付，所以从到期日开始进行折现。市场惯例是将FRA的买方作为支付固定利率的一方。由于其结构特征，购买利率期货相当于在相同的国际货币市场（International Monetary Market，IMM）日期出售FRA。

利率互换（Interest Rate Swaps）：利率互换是两个交易对手之间交换利息支付现金流的协议。利息支付基于指定的名义本金计算，但通常不交换名义本金。最常见的利率互换是使用固定利息支付交换基于参考利率（如Libor）的浮动利息支付。如果交易方在利率互换中收取固定利息并支付浮动利息，则其承担的经济风险与购买债券相同。

有多种利率互换被认为是奇异（exotic）金融工具。可赎回（callable）互换实际上是一个嵌入期权的互换，它允许交易对手中一方中止互换。另一种是可交换（switchable）互换，除了互换条款是可更改而不是取消外，它类似于可赎回互换。例如，交易对手可将浮动利率支付方切换到固定利率支付方。条款更改对于可赎回互换和可交换互换而言是酌情自行决定的，但对于触发（trigger）互换是指定的。例如，如果任何滚动日的Libor超过指定水平，互换将会更改。

标准Libor固定对浮动利率互换的定价使得固定利息支付和浮动利率支付的现值相等，现金流贴现率和浮动利率（或远期利率）从互换收益率曲线中获得。利率互换是场外交易工具①，因此交易双方都承担对手方的信用风险。但利率互换不交换本金的性质降低了这一

① 随着监管机构推动更多衍生品交易转向场内进行，这种情况开始发生变化。

风险，合同条款规定的保证金要求进一步缓解了这一风险。历史上，美国的互换利率使用和相同到期日国债收益率的差值进行报价，这被称为掉期价差，可反映银行系统的信用风险溢价。但不同货币的掉期利差不尽相同，因此用掉期利差反映银行信贷风险的效果一直不令人满意。许多学者曾提到，当同一金融机构同时主导美国和欧元区两个金融市场时，美元掉期利差比欧元掉期利差更大，这个差异常通过美国和欧洲企业部门的融资行为与技术因素的差异来解释。唯一公认的事实是互换价差是正的。1998 年长期资本管理公司的崩溃对某些通过做空国库券来对冲利率风险的人而言是惨痛的教训，这一年掉期利差增大，导致套期保值策略失败。这也使得对冲利率风险的工具从国库券向利率互换转移。

2008 年 9 月雷曼兄弟（Lehman）破产后，掉期利差的市场行为发生了显著变化。在雷曼兄弟破产后的几个月内，5 年期、10 年期和 30 年期的掉期利差的反应非常不同，且这三种利差现在也处于不同水平上。5 年期互换价差扩大并随后下降，10 年期和 30 年期的掉期利差反而缩小。2008 年 8 月，5 年期、10 年期和 30 年期的掉期利差分别为 93 个基点、68 个基点和 40 个基点。2010 年 8 月底，这些数据分别是 23 个基点、1 个基点和 -38 个基点。这些 30 年来非常低的，甚至是不可想象的负利差，最初被视为是由技术因素（如相对价格交易的放宽和机构投资者的其他期限套期保值活动）驱动的短期现象。但是在撰写本书时，这种情况并没有改变，且不清楚是否会继续下去。2010 年 8 月互换利差如图 4.18 所示。

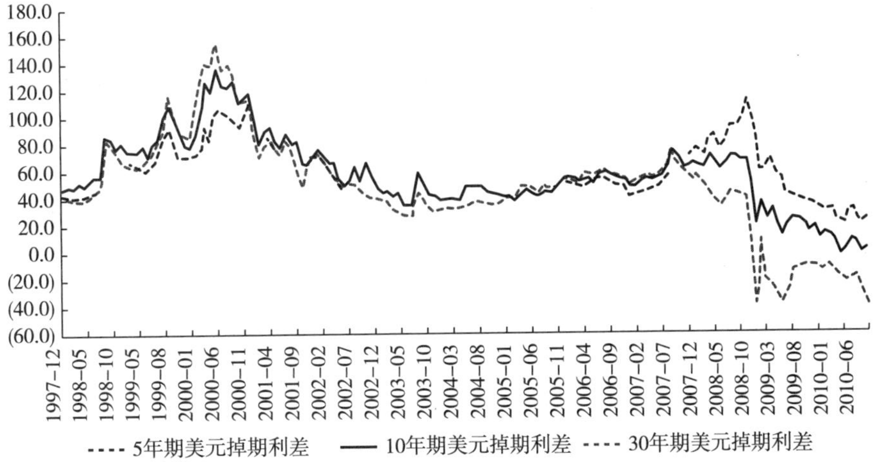

图 4.18 美元掉期利差（1997 年 12 月至 2010 年 8 月）

（资料来源：彭博财经）

期权

利率期货期权（Interest Rates Futures Options）：指以利率期货合约（如欧洲美元期货）为标的资产的交易所交易的期权。看涨期权赋予持有人购买标的期货合约的权利，而非义务；而看跌期权授予持有人出售标的期货合约的权利，而非义务。美式期权允许持有者在到期日或之前的任何时间行权，而欧式合约只能在到期日行权。看涨期权的买方实际上有权建立标的期货合约多头头寸，而看跌期权的买方有权建立标的期货合约的空头头寸。期权持有人购买或出售的价格被称为行权价。由于期货价格与利率反向变化，当真实利率下降至低于执行价格隐含利率时，看涨期权的买方将获利，相反当真实利率上升至超过执行价格隐含利率时，看跌期权的持有人将获利。利率期货期权通常是美式期权，其标的通常是欧洲美元、欧元同业拆借利率、欧洲日元和短期英镑期货合约。

债券期货期权（Bond Futures Options）：类似于利率期货期权，它是以政府债券期货合约为标的的场内期权，可分为看涨期权或看跌期权，且一般是美式的。

利率上限和下限（Caps and Floors）：利率上限是以 FRA 为标的的看涨期权，赋予持有者到期日支付固定利率的权利，而利率下限是以 FRA 为标的的看跌期权。利率上限和利率下限是一系列连续的上下限的集合，在每个上下限的行权是独立的。与债券的看跌期权相似，利率上限的多头方在利率高于上限时受益；相反，与债券的看涨期权相似，利率下限的多头方在利率低于下限时受益。

互换期权（Swaptions）：欧洲互换给予持有者在合约到期日以商定的固定利率进入利率互换协议的权利。支付固定利率的权利称为支付方互换期权，收取固定利率的权利称为收款方互换期权。区分利率上限、下限和互换期权是非常重要的，上限和下限是以 FRA 为标的的期权的投资组合，而互换期权是 FRA 投资组合的期权。

随着全球的市场参与者和监管机构对改革作出反应，衍生品市场正在发生巨大变化，传统的场外衍生品市场正在转向交易所市场。根据美国立法委员通过的《多德—弗兰克法》，普通互换必须通过注册结算所清算，并在注册交易平台（即交易所）执行。只有使用互换对冲商业风险并可以承担相应金融责任的非金融实体（非主要互换参与者）可以豁免清算要求。互换包括商品、信贷、货币、权益、利率和外汇互换。主要掉期参与者的保证金和资本要求更高，且监管部门对其互换活动将会有更详细的报告要求。这一衍生市场的重大变化引起了期待更多透明度的市场相当大的兴趣。衍生产品的优势包括有效对冲投资组合风险、管理资产负债风险和有效重置投资组合。未来，衍生品市场无疑将继续成为金融和非金融实体投资、对冲和债务发行的必要组成部分。

价格—收益率关系

债券价格与收益率之间的关系是非线性的，并且根据债券的条款而变化。对于没有嵌入期权的债券，可以表示如下：

$$\text{债券价格} = \sum_{i=1}^{N} \frac{C}{[1+\alpha(t_{i-1},t_i)\times y]^{t_i}} + \frac{Par}{(1+y)^{t_N}}$$

其中，C 为票面利息，$\alpha(t_{i-1},t_i)$ 为时间 t_i 和 t_{i-1} 之间的应计因子，y 是债券的收益率，Par 是本金，t_N 是按年计的到期日。麦考利（Macaulay，1938）提出使用久期度量债券投资价格波动（请注意，上面的价格方程和下面的麦考利久期方程都假设每年只有一次票息支付）。

$$D_{Macaulay} = \frac{\sum_{i=1}^{N} \frac{t_i C}{[1+\alpha(t_{i-1},t_i)\times y]^{t_i}} + \frac{t_N Par}{(1+y)^{t_N}}}{Price}$$

麦考利久期衡量债券投资的平均寿命，其中权重是每个现金流的现值除以债券的价格。在这里久期的概念被调整并被解释为债券价格对其收益变化的敏感性。以下是修正久期与麦考利久期之间的关系（注：频率是指每年的利息支付次数，例如如果债券每半年支付一次，则频率为 2）。

$$D_{Modified} = \frac{1}{\left(1 + \frac{y}{frequency}\right)} D_{Macaulay}$$

市场习惯使用术语“久期”来表示修正久期。在数学上，久期是价格—收益率曲线的一阶导数。与到期时间相同的低息票债券相比，较高息票的债券久期较短，长期债券的久期比短期的债券长。另一个重要的债券属性是“凸性”，即久期随收益率变化而变化。凸性是价格—收益率曲线的二阶导数，捕捉了价格—收益率曲线的曲率。债券价格变动与其收益率 y 的变化之间的关系可以由泰勒级数展开的第一项和第二项来近似。

$$\frac{\Delta P}{P} = \frac{1}{P}\frac{\mathrm{d}P}{\mathrm{d}y}\Delta y + \frac{1}{2}\frac{1}{P}\frac{\mathrm{d}^2 P}{\mathrm{d}\,y^2}(\Delta y)^2 + error$$

对于收益的微小变化，我们可以忽略误差项并重写上述表达式，如下所示：

$$\frac{\Delta P}{P} = -\ duration\Delta y + \frac{1}{2}convexity\ (\Delta y)^2$$

对于不含权的债券，债券的价格与收益率负相关，且具有正凸性。正凸性意味着对于给定的收益率，收益率下降时债券价格的上升幅度高于收益率上升时债券价格的下降幅度。票息、到期时间、看涨期权、看跌期权、偿债基金等特征可以改变凸性，并将其从正变负。因为看涨期权限制了收益率下降时的价格升值，可赎回债券在某些部分会显示负凸性。现金流量的久期和分散度决定了凸性，不可赎回债券的凸性与其久期的平方成比例，且当现金流量的分散程度较高时，凸性较大。因此，长期债券比短期债券凸性更大；在到期时间相同的债券组合中，零息票债券的现金流量不分散，因此拥有债券的最小凸性。正凸性是一个有益的性质，因为它可以提高回报。这种偏差反映在市场价格上，其数值取决于收益率的波动性。理解久期和凸性在债券投资组合管理中是非常重要的。例如，具有更加分散的现金流量的短期和长期零息债券的组合具有比相同到期时间的中期、零息票债券更大的凸性。

图 4. 19 展示了若干不同票息利率和到期时间美国国债的价格收益率曲线。随着收益率下降，2039 年 2 月 15 日到期的票面利率最低的 UST（3. 5%）开始以比其他债券更快的速度增长。另一方面，随着收益率上升，最低票息支付的债券的价格下跌幅度高于更高息票支付的债券。

并非所有债券均有固定票息和到期一次还本的特征。债券的条款可以包括浮动利率支付、逐级递增或递减的票息、偿债基金和清偿计划表、可赎回条款（提前赎回或可售回条款）。考虑到各种债券支付条款和嵌入式期权的可能性，久期和凸性的解析解可能难以计算。此外，解析解仅对于到期收益率的较小变化是准确的，并且不适用于大型债券组合。因此在实践中，常通过改变收益率和重新定价债券来估算久期和凸性。这个计算方法对包含选择权的非基本债券同样适用，计算结果称为有效久期和有效凸性。

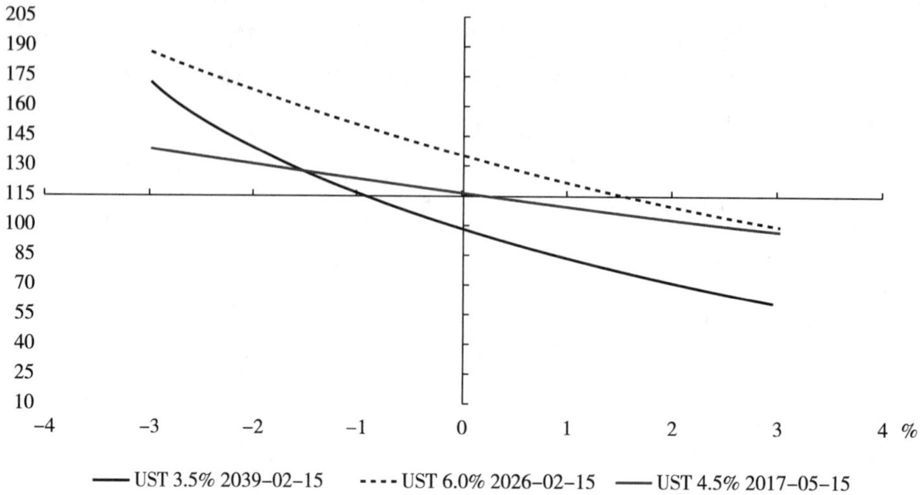

图 4.19 债券价格与收益率

$$D_{Effective} = \frac{1}{P(y^0)}\left(\frac{P(y^-) - P(y^+)}{y^+ - y^-}\right)$$

$$C_{Effective} = \frac{P(y^+) + P(y^-) - 2P(y^0)}{P(y^0)(y^+ - y^-)^2}$$

其中，$P(y^0)$ 是到期收益率为 y^0 时的债券价格现值，$P(y^+)$ 是当收益率增加到 y^+ 时的债券价格现值，$P(y^-)$ 是当收益率下降到 y^- 时的债券价格现值，这只是一种用于估计一阶和二阶导数（数学意义上的导数）的数值方法。表 4.20 显示了美国国债组合的收益率的久期、有效凸性和美国国债组合在不同到期收益率变化时的价格变动。UST 3.5% 2039 - 02 - 15 债券的久期为 17.17，意味着在收益率变动到 100 个基点时，债券价格将改变 17.17%；凸性为 4.03，这意味着对于 100 个基点的收益率变化，凸性还会使价格额外变化 2.01%。

投资组合的久期和凸性可以通过整个投资组合的价值变动来估计。对于一个小的变化，使用久期和凸性为基础估计出的价格变化接近价格实际变化。然而随着收益的变化增大，估计误差可能会大大增加。

久期和凸性是政府债券期货交易的有用工具。政府债券期货一般允许在被称为“可交割篮子”的期限内在一定范围内的债券中选择交割债券。例如，10 年期美国国债期货允许交割在期货到期时剩余年限为 6.5 ~ 10 年期美国国债。由于许多债券可用于交割，交易所使用一个固定的转换因子将不同债券同质化。10 年期美国国债期货的转换因子的确定方式是将每个债券都转换为收益率为 6% 的债券，从而使得选择任何一个可交割债券都是无差异的。

期货交割篮子中某个特定可交割券的全价（Invoice price）为期货结算价格乘以换算系数，再加上应计利息。由于市场上所有债券的收益率都不太可能达到 6%，收益率越远离 6%，这种同质化的操作效果越差。可用于交割的最便宜的债券被称为 CTD 债券，具有最低的基差。基差是可交割债券的现货价格减去其全价，净基差是基差减去持有收益（Carry），

表 4.20　　美国国债样本的久期和凸性

CUSIP	票息率	当前价格	到期日	收益率	有效久期	有效凸性	下降300个基点	下降200个基点	下降100个基点	下降50个基点	当前价格	上升50个基点	上升100个基点	上升200个基点	上升300个基点
UST 3.5% 2039－02－15	3.5	97.25	2039－02－15	3.69	17.17	4.06	170.7	140	116	106	97.3	89.4	82.4	70.5	61
UST 6% 2026－02－15	6	6	2026－02－15	3.16	10.7	1.46	188.6	168	150	142	135	128	121	110	99.3
UST 4.5% 2017－05－15	4.5	116.34	2017－05－15	1.91	5.83	0.4	139.2	131	123	120	116	113	110	104	97.8

而持有收益定义为债券的票息加上应计利息再减去融资成本。其融资成本一般以回购利率（repo rate）衡量。可交割债券中各个债券的久期和凸性对于确定在不同利率环境下的谁是CTD券有重要意义，同时也是理解基差交易（Basis trading）这种复杂而精细的固定收益交易策略的关键。

图4.21显示了按转换因子归一化后的两个可交割债券的价格变动。当收益率下降时，交割低久期债券变得更具吸引力，而交割高久期债券在收益率上升时具有吸引力。收益率曲线的形状（稍后讨论）也将影响相对价格。如果收益率曲线随着收益率的下降而变陡峭，那么将削弱交割低久期债券的动机。类似地，如果收益率曲线随着收益率的上升而变平坦，则交割高久期债券的动机将下降；如果收益率曲线反转，则交割低久期债券更便宜。

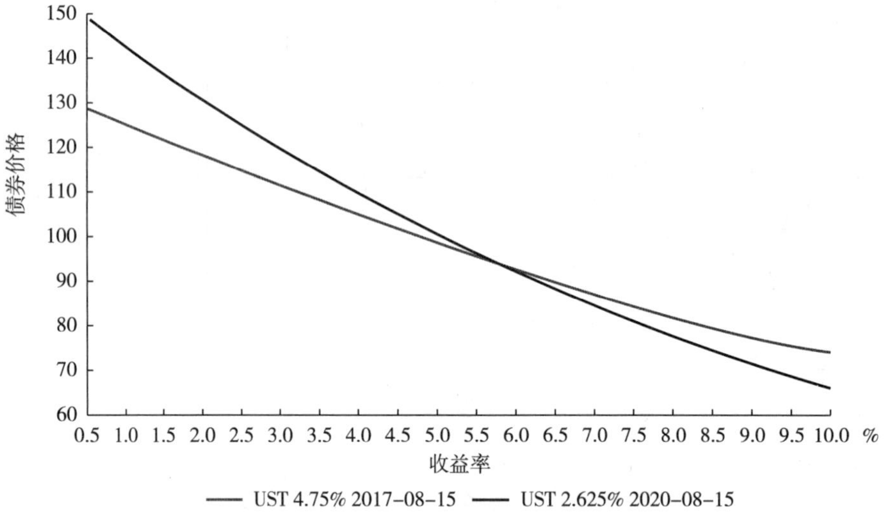

图4.21　转换因子归一化后的美国国债价格收益率

收益率曲线

期限结构

利率的期限结构 般被称为“收益率曲线”，描述了有相似信用风险的证券的到期时间和市场收益率之间的关系。通常收益率曲线是向上倾斜的，也就是说长期利率高于短期利率。收益率曲线向上倾斜的原因包括：（1）长期投资的流动性风险溢价；（2）投资高波动资产的期限风险溢价；（3）通胀预期。向下倾斜的收益率曲线通常被认为是经济衰退的前兆。

收益率曲线在固定收益投资组合的估值、交易和风险管理中扮演关键角色。市场对于经济、通胀预期、风险溢价和供求失衡的一致观点隐藏在收益率曲线中，一些交易策略和资产组合是根据对当前和未来收益率曲线形状的观点构建的。收益率曲线对于固定收益资产的估值和对冲也是非常重要的。由于固定收益投资组合支付一系列现金流，在利率敏感性方面，更合适的度量标准应该为“关键利率久期”（Key Rate Duration）。债券的关键利率久期是指债券在收益率曲线不同期限上的价格敏感性，这是通过改变收益率曲线不同点上的利率并重新对债券定价得到的。收益率曲线还隐含市场远期利率（即未来的短期利率）曲线，期货交易和利率互换就是基于交易者对于远期利率曲线的观点进行的。

图 4.22 展示了美国、欧盟、英国和日本基于政府债券的收益率曲线；图 4.23 展示了货币市场存款和美元（USD）、欧元（EUR）、日元（JPY）、英镑（GBP）的 Libor 互换利率。这些市场利率报价只能用来表明利率期限结构，并不适用于交易和定价决策。后者需要通过基于市场利率报价构建贴现曲线、平价利率曲线、零息债曲线和远期利率曲线所反映的更重要和更准确的信息进行。贴现曲线是对未来给定时点的现金流的贴现率，而平价利率曲线表明不同到期日的平价债券的收益率；零息债曲线，也就是即期利率曲线，显示了不同到期日的零息债券的收益率；远期利率曲线显示了未来特定期限的收益率。这些曲线间相互联系，而且可以被认为是相同信息的不同表达。注意这些曲线隐含的预期收益率（尤其是远期利率曲线）是独一无二的，因为它们是当前市场提供并且可以被锁定的利率，利率的锁定可以通过远期利率协议或利率期货合约实现。在 Libor 互换市场，构建利率曲线的方法叫作拔靴法（bootstrapping），而在政府债券市场，构建收益率曲线的方法称为拟合收益率曲线（fitting）。

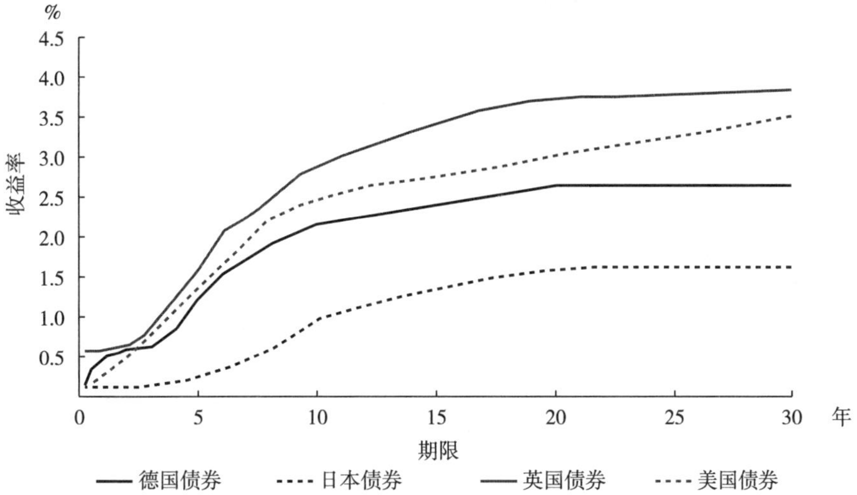

图 4.22 基准国债收益率曲线（2010 年 8 月 16 日）

拔靴法

拔靴法（又名零息剥离）是指逐步生成收益率曲线上的点，使其和被用来作为输入变量的市场利率一致的过程。Libor 互换收益率曲线由来自多个市场和金融工具的信息联合生成。市场和金融工具的选择取决于目的和货币，但通常是通过货币市场存款利率、利率期货价格和互换利率的组合来构建。由于绘制收益率曲线的目的是获取交易、套利和定价利率的期限结构，因此应遵守的一个重要原则就是选用市场中流动性最强、最活跃的利率和价格作为输入。通常方法是用货币市场的隔夜到数周（或月）的利率，再加上依流动性选取的数个季度的利率期货报价，最后加上互换利率。

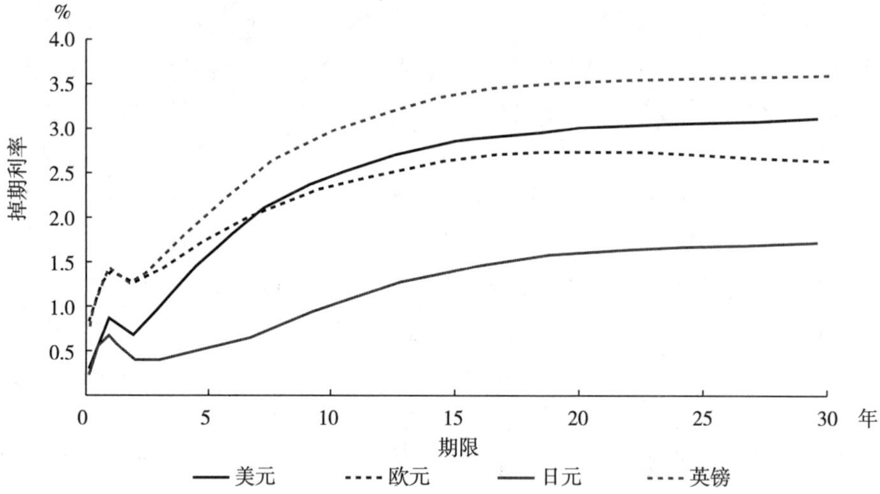

图 4.23　存款和掉期利率（2010 年 8 月 16 日）

由于货币市场工具的简单性，从存款利率中分离贴现因子是非常直接的：

$$Z(t_0, t_1) = \frac{1}{(1 + r(t_1)\alpha(t_0, t_1))}$$

其中，t_0是当前日期，$Z(t_0, t_1)$ 是t_1时间的贴现因子，$r(t_1)$ 是t_1时刻的存款利率，$\alpha(t_0, t_1)$ 是基于计息惯例的利率累计因子。

贴现率和远期利率间的关系可总结如下：

$$Z(t_0, t_2) = Z(t_0, t_1)\frac{1}{(1 + f(t_1, t_2)\alpha(t_1, t_2))}$$

其中，$f(t_1, t_2)$ 是t_1和t_2间的远期利率，如果t_1时刻的贴现因子、t_1和t_2时刻间的远期利率是已知的，则可以计算t_2时刻的贴现因子。远期利率可由期货价格得来，远期利率可以被粗略认为等于期货利率，即 100 减期货价格。在更精确的计算中，需要对期货利率进行凸性偏差调整，才能得到远期利率。

凸性偏差（Convexity bias）是由于期货合约以逐日结算并且与利率属于线性关系产生的，而 FRA 只在到期日结算且和利率之间是非线性关系（因为折现机制不同）而产生的。由于结算过程的不同，一直做空 FRA 并使用短期期货合约来对冲是有利的，这已被市场公认并且在期货合约价格中有所体现。临近到期的期货合约的凸性偏差很小，而远离到期日的期货合约凸性偏差很大。凸性偏差取决于远期利率的波动性以及远期利率到期时远期利率和零息债券价格间的相关性，并会使得期货利率向下调整。贴现因子可以用上面的表达式逐步计算，直到所有的期货价格全部用于计算。

t_n期面值掉期利率 $S(t_0, t_n)$ 和贴现因子的关系如下所示：

$$S(t_0, t_n) = \frac{1 - Z(t_0, t_n)}{\sum_{1}^{n} \alpha(t_{i-1}, t_i) Z(t_{i-1}, t_i)}$$

或者写成：

$$Z(t_0,t_n) = \frac{1 - S(t_0,t_n)\sum_{1}^{n-1} Z(t_{i-1},t_i)}{1 + \alpha(t_{i-n},t_i)S(t_0,t_n)}$$

如果所有的t_{i-1}前的贴现因子已知，则利用t_n时刻的互换利率，我们可以计算出t_n时刻的贴现因子。

由于收益率曲线中有些点无法进行市场交易，用于绘制曲线但却没有报价的存款利率或互换利率需要使用其他有报价的市场利率进行插值来获得。这种用于衔接存款利率和期货利率曲线、确定未知互换利率的插值技术对绘制平滑的收益率曲线和远期利率曲线至关重要。

有了贴现利率曲线，可以继续计算零息债券利率曲线、远期利率曲线和平价债券利率曲线。贴现利率曲线可直接用于贴现现金流模型来为其他金融工具估值，如图 4. 24 所示。

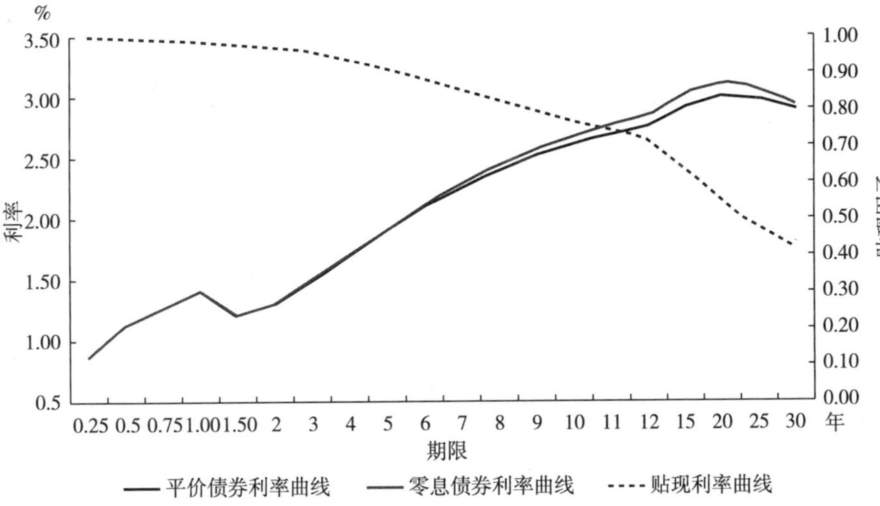

图 4. 24　美元平价、零息债券和贴现曲线（2010 年 9 月 3 日）

也许市场上最重要的观点就蕴藏在远期利率曲线中。远期利率曲线通过当前市场收益率的变化反映了收益率曲线的演进。图 4. 25 展示了当前收益率曲线和 2010 年 12 月、2011 年3 月远期利率曲线的对比，图中显示市场预期短期利率将上升 60 个基点，收益率曲线略微变平。如果投资者预期利率的上升将更显著，或者认为收益率曲线变得比图中更为平坦，那么他可以通过现金或者衍生品市场交易来货币化自己的观点。

拟合收益率曲线

债券市场交易着大量票息不同、支付日期不同、到期期限不同的债券。不同于对特定期限的互换协议采用统一利率的互换市场，在债券市场中，不同到期日债券的价格会由于流动性、票息和其他原因而显著不同。因此在债券市场，绘制收益率曲线需要使用拟合算法。在互换市场，推导收益率曲线的原因是希望深入了解市场预期和进行场外市场产品的定价，而拟合债券市场收益率曲线的目的则是进行时间序列分析与为相对价值投资策略提

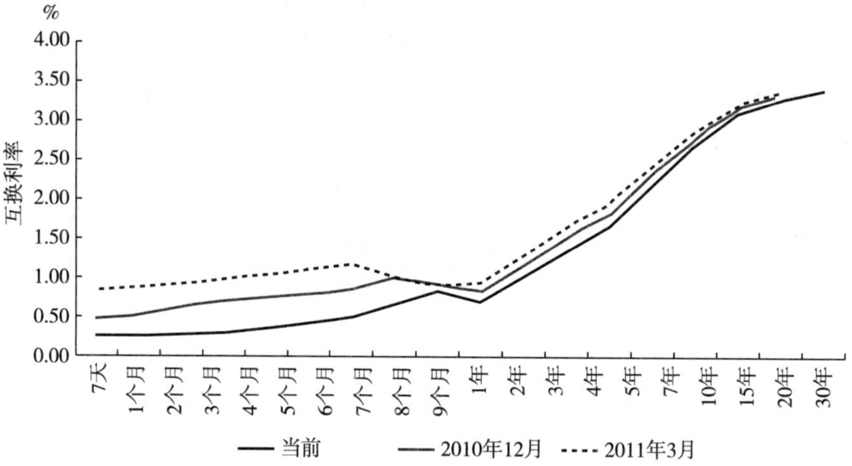

图 4.25　美元远期曲线（2010 年 9 月 3 日）

供高估/低估分析。拟合算法用于识别那些显著偏离历史正常值的债券。如果认识到市场中的技术因素可能会扭曲一些债券价格，那么构建保证可以重现债券价格的收益率的拔靴法是不可取的。我们的目的应该是用一个一致的方法来鉴别交易的异常值。

债券收益率曲线拟合算法分为拟合收益率算法和拟合市场价值算法。拟合收益率算法给出收益率曲线的函数形式，并用最小二乘法来估计适合样本中债券收益率的方程系数。使用拟合函数的方法可以生成一条光滑的收益率曲线，但理论上仍有问题，其最大的异议是它不要求发生在相同时间的现金流以相同利率贴现。价格拟合模型首先指定折现因子的函数形式，然后使用样本中的债券价格来估计函数的系数。此外，明确要求贴现因子的初值被设为 1，并随时间递减。

一个可以实现上述目的的简单函数是使用 m 个基函数的线性和为贴现因子建模，其中每个基函数都是指数函数。在这种方法下，t_n时刻的贴现因子为

$$Z(t_0, t_n) = \sum_{k=1}^{m} a_k \left(e^{-bt_n}\right)^k$$

a_k和 b 是需要估计的未知系数。因为贴现因子的初值为 1，对参数要施加以下约束：

$$Z(t_0, t_0) = 1 = \sum_{k=1}^{m} a_k$$

使用 5 个基函数可以拟合出一个相当好的收益率曲线，基于样本债券的系数估计可通过最小二乘法来进行。

利率模型

利率模型在管理利率风险和证券估值方面非常重要。从市场上看，利率模型可分为两个不同的角度：固定收益现金债券的投资组合经理对以预测为目的的利率时间序列统计建模感兴趣，建模过程中使用历史数据来估计波动率和相关性，并通常使用诸如主成分分析

的技术来解释收益率曲线的变化。而在利率衍生品市场中，较好的利率建模方法是从市场价格中估计利率，波动率和相关性则可以从高流动性的基础衍生品价格中提取。

布莱克—斯科尔斯（Black - Scholes，1973）首先提出了衍生证券定价的方法。如果衍生证券的最终收益可以被完全复制，那么在无套利前提下，衍生证券和复制策略的价值应相同，这是权益型看涨期权价值方程的核心原则，在他们的模型中股票价格服从对数正态分布。至今，布莱克—斯科尔斯提出的完全复制策略仍是市场中衍生证券设计和估值的基本原则。布莱克—斯科尔斯模型的另一个观点是“风险中性”估值原则：衍生工具的收益可以完全复制，所以认为市场“风险中性”，即与个人风险偏好无关是合理的。因此，衍生工具的价值是预期收益的现值，而预期收益根据风险中性概率分布确定，并用无风险利率来折现。布莱克—斯科尔斯的开创性论文发行数年后，布莱克（1976）提出了对期货期权定价的修正方法，这个模型假设期权价格服从对数正态分布，并被市场用于对利率期货期权、债券期货期权、利率上限、下限以及互换期权估值。从严格的理论视角来看，使用布莱克（1976）模型对所有这些工具进行定价是不相容的。对数远期利率和对数互换利率并不相容，对数债券价格和对数互换利率也不相容。市场充分意识到这些问题，并将其反映在用于布莱克模型定价的波动率中。因此，在普通利率衍生市场中，该模型只作为将价格转化为隐含波动率的一种手段。

被嵌入债券或衍生证券中的期权收益更复杂，并不总能用布莱克模型定价，给这些证券定价需要更加明确的模型来拟合利率的演变。这些利率模型遵循了布莱克—斯科尔斯模型的无套利原则，然而也带有利率的其他独特元素，如均值回复（mean reversion）。利率衍生工具的早期模型称为短期利率模型，因其以假设瞬时短期利率服从某一随机过程为起点。这类模型在设计上与当前的利率期限结构相容，因此也被称为无套利模型。Ho 和 Lee（1986），Hull 和 White（1990），Black、Derman 和 Toy（1990）以及 Black 和 Karasinski（1991）都是短期模型的例子。这些模型与期权市场的一致性通过模型校准实现，选取的标定工具一般为普通互换期权或上下限，估计参数的原则是使参数选取下模型给出标定工具的价格最好的拟合。

下一代模型不再进行短期利率建模，转而对整个利率结构进行建模。这种方法的先驱是 Heath、Jarrow 和 Morton（1992）（HJM）的模型。HJM 模型用于对连续远期利率建模，远期利率的波动率及相关性被视为外生变量。协方差函数和初始收益率曲线是仅有的输入变量。HJM 模型的问题是瞬时远期利率不具有连续性，市场仅对于某些工具及在特定时期内才具有流动性。此外，HJM 没有令人满意的解析解，而数值模拟在计算层面上要求又很高。Brace、Gatarek 和 Musiela（1997）提出的 BGM 是一种可操作的离散时间的 HJM 型模型。这一模型考虑了一组连续的远期 Libor 利率，并假设它们遵循对数正态分布。由于远期利率服从对数正态分布的假设符合使用 Black 模型来定价普通期权的市场惯例，市场波动性可以直接作为模型的输入变量。

利率衍生模型很复杂，因此它们的校准是模型开发的重要组成部分，了解校准的目标至关重要。由于同时用于估值和对冲，因此模型不仅要能与市场价格对应，还要能够跟踪市场波动和相关性的演变。

交易策略

固定收益市场的广度和深度为投资者提供了各种实施策略，展现他们对市场观点理解的机会。两个常见的策略是政府债券基差交易策略和曲线交易策略。

政府债券基差交易策略： 基差交易是指购买（出售）政府债券的同时出售（购买）政府债券期货。涉及在现金市场购买政府债券和出售债券期货合约的交易称为“基差多头交易”，反向的策略被称为“基差空头交易”。当基差收紧时，基差多头受益；当基差增大时，基差空头策略有利可图。一般基差不会为负，因为如果基差变为负值，交易者可以通过购买现金债券并用于交割期货合约来实现套利，这种交易的风险和回报率一般很低，且需要大量资金。

交易者通常会加大杠杆以提高此类交易的资本回报率。回购利率、收益率曲线和供给因素的变化都是基差的重要决定因素，另一个决定因素是交易所用来调整“可交付篮子”中每个债券全价的转换因子。任何两个可交割债券的全价总是基于转换因子以固定比例变动，而不随交割债的市场价格变动。随着市场走出平价，转换因子开始不成比例地影响每个债券的基差。当债券价格上涨时，高票息（低久期）债券的价格相比于同样到期期限的低票息（高久期）债券价格变动更小；而当债券价格下跌时，情况恰恰相反。由于转换因子不发生变化，在经济复苏中高息票/低久期债券价格相对便宜，而在抛售期间，低票息/高久期债券相对便宜。基差交易有风险，由于该策略采用高杠杆，如果回购交易对手无法交付，则将面临重大风险。

曲线交易策略： 美国债券市场提供了许多市场内和市场间的利差交易机会。“新券”对“旧券”（off the run）利差交易是指将基准债券与类似期限的旧债券进行反向交易；互换利差交易中使用互换和债券进行反向交易；相比之下，曲线交易涉及交易收益率曲线的斜率和形状。

经典交易包括曲线陡峭交易和平坦交易。图4. 26 描绘了10 年期和2 年期的美国国债利差以及经济衰退指标的情况。历史上，收益率曲线的斜率一直与经济强劲程度和美联储的行动有关。美联储的政策性降息伴随着收益率曲线的陡峭，加息伴随着收益率曲线的平缓。曲线陡峭交易是指持有长期债券同时卖出短期债券。多头和空头权重的选择可使得整体交易头寸呈久期中性，但可能具有凸性风险。曲线交易的另一种类型是基于对收益率曲线曲率的观点，是指做多短期债券和长期债券，同时做空中期债券，这也被称为蝶式策略。债券的权重可以被调整为久期中性或美元中性。

例如，考虑5 年期和30 年期美国国债收益率间的差距（见图4. 27），2006 年12 月几乎为0 的价差在2009 年9 月达到230 个基点。如果一个交易者认为这条曲线会变平坦，他可以出售5 年期债券并购买30 年期债券。我们可以设定出售债券的美元价值等于购买债券的美元价值。要注意这不是风险中性的交易。在等待曲线变平的过程中，交易者面临着收益率曲线平行移动的风险。为了避免这种风险，应该调整头寸的相对大小，使得净头寸为久期中性。表4. 28 中描绘了久期中性交易，以及收益率曲线变得平缓或陡峭时这笔交易的预期损益。

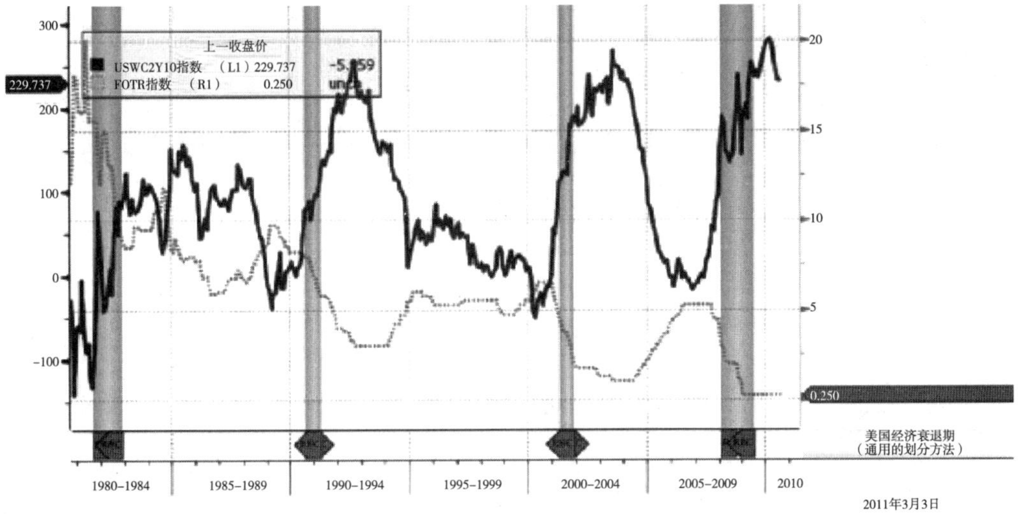

图 4.26　10 年期和 2 年期美国国债利差（1980 年 9 月至 2010 年 7 月）

（资料来源：彭博财经）

图 4.27　30 年期和 5 年期美国国债收益率和价差（2006 年 12 月至 2010 年 8 月）

（资料来源：彭博财经）

表 4.28　　30 年期、5 年期美国国债利差交易

交易	债券	数量	收益率	价格	久期	DV01
卖	UST 1.25% 8/31/15	1 000	1.568	98.48	4.72	472
买	UST 3.875% 8/15/40	265	3.839	100.64	17.17	471
利润/损失						
		市值	平坦 100 基点	平坦 50 基点	陡峭 50 基点	陡峭 100 基点
卖	UST 1.25% 8/31/15	-985	-30.77	-17.44	8.76	22
	UST 3.875% 8/15/40	266.7	53.35	25.23	-22.38	-43
	净值		22.58	7.79	-13.62	-21

参考文献

Black, F. 1976. "The Pricing of Commodity Contracts," *Journal of Financial Economics* 3 (March): 167–79.

Black, F., E. Derman, and W. Toy. 1990. "A One-Factor Model of Interest Rates and Its Application to Treasury Bond Options." *Financial Analysts Journal* (January/February): 33–39.

Black, F., and P. Karasinski. 1991. "Bond and Option Pricing When Short Rates Are Lognormal," *Financial Analysts Journal* (July/August): 52–59.

Black, F., and M. Scholes. 1973. "The Pricing of Options and Corporate Liabilities." *Journal of Political Economy* 81 (May/June): 637–59.

Brace, A., D. Gatarek, and M. Musiela. 1997. "The Market Model of Interest Rate Dynamics." *Mathematical Finance* 7:2, 127–55.

Gorton, G. 2009. "Information, Liquidity, and the (Ongoing) Panic of 2007." American Economic Review Papers and Proceedings.

Heath, D., R. Jarrow, and A. Morton. 1990. "Bond Pricing and the Term Structure of Interest Rates: A Discrete Time Approximation." *Journal of Financial and Quantitative Analysis* 25:4, 419–40.

Heath, D., R. Jarrow, and A. Morton. 1992. "Bond Pricing and the Term Structure of the Interest Rates: A New Methodology." *Econometrica* 60:1, 77–105.

Ho, T. S. Y., and S.-B. Lee. 1986. "Term Structure Movements and Pricing Interest Rate Contingent Claims." *Journal of Finance* 41 (December): 1011–29.

Hull, J., and A. White. 1990. "Pricing interest-rate derivative securities." *The Review of Financial Studies* 3:4, 573–592.

Hull, J., and A. White. 1993. "Bond Option Pricing Based on a Model for the Evolution of Bond Prices." *Advances in Futures and Options Research* 6: 1–13.

Hull, J., and A. White. 1993. "One-Factor Interest Rate Models and the Valuation of Interest Rate Derivative Securities." *Journal of Financial and Quantitative Analysis* 28 (June): 235–54.

Hull, J., and A. White. 1994. "Numerical Procedures for Implementing Term Structure Models I: Single-Factor Models." *Journal of Derivatives* 2:1, 7–16.

Hull, J., and A. White. 2000. "Forward Rate Volatilities, Swap Rate Volatilities, and the Implementation of the LIBOR Market Model." *Journal of Fixed Income* 10:2, 46–62.

Jamshidian, F. 1977. "LIBOR and Swap Market Models and Measures." *Finance and Stochastics* 1:4, 293–330.

Jamshidian, F. 1989. "An Exact Bond Option Pricing Formula." *Journal of Finance* 44 (March): 205–9.

Macaulay, F. 1938. "Some Theoretical Problems Suggested by the Movements of Interest Rates, Bond Yields, and Stock Prices in the US since 1856." National Bureau of Economic Research.

Rebonato, R. 1996. *Interest Rate Option Models.* Chichester, UK: John Wiley & Sons.

Rebonato, R. 2004. *Volatility and Correlations: The Perfect Hedger and the Fox*. Chichester, UK: John Wiley & Sons.

Chapter Five

美国住房抵押贷款市场 第5章

布鲁斯·麦克内文[①]

贷款市场概述

历史：经历了"大萧条"时期后，美国联邦政府建立起许多政府组织或政府资助的机构来发放具有政府担保的抵押贷款，意在增强二级市场流动性，促使更多的贷款得以发行。美国住房抵押贷款的二级市场于20世纪70年代开始兴盛，并在1977年开始向私人部门延伸，标志事件是美国国家信托和储蓄银行（Bank of American National Trust & Savings Association）成为首家纯私人发售贷款抵押证券的机构。住房抵押贷款二级市场在2005年前后达到了历史新高，但是由于次级贷危机，人们逐渐开始重新审视与按揭贷款相关的金融工具打包出售和发行的方式。

规模：据美联储统计，截至2010年第一季度，在美国约有14.1万亿美元规模与房屋抵押贷款相关的债务在外流通。

产品：今天的市场面向投资者提供了大量的投资选择，从简单的可转让债券（又称为转手证券）到种类丰富、伴随复杂现金流模式的抵押贷款证券结构化产品。

首次发行：1970年，美国政府国民抵押贷款协会（吉利美，Ginnie Mae）首次发行了抵押贷款转手证券（mortgage pass - through security），该证券通过将品质优良的抵押贷款汇聚形成资产池向投资者支付本息。

著名事件：

1994年：蒙特利尔银行（Bank of Montreal）的子公司哈里斯信托和储蓄银行（Harris Trust and Savings Bank），因投资于高风险的抵押贷款衍生品蒙受了5 130万美元的损失，而这笔资金本应保管在低风险的机构客户账户中。

2007年：当年8月，次级贷款持续上升的违约率使得美国二级抵押贷款市场感到恐慌，并蔓延到整个金融市场体系。许多人担忧全美最大的抵押贷款借贷商美国国家金融服务公司（Countrywide Financial）处在濒临破产的境地。事实上，它首先从各大银行获取了115亿美元的信用额度，随后从美国银行（Bank of America）获得一笔20亿美元的融资，最终使得抵押贷款的贷款方在2008年的股市中获利40亿美元。美国国家金融服务公司在2007年10月公布的第三季度损失达12亿美元，这是其25年以来首度报亏。除了经受次贷市场

① 布鲁斯·麦克内文（Bruce McNevin）是中途集团（The Midway Group）对冲基金住房抵押贷款研究部的经理（managing director），开发提前偿付模型相对估值方法研究MBSs。他拥有纽约市立大学的经济学博士学位。

的巨额损失之外，公司还因诸如误导投资者对于信用风险程度的认识以维持其市场运作等贷款市场欺诈行为而受到FBI的审问调查。

2007—2008年：雷曼兄弟（Lehman Brothers Holding Inc.）作为一家全球性的金融服务公司在次贷危机中同样遭受了打击，2007年雷曼兄弟停运了旗下的次级贷款子公司、BNC抵押贷款，支付了税后2 500万美元的费用，并鉴于贷款市场的不景气现状减记商誉账面价值2 700万美元。更糟糕的是，雷曼兄弟仍持续遭受着次贷危机的冲击，伴随着股票价格的持续下跌和低利率抵押贷款债券损失的上升，雷曼兄弟最终在2008年申请了破产保护，公布的数据显示公司在第三季度的损失高达39亿美元。雷曼的破产事件也激起了世界范围内对于全球金融系统稳定性的担忧。

应用：贷款支持证券（Mortgage - backed security，MBS）可以用于满足不同维度上特定的风险偏好，包括提前还款、久期、信用风险等多个方面。

用户：二级抵押贷款市场中的投资者，包括投资银行、公司和个人投资者。

引言

1970年，吉利美首次发行了抵押贷款转手证券（mortgage pass - through security），当时的抵押贷款的二级市场尚未成熟，看起来更像是一种不成熟的政府住房市场服务形式。时至今日，流通在外的与抵押贷款相关的债务，其总价值超过了10万亿美元，已经成为美国债券市场最大的组成部分（见图5.1），市场结构也同样经历了巨大的转变。

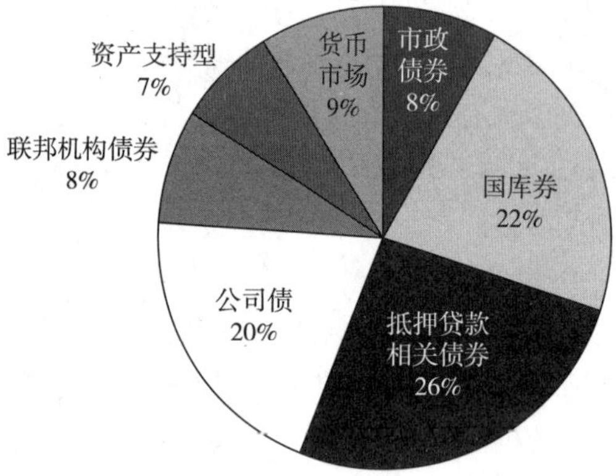

图5.1　流通在外美国债券市场债务规模（2009年第四季度）

［资料来源：证券业和金融市场协会（Securities Industry Financial Markets Association，SIFMA）］

伴随着市场规模的增长，对于投资者来说，与抵押贷款相关的衍生产品也在不断地发展。在今天的市场中可供投资者选择的投资工具从简单的可转让债券（例如由房利美1970年首次发行的债券），到种类繁多、现金流模式复杂的用于满足不同方面特定的风险偏好的结构化产品（例如提前还款、久期和信用风险）。70年代早期以来抵押贷款证券市场的进步得益于同时期金融工程领域在理论、方法论和计算机方面的成果。抵押贷款证券市场的发展历程伴随着金融工程作为一个学科的演化之路。

MBS区别于其他固定收益类产品的一个主要特点就是其现金流的不确定性，和随之而来的估值的复杂性。造成这种不确定性的首要原因是借款人持有提前偿付贷款的选择权，借款人是否行权、何时行权取决于宏观经济环境（如利率、房屋价格）和每一个借款人的特殊情况（如迁居、离婚、失业）。对于未来某个时间点的现金流预计需要对当时贷款提前偿付的概率进行事先估计。借款人未来执行提前偿付权利的预期概率具有动态性、路径依赖性和不确定性。动态性意味着随着时间的推移，概率也会发生变化；路径依赖指未来某一时刻的决定取决于当下或先前阶段的状态；不确定性意味着在我们进行估值的时候需要对未来可能的状态有所了解。

35年前，投资者对于使用工具、方法和计算机来合理评估抵押贷款证券价值的能力有限，当时通行的方法是对现金流的收益率（又称贷款收益率）进行估计，但是这种静态的估值方法并没有很好地捕捉到提前还款期权的价值。制定MBS的投资决策往往基于较少的关于标的抵押物的信息，以及对有关借款人的特性将会如何影响到现金流的有限的了解。

今天的投资者恰恰相反，在日常中能接触到专业的金融工具并在短时间内计算分析大规模贷款级的信息，用这些信息对高度复杂的抵押贷款衍生品进行估值。这种能力归功于现代金融工程的进步，它支撑起高速发展、理论正确的估值方法，通过利用计算机仿真技术来模拟评估提前偿还贷款选择权的价值。复杂估值模型的建立与发展反过来作用于抵押贷款衍生品市场，促使衍生品种类愈发多元化，从而满足了投资者的偏好和需求。

这一章节主要讨论了贷款抵押市场（或贷款二级市场）的发展、市场中的机构、参与者、产品、分析方法工具和金融工程在其中扮演的重要角色。首先我们将简短地探讨政府住房政策及其在市场建立中发挥的作用，这有助于我们理解目前MBS市场现状和市场未来的走势。事实上，在50年甚至80年前由美国国会建立的住房政策奠定的今天抵押贷款市场的组织结构框架，极大程度上决定了我们当今以及可预见的未来的经济格局。其次，我们将继续讨论一系列抵押贷款衍生品的历史发展进程，可以发现针对不同类型投资的多元化抵押贷款证券产品反映了金融工程在方法论上的建树与历程。再次，我们将着重探讨提前偿付贷款和隐含违约风险的抵押贷款估值。伴随着抵押贷款二级市场的发展，MBS定价使用的信息的可得性和计算机评估信息的能力也发生了日新月异的变化。事实上这两点正是过去8年到10年间快速发展的领域。最后，我们将展望未来市场的状况、重要金融机构的未来走势和金融工程在抵押贷款市场中的角色演变动向。

抵押贷款证券市场发展史

从某种层面讲，抵押贷款的二级市场、抵押贷款证券的历史起源于美国“大萧条”时期。1934年美国国会为应对1929—1934年居高不下的住房抵押贷款违约率，通过了《美国国家住房法》（*National Housing Act*）并建立联邦住宅管理局（Federal Housing Authority, FHA）。据估计，当时在全国范围内房屋拥有者的违约率高达25%～30%。导致高违约率的因素具体包括高失业率、房价大幅滑坡、气球贷款[①]（balloon mortgage）的做法等。

FHA 的建立是为了向批准的贷款人提供抵押贷款保险，通过降低因借款人违约对贷款人所造成的损失风险来鼓励房屋贷款。该项目通过借款人每月增加的一笔金额来充当保险金。FHA 保险项目现今依然存在，其在近几年的房地产市场危机中起到了稳定市场的重要作用。为进一步保障贷款人的利益，对于 FHA 批准的住房抵押贷款项目适用的保险标准条款相较于其他抵押贷款也更宽松。借款人可以用一笔很小的现金投入获得 FHA 的贷款，而在资质评鉴时对于借款人自身的收入的要求会比其他抵押贷款更低。FHA 现在是美国住房和城市发展部（Department of Housing and Urban Development，HUD）的一部分。

1938 年，在 1934 年颁布的《美国国家住房法》下，FHA 向联邦国民抵押贷款协会（Federal National Mortgage Association）即房利美（Fannie Mae）颁发特许执照。成立房利美的目的是想通过建立住房抵押贷款二级市场向贷款市场注入流动性。房利美从贷款人手中收购经 FHA 保险的抵押贷款，然后将其纳入自己的投资组合中或出售给投资者。贷款人确信能出售经 FHA 保险的贷款，因此更有动力进行贷出；通过此项活动贷款人流回新的资本从而能够发放更多的贷款。建立住房抵押贷款二级市场同样促进了资本在不同地域间流动，这对于住房市场内生的本地依赖性是一种重大变革。20 世纪 40 年代末期，房利美的收购贷款范围进一步扩大到经由退伍军人管理局（Veterans Administration，VA）保证的贷款项目。

1968 年，联邦国民抵押贷款协会按所有制分成了两个经济实体，公有制部分保留了原房利美的注册名，私有制实体命名为政府国民抵押贷款协会（Government National Mortgage Association），即吉利美（Ginnie Mae），其专门面向经济适用房贷款市场。两者的建立对于美国政府扩大住房抵押贷款二级市场、助力美国人民购房支持的政策是非常重要的一步。1970 年，政府还成立第三个经济实体，美国联邦住房抵押贷款公司（Federal Home Loan Mortgage Corporation），即房地美（Freddie Mac），和房利美一样房地美同为公有制企业，建立房地美的最大原因在于防止房利美对于市场的垄断。两大机构房利美、房地美，准确地讲，被称为政府支持事业单位（Government - Sponsored Enterprises，GSEs），即由政府部门正式授权特许营业但为私有制的企业。和吉利美一起，这三家经济实体通常被称为中介机构。作为一个整体，中介机构在整个住房抵押贷款二级市场的发展和兴盛中发挥的重大作用不言而喻。

机构抵押贷款转手证券

1970 年吉利美首次推出了抵押贷款转手证券（Mortgage Pass - through Security），标志着现代贷款支持证券市场的开始。抵押贷款转手证券是由一系列性质相似的抵押贷款所组成的资产池，这些贷款具有相似的贷款到期时间、发放日、利率、贷款类型（固定利率或浮动利率）、财产类型（独户住房或多户住房）等。购买了抵押贷款转手证券的

① 今天很普通的 30 年期固定利率住房抵押贷款在 20 世纪 30 年代比较少见，许多贷款都是气球贷款，本金到期全部一次支付，支付通常发生在贷款形成后的 3 ~ 5 年。

投资者享有对于资产池中贷款本金和利息支付[①]的索取权。在吉利美的住房抵押贷款转手项目中，符合资质要求的贷款被打包纳入资产池并在抵押贷款二级市场中再次售出。吉利美本身不发行这些证券，但会保证资产池中由政府批准的贷款人发行的本金偿还和利息支付。

吉利美在引入住房抵押转手证券上取得先机，随后两家GSE也在业务上逐渐跟进（房地美1972年，房利美1981年）。不同于吉利美的是，GSE实际上先购入住房抵押贷款，随后置入自己的资产池中或是将其证券化，并在二级市场中卖出。同时，为了保证其支持低收入和中等收入购房者，吉利美转手证券项目发行证券的标的贷款池首先经由FHA或是VA保证。这些贷款通常指代政府贷款。

绝大多数的抵押贷款转手证券在待宣市场（To－be－Announced Market，TBA）进行交易。TBA合约表示约定在未来某日买入或卖出一系列资产池或抵押贷款。TBA市场得名基于一个事实，即购买人直到交割日前的两个交易日并不知道确切资产池的内容。TBA市场交易建立在资产池中的资产组合因同质而具有可替代性的基本假设上。举个例子，投资者可以购买一份由房利美发行的转手证券合约，固定利率5%，期限30年，但是在距结算日48小时前，投资者并不知道打包贷款中平均的贷款到期年限、平均贷款规模，甚至抵押贷款的平均利率情况。TBA的交割依据美国证券业和金融市场协会（SIFMA）每月制订的计划。贷款发起人利用TBA市场来调整定价进而影响再融资额，通过提前几个月在交割日到来之前对合约进行商议，使目标价位有效地锁定在一个合理的位置。SIFMA还提供了TBA市场中“优良交易”的指导意见，通常用于处理结算问题，例如价值100美元的TBA市场证券能够购买的打包贷款池的最大数量、实际交割和商定交易量之间存在的差异等。

抵押贷款转手证券同样可以形成特定的组合进行买卖，即投资者按特殊偏好能够购买相应的证券，例如贷款头寸（低、中等或大额）、地理坐标（标的资产房屋所处的位置）、借款人的信誉、房屋用途种类（主要用于居住或投资持有）、财产类型（独户住房、群居住房、公寓、合作公寓（co－op））。特定的资产组合市场对于具有某类特征的贷款寄予了特定的价值，从这个层面来看，它和TBA市场的运作同理，都是基于资产池内部同质的假设。在过去的五六年，代理机构们对资产池内的贷款信息披露得更加详细，因此该市场也变得愈加活跃。例如2003年，机构们开始汇报FICO信用分数的加权平均数和分位数、住房贷款担保比率（LTV）、占用类型、贷款用途（自置居所、再融资兑现、利率再融资）和1996年以后产生的所有资产池的平均贷款规模。在2006年早期，房地美开始报道资产池中贷款层面的信息，但有趣的是并未提供指标显示信息来源属于哪一类打包贷款组合，因此投资者对于信息的使用依旧受限。但是对于这类信息的可获取性和投资组合中贷款在地域集中度上的信息仍然刺激了特定打包贷款市场的发展，同时它还提供给投资者大量关于如何提升MBS估值模型的信息。

---

① 投资者收到本金加上利息减去一笔支付给抵押贷款服务商的为贷款人代收款的服务费用。

机构市场结构

MBS 市场分割很大程度上基于抵押物的性质，从某种角度来看这种分割反映了借款人特征①在本质上的差异。借款人特征对于预期提前偿还贷款可能性起到决定性作用，所以市场分割机制折射出证券估值中存在着基本区别。实际上，在给定的经济环境下，每一部分市场中的借款人都有着不同的提前偿贷倾向。市场分割是估值过程中必须考虑的重要差异。自从 MBS 市场创立以来，金融工程的发展能够让投资者把这些差异因素体现在估值过程中。

吉利美的资产池由政府担保贷款组成，主要是退伍军人管理局和联邦住宅管理局保证的贷款项目。政府支持事业单位的资产池不像吉利美，其标的资产不限于政府担保贷款，政府支持事业单位资产池中的贷款绝大多数是非政府贷款，这些贷款通常称为传统贷款（conventional loan）。由传统贷款和政府担保贷款组成的资产池往往有不同的提前偿付速度，导致这种现象的部分原因是政府的贷款项目有着更高的 LTV 限制和相对较小的贷款规模。

机构贷款标准通常要求借款人提供纸质的雇佣关系、薪资收入证明文件。此外，传统贷款标准还要求借款人的住房贷款担保比率低于 80%，并满足信用和债务收入比的最低要求水平。政府贷款的 LTV 水平通常高于 80%。不符合 GSE 标准的典型非政府担保贷款支持证券，常由私有部门发行人将其证券化并在非机构市场中出售。

这三家机构按照贷款规模加以资产化合格限制，被称为常规头寸限额（conforming balance limit）。2009 年对于暂时性高成本地区常规头寸限额为 729 500 美元，永久性高成本地区为 625 500 美元，其他地区一律为 417 000 美元。考虑到房屋价格水平上涨的程度，限额每年会重新调整设置。传统贷款中超过限额的部分，证券化后不允许被纳入机构资产池的贷款常被称为大额贷款（jumbo loan）。大额贷款支持的证券在非机构市场中交易。

MBS 市场分割的一个重要特征就是不依赖于借款人信用风险。暂不考虑贷款上的差异，从投资者的角度看，吉利美转手证券和 GSE 转手证券并不是一对完美的替代品，因为两者对于本金和利息的保证方式存在重大的不同。所有的机构都向投资者保证本金和利息的按时支付，但只有吉利美的保证具备美国政府的信誉。三家 GSE 的担保传统上被视为内含美国政府的信用保障，是由于政府支持事业单位的成立初衷。原则上，由于信用风险上的差异，GSE 转手证券应以折价方式出售给吉利美，但事实上 2008 年政府对房利美和房地美的干预与监管，使得这种隐含保证显得格外明确。MBS 的私人发行单位不提供任何的保证。

转手证券的引入，象征着政府向建立流动性良好的住房抵押贷款二级市场迈出了坚实的一步。转手证券的诞生培养了投资者对于交易大量同质相关抵押贷款的能力。将特性相似的贷款汇聚成池，意味着在组合层面的一般特征能良好代表标的贷款的特性，合规的同质化特征也加强了证券合理估值的流程。通过建立常规头寸限额，GSE 在全国范围内搭建起了贷款保险标准。在今天的市场中，贷款抵押转手证券市场是抵押贷款市场中最为活跃

① 我们可以发现这种描述主要的一个例外是信用风险的差异。

的一类，GSE 发行机构转手证券份额远远超过了吉利美。

抵押贷款支持证券定价

表面上看，抵押贷款转手证券并不是一种特别复杂的金融工具，证券的持有人每月收到贷款池中的本金和利息支付。但在估值时，并不是一项简单的任务，因为需要考虑评估借款人提前偿贷期权的价值。金融工程在这一领域已经作出了卓越的贡献，为投资者提供了高效、实用、易于实施的 MBS 估值工具。

正如其他资产一样，抵押贷款支持证券的价值由其现金流的现值所决定。MBS 与国债最大的区别在于其现金流模式的不确定性。转手证券的基本估值公式为

$$Price = \sum_{t=1}^{T} \frac{CF_t}{(1+y)^t}$$

CF_t = 计划本金 + 计划利息 + 提前偿还本金；y = 抵押贷款收益率。各期现金流的值并不是确定的，因为每月提前偿还的本金数额不确定。借款人可以选择提前偿还部分本金（又称缩减年金），提前偿还全部本金（称提前偿付），按计划以一定比例的本金数额进行偿付，或者不偿还本金（即违约）。贷款的屋主有权利在任何时间将贷款加以赎回，故从投资者的角度持有住房抵押贷款转手证券等价于：

MBS = 国债 + 空头看涨期权

除了现金流的不确定外，有关用于现金流贴现的折现率同样存在不确定性。我们接下来将会讨论这些因素和现代金融工程中评估抵押贷款支持证券价值的方法。

首先，我们讨论能显著影响 MBS 估值的自愿性提前偿付因素。主要有两个原因导致借款人自愿进行提前偿付流程：借款人可以降低或取得较低的贷款利率。每月（固定利率抵押贷款市场第四个营业日休市时）机构会报告贷款池内未偿头寸所对应每一美元的原始贷款证券价值的指标。给定贷款池中已计划偿还的本金数额，可以计算出其中提前偿还的部分，也就是未计划的部分由借款人付清。提前偿付常以月初存在于贷款池中在本月被提前偿付的部分加以衡量。这种方法被称为单月抵押率（single monthly mortality，SMM），年化的单月抵押率被称为固定提前清偿率（constant prepayment rate，CPR）。整个机构所持贷款池的历史月度 SMM 数据被特别用于估计分析 SMM 决定因素的计量经济模型，最终这个模型会用作预测 SMM。通常情况下相同的提前偿付模型适用于房利美和房地美的打包贷款，但是吉利美需要单独构建一个模型，因为它的贷款池中集中着大量的低收入贷款人的贷款。

典型的提前偿还模型由两部分组成：一是周转模型，用于估计房屋拥有者对于提前偿付的可变能力的决定因素；二是再融资模型，用于估计利率变化对于提前清偿活动的影响。每一个模型含有多种解释变量，对于 SMM 的数值有非线性影响。在周转模型中，SMM 的决定性因素[①]包括以下几个。

---

① 周转模型额外的决定因素有信用评分、住房贷款担保比率、收益率曲线斜率和借款人贷款利率与平均贷款利率的利差，后三项为贷款池形成时的数据。

• 贷款年限。贷款呈现出一种很强的周期效应，伴随着贷款越接近清偿期限，SMM 不断增加。一组 20 个月的打包贷款会比一组 2 个月的贷款具有更高的提前偿还比率。其周期通常为 30 个月。

• 相对贷款利率。相对于市场中的抵押贷款利率，贷款池内贷款平均抵押贷款利率——加权平均利率（weighted average coupon，WAC）越低其对借款人利率变化的抑制因素越强。

• 季节性。房屋出售展现出了很强的季节性，在夏季达到最火爆，在 1—2 月最低迷。

周转模型有一个棘手的难题，即模型采用了贷款特征中的总量信息来估计一群个体可能会搬入新住房的可能性。

对于再融资模型，一个关键的决定性因素是相对抵押贷款利率。当市场抵押贷款利率相对于现存抵押贷款利率下跌时，贷款再融资的概率会非线性提升，具体表现为先加速上升，后缓慢上升，最后趋近于一条渐近线。这种性质已在图 5.2 中展现，WAC 相对比率衡量了贷款池处于溢价状态的程度，其中比率为 1 表示贷款池中平均贷款利率和市场利率相等，借款人无论是否在贷款池中都不受到再融资的利率驱动。图 5.2 呈现了基于 10 年（1999—2009 年）数据房地美打包贷款实际再融资曲线。我们可以从图中发现刺激再融资的相对比率达到 1.25 时 SMM 停止增加。同时 SMM 在再融资的相对比率降到 1 以下后下降缓慢，表现出对于搬迁者所面临的利率抑制问题。最后曲线并未在再融资的相对比率在 1 水平以下时趋零，因为在现实中总存在着对利率不敏感的搬迁者。其他影响因素包括：

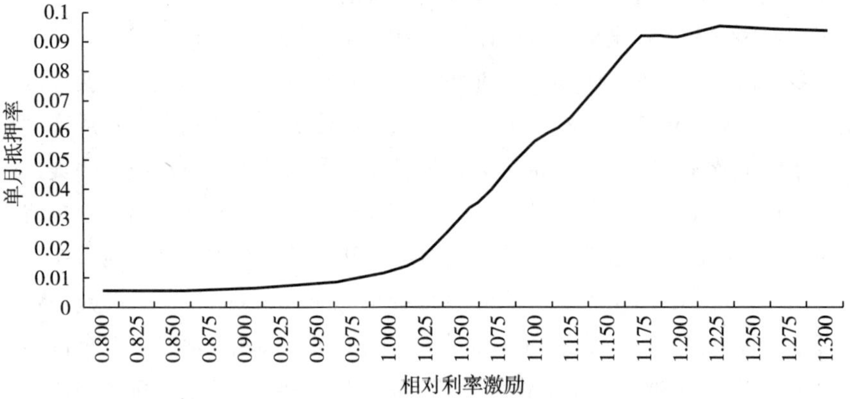

图 5.2　再融资曲线

• 信用分：借款人的信用分数越低，获得贷款的难度也越大，因此提前偿付的概率也更低。

• 住房贷款担保比率（LTV）：具有高 LTV 比率的借款人再融资的概率更低，主导现今市场 LTV 比率的因素是房屋价格。

• 房价上涨程度：当房屋价格上涨时借款人从房价中套现的概率提高，套现再融资（cash - out refinancing）在 2005 年至 2007 年中期是一种非常普遍的现象。同理，当房屋价格下跌时，LTV 增加，除非借款人在房产中投入了更多的资本，不然再融资的难度也更大。

● 贷款规模：对于给定的利率激励，贷款规模越大，借款人再融资的概率越高。当对于大额贷款的偿付比例占据了借款人收入时，借款人对于利率的敏感程度相对会更高。

● 地理因素：除了房价上涨，本地经济发展状况的差异对于提前偿付有着不同的影响结果。在某些州，例如“铁锈地带”① 失业率长期居高不下，发生提前偿付的概率更低（违约率提高）。此外各个州的税率政策也是一大影响因素，例如纽约州对抵押贷款再融资需要纳税，结果使得在其他因素相同时，纽约州相较于其他州的提前偿付比率要低 30%。

作为贷款特征的补充，实际中两大市场因素也会显著影响预期清偿的概率。

（1）媒体效应。当贷款利率降至历史低点时，媒体版面的内容会提高借款人对于利率水平的认知程度，以使还款现象激增。典型的例子是 2003 年 30 年期的固定利率贷款降至历史低点 5.21%，许多溢价的贷款池固定提前清偿率上涨到 80%。但 2009 年 30 年期固定利率贷款降至 4.7%，CPR 仅从 20% 上涨至 25%，这次事件反映的是银行贷款约束，即使借款人享有提前偿贷的权利，但仍需达到贷款人设定的标准②才能执行期权。

（2）燃尽效应（burnout）。当市场贷款利率降至平均住房抵押贷款利率（WAC）以下时，贷款将会面临一波提前赎回浪潮。然而并不是所有的贷款都会被提前赎回，即便利率非常诱人。我们假设借款人都是理性人，对于该行为的一种解释是现存在着一种未被观察到的同质性，例如交易成本。燃尽效应是指那些未被观察到的贷款同质性所产生的可观察的效应。当出现提前赎回贷款的利率激励时，一种自我选择过程便开始了——贷款池中交易成本较低的贷款提前偿付，致使贷款池平均再融资的倾向降低。贷款池在未来仍可能会发生燃尽效应，假使出现同样的利率激励，而贷款池中被提前偿还的比例相较于第一次将会更低。

在不确定性较高的环境下，预测贷款提前偿付对于 MBS 格为重要，对于此任务仅凭现有的信息是远远不够的。机构主要报告的是打包贷款层面的总体信息，而私人发行者报告一些贷款信息，但在这些可获得的数据中不包含人口统计信息，例如年龄、性别、就业状况、收入、职业、子女个数、借款人财富情况等。这些未观察到的变量均会导致预测上的偏误。

除了预先清偿贷款，违约也是影响现金流模式的一大重要因素。在过去，债务违约对于机构贷款池，甚至评级为 A 的私人发行抵押物贷款都不是重点考虑的问题。但伴随着近些年经济下行，违约的建模显得越来越重要。绝大多数影响提前偿付的解释变量同样会影响到贷款违约的概率，此外违约概率对于当地经济状况十分敏感，因此失业率通常也在模型中得以体现。

当我们考虑现金流情况时，提前偿付和贷款违约是两大重点研究对象，有趣的是，由于违约概率独立于提前偿付的概率，它们通常被分开建模。最近模型研究开始关注两者的相关性，意味着模型认为两者并非独立，经常采用竞争风险模型（competing risk model）来

---

① 铁锈地带包括美国部分东北部地区、中大西洋地区、中西部东部地区。

② 译者注：由于提前偿还会使贷款人损失利息，贷款人对提前偿还一般会设立门槛，比如几年内不能提前偿还、要收取一定的手续费等。

联合计算两者的概率。

利率模型

MBS 模型中不确定性的另一来源是利率的变化，金融工程在该领域已取得巨大的突破。现阶段有大量模型可以预测利率变化，我们主要讨论考克斯—英格索—罗斯模型（Cox - Ingersoll - Ross Model，CIR）① 来举例说明并简要总结。对于利率变动过程的基本了解有助于我们更好地理解 MBS 估值。CIR 模型运用随机微分方程衡量了利率短期变动：

$$dr_t = a(b - r_t)dt + \sigma\sqrt{r_t}\,dw_t$$

b 表示短期利率均衡下的均值，a 是均值回复的调整速度，σ 代表短期利率波动的标准差，w_t 代表市场随机风险的维纳过程。这是一个均值回复模型，意味着在一段时期内短期利率在偏离均值后会回归至均值水平。公式的第一部分说明了 t 期至 $t+1$ 期的短期利率变动是 t 期短期实际利率偏离均值、均值回复速率、时间变化的函数。公式的第二部分说明了短期利率的变动由利率的波动性、利率（平方根水平）和市场风险因子共同决定。这个模型可以用于预测短期利率，进而推导出无风险套利的债券价格和利率的期限结构。

利率过程的建模是金融工程高度关注的领域。在后面一节可以看到，MBS 估值使用的模拟办法需要对证券存续期计算数以百计的利率进行预测。这种方法只有在高速有效的编程基础上才能实现。

MBS 估值

现阶段实行的 MBS 估值方法是期权调整利差法（option - adjusted spread，OAS），于 20 世纪 80 年代中期投入使用至今。在 OAS 方法中，债券价格给定，利率模型例如 CIR 被用于预测抵押物在贷款周期内利率的不同路径。提前偿付模型被用于预测给定利率条件下的现金流，OAS 是指使得各个路径下的平均现金流贴现率等于债券市场价格的单一利差。OAS 采用基点报价，阐释了提前偿付期权的成本。

MBS 估值模型中两大重要的输入变量是提前偿付预测和利率的期限结构，基本的估值公式如下：

$$Price = \frac{1}{N}\sum_{i=1}^{N}\sum_{t=1}^{T}\frac{CF_{t,i}}{\prod_{s=1}^{t}(1 + r_{i,s} + OAS)}$$

N 是利率模拟路径的个数，T 是现金流期数，r 是短期利率。

典型的 OAS 估值包括以下三个步骤：

（1）模拟 500 条利率的变化路径。

（2）计算每一种情况下提前偿付贷款的可能性。

（3）计算 MBS 到期收益率与伦敦银行同业拆借利率或国债曲线的利差，则各条路径下的平均价格就等于 MBS 的价格。这个利差是调整了提前偿付风险后相对 Libor（国债）的利差。

① CIR 是第一个内部自洽的期限结构模型。详见 Rebonato（2004）对利率模型的调查报告。

完成这些模拟需要很大的计算强度。举例说明，假设有一笔 30 年期固定利率的抵押贷款转手证券刚刚发行，对于 500 条路径的分析方法，OAS 方法需要对所有路径上各自的 359 个月的期限结构以及 359 个提前偿还概率进行计算。久期则需要计算三次，首先使用当期收益率曲线对 500 种可能进行模拟，然后调整曲线变化上下各 50 个基点，并重复上一步骤各一次。计算的量级会受到用于债券估值的抵押物的影响，机构证券可能在贷款池级别进行评估或者使用更加整合的分组，但无论怎样对于提前偿还贷款的预测和现金流的计算是必需的，例如由 300 份贷款形成的贷款池，每一份的现金流都需要进行估计。对于非机构发行人而言，贷款级别的抵押物信息通常可获得，一份债券通常包含了 3 000 到 4 000 笔贷款，对于每一笔贷款在未来每一个时间点每一个利率路径（计算久期的工作量要乘 3）下预测提前偿还概率和违约率并不少见。在这个领域金融工程对于分析方法、降低计算量、构建成熟的估值工具作出了巨大的贡献。这些工作使投资者更易接触和使用这些工具。在今天，也许只需要花上一两分钟便能计算出贷款级别现金流结构下复杂的债券久期。

转手证券以外：抵押担保债券

OAS 估值工具发展之后的一个重要结果就是促进了住房抵押证券更为复杂的发展。OAS 估值法是从简单的转手证券到种类繁多、现金流结构更复杂的抵押担保债券（collateralized mortgage obligation，CMOs）定价的共同基础。抵押担保债券代表了对于一系列标的贷款现金流的索取权，与抵押贷款转手证券不同，后者是对贷款池中全部本金和利息支付（扣除服务费用后）按持有份额比例的索取权。CMO 市场的发展是由于在抵押贷款转手证券二级市场中，现金流的特征和投资者的需求存在着错配问题。比如在早期 MBS 市场中，投资者需要对一笔 2 年期的负债进行套期保值，也许会发现价外转手证券有久期错配的问题。历史上第一份 CMO 是由房地美在 1983 年发行的，主要用于满足投资者对于不同期限的需求，很快其他种类的 CMOs 的产品紧随面世，如提供给投资者针对各式风险不同级别风险敞口。现在的市场每年都会有价值超过 1 万亿美元的 CMO 发行。

通常情况下，CMOs 按照既定的规则将一系列抵押贷款的本金和利息支付分配成不同的部分。重新分配的结果是出现了新的和传统转手证券现金流模式以及风险敞口相差较大的债券，这更加符合投资者们的异质偏好。金融工程在 CMO 市场的发展中起到了不可或缺的作用。运用技术来实现规则、评估新分割部分的债券价值都是固定收益类估值准则计算强度较大的应用。

最早的 CMO 被称作序贯债券（sequential bond），用于解决期限错配问题。序贯债券将抵押贷款债券的本金支付按连续分期偿还分成不同类。例如 A 层级贷款也许会在前 5 年支付本金，而其他 3 个层级的贷款分类不会在头 5 年有任何本金支付。5 年后，A 层级贷款完全清偿，B 层级贷款同理开始在下一个 5 年的周期中支付本金。这种连续的支付过程会持续直到最后一部分的贷款被完全清偿。由于每一种都有着不同的期限结构，不同的贷款层级给投资者提供了抵押贷款证券的多样化选择。需要着重强调的是，实际的本金支付仍然依赖于分期还款计划、贷款提前偿还水平和违约情况，例如借款人减少提前还款的计划时，各类连续债券的久期便会增加。连续支付型债券虽能满足对于债券期限不同的需求，但投资者仍然暴露在提前偿还风险中。连续贷款的不同组成部分所面临的提前偿付风险不同，需要用 OAS 方法来加以量化和评估。

20 世纪 80 年代中期诞生了一些新的 CMOs，它们不仅能满足期限上的需求，还能提供不同级别的提前偿付风险敞口。我们接下来会简单讨论这些债券了解其设计和复杂性。计划分期摊还证券（planned amortization class，PAC）结构用于给投资者提供提前还款风险保护。PAC 结构由两种基础债券组成：PAC 债券和支持证券（support bond），PAC 债券的本金支付计划被定义为与某个提前偿还利率区间相关联的最小现金流。PAC 债券利用支持债券维持其计划本金支付。当提前还款进程很快时，支持债券以更快的速度偿还，使 PAC 债券能够维持其本金偿还计划。当提前还款进程较为缓慢时，支持债券的本金将会延期支付以便于 PAC 债券按计划支付本息。PAC 和支持证券也同样会被连续分期偿还，用于创造期限不同层级的贷款。但是 PAC 债券并不保证本金的支付，即使预先清偿贷款率保持在预先设定的界限内，它提供的是对于提前偿付风险敞口的有限保护，即维持本金支付的相对稳定性。市面上存在着大量提前偿付保护级别各异的 PAC 债券。

不同于序贯债券和 PAC 结构型债券，通过重新构建贷款本金支付结构来改变贷款的期限和提前偿付风险，浮动利率和逆向浮动利率 CMOs 通过改变息票利率来适应风险水平大小。浮动/逆向浮动债券是将固定利率 CMO 分成两部分（浮动利率债券和逆向浮动利率债券），这两部分同时分期清偿并伴有多种利率。浮动利率部分的息票利率每一周期会重新设置，采用某一指数（通常是 1 月期的 Libor）加上利润或是利差。浮动利率债券往往在持续期内会有利率上限和利率下限，还会有区间上限和下限。逆向浮动债券的息票利率在每一个周期和浮动利率调整方向相反，同样存在利率上下限。浮动/逆向浮动结构型债券可以通过另一种 CMO 衍生而来（例如 PAC 和序贯债券的组合）。

另一重要的 CMO 分支于 20 世纪 80 年代中期开始发展——纯利息债券（interest - only，IO）/纯本金债券（principle - only，PO），或被称为本息分离债券（STRIPS）。正如它们的名字所寓示的一样，IO 从标的抵押物的现金流中获得 100% 的利息支付，PO 获得 100% 的本金支付。IO 具有负的久期，意味着当利率下降时其价格将会上升。IO 债券对于利率的变化非常敏感，因为利率的下降会引发贷款的提前偿还，导致现金流的永久损失。IO 和 PO 债券起源于机构间在特大型流动性市场中的担保交易。

非机构间市场

非机构间（私人发行）市场指的是由达不到机构证券化资格的贷款形成的市场。20 世纪 80 年代非机构市场的发行份额一直被市场所忽视，但一直处在稳步增长阶段，在 1996 年增长率达到 10% 并于 2006 达到巅峰 43%，自 2006 年以来由于房地产市场的不景气，发行份额有了大幅的缩水。金融工程的发展对非机构间市场的发展起到了重要的作用。相较于机构抵押贷款，非机构间的市场贷款具有更强的异质性，使得估值过程更加信息集中化。估值和分析通常是在贷款层面完成的，不同于机构间交易，后者并未提供微观级的贷款信息。此外，非机构间债券的结构也会更加复杂，因为它们包含了机构 CMO 中没有出现的信用增级（credit enhancement）。

机构和非机构间在抵押物、债券、市场结构方面存在一些本质差异。首先，不像机构债券由美国政府提供显性担保（吉利美）或隐性担保（房利美、房地美），非机构债券并不能保证按时支付本金和利息。非机构 CMO 发行者试图在他们的 CMOs① 中加入信贷层级来弥补额外层面的信用风险。

机构和非机构间在抵押物质量上也存在着重大的差别。首先，许多打包进入非机构发行 CMOs 中的贷款能达到机构间保险标准，但也有许多未达标。例如一个借款人的信用评分对于机构贷款要求而言可能太低，或是借款人无法出具符合机构贷款的资质文件。很大比例的非机构贷款没有一套齐全的文件，意味着借款人并未提供有关就业信息、收入水平、净财富状况的纸质证明。对于这些只有部分文件的贷款，贷款人会从借款人那里接收一份书面的、非经核实的就业或收入申明来取代验证核准。这些贷款后来以骗子贷款（liar loan）著称。其次，有关贷款质量的另一重要区别是非机构贷款的 LTV 比率可以超过 80%，而机构抵押贷款不会。在最近房地产繁荣的高峰期，一些非机构贷款甚至开始采用 100% 融资。最后，机构和非机构贷款可以从贷款规模中加以区别，非机构发行不受确认余额限制（confirming balance limit）。因此传统贷款中有一整个部分（被称为大额贷款）不符合机构证券化的要求。

直到 20 世纪 90 年代早期，非机构可以进行任何种类的贷款交易，无论是高信用评分、低 LTV 比率的大额贷款还是有着低信用评分、无书面文件的确认余额贷款。非机构债券的标的抵押物异质天性限制了其对于投资者的吸引力。质量高低不同的抵押物通常会吸引风险偏好不同的投资者。异质性同样使债券的价值变得更难估计。贷款规模、信用评分、LTV、文件类型等因素都是提前偿付和违约风险的决定性因素。对预期现金流产生合理预测的能力需要贷款层面的信息过程、模型和分析，是有效阻碍投资者进入此市场的门槛。市场分割是增强非机构债券对于投资者的吸引力的一种合理方法。

在 1993 年，私人银行开始发行携带基于标的抵押物判定信用等级的 CMOs。三类主要的分类方法一直沿用至今，包括大额抵押贷款（jumbo prime），指由超过确认余额限制但是具备机构债券同等资质的贷款组成；次优级债券（Alt-A），且评级为 A 低于确认余额限制但并未满足机构保险标准（因其信用评分过低、住房贷款担保比率过高或是借款人无法提供全套的文件证明）的贷款支持；次级贷款债券（subprime），它们是由信用质量差的贷款（如信用评分低、贷款价值比高、无文件证明的贷款）支持的 B 级和 C 级债券。这套标准并不是一成不变的，但这种分类提供了一种贷款同质性程度的衡量方法，有助于估值和增加投资者的兴趣。

即便有了信用分级，非机构债券的抵押物相比机构债券的抵押物在特征和信誉程度上有更大的异质性，所以用于预测提前偿还和违约率的模型也会更加复杂。对于非机构债券的价值评估常采用贷款层面信息，然而机构债券会以贷款池层面或是更加偏向总量的信息

---

① 信用增强和非机构 CMO 结构将在下一个部分陈述。

来计算（因为机构不提供贷款级的有用信息），因此非机构债券的估值过程对计算量的要求会更高。许多在非机构间市场中的投资者意识到了需要对交易进行贷款层面的分析，并要有能力实现这一过程。

非机构间市场发行的份额从1996年的10%激增到2006年的43%，原因之一是90年代早期的市场分割，原因之二是一种名为偿付能力产品（affordability product）的金融产品的显著增长，例如可调整利率抵押贷款（adjustable – rate mortgage，ARM）、混合ARM、非分期偿还（纯利息贷款）贷款和选择性可调整利率贷款。所有这些产品都旨在为借款人提供每月更低的贷款偿付额，但通常只是短暂的。在2001年，大约有75%的次优级债券由固定利率住房抵押贷款支持，到了2005年这个比例大约只有20%。①

在到达2006年峰值的5年间，非机构市场的增长伴随着借款人信用特征质量的下滑。举例说明，从2001年到2006年间，拥有全套文件证明的次优级贷款比例从35%下降至16%。次优级沉默二级抵押贷款（silent second mortgage）从2001年的1%上升至2006年的39%。沉默二级抵押贷款是一种二次贷款但并未向第一次的贷款人加以信息说明的贷款。相较于2001年的80%，次级贷款的LTV比率在2006年达到了86%。② 银行开始向风险程度更高的借款人放贷，并且许多贷款最终进入了非机构CMO中，但不像机构CMO那样会明示或默示保证按期支付本金和利息。

非机构担保抵押债券

因为非机构债券并未做信用保证，发行人使用创造高低分级制度来重新分配信用风险。③ 图5.3中展示了一种常用的非机构CMO结构。本金和利息支付自上而下，较高级别的债券通常评级为AAA，从抵押物中优先获得利息和本金的支付。较低级的债券有着更低的信用评级，可能是也可能不是投资级债券。最低级的债券类别常被称为次级债券，往往根本不会被评级。

除了自上而下的现金流，高级债券还被加以保护使其最后才会遭受损失。损失分配自下而上，意味着等级最低的债券首先遭到本金的损失，较低级别的债券保护着高级债券直到本金耗尽。在图5.3中较低级的债券将会在高级债券受损前遭受最初的23 100 000美元的损失。低级债券的相对规模决定了保护的程度，正是这种信用增强结构的保护机制使得高级债券享有AAA的信用评级。

非机构CMOs通常还对高级债券提供额外的信用保护，这种保护通过将次级债券中提前偿还的份额转移至高级债券一段时间来实现，这段时间通常被称为锁定期（lockout period）。锁定期通常在5～10年，取决于抵押物的类型。假设有一CMO由30年期固定利率次优级住房抵押贷款支持，在债券的持续期的初始5年所有预先偿付的本金也许都会转移至高级债券当中，称为利益转移结构（shifting interest structure）。而低级债券可能会像滚雪球

---

① 详见Kramer和Sinha（2006）的研究。

② 贷款表现源自Ashcraft和Schuermann（2006）的研究。

③ 这是一种对于由非机构发行的次优级债券和大额贷款作为支持的CMO很常见的结构。由次级贷款支持的CMO通常还会提供额外的信用增进，例如超额利差与超额提供抵押。

债券	评级	总量（百万美元）	交易比例（%）
高级债券	AAA	382.9	95.00
低级债券1	AA	12.1	3.00
低级债券2	A	4.0	1.00
低级债券3	BBB	3.0	0.75
低级债券4	BB	2.0	0.50
低级债券5	B	1.0	0.25
低级债券6	不被评级	1.0	0.25

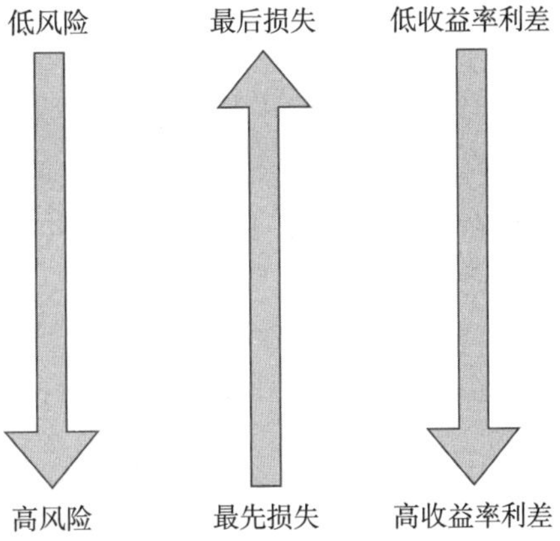

图 5.3　一般非机构 CMO 结构

一般规模逐渐变大。最终，交易中的各个信用层级也可能会分割成为序贯债券、PAC 债券、利息债券、本金债券、浮动利率债券、逆向浮动利率债券或是其他类型的债券，如同我们之前所描述的，这些结构会转移提前偿还风险和利率水平。

低级债券结构提供给高级债券的信用保护水平取决于其规模或是说次级债务层的厚度。建立一个合适水平的次级贷款需要对损失或贷款违约率作出估计。预测违约可能性的数理统计模型基于历史数据经验，绝大多数模型都采用过去 15 年的数据来预测违约可能。美国在 2007—2009 年的违约率比除“大萧条”以外的任何时期都要更高。因此违约模型大多都低估了违约率，许多次级债券也因此不能为 AAA 评级的高级债券提供足够的保护。

金融工程和住房抵押贷款二级市场展望

经济上的不景气使得抵押贷款证券市场遇冷，2008 年 MBS 总发行量下降 35%，为 13 000亿美元，这大约是 2003 年发行量水平峰值的一半，2009 年 MBS 市场有好转迹象，总发行量上升了 40%。但汇总统计信息经常具有一些误导性，机构发行量在 2008 年仅下降了 5%，而在 2009 年上升了 43%。但是非机构发行量却大幅下降，在 2008 年下降了 95%，在 2009 年又继续下跌 47%。因此，非机构发行的份额在 2009 年仅仅只有 1.3%。

虽然房利美和房地美处在财务困境之中，但机构市场最终将回暖。联邦政府仍然承诺推行，提供民众可负担的住房政策。2009 年对于初次购房者的联邦税收优惠政策大大刺激了 FHA 对于贷款的发行，这些贷款通常由吉利美证券化。联邦政府对本金和利息的定期支付的显性保护使得市场中对于吉利美债券的需求激增。机构 CMO 整体组成了质量级别最高的住房抵押贷款。将优质贷款的现金流分割出来，创造出满足投资者需求的债券的逻辑仍然是合理的，因此机构 CMO 总是存在着需求。

非机构市场的未来将取决于其本身适应新经济环境的能力。事实证明，信用风险问题已经比预期更加严峻，非机构 CMO 市场的回暖将依赖于发行人对于 CMOs 结构的设计来提供更好的保护。例如一份合约中次级债券水平可能需要比过去更高，在未来，次级债券 5%

的缓冲程度将会被认为太低而不足以保护高级债券部分。此外，债券估值过程将会更多利用贷款层面的数据。投资决策将会需要更加先进的方法来衡量非机构 CMO 多种层面的风险，当然金融工程在其中会扮演着关键的角色。

全球房屋贷款抵押市场增长说明

在过去几十年中美国住房抵押贷款市场所经历的巨大增长并不是特例，全球范围内都面临着相似的模式。图 5.4 描绘了一些国家在若干年份的住房抵押贷款市场规模。

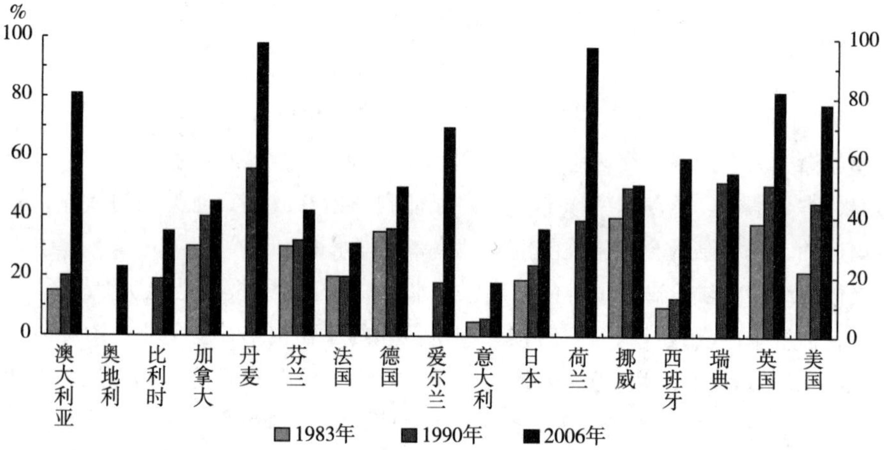

图 5.4 流通在外住房抵押贷款债券（占 GDP 百分比）

（资料来源：IMF，图表于 2008 年出版，

可以在 www. imf. org/external/pubs/ft/ weo/2008/01/c3/Fig3 _ 1. pdf. 中找到）

参考文献

Ashcraft, Adam A., and Til Schuermann. 2008. "Understanding the Securitization of Subprime Mortgage Credit." Federal Bank of New York Staff Report No. 318.

Fabozzi, Frank J. 2005. *The Handbook of Mortgage-Backed Securities*. 6th ed. New York: McGraw-Hill.

Gorton, Gary. 2008. "The Panic of 2007." Unpublished paper prepared for the Federal Reserve Bank of Kansas City, Jackson Hole Conference, August.

Kramer, Bruce, and Gyan Sinha. 2006. *Bear Stearns Quick Guide to Non-Agency Mortgage Backed Securities*. Bear Stearns, September.

McDonald, Daniel J., and Daniel L. Thornton. 2008. "A Primer on the Mortgage Market and Mortgage Finance." *Federal Reserve Bank of St. Louis Review* (January/February 2008): 31–46.

Rebonato, Riccardo. 2004. "Interest Rate Term-Structure Pricing Models: A Review." *Proceedings: Mathematical, Physical and Engineering Sciences* 460:2043, 667–728.

Chapter Six

权益市场 第 6 章

加利 · L. 甘斯梯纽

约翰 · F. 马歇尔[①]

权益市场概述

历史： 尽管各种权益衍生品已经出现多年，但也只是在过去的 15 年里，伴随着交易量的扩大、科技的进步和市场基础结构的不断完善，权益衍生品市场才有了飞速发展。过去 20 年中由金融工程师创造的最成功的权益产品莫过于交易所交易基金（ETF）。

规模： 与其他市场相比，权益衍生产品的场外市场和场内市场部分几乎是同步发展，且规模相当。场外衍生品市场从 1998 年的 1.5 万亿美元增长到 2009 年的 6.6 万亿美元，而场内衍生品市场从 1998 年的 1.2 万亿美元发展到 2009 年的 5.8 万亿美元。

产品： 场内市场的权益产品主要包括股票期权、股指期权、股指期货、个股期货以及交易所交易基金（ETFs）。场外市场主要包括股票期权和互换、一篮子股票的期权和互换、指数和股份挂钩互换、认股权证、远期协议和价差合约（CFDs）。

首次发行： 第一个标准化的股票看涨期权产品于 1973 年在芝加哥期权交易所（CBOE）开始交易，在此之前，股票期权通常是在场外市场上以单独议价合同的形式进行买卖。

著名事件：

1996 年：Rhumbline 咨询公司（一家管理指数基金的公司）的交易员 Bing Sung 在未经批准的情况下对科技公司股票的走向进行了下注。Rhumbline 公司已经承诺用相对保守的方式管理 AT&T 公司的期权投资组合，但在 1995 年初，Sung 就已经超出了 AT&T 公司规定的头寸上限，并且最终因为市场情况变化带来的期权头寸损失而被发现。Rhumbline 公司给 AT&T 公司的养老基金造成了累计 1.5 亿美元的损失，同时也给马萨诸塞州教师和州雇员的养老基金造成了 1 200 万美元的损失。

1998 年：瑞士联合银行在新加坡的权益衍生品市场上累计损失了 7 亿美元。与此同时，该银行当年在长期资本管理公司（LTCM）的对冲基金也累计损失了 12 亿美元。该问题是瑞士联合银行和瑞士银行（SBS）在同一年进行合并，形成新的瑞士联合银行（UBS）的原因之一。

---

① 加利 · L. 甘斯梯纽（Gary L. Gastineau）是 ETF 咨询公司（ETF Consultants）的主管，这是一家致力于专门提供指数型交易基金咨询服务的公司。约翰 · F. 马歇尔（John F. Marshall）是一名衍生品及金融工程领域的专家，在 1991 年联合建立了国际金融工程师协会（International Association of Financial Engineers，IAFE）。

2008 年：一家来自法国的大型共同银行——松鼠储蓄银行（Groupe des Caisse d'Epargne Ecureuil）的一支团队，在与 CAC - 40（DJIA 的法国版本）有关的权益衍生品上下错了注。因为股票市场在 10 月的一周里大跳水，交易团队持有的期权头寸迅速变得一文不值。除此之外，这些交易都是未得到批准的，无论是交易量还是总金额都超过了银行风险控制规定的上限。这些衍生品交易所造成的损失共计 6 亿欧元（约 8 亿美元）。

最佳供应商（2009 年）：美国美林银行（Bank of America Merrill Lynch）被《环球金融》杂志评为北美地区最佳权益衍生品供应商。同时法国兴业银行（Société Générale）被评为亚欧地区的最佳供应商。

应用：权益类衍生品能用于投资、对冲、税收筹划和成本节约。

用户：权益衍生品的主要投资者从专业投资者，如投资银行、基金经理以及证券公司等，到个人投资者都有。

引言

本章考察了金融工程在促进交易增长以及开发权益市场中已经作出的和正在作出的贡献。笔者对于美国市场的熟悉程度远大于对于其他市场的熟悉程度。所以，大部分的例子都是关于美国市场的。但是这种局限并不是一种明显的缺点，因为在世界上绝大多数股票市场中，也会发生类似的事情。

现金市场——起源

现金股票市场的功能主要在于公司发行人的股本募集和投资者之间的所有权转移。股票市场提供了完成这些关键功能的基本机制和必要流动性。历史上，市场包括高度集中化、有组织以及自我监管的交易所和非正式的由交易商组成的场外市场。近年来也出现了一些创新形式的交易平台，如投资者进行匿名交易的“黑池”（dark pools）。美国现代股票市场的起源可以追溯到 200 多年前，即如今被称为费城证券交易所和纽约证券交易所的建立，这两者在发展中都经历了许多次变革和合并。

不同国家的股票市场在组织形式上有很大差别，即使在同一个国家里也会有许多不同的市场结构。交易所逐日增多的合并，尤其是跨国合并，已经让交易所的运营变成了全球化业务。这种兼并本身可以看作金融工程的一种形式，随着科技的发展，一种新技术在一个市场应用之后会迅速在其他市场得到应用。我们首先考虑在过去 30 多年产生和发展的一些股票衍生品。这些产品是金融创新史上的里程碑。其中较为重要的有股票期权、指数期权、股指期货、股票互换以及交易所交易基金（ETF）。本章的大部分将集中讲述后者。

股票衍生品

股票衍生品的种类有很多，包括股票期权、交易所交易指数期权、股指期货和个股期货以及股票互换。

股票期权

股票期权通常定义为"以特定的价格在特定的时间购买或者出售特定数量的某种股票的权利，而非义务"。这里的特定股票被称作"标的资产"或者简称"标的"（underlying）。期权的卖方叫作"沽出方"（writter），期权的买方称为"持有方"（holder）或者"买入方"（purchaser）。卖方是期权的空头寸方，买方是期权的多头寸方。而"权利"的含义是指，买方提前支付卖方一笔费用，也就是"期权权利金"（option premium）。权利金就是期权的价格。不能把权利金和行权价（strike price）相混淆，行权价是有且只有在行权时购买标的资产所付出的价格。如果期权给予购买者购买股票的权利，那么这个期权叫作"看涨期权"或者"买权"。如果期权给予购买者出售股票的权利，那么这个期权叫作看跌期权或者"卖权"。签订期权协议时敲定的价格叫作"行权价"或者"敲定价格"。期权的生命周期叫作"到期时间"，而到期的那天叫作期权的"到期日"。

期权有很多种类型，包括美式期权、欧式期权以及百慕大期权。美式期权的购买者可以在到期日之前的任何时间行权。而欧式期权只能在到期日当天行权。百慕大期权介于美式期权和欧式期权之间，可以在期权有效期内的若干个离散的时间点行权，但不像美式期权那样拥有连续的可行权时间。

标准化的期权交易所以及清算所建立之前，股票期权曾经在场外市场非正式地交易过很长一段时间。美国第一家交易股票期权的是芝加哥期权交易所（CBOE），该交易所于1973年开始交易看涨期权，随后又出现了看跌期权。其他的交易所纷纷效仿，到后来交易量逐渐增大，各个交易所交易本质相同的合约，但是基于不同的标的资产。也就是说每个交易所对于其交易的产品具有垄断权，这就使得做市商能够维持相当高的买卖价差。最后，迫于监管者和潜在的竞争者，这些垄断势力不得不开始竞争，买卖价差也因此缩小了。

在交易所交易的股票期权产生的同年，费雪·布莱克（Fischer Black）和迈伦·斯科尔斯（Myron Scholes）两位学者（这两位后来被认为是在金融工程领域作出巨大贡献的学者）发表了第一个完备的期权定价模型。并不是其他人没有试图去建立期权定价模型，而是他们中没有人完全成功。布莱克和斯科尔斯证明了在一组特定的假设之下，股票期权的价值是5个变量的函数。它们有时也被称为期权的"价值驱动因素"。这5个变量分别是标的股票的即期价格、期权的行权价、距离期权到期日的时间、利率和标的股票价格波动率。在模型中，布莱克和斯科尔斯假设不存在股利分红。

布莱克—斯科尔斯模型很快就被罗伯特·默顿（Robert Merton）进行了改进。他们的共同成果现在经常被称作布莱克—斯科尔斯—默顿期权定价模型。通过随机积分原理的使用，这些模型在理论和技术上都是革命性和突破性的。当时，很少有金融从业者具备相应的数理能力来充分理解这些模型。尽管如此，给定参数下的期权估价表格还是可以做出并提供给交易员参考。

后来又有许多关于期权定价的替代方法出现，包括有限差分法、数值模型以及蒙特卡洛模拟模型等。这些模型都各有优劣。比如说，有些模型可以很容易地适应一组稍有不同的假设（如股票需要支付股息），但另一些就很难适应。同时，一些相对来说不那么灵活的模型也许在计算速度上优于更为灵活的模型。

随着时间的推移，期权的标的除了股票之外也包含了其他资产。如利率期权、商品期权或者期货期权等作为标的。对每种标的和每种不同的合约结构，定价模型都要进行针对性开发。由于模型采用的假设不总与现实相同，新模型被不断提出，旧模型也被不断改进。更为精确地估计期权的真实价值始终是核心目标。针对期权定价的建模确实是金融工程领域极为重要的组成部分，而且也展示了良好数理功底的重要性。它也是现在人们把数理金融和金融工程联系在一起的原因之一——即使金融工程的某些领域并不需要非常强的数理能力。因为本章不是衍生品估值章节，所以我们仅强调更为基础的问题。我们假设读者能够查找到和衍生品定价的数学方法有关的更为详细的文献。①

现在的股票期权交易所能够交易实物交割或者现金结算的期权。实物交割的期权要求行权的同时要伴随标的资产的转移。如果标的资产的接收者不想拥有，可以在现货市场进行出售。现金结算的期权免除了标的资产的转移，仅在到期日进行等价的现金交易。出于某些原因，期权的交易者可能会选择实物交割，但是现金结算更有效率。

交易所交易的股票期权利用清算所来规避多头和空头之间的对手方信用风险，② 即交易中无论买卖双方实际与谁发生交易，他们的交易对手都是清算所（cleaning house）。清算所通过要求期权的卖方交付保证金来防范信用风险。期权的买方需要向卖方支付期权费，但不需要向清算所支付保证金。

尽管不是所有的期权都是现金结算且交易所交易的股票期权通常是实物交割，由于实物总是可以在现货市场上转化成现金，我们可以在现金结算的前提下展开讨论。这里我们将沿用这个惯例。

在美国，交易所交易的股票期权通常是在每月的第 3 个周五到期。所以，一份 6 月到期、以微软公司股票为标的的看涨期权会在 6 月的第 3 个周五到期。既然所有的交易者都熟悉这一惯例就没必要单独指出了。假定现在是 3 月 15 日而 6 月的期权在 6 月 19 日到期，也就是说还有 96 天到期。假设微软公司股票的即期价格为 25.30 美元，相关利率为 2%，微软公司股价的年化波动率为 30%。进一步假设微软公司在 3 月 15 日到 6 月 19 日之间不发放股利。我们感兴趣的是行权价为 25 美元的看涨期权。在这些情景以及 Black - Scholes 的一系列假设下，我们可以计算出该看涨期权的价值为 1.76 美元。所以，如果我们忽略微小的买卖差价，做市商会为这个轻度实值的看涨期权收取 1.76 美元权利金。该期权给予买方的每股到期收益可以用以下方程来表示：

$$\text{到期回报} = \max\{S - X,\ 0\}$$

① 更多关于衍生品估值的信息，详见 Kolb（2009）和 Hull（2008）。

② 全球范围内，多个期权交易所共享同一个清算所是一个常见的现象。例如，在美国境内所有的股票期权清算工作都是在同一个清算所中进行的。这家名为期权清算公司（OCC）的机构位于芝加哥。单一的清算所拥有众多好处：首先，清算所的业务有很大的规模效应，从成本角度来看，一家大型的清算所运作效率相较于众多小型清算公司来说更为有效；其次，通过雇用同一家清算公司，一项在某一交易所内提出的期权交易头寸能够与另一家交易所中发生的交易头寸轧平。

其中，max 表示了大括号里两个数中更大的一个，S 表示该股票的即期价格，X 表示行权价。$S > X$ 时的看涨期权叫作实值期权（in - the - money），$S = X$ 时的看涨期权叫作平价期权（at - the - money），而 $S < X$ 时的看涨期权叫作虚值期权（out - of - the - money）。因为期权的行权价在发行时就已确定且不会改变，所以我们可以将其填入上一个表达式，得到

$$到期回报 = \max\{S - \$25, 0\}$$

从上面的分析我们可以看出，在到期日时，股票的价格小于或等于25美元，该看涨期权将没有任何价值。当 $S > X$ 时，看涨期权的价值就是即期价格和行权价之间的差值。比如，假定微软公司股票期权在到期日的即期价格为32.10美元，那么这个看涨期权的回报就是

$$到期回报 = \max\{\$32.10 - \$25.00, 0\} = 7.10 美元$$

需要强调一点，这里的回报并不等于利润。期权的持有者购买期权时向卖方支付了1.76美元的权利金，所以在到期日的时候，买方的利润可以表示为

$$利润/损失 = \max\{S - X, 0\} - 期权费$$

在我们这个特定的例子里，利润为5.34美元（7.10美元 - 1.76美元）。这对期权标的的每只股票都是成立的。在美国和其他大多数国家的交易所，一份期权合约通常以100份股票为标的，所以真实的期权费和利润分别是176美元和534美元。

其利润函数如图6.1所示。图中利润函数的形式类似于一个曲棍球杆。无论何时我们提到曲棍球杆形的利润曲线，都要想到这可能是某种期权的盈亏曲线。

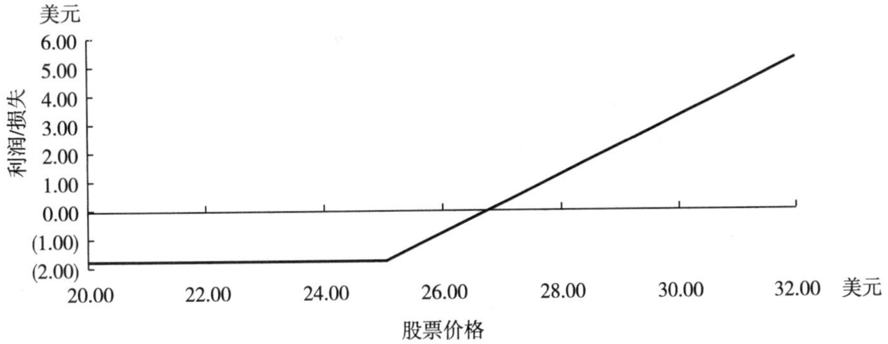

图6.1 看涨期权的利润曲线

同理可知，看跌期权的到期回报可以表示为

$$到期回报 = \max\{X - S, 0\}$$

到期日的利润函数可以表示为

$$利润/损失 = \max\{X - S, 0\} - 期权费$$

可想而知，当 $S < X$ 时看跌期权为实值，$S = X$ 时看跌期权为平价，$S > X$ 时看跌期权为虚值。

现在假设看跌期权的行权价为25美元，如果期权发行时的股票价格为25.30美元，

年化波动率为30%，利率为2%，距到期日96天，那么这个轻度虚值的看跌期权的公允价值为1.33美元，我们还是假设这是买方所支付的价格，那么到期日时的利润函数可以表示为

$$利润/损失 = \max\{\$25.00 - S, 0\} - \$1.33$$

看跌期权的利润曲线如图6.2所示。

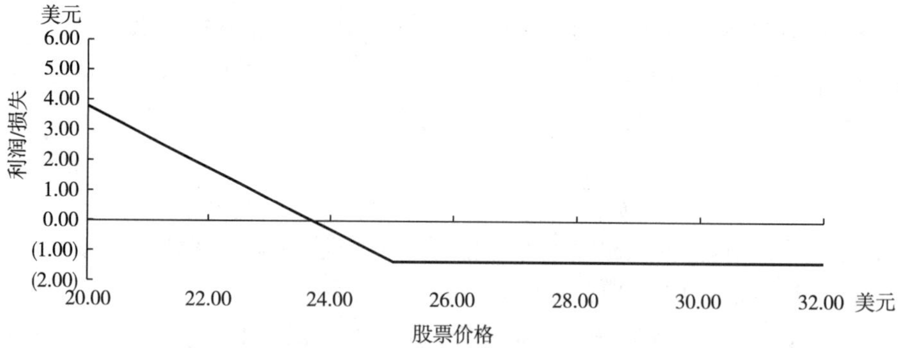

图6.2　看跌期权的利润曲线

交易所交易指数期权

交易所交易指数期权是以股票指数发行的期权，如标普500或纳斯达克100指数期权。也就是说，该期权以股票指数作为标的资产。该类期权通常是现金结算而非实物交割。股票期权和指数期权最主要的差别在于，前者是以个股为标的，而后者以股票指数为标的。股票指数期权的定价模型和个股期权的定价模型类似。它的到期回报函数、损益函数以及看涨/看跌期权的收益曲线也和个股期权完全一致。

在签订指数编制方的长期许可协议后，指数期权于1983年在芝加哥期权交易所面世。这使得芝加哥期权交易所作为期权合约交易商，拥有了独一无二的垄断优势，也导致其他的交易所很难进入这类产品市场。很快，类似产品也在亚洲和欧洲的交易所出现。

股指期货和个股期货

股指期货于1982年在美国芝加哥商品交易所（CME）上市。与芝加哥交易所（CBOT）[①] 一样，芝加哥商品交易所设立的时候也是作为大宗商品交易的场所（商品期货交易所）。直到20世纪80年代，芝加哥商品交易所才开始交易不以传统意义上的商品为标的的期货。股指期货和某些利率期货等非商品期货的引入，要求“重新考虑”期货交易的交割规则。这两种目前跻身全球交易最活跃品种的产品带来的最大的创新在于让交易者认识到如果明晰的现金交割规则可以被采纳，那么实物交割就会被现金结算所替代。

需要注意的一点是，和其他期货一样，股指期货的正常交易同样是由交易所指定的清

① CBOT于2007年被CME收购。

算所来保障。这种交易机制有效降低了交易中的对手方风险。同样的机制设计与交易所交易股票期权的机制一致，不同的是在期货交易中的双方都需要向清算所支付保证金来确保清算所不受交易对手风险的影响。和期货合约有关的内容在本书大宗商品市场的章节中进行了更为详细的阐述，我们在这里不展开讲一般期货的交易机制。股指期货给投资组合经理提供了有效的对冲股票组合风险的工具，也给投资者提供了可以快速简单地进入市场多空头寸的高杠杆工具。套利者同样利用程序化交易对股指期货和一篮子股票进行套利。

需要补充的一点就是，在 2002 年，一系列的交易所开始交易个股期货（SSFs）。它们在概念上与商品期货类似，就像每只商品期货合约以某种特定的大宗商品作为标的一样，个股期货的每只合约以特定的个股作为标的。个股期货合约的机制，包括清算所机制和交易机制都与指数期货完全相同，这里我们就不再赘述。个股期货市场虽然较小，但是拥有很大的发展潜力。

股票互换

在 1989 年，美国信孚银行（Banker's Trust）（后被德意志银行（Deutsche Bank）兼并）发行了第一个股票互换产品。股票互换和利率互换的原理相同。这类产品通常在场外市场交易，不像大多数交易所交易的产品那样标准化。但这同样也是股票互换的核心优点之一，他们可以根据客户的需要量身定做。在股票互换的交易中，一个参与方向另一个参与方支付固定或浮动利率，以换取基于股票指数（或某只特定股票）表现的浮动利率利息。后者是通过所谓的“股票回报端”支付的。互换可以使用处于股票端的股票或股指的“价格收益率”或“总收益率”。总收益包含股利，价格收益率不包含股利。图 6.3 显示了非股票端具有固定或浮动利率的典型股票互换。

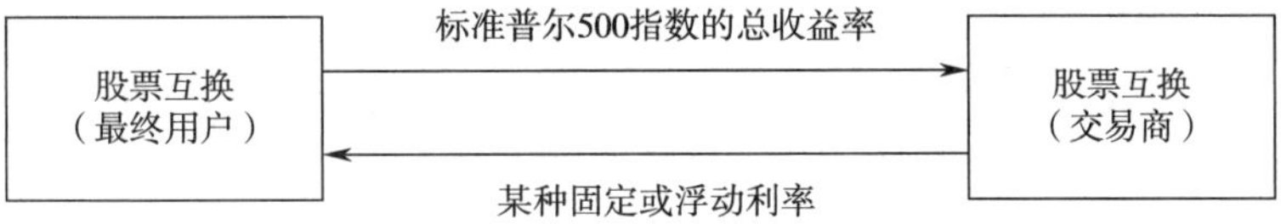

图 6.3　股票互换的结构

股票互换有许多创新的用途，相关市场也经历了迅速的发展。各类互换的开发也自然而然地成为金融工程中的又一次实践。这对于同一类产品不同变种的引入也是一样的。股票互换的创新使用是不可忽视的，这些创新被视为金融工程应用的绝佳案例。比如下面这个例子。

假设我们现在有一个寻求从债券组合中获得回报的对冲基金，想通过在股票市场上的专业知识赚取的 alpha 来增强组合回报率。也就是说，基金经理认为自己可以在风险调整的基础上战胜股票市场的某些基准指数（比如标普 500）。因此，对冲基金购买了精心挑选的股票组合。然后，它与一家股票互换交易商进行了股票互换。这项股票互换会稍加调整，使得对冲基金能够在未来两年内，每季度向交易商支付标普 500 指数的总收益。作为回报，股票互换交易商向对冲基金支付特定债券指数作为总回报。注意这里的互换双方支付的分别是股票指数的总收益和债券指数的总收益。

这里的逻辑在于：对冲基金为投资者赚取债券指数的总收益，就好像对冲基金投资了组成债券指数的债券组合一样。但是，它也保留了股票现货组合和股票互换支出之间的差额。假设股票组合的系统风险与用于股票回报端的股票指数的系统风险相同，任何差异都可能是 alpha 的表现。这个 alpha 以随着债券指数的收益一起支付给基金的投资者。这是一个利用股票互换将 alpha 从一类资产（股票）转移到另一类资产中（债券）的典型案例。关于可转移 alpha 的细节将在本书的后面部分进行更详细的讨论。转移 alpha 的交易结构如图 6.4 所示。

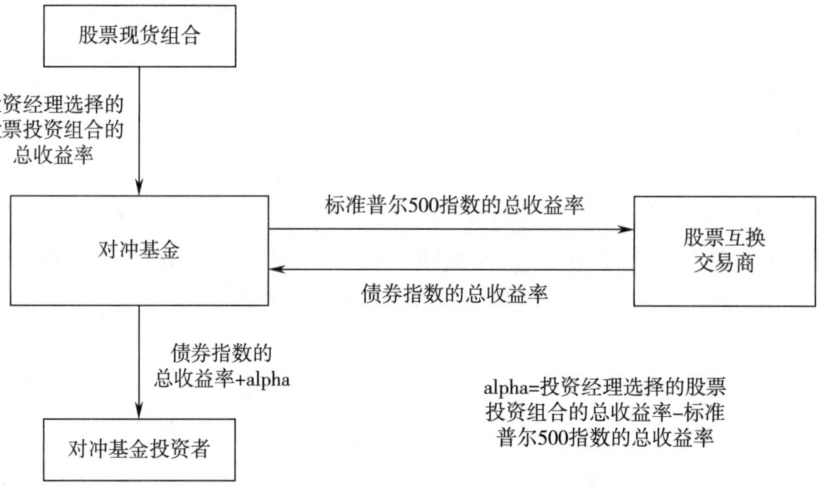

图 6.4　一个典型的 alpha 转移过程

股票互换因为其在股票交易上的避税功能而在欧洲变得十分流行。比如：英国政府对股票交易的买方收取 0.5% 的印花税（该术语源自法律文件都需要印花的旧做法）。通过构建股票互换来合成股票的多头或空头头寸，投资者无须缴纳此税。这种股票互换通常被称为“价差合约”（CFD），CFDs 通常是投资者和交易商银行之间的合约。在合约结束时，双方交换标的金融工具的起止价格之间的差额。另外，这些股票互换的投资者也可以通过避免缴纳保管费、股息预扣税和限制卖空获益。最近的估计表明，CFD 支持的交易相当于伦敦证券交易所股票交易的 25% ~30% 。

通常股票互换的场外市场做市商同样也是股票期权的做市商。这与交易所交易股票期权不同的地方是这些合约都是可以协商决定的。此外还可以创造十分“奇异”的有多种应用场景的股票期权和股票互换。当市场上现存的产品不能很好地满足客户需求时，这些奇异产品就能发挥作用。一旦推出一种新产品，它通常会被加入经纪商的工具箱中，并通过交易流转到其他客户手中。通过这个过程，这些量身定做的产品会逐渐成为另一个现成的工具。

交易成本的减少增加了金融工程的机遇，并且金融工程通常会降低交易成本

1968 年，纽约证券交易所（NYSE）的平均日成交量约为 1 300 万股。就在 40 年后的

2008年，纽约证券交易所上市股票的日平均成交量为60亿股。成交量大约增长了450倍，但仍然低估了股票交易量增长的重要性。1968年，其他交易所和场外交易市场（当时还没有纳斯达克）的交易量只是纽约证券交易所交易量的一小部分，ETF也尚不存在。到2009年，总股票交易量接近100亿股，其中约20%是ETF交易。

1968年，纽约证券交易所的交易量达到了创纪录的水平，远高于1960年的每日300万股。事实上，选择1968年作为本次评论起点的一个原因是，按当时的标准来看，这一高交易量给美国证券市场带来了巨大的运营问题。纽约证券交易所在1968年上半年的许多交易日里提前收盘，并在下半年的每周三休市，以应对“文书工作危机”。

在接下来的40年里，交易量急剧增长，但没有重现1968年的运营混乱。这源自两个改变，也是许多金融工程实例的核心：技术的进步以及交易机制和可交易金融工具的变化。自1968年以来，前台交易和后台操作的计算机化使得小额交易和交易一篮子股票的佣金和交易价差显著降低。同时，单次发行的大型交易成本并没有大幅下降。就算真的有，也是因为它们最大的成本要素是所需流动性的价格。

1968年之前和此后的几年里，纽约证券交易所的佣金被固定在一个较高的水平。1968年股票买卖的平均佣金远远超过交易价值的1%。买卖价差通常按1/4美元（0.25美元）衡量，而不是今天许多活跃股的小额交易中常见的1分钱（0.01美元）。1968年，大额交易对市场的冲击和今天一样大。1968年，机构投资的增长才刚刚开始，因此，大额交易比70年代和80年代更不常见。

打孔卡片式会计记账在1968年仍然十分常见，但是相对于20世纪20年代的手写分类账，计算机的出现，使其有了突破性的发展。1968年文书危机后出现的这些技术使得更高的交易量变为可能，且交易和交割程序中需要人工参与的部分更少。

1968年以后，纽约证券交易所工作日的场内人数数年来一直在增长，但是场内交易在今天看来不是很有意义。纽约证券交易所最新的实况视频显示的报价监视器比负责看管监视器的人要多得多。参观席自2001年9月11日关闭，交易场地最拥挤的时刻往往是正式交易结束后不久开始的鸡尾酒会时。自动化交易和交易过程改变了人们的视觉形态，同时也改变了交易背后的经济机制。

1968年，买卖股票的总成本接近股票价值的2%，而2008年，这一比例对于散户投资者的粗略估计仅仅比平均交易额的0.2%多一点。典型零售交易的平均交易成本比之前下降了近10倍，但是市场上总的交易成本却增加了50倍。每笔交易成本的降低带来了更多的交易参与者，并使金融工程获得了很多成就。交易量和总交易成本的剧增是技术和市场基础设施变化刺激了一大批金融市场创新的必然结果。

从某个角度看，过去40年来最引人注目的股票交易是新股票衍生品市场和新衍生产品的出现。本章第一部分简要讨论了其中的市场和产品。这些新的股票衍生工具市场在交易量、交易和未平仓合约的名义价值方面都有着惊人的数据。尽管新的股票衍生品刺激了股票交易量，但是其中一些股票衍生品市场的名义交易量仍超过了它们标的股票市场交易量的美元价值。

如前所述，交易所交易的股票衍生品，如指数期货、个股期货以及股票期权，都需要清算所来确保运行和规避交易对手的信用风险。而场外交易的产品，例如股票互换、股票远期以及场外股票期权，通常不会雇用清算所来确保市场的正常运行。相反，场外双边交易的每个参与者都需要自行考虑对手方的信誉。当然，这往往会将这些合同的最终用户推向更高级别的经销商。银行通常会设立“信用最佳”的子公司来运行经销商的职能。这些子公司通常资金充足，信用评级极佳。然而，考虑到2007—2008年浮出水面的信用问题，很多场外交易的金融工具未来也许会采取清算所机制。

套利组合

要理解股票交易和各种各样的衍生品交易之间的关系，最好的办法就是理解套利组合是如何实现的。套利组合给投资者提供了一种思考一系列可供选择的指数（或者一篮子投资组合）的有用方法。套利组合由基于共同标的若干相关金融工具或金融工具组合构成。套利组合中每种工具背后的主要标的资产可能包括股票指数、任意的股票篮子、交易所交易基金（ETF），甚至单独的证券或商品。套利组合能够覆盖国内和国外市场，且可以包含名义上是债务的工具（结构化票据），还可以包含期权和其他对价格变化有非对称反应的组成部分。

图6.5列举了一些典型的股票指数套利组合工具。在传统的证券头寸中，股票指数套利组合包括一篮子股票和交易所交易基金。这是传统股票投资组合的重组和延伸。交易篮子里的股票或指数衍生品是交易技术进步和现代投资组合理论的自然延伸。

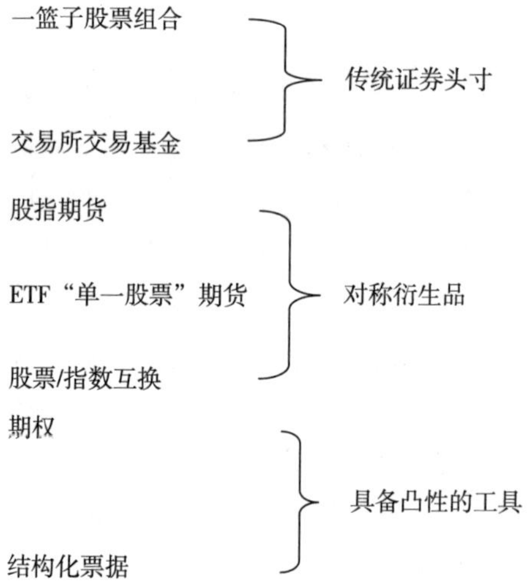

图6.5　股票指数套利组合工具

套利组合的第二类叫作对称型衍生品。之所以称其为对称型是因为它们的价值变化对称地依赖于决定它们市场风险特征的标的资产的价值变化。几种重要的对称型股票指数工具分别是股指期货、交易所交易基金、个股期货合约以及股指互换。

此外还有一类可以组成套利的金融工具，即股指期权和基于指数的结构性票据。与我们之前讨论过的工具相比，内嵌期权的工具常常有凸性，也就是说，它们的收益曲线不是关于标的资产价格的直线。

我们计划用本章大多数的篇幅来讨论分析金融工程师在改变股票市场组成部分上已经作出的和继续作出的一些贡献。这些市场的发展说明了交易这些套利组合的组成部分显著地提高了市场的定价效率，减少了交易成本。

股票结构化产品和交易所交易基金（ETFs）

金融工程师过去数年间开发的股票结构化产品的差异性非常大。这类结构产品从结构化票据（内嵌股票成分的债务工具）和备兑认股权证到阿梅里克斯信托（Americus Trust）的基础部分到超收部分应有尽有，后者和现在期权市场上的某些产品很类似。金融工程师创造的最成功的产品非 ETF 莫属。并不是所有叫 ETFs 的产品都是基金，但是它们中的大多数都是起源于指数套利中的一篮子股票交易或组合交易。它们中有一些只是打包了一类资产以方便投资者像交易股票一样去交易资产（如黄金）。它们都是交易所交易的。这些证券的一个共同点是，投资者都可以以市场决定的价格在市场上交易这些叫作 ETF 的产品，且其价值与标的资产的日内价值非常接近。在不同的时间，以下产品曾被贴上 ETF 的标签：

- 封闭式基金（如 Nuveen）；
- 基于固定投资组合的授予人信托产品（如 HOLDRs）；
- 持有单个商品的授予人信托产品（如 Gold and Silver Trusts）；
- 货币市场信托（如 Euro Currency Trust）；
- 商品指数信托（如 iShares Goldman Sachs Commodity Index Trust）；
- 开放式结构化票据（如 iPath GSCI Total Return Index Notes）；
- 交易所交易共同基金（如 Vanguard ETFs）；
- 标普存单类（SPDR）指数投资组合（如 SPDRs、QQQs、World Equity Benchmark Shares [WEBS]、iShares 等）。

这些产品中的每一个都有非常有趣的历史，且每一个都可以在今后的金融工程中作为范本。由于篇幅的原因，我们着重讨论最后一组。它包括了数量最多的产品，并与一些需要结构创新的传统共同基金进行直接竞争。在我们考察 ETF 的同时，也会看到其他的产品是如何适应股票市场革新的。

在考察这些产品的时候，我们需要注意的是，ETF 的出现并不是为了给投资者提供一种更高级的投资工具。其中几个最成功的产品的设计和产生仅仅是为了创造一些可以交易的产品，而不是为了给投资者创造理想的投资工具。大多数被称为 ETF 的产品严重依赖于低成本的股票交易环境。由于动机和结构选择的多样性，通常很难确定特定产品或结构背后各方的经济激励条件。尽管如此，金融工程这项工作最重要的一部分是理解经济动机，从而可以使新产品或市场取得成功。成本的减少通常被视作新产品或新市场成功的主要原因。在追溯 ETF 的前身时，了解这些能降低交易成本的案例，能够让我们更好地迎接未来的新产品。

组合交易和股指期货合约

在一笔交易中交易整个资产组合的基本想法并不是源自众所周知的最早把资产组合作为个股结构来交易的例子，例如加拿大多伦多指数参与证券（TIPS）和美国标准普尔存托凭证（SPDRs）。最早的想法其实是源自组合交易或者说程序交易。从 20 世纪 70 年代末到 80 年代，程序交易具有能够在大证券交易公司以一笔订单交易包含整个标普 500 指数所有股票的能力。相似的交易也可以在加拿大、欧洲和亚洲的指数上实现。一些关于电子交易簿记和执行技术的进步，以及一些主流投资银行的大单业务使得早期程序交易或组合交易成为可能。芝加哥商品交易所引入标普 500 指数期货合约（以及其他市场的类似合约），使新的期货合约和标的股票组合之间的套利成为可能，并催生了相关需求。这也使得期货和现货交换（exchange of futures for physicals，EFP）成为可能。EFP 可以用股票组合的多头或空头交换股票指数的多头或空头。这些发展使得对于许多交易柜台和机构投资者来说，投资组合不论以现货还是以期货的形式进行交易，都变得十分具有吸引力。这一吸引力源自套利机会和更低的交易成本。而股票套利组合就是这些发展的自然结果。

这些成果一开始仅仅是针对大型投资者，到后来小型机构和个人投资者也对这类可以方便交易的组合或一篮子产品产生了兴趣。早期的期货交易金额往往十分巨大，并且为了能够持有这些合约所必需的可变保证金，对于中小投资者来讲是繁重而昂贵的。所以市场上迫切需要一种低价证券来满足个人投资者。美国第一款这样的产品就叫作指数参与份额（IPS）。

指数参与份额（IPS）

指数参与份额是一种相对简单的完全合成的标普 500 指数代理的工具。标普 500 的指数参与份额于 1989 年在美国证券交易所（AMEX）和费城证券交易所开始交易。芝加哥联邦法庭很快裁定 IPS 是期货合约，且必须在期货交易所进行交易。这使得证券交易所不得不关闭 IPS 交易。这在美国以外的大多数国家都不是问题，因为在这些国家证券和期货通常受到相同机构的监管，并且证券和期货合约之间的法律法规区别不大。

就在美国不断尝试寻找能被当作证券的 IPS 替代品的同时，多伦多指数参与证券（TIPs）在加拿大上市。

多伦多指数参与证券（TIPs）

TIPs 是用来追踪 TSE－35（随后也追踪 TSE－100）的大额不记名（warehouse receipt－based）证券。TIPs 的交易十分活跃，吸引了加拿大国内外的许多指数投资者。受托人可以以一定费用借出 TIPs 投资组合中股票，这有时会导致负的费用比率。然而事实证明，对于多伦多证券交易所及其一部分会员来说，TIPs 是昂贵的。因 TIPs 简单的（非商业化的）结构，他们无法从投资者那里收回成本。在 2000 年早期，多伦多证券决定退出这项组合业务，TIPs 的头寸被清算，或由 TIPs 持有者自行决定转到现名 iShares CDN LargeCap 60 的基金中，这一基金在 2009 年底拥有 12 亿加拿大元的资产。

同时，另外两种类似产品，超级信托（SuperTrust）和标准普尔存托凭证（SPDRs）在美国开始发展。

超级信托和超级股票

超级信托（SuperTrust）和超级股票（Supershares）是由信托和共同基金嵌套组成复合产品。超级股票是一种高费用的产品。由于产品结构的复杂性，超级股票可以分成许多成分，其中有些成分包含期权或者类似于期权的特征，这就使得产品的销售过程对于投资者来说变得冗长且难懂。超级股票是由Leland、O'Brien以及Rubinstein共同建立，这些人也是投资组合保险策略背后的人。超级信托证券从未活跃交易过，且该信托最终遭遇了清算。它的失败被归咎于更加高昂的成本，以及20世纪90年代投资者们始料未及的复杂产品结构。这一失败和投资组合保险策略无关。

标准普尔存托凭证（SPDRs）

标准普尔存托凭证（SPDRs，读音类似于蜘蛛spiders）是一个几乎与超级信托同时推出，在美国证券交易所出现的交易工具。最初的SPDRs是标普500组合的单位信托基金，不像美国其他单位信托基金，SPDRs可以根据标普500指数成分的变动而调整。启用这种单位信托基金的结构是美国证券交易所出于成本的考虑。即使基金的规模非常小，共同基金也需要向多方支付费用。美国证券交易所对SPDRs的需求并不确定，也不想构造不必要的昂贵结构。仅有一些极少数的ETF会使用单位信托基金结构，例如MidCap SPDRs、NASDAQ－100 QQQs和基于道琼斯工业平均指数的DIAMONDS。2000年以后出现的大多数ETFs都是使用改进的共同基金投资公司结构。尽管如此，标普500 SPDRs在2009年末资产规模达到85亿美元，其依旧是美国和世界上最大的ETF和最大的消费者股票投资工具。

SPDRs早期在美国证券交易所的交易量一般，但直到20世纪90年代末其交易量和资产才开始激增，因为投资者开始厌倦有些难懂的实物股创造和赎回过程，并关注SPDRs本身的投资特征和税收效率。我们很难把SPDRs和之后一些ETFs的成功归咎于少数几个原因，但是这些原因中肯定包含有：（1）Spear、Leeds和Kellogg的专业团队极其紧凑和主动的做市活动；（2）美国证券交易所成功将SPDRs的费率降低到其主要竞争对手先锋500共同基金的费率以下；（3）投资者对ETF税收上优势的关注稳步增强，这使得这些ETF的投资人能够将资本利得税递延到其持有的份额被卖出之后。这些特性都反映了降低成本对新产品成功的重要性。

全球股票基准份额（WEBS，后来重命名为iSharesMSCI系列）以及其他的投资公司份额

全球股票基准份额（WEBS）之所以重要有以下两个原因。第一，它们是境外的交易所交易基金，也就是说，这些基金所持有的股票是不是由美国公司所发行的；第二，它们是最早一批使用投资管理公司（共同基金结构）而非单位信托基金结构的交易所交易基金。如果你想创造一大批结构类似的产品，共同基金系列结构的费用会比每个产品都用单位信托基金更加低廉。

在WEBS于美国证券交易所推出的同时，另一个与其竞争的境外指数基金类型在纽约证券交易所上市。由于各种原因（最重要的是产品的结构缺陷），这些国家指数篮子最终失败，并导致信托被清算。

行业SPDRs是首个具有和WEBS类似的共同基金结构的美国国内股票组合。它们在1998年底开始进入市场，其资产增长相较于其他专业性ETF基金更为稳健。

其他类似的ETF基金类型还有Ameristock、BLDRS（Baskets of Listed Depositary Receipts，一篮子上市存托凭证）、Claymore、Fidelity、First Trust、FocusShares、HealthShares、HOLDRS（Holding Company Depositary Receipts，持股公司存托凭证）、MacroShares、ProShares、Realty Funds、Rydex、SPA ETF Europe Ltd.、State Street SPDRs、StreetTracks、TDAX Independence Funds、VanEck、Vanguard、Victoria Bay、Wisdom Tree。

新品种基金还在持续地加入。许多相同类型的基金在美国以外的ETF市场都很有代表性。当然，也有一些公司只在一个或少数国家提供基金。2009年末，共有超过1 907种ETF在世界各地的39个交易所交易，总资产规模达到了1万亿美元（Fuhr，2009）。

未在1940年《投资公司法》下运营的ETF

SPDRs的单位基金信托结构、WEBS的投资管理公司结构、行业SPDRs以及美国其他在2000年以后设立的基金都隶属于一项包含了共同基金运营规则的法案的管辖范围——1940年的《投资公司法》（*Investment Company Act*）。除了这些真正的基金之外，在广义的ETF下，还有许多其他产品被组织为授予人信托、作为另一类信托，或以开放式交易所交易票据的形式存在。这些产品之所以存在是因为有些组合产品无法在1940年《投资公司法》的管辖下发行。《投资公司法》和一系列相关的税收章程限制了投资公司能够持有的金融工具和能够获得的收入类型。像往常一样，金融工程师们已经设计出一系列的产品，能在不违反证券法规定的前提下将证券、商品以及衍生品打包成一个便捷且不受《投资公司法》约束的投资组合。这些产品中有些是带有信托中持股份额转嫁的授予人信托，另外一些采取有限合伙的形式，需要向美国的每个投资者分发K－1税务报告。

还有一些是相对简单的交易所交易票据，它们是开放式的，以类似于投资公司ETF的申购和赎回机制的方式进行扩张和收缩。从广义上说，ETF已经成为重要的金融工程创新平台，而且这种创新的脚步不会放缓。尽管如此，我们可以想象，一些容易实现的产品早已被实现，现在更多可创新的领域将涉及改变开放式ETF组合的结构和运作。

受1940年《投资公司法》约束的开放式投资组合ETF

基于SPDR原型（单位信托或共同基金结构）的开放，ETF的几个基本特征使得这个新一代产品成为金融工程师进一步探索的领域。这些开放的ETF在基金层面上没有股东会计费用，也很少有内嵌的销售费用。从某种意义上说，它们很像剥离了昂贵费用的共同基金。开放式ETF节省费用和接近股票交易的特点使其在买卖上比不收佣金的共同基金成本更高，但持有成本几乎总是低于可比的共同基金。一些早期的ETF投资者被其低成本指数基金这一特征所吸引。然而今天的指数基金——ETF 和共同基金——并不总是持有人在购买时所期待的低成本投资组合。

从金融工程的角度来看，关注 SPDR 类型的 ETF 具有的股东保护和税收效益的重要性从某种意义上说有点出人意料。这种重要性源于其对投资者有利，从而对 ETF 的早期成功起到了重要作用。这些特点也为 SPDR 式 ETF 模型的发展奠定了基础，远远超出了其令人印象深刻的开端。并不是每个人都像我们一样重视这两个特点，但我们相信它们是开发更好的基金的关键。

股东保护

以下几个讨论的问题已经广为人知，但是并不被经常提起。Swenson（2005）[1] 提供了近年来对共同基金定价的最新的全面的描述。

1968 年，美国证券交易委员会（SEC）实施了 22（c）（1）条例，要求共同基金份额的交易要基于基金下一期净资产价值（NAV）[2] 来定价。这意味着在第一天交易结束后输入订单的人将会以第二天交易结束后净资产价值决定的价格来购买或出售基金股份。相应地，在第二天收盘后输入购买或出售股票订单的人将按照第三天收盘时确定的净资产价值为准。此过程如图 6.6 所示。

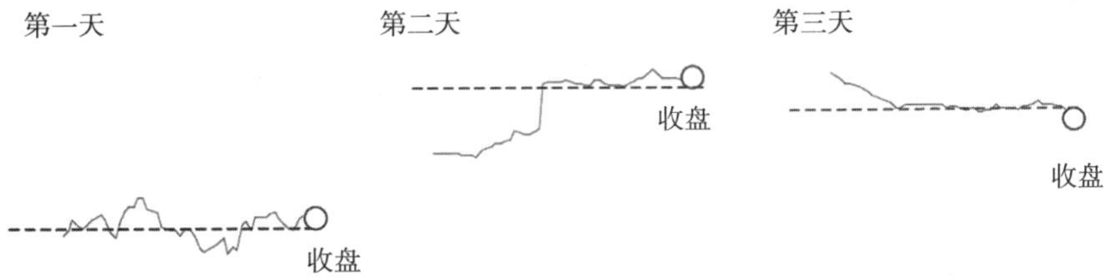

图 6.6　1968 年后基于下一期净资产价值的基金份额的买卖

基于 22（c）（1）条例[3]的交易规则存在的交易公平性问题，体现在图 6.7 中。

按照 22（c）（1）条例的规定，通过用下一期基金的净资产价值对共同基金份额交易进行定价，基金为申购和赎回基金的投资者提供了免费的流动性。如图 6.7 所示，申购共同基金份额的人以净资产价值得到的是共同基金早已持有的股票头寸中的份额。新的投资人通常不会为基金份额的交易支付手续费。基金份额的其他持有者平摊新投资者申购引起的交易成本。同样地，当基金持有者赎回基金份额的时候得到的是基于下一期净资产价值的现金，为保证流动性，基金份额的其余持有者承担出售股票组合的费用。基金份额的申

① 图中描绘的是免佣基金（no – load fund）的情况，申购佣金（salesload）会复杂化本处讨论，但不影响结论。

② 净资产价值是在每股基础上进行报价，每一份额 NAV 的计算方法是用基金所持有总资产市场价值减去应计或累计负债后，除以流通在外的基金总份额。

③ 在 1968 年之前曾经有过更加严重的公平问题，因为基金交易是定价拖欠的，具体来说，买方或是卖方直到今日的收盘时刻才能得到前一日的净资产价值。不过这些在某些场合偶然发生的问题都已成为历史了。

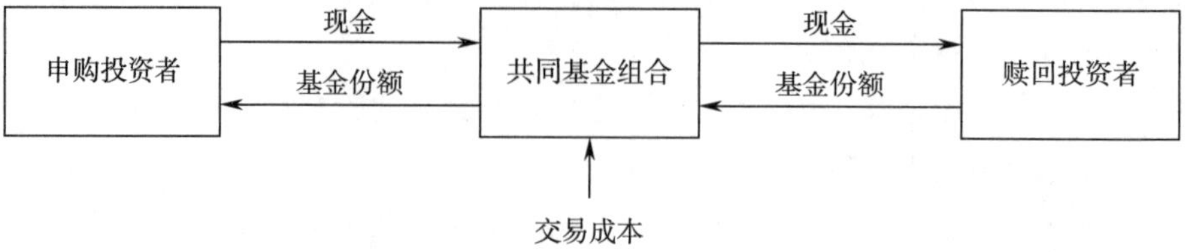

图 6.7　共同基金中的现金流：基金通过交易证券来应对新的申购和赎回

购和赎回所需的流动性基本是不需要付出代价的，而对于正持有基金份额的投资者来说，这些流动性十分昂贵。随着时间的推移，申购赎回基金份额而免费提供的流动性会是影响共同基金业绩的一个长期毒瘤。

图 6.8 说明了交易所交易基金在处理申购赎回份额上与共同基金不同。对于交易所交易基金来说，份额的申购和赎回通常是以非现金方式进行。在申购的时候，一篮子证券组合被存托到基金中从而换取基金份额，而在赎回的时候，基金份额又被转化成一篮子证券组合。进行交易和赎回的投资者——通常是 ETF 的做市商——承担证券组合存托和赎回时的交易费用。做市商甚至会因为申购或赎回而向基金支付一笔管理费用。做市商希望在交易所交易基金份额的时候能够将交易费用转嫁到其他投资者身上。申购赎回的费用会随着基金份额的交易活跃度和基金投资组合中证券性质的不同而不同。比如说，交易小盘股的费用会比交易大盘股的费用高出很多。

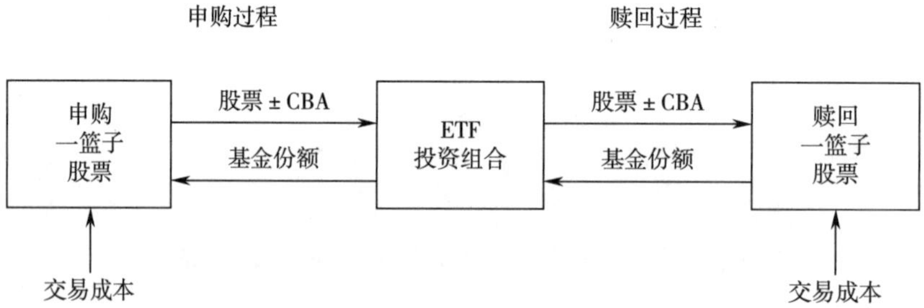

注：1. 所有证券都是以下一期净资产价值所决定的价格交易。
2. CBA 表示现金余额。

图 6.8　ETF 的申购和赎回是实物交易：交易成本由进入和退出的投资者支付

与共同基金相比，SPDR 式的 ETF 在申购和赎回上至少有两点不同：一是 ETF 份额的申购和赎回引起的费用最终由申购和赎回的投资人而不是基金本身承担；二是 ETF 不需要像共同基金那样持有现金余额来赎回。一只 ETF 可以在任何时候满仓持股。正是因为这些不同，持有 ETF 的投资者所持有的基金份额的业绩能轻易地超过共同基金的基金份额持有者的业绩。具有讽刺意义的是交易所交易基金的本意在于可以全天交易，但对于那些不怎么交易的投资者来说，这是一个好得多的产品。任何一个共同基金市场的投资者都会告诉你，共同基金是比 ETF 更适合交易的产品，因为共同基金会替投资者支付交易费用。如果有读者对 ETF 申购赎回过程的具体细节感兴趣，可以去阅读基金的产品说明书和附加信息声明（SAI）以便能更完整详细地了解该过程。我们特别推荐原始 SPDR 的产品说明书，因为它非常明晰且详细。

共同基金的结构为进出基金的投资者提供免费流动性，是导致2003年和2004年由择时交易和盘后交易引发的共同基金丑闻的原因。美国证券交易委员会已经花了巨大的时间精力以及最终由投资者承担的资金去应付共同基金的择时交易问题，但依然没有解决现有基金份额持有者为申购赎回买单的问题。一些共同基金公司在试图通过一系列操作上的补丁来限制市场择时交易。现在美国证券交易委员会要求一个复杂而高成本的基金份额交易报告结构，并对于申购不满一周赎回的份额收取近乎强制的赎回费用。归根结底，在不给所有基金投资者带来不必要成本的情况下，通过交易所买卖基金的实物创立和赎回过程最容易消除自由流动性。即使以后不再存在择时交易者，长期投资者在保护他们免受其他投资者申购赎回成本影响的基金中的表现也会更好。

税收效益

ETF的优点之一就是税收效益。税收效益会使得一些应纳税投资者明显受益，其对于免税投资人也有价值。ETF税收效益的实质是投资者可以将税款递延到出售基金份额的时候。这一递延是《国内税收法典》（*Internal Revenue Code*）M分章的自然结果，允许以非现金的方式（交割股票组合从而退出基金）赎回基金份额，从而不会对基金内部造成税收上的影响。一只ETF（或共同基金）份额的非现金赎回不会产生可分配给基金份额持有者的资本利得。如果想了解更多关于ETF税收效益的细节，可以参考Gastineau（2005）或Gastineau（2010）。

这种税收效益对基金中那些免税投资人同样有好处，因为税收效益可以防止ETF组合中未实现收益的累积。而共同基金中未实现收益的累积会导致基金的组合管理决策对免税投资人产生不利的影响。当基金经理面临选择升值的证券组合将已实现的收益分配给投资者，或者持有被高估的证券来避免实现资本收益，其实是投资组合经理面对应纳税投资人和免税投资人的利益冲突。

通过使用交易所交易基金，变更投资组合头寸的决策可以单纯地从投资决策的角度出发，而不需要考虑组合内证券的税收问题。由于精心设计而能够达到较高的税收效率，应税投资人和免税投资人的所有冲突得到解决。这种设计中最低成本的证券在兑换中以实物形式分配，高成本的证券在有必要或时机适当时出售在基金内部实现损失。

交易所交易基金通过将新基金份额换成存放在基金的证券组合而增长。赎回在很大程度上也是非现金的。投资者可以在交易所出售其基金份额而非向基金申请赎回。如果一只基金在外流通的份额超过了投资者的需求，经纪商就会购买这些份额并且将其转化为一篮子证券。这一过程让ETF的基金经理充分利用了《国内税收法典》中关于非现金赎回条款的优势。ETF早期的创立者意识到了这项税收待遇，但是给基金份额持有者创造纳税递延的好处从任何角度都不是早期ETF发展的重大目的。而大多数管理优良的交易所交易基金不会向投资人分配应税的资本利得在很大程度上是偶然的。

ETF基金非现金申购和赎回方式是一种合理简单且一视同仁地分配进出基金费用的方

式。这种方式缓解了基金管理中应纳税投资人和免税投资人之间的利益冲突。这种非现金的创设和赎回方式是一种简单甚至是巧妙地解决那些困扰共同基金行业问题的办法。越来越多的基金行业专家认为交易所交易基金结构应该取代传统的共同基金。然而，为了实现这一点，早期 ETF 的发展需要金融工程的帮助来克服指数 ETF 结构上的缺点，将 ETF 的优点拓展到更多的资产组合上。

关于改善 ETF 的几个观点

我们现在来考察一些能够改善 ETFs 表现的新特征。如果一只基金要为其份额持有人服务，那么基金经理需要在不透露正在进行的交易计划的情况下实施投资组合的调整。无论是基金想复制指数构建主动投资组合还是调仓，只有在市场上交易者不清楚它的组合成分的变化时，基金头寸的调整才会是高效的。近期的一系列研究说明了许多指数投资者都意识到的一个关于指数组合构成的改变的问题：S&P500 或 Russell2000 这样的基准指数并不是有效组合的范本。以公开指数为标的的指数基金投资者都知道因基金经理头寸调整策略而受到不利影响。这些问题在 Chen、Noronha 和 Singal（2006）中进行过详尽的讨论。当信息透明意味着别人可以先于基金进行交易从而套利，这种信息的透明就不是我们想要的，也是我们不能接受的。关于交易透明性的详尽讨论以及所有指数基金和基于公开透明投资策略的基金存在问题的讨论请参见 Gastineau（2008）。

如果 ETF 想要占据基金市场的各个分支，取代共同基金成为美国最广泛交易的投资工具代表，就必须克服透明性交易的缺点。美国证券交易委员会最初批准有限职能主动管理 ETF 时的投资组合有限延迟披露并不能充分解决透明度问题。这些基金在调整之后必须在开盘之前宣布其基金头寸的调整。对于共同基金适用的交易行为和组合构成上的完全保密性必须也要适用于 ETF。

因为 ETF 就是被创造来在美国股票交易所交易的，所以必须每 15 秒公布其资产组合的价值，每天早上公布资产组合的头寸构成。这些特点被视为在二级市场公开交易的必备，但其阻碍了基金为其投资者实现最优业绩。

ETF 的日内交易对许多投资者都很有用，但是投资组合的透明性是 ETF 交易中最致命的缺陷。如果资产组合不追踪热门指数或者基金份额的交易量很少，日内交易的费用就会很高并且即便是在交易已经完成的情况下仍然难以计算。此外，相对于个人投资者，做市商和其他的大额投资者在日内交易上有优势，因为他们能够实时监测市场活动和基金日内的价格价值关系。换句话说，大额投资者和小额投资者之间在可用信息上的不对称是不合理的。

许多个人投资者都会小额定期地对其共同基金份额账户进行买卖。这是一种典型的 401（k）投资者，他们会把工资单中定额供款计划的养老金用来投资于共同基金。共同基金业已经发展出一套复杂的系统，其允许以合理的成本和资产净值处理大量投资者的小额订单。对于这些投资者来说，有很多办法能在不增加太多交易费用的同时改良 ETF 的交易。对于像 401（k）账户这样的定额供款计划账户，在经济上越来越急切地需要更大的透明性以使得基金交易成本和业绩比较变得更加容易，而这正是 ETF 的优势所在。投资者希望交易费用公开透明，但不希望资产组合头寸的调整是公开透明的。

我们认为解决这些的根源在于 ETF 日内交易问题的最好办法是改变 ETF 的关注点，使其不再以接近于日内净资产价值交易，而是以接近基于证券市场收盘价计算的官方净资产价格或与其相关的价格进行结算交易。基于 NAV 的二级市场交易可以用于 ETF 赎回、新的主动管理 ETF 和增强型指数 ETF，需要采用基金的官方收盘 NAV 计算的价格来交易。

为了明确基于 NAV 的二级市场交易如何运行，有两种办法可以交易大多数的 ETF。第一个途径是在仅以供求决定的价格交易的常见 ETF 日内交易，这个定期更新的价格作为 ETF 价值的代理价格。这种代理价值对于非透明的 ETF（功能完备、主动管理且追踪增强型指数）以更慢的频率更新，而基准指数 ETF 仍会以 15 秒为周期进行更新。除了当前的日内交易之外，“类似股票”的交易方法能使得投资者在交易日内自始至终可以以基金计算盘末 NAV 来进行交易，或以盘末 NAV 为基准附加一个溢价或折价进行交易。

对于新的交易模式，产品的交易代码（symbol）可以使用新的三字符或者四字符代码，且这个代码与原来的基金代码不一定要有联系。或者仍然沿用现在的基金代码，但是加上一个 FIX 的标记。打个比方，以日内方式交易的 SPDR 的交易代码为 SPY，以精致结算方式交易的 SPDR 的交易代码为 XXP 或者 SPY. NV。不论哪种命名方式，投资者都将清晰地了解到自己使用的交易机制，涉及 NAV 的交易在交易日全天都可以进行。在指令被输入后（指令声明的是相对于 NAV 计算价格的升贴水），基于一定数额的交易将会被以基准价格执行。假设下午收盘时（4：00pm）执行的基准价格是 100.00，下单的时候要求基准价格 +1 分的指令会被以 100.01 执行，而要求基准价格 -1 的质量会被以 99.99 执行。

传统的 ETF 日内交易过程和基于 NAV 的交易过程将会共存和互动。基于 NAV 的交易系统将会保证所有希望增减 ETF 头寸的投资者能够在任何交易时段内以相同或是接近收盘时的净资产价格来进行交易。这种 NAV 的交易过程总是令人联想到传统的共同基金的交易方式。一个主要的区别在于新产生的 NAV 交易的流动性将会由其他投资者和做市商所提供，而不是基金或是其份额持有者。相较于传统共同基金的流程，这些交易将会在二级市场中进行，即它们不会与基金发生交易。

随着 NAV 的 ETF 在二级市场交易，基金交易者能够获得他们曾经出让的价值：指令的时间价值。传统共同基金份额的多空双方本质上让渡了一种因输入指令价格时间早于收盘净资产价值时间，从而可能获得收益的权利。二级市场的指令于早间 10 点输入买入指令或是在接近收盘时输入指令，对于特定的市场参与者会具有一定的价值。一位 ETF 的做市商或许会同意以低于下午 4 点净资产价格 1 美分的价格在上午 10 点卖出自己的份额，因为通过这笔交易会减少市场做市商的库存。在接近盘末 NAV 时减少头寸或是买入份额，对于做市商是一种成本相对较低的调整库存量方式。

对于有意买卖基金份额的个人和机构投资者，不能保证自己获得的市场信息的质量能优于做市商们手头的信息。这些投资者会倾向于以基金决定的收盘时净资产的价值进行交易——正如他们面对传统共同基金时的交易方式。基金交易的多空双方能够在基于 NAV 的 ETF 市场中全天进行交易。所有的交易都会参考下午 4 点的 NAV 进行，但可能存在少许溢价和折价现象。所有参与 NAV 的交易方都能自信地认为对于任何市场，参与者想对基金盘末净资产价值产生重大影响，是一件极其困难的事情。

基于 NAV 的 ETF 二级市场交易和传统共同基金份额以 NAV 进行买卖，两者之间存在着许多相似和不同之处。两种机制都可以保证投资者以相同的条件进行交易。但是，正如图 6.7 所展示的那样，共同基金投资组合承担了共同基金交易的成本。今天，市面上提供的 ETF 的一个特点就是每一位投资者在进入或退出基金时（包括投资者在二级市场买卖 ETF 份额），都需要支付相关的交易费用（见图 6.8）。这条原则普遍适用于基于 NAV 的 ETF 二级市场。

基于 NAV 交易的二级市场一大重要优势在于投资者在二级市场中买卖基金份额时，能够准确地衡量涉及买卖过程的交易成本。交易成本原则上等于基于盘末 NAV 和执行价格之差加上佣金支付。进一步说，无论是大型投资机构还是小型投资者都无法在事前确切地知道净资产价值的具体数值，或是具备显著影响 NAV 价值的能力。

获得基于 NAV 的交易并不是对积极管理 ETF 充分发挥功能的唯一要求。另一特征是正式承诺提早申购与赎回 ETF 份额的截止时间。提前截止的目的在于允许基金投资组合管理者在基金组合外申购和赎回的“篮子”中进行头寸交易，并在日末将基金内的投资组合调整至目标状态。在申购/赎回截止时间和市场收盘时间之间的交易将会有效地将进入或退出的成本退还给进入或退出 ETF 市场的投资者。每一个交易基金份额的投资者都能获得与预期交易总量（申购和赎回不同规模的交易）息息相关的交易成本信息。这种信息将会使投资者能够公平有效地在基于 NAV 的二级市场中进行交易，并且不会像传统共同基金市场会使基金投资组合更多地暴露在价值变动的风险敞口中。对于交易成本的揭露同样也会给予做市商良好的指示，表明收取投资者的多少交易费用才能使其从与投资者的市场交易中获利。

本简介提供的是一个关于改进的、积极管理的和非透明的指数交易型基金如何运作的总体思路，但是这种新产生的 ETF 其他的独特之处没有在本章中进一步提及。

参考文献

Chen, Honghui, Gregory Noronha, and Vijay Singal. 2006. “Index Changes and Losses to Index Fund Investors.” *Financial Analysts Journal* (July–August): 31–47.

Fuhr, Deborah. 2009. *ETF Landscape, Industry Preview*. (November): 3. http://www.exchange-handbook.co.uk/index.cfm?section=news&action=detail&id=87442.

Gastineau, Gary L. 2005. *Someone Will Make Money on Your Funds—Why Not You? A Better Way to Pick Mutual and Exchange-Traded Funds*. Hoboken, NJ: John Wiley & Sons.

Gastineau, Gary L. 2008. “ The Cost of Trading Transparency: What We Know, What We Don’t Know and How We Will Know.” *Journal of Portfolio Management* (Fall): 72–81.

Gastineau, Gary L. 2010. *The Exchange-Traded Funds Manual*. 2nd ed. Hoboken, NJ: John Wiley & Sons.

Hull, John. 2008. *Options, Futures, and Other Derivatives*, Seventh Ed. Upper Saddle River, NJ: Prentice-Hall.

Kolb, Robert, and Overdahl, James A. 2009. *Financial Derivatives: Pricing and Risk Management*. Hoboken, NJ: John Wiley & Sons.

Swenson, David F. 2005. *Unconventional Success: A Fundamental Approach to Personal Investment*. New York: Free Press.

Chapter Seven

外汇市场 第7章

劳伦特·L. 雅克[1]

外汇市场概述

历史：在很长的一段历史中，外汇交易的功能都仅限于辅助商品和服务的国际贸易。然而，随着固定利率制度的布雷顿森林体系在1971年崩溃，外汇市场（Foreign Exchange，FX）在科技进步、外汇管制放松、加速的经济全球化以及强大的算法交易的共同推动下，实现了指数级的增长。在今天，外汇已经成为一项独立的资产类别。

规模：在1998—2009年的11年时间里，场外外汇衍生品市场规模从18万亿美元增长到了49万亿美元；交易所外汇衍生品市场的规模相对较小，在此期间其市场规模从810亿美元增长到了3 110亿美元。

产品：主要的外汇产品包括现货和远期合约、货币互换以及期权和互换期权等。交易所交易的货币期货和货币期权也是被广泛使用的工具。

首次发行：第一个被广泛使用的场外外汇衍生品是1979年IBM和世界银行执行的货币互换。IBM和世界银行同意交换以不同货币计价的债务的利息——IBM的瑞士法郎和德国马克计价的债务利息与世界银行的美元债务利息实现了互换。

主要外汇衍生品的滥用之灾

1987年：德国汽车制造商大众汽车制定了一项完全对冲其外汇风险的政策。然而，负责外汇风险对冲的管理者并没有配置适当的货币对冲头寸。当汇率走势对公司不利时，他们通过伪造文件来证明他们建立了必要的对冲合约，以掩盖其在风险对冲上的失职。随后，当公司高层试图执行这些对冲合约时，他们才发现合约实际并不存在，匈牙利国家银行发现了这些合约是伪造的，这最终导致大众汽车损失2.59亿美元。

1991年：联合—里昂（Allied - Lyons）集团宣布了其惊人的2.69亿美元外汇损失（约为1991年预计利润的20%）。面对低迷的经济，其财务部门制订了一项复杂且精妙的计划，即在美元/英镑的波动率而不是绝对水平上赌注。这项计划是通过沽出深度实值外汇期权组合——跨式期权和勒式期权实现的，这一策略会在汇率的实际波动小于期权价格的隐含波动时盈利。这个巧妙的策略是在海湾战争开始时实施的。然而，当盟国发动空袭时，战争结果最初的不确定性并没有降低汇率的波动性——至少降低的速度并不足以使联合—里昂

---

[1] 劳伦特·L. 雅克（Laurent L. Jacque）是塔夫茨大学（Tufts University）国际金融和银行学教授，也是该学院国际商业研究项目的主任。2004年至2007年，他担任弗莱彻商学院的教务长。他曾担任沃顿计量经济学预测协会顾问和Water Technologies Inc. 公司董事。

的投机策略获得成功，迫于银行的压力，联合—里昂只得对期权头寸进行清算，并因此蒙受了巨大的损失。

1993 年：日本的一家大型炼油厂——昭和壳牌石油公司（Showa Shell Sekiyu KK）——预期美元相对日元将会上涨，从而开始在 1989 年购买货币远期，以对冲其用美元计价的石油订单。然而，随着美元兑日元汇率的下跌，给公司造成了巨额的外汇损失。此时，公司的财务部门试图通过展期（与对手银行的默契合作下）隐瞒损失，却导致公司情况进一步恶化，最终累计亏损 15 亿美元。

2002 年：爱尔兰第二大银行，同时也是爱尔兰联合银行的前子公司——全冠银行（Allfirst Bank）在 1993 年聘请了交易员约翰·鲁斯纳克（John Rusnak），该交易员通过购买外汇远期合约持有了大量的日元多头头寸。然而，随着日元继续贬值，Rusnak 的敞口头寸面临损失。为了掩盖损失，Rusnak 在银行的系统中记录了假的看跌和看涨期权，给人的印象是他的头寸已被对冲。Rusnak 又另外开了一个大宗经纪账户，并继续投注日元上涨，一直到他的计划被母银行发现。这一事件的最终损失达 6.91 亿美元。

最佳供应商（截至 2009 年）：德意志银行被《环球金融》（*Global Finance*）杂志评选为北美、欧洲和亚洲的最佳外汇衍生产品供应商。

应用：外汇市场的参与者使用外汇合约和衍生工具进行跨境商业交易，对冲货币风险敞口，从事各种形式的套利交易，并对汇率波动进行投机。

用户：外汇零售市场（客户市场）是指由终端用户所组成的外汇市场，主要参与者包括进出口商、跨国公司、商业银行、保险公司、进行自营交易的投资银行、参与套利交易或其他形式的高频算法交易的对冲基金，以及通过该渠道对外汇市场进行干预或进行外汇储备管理的中央银行等。

引言

如果存在单一的世界货币，就不需要有外汇市场。简单来说，外汇市场之所以存在，是因为它能够通过货物、服务和金融证券的国际交换将购买力从一种货币转移到另一种货币。远距离贸易可能与人类一样古老，长期以来一直是国家经济实力的源泉。事实上，国际贸易似乎一直是人类进步和文明的先锋：腓尼基人、希腊人和罗马人都是伟大的贸易商，他们通过市场和货币兑换商在固定的地点和固定的时间来交换货物。事实上，自古以来，做市商们就面临着几个问题：如何支付从 A 点到 B 点（可能是数百或数千英里之外，几个星期或几个月的行程）的商品运输费用，如何保证货物的安全（海上丢失或被盗的风险），如何减小货物在跨空间移动（从 A 点到 B 点）和时间推移时（装运和交付的时间间隔）所产生的价格波动的影响。在许多方面，外汇及其衍生工具的历史与贸易商为解决其面临的贸易困境所设计的多种创新性解决方案的发展相吻合。

长期用于实现国际贸易、外商直接投资和融资，使得外汇成为一项重要的资产类别，这在很大程度上解释了最近外汇市场资金流量的激增。在技术改进、外汇管制放松、经济全球化加速和强大的算法交易的推动下，外汇市场的日均成交额已超过 3 万亿美元，使股票和固定收益证券市场相形见绌。而更令人惊讶的是，用于商品和服务国际贸易的外汇交易仅占外汇市场交易总量的 5%。

首先，本章描述了进行外汇交易应遵循的体制框架，重点讲述了基于互联网的电子自动化是如何彻底改变市场微观结构的。其次，本章讲述了确定外汇市场交易价格，即外汇汇率的规则。最后，本章展示了长期以来向市场参与者提供免费风险规避服务的布雷顿森林体系固定汇率制度的瓦解，如何推动了风险管理产品的发展，即期货、期权和互换产品的广泛应用，各国中央银行通过外汇及其衍生品实现了外汇风险的自行管控。

外汇是如何交易的：制度框架

外汇市场是迄今为止世界上历史最悠久、规模最大的市场。不像纽约证券交易所、巴黎证券交易所或芝加哥期货交易所等需要固定的交易场所对股票、债券、商品及其衍生工具进行集中交易，外汇交易市场是由商业银行、外汇做市商和经纪公司的交易网络组成的，因此被称为银行间市场。它由大约 20 家主要银行主导，通过其在世界主要金融中心，如伦敦、纽约、东京、新加坡、苏黎世、香港、巴黎等地的分支机构进行交易。

20 世纪 60 年代，外汇交易室通过电话（和后来的电传系统）连接在一起，这使得场外市场上的通信非常迅速（但仍没有现在的电脑终端和互联网如此即时）。"在每个外汇交易员面前都有一部特殊的电话，通过电线把交易室和外汇经纪商、电报公司以及最重要的商业客户连接在一起并使得数家卖方银行的交易员可以同时'接听'声讯经纪人的信息。"（Holmes 和 Scott，1965）见图 7.1。

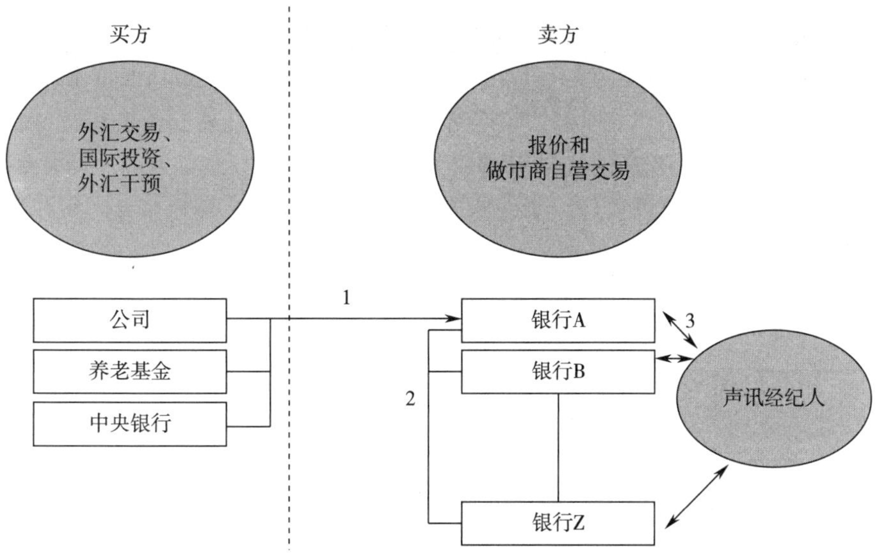

图 7.1　电话外汇市场（截至 20 世纪 90 年代初）

今天的外汇交易室是通过电子方式联系的，传统的通信方式，如电话、电传、传真机扮演着辅助的角色。计算机终端凭借其能够在场外市场实现即时通信的优势，成为无可替代的交易媒介。外汇交易员只需在计算机中输入他们的订单，就能够以显示屏呈现的价格执行交易。

事实上，新的计算机系统可以自动将货币交易员输入的订单与系统中已存在的未完成订单相匹配。这种连通全球的交易系统大大减少了匹配和结算交易的时间和成本，更重要的是，这个系统为外汇市场提供了外汇交易实际执行价格的记录。值得强调的是，迄今为止，这一信息从未公开，因为外汇市场中最大的做市商们利用这一保密信息已实现了巨额收益。

遍布全球的电子外汇市场已经实现了全天候交易。在 24 小时的任何时刻，都有外汇做市商在世界某个地方进行着买进和卖出交易，比如英镑兑日元。当纽约外汇市场在美国东部时间早上 8 点开始交易时，欧洲主要金融中心的外汇交易已经进行了四五个小时。旧金山和洛杉矶将美国外汇交易活动延长了 3 个小时，当美国西海岸迎来他们的晚餐时，远东市场，主要是东京、香港和新加坡，才开始交易。而随着这些市场交易活动的结束，孟买和巴林将开放数小时，西欧市场也即将开始一天的交易。

全天候外汇市场的一个主要影响是汇率可以根据市场上新的信息，随时作出反应。因此，外汇交易员要做好夜班工作的准备，因为他们需要对另一块大陆上发生的可能引起汇率剧烈变动的事件采取行动。

产品

在外汇市场交易的产品主要有四种类型：现货合约、远期合约、外汇互换和货币互换。在所有情况下，合约都是定制化的①——两个交易对手可就交易金额不低于 100 万美元的合约条款进行协商。

（1）现货合约：是以当日商定的价格购买或出售货币的交易，但交易需在两个工作日内结算（如果双方在同一时区则在一日内结算交易，如美元兑加元或墨西哥比索）。

（2）远期合约：是在当前时点约定未来买卖外汇的交割日期、价格和交易量等条款的协议。远期汇率即当期约定的，在未来某个时间点（大部分设定为未来 1 周至 12 个月之间任何时间）进行交割的价格。如果远期合约没有与即期交易相结合，则称为直接远期交易。

（3）外汇互换：远期合约与现货交易相结合的交易方式，被称为互换交易。更具体地说，外汇互换将两笔交易相等、到期日不同、方向相反的交易相结合。例如，以即期汇率 1.50 美元 = 1 欧元的价格在当前时点用美元买入 1 000 万欧元，同时约定 60 天后以 1.48 美元 = 1 欧元远期汇率②卖出相等金额的欧元便构成了一个外汇互换。

（4）货币互换和交叉货币互换：在结构上与利率互换相似，不应与上文的外汇互换混淆。一方通常以一种货币支付给定数量名义本金的利息给对手方，对手方则以不

① 和其他标准化产品一样，所有外汇期货和外汇期权形式的外汇衍生品都在登记设立的交易所（如芝加哥国际货币市场）进行交易。请参阅本章最后一节以进行进一步的讨论。

② 远期汇率是在今天达成一致，并在销售完成后的 60 日内具有法律约束力，不管当天的即期汇率如何变化。远期汇率是根据利率平价公式得到的。

同的货币对给定数量的名义本金支付利息。实际上，通常只是高收益方向低收益方实际支付的两笔付款的差额。这些互换合约不一定要求在合同开始或结束时实际对货币进行交割。

根据国际清算银行三年期调查（2010 年），2007 年 4 月外汇市场日均交易额为 3.2 万亿美元，其中 1/3 是现货交易（与之对比，华尔街日交易额约为 750 亿美元）。美元占所有外汇交易的 86%，遥遥领先于第二名欧元的 37%。伦敦是无可争议的外汇交易中心，2007 年 4 月日均交易额为 1.359 万亿美元，其次是纽约，日均交易额为 6 610 亿美元。外汇市场由两个不同但密切相关的市场组成：零售市场（买方）和银行间市场（卖方）。

外汇市场上的买方与卖方①

零售市场是指外汇终端用户所处的市场。参与者包括：进出口商；从子公司回收股息、向外国子公司提供内部贷款或进行跨国收购的跨国公司；干预外汇市场或管理外汇储备的中央银行；商业银行；保险公司；进行自营交易的投资银行；以及参与套利交易或其他形式的高频算法交易的对冲基金等（见图 7.2 左侧）。

因为零售市场参与者难以在零售市场直接找到另一个交易对手，他们会通过银行发布自己的交易意向。事实上，像德意志银行、巴克莱银行和瑞银等外汇交易市场上最大的做市商已经开发了自己的电子交易平台来加强银行与客户的联系与沟通。

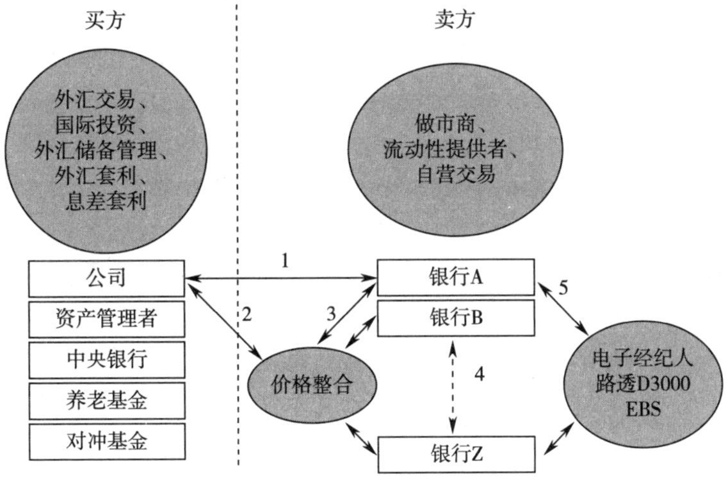

图 7.2　电子外汇市场（20 世纪 90 年代初至今）

买方越来越倾向于使用做市商交易平台，这种平台发挥着价格整合和公告板的作用，从主要的做市商银行获得即时报价，并将买方订单发送给最具成本效益的卖方供应商（见图 7.2，箭头 2）。如今，买方参与者通常直接访问诸如 FXall、FXconnect 或 Currenex 之类的

① 买方会购买欧元（卖出美元），而卖方则卖出欧元（买入美元）。由于外汇交易的本质，买卖双方都是买一种货币卖另一种货币。

电子交易平台（ECN），ECNs 类的电子交易系统可以自动匹配各种客户的买卖订单。但 ECNs 的使用仅限于会员，同时会员还必须在代理做市商处拥有一个账户，然后才能将订单发送到服务器。此外，ECNs 在它们的系统上发布订单以供其他会员查看，然后自动匹配并执行订单。①

银行间市场

银行作为做市商，直接向客户或通过交易平台发出报价②（图7.2，箭头1）。银行希望利用现有的外汇存货来满足客户的需求，但往往无法做到这一点。一种方法是：银行的做市经纪人或交易员通过银行间市场的交易以满足客户的订单需求。做市经纪人或交易员将向另一家银行（双边交易行为）报价，而不会透露他的真实意图（但显示其身份），以及感兴趣的交易价格或交易量（图7.2，箭头2和3）。直接交易的优点是不需要支付任何佣金，但不能保证交易者获得最好的报价。事实上，如果有1 000多家银行进行外汇交易，外汇交易员可能超过10 000人。因此，直接交易是分散的，因为直接交易是两个做市商之间的双边交易，而其他市场参与者并不能参与其中。然而，值得强调的是，每个币种的外汇交易中，前10家银行占据了约50%的交易份额。在货币对交易中，做市商的专业化在市场参与者中广为人知，这促进了直接的双边交易行为。而在这样一个物理上分割的市场中，几乎无法知道是否已获得了可能的最佳交易价格。

电子经纪人

第二种方法是银行通过外汇交易员联系经纪人（以前称为“声讯经纪人”，但今天更有可能被称为“电子经纪人”）的方式获得完成客户订单所需的货币，这种方法被称为间接交易③（图7.1，箭头4）。经纪人有时可以被看作市场中的公告牌。“经纪人本身并不提供一个价格，他们收集不同做市商提供的价格，然后把收集到的价格集合反馈给各做市商。”（Lyons，2001：40）这种经纪人为中介的交易在过去是通过电话进行的，但今天的外汇经纪业务主要是通过两个计算机系统——Reuters D3000④和电子经纪服务平台（EBS）⑤实现的。

EBS 主导了三大货币对的交易，分别是美元/欧元（$/€）、美元/日元（$/¥）和欧元/日元（€/¥）的交易；Reuters D3000 则主导着英镑（£）交易和其他规模较小的

① 参见国际清算银行（2001）及 Rime 和 Dagfinn（2003）。

② 做市商通常是指在银行交易柜台准备按要求报出买卖价格的做市商。做市商为市场提供流动性，通过买卖价差获取收益。

③ 声讯经纪人过去是通过闭合电话网络来工作的，而现在的电子经纪人则使用 Reuters D3000 和 EBS。

④ 路透社早在1981年就推出了路透市场数据服务（Reuters Market Data Service，RMDS），允许通过计算机交换信息，但没有实际交易。1989年，Reuters Dealing 2000-1 取代了 RMDS，它允许基于电脑的外汇交易，取代了电话（和人工）交易。该平台在1992年更新为 Reuters D2000-2，在2006年更新为 Reuters D3000。

⑤ 为了对抗路透社的主导地位，美国银行、巴克莱银行、化学银行、花旗银行、商业银行、瑞士信贷、雷曼兄弟、米德兰、摩根大通、西敏寺银行、瑞士银行和瑞士联合银行组成的大银行财团于1993年创立了电子经纪系统（EBS）。

或新兴市场的货币交易。这两个电子平台都使用电子限价订单簿，类似于证券交易所使用的电子交易系统，限价订单簿按优先顺序集合了给定货币的买入和卖出订单。交易者在输入订单时也会指定他们打算购买或出售的数量和价格。订单会一直保存在系统中，直到有数量和价格都匹配的相应订单输入，或者订单发起者主动撤回订单。通过经纪人挂限价单也可以隐藏做市商的真实身份。经纪人作为配对者，并不会拿自己的钱冒险。电子经纪人通过诸如 Reuters D3000 或 EBS 等电子报价系统，可以监控主要国际银行的外汇交易柜台提供的报价。通过长期观察外汇交易市场，经纪人具备了非常完善的搜索功能，可以为从事外汇交易的银行提供最好的价格，而银行为此也要向经纪人支付一定的佣金。

外汇交易的电子自动化会导致做市银行的外汇交易员完全消失吗？答案是否定的。行业报告显示，仍有大约 1/3 的外汇交易是由传统的交易员所完成。市场中的买方有意识地将很大一部分业务通过外汇交易员完成，以保持与交易员良好的关系，因为他们很重视与交易员沟通咨询得到的信息。这在市场动荡和价格波动较大的时候尤其明显，因为算法定价此时即使不是完全失败，也可能会出现错误，而外汇交易员被证明是更加可靠的。同样，交易量更小的币种和特殊的、定制化的外汇产品也更适合采用交易员间直接沟通的方式进行。

为了进一步强化银行间市场的功能，提供结算服务的 CLS（Continuous Linked Settlements）银行在 2002 年 9 月 9 日成立。该银行将所有参与国家的支付系统链接起来进行实时结算，大大降低了现货交易结算中的交易对手风险和违约风险。①

外汇算法交易

外汇作为一种独立的资产类别已成为共识，因此对冲基金和其他机构投资者越来越希望通过自动化交易，寻找市场机会并迅速反应，从而产生超额收益。新的外汇报价和新闻事件一旦出现便立即被纳入到定价和交易算法中，同时触发某种特定货币的买入或卖出订单。为此，银行已经建立多种定价算法来处理这种高频外汇交易的资金流，企业也纷纷效仿，设计出自己的对冲算法。

市场效率

正如前文所说，外汇市场被刻画为一个“存在多个交易商的市场，它没有实体的交易场所，让做市商与客户会面，也没有一块整合市场上所有做市商报价的显示屏”（Lyons，2001：39）。由于其特殊的微观结构，外汇交易的订单流不像其他“做市商市场”那样透明。外汇交易没有披露要求，不像大多数债券和股票市场那样，法律规定交易在完成的几分钟内必须被披露。由于不能立即观察到交易或订单流，本应向所有市场参与者提供的有关基本面的关键信息发布更为缓慢，外汇市场的效率也因此降低。

然而，电子交易正在改变价格发现过程，加快价格传播，使之更为即时。事实上，随

---

① 1974 年，赫斯塔特银行的违约给外汇交易带来了强力的冲击，交易风险和结算风险受到重视。

着做市商和大多数客户现在能够实时获取当前价格，场外外汇市场的透明度越来越高。随着价格发现变得准自动化和集中化，场外市场逐渐呈现出交易所的一些特点。透明度的增加和快速的价格传播能够加强外汇市场的信息效率，但是，中央银行对现货市场的秘密干预仍然是一个主要障碍。

汇率是如何决定的?

1971 年，固定汇率制度的布雷顿森林体系的崩溃，将世界经济带入了未知的领域。取而代之的新的国际金融秩序通常被描述为浮动汇率制度。然而，这种表述具有误导性，因为它只适用于少数浮动汇率的主要货币，如美元（$）、日元（¥）和欧元（€）。大多数其他货币实际上是由各自的中央银行严密管理的，并没有与美元、欧元或一篮子货币挂钩或保持紧密的相对稳定的联系。本节为了解汇率是如何确定的以及各国不同的汇率制度是如何演变的，构建了一个框架，为理解本章第一部分提出的外汇交易流程提供了理论背景。

利率决定的第一原则

国际交易有一个共同因素，使得其不同于国内交易，即交易双方必有一方使用外币交易。一个美国消费者想要进口英国制造的阿斯顿马丁，他可以使用美元或英镑支付。如果美国消费者支付美元，那么英国制造商必须将美元兑换成英镑。如果阿斯顿马丁制造商只接收英镑支付，那么美国的买家就必须先把美元兑换成英镑。因此，在美国买家和英国卖家交易中的某个阶段，美元必须转换成英镑，而可以实现这个交易的媒介就是外汇市场。此时，这样一个市场的基本功能就是将购买力从美元转移到英镑。

类似于上述交易的示例还有很多。一般来说，对英镑的需求主要发生在进口英国的商品和服务，如航运或保险等，或投资以英镑计价的股票和债券以及向英国提供贷款的过程中。相反，英镑的供给来自美国的商品、服务和证券对英国的出口，以及接受来自英国机构的投资和贷款的过程中。因此，英镑的供给和需求之间的相互作用决定了立即（在一两个工作日内）使用美元兑换英镑的价格，定义该价格为即期汇率。

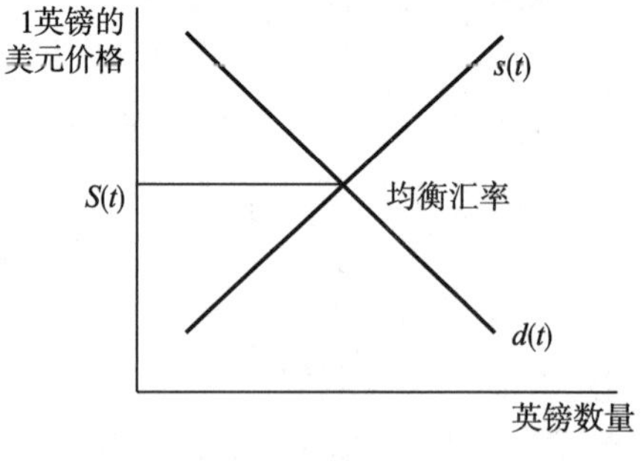

图 7.3 均衡汇率

因此，英镑的需求和供给之间的自由相互作用决定了均衡汇率，只有按照这个汇率进行兑换，市场才能够出清，如图 7.3 所示。这样一来，像其他商品一样，英镑就有了一个交易价格。举个例子，我们可以想象一下，在 2009 年 12 月 1 日，1 英镑的现货（一到两日内交割）美元价格为 1.71 美元，显然，美国除了英国之外，还与其他许多国家进行贸易往来，对于每一个国家来说，都存在一个外汇市场将美元的购买力转移到相应的外国货币，反之亦然。

如上文所述，外汇市场同其他任何市场一样，都可以接近完全竞争的经济理论模型。外汇市场的产品显然是同质的，因为从一个卖家购买的外币与从另一个卖家购买的外币完全相同。此外，市场参与者有着近乎完备的信息，因为他们可以实时获得外汇电子交易平台整合的汇率报价。此外，市场上还存在着大量的买方和卖方。

然而，实际的外汇交易市场偏离了完美市场模型的原因有两个：一是外汇市场在物理和地理上是分散的，市场参与者无法直接监控交易的订单流量；① 二是中央银行是价格扭曲的主要推动者，它们要么直接干预外汇市场损害汇率的灵活性，要么间接限制市场准入（外汇管制），从而限制了货币的自由兑换。换句话说，中央银行的直接干预限制了外汇价格灵活性，而市场准入限制了货币的可兑换性。在这种情况下，从以下两个方面考虑一个国家的汇率制度是有意义的：第一灵活性从 0（汇率管制）到 100%（自由浮动）；第二可兑换率从 0（严格控制所有经常项目和资本账户交易）达到 100%（不对国际收支交易进行控制）。图 7.4 描绘了中国的情况，中国在过去 10 年中对放开外汇管制一直非常谨慎，到 2005 年才开始小幅提高汇率的灵活性。中国实际上是许多新兴市场国家的代表，这些国家正在稳步提高汇率灵活性和放开外汇管制——亚当·斯密的“看不见的手”在图 7.4 中再次证明了自己。

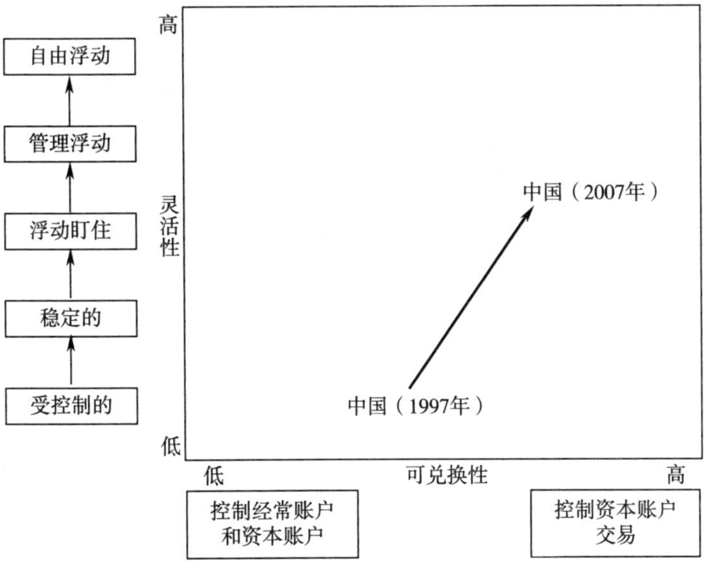

图 7.4　货币灵活性和可兑换空间

① 详见外汇交易部分。

实际上，中央银行与外汇市场上的其他参与者不同：其目标是追求由财政政策和货币政策引导的国家利益最大化，而非追求利润最大化的实体。中央银行限制外汇市场价格波动的原因、方式以及程度是影响外汇价格的主要因素。下一部分将更详细地讨论受到中央银行不同程度干预的汇率制度，即浮动、固定和受控制的汇率制度：(1) 浮动汇率制度下，货币价格主要是供给和需求相互作用的结果，但也受中央银行不同程度的干预；(2) 固定汇率制度（也被称作“固定但可调整”制度）下，通过中央银行的干预，由市场决定的货币价格被限制在预定的价格波动范围内；(3) 在受控制的汇率制度下，货币价格直接由官方决定。

虽然外汇管制主要与受控制的汇率制度有关，但实际上在多数浮动和固定汇率制度中也发现了外汇管制——只是程度较轻。近年来，席卷全球金融体系的全面放松管制的潮流，同样出现在外汇市场上，但现在仍未达到完全放松的程度。表 7.5 显示了世界 25 个主要经济体的汇率制度情况。

表 7.5　　汇率制度分布

汇率制度		货币
浮动汇率制度	自由浮动	美元、加元、澳元、新西兰元、英镑、瑞士法郎、欧元、巴西雷亚尔
	肮脏浮动	日元、韩元、印度卢比、墨西哥比索、阿根廷比索、马来西亚林吉特、新台币、印尼盾、泰铢
	爬行钉住	人民币、越南盾
固定汇率制度	钉住货币篮子	俄罗斯卢布
	钉住单一货币	非洲金融共同体法郎区钉住欧元、沙特里亚尔钉住美元、阿联酋迪拉姆钉住美元
	货币局制度	港元钉住美元
受控制汇率		委内瑞拉玻利瓦尔、缅甸元

浮动汇率（自由浮动）

在某一外币的供给和需求的自由相互作用下，市场出清的汇率得以确定。但是这个均衡汇率不会持续太久：连续而随机出现的经济和市场信息，例如最新通胀情况统计、国内生产总值增长率、油价变动等，使市场参与者重新调整其当前货币需求以及对未来需求的预期，从而影响当前市场的供给和需求。而不断变化的市场供需状况又会导致参与者供需计划的持续变化，直至达到新的平衡点。图 7.6 显示了在 t、$t+1$ 和 $t+2$ 时间点上，绘制的英镑的供给和需求曲线；相应的均衡汇率（每英镑的美元价格）如图 7.7 所示。

随着时间的推移，汇率将围绕一个长期趋势持续波动或随机振荡，这与在证券交易所交易的证券或在商品交易所交易的商品的价格非常相似。

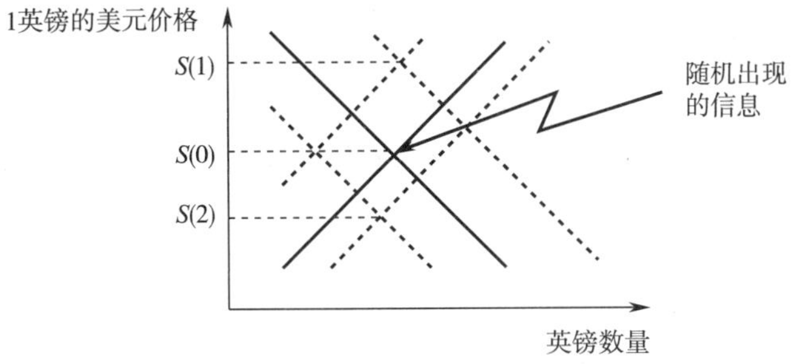

图7.6 供给曲线和需求曲线的移动

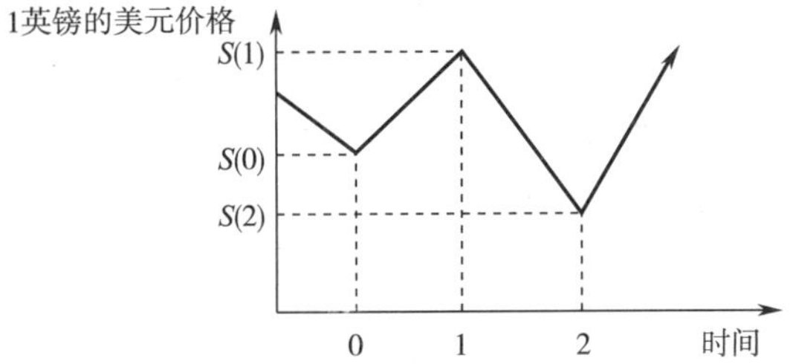

图7.7 浮动的汇率

在现实世界中，很少有国家会任由其货币的价格按上文所述的方式自由波动。对于那些更多依赖国际贸易（进口和出口）的国家，汇率的剧烈波动可能给稳定的经济发展带来毁灭性影响。① 例如，一个工业化国家如果其能源进口接近100%，汇率的急剧变化会造成能源价格的波动，由于在所有以美元计价的经济活动中，能源都是非常重要的要素投入，价格的波动最终会影响几乎所有产成品的价格。这意味着生活成本指数、消费者购买力和工人的实际工资都会受到冲击。

有管理的浮动汇率（“肮脏”浮动）

虽然很多国家采用了浮动汇率制度，但是它们并不愿被动接受汇率自由浮动带来的经济不确定性。通过中央银行及时的干预来管理汇率波动，这些国家可以做到短期内汇率的稳定（但并非固定）又不影响其长期的可变性。这样一种汇率决定制度通常被称作有管理的或者“肮脏”浮动（Dirty Float）汇率制度，这是与本章初提到的少数货币采取的自由浮动汇率制度最为接近的汇率制度。

与固定汇率制度中的中央银行干预不同，② 市场中的个人参与者对中央银行干预供需相互作用的时机和程度都不知晓。此外，中央银行在外汇市场进行干预的目的也不尽相同。

---

① 这在一个较小的发达国家尤为如此，比如荷兰、比利时、丹麦或新西兰，这些国家的国际贸易经常占到国民生产总值（GNP）的30%以上。

② 在固定汇率背景下的中央银行干预将会在接下来的部分中详细讨论（详见 Dominguez、Kathryn M. 和 Jeffrey Frankel，1993）。这实质上是一个在狭窄的波动区间内维持汇率变化的公开承诺，这个波动区间的上限和下限是市场参与者明确知道的（详见 Mayer，1974）。

自由浮动和肮脏浮动

到底哪些国家是自由浮动，哪些国家是肮脏浮动呢？一般来说，像盎格鲁—撒克逊国家（英美模式）一样有着弱监管和合理自由市场的悠久传统的国家，倾向于采用自由浮动汇率制度。从20世纪90年代中期开始，美国、英国、加拿大、澳大利亚、新西兰以及瑞士阿尔卑斯地区都反对干预外汇市场。需要注意的是，除瑞士外，这些国家都是英美法系国家和海洋国家，有一个倾向于以市场为中心而不是以银行为中心的金融体系。

而很多国家，如韩国和俄罗斯的中央银行，会对外汇市场进行干预。最大的采取肮脏浮动汇率制度的国家是日本。1991年4月至2000年12月，日本银行（日本财政部的代理人）买进美元168次，累计数额达到3 040亿美元，卖出美元33次，累计数额达到380亿美元。一个典型的例子：2000年4月3日，日本银行在外汇市场上购买了132亿美元，企图阻止前一周已经对日元贬值超过4%的美元的后续下跌趋势。结果，这一阻止日元快速升值的有些激进的干预措施，导致日本的外汇储备在2007年首次超过1万亿美元。

——改写自纽约联邦银行

中央银行干预的分类

近年来的经验显示，有管理的浮动汇率制度下主要有三大类中央银行干预策略，具体描述如下。

策略一：策略的一种极端是，一些国家只关心汇率的短期波动特征，希望平滑每日的汇率波动从而使汇率变化呈现规则有序的特征。在这样一种制度下，中央银行并不抗拒由市场力量造成的长期汇率上升或下跌。

策略二：中间策略会缓和或阻止由暂时性外生因素引起的剧烈、破坏性的短期和中期汇率波动。随机或非经常性事件会对汇率水平产生严重但只是暂时性的影响，例如自然灾害、长时间罢工、作物歉收等都会在中央银行没有及时干预时造成本国汇率的骤降，跌至长期基本水平以下，中央银行通过干预汇率的方式抵消或抑制此类事件对汇率造成的冲击。这一策略主要是为了平缓而非抵抗市场的长期基本趋势，这也是为什么这种策略通常被称作“逆向干预策略”。

策略三：作为中央银行干预策略的另一种极端，一些国家抵抗汇率根本性上升或下降的原因显然已经超出了外汇市场的经济范畴。例如，1994年纽约联邦储备银行阻止了日元升值突破 ￥100 = ＄1 这一敏感的关键值。这样一种所谓的“非官方钉住型”策略，实际上跟固定汇率制度是等同的，只不过没有限定一个官方的价格。

中央银行的干预方式

下一个问题是，中央银行如何干预外汇市场。到目前为止我们只对货币当局的官方干预有一个抽象的概念，并没有描述中央银行是如何在外汇市场上采取行动来操纵汇率水平的。

官方干预主要是通过中央银行即期买入或卖出本币，交换其想要施加影响的外币实现的。思考下面一个例子：在时间（t，$t+1$）内，市场力量间的相互作用（自由浮动汇率制度下）将使得英镑从1£ =1.72 \$ 贬值到1£ =1.67 \$（见图7.8），英格兰银行（Bank of England）希望缓和英镑的贬值趋势，假设其预期目标汇率（非公开）——图中用星号标出——是 $S(t+1)^* = 1.70$。从图7.8可以看出，在预定目标每英镑1.7美元的汇率下，英镑供给超出了（$\Delta_£$），相应地，需求超出了［$\Delta_£ \cdot S(t+1)^*$］。

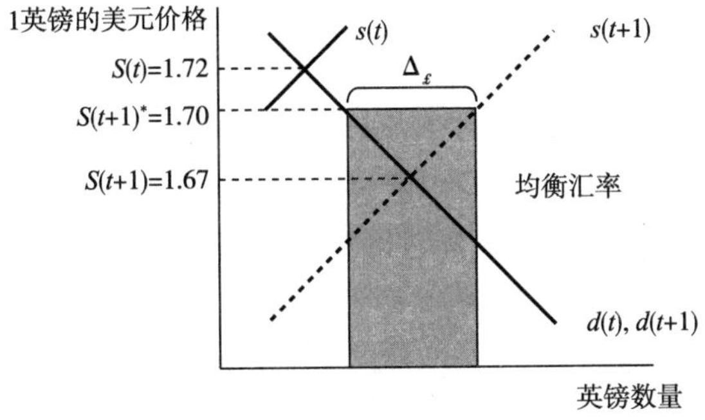

图7.8 中央银行干预

用等值的美元购买$\Delta_£$的外汇（即向外汇市场供应［$\Delta S(t+1)^*$］$_\$$的美元，英格兰银行就可以有效地将英镑在$t+1$时刻的汇率稳定在 \$ 1.70，避免其贬值到 \$ 1.67。①

对英镑贬值干预（策略2：逆向干预策略）将导致英格兰银行消耗大量美元储备。通过大规模的中央银行干预（策略3：非官方钉住型）将英镑汇率固定在 \$ 1.72 将导致英格兰银行的美元储备更加快速地被消耗。相反，如果英格兰银行选择平滑任意方向的短期汇率波动（策略1），那么其美元储备将维持在一定的区间内。

追踪中央银行干预

因此，可以在事后通过跟踪官方储备水平变化的趋势，确定中央银行所追求的目标类型。但是干预常常被中央银行隐藏，也不一定会出现在官方国际储备统计中。这可能是因为中央银行借入外汇，但只报告总储备额，而不报告其净值。此外，中央银行在外汇市场进行干预产生的利得和损失也通常都包含在国际收支账户的资产利息收入中了。图7.9总结了其中各种可能的情形。

中央银行干预及市场预期

最后，值得强调的是，中央银行的干预除了对市场的供需有明显调控外，对市场参与者的预期也有着持续的影响。因此，外汇市场参与者将通过仔细分析中央银行干预的规模、时间和可见性，作为解读中央银行态度的线索。此外，中央银行影响汇率的行为也不局限于对外汇市场的直接干预。同样甚至可能更重要的是，国内货币市场状况和短期利率的变动，会对短期资本流动产生重大影响，进而影响汇率。

---

① 英镑的供给曲线只不过是美元的需求曲线，类似地，英镑的需求曲线是美元的供给曲线。

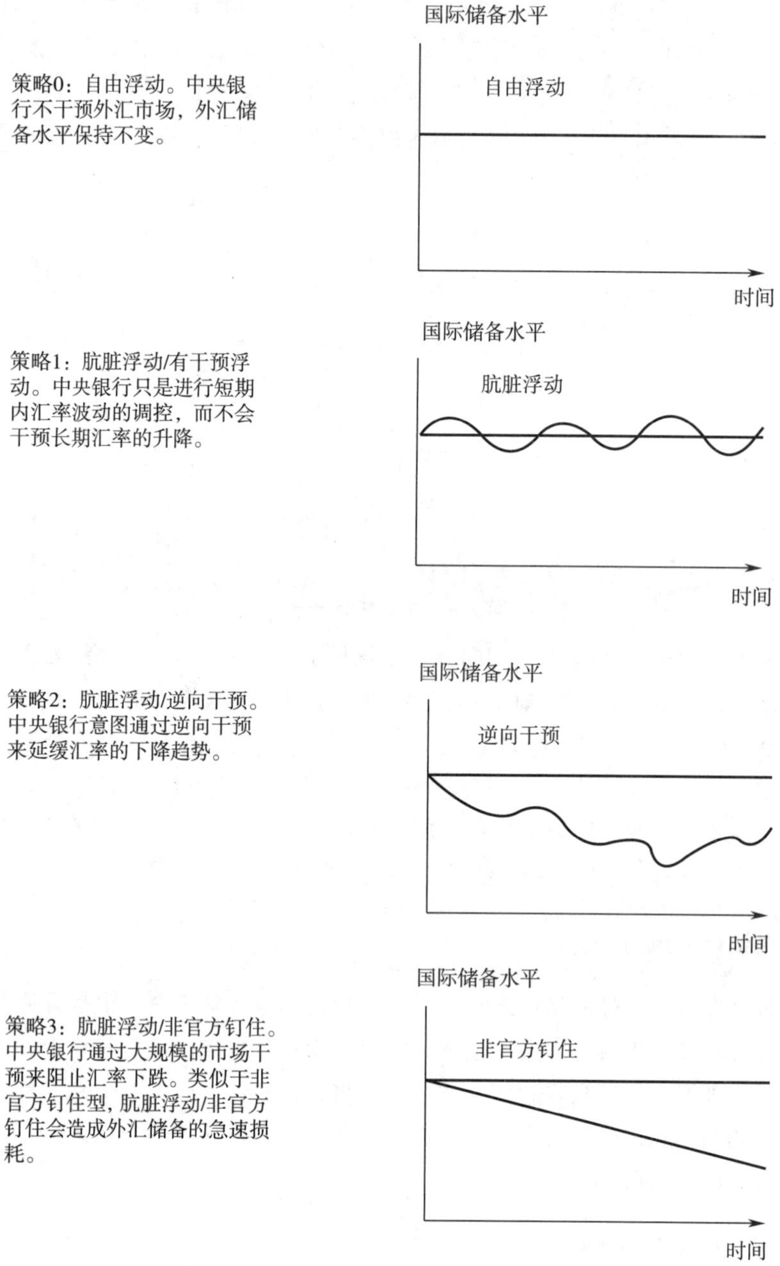

图 7.9　中央银行干预策略的类型

固定或钉住汇率制

在固定汇率制度下，供给和需求的基本经济学仍然像浮动汇率制度下一样充分运作。两种制度的不同之处在于，在固定汇率制度下，中央银行公开表示不会让汇率对基准值的偏离超过既定的比率。[①] 这一结果是通过中央银行在外汇市场的官方干预实现的。对于汇率

① 一种货币与美元之间的官方现行汇率。

基准值的确定，以及汇率波动的范围，因国家和时间的不同而不同。下面我们将对这些问题进行一些详细的讨论，首先我们对中央银行在固定汇率体系下的外汇管理作用进行分析。

固定汇率制度下中央银行干预的做法

以马来西亚为例，马来西亚实行钉住汇率制度，将其货币林吉特兑美元的汇率固定在M \$3.80。当出现资本内流和贸易顺差给林吉特带来升值压力时，比如M \$ 3.70 = US \$ 1，中央银行都将通过购买市场上过剩的美元实施干预，将汇率固定在M \$ 3.80。现在我们来回顾一下当前的制度实施情况和固定汇率制度总体方案的变化。

月度平均汇率：人民币兑美元

1997年到2005年7月21日，人民币都是紧紧钉住美元，其汇率保持¥8.28 = \$ 1，在这个时期中国平稳地渡过了1997年的亚洲金融危机，并且保持了惊人的每年10%的经济增速。中国是怎么经受住亚洲金融危机的呢？很大程度上是因为中国对资本账户交易保持着严格的外汇管制，这就限制了短期内资本在中国的流入和流出，而其开放资本账户亚洲邻国则受到了金融危机的重创。

2005年7月21日，中国人民银行宣布“改革汇率制度，实行以一篮子货币作为参考的有管理的浮动汇率制度。人民币不再钉住美元，人民币兑美元的汇率调整为¥8.11 = \$ 1，允许人民币兑美元的价格在中国人民银行公布的汇率中间价上下0.3%的范围内浮动。”

——维尔纳·安特韦勒（Werner Antweiler），加拿大英属哥伦比亚大学教授（University of British Columbia，Vancouver，BC，Canada）

钉住一个人为构建的通货单位（20世纪70年代中期至今）

当1973年世界上主要货币开始独立浮动后，大多数小国家开始钉住它们之前用来稳定汇率的单一储备货币，这些货币主要是美元、英镑和法郎。然而钉住单一货币的好处很快就被本币兑其他主要货币的汇率波动造成的成本所掩盖，尤其是当美元或英镑这样的单一储备货币相对其他主要货币的汇率出现长时间的过度调整或调整不足时。因此，很多国家开始系统性地管控与主要贸易伙伴国货币的汇率，这种管控可以通过将自己国家的货币钉住一篮子货币，即所谓的人为构建通货单位来实现，例如欧洲货币单位（ECU，1979—1999），也就是后来的欧元，抑或是国际货币基金组织发行的特别提款权（SDR），其构成通常反映了该国的双边贸易结构。实际上，很多国家已经放弃了单一货币钉住制度，转而钉住它们所选择的一篮子货币。

衍生品及外汇风险管理的私营化

准固定汇率制度的布雷顿森林体系的瓦解和随后出现的浮动汇率制度将国际金融体系引向了一个放松监管和金融创新的新时代，涌现出了外汇期货、期权、互换合约、互换期权等金融产品。早在1972年，外汇期货就开始在新成立的“国际货币市场”（International Monetary Market，IMM，芝加哥商品交易所的分支机构）上市交易了。很快，美国放松利率管制，引入了利率衍生品，使得货币和商品衍生品相形见绌。当风险与日俱增时，公司和金融机构纷纷通过金融衍生品的对冲交易寻求安全的避风港。随着中央银行不再免费提供针对汇率波动的保护，外汇市场参与者开始通过设计新的保险产品（即衍生品），来寻求私营部门的解决方案以控制风险。从某种意义上说，风险规避已经私营化了。

实际上，衍生品是一种复杂的金融工具。过去的这些年里衍生品获得的巨大成功，主要源于商品、货币和利率价格波动性的日益增大。衍生品可以有效地将风险从没有能力承受也不愿承受的公司转移到有承受能力且愿意承受的公司。衍生品的出现使得风险转移更高效和精确，而计算机技术的突破和金融理论的发展使成本也相应下降。衍生品也使经济主体（家庭、金融机构和非金融企业）可以发挥劳动分工的优势和承担风险中的比较优势。但是衍生品真的是风险规避和创造价值的优良工具吗？与衍生品相关的重大灾难以可预测的频率对一些管理优良的公司造成了沉重的打击，这难道不应该成为其破坏财富而不是创造价值的证据吗？现在，在考虑远期、期货和期权如何对冲外汇风险之前，我们先来了解公司面临的外汇风险敞口的具体类型。

交易风险

在国际化的早期，企业主要面临交易性外汇风险。出口活跃的企业通常会发现，为了提高竞争力，有必要用买方的货币开具应收账款发票。类似地，积极从国外企业采购零部件、产成品和服务的公司，可能也不得不开具卖方货币的发票。换句话说，应付账款可能以外币的形式存在。无论一个公司是以外币形式买入或者卖出商品，都有可能因不可预见的汇率变动造成巨大的损失，这些汇率波动会抹去货物出口的利润，抑或抵消从国外采购节约的成本。

交易室里的交易风险：花旗银行外汇损失[①]

我们会不时地被提醒外汇交易和管理中可能会存在“背叛”。2008 年 1 月法国兴业银行因为一位操盘手对 DAX 和 EURO Stoxxx 期货未经审核的投机行为，给该行造成了 75 亿美元的损失。

接下来我们看看花旗银行是如何在 1965 年 6 月发生了 800 万美元的损失的。当时正是固定汇率制度的布雷顿森林体系的全盛时期，一位赚取薪水而非佣金的比利时交易员，他坚信英镑兑美元的汇率不会从当前的 \$ 2.8 贬值，继而制订了一份详细的投机方案，尽管当时的国际收支状况给英镑带来了贬值压力。

早在 1964 年 9 月，该交易员就开始以大量的远期贴水积累英镑头寸，赌英镑的即期汇率会保持在 \$ 2.78 ~ \$ 2.82。由于在交易日结束时交易员们需要轧平所有未偿付远期合约的头寸，英镑多头头寸不得不通过一系列的短期远期空头合约来掩盖。不幸的是，这些短期合约到期时都发生了亏损，最终导致该计划暴露给高级管理人员，他们匆忙地、错误地在到期前以巨额亏损清算了多头英镑头寸。

---

① 详见 Jacque (2010) 的第三章。

通过在到期日前对资产和负债头寸进行净额结算轧平头寸，从而隐藏具有欺骗性的投机头寸，因此公司应该加强后台操作部门对前台交易员清算交易的独立和严格审查。

换算风险

跨国公司必须每季度向股东报告其全球业绩，报告形式为简单统计的综合收益和备受瞩目的每股收益（EPS）。这种周期性的折算过程将导致汇兑损失或收益。

一些投资团体向跨国公司施加压力，要求它们更全面地披露和说明外汇损失（或收益），这迫使财务部门密切关注换算风险。因此，在会计期间平滑综合收益这一次优目标，往往会取代净现金流最大化这一更重要的目标。这是个好主意吗?

关于是否需要对冲外币换算风险存在争论，核心是汇兑损失或受益无论多大，本质上都是未实现的非现金流，并且不涉及税收问题。然而，我们知道，价值创造是由现金流驱动的，而不是由会计利润驱动的。对于复杂的跨国公司而言，考虑换算风险对冲有必要吗?这看起来充其量只是一种通过会计伎俩欺骗投资者的行为，而不是出于价值创造的动机。除非可以证明，降低企业的换算风险可以提高公司股价，从而降低融资成本。但在真正有效的资本市场并非如此。在并非完全有效的金融市场，投资者将倾向于产生更加稳定收益流的企业，在这种情况下，对冲换算风险就是创造价值。在两种特殊的情况下，对冲换算风险会对现金流有更直接的影响。

（1）贷款合约。如果企业必须满足贷款合约要求的一个门槛指标，如债务权益比，由于未经核查的换算损失不能划入累计换算损失账户，那么，直接的现金流影响可能会导致更高的债务成本。未能满足贷款合约的条件可能会降低公司的信用评级和借贷能力，或迫使其以不太有利的条款重新协商贷款条件。

（2）信用等级。债务权益比受到一系列换算损失的影响，可能会导致公司的债务评级被下调，从而导致债务融资成本上升。

在回顾历史悠久的远期合约后，我们将对 1971 年以来被设计出的外汇衍生品进行详细了解。

远期合约

远期外汇合约是一种在当下签订合约，在未来（合约到期）确定的时间以约定的价格（远期汇率）买卖确定的外汇数量的承诺。合约一旦签署，就是不可撤销的和具有法律约束力的承诺（没有现金易手），双方有义务在到期日完成相应货币的实际交割（或进行现金结算）。远期外汇合约已有数十年的历史，但直到固定汇率制度的布雷顿森林体系瓦解，货币价格的波动性加剧，新的外汇风险管理产品才开始出现。外汇期货合约于 1972 年 5 月首次推出，当时芝加哥商品交易所的国际货币市场（IMM）开始交易英镑、加拿大元、德国马克、日元和瑞士法郎。

外汇期货

外汇期货合约通常被定义为在已登记的交易所当期买入（或卖出）一定数量的外汇，

并约定在未来日期进行交割的具有法律约束力的协议。因此，外汇期货是在已登记的交易所（通常是受监管的）签订的合约，这可以有效降低信用风险（交易对手风险）。除此之外，外汇期货和传统的远期合约看起来并没有太大的不同。然而，期货和远期还存在许多其他的差异，接下来我们会进行阐述。

合约标准化

为了提高便利性、交易和流动性，期货合约规定了标准化的面值、到期日和最低的价格变动。考虑这样一种情形，在芝加哥商品交易所的国际货币交易市场交易的欧元（€）期货合约，它指定了标准化的面值为 125 000 欧元，合约的交割日为 3 月、6 月、9 月、12 月的第三个周三，同时规定了最低的价格变动或者说是最小报价单位，这里设定每一个合约的价值为 12. 5 美元（或每欧元 0. 0001 美元）。2009 年 12 月 1 日，2010 年 4 月到期的期货合约接近每欧元 1. 4715 美元。在这里读者可能会想起，远期合约是由双方直接谈判确定的非标准合约，或者说定制化合约，其交易金额从 100 万美元开始，到期日通常是 30 天的倍数。

逐日盯市和消除信用风险

为了使违约风险（交易对手风险）最小化，像 IMM 这样的期货交易所对于每一份合约，至少采取两种预防措施：（1）它要求买方缴纳初始保证金（某种担保债券），最低额度应等于允许的每日价格波动的最大值；（2）它要求合约持有人每日结算由期货合约价值变动引起的损失。这迫使合约持有者进行逐日盯市，通过将每日的收益/损失从保证金账户中加入/扣除，有效地将信用风险限制在当日。为了避免耗尽保证金账户（实质上意味着担保债券变得一文不值），期货交易员有义务在保证金低于预设的门槛（即维持保证金）时补充他的保证金账户（即追加保证金）。那么，一个现实的问题是，初始保证金和维持保证金是如何确定的？初始保证金应该保护清算所应对期货合约持有者的违约行为，因此需要大大超过每日波动的最大限额；但是最终它将会根据具体情况设定，并在某种程度上，反映货币价格的历史波动性。以欧元期货为例，比如设定初始保证金为合约面值的 5%，即 $0.05 \times \$125\,000 = \$6\,250$。维持保证金将通常设定为初始保证金的百分比，比如初始保证金的 75%，即 $\$6\,250 \times 75\% = \$4\,687$。

货币期权

货币期权赋予买方在截止日（欧式期权）或者在截止日之前（美式期权）[①] 以约定的价格（执行价）买进（看涨期权）或者卖出（看跌期权）一定数量外汇的权利（而非义务）。对于这种权利，在订立合同时，期权的买方/持有者需向期权卖方支付一定的期权费。

---

① 美式期权和欧式期权不涉及期权合约交易的地点。无论是欧式还是美式期权合约都在两大洲以及远东地区进行交易。

执行价等于远期汇率的欧式期权被称为平值期权。[1] 如果立即行权有利可图（不考虑期权费），这样的期权被称为实值期权。与此相反，如果立即行权无利可图，这样的期权被称为虚值期权。不难想象，实值期权的价格通常高于虚值期权。当持有期权至到期日时，如果期权是实值期权则将被执行，虚值期权的执行权将被放弃。货币期权可以在场外市场通过协商的方式，根据买方需要提供定制化的条款（如面值、行权价、到期日），由买方负责评估交易对手风险（即期权卖方在期权到期时履约的可能性）。实际收益是执行价格和期权费之间的权衡：实值额越大的期权越昂贵（即更高的期权费），相反，虚值额越大的期权越便宜。从费城证券交易所等已登记的交易所获得的标准化期权合约几乎没有交易对手风险，因为一个资金充裕的清算所[2]起到了合约担保人的作用；但买方只能从交易所获得种类相对局限的标准化产品。

期权策略

有许多利用期权投机的策略，这些策略范围从简单的（如备兑期权）到以有趣的名字命名的更加复杂的投资策略，如跨式组合期权、勒式组合期权、蝶式组合期权、鹰式组合期权和牛市价差期权等。本节在了解备兑期权的原理后，将介绍到期收益取决于波动性而非绝对汇率水平的勒式组合期权。

备兑期权（有担保期权）

通过卖出无担保的英镑看涨期权，卖方获得期权费，但期权费的获得是以潜在的无限损失为代价的，尤其是当英镑升值时（见图7.10线1）。因此可以合理地认为，看涨期权的卖方须持有一定的英镑远期头寸（见图7.10线2）以用于期权行权时的交割，远期头寸需要能够完全覆盖卖出的看涨期权，此时的期权即是有担保的（备兑期权）。备兑看涨期权的结果类似于无担保看跌期权，如图7.10线3所示（这是线1和线2所对应数值的代数和）。

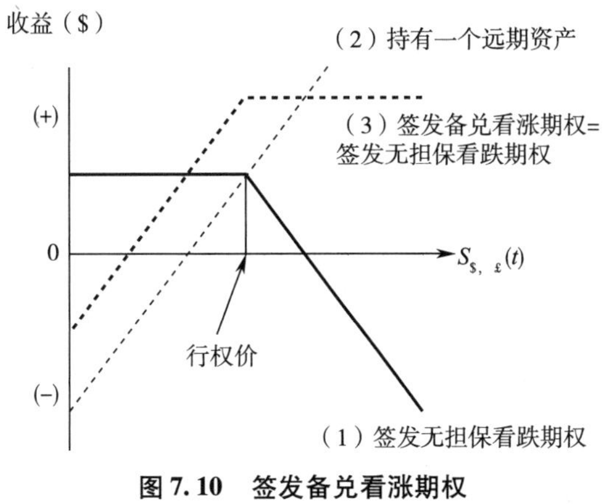

图7.10 签发备兑看涨期权

---

① 美式期权的执行价格通常会与即期汇率（而不是远期汇率）相比较，即期汇率通常会用到类似于“at -”、“in -”或者“out - of - the - money”这些术语，因为它们可以被立即执行。

② 清算所是期权清算公司（Option Clearing Corporation，OCC），它也为交易所交易股票期权提供清算。OCC为所有的美国股票期权交易所共同所有。

跨式期权

跨式期权的买方被定义为，同时买入执行价和到期日相同的看涨和看跌期权。当预期汇率将会有较大波动，但不能预测波动方向时，这个组合期权格外具有吸引力。图 7.11 把以相同行权价买入 90 天期限的看涨期权（线 1）和看跌期权（线 2）叠加在一起构建了一个跨式期权（线 3，由线 1 和线 2 的代数和组成的 V 形曲线），这里用 $E(90)$ 表示。有趣的是盈亏平衡汇率（在图 7.11 中被标示为 A 和 B），它与执行价格是对称的，有

$$S(90)^A = E(90) - [p(0)^c + p(0)^p]$$

和

$$S(90)^B = E(90) + [p(0)^c + p(0)^p]$$

在这里 $p(0)^c$ 和 $p(0)^p$ 分别是支付看涨和看跌期权的期权费。

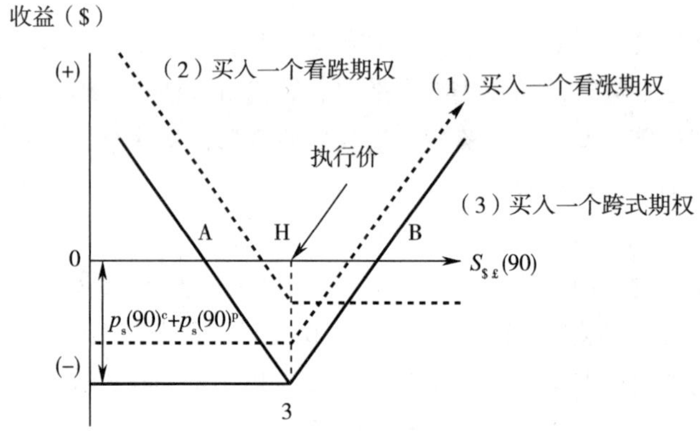

图 7.11　买入一个跨式期权

如果未来的即期汇率 $S(90)$ 波动较大超出 AB 边界，跨式组合期权将会获利，如图 7.11的线 3 所示。相反，如果汇率是在狭窄的 AB 范围内波动，跨式期权的买方可能损失为 $p(0)^c + p(0)^p$，这可以用线段 H3 表示，也是线段 AB 长度的 1/2，这是买方可能遭受的最大损失。

另一方面，跨式期权的卖方通过以相同的执行价，同时卖出看跌和看涨期权的行为押注汇率的低波动性。然而，这种押注是否是错误的呢？卖方的损失将是无限的，而其能获得的最大利润是两种期权的期权费之和。

卖权—买权—远期平价定理

现在我们将目光转向将期权市场与远期外汇市场联系在一起的强大的套利关系。90 天的远期购买合约可以通过以相同执行价 $E(90)$ 买入 90 天看涨期权、卖出 90 天看跌期权的方式来构造。图 7.12 中的看跌期权和看涨期权显示，从看涨期权的持有者角度来看，利润（经期权费进行调整）的无限制部分相当于外汇远期买入合约的无限利润部分；相应地，从看跌期权的卖方角度来看，看跌期权卖方的无限损失部分相当于买入远期合约的无限损失部分。因此，利用期权市场，设计一种价格能够与远期市场上的现行汇率相匹配的远期合

约是很容易的。期权与远期市场之间的这种基本等价性，推动了这两个市场之间的持续套利活动，被称为“卖权—买权—远期平价定理”。

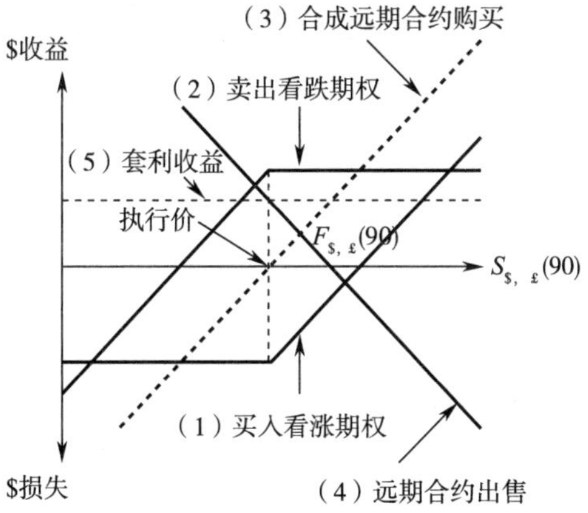

图 7.12　国际看跌看涨平价

通过以相同执行价 $E(90)$ 买入看涨期权（见图 7.12 线 1）、卖出看跌期权（见图 7.12 线 2），投资者能够以期权的执行价买进远期外汇（图 7.12 线 3，它是线 1 和线 2 的和）。相同数量的外汇可以在远期市场上以 $F(90)$（见图 7.12 线 4）的远期汇率被立即卖出。通过以相同的行权价买入看涨期权和卖出看跌期权方式构建的合成远期合约有一定的成本，这种成本等于买入看涨期权支付的期权费 $p(0)^p$ 和卖出看跌期权获得的期权费 $p(0)^c$ 之间的差额。因为这一成本发生在远期合约生成时，而并不是被执行时，所以买入合成外汇远期的总成本或合成外汇远期的最终价值是

$$E(90)+[p(0)^c-p(0)^p](1+i_{us}) \tag{7.1}$$

其中，i_{us}是 90 天的利率。因此通过式（7.1）给出的价格买入远期外汇，以现行的 $F(90)$ 所表示的远期汇率卖出，套利者获得了一个无风险利润：

$$F(90)-E(0)-[p(0)^c-p(0)^p](1+i_{us})>0 \tag{7.2}$$

如图 7.12 的线 5（线 3 加上线 4）所示，这种不均衡将随着看涨期权价格降低和看跌期权价格提高而产生套利机会，并直到无风险收益消失和平价成立时终止。当套利者构造了合成远期购买合约时，构造出的合成远期合约的汇率将会被推高。同时，通过以较高的远期汇率 $F(90)$ 卖出，套利者将压低相应远期合约的价格，从而将式（7.2）由不等式变成等式。

联合—里昂集团的致命游戏[①]

以茶包而不是货币市场交易而闻名的联合—里昂集团，宣布了其惊人的 2.69 亿美元外汇损失（约为 1991 年预计利润的 20%）。面对低迷的经济，其财务部门制订了一项复杂且精妙的计划，即在美元/英镑的波动率上而不是绝对水平上下赌注。这项计划是通过沽出深

① 详见 Jacque（2010）的第八章。

度实值货币期权组合——跨式期权和勒式期权实现的，这一策略会在汇率的实际波动小于期权价格的隐含波动时盈利。

这个巧妙的策略是在海湾战争开始时实施的。当时，相对较高的期权费价格（由于对冲基金的大量买入）使得联合—里昂集团认为押注战争开始时波动性会下降是有利可图的。因此，联合—里昂集团卖出了深度实值的勒式和跨式组合期权，从而获得了高额的期权费。然而，当盟国发动空袭时，战争结果最初的不确定性并没有降低汇率的波动性——至少降低的速度并不足以使联合—里昂的投机策略获得成功。事实上，后来耗时一个月的地面进攻平息了外汇市场的波动，但对于联合—里昂集团来说已经太晚了，迫于银行的压力，联合—里昂对期权头寸进行了清算，并因此蒙受了巨大的损失。

零成本期权

汇率远期合约的局限在于尽管在走势不利时合约可以给予购买者100%的保护，但它也消除了一切通过汇率大幅变动获取收益的机会，这种潜在损失通常被称作机会成本。相比之下，货币期权使投资者拥有挽回这种潜在损失的机会，虽然需先行支付的高期权费阻碍了一些潜在的参与者。最近新出现的一些外汇衍生品中，有两种产品引起了参与外汇交易的企业财务部门的注意，这两种产品既允许投资者参与并获得潜在外汇收益的活动当中，而且不引起预先的现金花销：范围远期协议和远期参与协议。这两种产品都基于一种简单的想法创建，即卖出一种期权并用其获得的期权费购买另一种期权，此时的风险暴露是两个期权风险敞口的叠加。

范围远期协议和领式货币期权

和远期合约一样，范围远期协议将锁定最坏的汇率变动造成的损失。但和远期合约不同的是，范围远期协议使套期保值者（对外汇风险进行保值）有机会从汇率上升中获取一定的收益。假设存在一个以英镑为基础资产的头寸 $a(90)$，参与者先买入一个比如执行价为 $E(90)=1.8450$ 的英镑看跌期权（这个防御性期权由图7.13线1表示），同时卖出一个执行价为 $E(90)^{*}=1.9000$ 的英镑看涨期权（这个融资期权由图7.13的线2表示）抵消前期期权费，从而构建了一个英镑范围远期协议①。但是，要注意的是，融资期权将会限制有利于底层资产的汇率变动使底层资产价值上升的上限。通常情况下，参与者将会设置一个低于远期汇率的行权价格 $E(90)$，参与者以这个价格买入看跌期权，同时卖出行权价为 $E(90)^{*}>E(90)$ 的看涨期权，使从看涨期权 $p(0)^{*}$ 获得的期权费等于为看跌期权 $p(0)$ 所支付的期权费。通过参与这样的合约，投资者将锁定最坏的汇率 $E(90)$，同时也保留了在英镑升值时从英镑基础资产头寸中获益的机会（图7.13线5）。

因此一个外汇头寸的风险暴露被消除了，可能的获利被限定在 $E(90)^{*}$ 以内。通常情况下，范围远期协议被确定在以 $E(90)$ 和 $E(90)^{*}$ 表示的范围以内，远期汇率 $F(90)$ 被包

---

① 这类产品需要欧式期权。

含其中，这个范围即套期保值者所暴露的外汇风险敞口，在这个范围之外，套期保值者的风险得到了保护。最终的风险状况由图 7.13 的线 5 表示，即 (1) + (2) + (4) = (5)。从图 7.13 中可以看出：

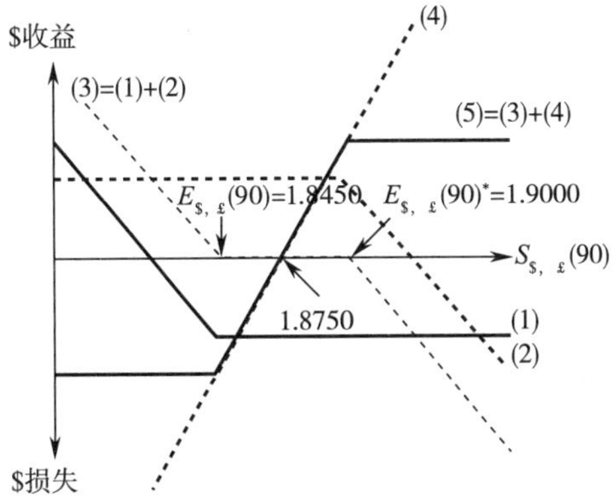

图 7.13 远期范围协议

- 如果到期时实际汇率跌到低于保护汇率范围的下限 $E(90)$，参与者将以 $E(90)$ 执行看跌期权，卖出英镑。
- 如果到期时实际汇率在保护汇率范围 $[E(90), E(90)^*]$ 之内，参与者将受益于实际即期汇率 $S(90)$，并获得 $a(90)S(90)$。
- 如果到期时实际汇率高于保护汇率范围的上限 $E(90)^*$，参与者只能得到 $a(90)E(90)^*$，因为范围远期合约的卖方银行会执行这个看涨期权。

在一个领式货币期权中，套期保值者愿意支付较低的期权费（而不是在远期范围合约情况下的零期权费）以享受一个更宽的保护范围 $[E(90), E(90)^*]$ 或一个更高的潜在收益。这通过套期保值者卖出一个产生较少期权费收入的防御性看涨期权来实现，或者说，卖出看涨期权得到的收入不能完全覆盖购买看跌期权的费用。

参与远期协议

这种类型的保护协议与范围远期协议有某些相同的特征，它们都没有预付的期权费用，参与者可以灵活地设定下行保护汇率水平。然而，不同于范围远期协议的是，范围远期协议的最大收益被限定在了一个事先确定的水平，而远期参与协议允许参与者分享汇率上行带来的汇兑收益的一个固定比例（参与率），而不限制收益的大小。参与者需买入一个看跌期权，其支付期权费 $p(0)^p$ 的部分资金是通过卖出一个看涨期权获得的，从而产生了 $p(0)^c - p(0)^p$ 的净收益。银行允许参与者分享 $\alpha\%$ 的汇率上涨收益，而不是局限于 $p(0)^c - p(0)^p$。要特别说明的是，下跌保护水平是和参与率挂钩的，其确定需要与银行谈判协商：

- 如果实际汇率跌至保护汇率水平 $E(90)$ 以下，参与者会执行看跌期权。
- 如果实际汇率在保护汇率水平之上，即 $S(90) > E(90)$，则参与者将会得到收益 $E(90) + \alpha[S(90) - E(90)]$（参与率 α 是 $E(90)$ 水平的函数）。

就像在引言中提到的那样，金融工程在过去10年中已经展现了巨大的成就，在这一章中已经介绍了大量的奇异期权。

外汇市场在过去的10年中经历了巨大的变化。银行间市场也已经从直接/双边交易和声讯经纪发展到了基于互联网交易系统的电子交易。其结果是，电子交易平台使价格发现过程变得更加迅速，外汇市场的微观结构因此不再那么分散，并朝着更加透明的方向发展。同样，外汇市场的宏观经济学也指出，由于外汇市场干预的减少、汇率的灵活性，以及许多货币可兑换性的提高，中央银行的作用正逐步减小。由于中央银行放开风险缓释业务，私营部门便设计衍生品填补了缺口，这使得市场参与者能够以一种越来越有效的方式，转移自己的外汇风险敞口。

参考文献

Bank for International Settlements. 2001. "The Implications of Electronic Trading in Financial Markets." (January). www.bis.org/publ/cgfs16.htm.

Bank for International Settlements. 2007. "Triennial Central Bank Survey of Foreign Exchange and Derivatives Market Activity in 2007." www.bis.org/publ/rpfxf07t.htm.

Dominguez, Kathryn M., and Jeffrey Frankel. 1993. *Does Foreign Exchange Intervention Work?* Washington, DC: Institute for International Economics.

Holmes, A. R., and F. H. Scott. 1965. *The New York Foreign Exchange Market*. Federal Reserve Bank of New York: New York.

Jacque, Laurent L. 2010. *Global Derivative Debacles: From Theory to Malpractice*. Singapore: World Scientific Publishing Co.

Kubarych, Roger M. 1983. *Foreign Exchange Markets in the United States*, 2nd ed. New York: Federal Reserve Bank.

Lyons, R. K. 2001. *The Micro-Structure Approach to the Foreign Exchange Market*. Cambridge, MA: MIT Press.

Mayer, Helmut W. 1974. "The anatomy of official exchange rate intervention systems." *Essays in International Finance* 104. Princeton, NJ: Princeton University.

Rime, Dagfinn. 2003. "New electronic trading systems in foreign exchange markets." In Derek C. Jones, ed. *New Economy Handbook*, Chapter 21. Salt Lake City: Academic Press.

Root, Franklin R. 1994. *International Trade and Investment*. 7th ed. Cincinnati: South Western Publishing.

Sarno, Lucio, and Mark P. Taylor. 2001. "The Microstructure of the Foreign Exchange Market: A Selective Survey of the Literature." *Princeton Studies in International Economics*, 89 (May).

Taylor, Dean. 1982. "Official Intervention in the Foreign Exchange Market; or, Bet Against the Central Bank." *Journal of Political Economy* 90:2 (April), 356–368.

Chapter Eight

商品市场 第8章

陆海伦 卡拉·M. 马歇尔[①]

商品市场概述

历史：商品市场有着悠久的历史，其演变对现代文明的发展至关重要。从早期的易货贸易演变成松散组织的市场，然后演变成有组织的市场。今天，我们为大多数商品交易提供高效的现金和衍生品市场，后者包括交易所市场和场外市场。随着市场的发展，新的电子平台交易正在迅速取代传统的公开叫价方式。

规模：交易所市场及场外市场的商品衍生品交易量以惊人的速度增长。交易所市场（以期货为主）的规模通常是根据成交量和持仓量来表示。场外衍生品市场的规模通常以未偿付的名义本金和总市值来衡量。场外商品衍生品市场的名义本金从1998年的1万亿美元增长到10年后的近18万亿美元。

产品：市场上交易的产品，从即时交货的实物商品到高度标准化的场内产品等一系列产品（如期货和期货期权），使个人和机构能够快速高效地买卖。同时，市场也以互换和期权的交易形式为非标衍生品的交易提供支持。这些产品可以定制，以满足最终用户的需求。

首次发行：最早记载的期货交易是17世纪在日本发展的稻米合约。20世纪80年代，曼哈顿大通银行作为中介机构，于1986年第一次引入了油价互换交易，发展了场外大宗商品市场。

著名事件：

17世纪初，第一个郁金香球茎在1559年被带到荷兰。一个由荷兰富人主导的郁金香市场很快发展起来。然而，到17世纪30年代，荷兰的中产阶级也开始参与郁金香的交易，导致郁金香球茎的价格上涨。购买郁金香球茎不再单纯用于观赏，而是为了转售和赚取利润。郁金香价格在1636年达到顶峰，拥有者开始逐步出货。最终，价格下降的恐慌导致了郁金香泡沫破裂，6周内价格下跌了90%之多。

1993年：德国金属公司是德国最大的工业公司之一，因为其位于纽约的子公司——德国金属精炼和营销公司（MG Refining and Marketing Inc.，MGRM）而亏损了15亿美元。MGRM长期活跃于国际能源期货市场，并签署了OTC能源互换协议，支付固定能源价格以获得浮动收益。然而，由于能源价格下滑和MGRM缺乏足够的资金来维持对冲头寸，从而

---

① 陆海伦（Helen Lu）现为普林斯顿大学二年级本科生，计划攻读经济学学士学位，并获得金融学证书。卡拉·M. 马歇尔（Cara M. Marshall）是纽约市立大学皇后学院金融学教授，研究兴趣集中在金融工程、风险管理和衍生工具，以及金融领域的行为和实验方法方面。

造成重大损失。今天，德国金属公司已被能源和食品领域处于世界领先地位的综合供应商——基伊埃集团收购。

2006 年：不凋之花顾问公司是一家康涅狄格州格林威治对冲基金，其通过借款来做多天然气期货。虽然该公司通过此种操作方法在以往的交易中获利，但由于 2006 年的天然气价格下跌，不凋之花顾问公司损失了约 60 亿美元。

最佳供应商（截至 2009 年）：北美和欧洲：摩根士丹利。亚洲：渣打银行。

应用：投资者可以使用商品衍生工具进行对冲、短期投机、套利、长期投资、分散化投资或构建结构性产品。

用户：商业利益相关者，包括大宗商品的生产者和消费者，都是积极的市场参与者。越来越多的寻找另类资产的投资者也被大宗商品吸引。

历史的角度

商品是我们生存的核心。我们住在砖木所造的房屋中，我们穿着棉花和纤维制成的衣物，我们将鸡蛋、培根、橙汁、咖啡和牛奶作为早餐，我们开着由金属和塑料制造的燃油汽车或电动汽车去工作。我们日常生活中消费的商品是普遍存在的，以至于我们只是把它们当作理所当然而没有赋予它们其他的身份。

商品市场历史悠久。事实上，商品市场的产生时间早于任何的书面记载时间，商品市场是真正意义上的第一个市场，在货币产生之前就已存在。如果没有商品贸易，文明将不会发展，也不会有我们今天的生活。商品最早的交易发生在几十年、几百年前甚至几千年前，其形式多为同一部落个人之间或不同部落之间的易货交易。例如，我可能捕获了很多鱼，在鱼变质之前吃不完；你打猎得到了很多动物的皮毛，穿不完。相似的情形和有此需求的人数以百计，他们均可实行易货贸易。也许我们可商定 10 条鱼换 1 张鹿皮，于是，一桩交易就此产生了。

市场的发展，最初是通过易货，而后通过货币，更残酷的做法是通过武力从别人手中获取想要的东西。因此，商品市场的发展在文明的演变中发挥了关键作用。随着时间的推移，人们开始在商品的生产中体现出专业化，因为不同的人对不同类型的工作有着各自的擅长之处和偏好。一个好的猎人不一定是一个好的渔夫，一个好的渔民不一定是一个好的农民。因此，每个人开始专注于生产那些自己所擅长的产品，然后用于换取其他人的产品。引入货币这种标准化的商品，大大提高了早期商业交易的效率。事实上，货币的引入本身就是一个真正惊人的金融创新。

随着时间的推移，市场变得更加有组织。不同部落每年在特定的地点聚集进行贸易是可能的（市场组织）形式之一。同时，商人阶级开始逐步壮大，他们发现沿着自然贸易路线贸易，可以实现交易量最大化而运输成本最小化，从而最大化其利润。这种模式在历史上不断上演，解释了世界上主要商品市场诞生在那里的原因。比如芝加哥有着良好的地理区位，它位于密歇根湖畔，靠近被称为粮食带的农业地区，从而成为粮食和相关商品贸易中心。

随着时间的推移，商人开始把自己组织起来形成公会。公会制定了所有成员都应遵守的行为规则，公会的存在反过来又提高了市场的规范化程度。例如，规定市场运行时间，定制重量和长短测度标准，并规定交易和结算地点。由于货币（现金）被作为商品交换的媒介，因此这些市场被称为现金市场，它们今天也被称为现货市场、实际市场和实体市场。

随着商业规模的扩大和复杂程度的提高，新的需求出现了。例如，一个磨坊主或许每月需要 10 000 蒲式耳的小麦，因为他已经承诺向面包师提供一定数量的面粉。在现货市场上，只有在小麦收割季节才有数量充足的小麦，但磨坊主既缺乏资金来一次性购买全年所需的小麦，也缺乏相应的存储能力去储备这些小麦。为应对这些情况，有能力存储粮食的商人在此时同意今天出售小麦并在未来特定的日期交付；也就是说，交易日期比交割日期要提前很多，这些合约被称为远期合约。早期的期货市场也是由这些进行谷物现货交易的商人组织的。

远期合约是期货合约的前身，但未被期货合约所替代。相反，远期合约和期货合约各自都有优点和缺点。大多数人认为芝加哥交易所（CBOT）是第一个期货市场，其实并非如此。1848 年 CBOT 由粮食商人建立，并于 18 世纪 60 年代开始交易期货。事实上，在此之前，大米期货市场就已存在于日本大阪。[①] 它被称为 Dojima 大米市场，在 18 世纪就开始交易标准化的期货合约。尽管 CBOT 晚些时候采用的许多交易流程与 Dojima 大米市场相同，但没有证据表明 CBOT 的创始人对该诞生更早的稻米市场及其交易方式有所了解。因此，期货交易作为一种创新，曾经多次独立发生。这表明好主意就是好主意，无论它是谁想出来的。今天，期货市场已经在全球范围内存在，并采用相似的结构和交易规则。

随着商品市场的扩大，它们开始引起政府的关注。通常由于天气变化而造成供应不足后，商品价格会大幅上涨。同样，当风调雨顺时，作物的丰收导致市场供大于求，商品价格会下降。前者激怒了消费者，后者激怒了生产者。双方都会坚称投机者操纵价格。通常，他们既不认可这类价格波动是由于市场对供求不平衡作出的自然反应，也不认可这是指导生产和消费的看不见的手。然而，这种抱怨无论其依据多么不充分，最终仍导致政府对这些有组织的市场进行监督，这些受监管的市场在一些国家被称为“exchanges”（交易所），而在其他国家被称为“bourses”（交易所）。

在期货交易的初期，交易（标的物）仅限于农产品，主要是粮食和油籽，如小麦、玉米、燕麦和大豆。随后，期货交易扩大到粮食和油料种子以外的农产品，包括咖啡、可可、糖和棉花等农产品及活牛、猪肚和瘦肉猪等动物产品。此外，还开展了工业金属（如镍、铝、铜、铅和锡）和贵金属（如金、银、钯和铂）等非农产品的期货交易。近年来，引进了从原油到天然气再到乙醇等大量能源产品的期货交易。有人意识到，如果可以制定并执行一套透明并可行的现金结算规则，那么实际上不需要在期货合约上规定实物交割条款。这不仅促使在非传统商品（如运价和电力）上引入无本金交割（或现金结算）期货，而且对于股票指数和利率这种显然不是商品的标的物，也可以进行期货交易。

20 世纪 80 年代，商品市场出现了一系列重要的新情况，尤其是两个重要事件的发生。

---

① 关于日本期货交易的历史，参见 Hauser（1974）。

一个是引入场内期权，另一个是引入商品互换和商品互换期权。前者就像期货一样，是高度标准化的交易合约，在指定的期货交易所里交易。后者是可以定制的场外交易市场（OTC）产品，以满足终端用户的特定商业需求。交易所交易和OTC衍生工具之间有一些很重要的差异，本章将在随后讨论。

历史上，除了购买商品生产企业的股份外，很少有个人投资者认为商品是“投资资产”。在大多数情况下，实物商品过于庞大不易囤积，并且能够储存的时间有限。当然，期货是商品在投资头寸上的一种替代方式，但投资界只有一小部分人曾经这样做。很少有人真正了解期货及其市场机制，许多人担心这些合约中的杠杆作用。大多数商品期货的有效期相对较短，这一事实也常常使他们望而却步。然而近年来，尽管商品与股票、债券、外汇和信用有着明显差异，但投资组合经理和投资顾问已将商品视为可投资资产类别。为了顺应商品作为投资产品被日益接受的这一趋势，一些聪明的金融工程师设计了结构性投资产品，任何投资者都可以使用这些产品来获取商品头寸。其中很重要的是商品联结票据和专注于商品交易的交易所交易基金（ETF）。对于更富有的投资者，还有“对冲基金”，它们包括商品池、商品基金和期货管理基金。很重要的一点，并非所有期货管理基金都交易大宗商品期货，一些还交易股指、利率以及其他非商品资产的期货。在美国，经营商品池的人必须向商品期货交易委员会注册以取得商品库运营商（Commodity Pool Operators，CPOs）的资格。为商品交易提供建议以及代表他人管理其个人商品账户的人士，必须注册为商品交易顾问（Commodity Trading Advisors，CTAs）。商品池和单独管理的期货账户通常只对符合严格标准的投资者开放。

总而言之，近年来，各种各样的金融工程产品有助于满足投资者对商品日益增长的投资兴趣。这种新的投资需求的产生，一是由于商品是一种良好的通货膨胀对冲品，二是由于将商品纳入投资组合中可以增强组合的多元化，三是发展中国家经济快速增长将继续推动需求的增长，从而推动商品价格上涨。

交易所标准化交易合约和场外交易市场产品

通常将商品市场划分为“现货市场”和“衍生品市场”。现货市场意味着在交易完成后商品需要被实际交付，有时是立刻交货，有时也会推后一段时间。买方和卖方之间通过直接谈判的方式订立具有一定规范的合同。这些规范包括商品的具体等级、商品数量、交货日期、交货地点和交货机制及其价格等。

在衍生品市场中，标准化交易合约和场外交易市场产品都有可能提供实物交割，或是不提供实物交割，大多数情况下是可以实物交割的。在没有实物交割的情况下，可以通过一个相反的交易抵消合同或通过谈判取消合同。前者包括商品期货及其期权，后者包括互换、远期现金合约和场外商品期权。

期货合约

期货合约只能在指定的期货交易所进行交易，交易所规定了合同中除价格之外的所有条款。因此，交易过程中唯一需要确定的就是价格。期货合约将提供两个月以上的交割月份。例如，可能提供有6月到期、9月到期和12月到期的合约。想要购买合约的人将联系他的商品经纪人并给予适当的指令，他可以下各种不同类型的订单，但最常使用的是“市价订单”或“限价订单”。例如，客户可能会对其经纪人说：“在市场上买入10份6月到期交割的黄金期货。”每单位合约中有100盎司黄金，价格以多少美元一盎司（黄金）来报价。所以他的要求就是“为我的账户购买10份6月到期交割的黄金期货合约，单个合约中含有100盎司的黄金”，同时他愿意支付当前市场条件下的（公允）价格。这是一个市价指令，因为他愿意支付当前的市场价格购买合约。在这种情况下，当前市场价格将是当前可用的最佳询价（也称为报价）。如果他指定了他愿意支付的最高价格，这将是一个限价单，经纪人必须以限价或更好的价格成交。如果经纪人不能以限价或更好的价格成交，则交易不会发生。出售期货合约的过程也与此相同。例如，客户可能会说：“以每盎司1 275.40美元的价格卖出5份6月到期的黄金期货。”这是卖出5份黄金期货合约的限价单，经纪人必须以指令规定的每盎司1 275.40美元（或更高）的价格卖出。重要的一点是，这笔交易不需要卖出者实际拥有相应的期货合约，因此出售期货合约的行为为卖方创建了一个空头头寸。

期货买卖双方都必须向经纪人支付保证金。保证金通常是合同名义价值的5%～10%，但保证金规则可能会根据客户所持仓位不同而有所不同。如果价格变动不利于客户，他将被要求追加额外的保证金。如果价格变动有利于客户（例如，多头上涨或空头下跌），客户可以从他的保证金账户中提款自用。

期货交易是对称的，因为短期内多头和空头持有的合约数量完全相同（即一个人的多头头寸是另一个人的空头头寸）。因此，一个人赚取的利润来自另一个人的损失。在经济学概念中，期货交易是一个“零和博弈”。更重要的是，它只是“货币利润/损失”的零和游戏。但在经济“效用”方面，期货交易双方可以实现双赢。

客户可以很容易轧平期货仓位。如果他持有多头，他可通过卖出相同月份期货的方式实现平仓；如果他是空头，他可通过买入相同月份期货的方式实现平仓。由于合约条款的标准化和清算所的存在，这种头寸的买入卖出是容易实现的。

清算所与期货交易所关系密切，但仍有别于交易所。无论客户与谁交易，其每次的交易对手都是清算所。也就是说，购买合约的客户对清算所来说是买方，清算所对客户来说是卖方。同样的情况，出售合约的客户对清算所来说是卖方，清算所对客户来说是买方。因此，如果客户最初购买了10份6月到期的黄金期货，那对清算所来说，他是10个头寸的买方。如果他后来卖出了10份6月到期的黄金期货，那对清算所来说，他是10个头寸的卖方。在这两种情况下，他的交易对手都是清算所，他的净头寸就没有了。因此，他只会得到两次买卖的价差而带来的收益或损失，这些价格是在交易发生时确定的。

期权市场机制的关键要素是清算所的应用和保证金的缴纳。清算所不存在市场风险，因为每份合同的多头头寸和空头头寸数量总是相同的。头寸持有者缴纳保证金，清算所便不存在信用风险。由于期货交易中客户缴纳的保证金金额只占合约金额很小的比例，期货的杠杆作用就会很大。例如，如果保证金要求是合约名义价值的5%，那么客户获得的杠杆是20:1，在市场有利的情况下这是很好的，但是当价格对客户不利时，带来的后果是毁灭性的，因此，杠杆是一把“双刃剑”。

期货市场的参与者包括交易所成员和交易大众（这里我们把后者称为客户）。交易所成员中还包括做市商，这些做市商以一个价格买入期货合约，并以稍高的价格卖出相同的合约。它们是市场流动性的主要来源，但不是唯一的来源。他们从竞价（买价）和略高的询价（卖价）的微小差额中获利。如前所述，询价也称为报价。其他交易所成员试图利用价格的短期趋势或发掘并利用合约定价的低效性来赚取收益。客户，才是我们真正感兴趣的，他可以是个人、商业实体（如公司）或各种联合投资组织。一些是短期投机者，另一些则是长期投资者（投机者和投资者之间的分界线是完全任意的），有些是套期保值者，其他则是套利者。投机者和投资者试图通过正确预测市场价格的方向，从即将到来的价格变化中获利。相比之下，套期保值者通过持有期货头寸来抵消他们目前持有或预期获得的其他头寸的风险。例如，一个饲养场经营者签订了购买500头犊牛的合约，在下一个分娩周期之后的几个月内交货。他知道在屠宰前需要喂养犊牛一定量的玉米。但他担心玉米的价格可能会在犊牛交付之前上涨，从而增加生产成本。为了对冲自身风险，他现在购买了交割日在犊牛交付时点之后的玉米期货。当小牛交付时，他进入玉米现货市场，购买将用于喂养犊牛的实物玉米，同时通过抵消交易终止他持有的玉米期货头寸。他最终可能会支付多于或少于他原来预期的玉米成本，但是非预期损失或收益将会由玉米期货合约带来的利润或损失所对冲。此外，因为玉米现货价格和玉米期货价格高度相关，所以他没有必要对期货进行实物交割。

套利者通过利用市场上的价差来谋求利润。举一个简单的例子，假设8月，套利者观察到，目前玉米现货价格为3.80美元每蒲式耳，11月玉米期货价格为3.95美元每蒲式耳。他知道，每蒲式耳玉米每月需要花费0.02美元的存储费，3个月的存储成本总共为0.06美元。他还必须以每蒲式耳0.03美元的价格运送玉米，每蒲式耳0.03美元的融资成本来获得玉米。因此，他可以以3.80美元的价格购买玉米现货，同时以每蒲式耳0.12美元的花费用于储存、运输和融资，总费用为3.92美元。同时，他以3.95美元的价格卖出玉米期货，从而将无风险利润锁定在每蒲式耳0.03美元。市场上还存在许多其他类型的套利情景；有的像这个例子，在概念上很简单，而有的则更为复杂。但千万不要被蒙骗，因为期货市场是非常高效的，真正的套利机会非常罕见。

历史上，期货交易是在大型期货交易所的大厅进行的，即所谓的“交易大厅”。每个交易大厅交易同种商品的多个交割月份的期货，交易是通过语音结合着复杂手势进行的。因为场内交易占用了很多空间，所以可做市商品的数量受到交易大厅大小的限制。近几十年来，期货交易已经进入电子时代，交易形式从交易大厅的集会转变为网络空间上的聚集和交易，这对许多交易所成员而言是痛苦的，许多成员反对转型。有时候，旧的总是不情愿地为新的让路，但今天大多数期货交易是以电子方式进行的。事实上，一些期货交易所已经完全退出了交易大厅，其他交易所最终也注定要这样做。这种转型本身就是金融工程的一个实践，它带来了更快的执行速度和更少的交易错误（即买卖双方沟通不畅）。这使得引入其他商品和非商品期货成为可能，因为交易大厅的大小不再是问题。

期货期权与股票期权运行机理相同，这在本书其他章节中已讨论过，所以这里就不再细说了，只是说一下期货期权包括看涨期权和看跌期权，只有基础资产为特定期货的期货期权才“可交割”。期货合约的交割只有在期权合约执行时才会发生。合约的买方支付给立权人（期权卖方）拥有该权利的期权费。针对期货期权已经制定了具体的期权定价模型，这些模型与用于评估股票期权的模型类似，但仍不完全相同。期权价值的驱动因素包括基础资产当前价格、潜在价格波动性、执行价格、期权期限（即期权到期前的时间）以及利率水平。

用商品/期货/期权进行风险管理

关于商品期货投资的文献有很多，而以期货期权作为风险管理工具研究的文献就相对较少。风险管理是金融工程领域的一门科学，可以说是它的一个子集，做好风险管理需要大量的研究。1993 年德国的一家大型工业联合企业——德国金属公司的大宗商品对冲交易所带来的灾难最能说明这一点。在那一年，该公司透露，在能源期货对冲方面遭受了 15 亿美元的亏损。本来，该公司已经在场外交易市场中出售了能源衍生品，然后通过做多能源期货来对冲这些头寸。不幸的是，能源期货价格与场外交易市场交易的能源衍生品的相关性低于预期，当油价暴跌时，德国金属公司面临大量的追加保证金的问题。因为在构建套期保值和管理这些套期保值产品方面犯了一系列错误，德国金属公司也成为许多大学风险管理和金融工程课程的重点研究案例。

商品互换

对于一个市场中的工具创新如何通过再循环并成为另一个市场的工具创新，商品互换是一个很好的例子。第一个真正的互换（此前一些交易也具有相似的现金流，但其合同和法律结构不同于互换）是在 1979 年完成交易的货币互换。第一个利率互换是在 1981 年达成的。这些早期互换市场是“经纪”市场，在市场中银行扮演经纪人的角色将两个要求相似但方向相反的交易对手匹配在一起。作为这笔服务的交换，银行将从两个交易对手中收取佣金，这个佣金通常被称为“服务费”。一开始，这个市场增长缓慢，但是当经纪银行意识到从经纪人角色转向做市商角色时能大大促进互换交易，互换市场一下子发展了起来。到 1986 年，做市商市场结构已经确立，而在那一年，大通曼哈顿银行（现在是摩根大通的一部分）的金融工程师（尽管这个术语那时候还没有创造出来）意识到，没有合理的经济原因说明类似的互换结构不适用于大宗商品。在通常情况下，对于商品互换来说，一个交易对手是做市商，另一个是最终用户，但双方也可以都是做市商，也可以都是最终用户。最终用户除做市商以外，还可以是出于某种商业目的进行互换的一方。

在普通商品互换（也称香草互换，早期交易员对互换交易的命名，沿用至今）中，一个交易对手同意对一定数量的商品每单位支付固定的价格。例如，得克萨斯州的一家石油公司能以每天 1 万桶的速度，每月抽出 30 万桶原油，每天该公司将当天的所有泵入管道的石油的现货价格记录下来。假设现在公司石油的现货价格是每桶 70.50 美元，其生产成本为每桶 55 美元。管理层最担心的是，将来的石油价格可能会低于公司的生产成本，迫使公司关闭油井。不幸的是，一旦公司关闭油井，可能无法再次启动，这或许会迫使公司亏损直到破产。公司石油价格和每月的利润（风险暴露）如图 8.1 所示。

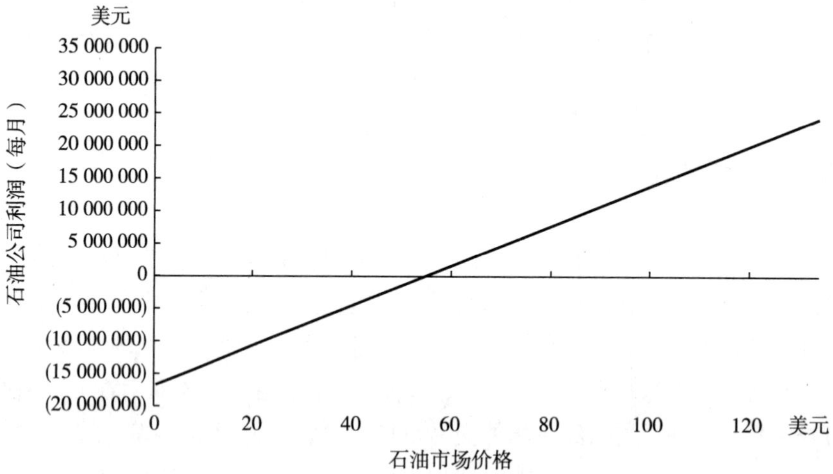

图 8.1　利润或风险暴露

为了消除这一风险，该公司的风险管理人员决定进行一个 2 年期的石油互换交易，公司每月从互换做市商处获得 30 万桶石油的固定报价 70.50 美元/桶，同时公司将向互换交易商支付相同名义石油量的“前 30 天平均现货价格”。[①] 石油互换和现金市场交易如图 8.2 所示。

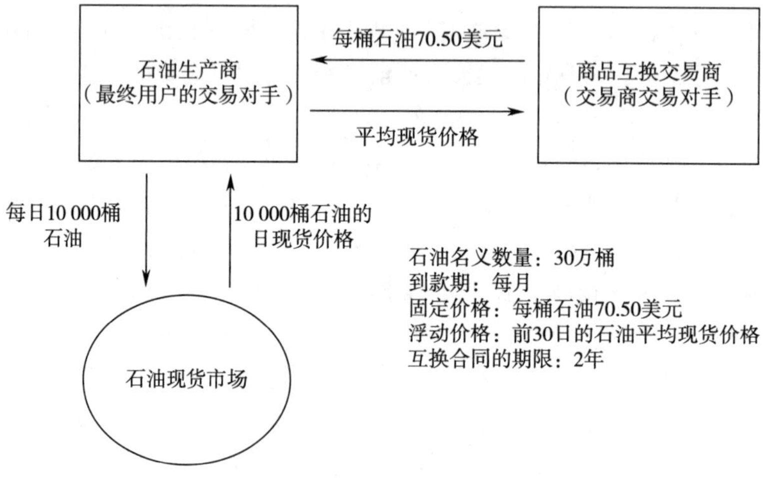

图 8.2　石油互换对冲的应用

① 我们经常使用“名义数量”（notional quantity）一词来表示商品衍生产品发行单位的数量。大多数人喜欢以名义本金来衡量大小，名义本金只是市场价格乘以名义数量，在这里使用名义数量以便于展示。

很明显，这种商品互换的结构与你看到的大多数利率和货币互换可能有一点不同。这些类型的互换通常在每个支付期间对浮动边的价格观察一次。在这一互换中，浮动的一边采用对石油市场价格的每日观察中得到的“平均现货价格”，每月在 30 万桶上支付的价格就是这样平均计算出来的。当然，我们也可以在每月中某个特定的日子观察现货油价，例如每月的第一个工作日，每月的第十五个工作日，或是每月的最后一个工作日。但是，由于石油生产商会出售当天的产出，因此这些都不能构成一个完美的对冲。也就是说，在每月中观察一次的观察值可能超过或者低于当月收到的平均油价。通过取本月内观察到的现货价格的平均值，公司出售石油获得的现金和它在互换合约中支付的金额之间的相关性将会高得多。相关性越高，套期保值越有效。通过这种结构，石油公司在每月生产 30 万桶时，将有信心得到每桶 15.50 美元的净利润。也就是说，未来 2 年每月的利润将会达到 460 万美元。公司的主要成本是，如果石油价格上涨超过 70.50 美元后，互换合约使得其不能享受上涨超过 70.50 美元的利润。

这些互换也可以用于投机和投资，还可以作为输入资产用于构建各种结构性产品和策略。稍后我们会看到这一类应用的几个例子。通常，进行商品互换交易的银行也会交易商品期货合约。

商品期权

在商品互换市场中的许多做市商也会进行商品期权交易。像期货期权一样，这些可以是看涨期权或者看跌期权。它们可以使用实物交割或现金结算。为了便于讨论，我们假设其为现金结算。考虑一个石油看涨期权，购买该看涨期权的最终用户要同意该期权的执行价格、石油的名义数量、结算日期以及为计算最终结算而观察现货价格的方法和时机。根据以下公式，我们可以计算出该期权的到期回报：

$$Payoff = \max[S - X, 0] \times NQ$$

如果是一个看跌期权，收益公式将是

$$Payoff = \max[X - S, 0] \times NQ$$

其中，max 是最大化函数，表示括号中术语可能值的较大值。S 表示以商定的方式观察到的现货价格，X 表示期权的执行价格，NQ 表示石油的名义数量（即签订合约的桶数）。

只有当到期时期权是实值期权时，看涨期权才会盈利，即 $S > X$。否则，看涨期权的收益将为零。同样地，只有当到期时期权是实值期权时，看跌期权才会盈利，即 $S < X$。任何一种期权的购买方都要向中间商提前支付期权费，并面临损失部分或全部期权费的可能。但是，在任何情况下，期权购买者损失的上限就是其支付的期权费。

我们仍然以之前在互换套期保值中用到的这家石油公司为例，这次我们使用期权来对冲石油生产商的风险敞口。我们假设石油公司只希望对冲 1 个月的生产量。

如前所述，石油的现货价格恰好是 70.50 美元，石油公司仍然不想冒油价下滑的风险，但也不想利用商品互换来对冲风险，因为商品互换就意味着放弃石油价格上涨获得更多利润的机会。

因此，该公司的风险管理人员与商品期权做市商接洽，然后做市商便对标的资产为石油的看跌期权进行报价。交易双方认可石油的名义数量为 30 万桶，他们进一步同意，该期权根据现货油价每日观察值的平均值在一个月后结算收益——就像商品互换一样。双方确定该期权的执行价为 70.50 美元。对于这一期权，做市商希望公司提前支付每桶石油 2.00 美元的期权费，这意味着这个看跌期权将花费石油公司 60 万美元。这笔 1 个月的期权的结构如图 8.3 所示。

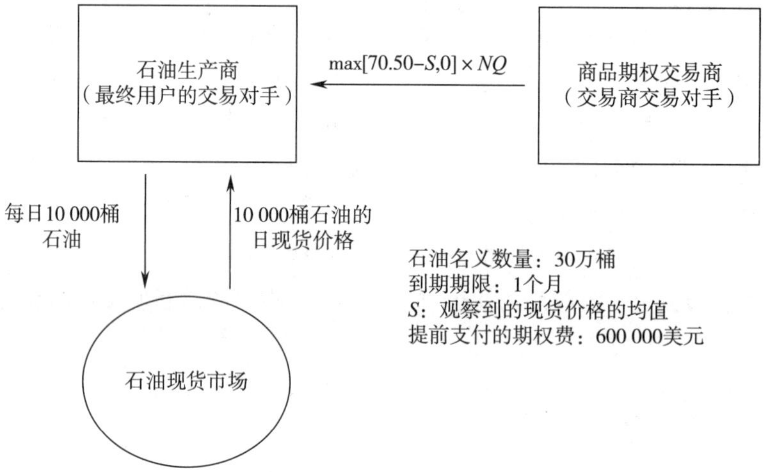

图 8.3　石油期权对冲——看跌期权

现在假设石油在 1 个月内的平均现货价格为每桶 60.50 美元。石油生产商从现货市场的交易中获得了 1 650 000 美元，这是用现货市场上的石油价格 60.50 美元/桶，扣除公司的生产成本 55.00 美元/桶，再乘以 30 万桶得到的。与此同时，因为看跌期权是实值期权，所以公司的期权是盈利的，收益为 300 万美元。不过，由于该公司提前为看跌期权支付了 60 万美元期权费，因此该期权的净利润只有 240 万美元。现货市场获得的 165 万美元的利润加上期权获得的 240 万美元的利润，该公司当月的套期保值利润为 405 万美元。这是该公司最糟糕的情况，当油价低于或等于 70.50 美元的情况下公司的整体利润将完全一样。针对其他情况，读者可以自己去验证。如果石油价格上涨而不是下跌，期权套期保值的优势会更明显。例如，假设油价 1 个月内的平均现货价格为 78.50 美元。那么该公司当月的整体利润就是 645 万美元；如果油价在当月的平均现货价格为 82.50 美元，那么公司的整体利润将为 765 万美元。有兴趣的读者可以自己去验证这些结果（不要忘记扣除支付的期权费）。

从图 8.4 可以看出，石油公司在分别使用期权工具和互换工具进行对冲时，其利润图的走势形成了鲜明对比（仅显示了第 1 个月）。这可以和公司没有进行任何对冲的利润/风险暴露，即图 8.1，进行比较。尽管我们采用了一个看跌期权作为对冲工具，但有经验的读者会注意到，用看跌期权来对冲的盈利曲线和看涨期权的盈利曲线近似。这就是期权有关的文献中所说的“买卖权平价关系”现象。

在结束本节之前，考虑一下石油公司如何使用看跌期权将其整整 2 年的石油产量像互

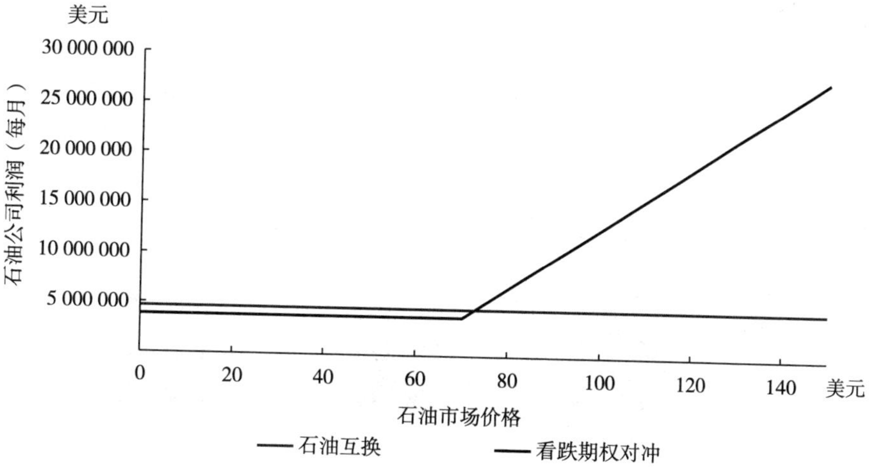

图 8.4 比较对冲获利图：互换和期权

换交易一样对冲。该公司可以购买一组 24 个的独立看跌期权：第一个期权，将有一个月的到期期限，以第一个月观察到的平均现货价格计算盈利；第二个期权，有 2 个月的到期期限，以第 2 个月的平均现货价格为基础计算收益，依此类推。每一个期权都要提前支付期权费，期权到期期限越长，期权费越高，其他条件均一致。但是，与其购买 24 个到期期限不同、期权费不同的独立期权，期权做市商通常会提供一种预先打包好的多期期权，称为商品下限/保底期权（Commodity Floor），以相同的前期成本完成同样的事情。下限期权就是一系列单个看跌期权的投资组合，这些可由下限期权分解出的单个看跌/卖出期权在业内被称为下限卖权（Floorlets）。同样地，在一段时间内定期支付的一揽子商品看涨期权被称为商品上限期权（Commodity Cap），而组成上限期权的每个单独的看涨/买入期权称为上限买权（Caplets）。

思考场外商品衍生品交易市场的发展历程是很有趣的。如图 8.5 所示，名义本金总额从 1998 年的不到 1 万亿美元增长到 2008 年的近 18 万亿美元，在 2009 年出现急剧下降。比较一下名义本金中期权占比和互换合约占比的构成也是很有趣的。互换合约的部分还包括

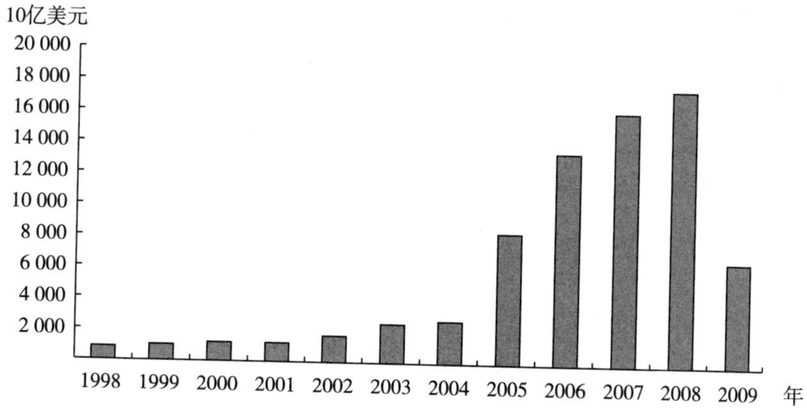

图 8.5 场外市场衍生品名义价值

远期合约（可以看作互换合约的一个子集）。图 8.6 显示了其中数年的情况，图 8.5 和图 8.6 中的所有数据均来自国际清算银行（BIS）。

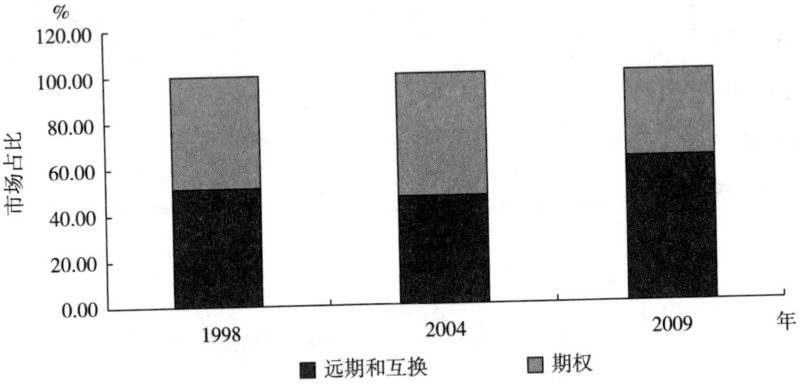

图 8.6　场外商品衍生品市场（1998—2009）

商品市场中的金融工程

我们看到的所有产品，以及采用的商品策略，在一定程度上都代表了金融工程师的金融创新。发明这些产品的人没有使用“金融工程师”一词来形容自己，因为这个术语出现得较晚。他们只称自己是具有创新思维和开阔思想的人。我们现在考虑一些最近被用于创建基于商品的投资产品的金融工程技术。

投资产品

如前所述，除了期货合约和实物商品外，第一种基于商品的投资产品是期货管理基金，也称为商品池。这一类型的产品直到 1974 年才开始流行起来。一般来说，它们只对富有经验的投资者开放，这些投资者广义上是指具有高净值或高收入的人群。在美国，通常投资者必须是“认证的”，这个词是由美国证券交易委员会（SEC）定义的，或者是“符合条件的合格人士”，这个术语是由美国商品期货交易委员会（CFTC）定义的，以便有资格参与商品基金。

商品基金经理可以采取一种基本的技术方法来进行商品交易、套利或实现其他目的。早期商品基金往往采取技术方法，而且持续到现在。他们使用基于过去的价格表现来预测未来价格的技术分析方法。[①] 这种方法主要专注于研判趋势，然后把商品基金布局在趋势的正确方向上。通常情况下，商品基金会同时在许多不同的商品期货中持有仓位，其中一些可能是多头，而另一些可能是空头，这种的多样化方式有利于减少商品基金的风险。有效管理商品基金需要注意现金管理，因为基金采用了相当大的杠杆，必须有足够的资金来满

① 技术分析师除了用过去的价格行为来确定资产价格的未来方向，还经常使用数量、公开利率和其他交易数据。

足每日保证金的要求。

引入商品到投资资产配置计划的一个很大的吸引力在于，商品作为一个组合往往与传统资产类别（如股票和债券）的相关性较低。众所周知，多元化作为一种降低风险的方式，只有当同时持有的资产相互之间的相关性较低时，才能奏效。事实上，对许多人来说，这是把商品作为投资考虑的唯一最大的吸引力。

商品联结票据

我们将重点关注交易所交易的商品联结票据，它是交易所交易性票据和结构化票据的子集（结构化票据将在本书的其他章节中进行更深入的讨论）。并非所有交易所交易票据或结构化票据都与商品相联系，只有那些与商品相关联的票据才被称为商品联结票据。

在权益市场交易的交易所交易商品联结票据与股票交易方式完全相同。尽管两者的交易机制是相同的，但其税务和会计制度可能会有很大不同，投资者需要意识到这一点。这些票据通常由高评级银行发行，它们通常采取零息债券的形式，根据给定商品的表现或给定商品指数的情况，到期时一次性支付本金和利息。大多数情况下，它们的本金是受保护的，所以投资者有权在到期时收回票面金额，但也不是必须这么做。实质上，主要担保是通过将零息债券与商品期权相关联来实现的。这些产品通常有几种期限，3～7年是最常见的，但是也有类似的产品具有更短的期限。

商品联结票据既可以被设计成使在票据期限内看涨特定商品的投资者受益，也可以设计成使在票据期限内看跌特定商品的投资者受益。也就是说，它们的多样性允许投资者表达对商品价格看涨和看跌的看法。我们会考虑其中之一。

假设一家特定的AA+评级银行希望通过利用投资者对商品的兴趣筹集资金去投资。银行已经确定有很多投资者看涨黄金，他们想要获得一些黄金收益，但不想承担金价下跌的风险。同样，银行也确定有一些投资者看跌黄金，他们也希望获得黄金收益（通过做空），同样不想承担金价变动的风险。所以银行令其金融工程部门（或其他名字的部门）设计产品来满足这两类投资者。假设银行希望从“看涨黄金”投资者处筹集2亿美元，从“看跌黄金”投资者处筹集1亿美元。银行希望以年利率3.228%的利息，每年复利一次借用3年。在考虑复利的情况下，3年的利率相当于10%。

为了满足看涨黄金的投资者，金融工程师意识到，他们所需要做的就是让银行购买一个结构合适的3年黄金期权。假设目前的黄金价格是每盎司1 250美元，该银行从OTC商品衍生品做市商处购买3年期现金结算的数量为160 000盎司的看涨期权。黄金的盎司数量是通过将2亿美元除以目前每盎司的价格（1 250美元）来计算的，该期权将根据3年期末时的黄金现货价格进行结算。为了确定银行不支付超过10%的融资利息（即20 000 000美元），他们需要进行一些计算。首先，对于2亿美元的普通零息债券，3年内需支付20 000 000美元的利息。[①] 期权费必须提前支付，因此，对20 000 000美元进行贴现，贴现

---

① 如果与零息国债进行类比，债券被认为具有2.2亿美元的面值，并以2亿美元的贴现价出售。到期（即赎回）时，投资者将得到2.2亿美元。

率 10%，现值为 18 181 818 美元。然后将这个值除以 160 000，这是该期权所包含的黄金盎司数，结果是 113.64 美元。现在关键是需要找到一个 3 年期黄金看涨期权的行权价，使得期权费等于每盎司 113.64 美元。

其他情况相同时，行权价越高，看涨期权的期权费越低。其他因素（如黄金价格波动）也会影响期权费。我们假设行权价格设定在 1 362.50 美元，则期权费为 113.64 美元。

然后，银行发行了一种票面金额为 200 000 000 美元的无息票据，保证到期支付总共 \$ 200 000 000 +（max［G_3 - \$ 1 362.50，0］×160 000）的金额，其中 G_3 表示票据到期时的黄金现货价格。银行购买的期权只是对其承诺的一种对冲，即在票据到期时偿还一笔包括黄金价格超过 1 362.50 美元的增值在内的款项，结构如图 8.7 所示。

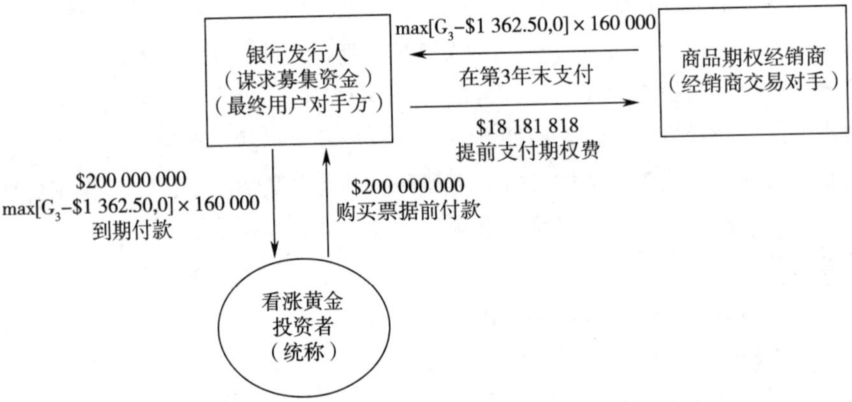

图 8.7　看涨黄金的商品联结票据结构

虽然总票据发行额为 200 000 000 美元，但这种票据实际发行时的单位面额比较小。假设每张票据的票面金额都为 10 美元，每张票据持有人有权按比例分得最终收益。该票据可能在招股说明书或发行通告中有具体描述，与我们在这里为方便投资者理解所采取的表述方式可能略有不同，例如，不用每盎司黄金为单位，我们可以这样做：因为现在的黄金价格是 1 250 美元，期权执行价是 1 362.50 美元，黄金价格要在联结票据到期之前上涨 9% 投资者才能获得收益。因此，投资者将被告知，对于每个投资单位，他或她将在票据到期时收到以下金额：\$ 10 +（max［A% -9%，0］× \$ 10）。投资者将不会获得票面利息，但将从黄金价格大幅上涨中受益，而其本金没有任何风险。到期收益图通常包含在招股说明书中，以便投资者能够更直观更好地理解他的最终回报，如图 8.8 所示。

在这个例子中，发行人以每年 3.228% 的目标利率实现了筹集资金的目标，尽管事实上在其票据中嵌入了一项黄金看涨期权，但银行不会因为黄金价格的变化而面临风险，这是因为票据发行人对黄金进行了完全的对冲。交易双方对结果都感到满意。

重要的是，最近让全球银行业界吃尽苦头的金融危机很显然地证明了评级良好的银行发行机构也会在非常短的时间内陷入严重困难局面。雷曼兄弟和贝尔斯登都是这些票据的大发行商，雷曼兄弟公司的票据投资者是银行的债权人，当公司的破产程序顺利通过时，他们能否收回投资的全部面值是值得怀疑的。然而，这是信用风险的原因，与商品联结票据的结构无关。

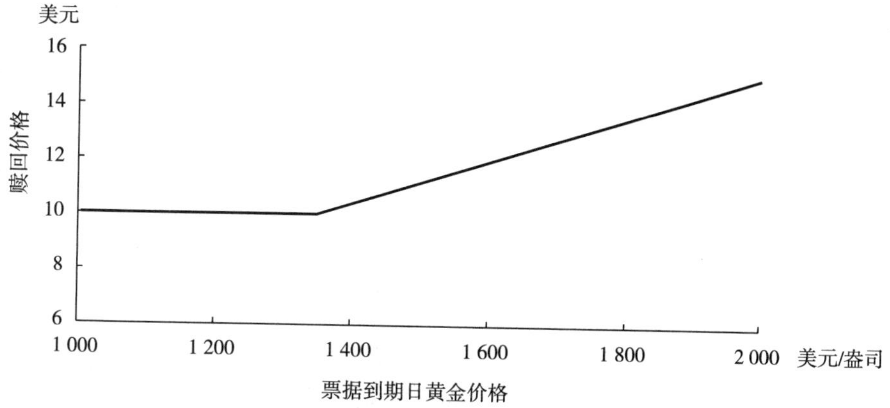

图 8.8　每 10 美元投资的黄金看涨票据赎回价值

正如我们的银行发行人利用看涨黄金的投资者的愿望，在不承担下行风险的情况下表达他们对黄金的看法，我们也可以构造一张票据来吸引看跌黄金的投资者。这将要求银行采用看跌期权对冲，而不是看涨期权，然后将黄金嵌入其发行的票据中。回想一下，该银行试图从后者中筹集 100 000 000 美元。简单起见，为了对冲做市商的风险、实现每年 3.228% 的融资成本，黄金看跌期权的适当期权费为 1 145 美元，做市商将承诺每单位赎回价为（假设发行价格为每单位 10 美元）：

$$\text{赎回价} = \$10 + \max(8.4\% - A\%, 0) \times \$10$$

从银行的角度来看，整体票据的结构（不是以每单位为基础）如图 8.9 所示。图 8.9 中使用的符号意义与图 8.7 中的相同。

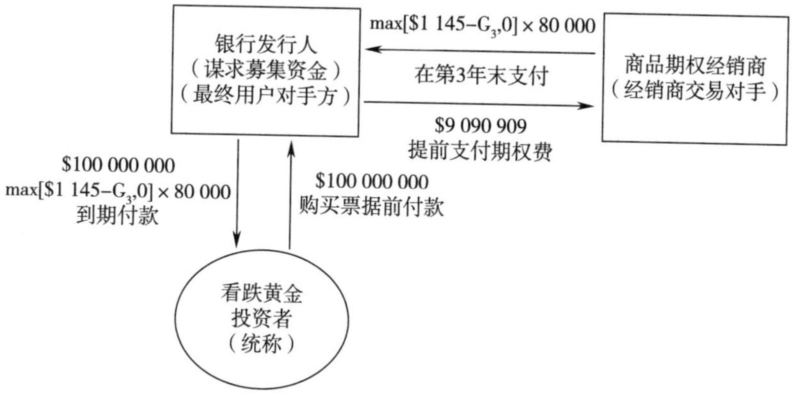

图 8.9　看跌黄金的商品联结票据结构

赎回看跌黄金的投资者的回报将在招股说明书中予以说明，并将如图 8.10 所示。

重要的是，我们在这里所做的金融工程工作是为了帮助我们的发行银行筹集所需的资金，范围包括石油、银甚至商品指数联结票据。基于后者，我们发现有一些重要商品指数可以使用。最受欢迎的两个是道琼斯—瑞士联合银行商品指数（the Dow Jones – UBS Commodity Indexes）和路透商品研究局商品指数（the CRB Commodity Index）（CRB 即商品研

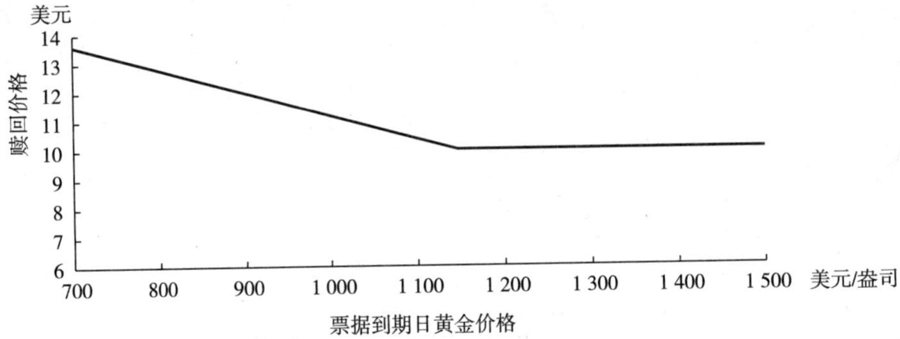

图 8.10　每 10 美元投标的黄金看跌期权赎回价值

究局)。我们通过对冲商品期权做市商手里的与指数联结的看涨或看跌期权，构建指数联结票据。

通过组合不同的期权可以创造更多独特的商品联结回报。例如，我们可以构建采用“黄金领式期权”代替普通看涨期权的黄金联结票据，或者我们可以通过使用篮子商品或彩虹期权的方式，构建一个基于几种不同商品的“更好表现”计算赎回价值的票据，对冲发行人的风险敞口。本书的其他部分将讨论更复杂的结构化票据和用于对冲它们的方法，我们在此不再赘述。

从银行的角度来看，每个投资者表达自己观点的愿望代表了一个流动性来源（流动性桶)。银行可以利用的“流动性桶”越多，就越容易有效地筹集资金。投资者一般愿意接受一个略低的隐含利率以获得符合投资观点的结构化产品，而银行的回报就是降低了总体融资成本。

商品 ETFS

对于投资者，特别是较小的投资者（通常称为零售投资者或个人投资者)，可以应用金融工程工具的最后一个想法，是考虑交易型开放式指数基金（ETF)。在本书其他部分进行了详细讨论的交易型开放式指数基金，是于 1993 年首次出现的，它向公众提供了一种简单的具有成本效益和节省税收的投资工具。第一笔 ETF 基于标准普尔 500 指数，通常被称为“SPDR”。当投资者购买一部分“SPDR”时，他相当于已经购买了整个标准普尔 500 指数的权益。后来的创新包括基于道琼斯工业平均指数的 ETF，称为“DIAMONDS”，以及基于纳斯达克 100 指数的 ETF（被称为“Qs”）（因为股票代码)。后来，特定部门的 ETF 开始出现，仅代表特定工业部门的股票。自 1993 年首次发行以来，已经引入了数百个 ETF，而今天交易所交易的 ETF 占股票交易量的比例非常高。

近几年来，金融工程师将 ETF 的概念扩展到商品市场。比如基于广泛商品的 ETF，类似于基于商品指数的 ETF；而其他则是基于单一商品的 ETF。毫无疑问，后者中规模最大的一个是黄金 ETF，它们有几种不同的形式。许多 ETF 背后是一个发行单位 ETF 的“信托结构”，投资者可以进行多头和空头交易。这些 ETF 单位代表信托持有的资产池中全部的债权——在这种意义上与共同基金相似。虽然有几种不同的法律结构也可以成为ETF的构造基础，但所有ETF基本上都是以上面这种方式组建的。就黄金ETF来说，有一些信托机构持有实物黄金，这些单位代表对该金条的间接索赔权；而其他持有黄金矿业公司的股票，在这个角度上是与行业特定的ETF类似。

毫无疑问，ETF是最受欢迎的金融工程产品之一。商品ETF特别吸引那些不适合参与期货市场或者厌恶与商品联结票据相关的信用风险，但仍然希望表达自己对商品价值看法的小投资者。

商品市场的监管

虽然监管会因国而异，但在大多数国家，期货市场受到监管证券市场的同一政府机构的监管。例如，在英国是金融服务管理局（FSA）。但在美国，期货交易有自己的监管机构——商品期货交易委员会（CFTC），其与证券市场的主要监管机构——证券交易委员会（SEC）是独立的。不管具体机构差异如何，期货市场无论在哪里都受到高度监管。但OTC商品衍生产品市场并未受到严格监管。此外，OTC商品衍生品市场的监管程度因国而异。

金融工程运用：合成易货交易

历史上有一个奇怪的转折，金融工程师证明了商品衍生产品尤其是商品互换是如何能被用来创造合成易货合约（synthetic barter）的。① 当两种商品用同一种货币交易时，适用的最简单的结构是通过结合两个适当规模的普通商品互换来实现，以便抵消固定支付的部分，然后用浮动的付款来抵消各自在现金市场上的价格（即现货价格）。当不同的货币进行商品交易时，解决方案变得更加复杂。在这些情况下，必须将固定换固定的货币互换（即“跨货币互换”）添加到组合中。当一个国家严重依赖特定商品的出口时，这些交易可能是有益的，如中东的石油。

具有讽刺意味的是，我们走完了整个循环。商业交易从易货开始，但易货效率不高。然而，通过适当的结构化（即工程化）商品衍生产品，我们可以复制或合成易货。而且正如这些金融工程师所展示的那样，虽然这里没有详述，但合成易货互换（swap - synthesized barter）可以改善实际易货中的问题。假设X国是你的客户，希望读者通过正确标注图8.11中的箭头来尝试合成易货合约。

情景：你的客户X国是石油的出口国和大米进口国。石油在世界石油市场以美元出售，大米是用日元在日本购买。X国面临三个不同的市场风险：美元计量的油价、日元的价格以及日元兑美元的价格（即汇率风险）。X国希望以固定数量的石油来绑定大米的固定价格，以便在未来5年每个月要用同样数量的石油获得相同数量的大米。要求你构建实现此目标的合成易货方案。在构建你的解决方案时，不要担心石油、大米或汇率的实际价格。

① Marshall和Wynne（1996）。

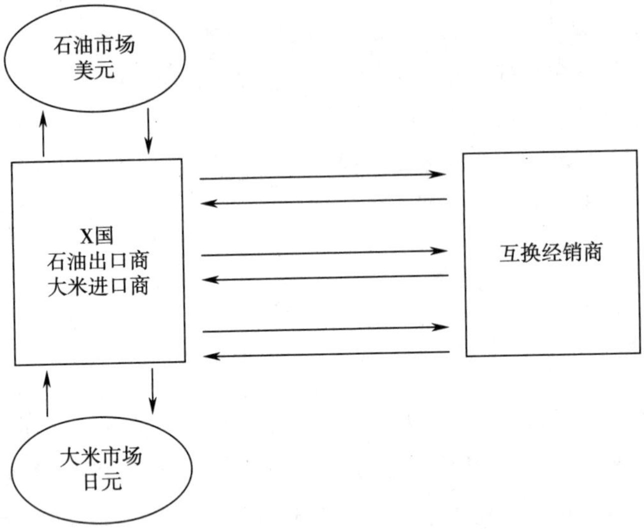

图 8.11　练习：标记所有箭头去创建合成易货

只是代表你的客户，来构造一个为实现用给定数量的石油来换取给定数量的大米所必需的交易。双方将在这些商品各自的现金市场上买卖实际的石油和大米，他们不会直接用大米来换油。完成本练习后，你可能需要阅读本节中提到的参考资料，以检查你的方案。

参考文献

APX, Inc. 2008. "Creating a Trusted Environmental Commodity." www.apx.com/documents/APX-Trusted-Environmental-Commodities.pdf.

Benhamou, Eric, and Grigorios Mamalis. 2010. "Commodity markets (overview)." *Book Articles: Forthcoming in the Encyclopedia of Financial Engineering and Risk Management*. www.ericbenhamou.net/documents/Encyclo/commodity%20markets%20_overview_.pdf.

Celent. 2009. " Commodity Markets: New Rules for a New Game." www.celent.com/124_1103.htm.

Commodity Online India Limited. n.d. "What Is a Commodity Market?" *Learning Center*. www.commodityonline.com/learning_sub.php?id=5.

DeCovny, Sherree. 2010. "Commodities on the Rebound." *Market View: A Magazine for the Exchange Industry*, June 22. www.nasdaqomx.com/whatwedo/markettechnology/marketview/marketview_2010_2/commodities_rebounding/.

Doyle, Emmet, Jonathan Hill, and Ian Jack. 2007. "Growth in Commodity Investment: Risks and Challenges for Commodity Market Participants." *FSA Markets Infrastructure Department*. Financial Services Authority, March. www.fsa.gov.uk/pubs/other/commodity_invest.pdf.

Futures Technology. "History of the Commodity Markets." 2010. *History of Commodities*, April 9. www.futurestech.net/history.htm.

Garner, Carley. 2010. *A Trader's First Book on Commodities*. Upper Saddle River, NJ: Pearson.

Hauser, W. B. 1974. *Economic Institutional Change in Tokugawa Japan*. London: Cambridge University Press.

Holmes, Frank. 2010. "The Case for Commodities in 2010 (and beyond)." *Resource Investor*, January 25. www.resourceinvestor.com/News/2010/1/Pages/The-case-for-

commodities-in-2010.aspx.
Investopedia ULC, 1999. *Investopedia*. www.investopedia.com.
Marshall, John F. and Kevin J. Wynne. 1996. "Synthetic Barter: Simulating Countertrade Solutions with Swaps." *Global Finance Journal*. 7: 1, 1–12.
Mlost, Karol. 2007. "Commodities futures pricing and approximation of convenience yield for Brent and WTI crude oils." Master's Thesis. Wyzsza Szkola Biznesu–National-Louis University.
Oxford Futures, Inc. 2009. "A Brief History of Commodities." *Futures Fundamentals*. www.oxfordfutures.com/futures-education/futures-fundamentals/brief-history.htm.
"Semiannual OTC Derivatives Statistics at End-December 2009." *BIS Statistics*. Bank of International Settlements. www.bis.org/statistics/.
Thinking Finance. 2009. "Commodity Market Overview." *ThinkingFinance.net*. www.thinkingfinance.net/commodities/56-commodity-market-overview.html.
U.S. Department of the Treasury. 2009. "Administration's Regulatory Reform Agenda Reaches New Milestone: Final Piece of Legislative Language Delivered to Capitol Hill." *Press Room: U.S. Department of the Treasury*. www.treas.gov/press/releases/tg261.htm.
United Futures Trading Company, Inc. 1997. "The Basics of Commodity Futures Trading." *United Futures Trading*. www.unitedfutures.com/commodities-trade.htm.
United Nations. 2010. "Recent developments in key commodity markets: trends and challenges." *United Nations Conference on Trade and Development*, January 12. http://www.unctad.org/en/docs/cimem2d7_en.pdf.
Ward, Kurtis J. n.d. "The Futures Industry: From Commodities to the Over-the-Counter Derivatives Market." *KIS Futures*. www.kisfutures.com/pdf/FUTURESINDUSTRY lawpaperKurtisWard.pdf.

Chapter Nine

信用市场 第9章

弗兰克·艾奥科诺[①]

信用市场概述

历史： 信用违约互换（CDS）以及与其密切相关的担保债务凭证（CDOs）是当今信用衍生品市场的最主要组成部分。许多人认为信用衍生品市场始于20世纪90年代中期的CDS的推出。但更早以前，包括信用证、债券保险和某些类型的总回报互换在内的初期产品已经存在了一段时间，并为许多相同的目标服务。不过，CDS的出现依然是一个分水岭。最早的CDS允许商业银行将与贷款组合相关的信用风险转让给第三方。到21世纪初，由于合约标准化、计算能力的进步以及信贷风险管理思维的进化，CDS市场迅速扩大。在过去的10年中，CDS已被用来构建多种结构性产品，以便在效率低下的资本市场套利，并对企业、市政和联邦政府的财务状况进行对冲或投机。它们也被用来创造抵押贷款市场的风险敞口，并保护抵押贷款支持证券的持有人。随着2007—2009年信贷危机的爆发，CDS成为大家关注的焦点。

规模： 2004年以前，与其他类型的衍生品市场相比，信用衍生品市场规模微不足道。但信用衍生品市场的名义价值从2004年6.4万亿美元的规模迅速增加到2007年末超过60万亿美元的规模，随后在2009年跌至32.7万亿美元规模，其中大约一半的增长来源于指数交易。

产品： 最基本且交易最广泛的信用衍生产品是信用违约互换。其他常见的结构产品包括信用价差期权、债券期权、总收益互换、指数互换、篮子违约互换、合成抵押债务和信用联结票据（这些本身不是衍生品，而是包含嵌入式信用衍生品的证券）。

首次发行： 据悉，第一份信用违约互换是在1994年发生于摩根大通（J. P. Morgan Chase）和欧洲复兴开发银行（European Bank for Reconstruction and Development，EBRD）之间。该合同书将48亿美元的埃克森公司的信用风险从摩根大通转移给欧洲复兴开发银行。当时，摩根大通担心1989年的埃克森公司瓦尔迪兹石油泄漏事件会对埃克森的财务造成影响。

① 弗兰克·艾奥科诺（Frank Iacono）是Riverside风险管理咨询公司合伙人。该公司是一家专门从事利率、货币和结构性信用衍生品交易的结构、执行和风险管理的咨询公司。作为交易员、结构师、经理和顾问，他在衍生品和结构性产品方面拥有超过15年的经验。作者谨此感谢Riverside Risk Advisors的同事给予的大力支持和宝贵意见。

著名事件：

1992 年：美国信孚银行在新兴市场信贷利差期权中处于领先地位。虽然这些交易发生在第一个 CDS 合约之前，但是它们非常符合信用衍生工具的定义，这些交易合约被记录为 ISDA 合约，并且按照标的资产的信用价差进行支付。有些交易是基于布雷迪债券和美国国债之间的利差，有些是基于布雷迪债券和由同一主权国家发行的地方货币证券的相对利差。交易是以非融资型衍生品和信用联结票据形式进行的。

1997 年：摩根大通结束其第一笔 BISTRO 交易。①

1998 年：财务会计准则委员会发布 FAS 133 规定，要求报告主体在资产负债表上以公允价值记录其大部分衍生产品合约，并在损益表中记录衍生产品合约的公允价值变动。由于该规定，CDS 与具有类似经济特征的衍生工具（如企业债券和贷款、融资 CDOs）之间在会计处理上脱节，既是 CDS 面临结构性挑战和机遇，也是其边际增长的障碍。

1998 年：对冲基金融资重要来源的总收益互换（TRS），在长期资本管理公司（LTCM）危机期间成为银行同业融资的重要来源。这主要是因为 TRS 易于执行，及其在会计处理和资本监管上相对于其他同类融资来源（如担保贷款、回购）的优势。

1999 年：一些主要银行开始进行单一名称 CDS 的交易。

2000 年：第一个定制的合成 CDOs 被交易。

2001—2002 年：安然和世通公司申请破产。

2003 年：ISDA 发布 2003 年关于信用衍生工具的定义。

2005 年：市场隐含的相关性急剧下降，特别是在资本结构的股权层面上，这主要是由通用汽车和福特的降级以及相应的利差扩大造成的。

2007 年：市场隐含相关性（特别是在资本结构的高级层次上）的急剧增加，主要是由加拿大的资产支持商业票据（asset - backed commercial paper，ABCP）市场的失灵造成。发行资产支持商业票据的加拿大公司是合成 CDOs 中“超高级”层的大卖家。从最基本的层面看，加拿大资产支持商业票据市场的失灵是在提醒人们市场相关性的存在，尤其是在其危机时刻。然而，相关性的飙升更多的是由技术性因素所推动——对数十亿美元的超高层级资产的风险最终将回到银行体系的预期。

2008 年：ABS 担保债务凭证的损失，特别是那些与中间级次贷证券化债券有紧密联系的债务凭证，使几个美国的最大保险公司走向灭亡。AIG 的降级使得其无法满足抵押品追加的要求，最终导致政府出手进行救助。单一险种保险公司包括美国城市债券保险（MBIA）和美国市政债券保险公司（Ambac）也被降级了，但不会出现短期的流动性危机，因为它们的抵押品受降级影响较小。

2009 年：MBIA 和 Ambac 在监管部门的支持下，依据资产的优劣分别重组为两家公司。

2008—2010 年：在雷曼兄弟破产程序中提起的诉讼引发了对衍生品市场普遍且具有重大潜在影响的法律问题，尤其是信用衍生品市场。两个焦点分别是信用衍生产品组合提前

① 本章中将讨论。

终止时价值评估问题和互换对手方违约后索赔的可执行性问题。

2010 年：《多德—弗兰克法》的颁布，使金融市场产生了彻底变革。除一些细节还有待改进外，其将对衍生产品及市场产生重大影响。

最佳供应商（截至 2009 年）：摩根大通被《环球金融》杂志评为北美洲和欧洲最佳信用衍生产品供应商，而德意志银行在亚洲获得相同级别。其他拥有重要地位并且渡过了 2007—2009 年国际金融危机的做市商则包括摩根士丹利、巴克莱银行和法国巴黎银行。

应用：信用衍生工具可用于对冲特定公司的信贷风险或全市场范围的信用价差的变动，以直接影响空头、分散风险、提高投资组合的收益率、从事套利和构建相对价值策略，并成为新的资产类别。

用户：信用衍生品的主要买家和卖家包括银行、证券公司、保险公司和对冲基金。养老基金、非金融公司和共同基金的参与受到限制。

引言

2007 年初，大多数美国人从来没有听说过“信用衍生产品”或“信用违约互换”，尽管事实上全球信用衍生品市场名义金额估计在 40 万亿美元以上，超过企业、地方和主权债务的全球总规模。如图 9.1 所示，2007 年底，信用衍生品市场规模达到约 60 万亿美元的峰值。

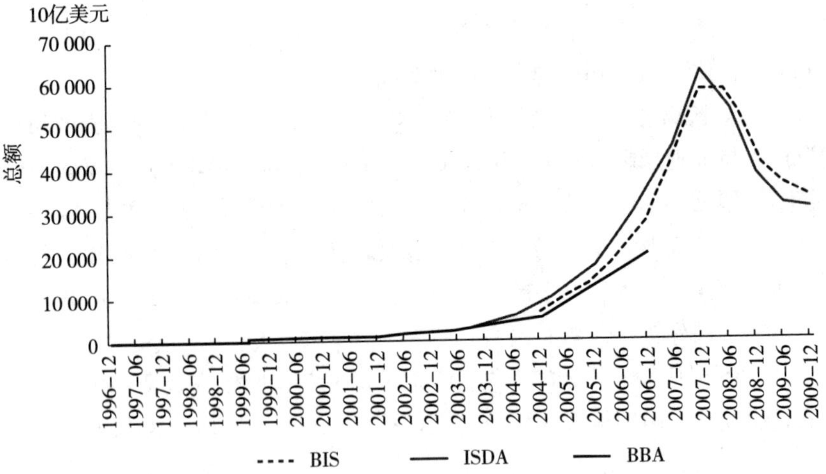

图 9.1　信用衍生工具市场规模

［资料来源：国际互换与衍生工具协会（ISDA）、英国银行家协会（BBA）和国际清算银行（BIS）］

我能回忆起很早以前，至少有两次不得不说到“信用衍生品”的谈话，我根据和我谈话的人的年龄、职业背景，将其描述为“虚拟债券”或“破产保险”（一定要强调，从法律和监管的层面看，衍生工具不是保险）。然而 2008 年底，当我在谈话中谈到信用衍生品时，几乎每一个普通人都会认为信用衍生品是“大规模杀伤性武器”①。它“使经济崩溃”，使人失去他们的家园，并以其他人的利益为代价使“贪婪的华尔街操纵者”更加富有。

令人遗憾的是，我们这种关于信用衍生品的看法基本是从媒体、商界领袖和政治领袖那里听到的。例如《新闻周刊》称信用衍生品为“吃掉华尔街的怪物”。② 截至撰写本书时，即使是维基百科的词目也认为：“用通俗易懂的语言来说，信用衍生产品就是一个赌注……类似于在赛道上下注。”有时候一些故事对衍生品的好坏进行了区分，“好”的衍生品能帮助银行管理风险，“坏”的衍生品则显然是使 AIG 或其他一些主要机构亏钱的交易；有时则没有这种区别，例如众议员 Maxine Waters 提倡禁止信用衍生品交易，她说“防止所有的信用违约互换是维护市场稳定所必要的”。

本章的目的是尽可能详细地描述信用衍生产品在过去 15 年的历史，主要发展、产品创新和应用。它是根据 1998 年最先构建信用衍生产品的人的观点编写的，他在买卖双方交易信用衍生产品，并且在写这篇文章的时候，他仍在该领域担任独立顾问。所有的讨论几乎完全集中在企业信用衍生品上，并且倾向于集中在担保债务凭证（CDOs）上，这是流动性更强的单一名称 CDS 产品增长的关键因素。本章的一个主要目的是使读者清晰地认识到，信用衍生技术在风险管理与分散、提供有价值的价格信息方面拥有其他产品所不具备的高超水平。虽然旨在提高透明度和降低大量标准化产品交易所带来的系统性风险的政策可能会有助于金融体系的稳定，但政策必须正确得当。

下文首先说明类似信用衍生品的合约已经有很长的历史，主要讨论了两种前代产品，并区分了其与现代信用衍生工具的关键差异。其次，本章将讨论信用衍生品的应用，重点在于金融机构之间的风险转移。然后对第一代和第二代产品进行进一步讨论。最后，本章讨论了一些关于信用衍生产品未来市场发展方向的一些想法。

产品前身

信用证

信用证（LC）是一种传统的商业银行产品，早在 20 世纪初就已经存在了。在信用证下，被保险人向银行定期支付费用，以换取银行承诺代债务人支付债务、购买债务人债务或者代表债务人履行其他无法履行的义务。在金融市场或商业惯例要求信贷质量非常高的程度下（如贸易融资或商业票据市场），或者交易者或者金融债权人无法对发行人进行独立的信用分析的情况下，信用证可作为一种信用支持。

① 用这个词来形容衍生产品，最早是伯克希尔哈撒韦公司董事长兼首席执行官沃伦·巴菲特（Warren Buffett）发明的。有趣的是，伯克希尔哈撒韦公司是一家通过信用和股票衍生品来承担大量未担保风险的公司（综合 CDO 权益层保险的卖方和标准普尔 500 指数看跌期权的卖方）。

② www. newsweek. com/2008/09/26/the - monster - that - ate - wall - street. html。

市政债券保险

市政债券保险也称为金融担保保险，被认为是与信用衍生工具具有相同经济特征的产品。在一份典型的合约中，发行人向保险公司支付保险费，以换取其在发行人未能履行定期利息和本金偿还的承诺时，由保险公司代为履行的承诺。

1971 年，出于实际需要，伴随着 AMBAC[①] 的形成，为市政债券投资者提供保险的业务开始了。两年后 MBIA[②] 成立，20 世纪 80 年代中期，四大单一保险公司的另外两家 FGIC[③] 和英国金融服务管理局（FSA）也相继成立。90 年代末，当 ISDA 登记的企业信用衍生工具开始其增长周期的时候，MBIA 和 AMBAC 共同为超过 4 000 亿美元的市政债券提供保险，并为近 2 000 亿美元的其他风险提供保险，其中大部分为抵押贷款。

与信用证一样，市政债券保险存在的一个重要理由是，市政债券市场的每个参与者对各市市政发行人进行独立信贷分析的成本高昂且不切实际。自 2007—2009 年国际金融危机爆发以来，许多因素导致传统市政债券保险公司破产或濒临破产，因此有人认为，也许市政债券保险的主要价值在于为投资者提供心理安慰，知道一家拥有高素质市政保险分析师的高评级保险公司已经承保了债券，并且如果发行人破产，其资本也将遭受重大损失。

现代信用衍生产品和前代产品

虽然上述前代产品与过去 15 年的信用衍生产品具有经济上的相似性，但它们之间仍存在重大差异，主要表现在以下三个方面。

（1）标准化：信用衍生工具始终根据国际互换与衍生品协会（ISDA）编制的文件进行交易。虽然定制化从未消失，但文件标准的制定和完善促进了市场的发展。1999 年发布的第一个信贷衍生工具定义，为市场提供了足够的标准化产品，促使市场交易进入活跃期。ISDA 修订的 2003 年度信用衍生工具定义的出版以及同年度指数产品的诞生进一步推动了信用衍生品的发展，为随后 4 年的增长提供了必要的基础设施支持。

（2）保险提供者与合同标的之间缺乏“可保利益”或其他关系：合同条款不要求信用保险的买方拥有被保险的基础资产或债务的头寸。因此，信用衍生工具可以直接用于做空、资本结构套利（做多股权、做空债务）或相对价值投资（做多福特、做空 GM）。而现金信用市场无法做空信用。

（3）监管现状：信用衍生品不被视为保单，因此也不受保险法律的监管。将信用衍生品作为保险合同[④]对信用衍生品进行规范的提议，虽然没有在最近的金融改革辩论中得到广泛的支持，但《多德—弗兰克法》先发制人，有可能显著影响信用衍生产品市场。最有可能的结果是某些信用衍生品日后必须通过交易所或清算所进行交易，并对初始保证金（即

---

① AMBAC 指 Ambac 金融集团公司。

② MBIA 指 Mbia 金融集团公司。

③ FGIC 是金融担保保险公司。

④ 2008 年 11 月 20 日，纽约州保险监督官埃里克迪纳洛（Eric Dinallo）在美国众议院农业委员会（House of Representations Committee on Agriculture）上表示，鉴于联邦政府有兴趣对信用违约互换市场实施联邦监管，他将撤回此前根据纽约保险法对这一市场进行监管的提议。

抵押品)、维持保证金、披露和报告的要求以及某些市场参与者的资本进行监管。一般认为，前代产品信用证和债券保险没有受到此类监管。

上述的每一个方面都将使得市场更加活跃。

应用

融资与信用风险分离

信用衍生产品市场①的发展使市场参与者能够在以往难以企及的程度上单独定价、管理资金需求和信贷风险。市场参与者不再必须是一个有形资产的持有人，如银行贷款、债券或其他证券，需要在赚取回报的同时承担发行人违约的信用风险。或者说，信用衍生品允许融资决策和信用风险决策的分离，让能够负担信用风险和流动性风险而不需要融资的投资人对风险进行承担。②

银行购买针对循环信贷（revolving credit，RC）借款人的信贷违约互换，这一经典示例很好地说明了这一点。对于投资级借款人而言，典型的循环信贷是银行承诺按照借款人在承诺期内资金的需求，满足借款人任何时间提出的未超过最高限额的借款请求。在许多情况下，由于借款人可以通过商业票据市场融资，因此循环贷款很小甚至没有；但在不可预见的情况下，如无法取得商业票据资金，可能会产生意想不到的融资需求。为此，借款者支付给银行的承诺费用通常是银行承诺的每年总金额的个位数基点。如果借款人使用贷款，利息通常以伦敦银行同业拆借利率（Libor）加上一个高于承诺费率的使用费率确定。

循环信贷业务是一个银行损失的主要来源。在一笔循环信贷业务中，承诺费率通常小于借款人信用风险的信用利差，使用费率可能与借款人在该循环信贷业务结束时的信用利差相一致，但借款人在其他银行进行借款的信用利差可能会更高。③ 此外，即使是银行联合贷款（银团贷款），借款人的循环信贷业务也往往集中于某一家银行，从风险管理的角度来看这是不可取的，并且可能会消耗大量的监管和经济资本。除此之外，管理一家可能经常贷出和偿还资金的金融机构的运营成本和风险也会增加。除了这些经济因素，商业银行还是为其高端客户提供备用循环信贷业务，作为保持整体合作关系的一部分。在这种关系中，预计借款人将以更有利可图的业务补偿银行，如股票和债券发行、并购咨询、衍生品和资产管理等。

信用风险的流动和透明的市场使得银行可以减少信贷风险敞口，同时继续为企业借款人提供流动性。CDS 定价机制使银行能够理性地评估客户关系，从整体角度分析与某个客户保持良好关系能否为银行创造利润。

---

① 与证券化相同。

② 或者，为此承担设立和关系管理的成本，或者承担运营负担和风险。

③ 否则，借款人可能会从另一个渠道寻求资金。

资本市场风险分布特征

在更宏观的层面上，信用衍生品允许银行将大量信贷风险转移给资本市场的其他参与者。例如，从2000年开始，这些银行就成为安然和世通公司的大买家，这两个拥有大型银团贷款合约的企业借款者分别在2001年和2002年破产，美国头部银行的投资组合中集中了这两家有大量的银行债务的公司。在银行使用信用衍生品作为风险管理工具之前，安然和世通的相继违约可能意味着一家或多家主要银行的重大资产减值。2002年，当时的美联储主席艾伦·格林斯潘注意到了这一点，2004年他再次提到了这个话题，他说：

不仅有相当一部分信贷风险在很大程度上被美国公认的几家大银行转移到外国和美国其他的银行保险和再保险公司，而且这些风险也被转移到养老基金、对冲基金，以及其他具有分散的长期负债或无负债的组织。大部分信贷风险转移是在授信过程的早期进行的；但在20世纪90年代末和21世纪初，通过信用违约互换、抵押债务和其他金融工具，把电信公司的大量风险敞口削减。因为特定信贷风险增加，银行重新平衡了其投资组合，风险以折扣价格出售方式进行转移。其中一些出现大幅降价，以吸引买家接受这些重大风险。无论是作为原始信贷决策的一部分，还是为了应对不断变化的情况，这些交易代表了一种新的积极信贷管理模式，解释了银行体系在最近一段危机时期体现出雄厚实力的原因。即使历史上最大的公司违约事件（世通和安然）和主权违约事件（阿根廷）也没有显示削弱美国主要金融中介的资本实力。①

要大致了解多少风险已经转移，可以参考英国银行家协会（BBA）2000年至2006年的信用衍生品调查报告。BBA报告风险保障产品的买方和卖方占风险保障产品名义余额的百分比，如表9.2和表9.3所示。按照名义金额②衡量风险保障产品的净买方和净卖方如图9.4所示。

表9.2　按机构类型划分的保险买方　单位：%

机构	2000年	2002年	2004年	2006年
银行（含证券公司）	81	73	67	59
保险公司	7	6	7	6
对冲基金	3	12	16	28
养老基金	1	1	3	2
共同基金	1	2	3	2
企业	6	4	3	2
其他	1	2	1	1

资料来源：英国银行家协会（BBA，2006）。

① 格林斯潘主席在2004年10月5日纽约美国银行家协会年会上的讲话。

② 并非所有的名义金额都是相等的。转移的风险可能在信用利差、到期日和杠杆率方面有所不同。简单的名义金额不能衡量这些因素。

表 9.3　　按机构类型划分的保险卖方　　单位：%

机构	2000年	2002年	2004年	2006年
银行（含证券公司）	63	55	54	44
保险公司	23	33	20	17
对冲基金	5	5	15	32
养老基金	3	2	4	4
共同基金	2	3	4	3
企业	3	2	2	1
其他	1	0	1	1

资料来源：英国银行家协会（BBA，2006）。

表 9.4　　按机构类型划分的保险净买方（卖方）　　单位：%

机构	2000年	2002年	2004年	2006年
银行（含证券公司）	18	18	13	15
保险公司	-16	-27	-13	-11
对冲基金	-2	7	1	-4
养老基金	-2	-1	-1	-2
共同基金	-1	-1	-1	-1
企业	3	2	1	1
其他	0	2	0	0

数据来源：英国银行家协会（BBA，2006）。

将这些净百分比应用于BBA估计的总名义金额可以看出，截至2006年底，银行业是受保护的净买方，名义总净额约3万亿美元（15%乘以总共20万亿美元的名义的积）。但这个结果至少遗漏了两个重要组成部分。一是银行的大部分活动是由全球“货币中心”银行的风险转移组成的，这些银行的风险主要转移给美国以外的国家和地区银行，这些银行通过信用衍生产品和以信用衍生工具为基础的结构性产品（如投资级信用联结票据）承担着大量的风险。这代表了未被行业分组捕捉到的风险分布。

二是单一险种保险公司的风险保护产品的净销售规模。单一险种保险公司是高杠杆化的实体，主要出售AAA评级层的CDO和合成CDO的保险。在通常的合约条款下，单一险种保险公司通常不会提交抵押品（它们的AAA评级被视为抵押品的替代品），在极少的情况下，单一险种保险公司的交易对手可以在到期前提前终止合同，并且获得按市值计算的提前终止款项。从那时起，市场就清楚地认识到单一险种所承担风险的杠杆特征、合约结构特征和“系统性”特征，单一险种保险公司实际上并不是也从未是“完美的”交易对手，[①] 对于购买企业CDO保险的实体尤其如此。

① 人们一直认为，单一险种保险公司不是完美的交易对手，定价反映了这种不完美。2007年中，作为AA级且每天追加担保品的金融机构，单一险种保险公司仅能收到应收保费的50%~80%。

简单地说，假设在一个违约的场景下，一个AAA评级的企业CDO遭受了损失，很可能许多其他企业也会遭受损失。在这种情况下，保险公司有限的基础资本将不堪重负，而交易对手预计只能收回欠款的一小部分。换句话说，单一险种保险公司的交易对手面临着保险提供者不能履约的风险。与卖出的保险相比，保险公司的基础资本规模太小，而被保事项的发生呈现出极高的相关性。

第二个因素的结果是，银行业实际转移的风险比人们从合同的名义金额推断的要小得多。

如果保险卖方的资源仅能覆盖潜在损失的一小部分，则合同的名义金额是转移风险的倍数。这一点在评估信用衍生工具在多大程度上最优化风险配置时不容忽视。我们在这里主要讨论产品使用者所犯的错误，不包括产品本身的设计缺陷。

卖空的能力

如前所述，现代信用衍生产品区分于债券保险等前代产品的关键在于没有“可保利益”要求。即不对保险合同双方当事人和合同标的之间是否存在关系做要求。这一特征引发了最严厉的批评，而在许多市场参与者看来，这也是对信用衍生品最具误导性的批评。

赞成限制使用信用衍生工具建立空头头寸的大多数论据与赞成限制股票卖空的论据是一致的。一些批评家似乎认为，无限制的卖空使“投机者”肆意摧毁其他健全的公司，其他人则认为卖空破坏了市场的稳定。从理论上说，信用衍生工具的新特征是不限制卖空利益的上限；对股票而言，卖空者受到其能借入股票数量的有效限制。因此，如果你不喜欢卖空股票的行为，你绝不会喜欢为卖空者提供武器的信用衍生产品。

那些赞成卖空的评论家认为，只有允许支持、中立和反对的观点的提出，才能有利于经济的长期稳定和资本的有效分配。另一些人则认为，卖空是指数基金规模扩张的重要补充，考虑到指数基金基本上是在所有资产上做多。反对者指出，2007年次贷市场的崩盘是对支持做空的一个有力辩驳。BBB级ABX的高级层是一项基于BBB评级CDS的指数，从属于ABS交易的中间级，在ABS与CDO的利差扩大之前，其价格开始下滑。通过向市场传递这个价格信号，CDS可以说加速了ABS和CDOs的消亡，导致新的次级抵押贷款发放更早地停止，因此可能避免产生数百亿甚至数千亿美元的额外不良产品。

现在大部分讨论集中在空头上，但是忽略了一个非常重要的部分。除了空头之外，其他策略引起的对没有“可保利益”的保险的购买，表达了市场参与者对资产相对价值的评估，可以促进资本的有效分配，并向市场发送重要的风险定价信息。一种策略是同时对同一行业的两家公司进行多/空交易。例如，假设IBM和戴尔用相同信用利差做交易，但有些市场参与者认为戴尔有更好的信用，或者说这些市场参与者并不确定戴尔的债券可以提供更好的绝对价值，而且不能确定技术行业或市场整体信用利差的短期走向。这时便可采用一种相对价值策略，而不是绝对值。没有信用衍生工具时，进行这种交易的能力是有限的。使用信用衍生产品则很容易：销售戴尔的信用保险，购买IBM的信用保险。如果足够多的市场参与者都这样想，那么戴尔的信用利差相对于IBM的信用利差将会收紧。这将最终影响两家公司的融资成本，使戴尔相对于IBM拥有融资优势。

另一个例子是资本结构“套利”，这实际上有点用词不当。更正确的术语可能是资本结构“相对价值”策略。在这样的策略下，投资者通常使用CDS购买标的资产结构中高价证券的保险产品，并购买相对低价格的证券。一个普遍的策略是同时购买债券的CDS（即通过CDS做空债券），并购买高杠杆金融公司的股权。这样做的理由是，当公司杠杆过高导致股票价值产生巨大损失时，债务也极有可能遭受巨大损失（对应于CDS的巨大收益）。但经济形势较好时，股票价值大幅上涨，信用保险的价值可能会变为零（投资者只会损失CDS溢价的价值）。执行这一策略的净效应是推动标的实体债务的信用利差到达一个可以正确反映其相对于股本的下行风险的水平，同时降低标的的股权融资的成本以反映其增长潜力。

第一代产品：1992—2000年

资产互换

资产互换涉及两组不同资产的现金流的交换。信用衍生工具中的评价资产互换是信用敏感资产（通常为债券）与相应的互换的组合，通常将非平价债券的现金流转换为平价债券的现金流。此外，资产互换通常将固定利率债券转为浮动利率债券，浮动利息是Libor加上一个利差，这个利差可以看作资产发行人的违约风险和期限利差之和。

单名CDS

单名CDS是大多数第二代产品的基本构成部分，包括指数产品和分级产品。信用违约互换是双方对第三方（标的实体）的违约风险进行转移。保险买方向保险卖方定期支付保险费，以换取保险卖方承诺向买方支付标的实体信用事件造成的损失。通过这种机制，保险买方将对参考实体的信用风险转移到保险卖方，而不用交换实际的债券。图9.5说明了一个以Maytag公司为标的的CDS，其名义金额为1 000万美元。

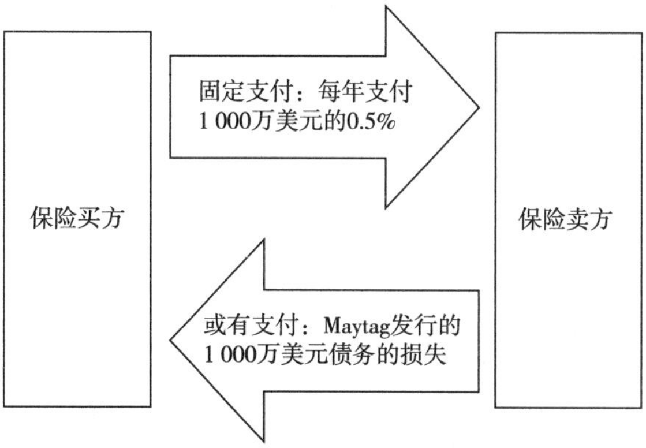

图9.5 单名CDS

上述定义引出两个关键问题：

（1）什么是信用事件？

（2）发生信用事件时如何向保险买方支付赔偿？

两个问题的简短回答是“合约双方依合约规定”。而在信用衍生产品市场的早期，与并不多的交易量相比，确定这些问题的答案花费了太长的时间。1999 年 ISDA 信用衍生品定义是制定市场标准答案的重要一步。可以预见，随着时间的推移，市场标准在不断发展，定制化的条款也从未消失。市场上的主流方式如下所述。

信用事件

CDS 合约中最常使用的信用事件如下。

- 破产：破产、接管、倒闭或其他类似程序；或解散（合并或收购除外）。
- 未能偿付：在任何适用宽限期届满后，未能支付任何债务，但必须达到一定额度。
- 重组：标的信用情况恶化后，修改债务的“货币条款”，且这种修改对债权人不利。
- 债务加速到期：由于债务违约而导致的任何债务加速到期，且达到一定额度。
- 拒绝/延期：在参考实体声明拒绝支付或宣布债务延期偿付后，重组失败或未能支付。

至于结算，有两个选项：

（1）实物结算：保险买方交付标的实体发行或担保并满足可交付标准的证券，保险卖方支付其票面价值。

（2）现金结算：保险买方确定（但不交付）标的实体发行或担保并满足可交付标准的证券，保险卖方支付证券面值与市场价值之间的差额。

对于大多数单名 CDS，可交付的债券是以全球主要货币（例如美元、欧元、英镑、瑞士法郎、日元）计值的优先级无担保债券，没有“奇异”利息或赎回条款，并且到期时间不超过 30 年。某些标的实体，大多数是金融机构，其发行的次级债券也可以用于 CDS 交易中。

交易市场还包括可交付的债务必须是优先担保贷款的 CDS。标的实体几乎都是很多银团贷款的非投资级债务发行人的 CDS 合约被称为贷款 CDS 或简称 LCDS（Loan CDS）。尽管在第一代 CDS 产品中基于贷款的 CDS 普遍存在，但直到 2006 年，LCDS 才开始广泛交易，但其交易量远小于优先级无担保 CDS，即使与标的债务余额相比，其交易量也很小。

贷款总收益互换

在贷款总收益互换（TRS）下，总收益获得者持有一份个人贷款或银行贷款组合的多头头寸。投资者可以在不实际持有贷款资产的情况下获得贷款的所有现金流收益。作为交换，投资者通常需要支付 Libor 加上一个固定利差持续费用。

贷款 TRS 主要被购买者用于：获得银行贷款组合的杠杆；作为外包贷款业务或实物结算的手段；作为投资某些难以获得资产的媒介（如受到信用协议中的资格限制）。

银行贷款 TRS 至少可以追溯到 1995 年。在那一年，大通银行开始向购买其银团杠杆贷款的机构投资者和对冲基金客户提供 TRS。当时，其他银行提供了基于杠杆贷款的 TRS 结构产品，但是大通银行相对于他人的高增长主要源于一个名为“大通银行担保贷款信托”（CSLT）的创新结构。CSLT 结构涉及特殊目的载体（SPV）的创立：

- 购买大通银行标的贷款组合的 TRS。
- SPV 向投资者发放票面金额约相当于相关贷款票面金额 20% 的票据。
- 投资于以高质量、高流动性资产作为抵押品发行的票据的收益，首先要满足 SPV 对大通银行 TRS 的偿付义务，随后才用于偿付 SPV 发行的票据利息和本金。
- 这种票据通常被惠誉评为 BBB 级。假设贷款组合的损失保持在历史平均水平，投资者将会得到相当于 Libor 加上约 200 个基点利差的利息，并在到期时（通常 10 ~ 12 年）收回本金，并收到一笔类似股权的“上行”付款。

以上描述的是早期的例子，后来这种产品被称为合成 CDO 或信用联结票据结构：SPV 开始加入信用衍生产品交易，发行评级证券，支付浮动利率和本金收益，同时使标的投资组合的损失保持在可容忍水平之下。这种基本结构将被继续沿用。

但是，对于大通银行的 CSLT 结构来说，最具有创新性的是，它使用超额利差账户为损失提供缓冲，以保持发行票据不同层级的约定现金流。超额利差来自标的贷款利差与根据 TRS 支付给大通银行的超过 Libor 的融资利差、投资组合经理的基本费用以及支付给票据持有人的超过 Libor 的利息的和的差值。

例如，如果贷款平均利率为 Libor 加上 275 个基点，TRS 下的融资成本为 Libor 加上 75 个基点，经理人的基本费用为每年 35 个基点，票据利率为 Libor 加 200 个基点（以贷款额度的 20% 支付），则超额利差为 125 个基点（即 275 - 75 - 35 - 200 × 20%）。假设在 2007 年金融危机之前，贷款的年度违约概率为 2%，标准抵押贷款义务（CLO）的违约收回率为 30%，超额利差超过预期年度违约损失的两倍多。在交易结束时，超额利差账户中剩余的大部分资金会分配给投资者，[①] 可能创造 Libor 加上 800 个基点的回报率。

根据惠誉当时的评级模型，票据的十年期违约损失风险较低，足以获得 BBB 评级。总而言之，CSLT 结构允许投资者在 BB 和 B 评级的构成的贷款投资组合中持有五倍的杠杆头寸，且组合起来这种投资产品可以获得 BBB 评级。许多投资者是保险公司，他们发现相对较低的监管资本要求尤其具有吸引力。

回顾过去，诚然，在 1998—1999 年、2002 年和 2008—2009 年的市场下滑期间，我们目睹了杠杆贷款价格的剧烈波动，一些重要的风险在评级分析中没有得到充分体现。一方面，人们怀疑债务违约和债务回收的压力是否迫切到足以促使票据获得投资评级；另一方面，一些人担忧另一种风险，即投资经理无法获得和维持 Libor 以上利差的收益，可能以折价出售贷款的潜在损失，特别是在交易到期时或者大通银行由于资产价值覆盖不足终止 TRS 交易情况下。[②]

---

① 通常是 20%，作为激励费支付给投资组合经理。

② 为了保护它作为事实上的 CSLT 贷款人的地位，如果贷款价值跌到票面价值的 85%，大通银行有权通过从 KZH 中出售贷款的方式改变 CSLT 的结构。在这种情况下，票据投资者将失去大部分或全部投资。

大通的 CSLT 计划于 1998 年中止，而这些交易后来重组为更接近标准现金流的 CLO，但这样做的原因与上文评级方法中的缺陷无关。也许并不完美，但 CSLT 是一个开创性的结构，其中许多特征将在信用衍生品市场的整体增长过程中被反复使用，并得到改革和加强。①

篮子信用违约互换（FTD 篮子）

人们可以将篮子信用违约互换（First - to - Default basket，FTD）视为“套利”或合成 CDO 的前身。尽管 FTD 篮子从未在整个 CDS 市场中占有一个非常大的份额，但该产品衍生的建模和风险管理技术为合成 CDO 产品的发展奠定了基础。

在 FTD 篮子中，保险卖方承担一篮子的符合标的实体的第一层违约风险的头寸，数目通常为 4 ~ 10。最常见的是，每个参考实体具有相同的名义金额，保费是以单一标的每年某名义基点数表示，损失可以由现金或实物结算。

FTD 篮子的公允价格必须不低于篮子中标的实体的最高保费（不能确定篮子中哪一标的实体会违约），并且不高于标的实体的保费总和（FTD 的损失不可能比整个篮子标的的和更多）。标的间违约的相关性决定了在这一区间内保费的具体价格。

图 9. 6 揭示了一个对于一些早期相关性产品而言有悖常理的情况，即在所有其他因素相同的情况下，如果一篮子资产缺乏多样性，那么 FTD 篮子的头寸会更高。本义是如果一个标的实体违约，FTD 篮子的头寸将遭受损失，但如果违约继续增加，投资者的头寸损失并不会显著更糟。因此，对于给定的一组标的实体的违约概率，持有 FTD 篮子的投资者宁愿让所有的信用产品要么一起违约，要么一起履约。

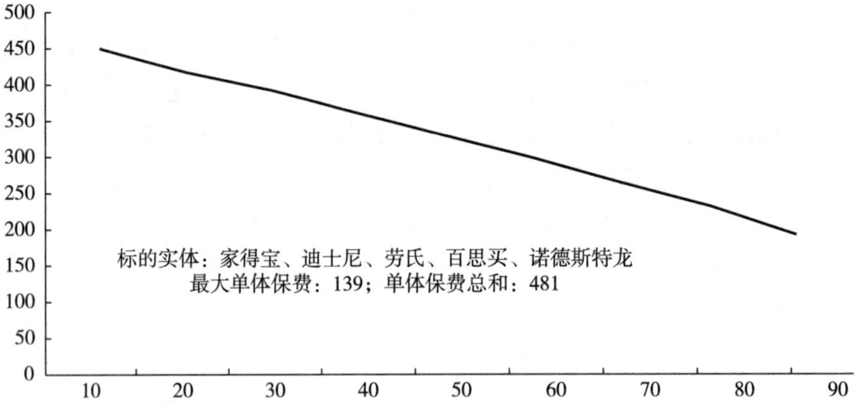

图 9. 6　FTD 溢价的相关函数

合成 CDO：银行资产负债表

第一个合成 CDOs 是关于银行资产负债表的交易，标的投资组合基于发起银行的贷款组

① 例如，大通在一个名为 LANCE 的“资产负债表”结构化产品中再次利用了超额利差功能，该产品还包括惠誉评级为 BBB 的贷款组合权益。LANCE 的基础是与票据同一天到期的 CDS，而不是 TRS。此外，LANCE 没有资产覆盖率测试。由于这些因素，LANCE 的评级不太容易受到外来风险的影响。

合构成。为了了解合成CDO，有必要首先了解CDOs。CDO或担保债务凭证是一种证券化资产，其中，作为抵押品的底层资产要么是公司债务工具，要么是资产证券化的一部分（例如信用卡债务或其他公司CDO）。在通常的交易中，为购买债权证券通常需要组建一个特殊目的载体（Special Purpose Vehicle，SPV）。购买的资金是通过发行各层级证券进行融资的，每个层级证券对SPV购买的资产均具有担保的权益。具有第一优先担保级的部分通常称为"A级"，具有第二优先担保级的部分通常称为"B级"。每类风险随着CDO资本结构分级的下降而增加，具有最高级别或具有第一优先担保级的CDO代表最低风险和最低承诺回报。最次级的通常被称为权益层或剩余层或首次损失层。次于第一优先级高于权益的层级通常称为夹层级。

合成CDO涉及的是对信用衍生品投资组合的风险进行分层，而不是一种资产的证券化。在通常的交易中，由CDS构成的信用衍生品投资组合的损失根据规定的层级不同，在不同的保险卖家（即信用风险的承担者）之间分配。权益或"首次损失"级承担标的组合的指定限额内的首次损失，通常以资产组合总规模的百分比表示。夹层级承担损失超过权益级限额，且在中间级限额之内的损失。优先级则在损失超过股权级和夹层级规定的限额时承担超过部分的损失。

损失是用现金结算的，每个信用事件相应的损失是根据市场价格确定的，由保险卖方将现金支付给保险买家。

第一份资产负债表合成CDO是摩根大通的BISTRO交易（代表"广泛指数证券化信托产品"），于1997年12月成功进行交易。摩根大通随后完成了一系列BISTRO交易，为自己和作为客户的其他几家银行购买了信用保险、获得了监管资本减免。摩根大通对该产品的描述如下：

> 在这一结构中，发起交易的银行通过从摩根大通购买投资组合信用互换，获得企业信用风险投资组合的保护。反过来，摩根也从SPV获得同一投资组合的保护。
>
> 信用保险可能会受到一个"门槛"的影响，这个"门槛"指的是在信用互换向购买银行支付其信用损失之前，标的投资组合发生的损失需达到一定的额度。由于该门槛代表原始银行所保留的经济风险，它类似于银行在传统证券化中使用的CLO提供的信用增级或权益部分。
>
> BISTRO SPV通过政府证券或政府证券的回购协议进行担保，这些证券是通过发行信用分级票据在资本市场销售来融资的。与传统证券化模式不同，BISTRO SPV发行的名义金额比标的资产组合的名义金额要小得多，抵押品也少得多。通常，BISTRO抵押品的价值仅为投资组合名义额的5%～15%。因此，只有标的投资组合前5%～15%的损失（如果有门槛规定，需在门槛值之后）由SPV提供赔付，而其余部分风险头寸是没有资金覆盖的。这一结构构建方式的产生是因为，假设投资组合具有合理的多样化程度和投资级信用质量，损失超过BISTRO证券覆盖部分的风险会很小，用评级机构的表述就是，这部分风险是优于"AAA"级的。[1]

---

① J. P. Morgan和RiskMetrics Group（1999）。

BISTRO结构允许银行在《巴塞尔协议Ⅰ》框架下实现显著的监管资本减免。简而言之，《巴塞尔协议Ⅰ》规定，无论借款人的信用质量如何，银行持有的应对企业信用风险敞口的资本必须相当于风险敞口金额的8%。而《巴塞尔协议Ⅰ》允许银行为BISTRO产品的风险敞口设定20%的权重，通过为原信用风险敞口购买BISTRO的方式，银行有效资本需求降为1.6%。通过将大量的、多样化的风险投资组合构造成合成CDO，获得投资级评级，而将次级资产比例降至1%~2%。一般来说，发行银行需要保留一定的美元资本以防止首次出现的违约损失，假设发行银行用于覆盖首次违约损失的资金占总敞口的1.5%，则监管资本要求将从8%降至略高于3%，即1.5%+98.5%×8%×20%。

2001年和2002年，由于某些原因，银行资产负债表合成CDOs不再受欢迎。首先是大多数发起银行要求在交易过程中改变投资组合的组成，以匹配其贷款组合中信用风险敞口的变化。例如，假设一家银行对IBM的贷款敞口是一个合成CDO的标的，如果在IBM更新设备时没有银行放款给IBM，IBM偿还了贷款，则合成CDO将使该银行在IBM拥有一个空头头寸。由于银行贷款组合通常不会持有空头头寸，因此理想的做法是将IBM从合成CDO中移除，并用另一个信用产品来替代它。

此时，发起银行的利益与投资者的利益之间产生了冲突。由于交易的价格已经固定，并对替代品的质量不敏感，因此就银行的利益来说要尽可能以最坏的信用实体来取代IBM，而投资者则希望加入最好的信用产品，甚至完全就不进行更换。早期的银行资产负债表交易试图解决这个问题，即替代信用产品应优于被替换的信用产品，而且替代不会降低标的投资组合的多样性。市场很快意识到这种保护是不充分的，因为标的实体的评级往往滞后于市场对信用质量的看法，而发起银行往往对其贷款组合中借款人的情况更为了解。

信用利差的扩大，和一些投资级借款人在2000年底和2001年初的违约，给投资者造成了影响。在此期间，一种新的产品诞生了。这种新产品通过使投资组合保持不变解决了替代冲突问题，不再依赖于发起银行资产负债表上的双边信贷，并允许投资者更灵活地调整投资组合构成、分层要求、到期期限和其他特征。摩根大通将新产品称为“套利BISTRO”，之后其更多地被称为“套利合成CDO”或“单层合成CDO”，直到市场最终命名为“定制合成CDOs”或“定制CDOs”。

第二代产品：2001—2007年

定制合成CDO

第一批定制合成CDO于2000年推出，到2001年，已经至少有5家做市商活跃在这个领域。到2006年底，做市商的数量已经超过了20家。定制合成CDO是一种合成CDO交易，在这种交易中，投资者可以灵活选择标的组合的组成部分、附加或删减条款、到期期限、保费结构和其他细节。

因为它的灵活性、透明度和结构的简单性，定制合成CDO从2001年到2007年上半年经历了快速增长。从2007年8月的次贷危机开始，新发行的定制合成CDO的交易量大幅增长，到 2009 年几乎停滞。2009 年和 2010 年该产品的几项新的进展，要在短期内使得该产品获得高回报的可能性非常小，我们将在下文对此进行讨论。

2001—2007 年，CDS 市场规模扩大了一倍，达到 60 万亿美元，定制合成 CDO 是推动这种增长的重要力量。据 BBA 统计，合成 CDO 占总信贷衍生品名义总额的 17%，而单名 CDS 占到了总额的 33%。假设各层级的平均 delta 为 1，① 从这一数据可以推断，合成 CDO 大约占了单名 CDS 交易量的一半。对一些做市商来说，合成 CDO 业务实际上占了交易账簿“保险购买”项目的 80%。

高斯 Copula 模型及相关性交易

鉴于定制的合成 CDO 产品对整体信用衍生产品市场的增长作出了重大贡献，因此，了解产品运行的内在原理尤其重要。1999 年，摩根大通风险度量团队的 David Li（李祥林）发表了一篇关于使用高斯 Copula 建模方法对合成 CDO 的估值和风险进行度量的论文。② 因其简单且易于实施，它与布莱克—斯科尔斯模型一样，成为股票期权定价的行业标准。

高斯 Copula 模型从标的资产——单名 CDS 的风险中性定价假设（保费的预期现值等于违约损失预期的现值）开始。该模型的目标是确定定制的合成 CDO 的公允价格水平，或使 CDO 各层级保费支付的现值等于该层预期损失的现值。对于每个标的实体，给定其 CDS 利差的期限结构、假定的违约回收率和利率期限结构，可以推导出违约时间的概率分布。高斯 Copula 模型提供了一个框架来整合标的实体违约时间的联合分布，从而得到投资组合在每个时间点的损失概率分布。简而言之，“Copula”是对标的实体之间的违约相关性进行建模，为简单起见，可以理解为模型使用标准高斯或正态分布将标的资产关联在一起。③ 如 Li 的论文所述，该模型“使用了幸存者分析中使用的一些技术。这些技术已经广泛应用于其他领域中，如精算科学中的生命意外事件分析和可靠性研究中的工业寿命测试。”

与股票期权的布莱克—斯科尔斯模型类似，高斯 Copula 模型也可用于风险度量。例如，其中一个度量指标是“Credit 01”，表示投资组合中每个标的 CDS 曲线上一个基点的变化，对应定制 CDO 价值的变化。Credit 01 可用于确定计算组合中每个标的的 delta 值和套期保值比率。

虽然自 2001 年以来，使用这种模型进行合成 CDO 估值已经成为市场标准，但市场参与

---

① 参见 Li（1999）中高斯 Copula 模型的讨论。

② Ibid。

③ 实际上，一组信贷的违约率在经济衰退时往往更高，在经济增长时则更低。这意味着每一种信贷都受到相同的宏观经济环境的影响，信贷之间存在某种形式的正相关关系。为了用最简单、最方便的数学术语描述，引入了单因子高斯 Copula 模型。简言之，它是定义在 n 维单位立方［0，1］n 上的多元正态联合分布，使得在区间［0，1］上的每个边缘分布在假设一个相关参数的情况下是一致的。更具体地说，投资组合中的每个个人信贷都被建模为一种资产，由两个独立的部分组成：一个是系统的组成部分，可以看作一般经济的状态，投资组合中信贷的相关性只通过对这个宏观因素的敏感度来获取；另一个是特殊部分，它根据资产的不同而不同。在高斯 Copula 模型中，两个部分都是正态分布的，这意味着资产本身是正态分布的。此外，资产价值的分布映射到上述每个对应的违约分布时间，从而提供了联合投资组合损失分布的完整描述，这使我们能够计算整个投资组合的预期损失和保费价格。

者如何使用该模型要根据市场情况来变化。

其中一个事件是，许多标准 CDS 市场指数产生了“偏态”的相关性特征。早在 2002 年，摩根大通和摩根士丹利开始着手制定标准层 CDS 市场指数，随后创造了两个非常重要的指标：美国市场的 Markit CDX 指数和欧洲、亚洲市场的 iTraxx 指数。第一个投资级 CDX series 在 2003 年 10 月开始交易。投资级 CDX 是 125 个交易活跃的投资级标的 CDS 合约的指数，每 6 个月就会创建一组新的指数，指数的变化由下列因素驱动。

- 标的实体降级为非投资级别（福特和通用汽车早先包含在投资级 CDX series，但在 2005 年 9 月开始交易的投资级 CDX series 5 中被剔除，因为两者都在 2005 年 5 月被降至非投资级）。
- 标的实体的违约（雷曼兄弟在 2008 年 9 月申请破产时是当时的指数的成分）。
- 兼并（例如 Wyeth）。
- 单名 CDS 交易活动的下降。

2003 年底，市场也开始投资级 CDX 标准层的交易，如表 9.7 所示。

表 9.7　投资级 CDX 的层级结构

等级	损失承担起点	损失承担终点	宽度
最优先级	30%	100%	70%
优先夹层级	15%	30%	15%
“AAA”级	10%	15%	5%
夹层级	7%	10%	3%
次级夹层级	3%	7%	4%
股权级	0%	3%	3%

最初进行标准层交易的很大一部分原因是做市商在信用违约相关性方面有可观测的市场，这为定制的合成 CDO 定价提供了必要的基础。到 2003 年，这些合成 CDO 已经成为多家全球银行和投资银行业务的重要组成部分。

在分层指数市场出现以前，交易员通常以股票价格或 CDS 利差为基础的历史相关性，上下浮动一定的空间来估计其信用相关性标准。平均历史相关性大约在 25%，相关性标准需在此基础上 +/-10%。例如，标示做多权益级或者做空优先级的市场相关性标准为 15%，做空优先级或做多权益级的市场相关性标准为 35%。

最初，指数交易所反映的交易市场相关性，或多或少符合做市商在其账簿标示的相关性水平。然而，随着时间的推移，出现了相关性“偏态”，在这种情况下，分层指数价格所表现的相关性随着起保额的变化而变化。这种相关性偏差类似于股票期权定价中观察到的波动偏斜，即“波动率微笑”或“波动率皱眉”。

相关性偏态倾向于向上倾斜，这意味着更优先级保险的隐含相关性更高。这种现象既有技术上的“供求”因素，也有根本上的因素。供求因素是，一方面在新上市定制 CDO 活跃的年份中，投资者的最大需求是介于投资级别的需求，通常相当于 IG CDX 的 3% 和 15% 附属物。这部分很有吸引力，主要是因为他们支付的信用利差远远超过类似评级参照实体的单一标的 CDS 上的利差。另外，次级的存在相当于历史违约损失平均值的 2 ~ 8 倍，这也影响了评级。不过令投资者感到安慰的是，即使参考投资组合中有一些意想不到的信贷事件，投资仍然可以表示整体。

另一方面，权益级一般不具有评级，而且在投资组合中会首先遭受损失。100 个或更多标的资产中的两个或三个违约就可能导致权益级的投资损失。对于资产包的损失超过 15% 时才开始承担损失的层级来说，相对于历史平均违约水平，有很多低层级为其提供损失缓冲。因此，利差太低，将无法为大多数类型的投资者带来价值。对于标的资产的任何给定的 CDS 利差，对夹层级的大量需求压缩了夹层利差，并将利差“推”到高级股和普通股。这反过来又提高了优先级隐含相关性水平，降低了权益级隐含的相关性水平。

至于根本的因素，低到中的违约率对应于低相关性，高违约率对应于高相关性，这一概念很直观，至少在使用正态（或高斯）分布估计相关性时是这样的。换句话说，据我们观察，5 年间 125 个投资级标的实体中有两个违约，人们会预期这些违约是特殊的或最具有行业特征的因素造成的。如果 125 个投资级别的借款人中有 25 个违约，或超过 10 倍的历史平均水平（假设平均违约回收率为 25%，此时损失承担起点为 15% 的层级也受到波及），则可以认为这是由类似 20 世纪 30 年代经济大萧条的系统性经济危机造成的。即使是 2008 年开始的经济衰退和经济增长疲软期也不会接近这样的公司违约水平。

CDS 市场发展的一个重要事件是发生在 2005 年 5 月的信用相关性市场的大混乱。2003 年底以来，相关性偏差一直在逐步加剧。2005 年 5 月，标准普尔将通用和福特降级为非投资级别即“垃圾”级。正如预期的那样，这造成了这两家发行人信用利差的显著扩大，但不一定是因为评级下调向市场报告的任何基本面消息。① 这一现象更多的是由投资级基金被迫出售福特和通用汽车证券的技术性因素所推动。另外，由于投资级基金必须用其他资产来替代福特和通用，投资级市场信用利差趋近。最后，由于高收益基金（专注于非投资级证券）不得不为买入福特和通用汽车“腾出空间”，高收益市场的信用利差扩大。

福特和通用汽车的降级是一个重大的分水岭。即使相关性没有任何变动，投资级 CDX 的权益层级价值也会下跌。但是，由于对未来特殊事件或行业特定事件的可能性的担忧，这种下跌会更大。5 年期 3% 损失承担起点的相关性下降到个位数，是有史以来的最低水平，而且在 2007 年夏季信用市场首次出现混乱之前，相关性通常保持在 15% 左右。

CDS 基准指数和阶段

如上所述，投资级 CDX 和 iTraxx 指数以及这些指数的不同分层在 2003 年底开始活跃于交易市场。此后，其他指数开始活跃起来，包括美国高收益指数（HY CDX）、“交叉”指数（XO CDX 和 iTraxx）和贷款 CDS（LCDX）指数。做市商、对冲基金和其他市场参与者使用这些指数来经济有效地建立市场多头或空头头寸，各个指数成为所在市场基准的最佳代表。例如，持有短期看跌市场观点的美国高收益债券资产管理人可能会通过购买 HY CDX

① 众所周知，信用评级往往滞后于信用利差的变化，尽管近年来评级机构在提高企业评级的反应时间方面做了很多工作。

的保险来表达这一观点。基金经理可以通过这些产品对冲他的多头头寸，或者建立净空头头寸，直到他的观点变为中立或看涨。这不仅避免了较高的交易成本，也避免了可能无法重新构建所需标的实体的投资组合的风险。

在一段时间里，HY CDX 和 LCDX 交易活跃，但随着 2007 年开始的定制层级衍生品市场的放缓，这些产品的交易量大幅下滑。在撰写本章时，每个指数的"在运营"是第 13 系列或第 14 系列，创建于 2010 年。但对于分级产品，唯一活跃的交易系列是 IG CDX 和 iTraxx 的 9 系列，分别于 2007 年 9 月和 2008 年 3 月开始交易。

CDS 互换期权

CDS 互换期权是在预先指定的保费水平购买或出售以特定实体或指数为底层资产的信用保险的选择权。像股票期权、外汇期权和利率互换期权一样，CDS 互换期权创造了一个波动率的市场。在 CDS 互换期权中，波动率是信用利差的波动。创建 CDS 互换期权市场的第一次尝试可以追溯到 CDS 市场本身的开始。经过一个缓慢的过程，真正的 CDS 互换期权市场在 2007 年开始出现。在本章撰写之际，CDS 指数互换期权交易活跃。

继续前行

在某些方面，目前信用衍生工具所处的阶段与 1994 年的利率衍生品类似。近 10 年来，新兴市场出现了指数级的增长。产品创新在某些情况下超出了使用的范围，一些市场参与者由于对风险和杠杆的认知较少而造成了巨大损失。当然，在很多重要的方面，二者无法进行比较。1994 年在利率产品上遭受巨额损失的公司（例如，奥兰治县、宝洁公司和 MBS 基金）并不具有系统重要性，有些受损公司的业务并没有受到实质性影响。没有系统性危机能与 2007—2009 年的危机相提并论，利率衍生品并不是导致亏损的利率波动的元凶。

但是，与 1994 年的利率衍生品一样，如今有些人认为信用衍生工具已经失去作用，我们现在正在回到旧的风险管理方式上。与对 1994 年的利率衍生品的看法一样，我不认同这种对信用衍生工具的看法。这项技术被误解、滥用和不善管理，确实给某些人带来了一些严重的后果。但我也相信，这项技术太有用了，不可能从全球金融的舞台上消失。这就是我对 1994 年利率衍生工具的看法，也是我现在对信用衍生工具的看法。

全球性银行仍然是风险的最大来源，不仅仅是因为其贷款组合。利率和货币衍生产品是银行信贷风险的重要来源，幸好它们目前还没有成为被公众批判的话题。商品衍生品很可能成为信用风险的另一个重要来源。使用利率、货币和商品衍生工具管理风险敞口的企业客户似乎可以免予遵守《多德—弗兰克法》的保证金要求。[①] 同时，银行对交易对手风险的管理变得越来越严格，并提出"巴塞尔协议"规则，将增加与此类风险相关的资本要求。基于这些原因，信用衍生品在全球银行的风险管理策略中仍然具有重要地位。并且我

---

① 该法案本身并没有对担保品规则设定这样的豁免，但考虑到多德—林肯（Dodd – Lincoln）信函所表达的明确意图，CFTC 和 SEC 强行对企业最终用户的现状进行重大改变的概率很小。

们可能会看到新一代标准化产品或新一代定制的银行资产负债表结构化产品来交易这样的风险，或两者兼而有之。

此外，一些其他类型的迄今尚未成为大的保险买方的组织应继续使用该产品，因为这些潜在的应用迟早会变得明显。一种类型是非金融公司的实体，他们可能考虑使用该产品来管理购销债务人或提供流动性贷款的银行的信用风险，对冲养老基金的风险、提高养老基金的收益，或对冲预期借款成本。另一种类型是联邦、州和地方政府，可能考虑使用该产品来管理发行的各种金融担保或其他信贷风险敞口，包括从环保能源项目到体育项目的商业冒险。

购买和使用保险产品的需求很明显是存在的，并会继续增加。但其挑战在于找到保险卖方。

市场暂时失去了可能是最重要的一个工具——定制的合成 CDO。许多因素使得这一产品不太可能在短时间内回归，这些因素包括：

- 对于最高优先级来说，没有有力的支撑。如上所述，单一保险公司是大的保险卖方，但是由于偿付能力有限，银行最终成为该风险的实际持有者，但这一现象不太可能再发生了。[①]
- 评级机构的新规则提高了所有评级对次级资产的要求。
- 国际清算银行提出的新规定将使合成 CDO 做市商的监管资本要求增加一倍或者两倍。
- 许多投资者的监管资本要求也提高了，特别是非做市商银行和保险公司。
- 新的会计准则要求投资者确认以票据形式购买的合成 CDO 的市值波动。

那么谁会是新的保险卖家？到目前为止一直缺席的两类主体可能会介入，但这在很大程度上取决于监管环境。第一是持有大量现金的投资者，特别是养老基金和投资公司。第二是美国的高净值和传统的零售个人投资者。由于不同的原因，这两种类型的投资者可能通过信用衍生产品成为更好的风险承担者。

首先，在现金投资者中，人寿保险公司需要使用一定的信用衍生工具，对冲公司暴露的长期投资组合发行人的信用风险。共同基金和养老基金也可以从信用衍生品带来的多元化策略和收益增长策略中受益。然而，迄今为止，他们的参与受到限制，一种原因是在现行条例下如何处理上述机构的信用衍生品投资缺乏明确性。实际上，短期内改变规则、开放市场让这些投资者参与其中的希望很渺茫，但长期来看，还是有希望的。

其次，个人投资者在适当的披露和适用性标准下，可能是 CDO 或合成 CDO 结构中最高优先级和系统性风险的承担者。优先级投资被视为投资组合中“流动性较差”或“长期”的部分，个人投资者的参与很可能通过基金投资而不是直接投资。个人投资者可以通过购买股票、传统公司债券和市政债券（直接或通过 ETF 和共同基金）来承担更大的风险（在可能性和损失的严重性方面）。个人投资者不受会计准则约束，因此，他们更能够容忍价格的波动，作出更理性的选择。

---

① 如果是的话，也不会是同样的形式了。

最后，无论是通过联邦存款保险政府支持事业单位（GSEs）还是不良资产救助计划（TARP）和定期资产抵押债券贷款工具（TALF）等计划，个人作为纳税人，已经暴露在CDO和合成CDO优先级所代表的系统性风险中。而与此相反的任何保证，包括《多德—弗兰克法》的“反救助条款”则并不能让人相信。有一个论点是，如果他们通过对投资组合的选择而不是通过政治进程来承担风险，将会更加透明和经济有效。

值得庆幸的是，迄今为止，信用衍生品在立法禁止的错误尝试中幸存了下来。然而，应该担心的是，可能会产生一些其他规则，使信用衍生工具比可比产品受到更多的限制（正如会计准则已经做的）。如果将这些情况保持在最低限度，市场参与者可以相对自由地设计和应用新产品，那么信用衍生产品应在风险管理、分散和定价方面继续发挥重要作用，从而使整个资本市场受益。

参考文献

J.P. Morgan and RiskMetrics Group. 1999. *The J.P. Morgan Guide to Credit Derivatives.* www.defaultrisk.com/pp_crdrv121.htm.

Li, David X. 1999. " On Default Correlation: A Copula Function Approach." *Journal of Fixed Income* 9:4, 43–54.

第三部分

金融工程的核心应用

证券化产品 第10章

Chapter Ten

康斯坦丁·布劳恩[①]

引言

证券化是指在资本市场中，向破产隔离的特殊目的实体出售资产及其收益的行为。证券化的最根本目的是隔离被证券化资产的信用风险。此处，破产隔离的特殊目的企业被称为特殊目的实体（Special Purpose Entities，SPEs），或特殊目的机构（Special Purpose Vehicles，SPVs）。SPV在资本市场上以这些资产为抵押，发行债务，借此出售这些资产的收入便构成了资产抵押债券（Asset Backed Security，ABS）。

证券化始于20世纪70年代政府机构发行住房抵押贷款证券时期。之后，商业抵押贷款、信用卡应收账款、汽车贷款、学生贷款以及其他的金融资产（和后期的非金融资产）都被证券化了。

证券化的关键在于对资产的合法隔离，不过我们不会在本章讨论资产证券化如何合法隔离，如何处理税收问题，而是关注资产如何进行这种结构化，如何分析这种产品，以及证券化市场的历史和未来趋势。我们会结合许多案例，用可以量化的事例来阐释这些关键概念，帮助读者对资产证券化有一个大致的了解。

证券化的起源

证券化作为金融工具自产生以来，其交易规模大幅增长。证券化最基本的形式是将资产的收益和风险与原资产所有者（称为资产证券化发起人）隔离，在资产证券化过程中，通过将这些资产的未来现金流转让给特殊目的实体完成资产收益和风险的转移（见图10.1）。接着，特殊目的实体发行以这些资产的未来现金流为抵押品的证券，这就是资产抵押债券（也叫资产支持债券）。从而使得投资者能够独立分析抵押资产的质量，而不需要关心资产证券化发起人的信用质量，使得风险相对透明化。

基于这样的设计，如果资产证券化发起人申请破产，抵押资产的权益由于已被转移至

---

① 康斯坦丁·布劳恩（Konstantin Braun）在耶鲁大学获得国际经济学硕士学位，智慧能源资本公司（Smart Energy Capital）的管理合伙人。他曾担任雷曼兄弟公司的主管，主要负责资产抵押证券业务。

SPV，这部分资产不会受到影响，即体现了与资产证券化发起人破产隔离的作用。同样地，如果抵押品产生的现金流不足以支付给所有资产抵押债券的投资者，资产证券化发起人也不会承担连带责任。由此可见，破产隔离是证券化产品市场的核心。

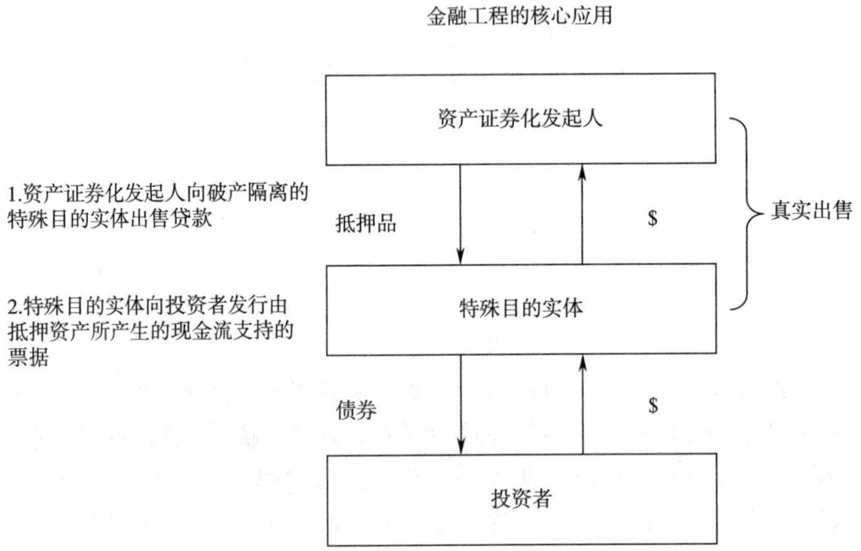

图 10.1　简化的证券化示意图

市场规模与细分市场

资产抵押债券通常按照抵押品类型来分类。资产抵押债券市场通常被分为两个市场：抵押贷款支持证券市场和资产抵押债券市场。

抵押贷款支持证券（Mortgage - backed Securities，MBS）的特殊目的实体包括吉利美（Ginnie Mae）、房利美（Fannie Mae）、房地美（Freddie Mac）等。与商业地产相关的抵押贷款支持了商业抵押贷款支持证券（Commercial mortgage - backed securities，CMBS）。为了便于进行市场统计，商业抵押贷款支持证券常常被统称为抵押贷款支持证券。在过去的 20 年中，抵押贷款支持证券市场的规模已经超过了美国国债和公司债的市场规模。根据美国证券业及金融市场协会（Securities Industry and Financial Markets Association，SIFMA）的统计，截至 2009 年第二季度，抵押贷款支持证券总额超过 9.2 万亿美元，是 2000 年的 3 倍左右。

资产抵押债券包括由不同抵押品支持的一系列债券。最常见的抵押品类型包括信用卡应收账款、汽车贷款、汽车租赁、学生贷款、设备租赁、汽车经销商贷款以及担保债务凭证（Collateralized debt obligations，CDOs）。机构通常把次级抵押贷款支持证券（securities backed by subprime mortgage loans）归作资产抵押债券，而非抵押贷款支持证券。在某种程度上，这强调了该产品的消费信用本质而忽略了其与住房相关的特征。船只贷款、消费信贷额度、预制房屋贷款、摩托车贷款、次级汽车贷款、航空租赁、轨道车租赁、休闲汽车贷款、小额商业贷款、卡车贷款、卡车租赁、特许经营贷款、彩票、车队租赁、药品特许经营权和特许使用权、滞留成本应收账款、税收优先权和分时贷款（time - share loan）都是比较少见的资产支持债券抵押品类型。根据美国证券业及金融市场协会的统计，2000 年到 2009 年第三季度，资产抵押债券市场总额从 1 万亿美元增长到 3.65 万亿美元。在 2010 年上半年，新的资产抵押债券保险总额达 648 亿美元。① 资产抵押证券保险在 2006 年以 7 539亿美元的规模达到历史最高。自 2006 年起，资产抵押债券保险数量由于受到次级抵押贷款支持证券减少的影响持续缩减。

主要参与方

每个证券化都由涉及证券化交易的不同参与方组成（见表 10.2）。

表 10.2　　证券化的主要参与方

当事人	描述
发行者/信托	向投资者发行证券的法律实体。证券化的唯一责任连带人
出售者/发起人	发起/销售证券化应收账款的企业
交易商	在销售者/发起人和特殊目的实体之间的破产隔离的企业，起到了保护应收账款不受发起人破产的影响，同时按照法律意义上的真实出售来刻画交易
服务商	负责为应收账款提供标准服务和收集程序
债券受托管理人	资产抵押债券持有者的受托管理人
评级机构	为特殊目的实体债务评级的全国公认的统计评级机构

特殊目的实体资金的来源及使用

特殊目的实体或特殊目的机构可以看作有多种偿债资金渠道的快速发展的业务实体。

超额利差（扣除特殊目的实体的运营费用和债务服务费后剩下的资金）形成了第一层信用保障。超额利差通常用于：

- 偿还债券，创造超额抵押（应收账款余额超过证券余额）；
- 偿还债券以消除抵押品池亏损而造成的抵押品贬值（例如：消除超额抵押的负面影响）；
- 建立准备金账户直到该账户达到特定的水平。

见表 10.3 和表 10.4。

资金分配根据预先设定的支付优先级顺序，这种方法也称为“现金流瀑布”（cash flow waterfall）。我们假设对汽车贷款进行证券化，并用图 10.5 来解释这种基本的现金流瀑布。

信用增级

信用增级对于想要达到理想评级的证券是必需的。信用评级机构每天会处理大量的现

① 数据来源于消费者新闻与商业频道（CNBC）和汤姆森路透（Thomson Reuters）。

金流情形，且它们着重考虑违约、预付款以及其他因素来决定理想的信用评级所需要的信用增级。

一个基本的资产抵押债券的信用增级可以采取以下几种形式：

- 超额利差；
- 现金储备账户（初始存款或由超额利差构建）；
- 超额抵押（初始存款或由超额利差构建）；
- 次级资产。

表 10.3　证券化资金的来源

资金来源	描述
定期应收账款款项	定期利息和本金收入
应收账款预付款	全额预付或部分预付
服务机构预付	服务商就拖欠的应收款所支付的垫款。这些“贷款”仅在服务商期望从后续付款中得到偿还的范围内提供
清算所得	任何一项拖欠的应收账款的清算所得，包括处置抵押品保险清算和销售清算
存款准备金账户余额	准备金账户的资金可以来自卖方存款或超额利差，其资金被用于帮助特殊目的的实体偿付债券利息和本金
其他	在一场涉及资产和其他贷款的交易中，特殊目的机构的资产可能会产生租金、版税、彩票奖金等

表 10.4　证券化资金的使用

资金用途	描述
服务费	向服务商支付的用于管理和维护资产的服务费
偿还服务费用	结算服务商之前提供的资产清算服务
支付利息	支付债券利息
支付本金	支付债券本金
存入准备金账户	如果准备金账户有要求水平，则需要向准备金账户注入资金

以上几种信用增级方法可以组合使用来实现交易目的。

超额利差

如果贷款池的收益高于服务费和支付给资产抵押债券持有者的金额，那么这部分超额利差通常可以用于抵偿可能的抵押品的亏损。

现金储备账户

从理论上讲，现金储备账户是信用增级最简单的形式。在多数汽车贷款支持证券结构中，准备金通常与附加资产或超额抵押结合使用。信用评级机构需要信用增级的现金来解决流动性问题。现金会随着超额利差被销售方存入准备金账户。大多数情况下，应收账款亏损超过超额利差的部分以及任何的超额抵押无法补足的亏损都会由存款准备金账户偿付，以保护债券持有者的利益。不过，准备金账户的现金通常会被信用评级机构限制用于流动

图 10.5 简化的现金流程

性较好的投资，如评级为 A－1＋或 P－1 的商业票据。因为这类票据的投资收益一般低于销售方的准备金资本成本，如此销售方的资本金账户余额将处于“负持有”状态（即资本成本高于投资收益）。因此，有效的资产结构会尽量最小化准备金要求。

超额抵押

超额抵押是指抵押品资产池余额超过未偿付的证券。超额抵押可能在初期构建，也可能随着超额利差的出现而产生。

- 最初的超额抵押是将抵押品超过所发行证券票面金额的部分存入信托公司，从而形成。
- 超额抵押还可以通过超额利差随时间累积来达到目标超额抵押水平。

超额抵押用于资产抵押债券增信，可以有效避免准备金账户的“负持有”现象。

次级证券抵押增信

现金储备账户和超额抵押通常能够用作所有证券的增信，此外，组合信用级别较低的一类或几类证券也可以用于抵押资产的增信。这些低级别的证券可能产生于信托基金分级中现金流支付优先级较低的部分。次级证券一般没有额外的现金或者应收账款支持，由于最终能够还本的可能性较低，其信用等级较低，因此很难成功出售。简化的资产支持结构可能只采用信用差别在两级之内的债券，例如使用 A 级债券支持 3A 级债券。

证券化的动机

贷款公司或租赁公司需要融资进行贷款业务或者租赁业务。商业银行或其他金融机构一般具有较大的资产负债表容量和低成本融资的优势，它们通常选择保留自有资本，用存款或者无担保债务获得的资金进行投资。证券化为资产融资提供了另一种选择。独立的信贷公司用无担保债务为应收账款融资很难得到好的信用评级。它们在贷款证券化时会保留首先承担违约损失的部分（称为权益层或留存层）。资产发起人进行资产证券化可能有很多原因，其中最主要的原因在于证券化以较低的资金成本进行融资。同时特殊目的实体的破产隔离机制能够且经常使资产抵押债券获得相对于资产发起人本身更高的信用评级。

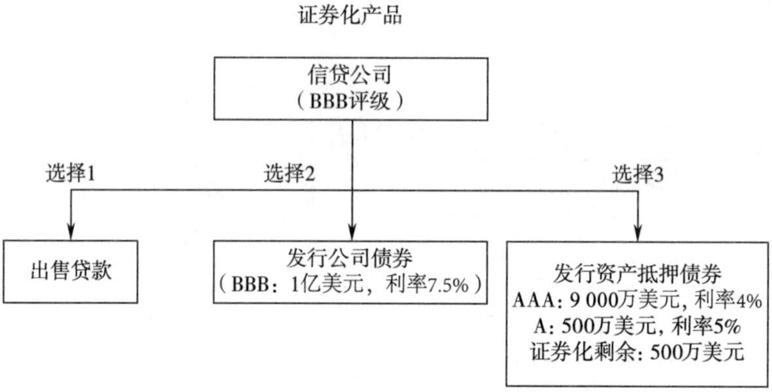

图 10.6　融资选择简化示意图

我们考虑图 10.6 中所示的例子。设一个信用评级为 BBB 的信贷公司拥有一个贷款池，同时需要进一步融资来发放新的贷款。一般来讲，该公司有如下三种融资选择。

（1）出售贷款：公司可以出售其已有的贷款组合。资产池可以被竞标，或者作为出售资产的一部分出售给指定的买家。这样会产生现金流，但存在以下缺点。

首先，发行人需要为这笔贷款寻找买家，且买家基于久期和信用风险情况相匹配的需求正好也在寻找类似的贷款资产。比如，假定我们正在处理一笔由 1 亿美元汽车零售贷款构成的资产池，该贷款的加权平均久期为 48 个月，加权平均利率为 6%，加权平均个人信用评分（FICO 评分）为 690，其中二手汽车贷款占有较大份额。在这种情况下，由于资产池会面临独特的信用风险而且还缺少信用评级，需要此类贷款资产的目标投资者范围就会受到很大限制。这些特征减少了可能的投资者并且提高了资金成本，拉低了销售价格。

其次，公司出售资产会损失资产表现上行带来的收益。比如，如果发起者选择出售应收账款，公司将会放弃任何提升资产评级和资产表现的机会。如果资产表现比预期更好，发起者就不会获利（反之亦然，如果资产表现比预期更糟糕，发起者也不会受到额外损失）。

（2）发行公司债：公司可以发行公司债。如果资产表现比预期更好，那么发行者将获得其带来的所有好处。如果资产表现比预期更差，公司将承受全部的损失后果。投资该资产的成本是公司资本的边际成本。为了方便后面例子的说明，我们假设图 10.6 中提到的公司其投资成本为 7.5%。

(3) 发行 ABS：如图 10.6 所示，通过发行 ABS，公司可以获得较低的加权平均成本，此例中我们假设为 4.05%，这意味着相对于发行公司债来说，公司能够节约 3.45% 的成本。并且如果资产的表现好于预期，公司可以通过保留权益层获得全部好处；而如果资产的表现比预期糟糕，公司的最大损失不超过其权益层的风险暴露，在本例中风险暴露为最多 500 万美元的权益层本金损失，仅占总抵押资产的 5%。

因此在图 10.6 的例子中，发行 ABS 是相对较优的融资选择。该结论通过比较公司债和 ABS 的资本成本得出，前者为 7.5%，后者为 4.5%。虽然该结论对于 100 万美元资产池中 95% 的负债都成立，但我们仍然没有将所有需要融资的部分都考虑在内。在发行资产抵押债券时，未考虑部分的增量具有高杠杆特征，而且可能有较高的资金成本，这会使得加权平均资本成本高于原本的 4.05%。

在考虑出售贷款还是发行 ABS 的时候，股权成本通常是一项重要的考虑因素。假设在市场上向一系列预期买方开放出售贷款池，在最好的情况下，1 亿美元的贷款池出售可能获益 1.01 亿美元。在此情景下比较出售贷款与发行 ABS，如果出售 ABS，该资产池可以融资 0.95 亿美元，低于出售贷款的 1.01 亿美元。但如此比较并不公平，因为公司发行 ABS，不但获得了 0.95 亿美元的融资，还保留了权益层可能的增值，因此应该综合评估 ABS 融资额和权益层的价值作为发行 ABS 的收益。权益层的价值可以通过对项目现金流在一定情景下的贴现进行估计。表 10.7 展示了简化的 1 亿美元的汽车零售贷款池中抵押品、债券和权益层的估值过程。表中，权益层总现金流为 890 万美元。假设折现率为 15%，则权益层当前价值为 670 万美元。加上资产抵押债券的 9 500 万美元融资额度，则资产池融资总价值为 1.017 亿美元，超过了 1.01 亿美元的出售贷款价值，说明公司此时仍然应该选择发行 ABS。不过如果把权益层的折现率变为 25%，此时，权益层的价值为 575 万美元，资产池融资总价值变为 1.0075 亿美元，就低于了出售贷款所能带来的 1.01 亿美元。

表 10.7 简化的出售和证券化分析

年	汽车零售贷款池				分类 A：AAA 评级资产抵押债券			分类 B：A 评级资产抵押债券			
	初始余额	贷款利息	贷款本金	贷款损失	初始余额	利息	本金	初始余额	利息	本金	权益
1	100.0	7.0	24.0	1.0	90.0	3.6	22.5	5.0	0.3	1.3	3.4
2	75.0	5.3	24.0	1.0	67.5	2.7	22.5	3.8	0.2	1.3	2.6
3	50.0	3.5	24.0	1.0	45.0	1.8	22.5	2.5	0.1	1.3	1.8
4	25.0	1.8	24.0	1.0	22.5	0.9	22.5	1.3	0.1	1.3	1.0
总计		17.5	96.0	4.0		9.0	90.0		0.6	5.0	8.9

译者注：原文中的数据简单加总与总计金额存在偏差，估计是实际数据小数点位数与表中存在差异，因此展示的四舍五入的金额与未四舍五入情况下的总计金额出现了偏差。

当然，融资方式的选择在现实中还会受到许多其他因素的影响，包括会计处理、评级机构要求、交易费用等。

证券化有许多好处。正如我们之前讨论的，证券化可以使得债券获得高于发行者本身的信用评级，以降低融资成本。这一点对于低评级的发行人或者高质量资产的抵押品池更是如此。一般地，融资成本优势随着发行者的信用评级提升或者资产质量的下降而下降。除此之外，证券化还有一些其他的好处。

- 融资多样性。证券化增加了公司的融资渠道选择，特别是对于那些由于信用评级较低在资本市场上受到较多限制的低评级公司。
- 资产负债管理。资产证券化可以减少或者消除资产发起人资产负债表中利率风险和久期敞口的不匹配。
- 风险管理。公司通过将一篮子贷款证券化，并自留权益层，既保留了贷款池可能带来的超额收益，又将贷款池可能带来的最大损失限制到权益层所占的比例，起到了很好的风险转移和杠杆收益的作用。

证券化交易过程

贷款发起人一般通过投资银行设计并出售证券。债券承销是投资银行的重要收费业务。银行可能会承诺在一定的利差范围内出售债券，也可能不会，这取决于银行当时的情况。通常，一个债券会由几个银行构成的银团完成承销。在选择承销银行时，发起人倾向选择给予明确承销价格或保底承销价格，或者声誉高往来关系好的银行来承销债券。被选中的银行在承销中，又分为具有主导作用的牵头银行和协助银行。通常，由其中的一家牵头银行来主导交易过程。

首先，负责构建交易框架的银行为客户提出多种结构选择以及每个选择中与客户的收益分成。一旦确定了某种结构，银行的工作人员就会从评级机构获得信用评级并和律师一起准备相关的文件。必要时，投资银行会引入其他机构参与交易。例如，交易中可以引入衍生产品（如利率互换或利率上限）规避风险，获取收益。

信用评级

信用评级机构根据单个证券的信用表现来估计资产池的价值和信用等级。虽然投资者在买入或者卖出某些证券时不参考信用评级，但大多数情况下，投资者会参考债券的信用评级作出投资决策。有些投资者认为信用评级分析非常有用，而其他投资者可能只是由于规则要求需要考虑信用评级。几十年来，信用评级机构已经形成了一套自己的投资准则、资本充足率计算规则以及其他相关规定。

信用评级时，评级机构会研究证券化的各个方面。评级分析师投入巨大的精力研究每一笔交易的法律框架，他们要确保这些出售给特殊目的实体的资产已被合法隔离，这样一旦资产发起人破产仍能够保证债券持有者从抵押资产池获得收益。从定量角度，评级机构会对各种担保方案下的债券表现进行拓展分析。下面以汽车贷款证券化为例来简述评级机构的分析过程。

第一步，评级机构会分析抵押资产池，然后对抵押资产未来的表现形成初步判断。投资组合的违约损失率是违约率和违约损失程度的函数。从历史数据看，汽车贷款违约率主要是受劳动力市场的影响，而影响违约损失程度的主要因素是经济环境、新车激励、二手车租赁供给以及信用贷款可得性和可得贷款的期限长短。在分析抵押资产时，评级分析师会关注各种相关因素，包括该公司资产的历史状况、预期贷款偿还率、信用得分、地理特征、贷款季节变化因素等。

第二步，分析师基于他们对抵押资产的了解，分析不同情景下的抵押资产表现，估计推荐的资本结构的承压能力，基本上有两种分析方法完成这一过程。

第一种方法，被称为确定性方法（deterministic），评级分析师为每个评级类别提出几种可能的状况，基于每种方案评估债券表现来确定每个债券在特定的评级下能够偿还的全部利息和本金。例如，我们假设一个分析师为上文的汽车贷款提出了如表 10. 8 所示方案和压力测试场景。

表 10. 8　　　　简化的资产抵押债券债务规模

评级分类	基本方案损失乘数	累计损失（%）	年度超额利率（%）	累计超额利率（%）	资产抵押债券规模占比（%）
AAA	5. 50x	16. 5	3. 2	6. 3	89. 80
AA	4. 50x	13. 5	3. 2	6. 3	3. 0
A	3. 50x	10. 5	3. 2	6. 3	3. 0
BBB	2. 50x	7. 5	3. 2	6. 3	3. 0
基本方案	1. 00x	3. 0	3. 2	6. 3	

假设该抵押资产池有 2 年的平均寿命，使用一种简化算法设定债券规模，正如表 10. 8 最右列显示的那样。以评级为 AAA 的 A 类债券为例，评级准则要求 A 类债券在资产池损失 16. 5% 的情况下仍然不受影响，同时超额利差能够覆盖大约 6. 3% 的资产池损失，而剩余的损失可以通过其他抵押品（如超额抵押和次级资产）抵补。如此，A 类债券规模可以达到 89. 8%。在实践中，具体的债券现金流信息对于分析每个方案中的债券规模必不可少。在具体的现金流运作中，较高的损失率和较快的提前偿付会降低超额利差。因此，既然资产的收益会因违约损失和提前偿付而缩减，评级机构只对看作信用增级资产的部分剩余资产进行信用评级。在某些情况下，如果超额利差与储蓄账户挂钩，或者被用于偿还证券本金由此形成过度抵押，评级机构会给超额利差更高的信用评分。

第二种方法是通过模拟足够多的抵押资产表现情况对抵押资产进行评价。在这种方法下，评级分析师会针对给定的抵押资产池设定基本变量参数，在此假设下模拟资产池的各种可能表现，进一步分析每个变量的统计分布。之后通过改变参数取值，分析资产池表现的统计特征变化，这样评级模型能够得到债券数以千计的表现情况。分析师参考特定评级类别的基准债券表现，评价待评估债券的平均表现。

无论债券规模的确定是以按时偿付全部本息为前提，还是以假定每只债券的平均收益为前提，评级机构面临的关键挑战在于要对不同的评级类别设定不同的模型参数。只有委员会批准了压力场景以及附属假设后，评级机构才可以对抵押品进行大量的研究来确定评级模型的参数。因此，很少出现不同评级机构的评级对同一笔交易产生较大差异，或者对同一只债券给出不同评级的情况。

近期事件

即使银行通常有大量的存款和低成本的基金融资，银行也倾向于将钱贷给信用质量较高的借款者。相反，那些信用质量中等或偏低的借款者，他们的融资基本来自小型金融机构。资产抵押债券市场允许这些贷款者进行证券化，并利用证券化的收益来发起新的贷款。“发起并出售”模式的发展刺激了市场中消费者和机构贷款能力的增长，同时也降低了贷款成本。利用证券化，如果发起人想要扩大商业规模，他既不需要重新举债，也不用等收回应收账款后再偿付债务。从1990年中期到2007年，这种现象导致了独立从事信贷业务资产证券化的信贷机构出现，这些机构的自有注册资本很有限，它们的贷款发放政策和定价是由资产抵押债券投资者和评级机构的要求推动的。2007年初，投资者就已经开始关注嵌在某些房地产相关证券中的风险敞口。随着投资热情的衰减，许多这样的独立的信贷公司在2007年至2009年期间失去了它们主要的资金来源，并因此被迫终止经营，进而使得大量贷款者无法继续借款，并无法在现有负债上重新融资。这导致贷款者违约率上升，并由此导致资产抵押债券抵押品池实际和预期的恶化，更进一步地使投资者失去信心，形成恶性循环。暴跌的债券价格甚至使大型金融机构的资产负债表恶化。以上这些结果导致广泛的信贷紧缩，企业信心和就业因此受到波及。

2007年初，资产抵押债券每月发行量高达700亿~800亿美元。其中65%~75%为次级债和资产抵押债券中的债务抵押证券（ABS CDOs）。随着住房信贷危机开始显现，投资者对次贷资产的兴趣迅速消失，发行量因此急剧下降。截至2007年8月，次级债、ABS CDO的总额已经下降到100亿美元，并于同年秋季下降为0。到2008年初，资产抵押债券规模下降到每月100亿~150亿美元，其中消费贷资产抵押债券（汽车、信用卡和学生贷款）占总量的95%。

经过多年的发展，消费贷款逐渐成为资产抵押债券的主要抵押资产。为了重振消费者信贷，联邦储备银行（Federal Reserve Bank）和美国财政部（U. S. Treasury）于2009年初发行定期资产抵押债券贷款工具（Term Asset - Backed Lending Facility，TALF），希望能够重振新发行的资产抵押债券市场。TALF允许投资者从美联储借款去偿还新发行的资产抵押债券债务，这一方式不仅为投资者提供可观的杠杆性回报，而且刺激了对冲基金和其他非传统资产抵押债券投资机构投资新的资产抵押债券市场。虽然TALF初期由于项目条款难以理解而进展缓慢，但随着投资者逐渐适应，截至2009年底，新的美国资产抵押债券市场重新增长到每月100亿~150亿美元，其中抵押资产池主要是汽车贷款和信用卡支付。

到2009年底，资产抵押债券市场已经逐渐恢复。传统资产抵押债券收益（汽车贷款和信用卡）尽管不能恢复到信贷危机前的水平，但已经大大超过了信贷危机时期的最高点。

2008 年投资者恐慌的核心是基本的抵押信贷质量。然而，撇开信用方面的考虑，仍然有其他的潜在因素影响资产抵押债券的估值、债券表现和发起人风险。

信用还是流动性：学生贷款的例子

联邦家庭教育贷款计划（FFELP）学生贷款 ABS 是体现流动性在信用利差中的重要作用的一个典型例子。FFELP 学生贷款 95% ~100% 的本金和应计利息都由美国政府担保。事实上，学生贷款不同于公司债券，其担保是明确的而不是隐含的。有人可能会认为 FFELP 学生贷款资产抵押债券由于高质量的信用担保，在信贷危机中应该可以幸免于难。然而，事实正好相反，投资者认为学生资产抵押债券流动性并未针对其给予充分的溢价补偿，因此选择转投美国国债，导致 FFELP 学生贷款的利差在 2008 年扩大到前所未有的水平。

违约分层触发机制

违约触发可能会终止次级债持有者和权益层持有者的现金流偿付。违约分层触发是一种信用增级机制，其在抵押品表现比预期差时，经常被用于重新引导现金流从次级流向优先级。违约分层触发对次级债券持有者有两种影响。一是延长债券加权平均持有期限，即如果次级债本金偿付部分被重新分配给优先级别，那么债券期限会延长，因此那些认为他们购买了固定持有期债券的投资者会发现，他们所持债券的潜在持有期其实更长。这种延期可能造成债券损失的增加。例如，如果证券化首先保证优先级债券偿付，那么违约分层触发会使现金流转变为按债券优先顺序支付，此时对次级持有者的本金偿付将终止，这会使其潜在的账面减值风险敞口扩大。

二是违约分层触发也可能给发行者带来问题。许多发行者在他们的证券化中保留了权益层。在某种程度上，他们依赖于 ABS 的剩余现金流向公司提供营运资本或产生新的贷款。违约分层触发会导致权益层现金流中断，进而导致公司营运资本的流动性问题。如果发行者的交易是基于交叉担保，这种问题会变得更为棘手。当信托进行交叉担保时，一个信托的一个层级债券发生违约可能会导致所有交叉担保的信托重新设定现金流方向。交叉担保通常会导致较低的利率水平，降低发行人的资金成本，但这样做的代价是增加了抵押品的风险敞口。

久期错配

另一个证券化的问题是用短期负债支持长期资产投资带来的久期错配问题。拍卖利率证券市场的动荡就是一个很好的例子。许多发放学生贷款的机构在它们的一些 ABS 信托中发行拍卖利率证券。在学生贷款中使用拍卖利率证券在市政发行机构中最为常见，尽管大多数发行机构，包括学生贷款营销协会（Student Loan Marketing Association，SLMA，Sallie Mae）、国家教育贷款网络（National Education Loan Network，Nelnet），以及马布尔第一银行（First Marblehead）在内都在某些交易中发行了拍卖利率证券。拍卖利率债券通常以 7 天、14 天以及 28 天为周期来发行。每个周期结束后，会通过荷兰式拍卖[①]来决定下个周期的债券利率。如果不能找到新的投资者，那么拍卖会宣告失败，原证券持有者会继续持有他们

---

① 译者注：荷兰式拍卖亦称"减价式拍卖"，是一种特殊的拍卖形式。拍卖标的的竞价由高到低依次递减直到第一个竞买人应价（达到或超过底价）时击槌成交。

的证券，此时票面利率通常会有小幅度的增加。2008 年 3 月，随着信用危机冻结了大部分资本市场，拍卖会的失败次数达历史最高。这导致许多拍卖利率债券的持有者，本打算作为短期债券持有，却被套牢在最高利率上。除非发行方选择重新发行这些证券（以更高的成本），否则拍卖利率债券的持有者将在一段相当长的时间内持有这些证券。从这些证券交易的利差看，投资者和发行者在定价时很明显没有正确考虑这些证券中嵌入的期权成分。

小结

尽管资产抵押债券市场再次复苏，但在信贷危机和买方市场的影响下，资产抵押债券市场已经发生了一些根本性的变化。

- 评级机构曾经被视为次贷危机的主要责任方，原因是它们对高杠杆次级资产抵押债券和债务抵押债券给出 AAA 评级的评级方法存在问题。如今它们的评级非常保守，并提高了发行方想获得最高评级的资产抵押债券所需满足的要求。
- 投资者现在要求资产抵押证券的发行机构对其基础资产进行更多的信息披露，并花更多的时间进行独立的信用分析，减少对发行方内部信用评级的依赖。更常见的情况是，对于非传统资产，交易更多地由投资者发起，或者以对一小部分投资者的定向增发的方式进行，在这个过程中，这些投资者不仅会与发行方商定证券的基本条款，而且还会对交易中的关键结构特征提出要求。
- 由于缺乏专门从事资产抵押债券担保的保险公司，许多发行商通过证券化融资变得更加昂贵，因为债券现在必须根据交易中的实际信用增级来评级。尤其对于那些经营资产租赁的公司，如汽车/卡车租赁、飞机和集装箱租赁，以及餐厅特许经营权等。历史上，这些资产的结构化和大量顺利出售主要是由专门从事资产抵押债券担保的保险公司通过外部担保增信实现。
- 监管机构仍在修订并制定一系列新的规则，包括资本充足率原则，这可能会显著影响未来证券化的吸引力。
- 由于信贷市场的供需不平衡，这些变化是否只是暂时的现象还有待观察，如果市场运行方式随监管的放松而回到信贷危机前的日子，去杠杆政策停止，那么随着信贷需求的增加，市场的风险偏好会再次提高。

Chapter Eleven

结构化产品 第 11 章

蒂姆西 · A. 戴[①]

引言

术语“结构化产品”（structured products）通常用来表示金融市场上的创新性产品。但从狭义上来讲，结构化产品必须以标的产品为基础（如单个股票、一篮子股票、商品、债券及外币等）。从广义来说，任何与标的基础资产有差异的产品都可以被称为结构化产品。这种定义实际上非常模糊，如此几乎所有的产品都可以是结构化产品。这就对我们的研究造成了一定困扰。因此，我们将从概念界定入手，通过一些具体的例子来分析某种产品是不是结构化产品，以及作出这种判断的原因。

在本章中，我们将重点分析股权和信贷结构化产品，简述结构化产品及其实际应用。本章不含对商品、利率和外汇结构化产品的分析，因为这些内容在本书的其他章节会进行介绍。

关于衍生品的说明

结构化产品规模的增长源于衍生品市场的扩张，事实上，将二者完全分割开来是不可能的。这两种产品的规模迅速扩大，截至目前，虽然负面新闻并不鲜见（2001 年的安然集团破产和 2007 年的信贷危机），但收益仍大于风险。

衍生品市场最初是为满足对冲价格风险的需求而产生的。例如，一位农场主可以通过衍生品市场来规避农产品市场价格波动，从而锁定农作物的卖价。起初，签订衍生品合约意味着双方未来需要进行标的资产的交割，当代的衍生品交易制度发展则围绕如何提升合约结算效率进行。

衍生品的标的资产不再限于玉米和小麦，棉花、咖啡豆、可可等其他农作物也陆续成为衍生品合约的标的。不仅如此，只要在未来可以实物交割的产品，都能成为衍生品的标的，例如外汇、欧洲债券等。

现在，衍生品市场参与者不仅可以使用衍生品管理标的资产的价格风险敞口，而且能

① 蒂姆西 · A. 戴（Timthy A. Oay）是古根海姆证券有限责任公司（Guggenheim Securities）金融资产证券化集团的董事。他于 2011 年到 2007 年就职于瑞银证券有限责任公司，负责管理公司的综合事务。

够在不从事标的资产交易的情况下交易衍生品，承担衍生品的交易风险。

可以看到，衍生品交易市场的出现不仅拓宽了个人资产的投资渠道，还增加了可投资资产的种类。简言之，衍生品市场的发展提高了标的资产的流动性，增加了市场参与者的数量。

接下来我们将概述结构化产品的发展历史，并描述它的生命周期，包括市场上不同参与者所扮演的角色，以及结构化产品在管理系统风险中的作用等。

发展历程

为实现投资者的风险收益目标（比如保本），满足发行者分散风险的需要，结构化产品在20世纪70年代的欧洲诞生，并发展至今。目前，结构化产品在美国和亚洲地区成为一种流行的投资工具。

很久之前，金融工具的分类就已初具雏形：权益类、固定收益类、外汇类、利率类、商品类等，随着金融工程的出现，结构化产品被引入其中，成为一种广泛交易的金融工具。金融工程注意到了投资者的两点需求：一是投资者希望给不同的投资需求匹配相应的风险收益特征；二是投资者希望组合不同的资产来表达自己对市场判断的特定观点。于是金融工程将传统证券和衍生品相结合，设计产品，来满足投资者不同的投资需求，这就是结构化产品。

随着各种结构化产品不断推陈出新，其市场规模不断扩张，投资银行也开始从这种产品设计中获利。与此同时，结构化产品涉及的范围也越来越广，从最初的可转换债券到现在主要的金融工具都有了相应的结构化产品。

我们在之前已经提到过，结构化产品由票据和衍生品部分构成。票据可以是单一证券（包括互换产品），也可以是证券指数（或互换指数）。衍生品部分则涵盖了各种期权、互换，也有期货、远期，但不太常见。这两个结构化产品的构成成分，再加上用于执行特定交易目的的法律框架，就是结构化产品的交易结构。

市场上不同参与者的交易动机是设计结构化产品的关键。在结构化产品交易过程中，每个参与者都能达到对自己最有利的目的，但必须满足约束条件——充分考虑其他参与者的利益和需求，尤其要注意整个交易的经济可行性。后者是银行家们最关心的，他们通常需要兼顾各方，从而实现产品盈利和客户满意的双赢。

权益类结构化产品

如果要选出象征结构化产品诞生的金融工具，那一定就是可转换债券了。这种工具的出现，使得金融产品突破了原来收益较为固定、风险较为可控的范畴。在可转换债券中，投资者为了得到从权益资产价值上升中所获得的高收益，而愿意接受一个较低的息票率。这其中已经嵌入了一个股票的看涨期权，其他条款就是投资银行对产品的一些简单设置了，例如保本需求、转股权限制等。

权益类结构化产品的票据收益会依赖某只股票或某个指数（即股票组合）的表现。在设计产品条款时，必须要考虑一些规则的影响，包括各种公司法和证券法的规定，如对股权稀释、股息发放、资金成本、上市交易等的相关要求。

公司法和证券法的相关条款规范了证券的发行和交易（当然，这些条款因地域、证券类别而异）。依据公司法和证券法所设定的各种监管要求，不仅适用于单个证券，而且也适用于权益类结构化产品。因此，创设一个结构化产品，我们必须考虑对发行结构化产品的公司实体以及发行过程的监管要求。

第一，发行证券引起的股权稀释问题。这源于股票、衍生品、权益类结构化产品的互相作用。公司增发股票会导致股权稀释，发行看涨期权（例如可转换债券）也可能导致股权稀释，这样会使得股价发生变动，与股票关联的衍生品也会因此受到影响。

第二，股息的分配使权益类衍生品的定价变得困难，而任意结构化票据却都含有权益类衍生品的成分。股息并没有确定性的发放计划，在引入会计处理和纳税措施之后处理起来会更加复杂，这给我们设计权益类结构化产品带来了不小的麻烦。

第三，考虑资金成本是因为通常在执行卖空策略时需要借入股票，而借入股票的能力一般会受到市场总流动性的影响。

第四，可交易问题也需要考虑。因为交易所的规则决定了某只股票能不能被交易，进而影响着转换后获得股票的交易成本。

第五，我们还需要考虑与公司股票相关的公司规章制度。因为这些规章制度会影响公司股票，进而也会对权益类衍生品产生影响。

与其他产品一样，指数类结构化产品（也是一种权益类结构化产品）同样容易受到以上因素的影响。这种产品所联结的指数通常是市场上现有的指数，如标准普尔 500 指数（S&P500）、道琼斯工业平均指数等。投资者可以通过这种产品，复制相关指数的风险敞口。

受益于程序化交易，交易所交易基金（ETF）在 1993 年开始发展起来，这些基金可以很好地跟踪相应的市场指数，这实质上提升了股票市场的交易效率和流动性，增强了股票市场的价格发现功能。不仅如此，各种市场指数的创设以及买卖这类产品的便利性，增加了更多技术性交易的成分——这可能是进一步提升价格发现功能的因素之一。在本章之后的部分，我们将基于此来阐述价格与价值之间的区别。

市场指数的创设允许了更大程度的卖空，提高了调节杠杆的灵活度，增强了当日价格走势的监测能力，还对交易策略的完善有所帮助——这些交易策略可能是基于大盘走势、基于股价波动性，或完全由套利性质而定。市场指数策略也可能被分层应用到其他头寸配置中去，例如进行部分对冲的交易或创设新的复杂头寸等。

通过指数类结构化产品而设置的交易策略，我们称为指数策略，其目的分为三个维度：一是实现资产的配置，二是进行交易成本的管理，三是增加回报。

资产配置，是一种投资策略，其中涉及管理者对于整个市场或市场中某个环节的预期，这与传统的选择单一证券进行交易的投资策略不尽相同。随着权益类结构化产品的发展，这种投资策略逐渐受到青睐。因为资产配置允许在具体的交易中进行结构化设计，例如可以对单只股票或一篮子股票的相对价格进行结构化设计，以达到预定的投资目标。

交易成本也应受到重视。因为如今的交易策略要求进行多只股票的操作，交易成本在这其中是不可忽略的。而在实际操作中，由于规模经济效应，投资者可以通过执行指数策略来削减开支，进行交易成本的管理。

指数策略对投资者来说是很重要的，因为通过执行指数策略，投资者可以进行股票的分数化交易。即投资者可以通过持有某个指数基金来获得某些股票的一部分收益。这在一定程度上排除了一个重要障碍：过高的单一股票价格。通过指数策略，希望投资高价股，但又没有足够资金的小型投资者也可以通过做市商开发的指数基金产品，间接投资高价股票，这就增强了高价股票的流动性。

回报的增长也可以很容易地通过执行指数策略而实现。通过执行指数策略，银行倾向于向投资者提供含杠杆的一篮子证券投资产品，以期实现较高的回报。除此之外，这种产品中通常还含有对汇率风险以及海外投资（foreign investment）风险的管理工具，由此衍生出的“跨国多样化投资策略”，和之前只考虑汇率风险的策略相比是大有进步的。

权益类结构化产品对于权益资本的管理（也就是公司资本结构管理）也是不可或缺的。一家公司可以通过权益类结构化产品，在不同方面对权益资本进行管理：管理权益价格波动的风险，降低资本成本，寻找合适的权益仓位，以及规避在兼并收购中的权益变动风险等。

权益类结构化产品对于阿尔法（alpha）投资策略而言是不可缺少的，它使得投资者可以配置原来不能或难以投资的证券，并且还能分散个体风险与市场风险。投资者采用这样的策略，就可以从非市场因素（即具体证券因素）的角度实现回报的最大化。从非市场因素的角度实现回报最大化，不仅是其他资产类别结构化产品的目标，也是创设新产品的第一推动力。

信贷类结构化产品

在过去的10年中，信贷衍生品市场迅速增长，信贷类结构化产品已经成为结构化产品市场最强劲的增长点。信贷衍生品市场主要由总收益互换（total return swaps）和信用违约互换（Credit default swap，CDS）组成。相应地，基于这些衍生品，设计了各种各样的信贷类结构化产品，实现了针对不同基准，如远期信贷利差曲线、一篮子信贷资产违约或回收概率等的投资策略。

总收益互换完全复制了贷款或债券的现金流，投资者同样要承担标的资产的所有风险。如果投资者买入总收益互换，则银行需要将标的资产未来的所有现金流（无论是利息还是本金）全部转移给投资者，而投资者需要为此向银行支付购买成本（一般是分期支付）。互换中，投资者需要承担在整个互换存续期内，标的资产未来现金流变动的盯市风险。因此标的资产价格上升时，银行向投资者支付互换的差额，反之则是投资者向银行支付互换的差额。

总收益互换的优势类似权益类结构化产品，实现了卖空交易、杠杆投资以及融资成本节约。

值得注意的是，总收益互换是一种表外交易，它可以依据潜在的低融资成本优势，帮助那些信用评级较低的公司进入信贷市场，使这些公司不用再去满足发行信用债所必需的交易和结算要求。

总收益互换的交易双方与标的债务发行实体并不具有直接的利益关系，双方仅就标的实体发生违约事件带来的损失协商交易权责。因此针对标的实体（或称参考实体）可以产生很多这样的结构化产品合约，当投资此类信贷类结构化产品时，我们必须要仔细审视条款发生带来的影响。

信用违约互换相当于基于标的实体公司发生一定违约事件时会发生赔付的一种特定债券，该违约事件可能与参考实体的资本结构①相关。在信用违约互换交易中，信用保护买方向信用保护卖方支付保费，后者则有义务在违约发生时，支付名义金额和真实回收金额之间的差额，这一差额一般会基于标的违约实体公司发行的债券中最便宜交割债的损失额确定。

从前面的分析可知，信用类衍生品是一种具有复杂合约条款、高度依赖标的实体表现的一种结构化产品。国际互换与衍生品协会（ISDA）制定了此类产品的条款设定标准，且这些标准一直在更新。值得注意的是，信用衍生品行业虽然平安度过了几次违约但没有造成严重损失的事件（如安然事件、世通事件等），但这很大程度上是因为交易对手都是大型的合格机构投资者（QIB）。这种情况可能会由于一些不太成熟的投资者冒险进入信用衍生品市场而发生变化。信用类衍生品核心需要关注的问题是信用违约事件（EODs）发生带来的结算问题。

信用违约事件（EODs）的定义决定了在什么条件下，信用保护卖方会向信用保护买方支付相关款项。信用违约事件主要包括破产、债务到期未能偿还、债务加速到期、拒绝清偿或延期还款以及重组。其他信用违约事件则可以基于参考实体的特征而定，但这样会造成大量的流动性溢价，对这一点的解释已经超出了本章范围。值得注意的是，信用违约事件中的重组是因地而异的，例如在欧洲，对于重组的定义就会进行一些条例上的修改，使之更适合欧洲企业的实际情况。

结算问题在总收益互换和信用违约互换中都至关重要。信贷衍生品可以现金交割也可以实物交割，而且不同的协议之间还有差别。在现金交割中，债券的价格在估价日（valuation dates）确定，之后进行现金交割；而在实物交割中，债券则直接在这天进行交割。现金交割的优势在于进行结算时，无须持有真实的债券，就可以根据估价完成结算。信贷类结构化产品采用现金交割，使投资者们进入这个市场更加容易（因为不必在结算时用大量资金买入标的债券进行交割）。

和权益类产品市场相似，信贷衍生品市场也有许多指数，这些指数同样可以增加标的资产的流动性，降低交易成本。在信贷衍生品市场中，额外规定了交易双方必须承担的义务，例如参考义务、交收和交割义务等；还对整个交付过程有额外的规定。由于这些内容不是本章的重点，在这不做赘述。

---

① 这里是根据信用评级，从债务的角度来讲的，指银行贷款、优先债券、次级债券等负债结构。

随着信用衍生品市场的迅速发展，更多的产品被创设出来，如信用违约互换期权和固定偿付值的信用违约互换等。

信用违约互换期权允许信用保护买方在某一特定日期根据执行价格进行信用违约互换，当违约风险超过某一具体数额时，投资者可以选择执行期权来免受违约的影响。打个比方，我们可以想象一种就业安排，它能够在特定条件下（例如经济形势良好）保全自己原来的工作，而且能够消除对于潜在失业可能性的担忧（例如经济下行，失业的可能性较大）。

固定偿付值的信用违约互换消除了赔付值波动的风险。这些互换协议大都缺乏流动性，需要投资者支付一个溢价（这会使得互换的价格和市场上对标的证券的估值不一致）。因此新的问题出现了：为何要进入这样的互换合约？答案与债务的监管资本要求有关。一般来说，当参考实体发行的任一债务发生违约时，信用违约互换就会发生偿付，而这一偿付具有更高的优先级，因此 CDS 涉及的标的实体的债券一般被归为 20% 的风险加权资产类别，由此投资者持有这种次级债务的风险敞口可能会低于直接购买的次级债券的风险敞口。

信贷衍生品市场还包括一些标准化指数，包括投资级公司债指数、高收益公司债指数、贷款指数以及其他类别。编制这些标准化指数的目的和权益类指数一样，都可以增强标的资产的流动性和价格透明度。

通过这种构造标准化指数的技术，大投行和越来越多的机构创设了一些结构化产品。当资产违约与细分市场有关，或者存在资产组合损失的可能性时，这些结构化产品能够产生更好的效果。这在概念上与担保债务凭证（CDO）非常相似，不仅如此，还进一步产生了令人眼花缭乱的结构化产品变体。如在首次违约互换合约（First - to - default swaps）中，一篮子参考实体中先发生违约的资产的保险由信用保护卖方提供，而信用保护买方则可以用更少的费用来对冲资产池中先违约实体的风险。这样的合约对于只关心特定行业中少数公司的投资者来说很有用，因为这样可以更精准地对该行业中的某次违约进行对冲。

信用违约互换还被更多地用于对冲其他衍生品的对手风险（如利率互换），如投资者试图通过 CDS 来对冲衍生品组合中某些头寸可能发生的交易对手风险。

另外，对于任意互换、远期或期权的头寸来说，我们还需要考虑合约价值随时间流逝以及本金变动带来的影响，因此相应信用衍生品的价值也需要进行盯市调整，如信用联结票据（CLN）和担保债务凭证的违约事件被触发时偿付价值的计算。

信用联结票据和担保债务凭证

针对这部分的内容，我们讨论将固定收益证券和衍生品相结合的结构化产品，这种产品使投资者无须购买真实的证券，就可以复制相应的风险敞口。信用联结票据在功能上和信用违约互换类似，既可以针对单一实体也可针对一篮子实体。对于风险的买卖双方来说，信用联结票据是一种常用工具。

当公司的大部分负债是发行债券时，其剩余的向银行及其他金融机构贷款所产生的债务就应该引起我们的关注，因为这些银行和金融机构将面临该公司的长期信用风险。随着信用衍生品技术的不断发展，银行与其他金融机构衡量和评估资产组合信用风险的能力得到提高，风险管理也偏向于使用信用衍生品，例如发行信用联结型票据的同时购置信用保护工具。

同时，投资者也愿意购买这种信用联结型票据，进行分散化投资，提高资金使用效率。但投资者会面临以下的合规问题。

其一，针对分散化投资，进入信用联结票据市场已经成为投资者的一大福利。不过在债券市场中，公司的违约风险相对政府债或地方债而言，只是发行风险的一小部分。

其二，投资者为满足投资组合多样化的目标，需要更多现金的投入。

其三，在严格的监管要求下，可能不允许太多机构参与信用衍生品交易。

其四，有关信用衍生品的合规问题较为烦琐：文档、记录、估值、税费以及会计问题等。

衍生品市场中，信用保护卖方的性质是制约信用衍生品市场发展的主要因素。作为净发行者和信用风险持有方，银行主要考虑的是，作为信用保护卖方是否具有某些特征，可以使银行实现监管资本释放，提升信用风险敞口的质量。也就是说在实务操作中，信用保护卖方不仅需要拥有比参考实体更高的信用质量，而且必须是银行或政府部门。因此，银行的信用部门一般需要得到担保，以确保信用保护卖方和参考实体二者的违约之间没有很高的相关性。

投资者进入信贷市场后的需求也是制约信用衍生品市场发展的因素之一。出于监管的考虑，投资者直接进入信用联结票据背后的信贷市场是比较困难的。监管要求有很多，例如要确定是否允许对这种产品进行投资，以及能为直接投资特定证券而在获得批准过程中处理各种复杂性。除此之外，结算的困难和与此相关的高交易成本，也阻碍了直接投资的发展。过去的几十年里，政府债务规模不断削减，投资者拥有越来越多的自由现金。由于市场多样化的要求，投资者对于能够进入信贷市场的产品需求也与日俱增。

监管和交易的困难性加之大量的自由现金，使产品开发市场日益成熟，信用联结票据市场应运而生。在这个市场中，银行家们根据现有的文档标准调整其资产负债表（例如在开曼群岛、荷属安的列斯群岛或其他税收优惠地区发行中期票据项目、特殊目的机构（SPV）等）。通过这些项目设立票据的优点包括：减少与直接投资标的公司债务相关的法律复杂性，能够为投资者灵活定制特定的投资项目。

因为可以根据投资者的特定需求而发行债务，信用联结票据市场的规模不断扩大。

- 这种票据的发行量可以与标的证券提供的现金量不一致。
- 这种票据设定了多种最小面额。这使投资者能够比较容易地用任意数额的资金分散信用风险。
- 无论是基于固定利率还是浮动利率，票据利率都可以根据投资者的需求而改变。
- 实现不同程度的本金保障。票据卖方（即信用保护买方）将零息债券（通常来自政府债券市场）与公司债务结合，完成发行。而票据买方（即信用保护卖方）并不清楚这种票据的形成机制，只知道最终形成的产物叫信用联结票据。
- 可投资以前无法投资的资产（如外国债券）。

这种票据可以进行结构化使其不仅可以复制信用衍生品的特征，还可以复制总收益互换或首次违约互换的特征。这种票据的另外一个应用就是对资产的重新包装出售。

在资产重新包装的过程中，银行实现了将现有证券转移至特殊目的实体的真实交易，然后通过与做市商进行多种信用衍生品交易，现金流和信用风险被重新组合。

担保债务凭证

担保债务凭证（CDO）是一个很广泛的概念，可以用来描述任何基于信贷资产证券化的产品。首先以这种方式进行证券化的是贷款和债券。很快，由于这种产品结构对发起银行来说有明显的优势，银行纷纷开始使用这种结构对不良资产进行证券化。

CDO 最初是由银行创设的，用于减少其资产负债表中难以估计的资产或衍生品的风险敞口。除此之外，和发起银行有关的信用风险也被消除，或被各种抵押资产所替代。银行可通过消除资产负债表中的信用风险获益，投资者也可投资从发起银行资产负债中剥离出来的特定风险敞口。

利用信用联结票据，贷款和债券完成了进入资产池的过程。这样就使原本难以证券化的衍生品和其他资产能够进入 CDO 的抵押资产池。

担保债务凭证技术大大增加了投资者的收益，因为它不仅允许投资者投资之前无法投资的资产类别，而且实现了前面讨论的相对定价机制和资产配置，同时还允许投资者选择承担不同的信用风险水平，这是通过证券化的风险分层达到的。

传统的现金流 CDO 可以被看作一个微型银行，这种 CDO 同时具有资产和负债成分。资产方面，它投资各种资产，签订衍生品协议以此对冲市场价格、汇率及其他风险，并隔离信用风险。我们也可以把这种 CDO 看成具有特定资产现金流的公司。

为了购买资产和所需衍生品，CDO 向投资者发行将信用风险分层的证券。其法定发行成分包括权益层和优先股（最高风险承受层）到投资级债券，以及高收益债券。

虽然发起银行的风险管理需求是最初发行 CDO 的主要推动力，但投资者的需求很快就成为重要的影响因素。这种从资产负债表交易到套利交易的转变，将发起银行从风险提供者变为了结构化产品的代理机构。

发行担保债务凭证，需要银行构建的证券化风险分层与投资者需求相匹配，从而使交易关联方获益，投资者能够获得合适的现金流保障投资顺利进行。CDO 的交易关联方主要包括投资者、律师、评级机构、银行家、审计师和受托人等。

合成 CDO（Synthetic CDOs）采用的技术和前面 CDO 的相同。不同之处在于，合成 CDO 不用购买整个特定资产组合，只需构建部分与该资产组合相关的信用风险敞口。这极大地减少了需要出售的证券数量，大大减轻了信用风险管理的工作量。然而合成 CDO 不会缩减资产负债表的规模，因为这一过程中并没有发生资产转移。和传统的 CDO 相比，合成 CDO 由于不需要为交易提供全额资金而降低了相关的融资费用。从发起银行的角度来看，合成 CDO 的上述特点加上证券配售的大幅下降，显著提升了大型资产组合的风险管理技术。

从投资者的角度来说，合成 CDO 和信用联结票据一样，具有多种功能，比如消除提前偿还风险、外汇风险，实现静态径流结构以及获得不同资产类别的杠杆收益。杠杆是一个十分重要的特征，其高低决定了投资者能否在优质资产和难以投资的资产（例如人寿保险类产品）上获得更高的回报。

CDO 中设定了大量操作来转移现金流以保护优先票据持有人，并使资产池（如果存在的话）管理者的利益与最终投资者相一致。

担保债务凭证在危机时期可作为清算工具发挥重要作用，它通过帮助企业转移或降低风险，从而使其进行新的商业活动。因此，担保债务凭证被视为改变资本流向的催化剂。

通过对交易过程中的风险分级，投资者能够以此对冲相关资产的风险，实现定价机制的透明化。由于在不同的风险级别中都存在着公平交易的标准化市场，因此投资者可以在特定负债水平上进行资产组合风险敞口的对冲。

资产证券化和结构性融资结构

尽管资产证券化比 CDO 更早出现，但其却被业界看作担保债务凭证技术的一个应用。资产证券化为特定的资产池融资，且与参考资产类别的特点相对应。这些资产包括但不限于汽车贷款、消费信贷、住房抵押贷款、商业抵押贷款、助学贷款和小额商业贷款。

随着担保债务凭证和资产证券化的迅猛发展，市场中出现了许多专业化的交易机构。近年来，新出现的结构化投资中介（SIV）和信用衍生品公司（CDPC）等概念，同已经相当普遍的担保债务凭证、资产抵押债券（ABS）、住房贷款抵押证券（RMBS）、商业房地产抵押贷款支持证券（CMBS）一样被业界熟知。SIV 和 CDPC 是结构性融资运营公司（SFOC）的重要组成部分，它们通过评级机构承认的特定运营准则获得相应的信用评级。

风险评估

正如我们所知，金融工程工具几乎可以在任何的金融产品中使用。发行人和投资者会努力根据自己的交易目的，借助金融工程工具创新结构化产品。然而，新的产品需要将合规和公司结构有机结合，才能达到特定的交易目的。

公司结构不仅由结构化目标决定，而且会受到诸如法规、会计、监管和评级的影响。结构化方式既可以广泛地在票据中嵌入衍生产品条款设计产品，也可以产生机构，如信用联结型票据、结构性融资运营公司等。

因此，特定结构的风险包括票据风险、衍生品风险、公司结构风险。许多十分重要但分析不足的风险因素，与底层衍生品层面的终止条款、公司违约（EOD）条款、随后的终止和清算条款规定有关。

托管者和证券发行人之间在其交易合同中定义了系列违约事件（event of default，EOD），通常包括：（1）破产；（2）债务加速到期；（3）债务违约；（4）债务到期未能偿还；（5）债务拒绝清偿或延期还款；（6）重组。

有一些特殊的条款需要在这里解释一下。以 2005 年开始发行的资产抵押债券担保债务凭证合约为例：这种合约包括了结构性触发机制下的各种违约事件，它用一些量化方法单独确定一个事件是否属于违约，与直接在文件中规定何为违约事件的机制大为不同；也就是说，以往不经过具体测试就确定某项交易为违约事件的机制被打破了。

我们还需要关注一些条款。例如，由于在一些交易中经常会有大量的文件，同一概念可能会有不同解释，甚至完全矛盾。此外，关于交易各方在不同情况下的义务规定可能模糊不清，或没有通过现有的文件材料进行良好的沟通（例如提前赎回和清算的条款）。这会导致定价困难以及交易各方在重大法律问题上的分歧。

除上述风险之外，还必须考虑到构建结构化产品所用的各种产品的相互作用，以及交易各方可能出现的道德风险问题。因此需要设立交易各方利益一致性的条款，例如管理者保护、CDO 中债务持有人的激励措施、受托人在清算时保护票据持有人的义务等。

估值和对冲

准确评估与特定证券相关的风险，无论是月度估值、流动性评估还是套期保值，对于风险管理来说十分重要。风险评估应考虑以下方面：（1）交易各方的大致情况；（2）对交易各方的义务分析；（3）交易的风险驱动因素；（4）交易的结构化特性；（5）税收及监管要素。

交易参与方必须确保每个参与主体所承担的相关责任。如果没有这个交易者名单，就会忽视一些可能导致交易各方对特定行为发生概率的判断产生分歧的细节。接下来考虑特殊目的机构的清算问题，在这里，我们需要谨慎对待交易各方的权利和义务，包括各种票据持有人、受托人、互换交易对手、评级机构等。优先票据持有人通常在清算时具有投票权，但还需要其他条款确定这些权利的范围，例如，需要得到互换交易对手的同意。

交易的风险驱动因素决定了对冲时使用的金融工具。具体来说，就是必须确定交易过程中所有的现金流，以了解这些驱动因素的风险情况。示例包括：（1）需要考虑哪些资产类别？（2）利率浮动还是固定？（3）利率与某种指数挂钩吗？（4）日计数基准如何使用？（5）进行交易需要筹集资金吗？

我们在之前关于清算的例子中提到了交易的结构性特征，然而，还有一些结构性特征也会影响交易的现金流方向。正因为现金流这种复杂性，随着结构的复杂化，预测每种情况下的现金流就变得愈发困难。更重要的是，我们很难确定每种情况发生的概率。交易各方即使在一定程度上接受了这些预测，在执行对冲策略时，还是会因预测的易变而产生交易成本。

小结

过去几十年来，各种新式资产受到青睐，结构化产品的种类和数量激增。结构化产品的扩张充分利用了人们对新资产类别的偏好，将过去难以投资的资产也纳入考虑范围。现在的金融产品系列从传统股票演变为特殊目的实体，后者的建立是寻求市场无效率下的套利行为驱动的，并且它可以将各资产类别分配给更广泛的投资者，提高了市场的效率。正如 2007—2010 年的信贷危机，现在比以往任何时候都更需要对风险进行准确评估。特定产品的风险可能不太容易被发现，唯一能够防止遗漏风险的方法，就是对特定产品的各个部分进行全面分析，包括它的交易各方、标的资产等。随着投资者越来越注重寻找能获得更高收益的新式投资渠道，结构性产品的风险管理需求随之增大。虽然这在短期内可能不利于产品创新，但随着提高收益的意愿不断增强，未来毫无疑问将出现更多结构化产品领域的创新，这将使那些能更好地评估风险的人实现更高的收益。

Chapter Twelve

对于重新构建风险管理制度的思考 第12章

坦尼娅·比德尔
斯宾塞·琼斯①

引言

风险管理是金融工程中最大的专业研究和应用实践领域之一。很多机构，包括金融或非金融机构，经常设立独立的风险管理部门，该部门是一个广泛存在且重要的部门。事实上，公司已建立起实际业务领域来满足风险管理的需要，包括咨询、会计师事务所和律师事务所的专业顾问、软件供应商、数据供应商、流媒体和专业媒体公司、涵盖大学教育及高管教育的教育机构以及会议供应商。风险管理借鉴了纯数学、应用数学、金融学、经济学、会计、法律、心理学、行为金融学以及物理学等学科的核心理论原则。风险管理不仅将其自身建立为一个庞大而持久的领域，同时，它在危机时刻还扮演着重要角色。

关于风险管理对金融危机影响的分析和讨论是不可避免的。为什么如此多的公司和客户被允许使用高杠杆？在没有相应文件的情况下，一些贷款标准是如何被允许放宽贷款限制的？作为一个整体的金融服务业及一些银行和证券代理人（broker dealers）为何如此受房价通货膨胀等风险因素影响？风险管理实践也可应用于金融之外的领域。墨西哥湾漏油事件是否可以避免？是风险计算错误，还是风险管理实践有所减弱？海地等地的地震或泥石流灾害是建筑规范被忽视，还是错误的假设或文件签署导致了大量生命的丧失？事后的反思对于损失评估和为未来提供经验教训都是很有必要的。

重大风险事件并不一定是由风险测量或风险管理的失败造成的。经理和行政领导自然会寻找罪魁祸首。风险模型的缺陷、政策的弱点、错误的假设、过度的杠杆、贪婪和短视都被认为是导致危机的原因，如信贷危机、1987年美国股市崩盘、互联网泡沫破裂、亚洲金融危机以及美国长期资本管理公司（LTCM）基金事件。“9·11”事件在美国发生后，

① 坦尼娅·比德尔（Tanya Beder）现在是总部位于康涅狄格州的SBCC集团有限公司纽约分部的主席。坦尼娅在*Journal of Portfolio Management*、*Financial Analysts Journal*、*Harvard Business Review*以及*Journal of Financial Engineering*发表了多篇学术论文。她在哈佛大学获得MBA硕士学位，在耶鲁大学获得数学与哲学学士学位。

斯宾塞·琼斯（Spencer Jones）现就职于SBCC集团有限公司，从事银行重组、信用投资组合结构化分析以及政府风险管理工作。他在纽约大学以优异成绩取得了MBA学士学位，在爱丁堡大学获得最高荣誉经济学硕士学位。

对于地理分散化备份、失效备援设施和详细的灾难计划的缺失成为“尚未预见”的元凶；但事实上这些准备工作在中东和英国都是很完备的。管理者、监管者及其他人员都找出了自身的原因，例如会计处理和风险管理基准的周期性。

在许多情况下风险管理人员都提到过目前存在的问题，但他们的警告并未受到重视。主流媒体也报道了一些这样的例子，如雷曼兄弟、房利美、苏格兰哈利法克斯银行（HBOS）、富国银行、花旗集团、莫道夫证券投资公司、华盛顿互助银行、苏格兰皇家银行等。① 在某些案例中，告密的员工，认为交易中风险补偿不足的员工，都发现自己被刻意忽视，甚至在某些情况下被强迫离开公司（无论是因为公司要求还是出于自己的道德立场）。一个备受关注的例子是雷曼兄弟前高级副总裁马修·李（Matthew Lee），他曾向公司表达了自己对于“回购105交易”的担忧，在这种交易模式下，公司将隔夜担保交易视作短期借款，从而降低财务报表中的杠杆比率，但他却以公司正常裁员的名义被解雇。

另一种情况是，董事会和监事会在事后回顾中惊奇地发现，在审查时，一些常识性问题经常被忽略。在长期的经济增长和财富增长中，人们自然而然会放松风险监管。艾伦·格林斯潘（Alan Greenspan）的“非理性繁荣”理论被放松风险管控这种行为所支持。例如，目前许多银行都在大量清理其私募股权、住房抵押贷款或者商业房地产投资组合。这些投资组合都是建立在产生固定收益的基础之上。银行都希望自己能有巨额回报，有时候，它们认为一笔交易中的股权或是结构化票据的权益部分能够为公司增加提供贷款工具或附加服务的机会。为了实现这一点，一些银行调整了风险偏好政策，以便根据预期的盈利能力来调整三级（非流动性）资产的持有量。

2007年7月，时任花旗银行首席执行官查克·普林斯（Chuck Prince）就次级抵押贷款问题留下了一句名言：“当音乐（也就是流动性）停止，事情将变得复杂。但只要音乐还在播放，你就得站起来跳舞。我们现在仍在跳舞。”这句话毫无疑问是有先见之明的。有趣的是，普林斯对英国《金融时报》记者的另一句话没有引起重视。“目前的流动资金池要比过去大得多，因此它不太会轻易被瓦解。在某种意义上，破坏性事件很值得重视，它非但没有增强流动性，反而会使流动性向相反方向发展。但我想我们还没有到那个程度。”②

从上述报道中，我们对花旗银行当时的风险管理制度有所了解。似乎有人表示出了对市场的担忧，特别是一级市场和二级市场的流动性，以及二级市场的交易。而且在某种程度上，这种担心已经影响了企业高管。但一个重要的问题是，这些对市场流动性的担忧是否比其他问题更值得公司关注（例如，创造资产增长、市场份额或收益）。一个组织的“高层管理”（Tone at the Top）对于解决这些问题至关重要。花旗银行的故事并不是唯一的。随着金融危机的继续，出现了越来越多的风险管理人员和其他相关的人。

信贷危机中，我们面临是否以及如何重建风险管理的问题。有些教训是新的，有些则只能被可悲地描述为历史重演。很明显，即使一切运行顺利，还是会出现可怕的错误，比

① 参见Corkery（2010）、Overby（2010）、Prenesti（2009）、BBC News（2009）、Hudso（2010）、Wilchins（2010）、Chernoff（2009）、Gordon（2010）和Bremer（2009）。

② 参见Nakamoto和Wighton（2007）。

如人们热衷于谈论的麦道夫诈骗、会计操作的问题、一些抵押贷款和债务抵押债券的风险水平远远超值。在这种情况下，风险管理者并没有因为这些事件而措手不及；可悲的是，他们无法让自己的组织或其他机构听从他们的警告。然而，在其他情况下，风险的模型和框架，成功地提供了预警信号，其中一些甚至可以引发改革措施。

在本章中，我们描述了目前公司已有的调整风险管理制度的方法：

（1）重新审视公司高层的管理；

（2）董事会控制下的 VaR 和压力测试；

（3）在风险报告中添加警告标识。

如上所述，不管是金融公司还是非金融公司，上述三种方法都能发挥作用。

重新审视公司高层的管理

在任何组织中，都不会有人分享董事会成员的经验。董事会的角色需要丰富的经验。董事会的位置及其存在为其提供了在组织最高层设置管理的机会。信贷危机强调了这样做的必要性。在董事会关于“最高层管理”的讨论中，全球普遍存在的问题是：公司是否设定了过于激进的目标？公司是否允许过宽松的会计处理？公司是否忽略了重要的警告信号？公司能做些什么来避免损失呢？是否忽视了在损失之前的过度利润和增长？董事会如何通过公司治理和风险管理更有效地管理公司？公司的补救措施是否鼓励或助长了基于风险调整的糟糕决策？我们需要改变什么？

在信贷危机期间，有很多人要么选择主动离职，要么被公司开除（或是书面文件开除，或是突然调动职位）。在这些事情被大家了解之后，公司的董事会开始提出新的问题：类似的离职事件是否会发生在自己的公司？在处理类似事件时，公司必须明确行动计划，以确保公司所有员工都能了解实际情况。

推动公司运作的重要问题通常都是由董事会来解决的。例如，“百年一遇”的重大事件每年都会在金融市场中发生。一家大型金融公司通常会面临以下问题：公司是每年都需要预备足够的资本来应对潜在的“大风暴”，还是假设此类事件很少发生呢？公司是否应该有明确的风险偏好声明？如果公司有首席风险官或相应的风险管理负责人，那么这个人是应该仅仅作为一个监管者，还是应该参与战略制定和风险咨询工作？另外，公司的风险偏好和风险管理的相关事宜是否应该得到董事会的批准？

第一，高层管理对公司运营的持续性至关重要。个人职业规划将个人与公司紧密相连。随着雇员工作经验的增加，再加上在量化金融领域中具有特定专业技能的人才逐渐增多，高管和董事会成员的个人能力及经验对于公司的风险管理有很大裨益。另外，高层管理对于防止公司员工只专注于各自的具体工作而忽略公司大方向也至关重要。

金融创新研究中心（The Centre for the Study of Financial Innovation ，CSFI）[①] 发表了一份名为《银行业香蕉皮》（*Banking Banana Skins*）的报告，报告重点关注了金融机构所面

① CSFI 是一家独立的智库研究中心，成立于 1993 年，总部位于伦敦。

临的主要风险。在对银行家、监管机构和业内观察人士进行调查后，报告列出了全球银行业面临的主要风险排名。在过去的10年里，除相对稳定的年份（2004—2007年）之外，时常有新的风险出现。例如，在“9·11”恐怖袭击之后，业务持续性（business continuity）成为许多公司在2002年关注的重点。后来，流动性（2008年）和政治干预（2010年）先后成为了关注焦点，信贷利差也高居榜首。在之前的调查中，这些风险都没有被放在前30个主要风险中。“风险排名表”中的行为反映了市场的恐慌心态。1995年巴林银行倒闭后，所有机构都加强了对流氓交易员（rogue traders）的防范措施。然而，在这之后的几年中，欺诈交易（rogue trading）的发生频率大幅降低，不再是公司所关注的主要风险。7年后，在欺诈交易已经成为风险管理中最不关心的一项时，爱尔兰的联合银行又因为流氓交易员发生了巨额损失，于是风险管理人员在欺诈交易不在风险排行榜之后，重新高度关注了欺诈交易。2010年，法国兴业银行前交易员杰洛米·科维尔（Jerome Kerviel）因造成了历史上最严重的违规交易而被判刑。高层的管理不仅影响着公司的道德行为和商业业务，也影响着公司的风险管理重点。如何衡量潜在风险，是否对新出现的潜在风险采取措施，相应决策是否应通过董事会决议，这些都是由董事会决定的管理事项。

第二，高层管理对于及时限制公司的消极决定同样重要。在次贷危机中，一些公司因为业务上的损失，停止了金融衍生品的交易。但对于金融机构来说，通过有效的风险管理，进行一些证券化产品和资产抵押债券（包括抵押贷款支持证券）的交易，这可能会比限制公司的竞争力更可取。

反之，则然。高层管理对于控制那些基于经验的冒险行为同样至关重要。相比于约束性选择的机会成本，具有冒险性的行为有可能造成更大的经济损失。一个公司在一个领域积累了经验后，可能会迅速扩张到一个不同的领域，此时依靠过往经验是不合适的，但公司通常仍会选择在这个不合适的领域沿用经验，将关系扩展到不适合的领域，或是在小型交易成功后，通过增加风险限制条件来进行数额过大的交易。

对于每个高级管理团队和风险部门来说，董事会沟通后形成的高层管理在很多维度上都是不同的。尽管大多数公司都有一定的能力来承受许多不同类型的风险，但相应的风控方法、可用资本、监管限制、风险偏好以及组织能力等方面各有不同。也就是说，基于上述特征的差异性，不同的公司可以从不同的风险类型中赢得更好的股本回报率（return on equity），这样的评估方法可以帮助公司专注于它们各自擅长的方面。这样的自我分析和评估在高层会议的讨论中至关重要。此外，公司高层还应将已有的风险和未来可能面临的风险加以区分，同时还要分析新风险是否能够与公司现状相适应。随着时间的推移，已有的风险状况也会发生变化。例如，公司已经将20%的资产作为主要的住宅抵押贷款，这一决定不能随时取消，但可通过其他贷款过程来降低整体风险。新产生的风险可能千差万别，但这些风险唯一的相似之处是，公司需要选择是否将其作为风险组合管理的一部分。

第三，高层的管理也决定了公司业务的其他重要方面。媒体的注意力一直集中在金融和非金融公司内部的薪酬结构上。2007年，一些公司在当时进行的业务损失达数十亿美元的情况下，还支付给其首席执行官和一些员工数百万美元的奖金，这些奖金是无法收回的。美国、英国和其他国家的政府已经采取措施，调整薪酬结构。例如，美国政府通过任命

"薪酬沙皇"（Pay Tsar）来审核那些接受政府问题资产救助计划（Troubled Asset Relief Program，TARP）的公司中最高层雇员的薪酬，同时对《金融改革法》（*Financial Reform Act*）增加了资金支持。而英国则实施了新的税收政策，将高额奖金奖励给优秀纳税人。

董事会控制下的 VaR 和压力测试

风险价值模型（Value at Risk，VaR）是最受认可的风险测控方法，特别是在 1994 年 RiskMetrics[①] 为其提供了关键数据之后，其更是被众多金融机构广泛采用。该模型是在给定的期限内，在给定的置信水平（事件的发生概率）下估计可能出现的最大损失，此种方法既严谨又简单易懂。VaR 通常与压力测试相互配合。压力测试的主要内容包含了以下几项：改变关键假设，在历史最坏的市场环境下测试结果，在其他可能的糟糕情况下测试结果，并评估流动性假设。这些步骤的共同目标是确定关键假设及资产负债组合发生多大改变才会造成不可接受的预测损失，以及哪些假设的微小变动会造成 VaR 值的大幅增加或是流动性头寸（liquidity position）的大量流失。近年来，VaR 被纳入许多风险管理流程中。例如，通过建立相应的 VaR 水平来迅速降低现有的风险头寸。

在危机发生之前的繁荣时期，VaR 的弱点众所周知。[②] 随着市场流动性越来越差，上述基于 VaR 的风险触发机制无法实现。在这种情况下，计算流动性压力下的 VaR 的假设不再成立。随着市场上出现越来越多的"非常罕见"的波动，人们发现压力测试所预测的压力并不符合市场的现实状况。在这种情况下，在量化金融（quantitative finance）中仍采用正态分布假设是十分危险的，因为每年都会发生几次百年一遇的小概率事件，这与假设不符。回顾压力测试的主要假设，如波动性水平等，可以发现在较长时期内对低波动性和宽松货币政策的过度自信成为了关注焦点。在 2008 年秋季，VIX 指数（Cboe Volatility Index）几乎翻了两番，达到 80%，并在几周内保持了超过 50% 的空前水平。1998 年 1 月到 2010 年 9 月 VIX 指数的变化如图 12.1 所示，趋势线描绘了平均水平。

在国际金融危机中，我们目睹了雷曼兄弟（Lehman Brothers）、美国国际集团（AIG）、Ambac 金融集团的破产，房利美（Fannie Mae）和房地美（Freddie Mac）的紧急财政援助，花旗集团（Citigroup）和通用汽车公司（General Motors）的危机，TED 利差（TED spread）[③] 增加了逾 900 个百分点，许多拍卖市场失败以及短期信贷蒸发。这些风险不仅被认为是一种极端的外部风险，而且它们在数周内接连发生。在 2008 年，发生了这么多重大风险事件，原本每桶 4 美元的油价飙升至每桶 147 美元这类事件几乎不值一提。[④]

人们总是倾向于认为罕见事件的实际发生概率比统计分析所得概率要低。20 世纪 90 年

---

① RiskMetrics 是从 J. P. 摩根独立出来的风险子公司，提供风险价值（VaR）的市场化度量建模和咨询服务。

② 参见 Beder (1995)。

③ 相同期限下的 Libor（伦敦银行间同业拆借利率）与美国国债利率之差。

④ 这里我们还没有提高盛和摩根士丹利因此改为银行控股公司、通用电气请求财政援助，以及 43 家资产超过 10 亿美元的公司破产，具体可参见 Altman 和 Karlin (2010)。

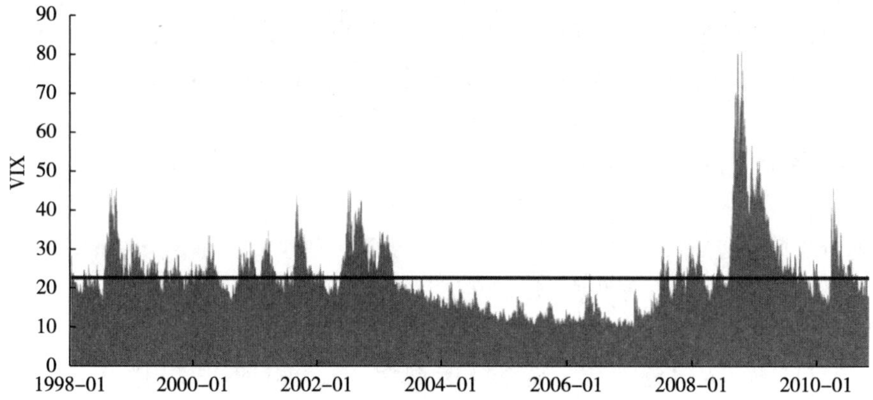

图 12.1　VIX：1998 年 1 月至 2010 年 9 月

（资料来源：彭博财经）

代初，英国的“一杆进洞”赌注体现了这个观点。[①] 英国的一群高尔夫爱好者开始在比赛中下注，赌比赛中是否出现“一杆进洞”。一些博彩公司则为此提供了 20 - 1 或是更高的赔率。这意味着他们认为“一杆进洞”最多在 21 场比赛中才出现一次，或者说其发生概率小于 5%（一些博彩公司的赔率甚至不到 1%）。相对于博彩公司，赌徒的优势在于他们可以在下注前对不同的比赛进行彻底的分析，而不是对一个小概率事件随意设置赔率。分析表明，在大型赛事中，“一杆进洞”的可能性更大。由于认识到博彩公司倾向于认为“一杆进洞”发生的实际概率要小于他们所设置的赔率，一些人在这场赌博上赚了几十万美元（1991 年，4 场高尔夫球主要赛事中有 3 场出现“一杆进洞”）。

多年来，风险管理者都在思考这样的问题：当 99% 的置信度风险水平不成立时，我们预期损失是多少？最坏的情况到底有多糟？因为在固定的概率下，事件还是会发生，所以既然风险计算出的数字被打破了，那么我们要认为这些事件要多糟糕才合适呢？

接下来，我们以美国通用电气公司（GE）为例进行说明。GE 采纳了围绕 VaR 的风险管理结构及方法，并将 6 Sigma 管理策略应用于其绝大多数的项目。我们可以考虑公司内部存在的各种类型的 VaR 模型。对于一个领域，6 Sigma，1%，风险事件可能是生产出了一台有缺陷的冰箱。在另一个领域，它可能是一个设计上的错误，会导致飞机引擎故障，就像波音 747 出现的事故那样。或者，正如通用电气在 2008 年所经历的那样，在 1% 的 VaR 下，房地产部门承担了巨大的损失，最终需要 30 亿美元的私人投资者资本重组。虽然通用电气的这些部门不太可能计算出类似的 VaR 值，但很明显，1% 事件的规模也可能存在更为极端的水平。极端事件风险的规模也可能与 VaR 值水平有很大差异；飞机引擎故障的百万分之一事件可能是一个非常低的 VaR 级别，但这一旦发生，损失极高。

评估和控制投资组合中尾部风险的方法和途径是存在的。这些方法和途径在理论和实践上都在不断完善。例如，极值理论（Extreme Value Theory，EVT）通常应用于需要评估极

① 参见 Carter 和 Simons（1993）。

端小概率事件的领域。这种方法在评估自然灾害中是很常见的，但要应用于金融风险度量方面则需要一些改进。随着二十年一遇、五十年一遇，甚至百年一遇的罕见事件在金融市场上发生，根据实际情况改进是很有必要的。

在过去的 10 年中，使用极值理论来估计尾部事件（tail events）或预测财务事件的预期损失值是许多学术论文的主题，并且这种方法已被纳入风险分析中。例如，利用广义帕累托分布来建立一个厚尾结构的分布，从而估计超额分布（excess distributions），超出临界值的密度函数则用来计算尾部损失（见图 12.2）。

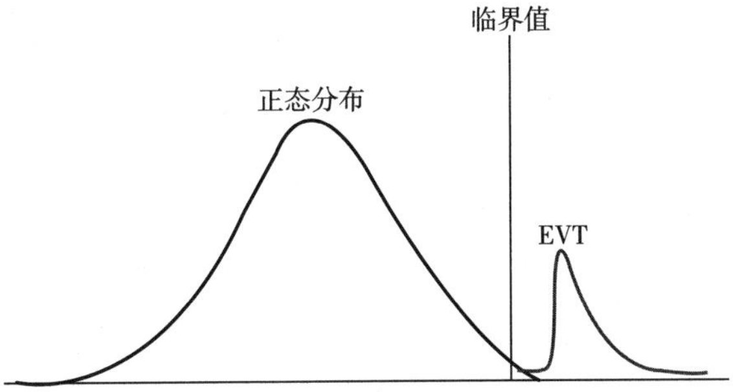

图 12.2　含有极值事件的正态分布

随着越来越多的尾部事件发生，企业高管愈发关注这种情况，从而风险管理人员开始将极值理论和其他技术综合考虑。

太平洋投资管理公司（Pimco）的前总经理维尼尔・班萨利（Vineer Bhansali）撰写了一些策略，旨在构造能同时实现消除尾部风险和达到预期收益的投资组合。① 该方法是基于证券投资组合，通过增加投资组合的风险，来换取足够多的预期超额回报，并通过购买看跌价外期权来对冲尾部风险，从而消除极端事件的影响。在上述做法中，期权并不会由价外变成价内，但尾部风险事件（tail risk event）的发生可显著增加波动性。波动率的变动将大大增加价外期权的价值，且超过购买时支付的溢价，此时投资者将获得收益。

极值理论和班萨利的策略只是众多管理尾部风险方法中的两种。一些已发表的研究中也讨论了其他方法，例如美国国家科学院数学科学及其应用委员会（the Board of Mathematical Sciences and Their Applications at the National Academies）提出的“系统风险管理所需的技术能力：研讨会总结”（Technical Capabilities Necessary for Systemic Risk Regulation: Summary of a Workshop）和“理解系统性风险的新方向——纽约联邦储备银行与美国国家科学院共同主办的会议报告”（New Directions for Understanding Systemic Risk: A Report on a Conference Co－sponsored by the Federal Reserve Bank of New York and the National Academy of Sciences）等。

对于 VaR 和压力测试的应用效果，公司可以立即采取的一项行动是，董事会在外部顾问的帮助下或是独立地对风险管理工作效果进行审查。审查中一个有效的标准是，将重要

① 参见 Bhansali (2010)。

预测、预算以及商业规划的审查标准运用到风险监管上。在这类审查中，董事们常常关注关键的投入，例如预期材料成本、预期制造成本、预期员工成本（包括福利和养老金支出）。同时，董事们还关注一些其他的关键因素，比如销售增长、预期时间、扩张计划在新市场或地区的成功程度，又比如在开展一项收购业务后是否能促进公司发展等。市场上新出现的技术，新的对冲策略，以及新的供应商都对于企业的成功至关重要。董事会会对预测、预算以及商业规划的标准进行多次讨论。董事会成员的集体智慧常常会为预测、预算和商业规划提供有价值的意见和改进方法。VaR 和压力测试的审查应该在每年进行一次。此外，每当一个重大意外事件发生时，无论这个意外事件是好还是坏，都应该重新审查 VaR 和压力测试。

抵押贷款业务（mortgage business）在金融危机发生 5 年前加速发展，非执行董事（non - executive directors）的工作性质是中立的，所以他们在评估模型假设时，为风险管理的改进提供了必要的支持。有关政策可以为风险管理人员的判断提供支持。同时，由于非执行董事除董事酬金外不会从公司获得其他收益，因此他们会综合分析 1990 年的美国房价以及更之前的日本和英国崩溃的房价。

这些相关经验可以为任何假设或压力测试提供一个很好的检验背景。模型中信用价差的压力可以放在更具体的历史背景中。在近期历史背景中，看似较大的压力可以被调整以适应更长期的时间框架范围，相关经验也会更清晰。之前的经济低迷时期的组合情景可以得到更好的结合和测试。风险委员会（risk committee）应该激励公司高管更深入地参与到风险管理中；公司高层的参与将使管理人员能够更好地对风险报告提出问题，并熟悉相关历史背景。

董事会和管理层全面参与风险管理过程，可以为风险管理提供相互促进的正反馈作用。虽然高层的参与需要对风险投入、假设和参数进行更严格的审查和讨论，但这样能够更深入地理解和补充相关风险报告。此外，它转变了思维过程，使风险管理者受益于公司高层不同经验所提供的更广泛的视角，同时在披露收入、资产或其他增长刺激因素时，公司最高层可以达成一致。

为风险报告添加警告标识

对于许多风险计算及相关名词的解释是很重要的。第一，我们可以考虑“盯市计价”（“mark - to - market ”price，MTM）是什么意思？对于某一家公司，它使用的金融工具可能很简单——刚刚发行的主权债务，或在全球主要的交易所交易的高流动性股票，如纽交所股票价格指数（NYSE）、富时指数（FTSE）和日经指数（NIKKEI）。因此，此时 MTM 与金融产品被买卖时的价格相近。而对于另一家公司，它使用的金融工具可能更为复杂，例如，特定的奇异衍生品、大型组合头寸（large block positions）或新兴产业公司的私人股本投资。在这里，MTM 开始和结束时都有许多假设，而且可能与这些金融产品买卖时的价格相差甚远。在金融危机中，许多公司已经意识到，公司缺乏实现盈利的能力则无法正常完成风险资产的配置。在每日盯市制度下所持有的资产具有强劲的收益能力，但当流动性降低时，每天的市场价格将螺旋下跌。对于许多次贷房地产衍生工具，随着市场参与者的增加，对这些工具的需求增加，从而其市场价值也增加。随之，价格膨胀、资产泡沫等现象出现，在许多情况下还会有收入被记录的时候却没有实际现金流流入的现象。国际货币基金组织（IMF）的研究显示，已有明确证据表明“每日盯市”制度促进了银行内部的顺周期性（procyclicality）。[①]“发放/销售贷款”（originate loans to distribute/sell the loans）是一个完整的商业领域，许多监管机构和主流媒体都已正确认识到，这个领域中会计政策和利润动机可能相互冲突从而刺激了高风险行为。

第二，我们可以思考这样的问题：“AAA评级是什么意思?”在某些情况下AAA评级意味着违约风险小到可忽略不计。但在其他情况下，事实并非如此。例如，在2007年美国次贷危机中，许多担保债务债权（Collateralized Debt Obligation，CDOs）的“AAA”债券部分在未经下调评级时就发生违约，这又导致拍卖利率证券（Auction Rate Securities，ARS）的流动性变差，价值大幅下跌。这种情况与传统的AAA债券表现相悖。当房地美（Freddie Mac）、房利美（Fannie Mae）等政府赞助企业（government – sponsored entities）陷入困境时，一度受追捧的政府机构债券（“agency” paper）将出现问题。

一些商业模型的核心在于制造AAA债券的能力。贷款证券化促进了一种“创造—分销”模式（create – to – distribute business model）的发展。这个模型假设债务是可以重新打包、分割做成结构金融产品。证券化产品会给公司带来风险。依赖于证券化产品的金融公司发现，投资者信心的丧失会使得债券的流动性降低，从而无法打包再分配。如果这些公司没有考虑到这种可能性，那么当类似事件发生时，它们则需要被迫立即减少贷款，或者更糟糕的情况比如需要在流动性危机期间以巨大的代价维持短期融资。即使是公司将优质资产进行证券化，或者实行资产担保债券计划（covered bond program），也无法避免上述情况。[②] 这种模式可以持续运作的假设是需要许多公司和纳税人付出代价的。对于一些公司而言，上述模式的失败可能会导致公司丧失独立性甚至破产。

第三，我们可以考虑那些被广泛认为是可靠的、值得信赖的交易对手的交易。在公司违约或银行出现问题时，这些交易对手将不再可靠。在次贷危机中，许多大型组织都错误地估计了诸如雷曼兄弟（Lehman Brothers）、贝尔斯登（Bear Stearns）和美国国际集团（AIG）等公司对自身的影响。危机发生前，一些公司的管理人员认为自己能够完全识别自己公司对于主要交易对手的风险敞口，但在危机中他们却发现事实并非如此。考虑到数据粒度、地理位置、对冲交易和二次影响等方面的影响，交易对手风险将比预期更大、更复杂。

交易对手风险的复杂性在2009年麦道夫诈骗案（the Madoff Ponzi scheme）中表现得很

---

① 参见Novoa、Scarlata和Sol'e（2009）。

② 资产担保债券是证券化的另一种形式，其与资产证券化的差异是，抵押资产虽然被隔离，但仍保留在公司的资产负债表上，而不是转移至特殊目的机构（SPV）中。资产担保债券尽管不像证券化债券那样提供资本减免，但同样提高了抵押贷款的流动性。资产担保债券的买方可以获得发行公司的资产负债表担保，这可以给他们更明确的现金流保证。

明显①，特别是在影子银行体系（the shadow banking system）和二级交易市场（secondary market funds）中，确定所有风险敞口是十分困难的。在此次事件中，某些公司即使有麦道夫的相关交易数据，也大大低估了交易的风险敞口。现在人们明白，由于麦道夫的大量子公司基金（feeder funds）都有经济实体掩护，它们不太可能在事件首次曝光时被调查出问题。上述事实说明交叉持股（cross - holdings）、母基金投资（fund of fund investments）和许多其他途径都能增加交易对手风险的复杂性。另外，一些组合式对冲基金（fund of hedge funds）的潜在风险敞口也相当复杂。

许多风险报告都是从盯市计价（MTM）、信用评级、交易对手风险敞口，以及许多其他方面着手来度量风险的。初始假设也是常规地从流动性、波动率、相关性开始，以此计算 VaR 或进行压力测试及衡量交易对手风险等。然而，由于风险管理措施是基于各种事件的概率分布，以及各种风险因素的重要性而不断变化的，相关假设将依据实际情况有所变动。

监管风险可能成为今后的主要风险之一，受限于监管资本（regulatory capital）的单一风险评估将会制约公司的发展。特别是当资本市场存在信贷紧缩或流动性压力时，这样的评估可能更有问题。由此可见，在风险管理过程中对这些潜在风险因素进行审查很有必要。

有时，大型公司相比小公司拥有更好的执行能力。大型公司的常见优势在于：在全球范围内进行客户关系管理，通过更大的经营网络增加服务，提供更好的定价，以及可承受规模更大、更复杂的交易。当然，在某些领域拥有更大的规模并不是一件好事，例如在某些交易策略中增加资本将减少回报。另外，规模较大也会对风险管理造成负面影响。

风险管理人员、数据分析师和技术专业人员都需要做大量的数据处理，所以他们无法及时撰写风险报告。在整个风险处理过程中，数据处理是个有更多假设的领域。大规模商业活动，以及地域、时区、系统、产品（从简单到复杂）、到期日和交易对手的不同，都能形成海量数据。就算不管这些基本数据，公司的交易量也是一个巨大的挑战。

投资组合在规模和复杂性上的差异对风险管理和风险报告提出了不同的要求。为了迅速报告风险头寸，例如发布每日风险报告，数据必须要经过分类、相关性分析以及简化数据等程序。然而，为了提供更准确的报告（如减少数据的简化），通常需要花费大量额外的费用及更长的时间。另外，在某些时点上发生的交易较小时，数据需经过大量简化，此时的风险评估报告仍需进行修改，从而更准确。

然而，使用加工后的数据流进行操作并不是大型公司独有的问题。随着证券内部结构愈发复杂，单一证券投资组合也需要对相关性、分层和映射等方面进行分析。持有抵押贷款支持证券需要对每一笔贷款行为的地理区域、信用积分、提前偿付行为、抵押资产等指标进行分析。CDO 增加了这些假设的范围和规模。在评估 CDO^2（也被称为“CDO 的平方”，或 CDO 中的 CDO）的风险时，有转换权的合成 CDO 可以加速还款，但假设和映射的必要性和复杂性都在迅速增加。在大型公司中，处理这些复杂的证券时，要考虑相关系数矩阵中的相关性，信用利差要进行简化与合并，从而使得数据映射更加困难。

---

① 麦道夫的“庞氏骗局”于2008年末被揭露出来，但直到2009年人们才了解其全部内容。

风险报告的使用者希望了解报告在何处进行了简化，以及这些简化将如何影响报告结果的质量。在撰写风险报告时，风险部门通常会先仔细审查可用数据、建模和假设等环节，进而对数据层次结构、模型风险策略以及对特定定量方法的致命弱点等进行讨论。风险管理人员必须权衡是否应该进行简化以及简化的程度。另外需要注意的是，一些简单的假设在理论上看似可行，但是在实践中可能会产生危险的结果。例如，使用一个具有封闭式解决方案的模型输出的报告，可能对某些理论估计来说是可行的，但如果用于其他目的，则可能会导致损失。

模型计价是许多公司常用的一种技术。简单来讲，它是根据需要使用某个特定假设，按模型计算出结果。这一方法不仅难以评估单一模型，例如，估计给定 CDO 的市场价值，而且当多个模型的结果结合起来进行 VaR 计算和压力测试时，难度会越来越大。

针对上述问题，公司能够立即采取的行动之一是在风险报告中添加警告标识。类似于处方药物使用说明，风险报告中的警告标识包括如何使用风险报告的数据的建议，以及清楚地表明或解释其潜在的风险。尽管风险报告中的某些问题需要另附说明或是需要公司管理层的进一步讨论，但警告标识能够在理解该报告的局限性等方面有一定程度的帮助。

小结

根据以上情况，我们建议：(1) 重新审视公司高层的管理；(2) 董事会审查 VaR 和压力测试；(3) 在风险报告中添加警告标识。这些建议还可以帮助解决风险领域中备受关注的另外两项问题：应对顺周期性和风险的传染性。

应对顺周期性

公司内部的风险监管需要面临的一个问题是：公司所处的监管环境具有顺经济周期的特性。虽然《巴塞尔协议Ⅲ》中对此采取了措施，对周期性提供保护，但这在公司的实际监管中是远远不够的。由于投资者不希望遭遇经济繁荣和萧条的周期性影响，公司需要采取相应的保护措施来应对顺周期性行为，从而减小损失。

在某种程度上，逆周期行为是在试图违反自然规则。由于企业都在追求利润最大化，当它们拥有更多的资本时，购买到泡沫资产（asset bubbles）的可能性更大。目前已经有许多风险管理工具可以帮助应对周期性行为。例如，基于长期投资的风险模型可使用蒙特卡洛模拟和压力场景分析来捕捉潜在风险。对于短期而言，流动性投资风险管理的观点存在着较大争议，交易者都试图在周期性市场中实现较大利润。

国际货币基金组织提出的针对顺周期性的建议包括完全公允价值计量（full fair value accounting）、协商定价（consensus pricing）和持有至到期投资的重新分类（reclassification committees for moving assets in and out of held - to - maturity status）。会计准则的改进能有效消除顺周期性。目前看来按市值计价的会计方法（mark - to - market accounting）仍是金融公司最好的会计政策。关于公允价值调整的决策规则和熔断机制也都将应用到风险管理中去。金融与会计应该更好地结合，使得风险管理能够更好地呈现出不同类别资产的风险。

应对风险传染性

公司对风险传染性的理解可能会对其如何进行风险预测（risk profile）产生重大影响。在考虑风险的传染性时，公司需要对新资产及其风险进行选择。次贷危机充分体现了风险的传染性。次贷危机从执行回购的对冲基金开始，逐步蔓延到美国银行，甚至是保险公司和欧洲银行。传染超越了部门和边界。国际货币基金组织利用极值理论的研究表明，在英国银行内部，其国际和国内的压力都具有传染性。[①] 随着国际清算银行（BIS）和其他机构对银行业务、主权债务和其他市场业务进行审查，风险传染性分析已经成为金融研究的一个活跃领域。

风险传染性分析可以帮助机构避免投机泡沫。如果流动性得到良好的管理和监控，许多持有大量资产组合的交易者的风险传染因素值得引起关注。2006 年，抵押贷款市场的风险传染性很高；银行、影子银行和保险公司在住房抵押上都有极大的风险敞口。如果公司有能力捕捉和监控市场的传染性风险，那么公司就能够注意到这一趋势，并设法减少自己在这一市场上的交易，从而避免造成和其他公司相似的损失。

通过资产类型和持仓方式的多样化能够更好地帮助企业渡过金融危机。对公司的风险传染性进行管理，并对流动性进行控制，能够最大限度地使公司在困难时期继续正常业务，而不必大幅度调整当前的业务模式。

《巴塞尔协议Ⅲ》目前正在起草监管法案，其提议旨在加强关注杠杆、逆周期、交易对手风险和流动性条款。金融风险管理人员必须谨防重复过去的错误，同时不能只关注受监管的风险因素。他们需要考虑对公司造成风险的所有因素，不管该因素是否受监管。

上述提案的关键点在于现有风险管理制度不需要被完全推翻重建。目前绝大多数公司的能力和方法已经能够良好地管理风险，公司内部已有模型能很好地运作。相反，公司应该把重点放在没有模型来衡量的地方，比如沟通失误，使得管理层对风险模型和当前的报告所提供的覆盖范围不够明确。在那些尚未被充分分析甚至完全没有被分析过的领域，风险是难以衡量的。

随着公司开始致力于在风险报告、假设和风险度量方面提高透明度，风险管理人员可以与风险委员会合作，以确保相关各方对假设进行审查。许多假设仍旧可由风险管理人员自行决定，公司的风险状况和影响风险状况的关键因素将同时由董事会和风险管理部门共同把控，这样的模式将使公司得到更好的发展。

---

① 参见 Chan - Lau、Mitra 和 Ong（2007）。

Chapter Thirteen

金融工程与宏观经济创新 第 13 章

卡拉·M. 马歇尔
约翰·O. 康奈尔[①]

引言

2007—2009 年的国际金融危机和其经济衰退的余波已经引发了人们对财政政策及货币政策相当激烈的讨论。这场危机导致了许多新中央银行货币政策工具的推出，也导致了基础货币（Monetary Base）在欧洲和日本的急剧扩张。但即使是在各国争相放宽货币政策的背景下，美国的货币政策依然是最为宽松的。根据经典货币主义的理论，这样宽松的货币政策应当会导致可怕的通货膨胀。事实上，经济学家以及一些著名的基金经理更担心这样的政策会引起通货紧缩，而非通货膨胀。

另一方面，经济衰退给企业的现金流带来了强大的压力，周期性行业尤甚，进而导致就业率的急剧下滑。这意味着政府需要在税基缩水情况下积极处理经济衰退带来的不良影响，这给政府资金带来了严峻的挑战。而政府不同于私营部门，不能通过灵活的减员来应对资金的压力。因而这种资金压力直接导致大量市政的债券质量下降，乃至违约。企业和政府当局在经历了宏观经济变动所带来的巨大压力后，才重新产生了对宏观经济衍生品的兴趣。遗憾的是，人们常常在亡羊之后才会想到补牢。

在本章，我们主要讨论宏观经济的创新。我们将简要回顾货币政策的内容，并介绍一些创新的货币政策工具（它们来自中央银行金融工程）、投资者用于对抗通货膨胀（缩）风险的策略，以及宏观经济衍生品如何被用于对抗市政府（乃至企业）可能面临的宏观经济风险。

货币政策回顾

货币政策是指中央银行为了影响货币供给和利率所采取的措施，目的在于促进国民经

① 卡拉·M. 马歇尔（Cara M. Marshall）是纽约市立大学皇后学院的金融学教授。他的研究兴趣集中在金融工程、风险管理和衍生工具，以及金融领域的行为和实验方法方面。约翰·O. 康奈尔（John H. O'Connell）是金融一体化有限责任公司（Financial Integration）的董事总经理，该公司于2003 年在纽约成立，为领先的金融机构提供培训课程。

济目标的实现。国民经济目标通常包括两个相互矛盾的目标（它们往往不能同时得到改善）：物价稳定和充分就业。还有一个不太明显的第三个目标，就是影响国家货币价值（如汇率）。货币政策在英国由英格兰银行（BOE）负责，在欧洲则由欧洲中央银行（ECB）制定，在日本受日本银行（BOJ）管辖，在美国受美国联邦储备系统（美联储，The Fed）掌控。货币政策就其本质而言，有高度的政治敏感性。目前，许多国家都已采取一定的措施，以保证他们的央行免受政治压力的影响，但如果央行领导人不够强硬的话，这种隔离措施如何实施就会成为一个问题。①

在过去几年中，上述所有的中央银行都实行了量化宽松政策，而在日本，这项政策实际上已经实施了近 20 年。“量化宽松”是指中央银行对基础货币进行积极扩张。正是这种激进的基础货币扩张，使许多人担心在未来几年内可能出现通货膨胀螺旋式上升。但也有人认为它不是那么简单。虽然中央银行确实能够控制本国（地区）的基础货币，但是它们却缺乏对货币供给量的控制能力（附注：货币供给量的定义多种多样，有狭义的也有广义的定义。而对于本章探讨的内容而言，这些区别并不重要。我们也会偶尔参考 M_1，一种狭义的货币供给量定义）。成千上万的个人银行家通过货币乘数，把基础货币转变成了货币供给（通常称为“货币存量”）。最后，货币量方程式由货币供给引出了经济活动（包括价格和产出水平），中央银行在此环节同样影响有限。该方程的动力部分是由货币的流通速度提供的，而货币的速度不由任何中央银行直接控制，而是数以百万计的个人消费者和企业共同作用的结果。

我们将简要地看一下三个基本方程：货币乘数、货币供给和货币量方程式。这些关系在每一个经济体都成立，但各经济体的参数可能相差甚远。请注意，我们使用的术语“银行”通常包括所有类型的存款机构。同时，我们不应混淆“银行”与“中央银行”这两个术语。

基础货币

基础货币（The Monetary Base）②（用 B 来表示）是流通中现金（硬币和纸币）和银行储备（bank reserves）之和。存款准备金是银行储备的一小部分，是指金融机构为保证客户提取存款和资金清算需要而准备的在中央银行的存款。此外，银行还会持有一部分库存现金（vault cash），但这部分库存现金只占存款准备金极小的部分，通常被忽略不计。银行持有的准备金分为两种：一种是必需的（称为法定准备金），另一种是非必需的（称为超额准备金）。

货币供给

货币供给（The Money Supply），又称货币存量（money stock），是指一国创造货币量的总和。货币供给和基础货币之间通过货币乘数建立联系，货币乘数就是基础货币要乘的倍数。以 M 表示货币供给，m 表示货币乘数，则其关系式是

---

① Ahamed（2009）充分证明了一个强有力的人物掌舵中央银行的重要性。

② 基础货币又称货币基数、高能货币、储备货币。

$$M = m \times B$$

例如，假设货币乘数为 3.99，基础货币为 100 单位（如美元、日元、欧元等）货币，则由关系式可得货币供给为 399 单位货币。

货币乘数

货币乘数（The Money Multiplier）由现金比率（c）、法定准备金率（r）和超额准备金率（e）这三个因素决定。现金比率是指提现造成的现金漏损占银行存款总额的比率，超额准备金率是指商业银行超过法定存款准备金而保留的准备金占全部存款的比率。货币乘数及其影响因素的关系就如下面这个货币乘数方程所示。

$$m = \frac{1 + c}{r + e + c}$$

假设法定准备金率为 20%，超额准备金率为 5%，现金比率为 0.1%，则货币乘数为

$$m = \frac{1 + 0.001}{0.20 + 0.05 + 0.001} = 3.99$$

这意味着基础货币每增加 1 单位，货币供给将会增加 3.99 个单位。

中央银行通过设置法定准备金率来影响货币乘数，但由于商业银行超额准备金率的设置和个人提现意愿难以控制，中央银行对于货币乘数的影响作用较为有限。

货币量方程式

货币量方程式（Equation of Exchange）在货币供给和实际的经济行为之间建立了联系。

$$P \times Q = V \times M$$

其中，P 是一般价格水平，它表示一般商品的平均价格水平；Q 表示商品和劳务实际产出的数量（实际经济产出），可由实际 GDP 近似表示；V 表示货币流通速度，也即在给定年份一单位货币用于交易的次数（平均周转次数）；M 表示货币供给。

显然，假设货币流通速度是恒定的，等式右边的货币供给的上升将意味着价格水平的上升或实际产出的上升，或是两者皆有。① 实际产出的增加代表着实际 GDP 的增长。当经济处于衰退状态，失业的因素影响着生产，其结果是生产力不足，于是货币供应的增加会导致经济扩张。但是，当经济体几乎充分利用了资源（包括劳动力），生产力达到饱和时，货币供给的增加必然导致通货膨胀（也即价格水平的上升）。正是这种影响使得弗里德曼不加区分地将通货膨胀视作货币现象。然而事实上现在大多数国家所利用的资源都远远没有达到饱和，如此看来，货币供给的扩张应当能够推动经济增长，就业率上升。本章提到的数个中央银行都实行过异常积极的货币扩张政策，然而这些国家的经济增速依旧相对缓慢。

① 当然，假设货币流通速度不变，货币供应量增加时，也可能会出现 P（或 Q）下降，同时 Q（或 P）增加，且一个量的增加幅度超过另一个量的下降幅度，由此总乘积仍然是上升的。

中央银行政策工具

尽管名称各异，各国中央银行普遍采用三种政策工具来影响基础货币，从而影响货币供给。第一个工具是中央银行理论上可以通过改变法定准备金率来改变货币乘数，提高法定准备金率则货币乘数将减小，降低法定准备金率则货币乘数将增加。实际上，改变法定准备金率是否能使货币乘数按照中央银行预期的方式变动取决于商业银行如何调整它们的超额准备金率。比如说，中央银行调低法定准备金率后，商业银行不愿将新增的超额准备金解出，这导致商业银行的超额准备金率上升，调低法定准备金率的效应被削弱。

第二个工具是调整中央银行对本国商业银行的贷款利率，也称贴现率。通过对商业银行进行贷款，中央银行可以直接增加借款银行的存款准备金。而中央银行可以通过降低贴现率从而鼓励商业银行更多地从中央银行借款，增加它们在中央银行的储备。这个工具的实行建立在商业银行愿意从中央银行借款的假设上，而且当贴现率接近零时，该工具也难以发挥效力。事实上，大多金融危机后的国家贴现率都几乎为零。

第三个工具是公开市场操作，即在公开市场上买卖债券，大多数情况下为本国政府的债券。通常，日本中央银行买卖日本政府债券（Japanese goverment bonds，JGBs），英国中央银行买卖英国国债（British goverment bonds，Gilts），美联储买卖美国国债（U. S. goverment bonds，Treasuries）。中央银行购买债券时，通过贷记经销银行准备金账户完成支付，从而扩大基础货币。卖出债券时，通过借记经销银行的准备金账户来得到支付，从而减小基础货币。中央银行对于债券的购买和销售分别导致商业银行准备金超额和准备金不足。商业银行可以将它们的超额保证金贷给其他银行，或是对外贷款。银行将超额准备金借给其他银行的利率是衡量货币政策和中央银行意图的重要指标。事实上，这一利率在美国被称为联邦基金利率（Federal Funds Rate），它经常作为货币政策实施过程中一个调控的目标。

虽然这些政策看似简单明了，它们的实施却饱含不确定性。我们将以美国近期遇到的问题为例，探讨一些中央银行时常遇到的问题。

联邦储备和流动性危机

2007 年开始的金融危机使得所有金融机构的流动性急剧下降。这在很大程度上是由于许多抵押贷款支持证券（mortgage - backed securities）以及其他难以定价的金融资产突然价值崩溃，没有了投标人，也使得估值变得更加困难。这场金融危机就像许多其他的危机一样自行膨胀，并以惊人的速度恶化。美联储通过以公开市场操作（open market operations）为主的各种手段来应对危机。它通过购买上千亿美元（最终达到万亿美元）的机构 MBS 和国债等有价证券，大幅扩张基础货币。如图 13. 1 所示，在短短的三年时间里美联储的资产负债表膨胀了 2 万亿美元，基础货币呈爆炸式增长。

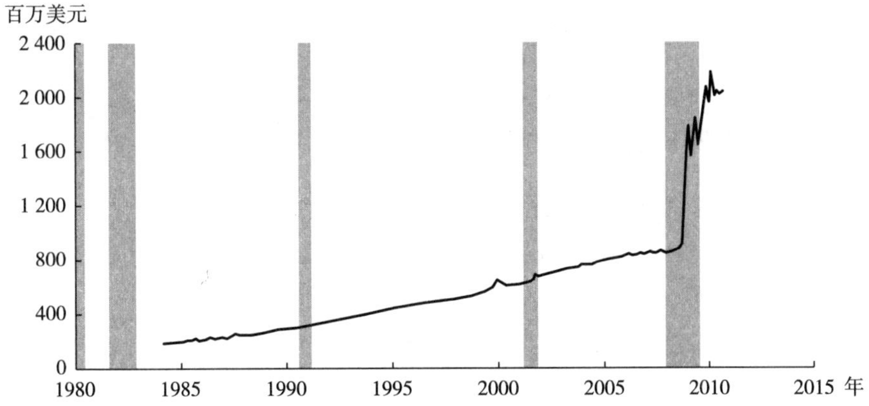

注：阴影区域代表美国经济衰退时期。

图 13.1 基础货币

［资料来源：圣路易斯联邦储备银行（2010）］

2007 年 12 月开始，美联储连续推出了一批临时货币政策工具用以恢复流动性。这些工具都是“紧急创新”。期限拍卖融资便利（TAF）、定期证券借贷工具（TSLF）和重要交易商信用贷款（PDCF）虽然已经不再通行，但它们值得一提，因为这些工具或是其他类似工具可以在短时间内达到效果。

期限拍卖融资便利是一种信贷额度，允许银行使用多种担保品（collateral）向美联储借入期限为 28 天的贷款。当美联储以这种方式借款给借款机构时，它增加了借款机构的储备（美联储的负债），同时将抵押品列入美联储的资产中。虽然美联储抵押贷款的增加使得美联储的资产和负债同时增加，这种工具依然会通过增加银行准备金增加基础货币。如果美联储不希望看到基础货币扩大，则可以通过公开市场操作进行抵消操作。

定期证券借贷工具允许重要交易商（prime dealers）用流动性较差资产如抵押贷款支持债券作为抵押品，从美联储借入国债（Treasuries）。它是一种债券互换，并没有增加或减少储备，但确实有助于恢复某些关键金融机构的流动性。这种债券互换和期限拍卖融资便利一样，期限为 28 天。

重要交易商信用贷款也是一种信贷额度，它向重要交易商提供长达 120 天的抵押贷款，接受多种债券作为抵押品。像期限拍卖融资便利一样，这种抵押贷款在增加美联储的资产和负债的同时，也增加了银行准备金。类似地，如果美联储不希望在使用这种工具的时候扩大基础货币，它可以进行公开市场操作。

第四个工具则是将公开市场操作的对象扩展到机构 MBS（由房利美、房地美、吉利美发行），即通过在公开市场上买卖机构 MBS 来达到调节基础货币的目的。此计划与美国财政部的不良资产救助计划（TARP）截然不同。TARP 虽然不能称作美联储政策工具，却与美联储政策工具有着相同的目标。这个计划是由财政部与美联储共同参与的。该计划通过购买问题资产（主要是住宅和商业抵押贷款支持证券），除去银行资产负债表的累赘，并鼓励银行重新开始发放贷款。显然，这些都是美联储的目标。

随着美联储持有的抵押贷款支持证券逐渐贬值（即回归本金），美联储表示它可能会将所得款项存入国库中。许多经济学家担心这种把国家债务货币化的行为将成为长期通货膨胀的前兆。

判断：是通货膨胀还是通货紧缩?

经济学家虽然普遍认同上文提及的三个关键货币方程，却很难就当今世界可能是通货膨胀还是通货紧缩这一问题给出一致的答案，即使这是两种截然不同的可能性。

货币乘数方程：

$$m = \frac{1 + c}{r + e + c}$$

货币供给方程：

$$M = m \times B$$

货币量方程式：

$$P \times Q = V \times M$$

为了理解这一现象，我们应该更加深入地考虑货币乘数方程。当银行开始对当前经济状况感到不安，降低贷款意愿，提升贷款标准时，银行超额准备金率上升，货币乘数因此下降。虽然银行降低贷款意愿未必是一件坏事，这帮助银行避免发放无法收回的贷款，然而这确实使得货币乘数减小。事实上，美国的银行超额准备金已经达到了1万亿美元的空前水平。在其他条件相同的情况下，货币乘数的下降会减少给定基础货币下的货币供给。因此尽管美国的基础货币已经以爆炸式的速度增长（每年涨幅为20%～100%），过去几年实际货币供给（此处指 M_1）的上升速度相对缓慢（每年涨幅0%～17%）。显然，这种情况还会持续，但会持续多久却未可知。过去几年货币乘数的急剧下降可以在图13.2中明显看出。

美联储难以通过进一步提升基础货币来抵消货币乘数急剧下降带来的影响。因为美联储提升基础货币的措施需要银行扩张准备金来配合。通常美联储会通过降低利率（即联邦基金利率或贴现率）来促使银行扩张准备金，然而在联邦储备基金利率几乎为零的情况下，美联储进一步降低目标利率只能收效甚微。因此，即使在基础货币继续扩张，银行不愿放贷的情况，短期内也会导致货币供给的萎缩，或者至少是非常缓慢地增长。这种货币供给收缩会带来通货紧缩。然而如果银行之后开始积极放贷，超额准备金率将迅速下降，货币乘数有望大幅上升，这又会使得货币供给过快扩张，最终导致严重的通货膨胀。

现在考虑货币量方程式。在我们早期讨论货币供给对物价水平、实际GDP的影响时，我们假定货币流通速度是恒定的。但事实上货币流通速度受多种因素的影响，比如人们的财富地位、就业前景，以及对未来价格的预期都会影响到货币流通速度。当人们觉得“贫穷”时，往往会减少开支，提高储蓄率，从而降低货币流通速度；当失业率上升或过高时，人们也会因工作不稳定而减少开支。这也有助于货币流通速度的下降；如果人们认为价格会下降，他们倾向于推迟消费，以获得更好的价格，这也降低了货币的流通速度。反之亦然，当人们感到更富有，失业率下降或保持较低水平，预期价格上升时，货币的流通速度就会上升。

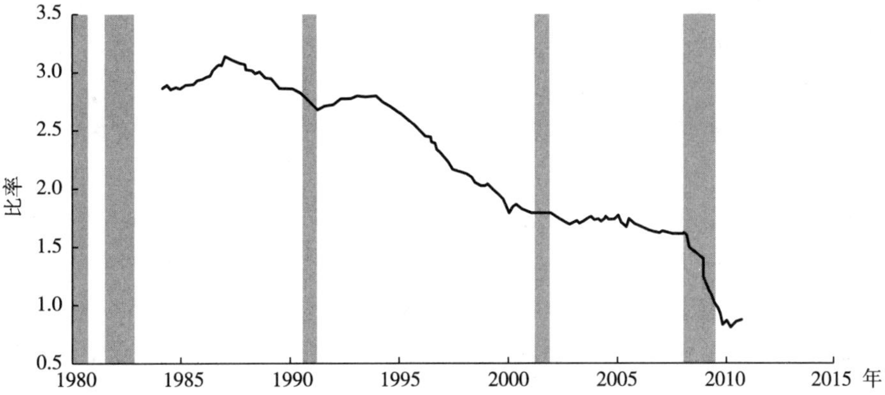

注：阴影区域代表美国经济衰退时期。

图 13.2 货币乘数的历史变化

［资料来源：圣路易斯联邦储备银行（2010）］

考虑到房地产和股票投资的萎靡使人们感觉更加贫穷，同时人们感到就业前景黯淡，所以即使没有人有价格下降的预期，也至少有上述两个因素导致货币流通速度走低。当然，他们对未来价格的看法可以减轻或加强这些流通速度效应。事实上，近年来，货币的流通速度一直呈下降趋势：2008 年至 2010 年初，M_1 的流通速度下降幅度超过 20%。最近的趋势是小幅上升，但目前还不清楚新趋势会开始，还是下降趋势将会恢复。

现在考虑货币供给保持平稳、基础货币迅速上升、货币流通速度迅速下降的情况。如果实际 GDP 上升，价格水平则必须下降，很有可能发生通货紧缩。如果实际 GDP 下降，可能会吸收一些物价上升的压力，但也可能导致失业率进一步恶化，而这反过来又会进一步减缓货币流通速度。换言之，随着失业率的进一步上升，物价水平很可能发生螺旋式下跌。这就是经典的流动性陷阱。

另一方面，即使政府的某些政策拖延了解决问题的步伐，经济迟早会恢复其长期增长路径。经济恢复其长期增长路径后，货币乘数将急剧上升，而基础货币已经处于非常高的水平上，从而提高增加货币供给，消费者可能会重拾旧的消费习惯，从而提高货币流通速度。除非美联储能够收缩过多的基础货币，否则很有可能发生。

通过分析上述三个关键货币方程式，我们得出的结论是通货紧缩、通货膨胀均很有可能发生，而短期内更可能发生通货紧缩，在长期更可能出现通货膨胀。

观点：不稳定价格下的投资

怎样从货币通货膨胀或通货紧缩预期中获利呢？一种方法是考虑通货膨胀预期的情况，在通货膨胀时期，耐用消费品往往能很好地保值。尤其是贵金属如铂、金、银。2010 年 9 月黄金价格创下历史最高水平，这清楚地表明，并非全世界都预见到了通货紧缩。即使投资者预料到，严重的长期的通货膨胀后紧跟而来的便是通货紧缩，黄金和其他耐用消费品依然是一种有效的避险手段。通过附加杠杆，这种对冲价格风险的手段可能变为一种颇有收益的投资。一些著名的对冲基金经理，乔治·索罗斯（George Soros）、莱昂·库伯曼（Leon Cooperman）、约翰·保尔森（John Paulson）和埃里希·明迪奇（Erich Mindich），都在自己的基金中配置了黄金或黄金 ETF，如 SPDR 黄金持有量（GLD）。

另一种方法是购买专门设计用于对冲通货膨胀的金融工程债券（financially - engineered securities）。一些结构化债券（structured securities）同样能够起到对冲通货膨胀的作用，比如与通货膨胀挂钩的债券和票据、财政部发行的财政通货膨胀保护债券（TIPS）。财政通货膨胀保护债券虽然受影子收入（phantom income）的影响有一些税收陷阱，但这并不改变这类债券低信用风险的性质。公司通货膨胀债券（Corporate inflation - linked bonds）通常不受影子收入的影响，但是这类债券具有较高的信用风险，通常会提供较高的收益率。这两类产品可以被分为传统的债券和宏观经济衍生工具的组合。风险偏好投资者往往选择给通货膨胀指数化的产品附加杠杆的新型 ETF 产品，这使他们能够真正从通货膨胀中获利，而不仅仅是保护他们的财富不因通货膨胀而损失。

在通货膨胀严重的环境下，利率通常急剧飙升，这导致固息债失去价值。因而，做空固息债或是买入看空固息债的债券 ETF 反映了人们的通货膨胀预期。这类 ETF 的设计中需要一些金融工程的技巧。

对于那些有通货紧缩预期的人来说，上述所有策略都可以反向操作。然而，考虑到债券收益率下降的程度低，如果不施加相当大的杠杆作用，投资级长期债券仓位不大可能有很大的上升空间。但是，这是对冲基金倾向于做的事情。保罗·布罗伊希尔（Paul Broyhill）采取的就是这样的方法。最近几个月，一些大型对冲基金买进了高收益率债券（即垃圾债券），理由是如果通货紧缩情景像他们预期的那样发生，那么债券收益率将进一步下降。管理阿帕卢萨资产管理公司（Appaloosa）的大卫·泰珀（David Tepper）①就持有这种观点。

宏观经济衍生品

结构合理的宏观经济衍生品②也许能够更加准确地考量通货膨胀、通货紧缩，以及其他新出现的经济现象。不断地有金融学者或是金融从业者尝试提出一系列的宏观衍生品，包括马歇尔等（Marshall et al. ，1992）和席勒（Shiller，1993），但在这些衍生品提出之后 10 年，衍生品交易商和衍生品交易所才开始给这些衍生品创造市场。③

---

① 译者注：大卫·泰珀（David Tepper）是一位美国的价值投资者，也是阿帕卢萨（Appaloosa）投资管理公司的创始人。

② 比起“经济衍生品”，我们更喜欢“宏观经济衍生品”这个术语。从某种意义上说，所有衍生品都服务于经济目的，因此可以粗略地称为经济衍生品，但并非所有衍生品本质上都是“宏观经济”的。例如，商品价格的期货合约本质上是“经济的”，因为所有商品的价格都由供求规律决定。这通常是“微观经济”，但仍然是经济的。“宏观经济衍生品”这个术语清楚地表明我们正在谈论宏观经济变量的衍生品。诚然，有时很难在什么是微观经济和什么是宏观经济之间划清界限。

③ 2000 年初，德意志银行和高盛合作创建了场外宏观衍生品市场。类似地，一些期货交易所引入了基于宏观经济指数的期货合约。

宏观经济衍生品是与某种宏观经济指数挂钩的衍生工具（包括互换、期权、远期或期货）。虽然一些重要商品的价格，比如原油商品的价格，同样能够对市场产生广泛的影响，然而我们在此仅讨论与宏观经济指数挂钩的衍生品。这些指数包括通货膨胀率、失业率、非农业就业人数、GDP 增长率、房地产业指数等。

虽然宏观经济衍生品尚未引起大量的关注，市场尚处于萌芽阶段，但它们在理论和实践中还是有重要的影响。事实上，一些更加受欢迎的金融工程产品，例如通货膨胀挂钩债券（inflation indexed bonds），可以被拆解为普通债券（straight bonds）和宏观互换（swap）的组合，更确切地说，是和通货膨胀互换的组合。比如，债券发行人更希望发行一个普通债券（有着固定息票率和到期日、不含权的债券），但债券投资者对于通货膨胀保护资产有着十分强的需求（见图 13.3），其中发行者通过签订通货膨胀互换协议，将固定利率下的利息转换为通货膨胀挂钩利率下的利息。债券发行人每年只需为通货膨胀挂钩债券支付 4.5% 的固定利息，而无须支付通货膨胀率：其中 2% 用于和互换对手方交换成通货膨胀挂钩的利率，2.5% 的固定利息和通货膨胀率支付给投资者。

这种结构存在着负通货膨胀（即通货紧缩）的风险，CPI 成分的变化可能是负的。如果通货紧缩率超过 2.5%，那么投资者得到的利息将为负值。通过在互换（swap）和票据（note）中内嵌期权（option），通货膨胀就会有一个 -2.5% 的保底（与此同时投资者通过票据得到的固定利息可能会有所减少，用以支付期权费用）。通过使用类似的方法，我们还可以构造保本型股票挂钩票据（principal - protected equity - linked notes）和商品挂钩票据（commodity - linked notes）。

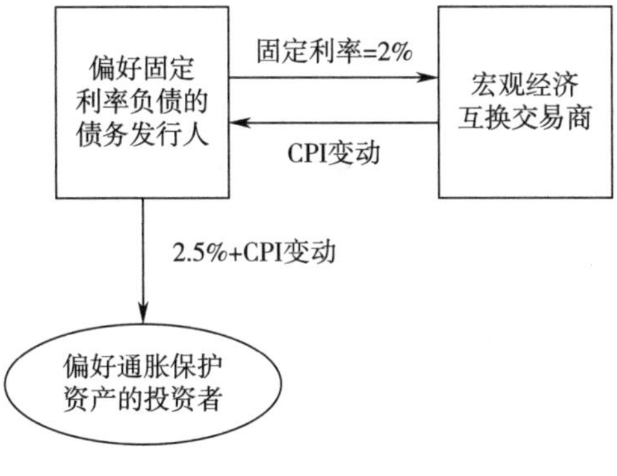

图 13.3　通货膨胀挂钩债券生成过程

债券发行人还可以利用人们对于物价变动方向（通货膨胀/通货紧缩）的不同预期，同时发行两种不同的债券：通货膨胀保护债券和通货紧缩保护债券。如图 13.4 所示，在投资者看来存在通货膨胀保护债券和通货紧缩保护债券两种投资标的，而在债券发行人看来他们只有固定利息的负债。

此外，这些票据的本金均可以通过内嵌合理的期权从而得到保护。投资者也可以依据偏好选择带杠杆的资产。比如，投资者可以投资于支付固定利息并挂钩通货膨胀率的债券。

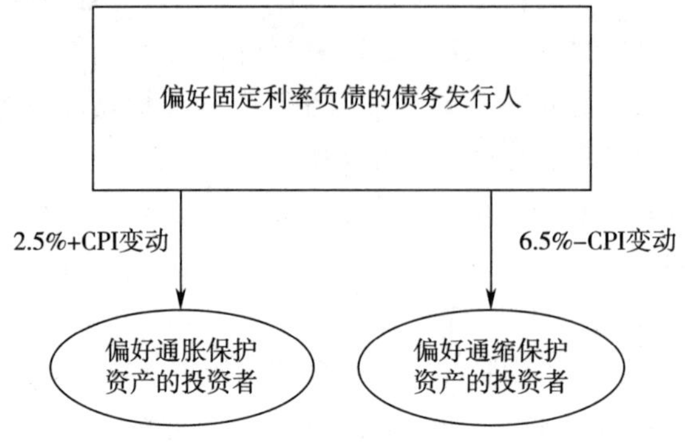

图 13.4　可抵消债券的发行者

周期敏感性市政府（和公司）

2010 年 8 月底，宾夕法尼亚联邦首府哈里斯堡市宣布，它将在债务上违约，不再支付 390 万美元的利息。虽然哈里斯堡已经宣布了债务违约，但债务违约的实际发生依然是可以避免的，至少可以暂时避免，因为宾夕法尼亚联邦宣布一个星期后，它将加速补助金和一些其他款项的支付以帮助哈里斯堡偿付即将到期的债务。哈里斯堡宣布违约的债务由市政债券保险公司担保，投资者不会面临严重的违约风险。然而如果哈里斯堡真的发生债务违约，那么包括哈里斯堡在内的市政府都将面临资金成本上升的风险。在撰写本章时，底特律、密歇根和加利福尼亚，也正处于相似的困境中。

这三个市政府面临的问题也是大多数市政府可能遇到的问题，因为任何情况下的经济低迷都会导致它们的税收收入下降，与此同时上升的社会需求却给政府的财政支出带来更大的挑战。几乎所有市政府都是周期敏感的，但周期敏感的程度有很大的差别。对于经济受周期性企业驱动的城市，其市政会面临更大的周期性压力。而受高校驱动的城市则面临较小的周期性压力。

面对这种周期敏感性，人们可能认为这种问题可以轻易解决：市政府只需在扩张期内建立准备金，便可在收缩期间有所准备。但历史数据表明，很少有市政府能够做到这一点。当政政客总是受到选民的压力，尤其是在税收方面。一旦出现税收盈余，他们则不得不去增加财政支出或是减少税收。

宏观经济衍生工具可以强有力地解决这一问题，虽然只是部分解决。像哈里斯堡这样的城市市政，可以利用历史数据确定国家或地区的生产总值增长对其现金流的影响。或者，它可以利用国家或地区的非农就业人数增长率进行分析。随后这个城市可以进行 GDP 互换或是非农就业人数互换。我们将用 GDP 互换来举例说明这个过程。

假设一个城市的风险管理委员会（RMC）从经验数据中得知，当政府的预算平衡时，实体经济增速为 2.7%（长期实际 GDP 增长率的官方估计）。RMC（或外聘专家）进一步确定，GDP 变化 1 个百分比将转化为 2 000 万美元的净现金流。也就是说，城市的 GDP 每增长 1%，市政府每年的净现金流就会增加 2 000 万美元（净现金流为收入和支出金额之间的差额）。相反，GDP 每下降 1%，该市每年将减少 2 000 万美元的净现金流。当城市处于现金盈余状态（cash surplus state）时，它会受到来自特殊利益集团、纳税人的压力，特殊利益集团会迫使市政府加大开支，纳税人会促使市政府降低利率。当城市处于现金赤字状态（cash deficit state）时，赤字会使市政府增加税收（增加税收总是不受欢迎），在社会保障计划（social safety net programs）上花费更多，并在资本市场借贷。而我们的目标是在所有经济条件下保持城市预算的平衡。

因此，该市与一家宏观经济互换交易商（Macroeconomic Swap Dealer）进行10 年期 GDP 互换，该指数使用2.7%作为长期实际经济增长的估计。这种增长估计被应用于互换定价。假设该互换名义本金为20 亿美元，该市政府支付给互换交易商实际年增长率，互换交易商支付给市政府每年2.7%的固定利率。请注意两点：第一，名义本金不是真正的货币，没有人支付名义本金，名义本金只是用于计算后续利息；第二，实际应用 GDP 互换时，市政府需要在实际增长率的基础上支付溢价（spread）以偿付互换交易商提供的服务，但我们在分析中略去溢价。该 GDP 互换的具体结构如图 13.5 所示。

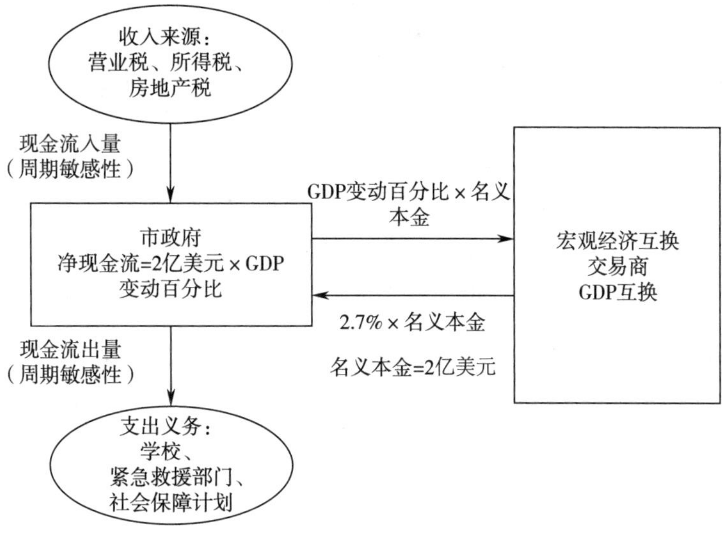

图 13.5 宏观经济对冲举例

互换这一解决方案的好处是，该方案能够对冲绝大部分周期性宏观经济风险（一种系统风险）。但是市政府并不希望进行超长期的互换，因为城市的经济状况会随着时间的变化而变化，城市的周期敏感性也会随之变化。一方面，假设实际经济增长率提高到3.7%，那么在相同的互换合约下，市政府将支付互换交易商 7 400 万美元（3.7% ×20 亿美元），而互换交易商仅需支付5 400 万美元（即2.7% ×20 亿美元）。在实际互换中，只有净值被支付，即需要支付更多的一方向支付少的一方支付差额。因此，实际经济增长率为3.7%时，市政府需要支付互换交易商2 000 万美元。另一方面，假设下一年经济陷入衰退，GDP 增长为负值，比如 -1.3%。那么，互换交易商需要支付给市政府 2 600 万美元（当实际增长为负值时，互换交易商需要支付浮动方利息），与此同时，互换交易商还需支付市政府5 400 万美元的固定利息。因此，市政府将收到互换交易商 8 000 万美元的现金以弥补 GDP 下滑

（即经济衰退）带来的现金流缺口。

这一解决方案的优势在于它能消除许多经济压力，在经济良好时增加支出，在经济低迷时减弱提高税收和削减服务的压力，因此有助于建立稳定的环境，有利于长期的市政规划。

宏观经济互换（和其他宏观经济衍生品）的构造在实践中有一定困难。在互换市场，交易商只充当最终用户之间的中介。交易商想要发挥良好的中介作用，就需要有一个双向市场。更多的公司和市政府都具有周期性而不具有反周期性，所以有人可能会认为，市场无法运作。但是，希勒的房地产指数案例已经提出这一问题的解决办法。互换交易商将这些房地产指数作为期货合约的标的资产，再利用这些期货进行对冲。只要期货合约的对手方能够有足够的投机收益，就可以这样运作。当然，这种性质的互换还有其他问题，比如如何修正 GDP 从而得出实际 GDP，因为 GDP 事项可能发生在数个季度。但这些问题可以通过适当的滞后处理解决。

另一种解决方案是内嵌一个互换，这和通货膨胀指数债券内嵌互换的方式类似，市政债券需要支付与 GDP 增长率成反比的浮息。假设在当前市场条件下，前述城市政府可以发行期限为 10 年，支付 5% 的固定利率的票据。但它们不再发行固息票据，改而发行支付 2.3% 加上实际 GDP 的增长率为利率的浮息债券。如果 GDP 的长期增长率是 2.7%，那么平均而言，该市在过去的 10 年里每年支付的利率为 5%。但是，当 GDP 超过其长期估计增长率时，市政府需要支付的浮动利率会更高，而当 GDP 低于其长期估计增长率时，它们支付的利率更低。如果哈里斯堡之前能够使用这种融资方式，它们就不需要宣布债务违约。事实上，这种债务融资可能会使得本市长期债务评级上升，因为评级机构将看到该市的财政状况变得更加稳定。而更高的债务评级会使得政府所支付的浮动利息中的溢价部分下降。例如，它们可能只需支付 2.1% 加上国内生产总值增长率。

在本章的最后，我们希望金融创新和金融工程有着充分的发展空间。正确的金融创新和金融工程工具能够帮助解决困扰现代市政府和企业的系统问题。

金融工程产品的独立估值 | Chapter Fourteen 第 14 章

辛迪·W. 马
安德鲁·麦克纳马拉①

引言

金融工程催生了大量的金融衍生工具，其中很多产品结构复杂，与传统“香草型”(plain - vanilla) 产品相比，对这些产品进行分析和风险管理变得更加困难。然而，在包括投资组合管理（是否在给定的价值下买进或卖出）、金融研报（包括净资产价值的计算）和争端等多种情形下，人们需要对这些金融衍生产品进行估值。这时，提出一个灵活的模型非常关键，这个模型必须基于一些经得起推敲的假设，能够对很多潜在的情景进行分析。由于这项任务非常复杂，并且分析这类金融衍生产品需要大量的专业知识，因此可以考虑寻求独立的机构（不能是这个投资组合的管理者或者同一团队的成员）以提供估值帮助。一些大型机构有自己的专门部门，给出独立的意见。第三方独立机构则可以为所有的机构提供所需要的分析支持，同时能保持独立性和客观性。

在 2007 年开始的金融危机期间，对于市场参与者而言，透明度成为关键问题。不管是减少大型金融机构之间关系的复杂性还是执行旨在提高披露要求的规则，投资者和监管者都指出透明度是很关键的。比如，在最近的《多德—弗兰克法》中名为“华尔街透明度和问责”部分，要求对特定的场外衍生产品进行中央清算、数据搜集和信息公布。事实上，金融工程类产品通常是复杂的。独立估值是提高这些工具价格透明度的一个重要要素。

在这一章中，我们将探究金融工程的世界，给出了一些金融工程产品的示例、各种分析方法、估值与风险管理的方法。然后，我们讨论金融工程类产品的复杂性、在评估估价模型的选择和应用时所需要作出的诊断。最后指出，在很多情形下，第三方机构为估值提供独立和透明的建议是至关重要的。

---

① 辛迪·W. 马（Cindy W. Ma）是华利安诺基公司（Houlihan Lokey）的董事总经理，负责衍生品和复杂的证券估值，同时也是国际评估标准委员会金融工具专家小组成员。安德鲁·麦克纳马拉（Andrew MacNamara）是华利安诺基公司（Houlihan Lokey）财务顾问服务小组的副总裁，专注于评估非流动性股权、债务和衍生品投资，分析与公平和偿付能力意见相关的事。

金融工程产品

什么是金融工程产品？据国际金融工程师协会（Interntional Assciation of Financial Engineers，IAFE）称，“金融工程是应用数学方法解决金融中问题”。这句话让人感觉到这个领域所涵盖的主题非常广泛。然而对“金融工程产品”的分类可能存在争议，在IAFE网站上的一些文件讨论了诸如信用衍生工具、债务抵押债券（CDO）、保险以及大宗商品等衍生产品。此外，人们讨论的也包括系统性风险、市场风险和流动性风险，以及对冲基金的收益归因等。

会计准则已趋向于更多地使用市场数据给出一段时间内的财务报告。会计准则（ASC）820“公允价值计量”因引入相对较新的概念①，引起了新闻媒体的关注。它并没有规定资产和负债应该在何时按公允价值计量，而是仅给出了公允价值的定义。此外它还提供了一个关于如何度量公允价值以及要求某些额外披露的框架。因此，ASC 820是财务报告和估价的主要原始凭证。

ASC 820将公允价值定义为“资产和负债按照市场参与者在计量日发生的有序交易中，出售资产所能收到或者转移负债所需支付的价格”。这明确了公允价值不应该是强迫清算或其他被迫交易达成的价格。市场参与者是独立于报告实体的买卖双方，他们对资产或负债有合理的认知，并且愿意和能够交易资产和负债。

公允价值层次

ASC 820要求在进行资产和负债的度量时使用三个层次的输入假设。

第一层次的输入值。能够获得的相同资产或负债在活跃市场的报价。交易所交易的工具或证券通常属于第一层次，流动性较好的交易所交易价格为公允价值提供最可靠的依据，如果能够获得则可以使用。

例如：纽约股票交易所交易的IBM普通股股票、纽约商品交易所交易的燃料油期货合约。

第二层次的输入值。当拿不到第一层次的价格时，ASC 820要求使用第二层次的输入值，它们包括相似的资产和负债在活跃市场的报价、相同资产和负债在非流动市场的报价、资产和负债其他可观测到的除报价外的输入（比如利率曲线和波动率）和基于可观测的市场数据得出的输入值。

例如：

- 考虑一个一年期燃料油互换合约。尽管这个场外衍生品合约没有公开交易，但是因为存在标准的估值模型，这个衍生品合约的定价需要的输入可直接使用未经调整的市场观测数据。例如，用于估计互换价值的核心输入包括民用燃油期货价格和预期民用燃油波动

① ASC专题820，以前是157号财务会计准则报告，由财务会计准则委员会在2006年发布。

率，而这两者可从纽约商品交易所交易的民用燃油期货和期权合约得出。既然有 1 年期的民用燃油期权合约在交易，就能估计出隐含波动率。这些输入被认为是第二层次的。

- 考虑一个没有经纪商报价的企业债券，依据 144A 规则无须进行注册登记。因为没有注册，这个债券不公开交易，没有场外交易报价，因此这个债券不能认为是第一层次①。然而，同样的公司可以发行一个注册的公开交易的债券，它和这个非注册的债券具有相似的特征和到期日。假设这个公开交易的债券最近发生交易，而且可以得到其隐含的收益率，隐含收益率与其他的输入和假设（比如：基准利率）可以被认为是第二层次的输入。

第三层次的输入值。基于非活跃交易的资产和负债的不可观测输入值，这个输入值应该反映市场参与者对相关资产和负债定价时使用的假设。交易不频繁而且没有可靠的市场价格的资产和负债是属于第三层次的。即使使用经理的估计或输入，这个“平仓价”也应该基于市场参与者使用的输入和假设，认识到这点非常重要。

例如：

- 第三层次的输入值包括长期货币互换的不可观测利率、长期股票期权的波动率、基于市场参与者相同假设下的预测。
- 10 年期燃料油互换是一个要求第三层次输入假设的投资的例子。估值使用的模型与 1 年期燃料油互换合约相同，既然 10 年期燃料油期货和期权合约不在纽约商品交易所公开交易，人们需要判断由此得到的 10 年期燃料油期货价格和对应的预期是否正确。因此，它们被认为是第三层次的输入值。

如表 14.1 所示，第一层次里涉及具有可观测市场价格的资产，而第三层次是最主观的。因此，随着层次的增加，估值的准确性通常下降。

表 14.1　　公允价值层次

层次	第一层次 盯住市场	第二层次 盯住矩阵	第三层次 盯住模型
描述	具有可观测市场价格的资产	具有基于可观测市场价格的输入值的资产	不基于市场价格，而是基于经理对市场参与者假设的估计
例子	在活跃交易所上市的股票或固定收益证券、交易所交易衍生品	非频繁交易债券、结构性票据、具有基于可观测 Libor 远期利率曲线的价值的场外衍生品	房地产和私募股权投资、长期金融工具、非流动资产抵押证券、无形资产
估值的准确性	最准确	不太准确	最不准确

金融工程产品的估值涉及很多数学的分析技巧。例如，依据 Hull 和 White 的模型②，信用违约互换的估值需要基于参考主体发行的债券估计违约预期概率，然后计算互换预期支付的现值。而对传统的 CDO 的估值需要基于 Copulas 的模拟，Copulas 对不同变量的联合分

---

① 依据 144A 准则，有些证券是豁免注册的，可以通过经纪人在场外交易，投资者不能获得其报价，因此被认为是第二层次的输入。

② 见 Hull 和 White (2000)。

布（这里是标的债券的违约概率）进行建模。此外，衍生产品的估值需要考虑交易对手可能违约的风险，所以需要进行信用价值调整。[①] 在 ASC 820 下，从估值的角度考虑，很多金融工程的产品将被划入第三层次，尤其是复杂程度高和定制化的金融工程类产品。

如何为金融工程产品进行定价是具有挑战性的工作。首先，金融工程产品经常是复杂的和定制的；人们还没有对他们进行充分全面的研究，因此所使用的定价模型可能没有捕捉到某一相关特征，或者在一定的市场条件下模型可能失效。其次，为了让交易者快速获得产品的估值，很多分析金融工程产品的模型通常会作出一些简化假设；然而，这类“黑匣子”模型有时会使得人们并不清楚在估值时应该考虑哪些重要的模型假设。因此，分析这类模型需要仔细评估产品使用的环境，对以下两点进行评价：标准的模型如何能够应用到实际中？什么情况下模型会失效？

备选模型：担保债务凭证（CDOs）

对公认的估值模型进行审查是很重要的，比如 CDOs 的定价模型。这些产品是在 20 世纪 80 年代后期被开发出来的。一般来说，一个 CDO 以债务和权益的形式筹集资本，并将其投资于金融证券的投资组合。从概念上讲，CDO 依据某些结构准则，把担保组合的风险和收益进行重新分割。最初，CDOs 为购买企业债券组合进行融资，但随着产品成熟，使用了其他形式的抵押品，其中包括公司贷款、商业房地产和信托优先证券。结构化金融或资产抵押证券 CDOs（SF CDOs 和 ABS CDOs）投资于证券化产品组合，这类组合包括不同种类的抵押支持证券（MBS）和其他 CDOs 发行的负债或“份额”（Tranches）。

与其他形式的证券化一样，CDOs 通常包含用来分散信用风险（即最高等级的份额本金损失的风险最低）。其中一个条款是结构从属关系。通常，相对于低一级份额，高级份额优先获得本金，相对于高级份额，低一级份额优先承担损失。图 14.2 展示了一般的资产支持结构（asset - backed structure）中的结构从属关系和信用风险保护：超额抵押（OC）[②]。

图 14.2 展示了结构从属关系（左）和超额抵押（右）。不同的 CDO 负债使用不同的名称标记，这些名称分别对应其不同的优先级水平：例如，标注为 A1 的类别优先等级高于标注为 A2 的级别，依次类推。“R”类代表剩余或股权份额，它们通常会得到资产产生的任何超额现金流。

此外，CDOs 通常包括可能会影响不同份额之间现金分配的触发测试，通过这样做，可以为高级份额提供额外的担保。对于 ABS CDOs，通常以超额抵押检测和利息保障覆盖率（interest coverage，IC）检测的形式。OC 检测在份额水平上定义，它度量给定份额下基础抵押品的票面金额与未偿债务的票面金额之比。[③] 比率越高，持有者获得的信用损失保护越

① 在 2007 年开始的金融危机之前，交易对手风险开始被人们认识到，信用风险调整分析在传统衍生产品定价的框架之外，它是复杂的，受到净值安排和交易对手的担保协定的影响。

② 超额抵押是指抵押资产本金余额高于为其提供融资的负债本金余额总和的证券化信托。

③ 参见 Kothari（2006）。

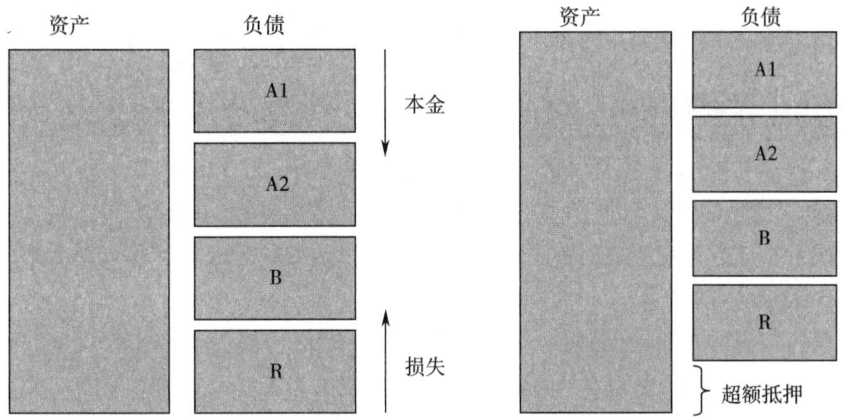

图 14.2 结构化从属关系和提供信用支持的超额抵押

多。① IC 检测也是在份额水平下定义的，它是基于基础抵押品的预定利息与高于给定份额的所有份额的预定利息的比率。同样地，比率越高，持有者获得的保护越多。这个比率根据事先确定的触发水平进行定期检测。如果比率不能满足触发条件，抵押品的利息收入就要从较低份额的利息中转移出来，用来支付给较低份额的利息支出被用来支付较高份额的本金。因为没有支付给较低份额现金收益，它们有时被称为实物支付（Pay - in - kind）的份额。②

通常来说，在 CDO 中，越低等级的份额风险越大，因为和较高等级的份额相比，它们优先承受风险，而且它们的收益可能并不是现金支付而是实物支付。CDO 中的权益份额的风险更加微妙，CDO 权益份额的现金流可能集中到交易结束时；一旦债务部分的本金从抵押品的摊销中偿还，则该股权有权获得剩余抵押品的价值，包括整个交易过程中形成的任何超额利差（excess spread）（当然，CDO 权益份额首先承担抵押品的损失）。

传统的 CDO 建模技巧专注于估计各个抵押资产违约的概率以及这些违约事件之间的相关性，例如，很多市场的参与者使用高斯 Copula 模型估计 CDO 投资组合和 CDO 份额自身的违约概率。这个概念的扩展包含使用"基"相关性映射（"base" correlation mapping），它基于可观测的历史数据推断相关性参数，其方式与基于布莱克—斯科尔斯模型计算交易中期权的隐含波动率的方法类似。然而，随着 2007 年金融危机的发生，这项技术出现了很多负面效应。有人批判模型本身的简化假设，比如正态分布假设，不能反映现实，导致风险被大量低估。在市场处于异常状态下，违约概率会升高，违约事件之间的相关性也会提高，而这个模型并没有充分考虑到这一点。

分析师如何在模型简洁性和市场实际情况中找到平衡，并去理解这些模型之间的缺陷？重要的第一步是回归本质：理解模型的关键假设，什么情况会导致模型失效？它们有多重要？一旦建立这种理解，可以使用其他步骤来评估和减轻模型的缺陷。例如，可以度量类

① 参见 Lucas、Goodman 和 Fabozzi（2006：20）.

② 参见 Ibid（20）。

似资产之间的违约分布，估计引起高度相关的违约概率上升的境况发生的可能性。更严格的测试应该将涉及不依赖于相同建模假设的不同模型；估值结果应该被这些模型所证实。

估值方法：现金流分析

例如，很多CDO（尤其是ABS CDO）的分析师使用现金流贴现（DCF）模型代替Copula模型。对证券化产品进行DCF分析估值的一个关键步骤是对标的资产的未来现金流给出合理假设。证券化资产池的现金流特征通常受诸如提前偿还率、拖欠率、违约率和损失严重性等因素的影响。

提前偿还指借款人的提前还款。① 通常情况下，高级份额先于较初级份额获得提前偿付，因此提前偿还的增加量对高级份额和较初级份额的影响是不同的，一笔交易的提前偿还越多，高级份额的存续时间越短。基于简单的债券机制，这可能导致其价值更高（如果债券的交易价格已经低于票面价值）或者价值更低（如果债券的交易价格已经高于票面价值）。如果一笔交易的提前还款水平提高，较初级的份额将无法从提前偿还所引起的超额利差的增加中获益，因此，事实上，提前偿还会损害较初级的份额的价值。②

逾期率是计划好的定期支付被逾期一段时间的部分占整个贷款池的百分比，这个贷款会被标记逾期多少天（即30~59天逾期、60~89天逾期等。）

违约率是指借款人违约或未能履行其义务的概率。③ 当违约时，基础抵押品被出售，这会导致贷款持有人的部分本金被收回，因此违约通常会导致提前偿还基础抵押品的本金。但是与其他形式的提前偿付不同，清算程序如果不足以偿还贷款，破产清算通常会伴随损失。清算程序通常用于支付高级份额，资产结构较低端的部分（即超额抵押和初级份额）承受损失，因此后者使得高级份额获得信用增级。对于高级份额，更高的违约概率会导致短期内本金支付的增加，这对于优先级债券的持有者是有利的。然而，如果逐步增加的亏损耗尽了对高级份额的信用增级，高级份额的本金也会遭受损失；一旦抵押品损失达到这一临界点，违约率的增加将导致流入高级份额的现金流减少，将进一步导致这部分价值降低。既然，初级份额通常在高级份额之前吸收损失，而且经常不会收到提前偿还，那么违约率的增加通常导致这部分份额的价值降低。这些关系高度依赖于这个交易的结构。

对违约贷款的基础资产进行结算可能会导致贷款本金发生损失，损失的严重性衡量了

---

① 贷款池的还款可以是预定的或非预定的，而非预定的还款可以是自愿的或非自愿的。预定还款代表抵押品的正常摊销。非自愿预定外提前还款是由于标的资产违约以及为偿还贷款而清算抵押品造成的。如果借款人发生迁移，或者借款人因为利率下降或其他各种原因进行再融资，则可能发生自愿提前还款。

② 此外，提前还款有时还伴随着提前还款罚款，这些费用可能会累积到信托或瀑布结构中特别指定的部分。

③ 贷款违约事件通常是一个定义术语，包括一个或多个贷款条款或契约的违约。然而，在实际度量和预测贷款池绩效时，“违约”一词可以有几种解释。当借款人未能支付其贷款到期金额时，该贷款被称为“拖欠”一定天数（例如，拖欠30~59天、拖欠60~89天等）。一些市场参与者将贷款一定程度的拖欠作为违约（例如，拖欠60天或以上）。或者，一些受托人只有当基础资产清算和对贷款实行某种类型的处置时（例如，卖空、止赎出售或其他清算）才报告违约。当我们采用除后一种度量之外的任何度量来定义违约，则在贷款被归类为违约和贷款回收之间可能存在延迟（有时称为“回收滞后”）。

其损失金额的大小。① 抵押品的价值下降得越多，清算程序中可获得的金额越少，因而损失的程度越严重。此外，如果贷款对基础抵押品拥有第二顺位或更高顺位的留置权，首先第一顺位留置权贷款进入清算程序，然后才是次级留置权。因此，次级留置权贷款的损失严重性会比较高，通常会接近100%或者更高（例如，随着时间的推移，止赎程序逐步建立起来，因为它们通常是在次级留置权贷款之前对基础抵押品进行清算，所以计算出来的次级留置权贷款的损失严重性可能超过100%）。

大量的研究致力于预测未来证券化抵押品的现金流表现。对于居民抵押贷款，分析方法包括历史绩效趋势的简单外推、基于状态（state - based）的滚动比率模型（roll rate model）和详细的贷款级别的计量模型，其中滚动比率模型预测给定了借款人进入不同支付状态的概率（例如，从现在到已付清，或者从现在到拖欠 30 天），后一类研究揭示了宏观经济学经济变量和贷款业绩的关系（例如，当利率下降时，借款人提前还款的意愿会提高，因为他们可以对早期的贷款进行再融资；当房价下跌时，违约贷款的回收率也随之下降，因为此时出售抵押品的所得款项减少，这会影响对贷款人索赔的支付）。无论选择哪种预测方法，通过比较分析来检验假设很重要：短期预测是否与近期的表现一致？预测是否具有内部一致性（例如，如果抵押品包含大量拖欠贷款，违约率预期将会增加）？预测是否充分考虑抵押品的基本特征（例如，预测应该反映可调整利率贷款的利率重置）？是否考虑宏观经济趋势或条件（例如，贷款调整计划）？除了形成一套合理的贷款池预测外，在多种情景下，考虑贷款业绩的不同表现通常是有用的。

情景分析

许多金融工程产品结构上明确（如 CDO 的份额）或隐含（衍生品头寸可作为获得对标的投资的杠杆暴露的工具）地融入了杠杆的理念。在信用风险中，杠杆增加了投资的“尾部风险”。一个极端的例子是 CDO 的中间份额（mezzanine tranches）：这些次级份额通常非常薄，如果损失侵蚀了给定份额的所有信贷支持，任何增量损失（incremental loss）都有可能导致这部分份额的大比例减记。即使相对整体抵押品池的规模而言，这可能只是小损失。因此，对于这种类型的 CDO 的某些份额，损失可以被看作“二项的”：如果抵押品损失没有侵蚀掉信用支持，损失是 0；如果抵押品损失导致这部分份额本身的核销，损失的是全部。

对于包含此类杠杆的投资，评估多个场景尤为重要。通过这种方式，分析师可以理解投资的潜在现金流在不同情景下的敏感性。在某些情况下，分析师需要估计他或她创建的每个场景的发生概率，这个概率就是赋给对应情景下评估结果（value indication）的权重。此外，结果的范围也很重要：如果某一杠杆投资的业绩对输入假设合理微小变化特别敏感，投资者会要求获得比低敏感投资更高的收益。

随机 Copula 模型考虑不同的资产违约概率，现金流分析考虑一组预测值，情景分析考

---

① 由于在拖欠贷款通过违约程序时，服务商可以优先获得本金和利息，并有权从清算收益中优先获得偿付，因此拖欠和清算之间的时间越长，信托可获得的收益越少，导致损失严重性越高，其他所有情况都相同。

虑不同概率的多个预测。似乎我们采取了从随机 Copula 模型到现金流再到情景分析的迂回路线。但是，探索不同模型的原因是要解决现有估值模型的潜在缺陷，这很重要。如果基于情景的现金流分析与 Copula 模型有着相同的基本假设，那么，这种分析将无助于解决这些潜在的缺陷。

此外，使用某一给定模型可能无法捕捉到资产的不同特征，而这些特征在估值中扮演着非常重要的角色，但使用不同的分析模型有时则能捕捉到这些。这可能有助于识别影响投资的某些可度量和管理的风险。如果特定的估值模型没有考虑某一给定的风险因子，这个模型就不能用于管理与这个风险因子相关的投资风险。这是使用多个模型分析金融工程产品的另一个好处。

估值中考虑非流动性的影响

流动性不足是评估金融工程产品时需要考虑的另一个重要因素。许多定制化的、复杂的金融工程产品的估值需要使用 ASC 820 下的第三层次输入。如前所述，第三层次输入的估值假设不直接基于市场证据。对于其价值依赖于大量判断的金融投资，捕捉流动性的影响就很重要：当投资者不能在需要的时候即刻出售（即投资是非流动性的），该产品的风险就会被放大。因此，在分析金融工程产品时，重要的是能捕捉到流动性的影响。

与非流动性资产相比，流动性资产（比如交易所交易的股票）的估值通常要容易得多。它们的价值通常可以根据观察到的买卖双方之间发生的交易来确定。由于没有交易数据，人们很难对非流动资产估价。因此有必要对非流动性资产价值进行基本面分析。即使基于常识，流动性风险能被很好地理解和接受，但是，它的全面影响却很难被量化。例如，“流动性风险”一词可以适用于资产流动性风险（即由于市场交易量不足，无法出售资产的风险）和资金流动性风险（即由于缺乏可用资金，公司被迫清算资产的风险）。资金流动性风险可以通过杠杆投资发挥作用，估值水平的下降可能导致催交保证金通知。面对催交保证金通知，投资者被迫提取现金或出售投资，有时会遭受相当大的损失。

国际金融危机暴露了金融工程产品的非流动性风险

两种形式的流动性风险是相互交织的。一种形式的流动性下降也会导致另一种形式的流动性下降。这在 2007 年的国际金融危机中得到了淋漓尽致的体现，当时市场的参与者遭受的悲惨境遇是：（1）资产价值迅速下跌，导致银行、结构性投资工具和大部分证券市场发生剧变；（2）使用了杠杆的实体被迫清算资产以满足追加保证金要求；（3）由此产生的资产过剩供给进一步推动了它们的价值下跌；（4）较低的资产价值引起进一步追加保证金，并形成恶性循环。即便是回避杠杆的公司也可能面临资金风险。当其他交易对手无法通过资本市场为其购买的资产融资时，对资产的需求可能下降，进而导致资产价值的下降。

在最近的金融危机中，人们在很多情形下都观测到非流动性的价值，以前购买金融工程产品（无论是结构化产品、拍卖利率证券或者定制的复杂衍生品）的很多投资者已经

“逃离这个市场”，不再投资此类产品。其中一些产品的价格已经下降，尽管它的信用风险较低，这表明投资者重视流动性。

图 14.3 给出 3 个月 AA－级的金融商业票据和 3 个月的定期国债历史收益率利差图。该指标已被用作度量市场流动性。2007 年夏天，短期债券（比如金融机构发行的商业票据和结构化投资工具）变得难以再融资，并且风险工具的交易量急剧下降。随着金融危机的发展，人们对住房抵押担保的损失的估值显著增加，对信贷的担忧也越来越明显。2008 年 9 月，雷曼兄弟控股公司（Lehman Brothers Holdings，Inc.）在争取获得美国政府支持失败后申请破产保护。雷曼的失败引起全球市场的崩溃并将债务市场的非流动性推向极端。

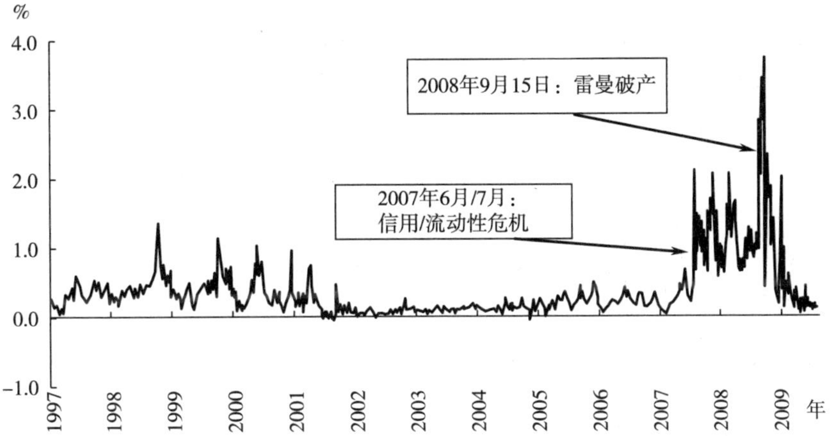

图 14.3　3 月期商业票据和 3 月期国债之间的利差

（资料来源：美联储）

什么是流动性?

我们经常对流动性的含义有一个基本的认识。例如，我们认识到公开交易的普通股通常是流动资产，而房地产不是。最近有很多新闻报道讨论：在国际金融危机期间，随着市场上的参与者变得不愿意交易，市场变得流动性不足。

流动性的定义包括以下几个因素：（1）交易完成的合理时间；（2）与某些基准价值之间的偏差最小；（3）在对价格没有不利影响的情况下可以大规模交易的能力。流动性是一个连续的，而非二元“流动与非流动”的存在状态。两种不同投资的流动性可以是相同的，也可以略有不同，或者是有极大差异的。我们通常可以识别流动性，并且已经开发了关于分析其影响因素的理论，有时，我们直觉上会认为哪种证券是流动性好的，并可以通过一些可以观测到的流动性的“代理变量”来证实这一直觉。但是，它不是一个直接的，易于度量的属性。没有直接交易数据可以用来推断市场参与者对完全非流动性证券使用的贴现率是多少，因为根据定义，这样的证券不交易！

正如我们从近期市场情况看到的那样，随着时间的推移，流动性可能会有很大变化；它也随着主体资产的各种特征而变化。这取决于市场参与者的性质（养老基金把现金投资到低风险证券，私募股权基金则向风险债权人提供次级无担保贷款，他们对流动性的看重程度有很大的差异），许多人认为这取决于投资组合所选择工具的流动性。也就是说，假设有一个投资组合，如果投资组合的一个资产的非流动性会随着该组合的其他资产的非流动性增强而增强，而另一资产的流动性与投资组合的其他部分的流动性无关，那么前者的风险更大。因此，在对非流动资产进行估值时，我们不仅必须搞清楚其流动性水平与证券的其他性质的关系（比如，公司债的信用评级），也要搞清楚截止分析时的市场条件。

评估流动性的一个框架涉及购买和出售特定投资的往返交易成本（round - trip transaction cost）。交易成本可分为三类：第一类是交易的显性成本，包括买卖差价和任何交易佣金；第二类是交易的市场影响，销售资产的数量可能推动市场价格下跌；第三类由Treynor（1981）提出，它是机会成本，或因等待清偿投资的“正确时间”而放弃的机会。这些在评估交易执行的质量时都很重要①，而且被发现与流动性的度量有关。

买卖差价和价格冲击成本似乎都受到成交量和换手率的影响。至于机会成本，这笔投资流动性越差，可以在合适的价格清算投资的等待时间越长；在这种情况下，失去利润的可能性增加。一个投资者的机会成本也可能受到比如投资者的投资策略等因素的影响：也就是说，投资者越重视频繁交易的能力，他等待清算头寸的成本越高。这些因素表明，与流动性较高的投资相比，流动性较低的投资应该承担更高的交易成本。

跨资产类别之间的非流动性

大量的文献研究了非流动性对各类投资的影响。一些与流动性相关的文献研究了国债市场的流动性效应。通常人们认为，与之前发行的国债相比，最新发行的国债的流动性更高。这是因为之前发行的债券会被投资者锁定在投资组合中，无法进行交易。② 一些已经发表的研究为这种说法提供了证据，尽管有反驳意见将新发行国债和之前发行的国债价格之间的差异归因于流动性之外的其他因素。③ 最近的文献都认为存在差异只能用流动性的差异解释。④

关于非流动性折价，对公司债券市场的研究已比较成熟。一些学者试图找到一个能够度量给定债券的流动性水平的“指标”（proxy），并估计这些债券的价格或者收益率关于这个指标的敏感性。⑤ 其他的研究试图考虑除流动性之外的影响收益率的其他因素，并把收益率中“剩余的”无法解释的部分视为流动性溢价。⑥

---

① 见 Maginn 等（2007）。

② 见 Pasquariello 和 Vega（2009）。

③ 例如，Amihuid 和 Mendelson（1991）及 Kamara（1994）发现了流动性溢价的证据，但是 Strebulaev（2002）认为收益率的差异来源于对某些国债的税收制度。

④ 见 Longstaff（2004）。

⑤ 例如，使用 Lesmond、Ogden 和 trzcinka（1999）提出的指标，De Jong 和 Driessen（2006）发现：与流动性大的债券相比，低流动性债券要求大于高流动性债券的收益率溢价。Chen、Lesmond 和 Wei（2007）使用买卖价差作为流动性指标，他们发现了相似的结论。

⑥ Longstaff、Mithal 和 Neis（2005）使用了这一方法，他们使用信用违约互换利差度量信用风险，把国债收益率看作无风险利率，结果发现“残差”收益率与流动性的市场宽度指标有关。

股票市场上流动性的影响也得到了广泛的研究。无论是考察限制性股票的销售（即比较限制性股票价格和对应的公开市场叫价），研究首次公开募股之前的股票销售，还是进行更加复杂的研究：在资产定价模型中考虑流动性因素或者认为流动性具有类似期权的特征，所有这些研究都发现了非流动性股票存在折价的强有力证据①。

衍生品非流动性的研究

与股票和固定收益资产相比，尽管流动性和衍生产品的相关研究更为稀少，有些研究已经为衍生工具流动性价值效应提供证据支持。例如，员工股票期权（ESOs）通常是长期的、非交易所交易的期权，对它有很多的限制（比如，不可转让性、可行权要求和限制买卖期），因此，与同一公司发行的交易所交易期权相比，ESOs 通常折价发行。Huddart 和 Lang（1996）发现员工相对较早地执行 ESOs（即次优地），从而对 ESOs 的不可转让（非流动性）效应产生部分影响。

Brenner、Eldor 和 Hauser（2001）研究非流动性对货币期权价值的影响，发现到期日之前不能交易的期权有平均 21% 的折价率。使用 1996 年到 2004 年美国股票市场上交易所交易期权的数据，Cao 和 Wei 使用不同的流动性指标：比例买卖价差（proportional bid - ask spread）、交易量、美元交易量等，通过检验期权溢价的不同证明了存在流动性风险溢价，Cetin、Jarrow 和 Protter（2004），Jarrow 和 Protter（2005），Cetin、Jarrow、Protter 和 Warachka（2006），以及 Jarrow 和 Protter（2007）都致力于构建理论框架将流动性风险纳入期权定价。这些模型用随机供给曲线为流动性风险建模，将流动性风险嵌入布莱克—斯科尔斯期权定价公式。

为研究非流动性风险对衍生产品估值的影响，有几个因素需要考虑。首先，如果标的资产本身是非流动性的，在估值模型中使用资产的流动性调整后的价值是合理的。例如，在为私人公司股票的期权估值时，在期权模型中输入的股票价值可以是股票的非流动性价值。其次，可以调整估值模型以捕获非流动性的任何附加效应，比如 ESOs 持有者的执行行为。最后，对模型结果进行合理折现以反映投资者的流动性偏好。鉴于已经进行的实证研究有限，很难知道所需的折现率是多少。

衍生品和其他金融工程产品的定价模型通常对某一个主要输入变量高度敏感。例如，布莱克—斯科尔斯模型需要多个输入变量，但其中关键的是波动率。由于这个变量的重要性，很多期权交易者将不以价格报价，却以隐含波动率报价。如前所述，资产的买卖价差被认为与资产的流动性水平密切相关，对非流行性期权的调整通常使用波动率的变化作为估值的输入。

展望：金融工程产品非流动性效应的量化

对不同资产类别流动性影响的研究已经找到了大量关于流动性对资产价值影响的证据：一般来说，如果其他条件相同，投资的流动性越大，价值越高。尽管在量化股权和固定收

① 研究股票市场流动性方法的综述，见 Damodaran（2005）。

益折现率方面已经取得大量成效，但关于金融工程产品方面的研究成效不大，后一类产品给今天的市场带来了很多麻烦。尽管衍生品已经得到一些研究的关注，但并没有形成一个合理结论的研究结果，因此这个领域值得进一步研究。

如果在进行金融工程产品的估值时，人们希望考虑非流动折现，则可以使用以下几种方法。第一，通过假设投资是流动性的（例如，使用相对公开交易数据）计算产品价值，然后对得到的价值进行折现。第二，在估值时考虑非流动性调整，例如，对于现金流贴现分析，考虑风险调整贴现率的逐渐增加。在任何情形下，使用的折现和调整应该是能合理反映投资环境以及市场参与者将如何看待这些环境的。人们可以使用定性方法、经验数据、学术研究结果或者更多量化方法来进行合理调整。

应当指出的是，我们回顾的很多研究都是基于上市的、流动性相对好的投资。把这些结果和方法应用到私人的或者完全缺乏流动性的头寸需要作出如下假设：流动性市场的结果可以应用于私人交易。当然这需要估值从业人员的判断，因此应谨慎对待这一假设。

第三方估值提供商的作用

我们已经分析了与金融工程产品估值相关的几个重要方面。从模型的选择到如何在估值中加入非流动性效应，在整个过程中要结合常识和判断，通过从不同的角度进行估值来保证过程的稳健性，这是非常重要的。

估值的另一个重要方面是评估过程。任何估值的偏差都会影响结果。因此，很多情况下，至关重要的是减少在这个过程中的偏差和利益冲突。

在金融工程产品市场中，这种冲突比较多。通常，交易的一方或双方都有最大化或最小化产品交易价值的动机。有时，第三方顾问可以基于投资的价值得到补偿，这就导致利益冲突。因此，在处理估值风险时，独立性是一个至关重要的因素。独立的第三方能够减轻人们的不安，让人们认为使用的模型和假设是合理的；同时，它也可以降低通过复杂建模故意操纵价值的风险。

大型金融机构通常拥有专门的部门，在机构内提供独立的估值和风险管理服务。然而，当这个内部部门与业务经理意见发生分歧时，政治因素就会随之显现。较小的金融机构往往没有专门的估值控制和风险管理部门。在这两种情况下，获得第三方支持是最好的。

很多时候，第三方对具体投资的价值提供书面意见。然而，并非所有第三方意见都是一样的，意见的不同形式包括“消极保证”（negative assurance）、“积极保证”（positive assurance）和完全独立的估值。积极和消极保证使用有限的程序，相比而言，完全独立的估值通常更全面更严谨。

在消极保证意见中，第三方提的意见是机构决定的价值“似乎并不合理”。在积极保证意见中，第三方的结论是公司的估值“看起来是合理的”。在这两种情况下，第三方通常评估委托人自己的估值，而不是自己独立给出估值。在对其他人的估值进行分析时，很容易忽视关于模型是否合理的问题；此外，偏好也会影响对模型输入假设的评价。完全独立的估值是这三种形式的意见中独立性最高的。此外，完全独立估值是许多专业“最佳实践”

的标准：商业评估和房地产评估标准广为人知。相反，判断一个给定的估值是否合适是定性的，没有行业标准或者估值指引来为合理性设置范围和界限。

近年来，随着复杂金融工程产品的发展和金融危机的发生，透明度已经成为第三方估值必不可少的部分。无论是大型机构还是小型商店，独立的第三方评估可有助于为释放正向的前瞻性的结论提供分析支持、独立性和政治影响力（political leverage）。既然投资组合经理的薪酬往往与投资业绩挂钩，那么分析的独立性变得更加重要。当使用第三方意见时，管理层应采取措施了解：给出的是什么类型的估值，使用了哪些方法、输入和假设。投资者也应了解能获得何种形式的估值意见。

小结

在当今投资世界中，金融工程产品的增长使得分析投资更具有挑战性，同时使得估值比过去更加重要。估值成为金融机构的关键和内部不可分割的一部分，而且还会变得越来越重要。作为参与这个市场的专业人士，我们必须了解各种技巧、缺陷和可以减轻导致批评的模型风险和其他风险的设计程序。

资产和负债的估值往往更多的是艺术，而不是科学，尤其当使用不可观测数据来评估非流动性投资的价值时。然而，经验法则和定量研究可以用来帮助指导估值，在这个过程中，考虑人类对于价值驱动因素的判断和理解是至关重要的。

此外，我们必须了解估值要求，因为独立性通常可以成为估值过程的关键要素。当使用第三方帮助进行估值分析时，最终用户必须了解分析的范围和能够获得的意见类型。

参考文献

Amihud, Y. and H. Mendelson. 1991. "Liquidity, Maturity, and the Yield on U.S. Treasury Securities." *Journal of Finance* 46, 1411–1425.

Brenner, M., R. Eldor, and S. Hauser. 2001. "The Price of Options Illiquidity." *Journal of Finance* 56 (April): 789–805.

Cao, M. and J. Wei. 2010. "Option Market Liquidity: Commonality and Other Characteristics." *Journal of Financial Markets* 13:1, 20–48.

Çetin, U., R. Jarrow, and P. Protter. 2004. "Liquidity Risk and Arbitrage Pricing Theory." *Finance and Stochastics* 8, 311–341.

Çetin, U., R. Jarrow, P. Protter, and M. Warachka. 2006. "Pricing Options in an Extended Black-Scholes Economy with Illiquidity: Theory and Empirical Evidence." *Review of Financial Studies* 19, 493–529.

Chen, L., D. Lesmond, and J. Wei. 2007. "Corporate Yield Spreads and Bond Liquidity." *Journal of Finance* 62, 119–149.

Damodaran, A. 2005. "Marketability and Value: Measuring the Illiquidity Discount." Working Paper: New York University Stern School of Business. http://ssrn.com/abstract=841484.

De Jong, F. and J. Driessen. 2006. "Liquidity Risk Premia in Corporate Bond Markets." Social Science Research Network. http://ssrn.com/abstract=686681.

Huddart, S. and M. Lang. 1996. "Employee Stock Options Exercises: An Empirical Analysis." *Journal of Accounting and Economics* 21, 5–43.

Hull, J. and A. White. 2000. "Valuing Credit Default Swaps I: No Counterparty Default

Risk." *Journal of Derivatives* 8:1, 29–40.

Jarrow, R. and P. Protter. 2005. "Liquidity Risk and Risk Measure Computation." *Review of Futures Markets* 14:1.

Jarrow, R. and P. Protter. 2007. "Liquidity Risk and Option Pricing Theory." In J. Birge and V. Linetsky, eds. *Handbooks in Operations Research and Management Science Volume 15: Financial Engineering*, 727–762. Amsterdam: Elsevier, North Holland.

Kamara, A. 1994. "Liquidity, Taxes, and Short-Term Yields." *Journal of Financial and Quantitative Analysis* 29 (September): 403–417.

Kothari, V. 2006. *Securitization: The Financial Instrument of the Future*. Hoboken, NJ: John Wiley & Sons, 439.

Lesmond, D., J. Ogden, and C. Trzcinka. 1999. "A New Estimate of Transaction Costs." *Review of Financial Studies* 12 (Winter): 1113–1141.

Longstaff, F. 2004. "The Flight-to-Liquidity Premium in U.S. Treasury Bond Prices." *Journal of Business* 77, 511–526.

Longstaff, F., S. Mithal, and E. Neis, 2005. "Corporate Yield Spreads: Default Risk or Liquidity? New Evidence from the Credit Default Swap Market." *Journal of Finance* 60 (October): 2213–2253.

Lucas, D., L. Goodman, and F. Fabozzi. 2006. *Collateralized Debt Obligations: Structures and Analysis*. 2nd ed. Hoboken, NJ: John Wiley & Sons.

Maginn, CFA, J., D. Tuttle, CFA, J. Pinto, CFA, and D. McLeavey, CFA, eds. 2007. *Managing Investment Portfolios: A Dynamic Process, 3rd ed*. Hoboken, NJ: John Wiley & Sons.

Pasquariello, P. and C. Vega. 2009. "The On-the-Run Liquidity Phenomenon." *Journal of Financial Economics* 92 (January): 1–24.

Strebulaev, I. 2002. "Liquidity and Asset Pricing: Evidence from the U.S. Treasuries Market." Working Paper: London Business School.

Treynor, J. 1981. "What Does It Take to Win the Trading Game?" *Financial Analysts Journal* (January–February).

Chapter Fifteen

股票的量化交易 | 第 15 章

高 锟①

引言

股权交易始于荷兰东印度公司1606年发行的第一只股票，在之后的400多年的时间里，股权交易更像是游戏而非科学，在这场游戏中很多有名的玩家都是投机者。但在过去的60年里，金融理论的发展为更科学的方法奠定了基础。再加上计算机技术的飞速发展和信息传播的速度越来越快，这些理论上的进步引发了过去30年里的量化革命。先进的金融理论、数学、计算机技术和信息的获取相互结合，它们一起极大地降低了交易成本，这激发了一种新的股票交易的科学方法，这种方法后来被称为量化交易。

量化交易是使用基于规则的模型并通过计算机算法执行的证券程序化交易。这些计算机模型，有时被称为系统，通常基于经济理论或市场上观察到的模式，使用很长一段时间内大量股票的历史数据进行充分的回测，并编入程序中，通过计算机进行很少或没有人为干预的自动化交易。

量化股票交易中的重要事件

1982年：纽约州立大学石溪分校著名数学教授詹姆斯·西蒙斯（James Simons），创建了文艺复兴科技公司（Renaissance Technologies）。在此之前，也就是1977年，西蒙斯成立了他的第一家投资管理公司Moemetrics。复兴科技后来被证明是有史以来最成功的量化驱动对冲基金之一。

1983年：格里·班伯格（Gerry Bamberger）在摩根士丹利开始交易股票对（Stock pair），交易规模是50万美元，他的团队只有很少的交易员，现在这种交易被称为“配对交易”。1986年，农西奥·塔尔塔利亚（Nunzio Tartaglia）接管该组并将其重新命名为自动化自营交易或APT。后来APT吸收了当时令人瞠目的4 000万美元，1987年它又吸收了另外的5 000万美元投资。

1986年：大卫·肖（David Shaw）受聘于摩根士丹利的Tartaglia APT集团。

---

① 高锟（Kun Gao），都铎投资公司量化交易小组的投资组合研究经理，他研究并开发了投资组合管理系统。他获得耶鲁大学统计学博士学位。

1988 年：大卫·肖以 2 800 万美元资本开办了自己的投资公司，即肖氏对冲基金（D. E. Shaw）。

1990 年：经过不太引人注目的初期，复兴科技的旗舰基金 Medallion 扣除费用后利润为 55%。

1992 年：彼得·穆勒（Peter Muller）加入摩根士丹利。1994 年，穆勒组建了一支由数学和计算机专家组成的团队，被称为程序驱动交易（PDT）组。20 世纪 90 年代末和 21 世纪初期，PDT 占了摩根士丹利净收入的 1/4。

1993 年：拥有 2.8 亿美元资产的 Medallion 对新投资者关闭。

1994 年：克里夫·阿斯内斯（Clifford Asness）加入高盛并启动量化研究组。

1995 年：阿斯内斯创立了高盛（Goldman Sachs）内部对冲基金全球阿尔法（Global Alpha）。直到 1997 年底，量化研究小组管理着长期投资组合 50 亿美元的资金和全球阿尔法的近 10 亿美元。

1998 年：阿斯内斯离开高盛并开创了自己的对冲基金应用量化研究资本管理公司 AQR，启动资金为 10 亿美元。AQR 是当时最大的对冲基金之一，达到了创始人最初预计可以募集资金的 3 倍。

2000 年：互联网泡沫在 3 月开始破裂，量化基金遭受巨大的损失。复兴科技的 Medallion 基金在 3 天内损失了 2.5 亿美元，几乎抹去了当年的利润。AQR 靠本金在支持，它不得不从其 10 亿美元的种子资本中拿出 6 亿美元，原因在于部分投资者退出基金。

2007 年：Quant 基金经历了 8 月份的崩盘。从 2007 年 7 月底到 8 月 9 日，管理着约 260 亿美元资产的文艺复兴机构股权基金（Renaissance Institutional Equities Fund，RIEF）下降了 8.7%，损失接近 20 亿美元。从比例上看，Medallion 基金遭受了更大损失，在同一时期高达 17%，亏损约为 10 亿美元。高盛的全球阿尔法在 8 月下跌近 16%，亏损约 15 亿美元。2007 年 8 月，AQR 和 PDT 损失分别约 5 亿美元和 3 亿美元。

——该时间表改编自：斯科特·帕特森（Scott Patterson）. 宽客：华尔街顶级数量金融大师的另类人生［M］. 纽约：皇冠出版集团（Crown Publishing），2010.

为什么有些人用高度量化模型交易股票？简单的回答是“因为这些模型能提供较少涉及定量技术的方法所没有的好处”。第一，量化模型是基于规则的，这意味着它们可以使用历史数据进行回溯测试。回测使得我们可以用一种可复制的更科学的方式考察模型表现的好坏。与传统方法相比，这个有相当大的吸引力。第二，量化方法允许我们在回测机制中明确地加入风险模型，这反过来会产生更好的风险调整收益。结果是，相对于传统的投资组合，量化驱动的投资组合通常具有更低的波动性。第三，计算机模型可以对上千种证券估值并发现人类交易员可能忽视的市场错误定价，于是有更多的交易机会。第四，量化模型受过更多的训练，因此可以大大减少人类贪婪和恐惧等情感的爆发引起的交易错误。的确，非量化交易者基于情感进行交易往往会导致市场上的行为异常，这很容易通过量化模型来解释。第五，由于规模经济和人为错误的减少，量化模型可以更便宜，更有效。与传统投资相比，量化交易为投资者提供具有适度但稳定回报的投资产品，它们与股票市场的相关性较低。如果投资者只是部分多样化，这种低相关性本身就是另一种好处。

如上所述，量化股票交易的起源在于金融理论的进步，尤其是现代投资组合理论（MPT）。现代投资组合理论开始于马科维茨 20 世纪 50 年代早期的工作，他奠定了基于均值方差下最优投资组合选择的基础。马科维茨（1952）的工作起初很少受到关注。但随着时间的推移，他给学术研究带来了广泛的进步，激发了后来对投资组合研究的发展，如资本资产定价模型（CAPM）、其他资产定价模型和最优决策策略。在 MPT 之前，人们通过猜测或者基于公司的财务报表及其股息政策进行粗略的基本面分析，来决定在投资组合中是否包含特定证券。马科维茨的突破在于，他认为证券对于投资者的价值最好是通过其未来期望收益、风险以及与组合中其他证券的相关性来评估，资产的预期收益与风险的某些组成成分直接相关。给定一组股票的预期收益及其完整的协方差矩阵，马科维茨表明，人们可以使用数学方法，特别是均值—方差优化法，选择在一目标风险水平下具有最高可能预期收益的投资组合。或者，给定目标未来回报，可以选择最低可能风险的投资组合。投资本质上是一种风险和预期回报之间的谨慎平衡行为。这些原则也是股票量化交易的理论基础。

股票量化模型的结构

直到今天，定量研究的总体框架一般分为两个步骤：估值和实施。估值是找到预测关键统计量的信号，这些关键统计量是股票的预期收益、风险和交易成本。实施是利用关键统计量来构建平衡风险和回报的最佳投资组合。

估计关键统计量

关键统计量的准确预测是量化投资的第一步，也是关键的一步。由于通常有大量的股票交易，量化经理对每只股票进行详细研究来估计它们预期收益、风险和成本是不切实际的。相反，量化经理严重依赖统计模型来预测这些指标。

预测期望收益

预期未来收益可能是要估计最重要的统计量。为了估计预期收益，量化经理首先识别预测未来收益的一组信号。然后，他们回测每个信号本身和与其他信号共同作用的效果。最后，他们使用有效的信号来估计预期回报。

在寻找信号时，有很多可以减少建模者成本的参考。其中，好的参考包括学术论文、卖方研究报告、金融和投资书籍，以及交易者论坛和博客。交易策略的作者通常会详细描述他们的模型，给出他们的回测结果。但是，在执行这样的策略之前，人们需要全面测试这些想法是否具有直观意义，是否存在数据错误和幸存者偏差，是否有充足的可以覆盖所有交易成本的盈利，以及是否可以在各种经济环境中获利，并且对足够多的股票都是盈利的。但制定成功的投资策略不只是执行别人的想法。成功的战略需要有它们的优势，这可能来自原创的想法、对众所周知想法的改进或技术上的优势。

定量信号通常分为技术策略或基本面的信号，这取决于生成它们数据的性质。技术策略试图利用价格和数量模式的机会。基本面策略使用公司报告的会计数字来作出投资决策。另一种对信号进行分类的方法是根据交易方式。识别数据中的重复模式后，量化经理将会对模式自行扭转或继续下注。前者通常被称为均值回复，使用这种方法的模型有时被称为“均值回复”或“收敛”策略。采取一种模式将继续保持同一方向的策略通常被称为“动量策略”。从某种意义上讲，这些都是“趋势跟踪”。均值回复和动量可以在技术和基本面数据中找到，也许它是一个对定量信号进行分类的一般方法。

（1）均值回复或收敛模型。从历史的角度来看，均值回复可能是量化股票经理人最早使用的交易策略。20 世纪 80 年代，摩根士丹利的一群量化交易员开始使用一种称为“配对交易”的均值回复策略，来利用暂时的市场非有效性。他们注意到大宗交易经常会显著改变一只股票的价格，然而同一行业中另一只股票的价格却几乎没有改变。例如，可口可乐和百事可乐股票价格经常一前一后发生改变。如果可口可乐的大量买单冲击市场，其股票价格将提高，百事可乐的价格很可能保持不变。这暂时提高了两只股票价格之间的价差。均值回复策略可以通过购买百事可乐和同时卖出可口可乐，并等待两者的价格收敛到正常的状态来获益。既然这种扩大的利差是由市场暂时的流动性不平衡引起的，它通常会迅速恢复，在此过程中可获得利润。其他配对交易的例子包括在多个地区交易的双重上市股票。然而，最著名的配对交易的例子是荷兰皇家（Royal Dutch）和壳牌（Shell）之间的价差。2005 年之前，荷兰皇家石油与壳牌运输和交易公司是 Royal Dutch / Shell 集团共同拥有的两家公司。这两家公司以合同固定比率共享了它们共同拥有的实体产生的现金流量，但两家公司分别在伦敦和阿姆斯特丹两个不同的交易所交易上市。因此，当两个交易所的流动性条件不同，股票价格存在差异时，配对交易算法将购买便宜的，然后卖掉更贵的，从而在市场价格回归时赚取利润。

在基本面数据中也能观测到均值回复。例如，Fama 和 French（1992，1998）发现价值型股票通常具有较高的账面市值比、市盈率以及现金流量价格比率，其表现通常优于成长型股票（这些比值低得多）。

他们发现，随着时间的推移，这些比率有一种回归到整个集合均值比率的趋势。均值比率是同一行业中一组公司的同一比率（例如账面价格）的平均值。因此，人们倾向于购买高比率的股票，并出售低比率的股票。当价格调整并且利差缩小时，应赚取利润。这里无法保证均值回复，如果它真的会发生的话，耐心等待即可。

均值回复策略的一个关键特征是，它们的目标不是盯住以绝对值计算的股票价格。相反，他们试图找到股票相对于彼此的吸引力，然后通过购买最具吸引力的股票，卖空最没有吸引力的股票，构造投资组合。目标是利用多头和空头头寸之间的相对非有效性。出于这个原因，这些策略通常被视为一种称为相对价值套利的更广泛类型战略的子集。多头—空头投资组合通常具有可忽略不计的 beta，因此市场暴露最少。实际上，一些管理者仔细考虑了各组成部分的权重，使得多头—空头投资组合的总体 beta 恰好为零。这样的投资组合被称为“beta 中性”或“市场中性”。市场中性策略的回报可能与市场收益率完全不相关。

相对价值套利的优势在于它避免了确定股票的真实价值的艰巨任务。理论上的股权定价模型比如股息折现模型，需要预测公司未来的收益、支付比率、利率等。所有这些统计量都是随时间变化的，因此很难估计。此外，小的估计误差经常导致最终的价值估计发生重大变化。相对价值套利尝试通过比较具有类似特征的证券价格来解决这一困难。通过一价定律，无论股票价格的总体水平是否被市场高估或者低估，相似股票之间的价差随着价格趋同都会消失。

为什么股票市场存在均值回归？在短时间内，如前面的大宗交易示例所示，由于买家和卖家随机进入市场，暂时的供需失衡可能导致价格扭曲。市场力量逐渐纠正这些扭曲。在较长的时间跨度内，因为一家公司获得优于其行业竞争对手的技术优势，价格可能发生偏离。如果给它时间，竞争压力迫使其他公司也进行创新。这很容易解释：为什么价值公司往往会随着时间的推移能够赶上成长型公司。即使成长型公司依旧有良好的表现，它们可能成为价值公司，这样，价差仍会减少。

近年来，行为经济学家提出，价格扭曲可能来源于人类交易者对事件的过度反应。在很多方面，这个理论与有效市场理论不一致，有效市场理论认为，总的来说，人类总是对事件作出适当的反应。在 20 世纪 70 年代被引入之后的几十年里，有效市场理论成为关于资产定价学术思想的基石。该理论的假设是，人们在任何时候都表现得理性，如果不是单独的话，那么就是总体上保持理性。但是在过去的 20 年里，越来越多的证据表明，虽然理性行为可能是常态，但作为生物进化的直接后果和我们的心理作用，我们有时会明显偏离理性行为。这些相对于理性假设的偏离解释了可能导致市场扭曲的一些行为现象，有据可查的“羊群心理”可能是这些与理性行为不一致的行为特征中最简单的一种。

但是，即使没有人类行为上的偏差，仅仅因为“噪声”，股票市场就可能存在均值回复。当很多人想购买股票时，均值回复策略会卖出，当很多人想卖出股票时，均值回复策略会买入，通过这种方式，这种策略为市场提供流动性。在短期内，它们以买价买入，以卖价卖出，从而可以从可见的买卖价差中获利。从长期看，它们能够捕获市场奖励给流动性提供者的无形价差。

（2）动量或趋势跟踪模型。与均值回归模型不同，动量模型尝试探测能指示股票价格趋势的信号。然后它们持有跟踪趋势的头寸：如果股票是上升趋势，则持有多头头寸，如果股票是下降趋势，则持有空头股票。这种方法背后的一个理由是有些人可以比其他人更早获取信息。随着信息逐渐被更多人知道，信息的新接收者进一步推高了价格。例如，如果股票的价格上涨速度快于同行，那很可能就是由持有新的看涨信息的交易员推动的。通过持有跟踪趋势的头寸，只要趋势保持不变，他们就会获利。这种策略的关键是能够识别趋势何时结束，这样就可以在利润消失之前退出当前头寸。

这种趋势活动除了金融以外，在其他领域中很常见。在许多情况下，跟随其他人并不是一个糟糕的策略。例如，一个人靠自己很难在黄石国家公园找到一只黄色的灰熊，因为它们稀有而且伪装得太好了。但是，如果他愿意去他看到的其他人聚集的地方，那么他找到一只灰熊的机会将大大增加。

在《人群的智慧：为什么许多人比少数人更聪明，集体智慧如何塑造商业，经济、社会和国家》一书中，作者指出“在适当的情况下，团体非常聪明，并且通常比他们中最聪明的人更聪明”（Surowiecki，2004：XIII）。原因是：①意见的多样性；②成员是彼此独立的；③去中心化；④整合意见的好方法。换句话说，如果随机选择的个体具有独立判断力和各种信息来源，当他们选择相同的行动时，这样的行动应该受到尊重，也许应该遵循。如果这些条件没有得到满足，那将是问道于盲，无济于事。

动量广泛存在于技术数据和基本面数据中。例如，即使在非常长和非常短的时间跨度上，人们经常观察到价格回归，但在中期，价格往往表现出动量效应。Jegadeesh 和 Titman（1993，2001）是最早记录中期框架内存在价格动量的研究之一。他们通过购买过去 3 ~ 12 个月里高回报的股票，卖出同一时期内低回报的股票来构造动量策略，发现这一策略在接下来的 12 个月内表现良好。在基本面方面，有据可查，盈余公告后价格漂移是动量现象的一个例子。研究表明，盈余公告超出预期的股票比低于预期的股票表现好。当首席分析师修改对某公司的预测时，其他分析师也跟风调整，这时预期收益也显示出动量效应。

动量模型试图捕捉局部趋势的持续性，而反转模型试图识别局部趋势的反转，例如价格逆转。对不同的股票和不同的时间跨度，它们共存于技术数据和基本面数据中。动量和反转模型都是最广泛使用的建模技术。它们在不同市场条件下表现也不同。均值回复在正常市场条件下（上升的将会下降）运作良好。当市场具有大幅上涨或下跌的趋势时，动量策略最有效。在某种程度上，均值回复类似于基于估值的策略，而动量更多地与人类心理学相关。为了在所有市场条件下成立，成功的量化策略需要能体现这两种思想。

预测风险

风险是现代投资组合理论提出的第二个关键统计量。在马科维茨的均值—方差框架下，与股票投资组合相关的风险用投资组合收益的方差来衡量。投资组合中包含着不同股票，人们可以通过每个个股的收益方差和不同股票收益之间的协方差，计算出投资组合的收益方差（注意同样的结果可以使用相关性而不是协方差来获得）。收益方差可以衡量收益可能取值的范围和可能性。小的方差表明潜在的范围很窄，因此风险较低。大的方差表明更广泛的潜在范围，因此风险较大。协方差衡量股票收益的共同变动。投资组合优化算法可用于资产配置和主动投资组合管理，而资产回报协方差矩阵在于它的关键输入量。

在实践中，由于个股数量太多而无法精确估计，因此量化管理者很少直接估计完整的协方差矩阵。因子模型在风险建模中已经很普遍，因为它们为人们提供了一种简约的方法来估计风险，使得它们无须依赖大量且不可靠的协方差矩阵。因子模型将资产的收益分解为所有资产的共同因素和某一资产特有的因素。共同因素解释为系统风险部分，因子模型能够量化资产对这些风险因素的敏感性。

第一个也是最著名的因素模型是资本资产定价模型（CAPM），它是金融研究人员由马科维茨的均值—方差投资组合理论拓展得到的。其中一位创建者威廉夏普是马科维茨的学生。他们后来因其贡献①共同获得了 1990 年诺贝尔经济学奖。

① 见 Sharpe（1964）。

CAPM 回答了现代投资组合理论留下的问题：如何度量资产的预期收益和风险。该模型证明，在现代投资组合理论的假设下，如果处于均衡状态，一个资产的预期超额收益等于其对市场风险的敏感性与市场的预期超额收益的乘积。超额收益被定义为超出无风险回报的收益。对市场的敏感性被称为股票的 beta，不能通过分散化投资来消除。与单一资产相关的风险是不可分散的市场风险和其特有风险的总和。进一步，两种资产之间的协方差是其 beta 与市场风险的乘积。因此，CAPM 是第一个能够同时测量风险和收益的单因素模型。

今天的风险模型都可以看作是 CAPM 模型的扩展。但是，大多数情况下，实际风险模型并不是将市场回报作为唯一的解释因子，而是使用多个风险因子并衡量资产对这些风险的敞口。例如，下面的假设是合乎逻辑的，股票相关的风险也会受到其所在行业风险、杠杆率和对利率的敏感性等因素的影响。根据风险因子的来源，多因素风险模型主要有三种类型：（1）宏观经济风险模型；（2）基本面风险模型；（3）统计风险模型。

宏观经济风险模型使用可观察的经济时间序列度量影响资产收益的共同的风险因素，比如利率和通货膨胀。CAPM 是这种模型的特例。另一个著名的宏观经济模型由 Chen、Roll 和 Ross（1986）开发。他们发现通货膨胀意外、国民生产总值意外、公司债券风险溢价所度量的投资者信心意外等因素以及收益率曲线的移动很好地解释了股票风险。与宏观经济模型相反，基本面因素模型使用公司规模、收益率和行业分类等可观察的公司或资产特定属性来确定影响资产收益的共同因素。商业上适用的模型例子是 BARRA①。统计风险模型将共同因素视为不可观察的或潜在的因素，并使用因子分析和主成分分析等统计方法进行估计。

基本面和宏观经济风险模型的优势在于，所有风险因素都易于理解，并较少受到过度数据挖掘和虚假的价格模式的影响。它们的缺点包括潜在的相关风险因素和对不断变化的市场条件反应迟钝。例如，波动性和公司杠杆率通常被用作基本面风险模型的解释变量。金融理论表明，杠杆率较高的公司有更高的波动率，因此这两个风险因素是相互关联的。然而，它们并非完全多余，因为股票的波动性也取决于公司的业务特征和公司特定的新闻。不幸的是，使用相关风险因素估计风险敞口将导致估计误差过高。

统计风险模型的优点是易于实施，并且具有良好的统计特性，比如不相关的风险因素。如果谨慎对待，它们更适应市场条件，因此更容易捕获基本面模型可能遗漏的风险因素。在不利方面，它们的运作像黑匣子一样，很难解释风险因子的实际意义。此外，用户更有可能被指责过度数据挖掘且更有可能出现数据误差。

预测交易成本

交易会产生显性和隐性成本。显性成本包括佣金和基础设施费用。隐性成本通常被称为市场影响（或下降），这是因为交易商必须向流动性提供者支付的价格优惠，尤其是当这些交易很大时，更需要为流动性提供者提供交易便利。

---

① BARRA 综合模型是预测资产和投资组合风险的多资产类别模型，投资组合包含全球股票、债券和货币。目前这个模型归摩根士丹利的一个分部所有。

显性成本很容易衡量，而且往往相对较小。这是因为量化策略的雇主通常只利用经纪人的基础设施进入市场。经纪人一旦已经建立了基础设施，吸收更多交易的边际成本就很小。市场影响通常用“执行落差”（implementation shortfall）来度量，它是触发交易信号的价格与整个订单平均执行价格之间的差异。人们通常把它描述为衡量相对于目标价格基准的交易成本。由于研究人员只能观测到已经完成交易的价格，预测市场影响更加困难。他们无法确定如果没有这些交易，股票的价格将会是多少。换句话说，他们不能两次踏入同一条河流。此外，市场影响取决于订单的执行方式。订单执行得越快，市场影响往往越大，反之亦然。在实践中，市场影响成本远远大于显性成本。据投资技术集团（ITG）统计，2009 年美国股票市场平均佣金相关的显性成本为 9 个基点，而平均市场影响成本为 48 个基点，是显性成本的 5 倍以上。

在量化交易中，交易成本估算是一个经常被忽视但非常重要的主题。对于机构经理来说尤其如此，因为与个人投资者相比，他们管理着更大的投资组合。现在看看交易成本有多重要，Coppejans 和 Madhavan（2007）表明，假设交易成本是 40 个基点，年换手率是 20%，当考虑交易成本时，基金的信息比率①减半。作者还指出，这个策略的信息比率在部分上，是通过预测成本和已实现成本之间的相关性来确定的，这表明了交易成本的建模对策略实现业绩的重要性。

大多数交易成本模型将市场影响分为两个组成部分：暂时影响和永久影响。暂时影响是由订单引起的，这些订单从订单簿中获取流动性，但不会产生能够改变对市场长期看法的基本面消息。在这种情况下，买单会暂时提高股票的价格，卖单会暂时降低其价格，但干扰是短暂的，市场将很快恢复到原来的状态。当订单的私人信息通过交易行为被泄露时，从而改变了人们对股票的长期看法，这时产生的是永久影响。它与策略交易者模型的学术研究密切相关，他们研究知情交易者如何隐藏在“噪声”交易者的背后，以及做市商如何从订单流中推断出交易的信息内容。根据定义，永久性影响是非瞬态的，它会影响后续的执行和估值。

典型的交易成本模型使用诸如相对订单大小、市场的资本化、股票波动率和利差等输入来估算交易成本。许多量化经理根据他们自己的交易经验估算交易成本。这种方法是理想化的，因为不同的交易方式具有不同的市场影响模式。例如，均值回复类型的策略提供流动性，动量类型的策略利用流动性，因此前者比后者的市场影响小。大盘股波动较小且平均日交易量较高，因此交易大盘股的策略的交易成本低于交易小盘股的策略。出于这些原因，在开发专有交易成本模型时，最好使用交易者自己的交易。

实施

实施是将方法转化为投资利润的过程。它包括投资组合构建和交易执行。组合构建输入比如预期收益、协方差估计、交易成本估计和当前投资组合等关键统计量，并输出一个

① 信息比率是风险调整收益的一种度量方法，它定义为投资组合的主动收益（即 alpha）和投资组合跟踪误差的比率，其中跟踪误差是主动收益的标准差。

由投资者目标函数决定的目标投资组合。执行交易是一个从当前投资组合转移到目标投资组合的过程。构建组合与执行交易都需要谨慎平衡风险和回报。风险与回报之间平衡是学术和从业人员金融的核心特征。投资经理需要度量风险，模拟风险和收益之间的关系，并决定承担风险的类别和大小。

在实践中，投资组合的构建使用从简单到复杂的模型。简单投资组合构建方法的一个例子是分层。这种方法需要识别比如规模和行业组别等一些相互独立且完全穷尽的风险因素。具有相似风险特征的股票被放在一起。例如，大盘能源股被分在一组，小型股零售股被分在另一组。在每一组内，股票都是按它们的信号排序。每组中排名最高的股票都是买入的，每组中股票排名最低的股票是被卖空的。尽管它很简单，分层策略集中于捕获通过其信号指示的错误定价，并通过在同一风险篮子内同时持有空头和多头头寸，来消除外部风险暴露，如部门风险和资本化偏见。分层的缺点也很明显。例如，它不允许管理者明确控制交易成本，忽略了信号的量级。

量化经理构建投资组合的一般方法是投资组合优化，这是由马科维茨开创的投资组合构建的经典框架。投资组合优化通过计算机算法寻找一组最优权重，在目标风险水平下，这个权重可以使投资组合在扣除交易成本后预期未来收益最大。与分层不同，投资组合优化考虑包括风险和信号的量级等有关 alpha 的所有信息，并可以在优化标准中，非常方便地加入交易成本控制和其他投资约束。

一般而言，投资组合优化在一定程度上优于简单方法，因为它使用了更多信息。但是，更多的信息也是双刃剑。如果使用不当，可能会损害优化程序的性能。例如，研究人员早就发现原始的均值—方差优化程序对回报和风险的估计误差非常敏感，而在实践中，误差几乎是不可避免的。因此，与无边界均值—方差优化组合相比，等权重的替代组合占据更主导的地位。

有几种方法可以缓解这些问题。第一种方法是施加约束，它也是最简单的临时解决方案。约束限制了每只股票可以分配到的最大权重，并强制优化程序将权重分散到更多股票。第二种方法称为组合重新取样，它使用蒙特卡洛模拟重复采样，并针对每次采样创建均值方差优化组合。最终权重是所有模拟的平均权重，这通常比只使用历史数据的普通香草型均值—方差优化程序更稳定。第三种方法是使用贝叶斯理论。Black - Litterman（1992）模型是其中最著名的。开始以市值均衡组合为先验，然后使用贝叶斯调整投资组合以反映投资者对市场的观点。既然市值均衡投资组合是基准投资组合，它作为一个重心，由此产生的投资组合权重对估计误差更加稳健。

交易成本将两个实施组成部分链接在一起。为了减少交易成本，在投资组合构建阶段，量化经理应该减少不必要的换手率，在交易执行阶段，交易更加智能化。在投资组合构建阶段，可以在目标函数或者约束中指定换手率。大多数商业优化程序都可以处理整体换手率限制，其中一些可以处理特定部门的换手率限制。

交易执行本身就是一个优化问题。原则上，交易者希望在获得新信息后尽快进行交易，这样他们就可以在别人得到新信息之前从中获利。但是，他们不能交易太快，因为在短时间内执行的订单会有更大的市场冲击成本。订单以多个较小的批次执行，间隔时间更长，这样可能对市场冲击较小，因此预期成本较少，但风险更大，因为资产的价格在较长时期内可能会有很大变化，而且交易者的信息可能会过时。因此，为了高效地交易一串股票，投资者必须在交易成本和执行风险之间取得适当的平衡。这里的平衡与现代投资组合理论中风险/收益权衡非常相似。

交易执行的两个公认的基准是前一天收盘价格和当前交易日的开盘价。比较实际交易价格和基准价格，二者的差是执行差额，它捕获了交易成本的可变部分。实际的执行算法效仿均值—方差法，在给定执行差额方差的条件下，让执行差额的预期值最小。

在消极投资者中，另一个流行的基准是“成交量加权平均价格”，通常称为 VWAP。在这种执行方式中，交易者根据目标交易范围内市场交易量划分订单。因此，它旨在实现平均执行价格。VWAP 策略易于实现，数学复杂性低。但是，这种方法对市场冲击的估计是非常粗糙的，它忽略了机会成本的重要性。此外，它仅适用于和交易期间的总交易量相比相对较小的交易。对于较大的交易，交易本身将扭曲基准价格。

由于股票数量和量化经理交易频率都很大，因此他们的大多数订单都是以电子方式执行的。除了传统交易所，量化交易者越来越多地使用其他交易场所，比如电子通信网络（ECN），这是由于他们的经纪人提供的某种形式的直接市场访问（DMA）。ECN 是一种便于在证券交易所之外交易金融产品的计算机系统。自证券和交易委员会在 1998 年首次授权创建以来，由于其流动性和自动化直接匹配卖家和买家，ECN 已经越来越受欢迎。ECN 为交易者提供更多匿名和更多对订单的控制权。对于那些并不着急的交易者来说，ECN 往往更好，因为他们向与其订单流量有关的流动性提供者支付费用，并向与其订单流量有关的流动性接受者收取费用（用于支付给流动性提供者）。

大多数已发布的交易执行研究都是在市场微观结构领域，它们研究市场运作和价格形成的详细机制。对微观结构和交易的兴趣并不是最近才有的，但是 1987 年 10 月发生的市场崩溃引发了对这一领域的巨大新兴趣。最近文献的特点是：利用新的数据进行理论上更加严谨和广泛的实证研究。它仍然是金融研究的一个活跃领域。

展望

构建成功的交易策略并非易事。大量的研究，例如 Malkiel（1990），已经证明了大多数专业资金经理们无法在风险调整的基础上击败市场。这是否意味着市场总是高效的，没有必要浪费一个人的时间去寻找交易机会了呢？也许不是。Grossman（1976）、Grossman 和 Stiglitz（1980）证明了完全有效的市场是不可能的。这是因为如果市场是完全有效的，那么收集信息的回报为零，在这种情况下，没有理由进行交易。因此，市场没有理由存在。一个更实用的有效市场版本正如 Lo 和 MacKinlay（1999）所建议的那样，市场会偶尔出现一个平均超额利润机会。但是，投资者不可能在没有某种竞争优势的情况下持续获得这样的利润。

Jack Treynor（1981）在文章《怎么才能赢得交易比赛?》中认为，交易者可以通过两种方式在股市中获利：交易者利用信息优势，或利用推理优势来使用现有的信息。这是量化或更传统的管理者找到良好交易机会的一般准则。

对于量化经理而言，信息优势来自拥有新数据源或比其他人更快地访问有用数据。从历史上看，在标准化基本面数据上市之前，通过他们自己的研究获得这些数据的交易者应该具有相对优势。整个股市历史上，更快地访问数据是市场成功的关键之一。例如，在 1815 年，伦敦银行家罗斯柴尔德在股票市场上获利丰厚，因为他事先知道了滑铁卢战役的结果。今天的很多量化基金，特别是高频交易基金，从技术上投入巨资，就是为了能比其他参与者更早地获取信息和基于信息进行交易，哪怕只是提前几分之一秒。

优势分析（superior analysis）是量化投资成功的另一个关键要素。在《我如何帮助费雪布莱克变得更富有》一文中，Jay Ritter（1996）（教授和前期货交易员）描述了费雪布莱克如何通过正确定价价值线期货合约而获得超额收益。在那次交易中，双方都精通金融理论，但费雪进行了优势分析，注意到价值线指数是几何平均值而不是算术平均值，因此产品价格应该与教科书模型的价格不同。

如上所述，在整个定量投资过程中可以进行优势分析，这是许多定量研究人员经过努力而实现的。例如，在努力预测预期收益时，有些量化研究人员试图运用混沌理论和神经网络模型来处理数据中的非线性模式。在风险建模中，许多人开发了新的方法，使用每笔数据估计协方差矩阵。在投资组合和交易优化中，放宽马科维茨模型的原始假设，并且应用了更强大的优化技术。

量化交易业务和其他任何业务一样，它的产品是量化模型。从长远来看，任何公司都无法仅依赖一种在任何时候都适用于所有市场条件的神奇产品来生存。同样，量化基金需要不断改进现有模型，提出新模型，并加强它们的技术，以跟上市场和其竞争者的步伐。任何量化基金都可能因糟糕的管理或未能跟上竞争而过时，当然其他行业的公司也同样如此。但量化交易业务可能会继续，因为总会有创新的人。

参考文献

Black, F., and R. Litterman. 1992. "Global Portfolio Optimization." *Financial Analysts Journal* 48 (September/October): 28–43.

Chen, Nai-Fu, Richard Roll, and Stephen Ross. 1986. "Economic Forces and the Stock Market." *Journal of Business* 59:3, 383–403.

Coppejans, M., and A. Madhavan. 2007. "The Value of Transaction Cost Forecasts: Another Source of Alpha." *Journal of Investment Management* 5:165–78.

Fama, E., and K. French. 1992. "The Cross-Section of Expected Stock Returns." *Journal of Finance* 47:2, 427–465.

Fama, E., and K. French. 1998. "Value versus Growth: The International Evidence." *Journal of Finance* 53:6, 1975–1991.

Grossman, S. 1976. "On the Efficiency of Competitive Stock Markets where Trades Have Diverse Information." *Journal of Finance* 31:1, 573–585.

Grossman, S., and J. Stiglitz. 1980. "On the Impossibility of Informationally Efficient Markets." *American Economic Review* 70:393–408.

Investment Technology Group. 2010. "Global Trading Cost Review." www.itg.com/news_events/papers/ITGGlobalTradingCostReview_2009Q4.pdf.

Jegadeesh, N., and S. Titman. 1993. "Returns to Buying Winners and Selling Losers: Impli-

cations for Stock Market Efficiency." *Journal of Finance* 48:1, 65–91.
Jegadeesh, N., and S. Titman. 2001. "Profitability of Momentum Strategies: An Evaluation of Alternative Explanations." *Journal of Finance* 56:2, 699–720.
Lo, A. and C. MacKinlay. 1999. *A Non-Random Walk Down Wall Street*. Princeton, NJ: Princeton University Press.
Markowitz, H. M. (1952). "Portfolio Selection." *Journal of Finance* 7:1, 77–91.
Malkiel, B. 1990. *A Random Walk Down Wall Street*. New York: W. W. Norton & Company.
Patterson, Scott. 2010. *The Quants: How a New Breed of Math Wizzes Conquered Wall Street and Nearly Destroyed It*. New York: Crown Publishing.
Ritter, J. R. 1996. "How I Helped to Make Fischer Black Wealthier." *Financial Management* 25:4, 104–107.
Sharpe, W. F. 1964. "Capital Asset Prices—A Theory of Market Equilibrium Under Conditions of Risk." *Journal of Finance* 19:3, 425–42.
Surowiecki, James. 2004. *The Wisdom of Crowds: Why the Many Are Smarter than the Few and How Collective Wisdom Shapes Business, Economies, Societies and Nations*. New York: Doubleday.
Treynor, J. L. 1981. "What Does It Take to Win the Trading Game?" *Financial Analysts Journal* 37:1, 55–60.

外汇的程序化交易

Chapter Sixteen

第16章

克里斯·阿特菲尔德

梅尔·梅恩[1]

我们将程序化交易定义为采用一套被称为交易模型的流程，它是一个基于预先建立和定义的计划，决定市场进入和退出时点的过程。但是，像交易的大多数其他方面，对此每个人都有自己的解释。许多交易商把他们自己称为“基于规则的”而不是“程序化的”，因为这允许他们对交易有一些自由裁量权。本章将采取更广义的原则，我们相信这将能为本主题提供更广泛的介绍，并允许读者选择他或她认为合适的能和他或她的交易风格相符的内容。

引言

本章的目的是介绍程序化交易及其优势和局限性。然而，首先要考察在过去10年左右程序化交易的发展，以及电子交易技术对外汇（FX）行业的相关影响。

自20世纪70年代初布雷顿森林协议解体以来，尽管外汇市场以惊人的速度发展，在过去10年中发生的技术进步，正以10年前难以想象的方式，改变了这个行业。这些转变与衍生品市场的平行增长相结合，解释了当今市场上风险和流动性定价方式的革命。

在传统上，为外汇提供流动性的主要是国际银行，它们需要向客户提供现货和远期定价以促进它们的国际交易。20世纪90年代中期，这些银行中的一些人认识到，受商业和银行业技术革命的推动，银行业即将发生重大变化。早期投资该技术的银行在这一扩张领域的份额急剧增长。此外，在过去的几十年里，银行业内的集中兼并和收购已经导致了业务流量被集中到少数主要的玩家（来自欧洲货币调查局的数据）。这项技术投资也使这些银行以电子系统取代劳动密集型活动，从而改善了银行的营运利润率（operating margin），这被证实是更有效的也更具成本效益。

随着这种集中的订单流量已经达到规模经济的程度，人们认识到机器可以更有效地确

① 克里斯·阿特菲尔德（Chris Attfield）是PaR资产管理有限责任公司的合伙人，有15年的外汇市场经验，负责交易系统研究和开发，包括模型回测和投资组合层面的风险控制。梅尔·梅恩（Mel Mayne）是PaR资产管理有限责任公司的合伙人，有25年的外汇市场经验。

定价格并捕获客户订单流中固有的价值。软件和系统工程师意识到，市场也具有物理系统才具备的某些属性，并以前所未有的方式准确预测价格变动和客户需求。应用这些系统的结果就是，开发这些系统的银行的订单流量收入大幅增加。这些银行认识到，已经应用于股票市场的高和超高频率交易策略也可用于外汇市场，以捕获价格形成过程中产生的价值。诸如 CLS 集团提供的多种货币现金结算系统被引入市场，这意味着银行能够大幅提升每日交易量，同时降低交易对手风险。随着市场份额的增加，交易和流动性供给带来了从中获得收入的机会，而且银行无须承担重大的自营交易风险就大功告成，这在 20 世纪 90 年代是不可想象的。

据欧洲货币调查局的计算，2010 年外汇前五大银行占行业营业额的 55% 以上，见图 16.1。

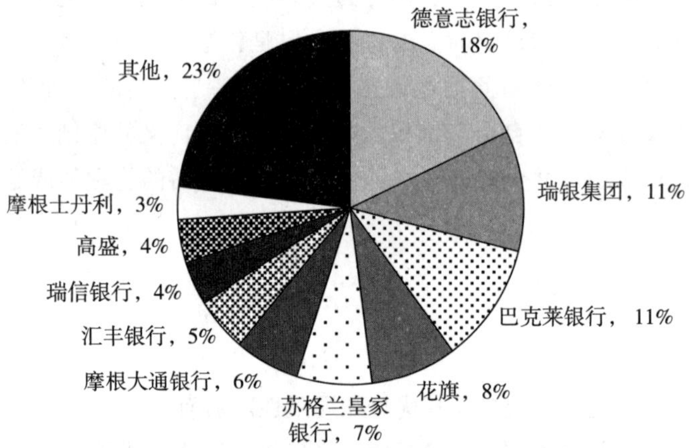

图 16.1　2010 年欧洲货币外汇调查局的数据

［资料来源：欧洲货币外汇调查局（2010）］

在外汇市场上，其他银行与五大银行之间或多或少是“白标”（white label）合作关系。当考虑到这点时，我们就明白了前五大银行占据的实际主导地位。那些未能认识到这一变化的银行已被抛在后面，对大多数公司来说，技术和重建业务的基础设施成本现在太高了，以至于它们不能在市场中占据先列，许多已经滑入了微不足道的角色（niche roles）或者开发旨在帮助它们的客户管理风险的产品，而不是为市场提供流动性。

外汇市场已经出现了独立的电子交易平台，例如 EBS（ICAP Group）、FXall 和 HotspotFX，它们为市场提供流动性。这些平台的报告显示，企业与企业的直接交易最近有所增长，这些交易绕过了银行中介。有时，它们的交易占该平台营业额的 50% 以上。较小的供应商，如 FrontierFX 已经瞄准专业市场，而且这个行业看起来将继续成长。

该行业这场革命的积极作用是，作为一个交易市场，外汇交易在本质上已变得更加平等。在以前，新闻和信息的传播归少数有特权的人掌管，现在人们可以通过网络立即获得。结果，少数主要机构目前在信息方面没有多少时间上的优势。更重要的是，该行业的交易成本在近几年大幅下降。这主要是由于电子交易的出现，它鼓励了竞争和流动性的供给。

但它也恰巧和投机性零售交易平台的增长同时出现，较小的投资者能够进入以前只有专业投资者才能进入的市场。这些新参与者的加入为该行业为做市商提供了新的流动性和收入来源。

外汇现在被许多投机者和投资者视为一种“资产类别”，而在此之前，他们的投资仅限于股票和债券。信贷危机之后，这些传统市场波动戏剧性地加剧，这导致投资者寻找替代方案，就风险配置和换手率而言，外汇一直是一个重要受益者。其数量的增加在图 16.2 中显而易见。

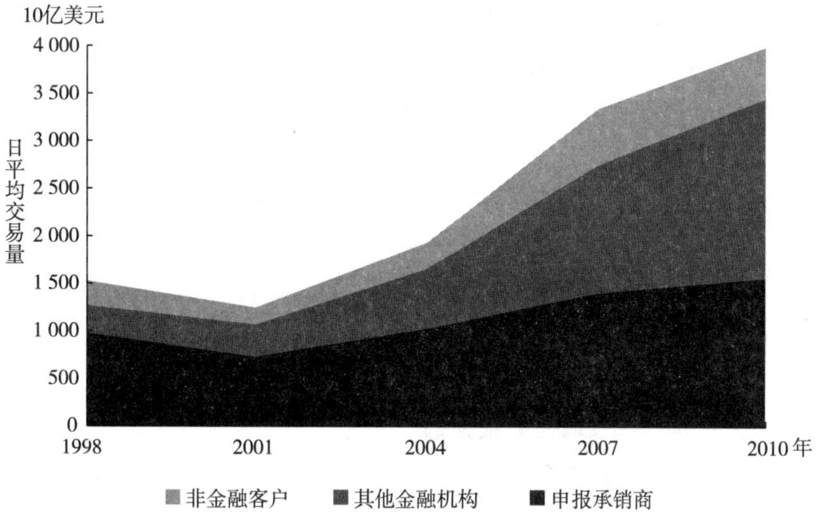

图 16.2 交易对手的全球外汇交易市场交易量

（资料来源：国际清算银行 2010 年 4 月发布的外汇和衍生品市场 3 年期中央银行调查）

或许系统和算法交易领域对投机性外汇交易增长具有最大贡献。10 年前，这类交易主要限于少数几家对冲基金以及复杂的财务运作。大多数的交易者都是自由交易商，而且短期业务主要局限于银行内部的自营交易。

程序化交易增长的催化剂之一是准确、可靠和廉价的高频数据。这让懂得处理电子表格的人都有机会测试和开发交易系统。许多人认为这种交易方式是自由交易商的另一种选择。自由交易商需要一套技能，只有通过多年的交易经验才能获得。数据可得性的提高、外汇交易成本降低以及提供多产品电子交易的基于保证金交易平台的增长几乎同时出现。这使得市场吸引了许多新的投机者。

大宗商品交易顾问（CTAS）、量化驱动的管理型期货基金和调整交易系统的对冲基金成为增长最快的领域。这些基金中有许多已经发展了高频或超高频交易系统，它在外汇市场日成交量中占很大比例。这些新进入者希望以电子方式进行交易。只有那些已经开发了自己的专有电子交易系统的银行才从这项业务中获益。国际清算银行的 3 年期数据（见图 16.2）显示，非金融机构的营业额第一次超过了银行业。图 16.3 中的欧洲货币数据显示，杠杆基金构成了这一行业的很大一部分，流向银行的资金需要提供的服务明显与盈利能力和信息有关。

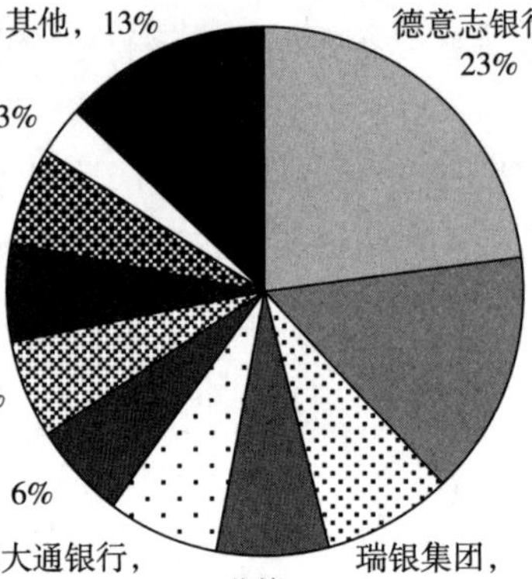

图 16.3　对冲基金的市场份额

［资料来源：欧洲货币外汇调查局（2010）］

程序化交易只是适用于极客（Geeks）和宽客（Quants）吗？

尽管程序化交易的某些领域需要很强的数学背景，但这绝不是整个行业的真实情况。程序化交易可以像你想做的那样简单或复杂。程序化交易提供的是对交易策略和风险管理进行详细分析的机会。这是成功交易的永恒的基本要素。但不幸的是，依赖选择性记忆并不能替代冷酷的事实。

所有成功的交易者的交易方式都是系统的和规范的。世界各地书店的书架上堆满了书，销售的是如何成为一个成功交易者的建议。就像很多人发现的那样，任何市场的成功投机需要的不仅仅是这些厚重的书的积累和盲目地追随别人的“交易系统”。这样做必然会导致交易损失，甚至更糟。这是因为：

- 在一段时间内没有亲自测试过该策略，很难让自己确信它真的会起作用。
- 在一次重大亏损期间，对该系统的信心将开始减弱，并且有终止交易策略从而锁定损失的冲动。
- 受情感的驱动，会有一种冲动之下用自由裁量来掩饰主观的未经检验的策略。

然而，如果我们把目光放在这些系统的夸大其词之外，我们会发现所有成功的交易方法，其背后的共同主题都是对这个系统的一个结构化的规范的应用。事实上，很多有经验的交易员认为，在交易中最重要的是管理头寸的方式，而不是头寸本身。

所有的交易者都采用对他们有意义的方法。这是多年来发展起来的，从市场交易中获得的不同经验的结晶。重要的是，无论使用什么系统，都要基于对市场的理性分析，或者基于参与者的行为。然而，除此之外，市场上有多少交易者就多少市场交易的方式。如果能够以某种方式对策略进行测试，以验证使其发挥作用的假设和明确定义的规则是否是有效的，这将大有帮助。很多成功的交易者在每一次交易中都严格使用这一过程，以便将主观决定降到最低限度。

成为一名成功的交易者是发展一种规范方法的过程，这种方法在相当长的一段时间内都起到了很好的作用。如果我们接受：成功的交易者在某种程度上是程序化的，我们需要检查如何更好地发展和使用程序化的外汇交易方法，并审查这种方法的好处和局限性。虽然没有什么能够替代实际经验，但现场交易可能是一种非常昂贵的测试方法。而模拟交易是一种合乎逻辑且不那么昂贵的替代方法，但它仍然需要花费时间去观察和对方法进行微调。这种方法的缺陷在于，模拟交易者倾向于进行主观事后合理化。

交易策略在交易市场中扮演着重要的角色。最初所需的是一个可靠的数据集和一些基本的电子制表技巧。虽然许多交易者将交易是否成功与复杂的系统联系在一起，但通常真实情况正好相反。本章无意向读者提供如何构建模型的“指引”。在这方面有太多的书可供选择。我们在这里更集中于描述测试和使用系统交易模型的好处和局限性。重要的是，我们并不是在提倡对那些使用自由裁量权的人进行彻底的改变。尽管有些程序化的狂热者会不同意，程序化并不排除在决策中使用自由裁量权或判断。然而我们建议，如果可能的话，最好是以一个非情绪化的预先确定的方式来考虑不寻常的事件。

关于金融市场的测试，还有一个要注意的问题：记住市场本质是社会系统而非物理系统，在任何时候它都是由市场上所有的参与者组成的。所有社会系统都会受到突然的行为变化的影响。这些行为变化可以与我们在开发模型时所做的假设不一致。最近的事件告诉我们，市场的表现可以是混乱的，在这样的环境中，模型往往表现很差。

程序化交易可以为我做什么？

人之所学，多得于失败的经历，而少诸成功时。你必须随时为打击做好准备并从中吸取教训。

——保罗·都铎·琼斯（Paul Tudor Jones）

从错误中学习是一个很好的起点，对程序化交易者来说，真正的好处之一是他们可以详细分析他们的交易历史。在对交易是否成功进行主观评价时，人们很难避免选择性记忆的影响。对于自由交易者来说，这也是一个好的开始。许多成功的交易者对每笔交易都有详细记录。这些记录不仅包括交易的进出点，还包括交易背后的理由。我们掌握的信息越多，分析就越好。

分析交易历史能揭示什么？

（1）交易的得失比例：

- 赢和输的序列持续的时间不比你预期的要长。
- 趋势交易者尤其如此。

（2）你的胜负的平均大小（占头寸总价值的百分比）：

- 总体平均 0.550% 的赢率和 -0.45% 的损失率就是很优秀的。

（3）按策略/市场划分的得失交易：

• 有一种趋势是在我们最熟悉的市场上进行交易。这并不总是最有利可图的资源利用。

（4）交易的平均持有期：

• 波动与时间有直接关系。持有一笔交易越久，市盈率波动就越大。

程序化分析一段交易史可以揭示许多关于交易者及其使用的方法。我们掌握的信息越多，分析越详细就越有用。顶级运动员不断分析他们的比赛，尝试找出强项和弱项。交易者也不应该有什么不同。

程序化交易的优点和局限性

对许多交易者来说，将他们的交易方式提炼成几条简单的规则可能是一个他们不愿尝试的艰难过程。然而，这样做是一项有价值的活动：确定交易方式的过程对系统交易者和自由裁量交易者都是非常有启发性的。我们认为我们从市场上看到的东西往往是虚幻的。

程序化方法的优点

消除交易决策中的情绪：任何经历过因选择正确头寸而欢欣鼓舞的人都知道，交易是非常情绪化的。不幸的是，这种经历的另一面是：在赔钱时，你会作出“要么战斗，要么逃跑”的反应。在逃避掠食者时，这种类型的反应是非常有用的，但在市场环境中往往适得其反。研究表明，这种反应会关闭大脑的某些负责逻辑和推理的部分。赔钱是交易中不可避免的一部分，因此，从失败的头寸上“逃脱”的情绪反应可能是非常有害的。拥有一个交易系统意味着：一个人可以对如何管理头寸冷静地作出决定。本质上，它可以在那些战斗或逃跑的时刻，推翻本能的和适得其反的反应。

内在的交易规则：大多数顶级交易者都会同意的一个观点，即规范是交易成功的关键，采取规范的办法是一项艰巨的工作。创建系统的一个优点是，它们可以加强对止损水平的规范并推动其交易（最不明显的交易有时是最有利可图的）。

它是可测试的：这是最大的一个优势。市场文献与积累的民间传说充斥着各种指标、技术水平、基本面驱动和烛形图等，这些都声称能告诉你市场在涨还是在跌。而它们中的大多数将不能遵守它们的承诺。正如人类从前学到的，区分迷信和现实最好的方式就是测试。

当然，即使是直觉交易也是可以测试的，只要有足够长的交易历史。你可以得出你的直觉什么时候起作用，什么时候不起作用。然而，如果今天有人带着一个新的交易理念来找你，你怎么评估它？如果这个想法能被清楚地写下来，并形成一系列的规则，它就可以被测试。事实上，只要看看是否能用这种方式清楚地说明它，就是判断它是否有优点的最好的测试。

虽然它并不能代替真实的交易历史，但测试却是一种有价值的评估某方法是否有效的手段。基本上，如果你拥有足够长（比如10年）的市场数据，以及可以被称为一套规则的交易理念，你就可以创建一个人为的“交易历史”，包括交易进入、退出以及在这些年里有人机械地遵守你的规则所得到的损益。这种方法称为回测，我们稍后会详细说明。

有些人可能觉得没有必要强调测试。如果在市场上一个模式是显而易见的，为什么要这么麻烦？答案是由物理学家理查德·费曼（Richard Feynman）在不同的情形下给出的：

第一个原则是你不能欺骗自己，而且你其实是最容易被愚弄的人。①

人类的头脑非常善于模式匹配，但对此的惩罚是我们会得到很多误报。以人类的幻想性错觉为例，在各种完全自然的物体上可以看到人脸，如月球表面或者烧焦的玉米饼。我们非常善于识别面孔，以至于能在它们不存在的地方看到它们。另一个例子是火星上的运河，它在 19 世纪被广泛绘制，直到 1903 年的实验告诉人们，这是一种由看到模糊图像时人们不自觉去推测图形所带来视觉错觉。防止以这种方式自欺欺人的唯一的方法是以非情感和非主观的方式进行测试。

为什么程序化交易不是魔法

包含一个关于程序化交易缺点和问题的章节似乎有些不合适，但就像最强大的技术一样，它都有其危险的地方，而且容易被误用。麻烦就是对交易系统的许多滥用不是显而易见的：测试时看起来非常好，但到系统实时交易时，问题才会浮现出来。

事实上，更多的交易想法看起来好像比实际用起来更有效。因为可以模拟一条“收益曲线”，回测非常容易让人们逐渐相信一种交易想法是可信赖的，这样，人们很容易认为你有一个万无一失的赚钱机器。收益曲线描绘了交易者收益的累积百分比变化。好看的收益曲线既迷人又容易产生。不幸的是，虽然对于所有好的想法，回测结果是好的，但对很多不好的想法也是如此，因此程序化交易的回测总是看起来比实际表现要好。认为可以通过某种方式（比如减少回报）使回测变差就能克服这个问题是一种谬论。对于一个坏的模型，收益曲线可能不能识别其实际交易结果，为什么是这样呢？

拟合噪声，而不是数据

市场数据带有很多噪声，它含有大量的“随机”起伏和信号，这些信号是你的系统正试图从市场中提取的并希望能从中获利（当然，确切地说什么是“信号”，什么是“噪声”，取决于系统是什么，以及什么样的时间尺度）。你希望测试能告诉你系统试图利用的信号是否是历史数据中真正的反复出现的模式。但是，测试实际上回答的问题是“我有什么办法可以让这项工作成功吗?”随机的、不可重复的价格行为很容易意外地产生正的收益，任何寻找正确参数的尝试都会凸显出这些“幸运”的意外。这似乎不太可能，但请记住帕累托原则：你的损益中有 80% 来自 20% 的交易。好的运气可以比你想象的更有影响力。

过度优化

在回测中，通常会改变系统参数以找到“最优”值，参数是你可以改变的任何输入。例如，在一个简单的移动平均模型中，你“回顾”的天数是一个参数。如果系统每天交易一次，然后执行的时间也是一个参数。交易系统越复杂，它需要的参数就越多，而且为了找到这些参数的最佳值，你需要做的测试也越多。例如，如果只有一个参数，那么你可能

① 1974 年费曼在加州理工大学毕业典礼上的演讲。

希望尝试20个不同的该参数的值，以查看哪个给出最佳结果。如果你有两个参数，你想为每个参数尝试20个可能的值，那么你将搜索20×20=400个不同的参数值组合。依次类推，三个参数将是8 000。让计算机进行搜索这些参数的所有值相对简单，但你做的测试越多，你就越有可能找到实际上不存在的“东西”（这在统计学中称为“多重比较问题”）。当你达到4个参数时，甚至随机交易信号都可以产生优秀的权益曲线——两位数的回报和良好的风险/收益比率——所有的纯粹是偶然的。这在图16.4中可以说明。

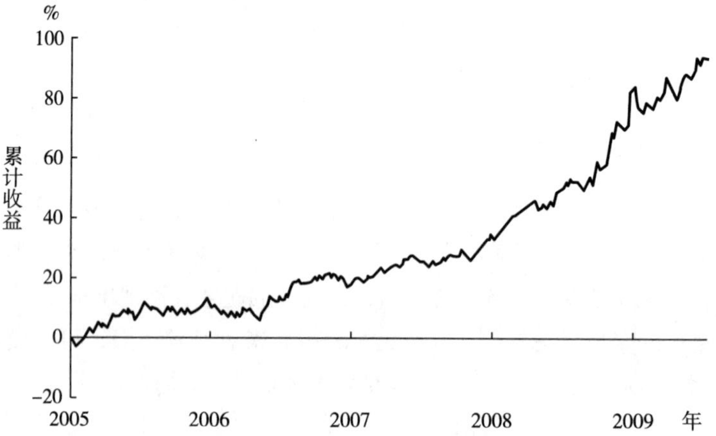

图16.4 变化的后果：欧元兑美元的随机交易（160 000条权益曲线中最好的）

对于任何需要参数选择的交易算法（所有算法将需要某种形式的参数选择），你最终会得到一个在开发模型所用的历史时期内看起来尽可能好的权益曲线。

参数选择

当对样本外数据使用模型进行交易时——即未来是未知的，而不是你用来确定参数的同一组数据——选择的参数将不可能是新时期的完美参数。最好的情况是它们仍然很好，最糟糕的情况是它们完全不合适。交易规则可能仍然有效，但只能需要使用你可能无法提前选择的参数。这是一个稳健的模型和一个脆弱的模型之间的差异。最终，一个具有无法预先指定的参数的系统是无用的。它总能被很好地回测，但对样本外数据，从来表现都不好。

回溯测试

即使你在回溯测试中发现了真正的效果，市场仍然在发展。可能是模型在样本外成功交易了一段时间，但市场交易方式的系统性冲击或其他变化可能会消除你所依赖的异常现象。很可能所有模型都有“生命周期”。将稳健方法与脆弱方法区分开来的是时间长度，这个时间是可以依赖参数或算法进行成功交易的时间。

头寸管理

即使良好的交易信号也无法取代良好的交易纪律和头寸管理。可以假设产生的方向信号是最重要的，头寸管理只是一个二阶效应，但这不可能是真的。考虑图16.5描述的权益曲线。这些是基于动量趋势跟踪模型产生的，使用了两个不同的退出规则。在一种情况下，该模型采用的规则是，要求当市场达到指定的正的损益水平时，交易获得利润。但这个模型没有采用止损，因此可能会出现亏损。在另外一种情况下，在一个损失水平上采用止损规则，这个损失水平反映了第一条规则的损益水平。但这个模型没有目标利润，因此利润可以延续。值得注意的是，早期获利和亏损具有非规范的情绪化的交易行为的特征——我们的大脑都把止损看作“惩罚”，把止盈看作“奖励”，所以我们倾向于寻求后者和避免前者。回测表明这对业绩有多大损害！

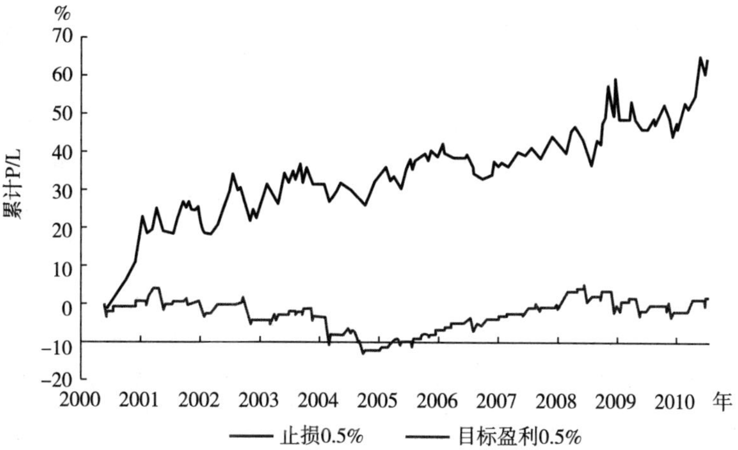

图 16.5 头寸管理的效果（欧元兑美元趋势交易）

如何避免这些错误？

不能肯定地说模型是稳健的，但却可能通过严格的测试来淘汰很多候选模型。人们很难远离在纸上看起来有利可图的模型，但这通常是最明智的行动。需要警惕的重要一点是确认偏差，它是寻求支持性证据并消除否定性证据的倾向。你一定是你自己最糟糕的批评家。你必须积极寻找关于你的系统不起作用的证据，并确定可能导致其亏损的故障模式。除非你已经看到它的表现有多糟糕，否则你没有相信的理由——记住，回测将系统地扫除地毯下面的瑕疵。虽然我们并不总是能对其他数据源进行测试，但这是一个好主意，因为它可以防止过度拟合原始数据集中的随机波动。

模型对其参数变化的敏感程度有多大？这个问题很重要（见下文）。一个有用的警示标志是，只有在历史上的一两个短期内，此模型才能获得利润。最后，非常重要的是模型代码本身是对的吗？也就是说，如果模型是实时交易的候选者，那么仅使用算法规范从头开始独立对它进行重建才是明智之举。

什么是系统起作用所必需的？

任何这样的清单只能是“必要的，但还不够。”说完了那个，具有以下内容的任何模型更有可能是有效的。

明确定义的基本依据：在构建系统本身之前就应明确决定并且写下来。每个模型都有它试图利用的潜在市场行为。最好的模型要清楚而简单地表达这一点。一些推论是：

• 不要修补：有人说，例外制定了不好的法律，基于规则的交易也是如此。将多个例外添加到你的代码只是过度拟合历史记录，并导致了大量的参数，这将会产生一个好看但毫无意义的权益曲线。

• 不要事后合理化：在产生了一个良好的权益曲线后，模型行为的解释听起来令人信服，但很少有用。应该记住，你的系统的表现不能作为证明其有效的事后合理化的证据。如果你的事后合理化可以被测试，你可以确定它是否有效的；否则，对一个好的市场复制，这可能是一个很好的解释，但也就仅此而已。

进入和退出条件：这可能听起来很明显，但令人惊讶的是，这么多著名的“交易系统”都只有进入信号。这样的“系统”实际上只是系统的一半：它不可能被测试，因为退出信号对于确定其盈利能力至关重要。连续交易和反向交易的系统很好，但退出信号必须是其规范的一部分。

少量参数：这些参数必须是可列举的。我们已经建立了大量的参数，它们可以产生好的有意义的结果。在多参数模型中，参数可能不是独立的。换句话说，一个参数的值将依赖于其他参数的值。这意味着不是独立获取各个参数的正确值，你必须得到整个组合完全正确的值，这是更艰巨的任务。

在某种程度上这是不可避免的，但它也可以表明你的参数在你的交易系统中发挥着类似或重复的功能，这样你应简化规则以将两个重叠参数减少为单个参数。请注意，这种简化总是会使回测看起来更糟！在理想的情况下，你应该在搜索之前初步判断一个参数的值，把类似将硬币多次翻转的数据挖掘练习转换成真实的关于合理参数是否可以被接受的测试。如果你的参数具有意义，即对应于类似波动性或日平均变动等可度量的变量，这一切就容易得多。

我可以合理地期待什么？

风险/收益比率

通常，与策略相关的风险与回报之间的权衡通过夏普比率来度量。夏普比率是策略的年化超额回报除以其年化波动率（即风险）。① 从策略的回报中扣除无风险利率，我们得到超额回报。因为回报在分子中，风险在分母中，所以夏普比率越高越好。每天交易不超过一次的系统，其波动的主要驱动因素是隐含市场波动率。所以对于一个波动率为 10% 的市场，夏普比率为 1.0 的系统将具有 10% 的年化超额回报率。回测可以很容易地给出 2.0 或更高的夏普比率。但是，如前所述，回溯总是夸大业绩。从长期来看，1.0 的夏普比率是好

① 由于收益是分子，风险是分母，有些人把夏普比率表述为收益/风险测度。当然，这在技术上是正确的，尽管它实际上是收益/风险比率，很多客户却一直称它为风险/收益比率。之所以产生这种语意上的混乱是因为最早度量风险/收益就是风险做分子收益做分母。夏普比率是根据威廉夏普命名的，他在 1966 年提出这一度量方法，见 Sharp（1966）。

的，0.5 是平均值。我们应该避免对期限小于一年的夏普比率的报价给出荒谬的结果。请注意，前面的数字不包括超高频（Ultra - high Frequency，UHF）交易系统：这种系统交易频繁得多，而且可能有非常高的夏普比率。对于此类系统，真正的风险不是导致损益波动的市场波动率，而通常是交易方法的系统性崩溃，这会导致突然的前所未有的巨大损失。超高频交易的权益曲线通常不能很好地代表真正的风险，这可能很难量化。

最大亏损

最大亏损（Maximum draw down，MDD）衡量投资组合的累积损益比之前的高水位低多少。MDD 是获得的最高权益和随后的低点之间的差值，按天计算。这是一种受欢迎的度量方法，因为它被许多人看成“最坏情况损失的情景”，即最不幸的投资者的经验，即在最大的持续损失之前，进入一个系统的最不幸的投资者的经验。在实践中，回测得到的 MDD 往往是乐观的。回测始终是玫瑰色的，由于是极端事件，大幅下降必然是罕见的。最大亏损只能随着跟踪记录长度的增加而增加：具有低 MDD 的短期跟踪记录很少意味着“还没有什么出错”。MDD 用波动率衡量，因此具有 20 - 波动率的模型（可能由于以更大的杠杆交易）的预期 MDD 将是具有 10 - 波动率的模型的两倍。但是，在高波动性的情况下，MDD 更不确定——最坏的情况在高波动率模型中可能会更糟糕。回报与 MDD 的比例被称为 Calmar 比率①，有时需要与 MDD 一起报告。在实际中，1.0 的 Calmar 比率被认为是好的，如果更高的话，则可能低估了 MDD 风险或夸大了回报。

获胜率

胜利/亏损交易比率是高度依赖策略的，每天的胜利/亏损交易比率与夏普比率有明显的线性关系。这可以使虚拟“交易模型”利用真实的市场数据进行测试，该模型具有用户指定的获胜率等每日信号。从使用该模型的结果可以看出，夏普比率 1.0 对应着每日胜利/亏损比率为 54:46（假设你没有把所有重要的日子弄错了）。相比之下，胜率/亏损比率为 70:30 将对应夏普比率 5，这是非常不现实的，除非在超高频率系统中交易。

行业比较

市场上有各种对冲基金指数，交易策略的业绩能以它们为基准。显然，使用样本外数据的业绩结果才有意义。遗憾的是，当涉及结果报告时，存在一些行业特有的问题。该指数可能包含经过回测的“绩效”数据，因为绩效通常是数据提供者（即对冲基金经理）的自我认证。回测绩效与真实交易绩效之间的差异在公开指数中可能会被忽略。在实际中，通常会从整个指数中删除已经停止交易的基金的跟踪记录（通常是由于表现不理想）。这在报告中产生了巨大的幸存者偏差：如果可以排除亏损结果，完全有可能从随机数据中得到一个好看的指数！这个幸存者偏差可以产生巨大影响，一些行业人士就会猜测，如果修正

① Calmar 比率由 Young（1991）提出，Calmar 是对加利福尼亚管理会计报表的首字母缩写，是 Terry Young 公司的名字。

这个影响后，整个对冲基金板块是否能产生扣除费用后可以忽略不计的回报。[①]

程序化交易方法的用途

交易模型为特定市场提供定向信号。这可能包括信号强度（0～100%）或在性质上数字化：长、短或中性。虽然交易信号对任何程序化交易系统都是必要的，我们需要考虑如何在实践中使用这些信号。那么，我们将看看程序化交易的两个主要应用：投机交易和对冲方案。

程序化交易组合的构建

在股票交易中，投资组合是股票的集合，人们可以选择持有不同数量的投资组合，注意这里的投资组合被看作一个整体。人们期望可以通过持有投资组合获得比单只股票更低的风险/回报比率。这一原则也适用于程序化的外汇交易。但是，与公开交易的股票数目相比，相关的货币对的数量是很小的。分散化是通过不同的交易模型和不同的货币对来实现的。

为了使之有诸多好处，模型必须提供具有较低相关性的回报。我们可以将分散化的不同形式概括如下。

（1）跨市场分散化：这种形式的分散化与股票类似。它的目标是通过以下方式产生不相关的回报：交易许多不同的货币对。如果不同的货币受不同的潜在因素影响，不同的货币所表现出的模式和价格行为之间应该彼此没有什么关系，因此相同的模式在不同的市场交易会产生不同的回报模式。当货币对没有共同的货币时，这种情况最为明显。例如，尽管欧元兑美元和英镑兑美元将提供一些多样化，但它们共同面临美元因素的影响。而假设欧元兑日元和英镑兑美元具有较低的相关性是合理的。

（2）跨模型的分散化：基于不同的市场行为，不同的交易模型可以获得不同的回报。最简单的例子就是趋势跟踪，其目的是从持续的定向移动中获利。另外均值回复交易的目的是从相反的行为中获利，其中移动方向是相反的。这两个系统将被认为具有非常低的甚至是负的相关性，这会导致系统取得良好的投资组合效果。

（3）跨时间尺度的分散化：令人惊讶的是，在同一货币对中运行两个相似的模型，如果一种模型是长期的，另一种是短期的，可以产生分散化。在两个趋势追随者的例子中，一个可能旨在从1周内的变动中获利，而另一个可能需要更长的时间——1个月或更长的时间。尽管面对长期的趋势，它们持有同样的头寸，它们的信号会在很大程度上相互抵消，尤其是当信号不清楚的时候。

不幸的是，分散化的投资组合可能不会获得预期收益。影响它们的一些最重要的因素有以下几个。

（1）分散化的错觉：欧元兑日元似乎与澳元兑美元无关，但自2008年9月以来，它们的平均1个月滚动相关系数为0.69，峰值为0.97。更重要的是在交易者看来，趋势的方向和时机在图上看起来非常相似（见图16.6）。如果市场目前认为这两种货币对都被称为

① 例如，见Wilson（2010），他总结了关于对冲基金中幸存者偏差的一些近期文献。

“风险交易”，那么这是一种风险厌恶情绪的爆发，会以相似的方式影响它们两个。这一点尤其适用于以美元为基础的货币对，其中美元很容易成为驱动因子，这样，预期的分散化在很大程度上消失了。应该记住的是，在一个方向强烈的市场中，这里有一个唯一赚钱的方法，而那些站在市场的正确一边的模型能够表现很好，但不会增加风散化。

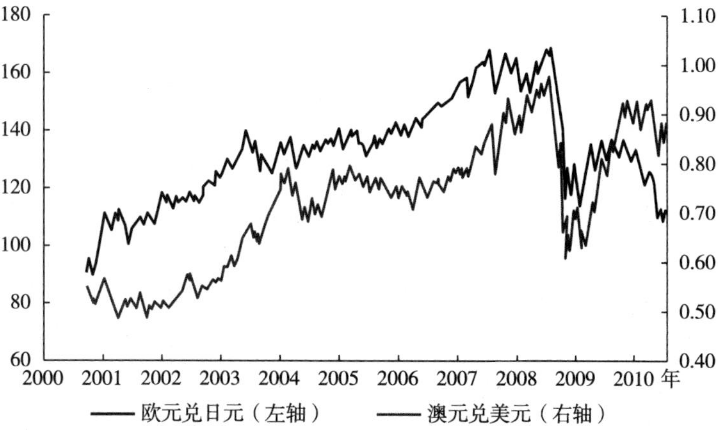

图 16.6　欧元兑日元和澳元兑美元即期汇率

（2）收益稀释：事实证明，分散投资是非常容易的，对风险和回报都是如此。例如，想象一下同时进入趋势跟踪的交易系统和均值回归系统可以做到分散化。如果这两个模型有相似的时间跨度，很有可能一种模型获利，另一种模型会亏损，这是极好的分散化，但没有利润！通常认为，如果每个模型的预期收益是正的，则预期的结果将是正的，但这忽略了一个事实：模型并不是独立的。在给定的一年里，一种强烈的趋势市场很可能给均值回复的模型带来低回报，甚至是负回报。同样，一个充满反转的市场将导致趋势跟随者赔钱。这很容易意味着“平均的情况”变成了最好的情况，实际回报远远低于想象。

（3）在市场冲击期间，相关性增加：即使是在正常市场条件下，不相关的货币对也可能会对极端事件作出相似的反应。全球新闻事件可能会让交易者“逃往高质量的市场”，其结果是，任何被视为风险过高的货币都会产生方向相同的移动（见图 16.7）。这些令人震

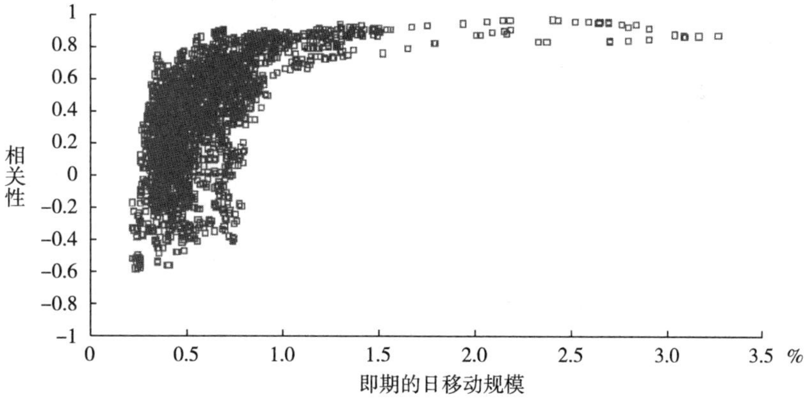

图 16.7　欧元兑日元和澳元兑美元（日移动规模的相关性）

惊的移动通常是针对主流趋势（尤其是趋势有利于交易，几乎总是容易受到这些事件的影响）。因此，所有目前有利可图的模型，很可能在同样的时间遭受财富的急剧逆转。这类历史相关性的崩溃通常典型地伴随着市场在“肥尾区域”移动。这会导致双重打击，可能使不小心的交易者失去业务。大型投资组合的平均情况和最坏情况之间的差异往往是重大的，与对风险的单纯处理相比，冲击事件更可能导致最坏的情况发生。

投资组合设计中的注意事项

那么，怎样才能形成一个多元化、稳健的投资组合呢？一些理论对此进行了深入分析，其中包括著名的现代投资组合理论。我们将很快对它进行简短的讨论。然而，就目前而言，有一些配置决策需要考虑常识。问题在本质上是极其简单的：“给定风险水平下，为了最大限度地提高我的预期回报，在每个交易模型中，我应该交易多少？”

首先，要注意的是，与交易单个模型相比，为了减少波动性，有必要在不止一种模型中交易。当一套模型的 P&L 可以部分地抵消另一套模型的 P&L 时，就产生了分散化。如果资产配置是这样的话，一个单一的模型，或者一个模型的子集，有着压倒性的资本分配，这样，就不可能有太多的抵消，也不会降低风险。

结论：投资组合权重必须大致平衡，以通过分散化实现风险的最大降低。

其次，并不是所有的模型和市场都是等价的。有些比其他的风险更大。波动率是衡量风险的标准，可以被认为是度量可预期的平均移动幅度。波动率翻一番，你就会认为市场的波动幅度是原来的两倍。正如 2008 年及以后的事件表明，假设外汇市场波动率大致保持在 10% 是无效的，即使某些货币对现已重新加入该机制。甚至在不到 1 个月的时间里，信贷紧缩导致他们的波动性增长到 3 倍甚至 4 倍。波动率这一戏剧性的增长造成了巨大的风险差异，因为，并不是每一种货币对都经历过同样程度的波动。

结论：投资组合的权重必须考虑到风险，并且必须是周期性的重新平衡，以考虑到不同市场不断变化的风险状况。

值得注意的是，风险水平的变化会导致投资组合中的总体风险水平以及每个模型的相对权重出现问题。这与投资组合的总头寸大小或杠杆作用有关，我们将在下面介绍。

两种投资组合设计方法

现代投资组合理论（MPT）方法

尽管 MPT 的命名可以追溯到 1952 年①，其核心概念是，如何利用各种投资组合成分之间的相互关联（由相关性表示）和它们的预期回报（通常来自历史表现）计算各成分的最佳权重。这将为更早之前的问题提供最好的回答——在给定风险水平下，什么样的加权方案能使得回报最大。不同水平的指定风险将与不同水平的最大预期收益有关。并且这些风险/收益点中的每一个都是相应的投资组合（即权重方案）。总的来说，这些风险/收益点构成了所谓的有效前沿。

---

① 现代投资组合理论开始于马科维茨（1952）的工作。

MPT 在数学上是优越的，并且为投资组合权重问题提供了良好的解决方案。但任何一种模型的有效性都取决于它的假设。MPT 的关键假设是相关关系是稳定的，并且预期回报是可以估计的。因此，我们需要问一问：“不同模型之间的相关性有多稳定？我们预期的回报的估计有多好？”相关性是一个非常难以诠释和带有模糊性的概念。通过更改计算时使用的历史区间，可以得到差别很大的相关系数。如图 16.8 中的欧元兑英镑和美元兑日元货币对之间的相关性所示。

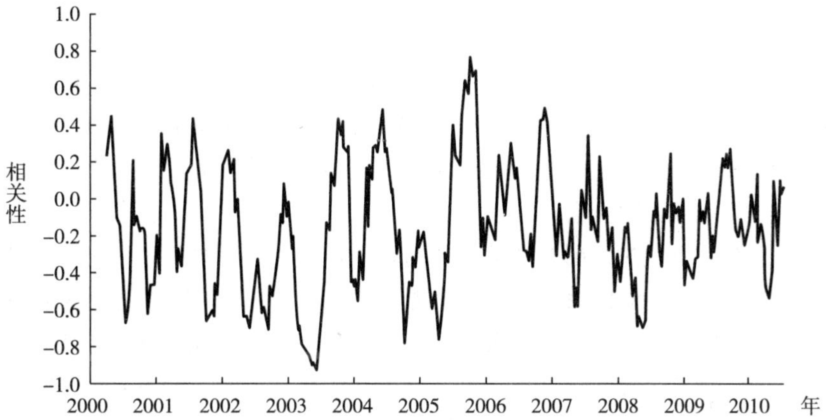

图 16.8 欧元兑德国马克和美元兑日元 3 个月的相关性（周数据）

MPT 结果对相关输入的变化非常敏感。鉴于历史相关性的可变性，未来相关性可能和预期有所不同也就不足为奇了。第二个问题是估计历史收益。虽然这比较简单，但它仍然假设模型的未来 P&L，可看作是在很长一段时间内的平均 P&L。在实践中，即使是表现良好的模型也可能有不好的年份，同样地，表现很差的模型的性能也可能会有特别好的几年。这意味着对任何给定的具有真实风险/收益特征的模型，P&L 可能与平均情况大不相同，反过来也说明，在任何给定的年份，所使用的“最优”投资组合权重可能远远不是最优的。这两个不确定因素的结果就是，优化后的投资组合权重存在着大量的不确定性，这使得它容易受到过度优化的指控。第三个问题是，对于任何给定的投资组合，两个模型之间的相互关系是偶然的（有时称为“虚假相关性”），组合成分的权重可能远远不同。一旦这种偶然的效应消失，计算的权重将变为无效。因此，MPT 优化的结果可能是脆弱的，而不是稳健的。为此，应谨慎使用这一过程，并在很大程度上专注于确保得到合理的回答。

“老派”方法

这种方法避免了任何形式的优化解决方案，而是简单地对每个都取等权重。虽然这看起来很低级，但它有一些优势。由于权重没有优化，因此没有基于可能不会重演的历史的过度优化的危险。关于相对业绩水平作出很少的假设。主要的挑战是如何设置投资组合的整体杠杆。

与这种方法相关的问题来自假设的失败，它假设所有的模型和市场都是同样的。例如，一个英镑兑美元交易模型的 P&L 的波动性可能是同一种交易模型下英镑兑日元交易 P&L 的一半，但这种方法对它们设的权重是相同的。对此的修改方法是按风险而不是表面金额对它们进行相等的加权。

值得注意的是，对 MPT 分析中相关性和预期收益使用保守的假设，由此给出的结果非常类似于这种“老派”的做法。

杠杆和保证金交易

在决定了将应用于交易模型组合的相对金额（即权重）后，下一步必须决定投资组合总数是多少。这通常是根据一项投资总额或风险的预算来决定的，或者更常见的是两者的组合。

在传统的对冲基金结构中，投资额被定义为投资者在基金中投入的资金（包括再投资）。在这里，杠杆被定义为总头寸大小与投资额之比。如果两者相同，则称该基金为非杠杆化基金（或以一倍杠杆率运行）。在更高的杠杆水平上运行意味着更大的总头寸规模，从而波动性更大，潜在收益也更大。

程序化交易通常是通过保证金交易进行的。事实上，最早的程序化交易者是所谓的商品交易顾问（CTAS），他们使用交易所内保证金交易来交易管理期货基金（有时称为商品池）。保证金交易的好处是你不必存入全部投资金额（你极有可能没有充足的现金）。相反，保证金账户必须有足够的资金来支付所有预计的交易损失。这一数额可能只占等值投资额的 10%。在保证金交易中，“投资额”的概念容易带来误导，这使得很难对管理期货基金和传统基金两种交易的收益进行比较。有时保证金交易者将按保证金的百分比来对收益率进行报价，这可能会导致一些具有极大误导性的回报和风险百分比。唯一有效的比较方法是，根据夏普比率，给不同的基金比较单位风险的回报夏普比率（Sharpe Ratio）是最常用的经风险调整后的收益指标。它几乎普遍应用于对冲基金和 CTA 行业。和以前一样，它被定义为年化超额收益除以收益的年化波动率，通常由日收益数据来衡量。为了得到超额回报，必须从交易者的收益中扣除任何基金存款的无风险利率。① 由于夏普比率按年计算，最低可接受的计算期为 1 年。在很短的一段表现好的时间内计算夏普比率，会错误地导致高比率，这可能与长期业绩关系不大。

风险目标使用最大亏损（以前讨论过）或波动率。任何保证金交易系统必须确保有充足的保证金可以覆盖最大亏损事件的费用。以 MDD 作为一种风险度量标准的问题在于，它通常被视为“最大损失限额”，事实上，它只能随着时间的推移而增加。根据定义，MDD 事件很少发生，因此，将它们作为投资组合面临的风险的真实指标是很危险的。波动率是一种更可靠的风险度量方法，尽管它没有使得 MDD 与保证金广受欢迎。基金通常用其波动目标或它们所使用的杠杆来描述。因为波动率可以是非常易变的，所以只能通过使用一些技巧近似估计当前和未来投资组合的波动性。

货币 alpha 和 beta

资本资产定价模型（CAPM）于 1961—1966 年引入，它将股票收益率分类为 alpha 和

---

① 重要的是，很多“保证金”交易实际上是基于信用额度，于是夏普比率应该相应地重新定义。

beta 值。[①] 股票 beta 收益率是其收益的一部分，它是由市场指数或市场作为一个整体的波动来解释的。预期 beta 为 1 的股票将被预期产生的回报与整个市场的回报相等。在这里，beta 常被认为代表了股票的“系统性”风险敞口。alpha 是股票收益中没有被市场作为一个整体解释的部分，因此代表“纯的”或不相关的回报。

alpha 和 beta 在货币市场上的应用并不是很显然的。没有一个整体的“市场”可以投资，购买一种货币本身就是出售一种不同的货币。但是，从股票投资者的角度来看，外汇交易的回报将代表“纯 alpha”，因为它们在很大程度上，甚至完全与股票市场无关（即零 beta）。因此，把货币交易的回报提供“货币 alpha”已成为惯例。

在过去的几年里，越来越多的人听到货币被称为“资产类别”，引用 2005 年耶鲁捐赠基金的话来说，“资产类别的定义是相当主观的，在根本不存在的情况下需要精确的区分”。这种语言最初被大型投资银行采用。它们找机会将外汇产品卖给传统的资产管理公司，所以可能会被怀疑，这是试图用资产管理的语言来出售交易产品，而这种产品可能是在资产管理公司职权范围内不会考虑的产品。事实上，外汇合约和股票既有相似之处，又有不同之处。相似之处主要在于它们都可以在流动性好的市场上进行交易。准确地说，外汇是一种风险类别而不是资产类别：它是一个承担市场风险以获得预期回报的市场。与传统股票的不同之处在于，在外汇市场上，“买入并持有”不是任何希望能长期赚钱的人都应该采用的策略。

一些从业者将外汇交易收益与传统的 CAPM 模型做了进一步的类比。现在看到“货币 beta”并不少见，其中一些已经证券化。这把 beta 定义为对和不同风格交易相关的虚拟指数的系统性风险敞口。通过使用诸如多元回归的数学技术，使用不同的行业绩效基准，它们计算出了代表“纯”趋势交易、套利交易和均值回复的标准策略。由此，人们可以把单个经理的表现与这些策略的表现相比较，其中 beta 的计算方法与计算股票 beta 的方法相同。

这些“纯 beta”策略现在被作为交易产品提供给一流的机构。而这种方法是否有效在很大程度上取决于产品的使用方式。许多分散化进入对冲基金领域的资产管理公司寻求获得对不同风格交易的风险敞口。但在没有选择的情况下，不得不投资于一个“基金的基金”。这种方法的缺点很多，包括潜在的风格漂移和双层业绩收费。如果你想要的就是增加一种交易类别（比如，趋势交易）的敞口，那么一个“纯趋势 beta”产品提供一种更便宜、更透明的选择，它不受单个经理判断失误或风格漂移等问题的影响。如果个人经理希望将“趋势”作为一种商品进行买卖（与 VIX 二级市场允许人们买卖波动性的方式基本相同），那么这是一个理想的工具。如果资产经理希望购买和持有 beta 策略的投资组合，这与股市崩盘相类似，因为没有足够的证据证明，从长远来看，这一方法将产生积极的回报。从这个角度来看，“货币 beta”策略只是简单的交易系统，而不能用来赚钱。

---

① CAPM 是包括 Sharpe（1964）、Lintner（1965）和 Mossin（1966）在内的许多贡献者的工作成果。Treynor（1961，1962）也为 CAPM 的建立作出了贡献。尽管 Treynor 在 20 世纪 60 年代初就开始传播他的作品，但他直到很久以后才发表这一主题的作品。当然，他未发表的作品还是启发了其他人。

系统套期保值

系统套期保值有着悠久的历史。对于许多公司来说，这是很常见的使用程序来对冲它们的风险敞口的做法，比如向前滚动或者一系列期权。虽然这些都是系统的，但它们是被动的，不主动跟踪市场或对市场作出反应，因此不属于我们本章讨论的范围。

然而，一些公司和金融机构采取了一种更积极的套期保值方法。就像投机者一样，它们对市场有自己的判断，并通过做多或做空来实现。操作将有所不同，具体取决于就货币对而言，标的风险敞口是空头还是多头？但信号可能是相同的。套期保值的人受到的约束比交易者要大得多：为了确保套期保值的资格，持有的头寸必须始终与标的的头寸相反，而且不能比它具有更大的规模。另外，对冲者不能自由指定他们想要交易的市场，而必须只在该机构有风险敞口的市场中持有头寸。

使用方向信号对冲的示例

现在想象一下A公司，它的总部设在美国，在德国的净资产价值为1亿欧元。为了对冲其资产负债表风险敞口，该公司管理层决定出售欧元兑美元远期汇率。它们首先设置一个5 000万欧元的远期对冲（“固定套期保值”），余下的5 000万欧元根据系统的长期定向程序进行交易。

现在假设系统（即定向程序）产生一个多头信号。这将有利于标的风险敞口。与交易系统相关的5 000万欧元被购买，抵消了50%的固定套期保值。因此，净套期保值金额为零，公司从欧元任意升值中获利。

或者，假设系统产生一个空头信号。这将不利于潜在标的风险敞口。然后，交易活跃的5 000万欧元被出售，加上已到位的远期套期保值，从而对冲100%的标的风险暴露。A公司现在完全受到保护，不会受到欧元贬值的影响。

最后，假设系统产生一个中性信号，这意味着对欧元的变化方向没有判断。于是对冲基金中交易活跃的部分是中性的，只剩下5 000万欧元的固定套期保值。该公司现已进行了部分对冲。在欧元兑美元的波动中，承受一半的收益或损失。

请注意，在所有这些情况下，针对其中交易活跃的部分所采取的行动，与投机者将要采取的交易欧元兑美元，持仓规模为5 000万欧元行动是相同的。因此，任何产生交易信号的投机系统也可用于对冲，尽管由于实际原因，高频率的交易系统通常是不合适的。作为一个附加说明，在一些国家，套期保值计划增加了投机成分，这可能会导致使用套期保值账户的权利丧失，而这也可能对P&L的波动性产生影响。后面我们将讨论这点。

基准和风险偏好

根据方向信号对对冲的调整可能有多种方式，这取决于一家公司的风险承受能力——有时也被称为“风险偏好”。风险偏好决定了公司的基础对冲头寸，它表示如果公司对汇率的方向没有判断，它们会选择对冲多少风险敞口。在我们前面的例子中，固定的套期保值是风险敞口的50%，而它可能会从0～100%有所不同，这具体取决于定向系统的指示。现在考虑一家公司，它的风险偏好很小，而且采用了90%的固定套期保值率，当定向系统表明欧元将上升时，只允许自己向下偏离 10%，但当它认为欧元将会贬值时，永远不会超过它的最大 100% 的套保。因此，对于和前面例子中同样规模的风险敞口，公司的对冲将从 1 亿欧元调整到 8 000 万欧元，但不会低于 8 000 万欧元。

当然，一家公司的固定套期保值可以是 100%（完全被动的对冲）和 0（完全没有对冲）之间的任何比例。例如，可能是 75%。在这种情况下，与上述公司有类似的风险敞口，管理层可能希望对冲 7 500 万欧元作为固定套期保值，并积极交易剩余的 2 500 万欧元。这将导致最大的对冲比率达到如上例所示 100%，但最低对冲比率为 50%。在这种情况下，即使信号是多头，该公司仍是部分对冲。尽管这可能导致对冲损失（如果信号是正确的），P&L 波动率和风险都是受约束的。如果是中性信号，也有可能恢复到百分之百的对冲，使系统进一步偏向于完全套期保值。因为这个在默认情况下是完全对冲，风险用相对这个头寸的偏离来度量，因此 A 公司将被称为“完全对冲基准”。

重要的是，与套期保值相关的资金需求可能很大，可能与实际应收账款不符。比如以上例子中的对冲的资产负债表。为了避免带来过度的 P&L 波动，并保持与没有对冲的竞争对手的竞争性，一个公司可能会选择一个没有对冲的基准。这与上述方法相反。例如，通过采用固定套期 2 500 万欧元，活跃交易 2 500 万欧元，最大套期保值比率是 50%，最小是零。应该指出的是，在此示例中，套期保值中变动部分不变，与完全套期保值的情况相同的是，发生变化的都是固定套期保值的规模。

在上述所有情况下，积极管理对冲部分的大小决定了其与基准的偏差：在对称的情况下，通过增减这部分的规模，而在完全对冲—未对冲的案例中，规模加倍。因此，积极管理对冲部分应与公司的风险偏好相关，风险被定义为相对基准的偏离。在最低的情况下（没有积极管理对冲的部分），默认就是被动基准策略。上限如最初的示例中所示，套期保值率的最大值和最小值分别是 100% 和 0。

货币管理外包

货币管理外包（Currency Overlay）是货币风险管理的外包。“风险发现”用来识别和衡量一个公司或机构风险敞口的性质。在确定了客户的基准和风险偏好之后，外包公司代表客户交易套期保值方案，这通常通过一个与 CTA 的投资管理协议类似的保证金账户/授权委托书安排。管理人通常会收到一笔固定的费用。业绩奖金仅适用在平衡基准的情况下，否则管理人将因偏离基准而受到惩罚，即使是在最符合客户利益的情况下也是如此。无论如何，业绩奖金是过度交易的一个诱因。

一些外包的供应商已经因为释放“烟雾弹”（smoke and mirrors）而受到批评，它们在不考虑更大的跟踪误差的情况下，承诺获得货币 alpha 和低风险，有时会夸大其交易的业绩。事实上，外包商增加价值是相当困难的。它们不能选择货币对，而交易系统很少能在所有货币对中都发挥同样好的作用。它们可以只在一个方向上增值，除非基准是对称的（外包商比大多数机构更赞成这种方法），而且积极管理的部分可能只是满足客户风险偏好总风险敞口的一小部分。针对这一点，一些委托人可能会对外包的目的感到困惑：有些人可能想把投机项目伪装成对冲项目，对因上述限制因素使其表现不佳而失望。

系统套期保值的利弊分析

（1）量化“已知未知数”：系统套期保值的一大优势就是，尽管仍存在着系统性变化的未知风险可能导致模型失败，预期的业绩和风险可以预先量化。程序化交易使得未来的对冲表现预测要比自由裁定的管理好得多。

（2）规范最佳实践：许多公司和金融机构雇用在执行过程中具有严谨性和系统性的顾问，系统性套期保值使得套期保值过程标准化把基准融入策略中。

（3）不通过委员会交易：对冲计划的替代方案可能是，董事会在不常举行的会议上作出的宏观决策。通过委员会进行交易很少会有令市场满意的结果，通常只有当一次行动是如此明显以至于已经错过了的时候，才能达成一致共识。

（4）有限的交易组合：如前所述，在大多数交易方式下，一些货币对的交易比其他货币更好。套期保值局限于较长的期限，并且严重偏向于趋势跟踪：当市场下跌时，增加多头头寸很难证明它什么时候是错误的。如果你的公司暴露于不可预测的趋势市场，你的交易系统可能不会增值。

（5）作为一种对冲的有效性和适宜性：今天，套期保值不得不接受的是，让一个会计审计师来评判它是否是合适的和有效的，否则将被视为具有负向税收和 P&L 会计影响的投机头寸。有些交易程序，特别是基于短期或均值回复的系统，可能不满足这个要求。

（6）内在投机性：程序化套期保值系统的活跃部分在本质上是投机的。它可能被一家公司的董事会确定为不恰当的，而且额外的模型风险不能由程序化套期保值系统提供的收益所解释。在这种情况下，完全被动的程序会更合适。

程序化交易思想和产品评估

当然，大多数人不想为自己做交易，也不想成为专业的基金经理（为他人管理基金或交易）。但他们可能想的是，把他们自己的钱或客户的一些钱投资在一个程序化的交易程序中，既可以是由他人代表他们管理的账户，也可以是他们将投资的基金。在结束这一章时，我们问：“在我委托他或她拿着我的钱之前，关于这个经理和他的交易系统，我想知道些什么？”

对黑匣子的一些了解

这是对冲基金和管理期货基金的潜在投资者的习惯做法：对基金经理进行“尽职调查”。除了通常的法律和财务稳健性的检查外，调查通常包括采用的交易方法。任何这样的尽职调查都会针对其交易系统的核心算法的合理性，启动相关调查，当然基金经理们并不愿意透露一些可能允许他们的整个交易产品被复制的内容。

然而，这可能不像最初出现的那个问题。除非这个潜在客户在设计和分析交易算法方面经验丰富。不过让人怀疑的是，披露这些信息能增加多少价值：对有效性的判断将是高度主观的。无论如何，可以有其他信息来源，这在很大程度上使其不需要对经理作出合理的评估。

在实践中，对投资经理进行尽职调查，尤其是对程序化投资经理进行尽职调查，很大程度上得益于在这一领域的经验，因为他们是默默无闻的人。从交易模型的第一手工作中获得的知识是不可替代的。下面的检查清单并不是要取代这一技能和知识，而是作为一种补充，以确保重要的点已经被覆盖。它还可用作交易系统内部评价的审计检查清单，在这种情况下，披露并不是一个问题。在很多情况下，重要的是，经理已经考虑过这些问题，并且确实有答案。尽职调查的目的有两个：通过跟踪记录评估经理的交易是否成功，以及评估经理的交易流程。对于这两个方面，许多相关的信息都是可用的，没有必要看他们交易算法的“黑匣子”，我们将依次考虑。

跟踪记录标准

跟踪记录是代表真实交易、样本外还是回测?

正如前面所讨论的，在评估一种交易方法的实际表现时，样本内（回测）的结果在以下情况下没有什么有效性。如果有的话，经理应该清楚他的记录中有哪些是样本内的。你们不该过问。如果有样本内的部分，经理应该能够提供理由，如“他们还没有开始交易”。

跟踪记录也可以模拟，但是必须是样本外。这是重要的区分，因为事后判断偏差只影响样本内的回报。但是，选择偏差不是那么容易消除的。例如，如果结果是消极的，你还能看到这些回报吗？真实的跟踪记录不容易被隐藏。如果投资组合声明是“样本外的”，则可以找出自开始时它是否发生了更改，以及改变的原因是什么。

模拟也会因在计算中所做的假设而产生错误。人们需要询问：交易成本的大小，以及如何对订单进行建模。最高价—最低价数据在外汇交易中有些不可靠，因为没有中央交易所，导致真正的范围可能不同。“开盘—收盘”数据要可靠得多，而且不太容易产生数据错误。

每日对每月跟踪记录

现在，许多管理人员每天都提供他们的业绩数据。这能告诉你比月频率数据更多的信息。例如，每日最大亏损很可能比按月计算更糟。如果要做压力测试或 VaR 分析也将需要日数据。在这里有必要重复之前提到的关于跟踪记录的以及哪种类型的业绩是合理的相关内容。如果跟踪记录中显示的风险与经理陈述的方式不一致，可能存在一个或多个问题：选择偏差、样本内回报和过度优化。或者可能因为交易时间太短，无法显示任何重大的亏损。

更多你应该问的问题

- 他们在实际交易中最糟糕的时期是什么时候？他们是怎么应付的？

评论：开诚布公是好兆头，事实上也的确是。在过去，是否已经发生过了严重的亏损？如果没有的话，那就等着发生吧，而且你不知道他们会怎么应付。改变方法或风格应该是主动出击的决定，而不是在亏损时被动作出反应。

- 他们在实现其承诺的波动和收益方面取得了多大的成功？

评论：波动性是一个很难衡量的指标，因为它本身就是不稳定的。他们的流程是如何应对市场冲击的？在冲击过后，他们是否井然有序地重新设置了杠杆？他们是不是太谨慎了，导致系统的杠杆不足？

- 他们的夏普比率现实吗？他们对此有何感想？

评论：关于什么是合理的夏普比率，请参考我们早些时候的讨论。在10%波动率的市场中，大部分有经验的交易员都能获得两位数的收益回报率。

- 水平收益曲线（flat spots）（即权益曲线是平的时期）的原因是什么？

评论：水平收益曲线是否与经理投资组合表现不佳相对应？简单的相关性分析是不会发现这种效应的。

流程标准

在理想情况下，他们可以完全泄露所有流程和交易系统，使得你能用独立的数据源重建整个交易历史。不用说，这几乎是不现实的。所以，你应该努力使用以下标准来确认他们的流程有效。

他们是如何产生信号的？

- 他们的交易方式是什么？程序化交易的主要流派是趋势跟踪、均值回复交易、模式匹配（包括神经网络方法）和套利交易。
- 他们的操作时间尺度是多少？是日内还是日间，他们平均和最大的交易频率以及持有时间是什么？确定这些信号是不是在交易货币对以外的任何数据集下生成的（外部信号）。

评论：

- 时间尺度是否符合你的需要？与长期交易相比，更高频率的交易能使亏损和赚钱更快，这受市场波动性限制。
- 他们经历过风格漂移吗？他们有没有改变过他们的原始想法，如果是这样，你是否相信他们给出的理由？还是他们只是修修补补？

模型管理

- 他们是否有研究新模型和淘汰旧模型的程序？
- 什么时候不再适合交易一个模型？
- 新模型是否与现有方法相同？

评论：

- 他们的交易过程是否比他们的营销活动更加谨慎？
- 他们多快就能意识到一种新的方法不符合期望？

投资组合构建

- 模型是等权重模型、风险加权模型还是优化模型（MPT）？
- 权重何时更改？依据什么标准？

评论：

- 经理有多确定他的投资组合权重是正确的？
- 因为风险权重的不足，“投资组合”是否严重依赖于一系列方法/货币？

- 权重是否完全受约束，以防止可能在未来发生的风险权重不足，即使现在不是这样？

风险管理

- 基金的一般和最大杠杆是多少？
- 经理如何应对市场波动的变化？
- 该系统如何应对 2008 年的冲击？
- 这次干预了吗？
- 交易过程是否因此而改变？
- 经理如何处理模型失效？
- 经理是否采用投资组合级别或模型级别的风险管理？
- 如果没有这种干预，投资组合会是什么样子？

评论：

- 该方法对市场波动性冲击和其他世俗的变化是否稳健？什么会导致经理的方法失败？
- 经理在低波动环境中是否过度杠杆化？即他将会对整个投资组合交易过多，或可能导致投资组合对某一特定货币对或交易模型变得不平衡。
- 经理对模型失败的预期现实吗？
- 经理是否会在有些情况下停止交易？如果是，它们是什么？
- 虽然很难坚持要求得到答案，但金融史上却充斥着因不能提出正确的问题和适当的尽职调查而造成的惨痛损失。

参考文献

Lintner, J. 1965. "The Valuation of Risk Assets and the Selection of Risky Investments in Stock Portfolios and Capital Budgets." *Review of Economics and Statistics* 47:1, 13–37.

Markowitz, H. 1952. "Portfolio Selection." *Journal of Finance* 7:1, 77–91.

Mossin, J. 1966. "Equilibrium in a Capital Asset Market." *Econometrica* 34:4, 768–783.

Sharpe, W. F. 1964. "Capital Asset Prices: A Theory of Market Equilibrium under Conditions of Risk," *Journal of Finance* 19:3, 425–442.

Sharpe, W. F. 1966. "Mutual Fund Performance." *Journal of Business* 39:S1, 119–138.

Treynor, J. 1961. "Market Value, Time, and Risk." Unpublished manuscript.

Treynor, J. 1962. "Toward a Theory of Market Value of Risky Assets." Unpublished Manuscript (later published in 1999).

Young, T. 1991. "Calmar Ratio: A Smoother Tool." *Futures Magazine*, October 5.

Wilson, D. 2010. " Hedge Fund Returns Dragged Down by 'Hidden Bias.'" *Bloomberg*. March 31.

第四部分

金融工程的案例研究

Chapter Seventeen

案例研究简介 | 第 17 章

潘妮·卡根[①]

引言

本书的第四部分由这一简短的介绍性章节和接下来的五章组成，其包含了各种类型的重大风险案例。虽然成功的案例总是比失败的好，但是对失败案例的研究有助于我们学到重要的教训并获得启示。在接下来的几章中，我们将分析 11 个案例。案例根据某种共性进行分组。具体地说，我们将分为抵押贷款案例研究、衍生工具案例研究、固定收益案例研究、基金案例研究，以及信用衍生工具案例。

这些案例研究的核心是所谓的诚信义务。金融机构有义务将客户利益置于自身利益之上。这也适用于零售和机构部门，它们的信托义务包括出售抵押贷款，为互助基金、退休基金和政府基金提供意见，以及代表他人进行交易。除了医疗保健行业，没有其他行业有义务将客户的利益置于自身利益之上。例如，当消费者从计算机公司购买计算机时，计算机公司没有义务必须“以最佳的价格执行最佳的交易”的方式出售“最佳价格的最佳计算机”。当然，计算机制造商以有竞争力的价格提供最好的计算机是计算机制造商的良好商业惯例，但是没有法律和法规规定的诚信义务。

在后面章节的案例中，各种操作风险问题凸显。美国国家金融服务公司（Countrywide Financial）有义务以最优惠的利率向零售客户提供最恰当的按揭贷款。然而，一旦公司开始依靠抵押贷款证券化，其业务模式就会转变为偏重资产的数量而不是商业信誉。抵押贷款证券化将信用风险从公司的资产负债表上剥离。一旦消除了信贷风险，该公司便开始发行大量的次级抵押贷款，这些次级贷款在二级市场上受到青睐，因为它们具有更高的回报。由于美国国家金融服务公司通过证券化市场为其贷款业务获取了足够多的资金，它不再关心零售客户的利益，不再关注什么样的抵押贷款对零售客户是最优的。

当公司转变成如何为投资经理获取更高报酬时，佛罗里达州货币市场基金的董事会损害了政府、雇员和公民的信用。如果能够获得超额收益，其基金经理们将获得更高的奖励。这导致基金经理偏向购买高收益的抵押贷款支持证券（MBS）。这种策略的问题在于，对基

---

① 潘妮·卡根（Penny Cagan）是算法软件有限责任公司（Algorithmics）和惠誉国际公司（Fitch Group）风险管理部门的董事，她在金融服务研究领域有超过 25 年的经验。

金经理的激励措施导致了投资组合集中在了风险较高的证券。然后，这些基金的首要目标是当政府需要筹措资金时，他们能够为其提供现金支持。当按揭抵押贷款证券市场冻结时，基金不再有现金来源，此时基金经理们将会以一种低风险的策略来管理基金，以便获得现金收益。

后面章节中未经授权的交易事件通常是由交易者的不当行为引起的。当他们在某一次交易中蒙受损失，并持续亏损时，他们会进行更多的交易以试图弥补已有的亏损。虽然这有可能是一般交易者的内在特征，但这种行为会导致监管机制不能正常发挥作用。如此庞大的不当交易行为往往发生在违反交易监管的环境中，而管理层通常不会花较多时间去仔细研究利润在哪里，利润从哪里来？这种松散的监管环境常常存在于一些组织里，这些组织经历如此庞大的未经授权的交易事件，导致其对银行的客户、雇员和股东违反了当初的受托责任。在一家机构遭遇流动性危机时排在最后一位的股东，他们的损失往往最大。

对股东信托义务的概念在所有组织中都是关键的，但在金融机构中变得尤为重要，这是因为金融机构必须有勇气抵制进入那些可能使其日后面临监管或客户麻烦的部门或从事那些做法。金融机构为了获取特定的收益而进入有问题的市场，或由于利益冲突、违规行为和未能将客户利益放在首位而在以后遭受重大损失，这种行为会给股东带来较大的风险。当这样的做法为其竞争对手赢得可观的回报时，需要有强大的管理层说：“我们不喜欢这种做法，而且我们作为一个机构也不会参与其中。”但是，与竞争对手相比，这种类型的管理层在应对下一轮市场实践调查或市场动荡时将处于更好的状态，并且它将会拥有更多类型的股东和利益相关者。

最后，我们提供的所有案例都有另外一个共同点：它们发生在监管比较宽松的动荡时期和繁荣期将要结束的末期。金融机构的经营环境在繁荣时期通常变得更加多变，高风险活动也更容易被忽视。正如信用风险准则所述，错误通常发正在较好的时机。所有这些案例都涉及一定程度的监管疏忽和在不考虑相关风险的情况下能获取超额收益的狂妄自大有关，最终都导致了金融机构的破产。同样，管理层需要采取进一步的措施以确保其监管措施能在经济繁荣时期发挥作用。市场具有周期性，因此金融机构应该具有渡过艰难时期的能力。

Chapter Eighteen

第 18 章 抵押贷款案例研究：美国国家金融服务公司和北岩银行

算法软件有限责任公司[①]

案例研究一：美国国家金融服务公司[②]

事件概述

2007 年 8 月，次贷抵押市场违约率上升，导致市场出现极大波动，美国最大的家庭贷款机构美国国家金融服务公司发现自己面临流动性压力。当时公司首先引入了 115 亿美元的信贷额度，然后从美国银行融资 20 亿美元。不久后，公司于 2008 年 1 月 11 日宣布同意以约 40 亿美元的市值或者以每股约 6.90 美元的价格向美国银行转让 100% 的股权。2007 年 1 月，公司的股价高达每股 42 美元，但该公司的市值后来减少到了 28 亿美元。

美国国家金融服务公司的事件引发了集体诉讼，借款人认为在 2006 年 1 月 31 日至 2007 年 8 月 9 日，该公司出具了“关于公司业务和财务业绩的重大虚假和误导性报道”。此外，该公司被指控开展具有掠夺性的商业活动，即向消费者出售高额费用的贷款。2007 年 10 月 26 日，美国国家金融服务公司公布在第三季度亏损了 12 亿美元，这是该公司 25 年来首次披露亏损。

事件详情

2007 年，美国国家金融服务公司的抵押贷款额达到 4 080 亿美元，服务投资组合约为 1.5 万亿美元，其中 900 万美元为贷款。2007 年 8 月，关于公司正面临困境的传闻导致市场剧烈波动。公司在之前一个月发出警告，表示由于低收入家庭房屋贷款违约，其收益有可能下降。表现欠佳的贷款是房屋信用贷款、次级抵押贷款和封闭式第二留置权贷款（secondlien loans），导致公司预留了 3.88 亿美元来承担与这些贷款相关的风险。该公司的

① 算法软件有限责任公司（www.algorithmics.com）是世界领先的提供企业风险解决方案的公司，为顾客提供全企业视野的风险管理方案，协助企业实现最佳的经济决策和更高的股东价值。此信息属于算法软件有限责任公司的私有财产，未经许可不得以任何方式转载或复制。

② Algo 操作风险案例研究第一数据库。

首席执行官（CEO）安吉洛·莫尼洛（Angelo Mozilo）的发言令市场进一步恐慌。他说道：“除了大萧条时期①，我们正在经历史无前例的房价贬值。”（McClean 和 Nocera，2010）

美国国家金融服务公司遇到的众多问题之一是银行挤兑，比如2007年8月20日，储户在美国几个城市的办事处排队提取银行存款资金。这一举动引发了分析师的担忧，因为公司已经表示计划将其银行业务部门为家庭贷款的资金提供来源。而债权人存款的挤兑，意味着银行业务部门将无法为其贷款业务提供资金。

除了信贷问题外，公司的业务行为也令人担忧。《纽约时报》在2007年8月26日报道说，美国国家金融服务公司的整体利润结构是赚取高于行业平均水平的贷款费率和服务费用。当它们出售具有提前还款惩罚性的贷款还款期比平均期限长，或者贷款在短时间内能以高于平均水平的利率重新放贷，那么抵押贷款的销售团队就能收到更高的佣金。还有，如果销售经理能说服借款人将房屋净值贷款作为主要抵押贷款，销售经理可以得到更高的费用和奖励。一位匿名的前销售代表告诉《纽约时报》：“公司整个一级和次级贷款的佣金结构都是为了奖励推广公司二级市场上最赚钱项目的销售人员。”

美国国家金融服务公司依赖二级市场捆绑和销售抵押贷款被认为是问题的核心，因为它鼓励销售团队掠夺性的销售行为，而且放宽了贷款承销商的放贷标准。例如，次级抵押贷款对公司来说非常有利可图，因为投资者为了获得更高的回报会在二级市场上格外青睐次级抵押贷款。这形成了一个恶性循环，导致本有资格获得低利率贷款的客户被销售经理售卖高价抵押贷款，以此得到更高的佣金。

《纽约时报》2007年8月23日报道说，给美国国家金融服务公司带来压力的是其给二级市场贷款投资者的“安静承诺”（quiet promise）。美国国家金融服务公司承诺会回购任何未能履约的抵押贷款。据《纽约时报》报道，美国国家金融服务公司的贷款修改协议涵盖了从2004年到2007年4月1日出售给投资者的约1 220亿美元的抵押贷款。然而，美国国家金融服务公司的一位发言人表示，在二级市场上出售的任何抵押贷款中，可以修改的贷款额度限制在5%。

美国国家金融服务公司2007年8月20日宣布，它计划从综合部门和贷款批发部门减少500个职位。综合部门的主要业务是次级贷款和次优级贷款，这些业务往往无须任何证明文件。贷款批发部门主要通过经纪人安排贷款。当时公司雇用的员工在60 000人左右。截至2007年6月，公司约有25%的次级抵押贷款违约，而2006年同期只有15%。

美国国家金融服务公司是美国最大的住房贷款发起人，占有17%的市场份额。第二大的是富国银行，市场份额为10.5%。随着美国国家金融服务公司被收购，美国银行现在成为最大的住房贷款人，拥有25%的市场份额。美国银行对次级抵押贷款的风险敞口很小，并在2001年退出该业务，因为其新任命的首席执行官肯尼思·刘易斯（Kenneth Lewis）认为业务风险太大。此外，美国银行依靠其大量的零售存款，而不是抵押贷款证券化，为放贷业务融资。

---

① 译者注：大萧条时期（Great Depression）是指1929—1933年全球性的经济大衰退、第二次世界大战前最为严重的世界性经济衰退。

美国国家金融服务公司的事件引发了集体诉讼，诉讼指出在 2006 年 1 月 31 日至 2007 年8 月9 日，该公司出具了“关于公司业务和财务业绩的重大虚假和误导性报道”。当公司遇到财务困难时，此类股东诉讼并不少见。美国州县市雇员联盟养老基金（American Federation of State，County and Municipal Employees，AFSCME）持有公司股份，它们要求 CEO 莫尼洛下台，并列举了一系列不满。

2008 年 6 月，美国的 3 个州对美国国家金融服务公司提起诉讼。加利福尼亚州和伊利诺伊州提起诉讼，认为公司从事不当的销售行为，以及向数千家业主出售高风险抵押贷款。这 2 个州声称，由于公司的销售行为，它们当地的经济和房地产市场遭受了不可挽回的损失。加利福尼亚州总检察长杰瑞 · 布朗（Jerry Brown）（现在的州长）称美国国家金融服务公司为“大规模生产贷款的工厂”，专门生产“不考虑借款人的不断增加的债务流”。他还说，“美国国家金融服务公司宣扬拥有住房的美国梦，然后它在次级市场出售其抵押贷款获取巨额利润”（2008）。华盛顿州还向全国提起诉讼，称公司除了出售不适当的贷款外，还从事歧视性贷款行为。华盛顿州分析了超过 600 份的全国性贷款，发现 50 个少数民族借款人相比其他人付出了更不利的贷款利率。研究发现，当少数民族和非少数民族借款人在资产上具有类似的信用评分和贷款价值比率时，少数民族借款人会承受更高的贷款利息和不太有利的条款。该州正在要求暂停美国国家金融服务公司的执照，并罚款 100 万美元。

失败的原因分析

市场状况

2007 年 8 月，美联储介入市场并为市场注入流动性，因为所有金融机构和贷方的市场状况已变得岌岌可危。美联储上次给银行系统提供现金是在 1998 年长期资本管理公司（LTM）破产的时候。这说明能导致美国国家金融服务公司陷入困境的条件至少 10 年才会出现一次。当美联储下调贴现借款利率时，它发布了一份声明，称市场风险已“明显增加”。高盛美国首席经济学家扬 · 哈齐乌斯（Jan Hatzius）说：“美联储描述事情一般是‘轻微’或‘有点’，说风险‘明显’增加是一个相当强的语气了。”

管理措施不当

《纽约时报》2007 年 8 月 26 日报道说，美国国家金融服务公司的业务，包括贷款、服务和结算部门，旨在从消费者身上压榨更多的费用。该报道说，公司并未履行其承诺提供“最好的贷款”，并在某些情况下，为了向借款人发放更高成本的贷款，它甚至不要求有稳定的现金流，如现金储备。这一战略会影响抵押经纪人和销售经理所得到的薪酬补偿。如果他们发放了提前还款期长于平均时长的贷款或者短时间内重置为高利率的贷款，他们会得到更高的佣金。此外，如果销售人员说服借款人将房屋净值贷款作为主要抵押贷款，那他们也会赚取更高的佣金。

赔偿金

《纽约时报》2007 年 8 月 26 日批评美国国家金融服务公司首席执行官在前几年里是他公司股票的“一个巨大的卖方”，因为自 1987 年以来他没有买过自己公司的一点股份。《泰晤士报》认为，随着次贷危机的蔓延，莫尼洛（Mozilo）出售公司股票的行为加剧。在2007年8月之前的12个月里，他通过出售美国国家金融服务公司的股票套现1.29亿美元。他仍持有公司24%的股份，共140万股，大约价值2 940万美元。一位公司发言人说，莫尼洛只是分散了他的投资组合，因为他快退休了。2007年10月18日由一些出版物引用的不明来源消息说莫尼洛先生卖出的股票被美国证券交易委员会（SEC）非正式调查了。公司合并后，大家并不希望莫尼洛先生继续担任管理层。

过度的风险承担

《纽约时报》报道，即使在次贷市场出现了一些问题后，美国国家金融服务公司还是发放了一些有风险的贷款。例如，公司2007年3月发放的贷款不需要现款支付，而且2007年2月发放的无须证明文件的贷款只需要5%的首支付。美国国家金融服务公司在2007年7月底发放了50万美元的贷款给信用评级低至500的借款人，只要他们存入30%的保证金。①

利益冲突

《华尔街日报》在几篇文章中报道，莫尼洛的法院调解结果显示，一组被称为“Friends of Angelo”的人能够获得贷款优惠利率和宽松的贷款条件。② 这些人包括退休的职业运动员、两名参议员和两名房利美前CEO。莫尼洛涉嫌继续干预业务，在抵押贷款部门违约增多的情况下仍给他的“朋友”发放贷款。

纠正措施和管理层反应

2007年8月20日，美国国家金融服务公司在各大城市的报纸刊登广告，向客户保证其存款安全。这些广告试图通过宣布“未来是光明的”（future is bright）来安抚全国的投资者和客户。公司对其12个月的存单提供了高达5.65%的存款利率。此外，公司表示，他们只会发放可以出售给房利美（Fannie Mae）或房地美（Freddie Mac）的贷款，这会防止贷款人在不久的将来发起巨额贷款。

美国国家金融服务公司2007年8月16日宣布，该公司已与40家银行合作，将其全部的115亿美元信贷额度用于“应对”目前的困难。公司表示，对于他们发放的所有类型的贷款将收紧信贷标准。公司的总裁和首席运营官大卫·桑博尔（David Sambol）发布公告称，“公司已采取果断的措施，我们相信这将解决这一环境所带来的挑战，使公司能够满足其资金需求并继续增加其特许经营权”。公司采取的措施包括重组，即将公司的抵押贷款业务转移到其银行子公司——美国国家金融服务公司银行等。

---

① 译者注：以美国FICO信用分数和等级为例：<580 = 差：信用分数远低于美国消费者平均水平，通常申请不到信用卡、贷款，或需要先交押金。580 ~ 669 = 一般：信用分数低于美国平均水平，能申请到贷款但通常利息较高。670 ~ 739 = 好：信用分数接近或略高于美国平均水平，多数贷方认为这人信用不错。740 ~ 799 = 非常好：信用分数高于美国平均水平，贷方认为这是非常可靠的借款人。800 + = 最优秀：信用分数位居榜首，在贷方眼中是非常优异的借款人，可以给予最好的优惠和利率。

② 安吉洛·莫尼洛（Angelo Mozilo）是美国国家金融服务公司的前CEO，因为金融诈骗和内幕交易遭到美国证监会的起诉。这儿的“Friends of Angelo”是指和安吉洛·莫尼洛关系亲密或者利益相关的人。

美国国家金融服务公司 2007 年 10 月 23 日宣布，正计划再融资近 160 亿美元给 52 000 多个拥有可调利率抵押贷款并计划在未来 14 个月调整利率的次级借款人。这是美国国家金融服务公司的第一次努力，以此来延缓借款人的财产受到抵押品赎回的冲击。这也是一个其他抵押贷款机构采用过的方法；华盛顿互惠银行（Washington Mutual）曾宣布承诺一个 20 亿美元的项目来将次级抵押贷款转换成传统的 30 年期固定利率贷款。

经验教训

国家最大的抵押贷款机构迅速身陷现金紧缩，这表明 2007 年 8 月经营环境的复杂性。内部抵押贷款财务通讯的出版人盖伊·切卡拉（Guy Cecala）评论说美国国家金融服务公司的麻烦让他感到“震惊”，并补充道：“毫无疑问，我们从未见过这种恐慌。恐慌已经清除了所有融资来源。”他将美国国家金融服务公司描述为“美国抵押贷款行业的代表”，并补充说：“如果它们倒闭了，将对美国经济产生巨大影响，并在全球范围内产生巨大影响。”

美国国家金融服务公司一度成为“美国抵押贷款行业的代表”，它也被认为是美国信贷过剩的“代表”。《商业周刊》2008 年 1 月 14 日报道：“华尔街每一次过剩时期都有一个壮观的象征，从大萧条期间的塞缪尔·恩斯尔（Sam Insull）的中西部公用事业公司到网络时代的宠物网（Pets. com），现在轮到美国国家金融服务公司。”

事件后果

在美国国家金融服务公司公布下调了其 115 亿美元的信贷额度后，评级机构惠誉（Fitch）下调了公司的评级。评级机构称这是“流动性压力越来越大的明显迹象”。惠誉还表示，虽然这一决定是值得关注的，但它也缓解了美国国家金融服务公司近期的一些压力，并将其问题归咎于“资本市场前所未有的崩溃”，而不是“一个公司的融资计划或战略的根本性崩溃”。惠誉评论说，该公司的前景“取决于二级市场的恢复”，并指出美国国家金融服务公司比其他公司更安全，因为它拥有一个“储蓄章程”（thrift charter），使得它有权利动用联邦住房贷款银行的储蓄资金。

在美国国家金融服务公司出现信贷问题后的第一份收入报告中，公司于 2007 年 10 月 26 日宣布，2007 年第三季度亏损了 12 亿美元。这是公司 25 年来的第一次亏损。不过，公司表示，由于重组，预计 2007 年第四季度和 2008 年将盈利。公司的董事长将这一损失归因于抵押贷款和住房部门的“前所未有的崩溃”。惠誉回应了美国国家金融服务公司的盈利公告，指出它将继续审查其评级，目前该公司的评级是 BBB+。

《美国银行家报》2008 年 1 月 14 日评论说，美国银行花费 28 亿美元股票购买美国国家金融服务公司，这将使美国银行“快速成为抵押贷款市场的主导力量，而无须支付任何附加费用”。该交易是以一个很大的折扣完成的，因为在一年前美国国家金融服务公司的市值估计约为 300 亿美元。美国银行行长说，他将进行审查，以确定美国银行是否在未来保留美国国家金融服务公司品牌和名称。美国国家金融服务公司和美国银行的整合预计将导致 7 500个工作岗位的流失。

案例研究二：北岩银行（Northern Rock）[①]

事件概述

作为市场状况紧张局势的反映，2007 年 9 月 14 日，大量北岩银行的客户在抵押贷款分行排队，试图从储蓄账户中提款。英格兰银行宣布将向英国第三大抵押贷款机构提供紧急现金，不久之后，北岩银行就发生了挤兑。北岩银行宣布已经不能向借款人发放新的贷款，这次救助是自 1995 年来英格兰银行的第一次救助，也是非常必要的。北岩银行最终从英国央行借了 250 亿英镑。后来组织了两次严格的招标以收购北岩银行，但它最终由英国政府接管。两年后，英国政府提出将银行划分为“好”和“坏”的银行实体，并将盈利的实体部分出售给潜在收购方。

事件详情

北岩银行是英国第三大抵押贷款机构，拥有 140 万个零售存款账户、76 家分行和 80 万名抵押借款人。2007 年 9 月 14 日上午 11 点，储户在北岩银行伦敦分行外排队取钱。到了第二天，北岩银行账上估计有 20 亿美元被取走了。这次挤兑就发生在加利福尼亚州美国国家金融服务公司的抵押贷款储蓄银行挤兑之后。

北岩银行是自 2007 年夏季出现次贷危机以来，英国首个出现流动性紧缩的主要金融机构。其原因在于它依赖资本市场的资金，既有通过证券化抵押贷款获得的资金，也有从短期贷款借来的资金。北岩银行并非是不谨慎的贷款人。它的信贷记录良好，违约率仅占 0.47%，仅为行业平均违约率的一半左右。同时，该银行发放的抵押贷款价值为基础资产价值的 130%，这意味着首次购买者可以进入购房市场，但贷款人却暴露于无担保贷款之中。

北岩银行的增长策略是依靠资本市场融资而不是以客户存款为基础的融资，这导致了它的危机。大多数银行在吸纳客户存款和通过资本市场融资之间平均分配。该银行的资本市场资金来源多样化，其脆弱性与整个大规模贷款市场关闭有关。不幸的是，北岩银行在 2007 年夏天却面临了这些不寻常的情况。

北岩银行在 1999 年推出了证券化计划，作为通过名为“花岗岩”（Granite）的计划提高其在英国按揭市场份额的一种方式。花岗岩计划旨在通过对北岩银行的贷款证券化来筹集资金，以便为新抵押贷款提供资金。花岗岩计划是北岩银行问题的核心。花岗岩策略涉及打包抵押贷款和随后发行债券。资金从北岩银行在抵押贷款客户那里收取的利息中注入花岗岩计划。

相较于依赖储户，北岩银行对证券化的依赖使它能够发放更多的抵押贷款。到了 2007 年夏季，当这种证券化产品的市场枯竭时，北岩银行很难继续创造新的抵押贷款了。当没

---

① Algo 操作风险案例研究第一数据库。

有能力发行新的抵押贷款，北岩银行便不能继续对花岗岩计划进行融资，因为该融资方案依赖于使用抵押贷款的利息收入兑付到期的证券化票据。如果未能提供足够的新抵押贷款，那么可能触发某些因素以此来保护借款人。截至 2007 年 6 月底，花岗岩计划的抵押贷款为 478 亿美元。

当北岩银行陷入困境导致银行挤兑的消息传播开来，英格兰银行、政府和贷款人迅速向所有受影响的人保证，他们的资金是安全的。三方均解释道，流动性紧缩和短期现金获取困难与实际破产大不相同。救助北岩银行的消息导致公司股价在 2007 年 9 月 14 日收盘时下跌了 33%。截至 9 月 17 日星期一，该银行股价又暴跌了 35%，市值为 11 亿英镑，而当年春季其市值为 52 亿英镑。

北岩银行被认定为收购目标。截至 2007 年 9 月 22 日，媒体报道说，至少有 12 家欧洲银行因收购事宜与北岩银行进行了接洽；然而据称所有被接洽的银行均拒绝提出收购要约。据报道，被接洽的银行不愿意将北岩银行的 1 000 亿英镑抵押贷款转记到自己身上。2007 年 10 月，理查德·布兰森（Richard Branson）和金融机构联盟前往北岩银行，提议向该濒临破产的银行注资 20 亿美元，并将其重新命名为"维珍理财"（Virgin Money）。

截至 2007 年 10 月底，英格兰银行已借给北岩银行约 250 亿英镑。这将使未来的收购变得困难。为了防止出现任何与救助相关的道德风险，英格兰银行对北岩银行的贷款实行"惩罚性利率"（punitive rate）。北岩银行的额外选择包括通过将存款转移到其他银行来逐步下调存款。如果情况变得极端恶化，很有可能将会组织"一美元售出计划"（token sale），就像巴林银行在 1995 年 3 月的情况一样。英格兰银行后来提出了一项计划，即将贷款置换为可以向公众发行的债券。

最后，只有维珍主导的财团与由银行董事会和管理团队组成的小组向北岩银行提出正式报价。英国政府于 2008 年 2 月决定，并无报价符合银行、客户及英国纳税人的最佳利益。该银行于 2008 年 2 月 17 日国有化。

银行国有化后，北岩银行股东损失了其持有股票的全部价值。一批利益受到侵害的股东向英国政府索赔与投资北岩银行相关的损失。2009 年 7 月，伦敦上诉法院驳回了恒生银行、RAB 资产管理公司和一批私人投资者提起的诉讼。前北岩银行股东说他们打算向上议院提起上诉。恒生银行是北岩银行的最大股东，持有 11.5% 的普通股，而 RAB 资产管理公司持有 8.2%。

失败的原因分析

企业市场状况

据称北岩银行为了筹集资金给新的抵押贷款而异常依赖债券市场。在美国次贷市场崩溃之后，像北岩银行这样的抵押贷款人从全球债券市场借钱变得越来越难。这导致难以为新的抵押贷款和英格兰银行的紧急救助提供资金。

过度的风险承担

分析人士推测，北岩银行对债券市场的过度依赖是为了提供抵押贷款，是一项高风险的策略。《商业周刊》2007 年评论说，北岩银行"蓬勃发展，然后被创新的商业模式打倒”，依靠证券化其承销的抵押贷款和资本市场融资来扩大业务。北岩银行从资本市场获得了其 77% 的融资。更为典型的是大型贷款人以这种方式获得近 50% 的融资。截至 2007 年 6 月，前纽卡斯尔建筑协会（Newcastl Building Society）约占据英国抵押贷款部门 19% 的市场份额。但截至 2007 年 9 月，其各种抵押贷款的策略似乎在同一时间都失效。

纠正措施和管理层反应

在 2007 年 9 月 14 日举行的电话会议上，北岩银行首席执行官亚当·阿普利加斯（Adam Applegarth）表示：“坦白地说，8 月 9 日的生活变化很大，在全球范围内流动性下降看起来非常惊人。”他进一步评论说，当他面对流动性危机时，“接近英格兰银行是完全符合逻辑的”。阿普利加斯先生于 2007 年 11 月从北岩银行辞职，当时他得到的 76 万英镑的合同支付和 260 万英镑的退休金受到批判。一些批判者将这笔款项的支付称为“失败的奖励”。

英格兰银行、英国财政部和金融服务管理局（FSA）在联合声明中表示，救助计划将“在当前金融市场动荡期间资助北岩银行的经营活动”。在救市的前几天，英格兰银行行长梅尔文·金（Mervyn King）在给下议院财政委员会的一封信中表示，任何这样的现金流入都会“通过为风险行为提供事后保险而破坏风险的有效定价”。他警告说，这样的救助可能会引发道德风险，因为救助行为“鼓励过度冒险，并播下了未来金融危机的种子”。

由于北岩银行贷款人的规模和对市场的重要性，英格兰银行在救助北岩银行时没有受到太多对救助行为的强烈反感。该银行发表声明，表示决定向北岩银行贷款，因为“这样一家银行的倒闭会导致严重的经济损失和危机”。英格兰银行进一步表示，通过收取向北岩贷款的“惩罚性利率”来减轻“道德风险”。英格兰银行进一步指出，尽管担心“过度冒险”，但其仍然是陷入困境的银行的最后贷款人。

英格兰银行宣布它为抵押贷款人提供流动资金后，紧接着北岩银行不再对客户的挤兑行为采取行动。金融服务管理局（2007）在一份极为罕见的公开评论中说：“如果我们相信北岩银行没有偿付能力，我们就不会允许它继续营业。”

北岩银行的新管理团队在首席执行官罗恩·桑德勒（Ron Sandler）的指导下，于 2008 年 3 月下旬发布了一项临时重组计划，强调了三个目标：偿还英格兰银行贷款、发布政府担保协议、最终回归私营部门。在北岩银行被称之为临时公有制的情况下，它承诺保持竞争行为，包括不推行政府担保安排，并将其市场份额控制在历史水平之下（作为英国市场的第三大按揭贷款人）。

经验教训

一些分析人士猜测，北岩银行这种类型的银行 2007 年 9 月经历的挤兑对该系统本身是不利的，因为它给所有银行的稳定性造成了“不安”。《商业周刊》2007 年评论说，银行“只能破坏之前对英国经济坚定的信心”。信贷观察分析师西蒙·亚当逊（Simon Adamson）评论说，将会谨慎调查那些过度依赖资本市场融资的银行和贷款人。北岩银行从资本市场获得 77% 的融资，而其竞争对手布拉福德—宾利集团（Braford Bingly）的比例为 58%。

事实上，在英国如果一家金融机构无力偿债，只有较小部分的客户资产得到保护，所以英国的银行挤兑可能比美国更容易受到影响。存款由金融服务补偿计划投保，保险金额达 31 700 英镑。第一个 2 000 英镑被完全支付，而接下来的 33 000 英镑的 90% 是可以被支付的。在美国，联邦储蓄保险公司（FDIC）为每位客户账户提供 10 万美元的存款保险（到 2013 年最高达 25 万美元）。英国政府后来提出为北岩银行的新存款账户提供 100% 担保，金额高达 35 000 英镑。

财政大臣阿利斯泰尔·达令（Alistair Darling）在工党会议（2007 年）上表示，与全球金融机构监管相关的“经验教训”是“值得学习的”。英国银行家协会评论说：“人人都应该冷静下来，不要在一个非常复杂的领域作出简单的评论，这只能引起不必要的担心和忧虑。”（霍斯金等，2007）

金融服务管理局因在管理和监督北岩银行方面发挥的作用有限而受到批评。金融服务管理局允许《经济学人》杂志 2008 年 3 月 28 日发表了名为《令人惊讶的坦率报告——在北岩银行监督管理方面的种种缺点》的报告。该报告于 2008 年 3 月 26 日发布，涵盖了北岩崩溃前几个月的状况，并描绘了一系列监督失误。这些失误包括未能保存会议记录，未能保存北岩银行监管人员向 FSA 的保险部门提供北岩银行的监督报告的记录。3 年来，团队行动了很多次，对北岩银行的监督总体责任也发生了 3 次变化。该报告要求对 FSA 监管实体进行多项改革。

事件后果

《金融时报》2009 年 7 月报道，北岩银行被接管后的两年，它的资本比率低于监管机构要求的最低水平。北岩银行表示，计划通过资本重组将银行分为“好银行”和“坏银行”来解决这一不足。“坏银行”将担任不良抵押贷款的持有实体，而“好银行”将持有 200 亿英镑的零售存款和优质贷款。“好银行”很可能被卖给收购方。理查德·布兰森（Richard Branson）表示继续代表其“维珍理财公司”子公司收购北岩银行。该计划得到欧盟委员会的批准，但欧盟委员会对“重组计划中的援助措施”及其“与（欧洲）共同市场的兼容性”表示担忧。

《金融时报》2009 年 5 月报道，英国的一些监管机构包括金融服务管理局、英格兰银行和财政部在 2004 年进行了秘密的“战争游戏”（war games），其任务是确定弱势银行如何面临系统性风险。如果外国银行从它们所依赖的大规模贷款市场撤出资金，北岩银行和苏格兰哈里法克斯银行被确定为潜在受影响者。《金融时报》报道，虽然监管机构得出的结论是，两家银行都依赖存在固有风险的商业模式，但却缺乏“强制贷款人改变其做法”的权力。这个问题似乎没有得到解决，直到 2007 年发生大规模贷款市场枯竭。

Chapter Nineteen

第 19 章

衍生品案例研究：法国兴业银行、巴林银行和爱尔兰联合银行/第一银行

算法软件有限责任公司[①]

案例研究一：法国兴业银行[②]

事件概述

2008 年 1 月 24 日，法国兴业银行宣布：由于一名流氓交易员的违法行为，银行损失 49 亿欧元（约合 72 亿美元），这一事件被《华尔街日报》（2008 年 1 月 24 日）称为“金融世界的奇异壮举”。银行把这件迄今为止最大的流氓交易事件称为“精心虚构的交易”的结果。在该交易中，这名 31 岁的交易员规避了一系列内部控制。交易涉及普通股指期货的套利。

这个交易员之前在银行后台工作，并且懂得如何通过之前的工作经验来规避银行的系统监控。他最初被法国中央银行行长称为“计算机天才”，但慢慢逐渐成为一名极力掩盖未授权交易的员工。法国兴业银行估算杰洛米·柯维尔（Jérôme Kerviel）持有的衍生品头寸价值为 500 亿欧元（约合 732.6 亿美元）。法国财政部发表的一份报告说，柯维尔的流氓交易行为始于 2005 年，他当时便被警告交易超出风控的限制。

除了 49 亿欧元的交易损失，法国银行业委员会于 2008 年 7 月 4 日向法国兴业银行征收罚款 400 万欧元，这使整个事件的总损失达 49.04 亿欧元。

事件详情

杰洛米·柯维尔是法国兴业银行巴黎办事处的一名 31 岁的交易员，一年基本工资约为 10 万欧元。他于 2000 年 8 月入职法国兴业银行，先在部门中台（middle office）工作了三年，之后晋升至银行的 Delta One 自营交易部门。2008 年 1 月 25 日《金融时报》称，由于

---

① 算法软件有限责任公司（www.algorithmics.com）是世界领先的提供企业风险解决方案的公司，为顾客提供全企业视野的风险管理方案，协助企业实现最佳的经济决策和更高的股东价值。此信息属于算法软件有限责任公司的私有财产，未经许可不得以任何方式转载或复制。

② Algo 操作风险案例研究第一数据库。

银行倡导提拔有才能的中后台部门员工的提议，柯维尔因此受益，得以负责欧洲股票市场指数的期货对冲。他在 2006 年的奖金是 60 000 欧元；并在 2007 年要求获得 60 万欧元的奖金，最终获得了 30 万欧元奖金，该奖金信息来自 2008 年 2 月 20 日法国兴业银行发布的一篇名为《绿色任务》(*mission green*) 的调查报告。

银行表示止损交易导致 49 亿欧元损失，这是迄今为止交易事件造成的最大损失。法国兴业银行表示这种“特殊欺诈”涉及的大量期货的购买超出了柯维尔的交易限额。至少有一个人被确认为知道柯维尔的交易，但银行表示由于“对该事件的司法调查正在进行中”，因此不能作出任何涉及柯维尔的主管的推测。这个人是一个曾经帮助执行这笔交易的未知姓名的交易助理。在 2008 年 5 月法国兴业银行发布的第二份《绿色任务》报告中，银行表示这个交易助理曾经作为独立代理人，并直接向上级部门报告。

法国央行行长克里斯蒂安·诺耶尔 (Christian Noyer) 称柯维尔违反了银行的“五层风险控制体系”。该控制出现在早期《绿色任务》报告中，包括取消或修改交易、延迟交易日期、(内部) 交易对手、名义现金流 (非净利润) 和月内现金流。此外，第二份更详细的《绿色任务》报告确定了一系列监管失误、组织缺陷和从未被注意的风控警告信号。

法国财政部长克里斯蒂娜·拉加德 (Christine Lagarde) 发布报告指出银行控制失败的三个方面：将长期在后台部门工作的员工调任到前台交易部门；内部计算机系统的安全问题；异常交易的报警管理缺乏升级。

《绿色任务》报告指出，柯维尔在 2005 年开始了小规模的“方向性”交易 (与套利相反)。这些小规模未授权的方向性交易一直持续到 2006 年。2007 年 3 月，方向性头寸的规模开始大幅度增加。柯维尔的交易在 2007 年 3 月到 7 月出现亏损，但年底最终实现了盈利。2008 年初，柯维尔的交易又变得无利可图。据估计，截至 2007 年 7 月他的交易导致银行产生了 300 亿欧元未对冲的风险敞口。

2008 年初，柯维尔遇到了一个问题：他在上一年的下半年实现了超过 10 亿欧元的未经授权的交易收益，需要找到一种方法来报告超出他允许限额的交易利润。他制订了一个计划，在账面上构造了一个虚假的交易对手来解释收益。他将一个小型的德国经纪商作为交易对手，由于交易规模远远超过该德国公司的市场价值，银行逐渐对此产生怀疑。一名交易员通知了银行管理部门这一异常情况，当被问及这件事情时，柯维尔表示他在输入交易对手时错将德意志银行写成了德国公司。于是管理部门联系了德意志银行来确认这次交易，很快便发现该交易并不存在。随后，银行约谈了最初协助调查的柯维尔，并将其停职。

柯维尔告诉调查人员他最早的盈利是 2005 年夏天对安联保险公司的一次下赌。他下赌欧洲股市将会下跌。在伦敦交通运输系统于 2005 年 7 月遭受恐怖袭击之后，他的交易赚了 50 万欧元。当时他被特别委员会询问并警告说，如果他未来超过了自己的交易限额，将会被解雇。尽管收到警告，柯维尔在接下来的 18 个月中仍然违背规定且不断加大赌注。他在 2007 年 1 月下注德国 DAX 指数将会下跌。然而，指数上涨，他遭受了损失。他告诉检察官这笔亏损不会被银行注意，因为该年度“法国兴业银行不会进行交叉检查”。

2007 年 11 月，欧洲期货期权交易所，即德意志交易所经营的衍生品交易所的监管小组向法国兴业银行发出了关于柯维尔交易量的询问。在柯维尔被问到交易情况时，他表示任何评论都会向竞争对手揭示他的交易策略。法国兴业银行对欧洲期货交易所作出回应：由于市场波动，他已经进行了收盘后交易。欧洲期货交易所的负责人对该解释不满意并第二次联系了法国兴业银行。柯维尔最终编了一个使银行和交易所都满意的回复，这个问题随即在下个月就被搁置了。

柯维尔本质上是一个套利交易者，他负责利用欧洲股指期货合约的价差进行套利，使期货合约的多头头寸与相应的空头头寸相匹配。这种交易的价差通常很小，但当套利交易的规模很大时，也会产生显著的回报。一些行业专家认为此类交易的数量和规模是有问题的，因为银行进行此类交易时，要进行大量头寸匹配，存在持续的单方向的合约积压。

柯维尔通过购买股指期货来赌欧洲股票市场走势，该指数追踪的是英国和德国市场以及欧洲斯托克50指数（Euro Stoxx 50）。法国兴业银行投资银行部的负责人称，“每两三天，他就改变头寸。他会输入一个在三天内会引发监管的交易命令，然后在监管警示发生之前就用另一个去替代”。柯维尔了解控制流程是如何工作，从而知道触发机制和触发时间。

当法国兴业银行的高管开始研究柯维尔一直在做什么时，他们很震惊地发现柯维尔并没有对冲手中的头寸，并且持有接近500亿欧元的欧洲股指期货的风险敞口。柯维尔正在伪造对冲合约，并积累了大量的未对冲头寸。他下注指数未来将会急速上涨。然而，指数开始向相反的方向变化并且使法国兴业银行暴露在巨大的风险敞口中。他通过购买带有延展期的证券，存在待交易对手的期货合约或者有内部交易对手的远期合约的方式来执行大多数未授权交易。

柯维尔能够通过使用其他员工的密码和账户来规避内部控制。随后他侵入了银行系统并批准了他的虚假交易。从之前中台部门工作经验中，他懂得这件事如何进行操作。法国兴业银行投资银行部门主管让－皮埃尔·马斯蒂尔（Jean－Pierre Mustier）在1月19日与柯维尔进行了面谈，试图让他解答发生的事情。马斯蒂尔评论说，柯维尔似乎对他所做的影响感到“困惑”，他认为“自己发现了一个表现非常好的新交易技术”。

2008年1月19日，法国兴业银行知道了这个流氓交易，但是银行表示将会在完成平仓后通知市场。当银行发现欺诈交易时，柯维尔造成的损失已经接近15亿欧元。然而接下来的平仓交易使损失持续增加。交易平仓后，银行的亏损达到49亿欧元。为了在其平仓交易时不会对交易市场产生太大的负面影响，法国兴业银行认为其将平仓的交易量控制在交易所总交易量的10%左右。

2008年1月21日（星期一），随着上周五惠誉评级公司降低了对美国市政债券保险公司的评级，市场开始预期经济下行，引发全球股市暴跌，法国兴业银行就在这天进行了平仓交易。一年一度的马丁·路德·金小假期（Martin Luther King Jr. holiday）到来，美国股市关闭交易。由于经济、住房部门和次贷危机日益恶化等坏消息逐渐增加，美国市场可能将在次日，即2008年1月22日（星期二）开盘时下跌，并且继续大幅下滑。

1月22日股市开盘前，美联储宣布了一个不寻常的决定：将利率下调0.75个百分点。这是自20世纪80年代以来最大的利率下调。据推测，这次交易的平仓可能会导致1月21日世界股市的急剧下跌。法国兴业银行提出这次平仓交易不会影响股市变化方向。美联储则公开表示不知道法国兴业银行之前的平仓交易，但仍然觉得降低利率的决定是合适的。

流氓交易事件的新闻和法国兴业银行因次贷风险降低账面价值 20.5 亿欧元的事件在同一天发生。与此同时，银行部门正在努力筹集资金。在这种大幅度平仓交易的情况下，市场状况没有变差。法国兴业银行宣布将在接下来的几周内转向资本市场以筹集 55 亿欧元。

法国兴业银行被认为是一个拥有强大风险控制且管理良好的机构，并凭借其衍生品交易能力获得了奖项。负责德克夏银行（Dexia）欧洲业务的分析师尼古拉斯（Nicolas Rutsaert）表示，法国兴业银行是“衍生品的领导者并且被认为是世界上最好的风险管理者之一”。法国兴业银行在 2007 年 7 月被《欧洲货币》评为最佳衍生品经营机构。2008 年，法国兴业银行由于股权衍生品交易策略获得了《风险》杂志颁发的奖项。

此事件和导致巴林银行倒闭的典型未授权交易事件（本章稍后讨论）有共同之处。这两个事件涉及的交易员最初都在后台部门工作，并且了解风险和控制系统如何运作。而且这两个事件都涉及衍生品和期货交易，交易员都相对年轻和缺乏经验。他们都利用他们的银行运营知识来隐藏不断增加的交易损失。

两个事件之间也存在显著差异。柯维尔亏损的累积速度似乎比李森（巴林银行）快很多，并且他在一家拥有非常复杂的风险管理系统的银行工作。此外，柯维尔在其银行总部的一个交易柜台工作，而李森则与他相反，李森在巴林银行新加坡分行工作。法国兴业银行有强大的报告机制，而巴林银行没有具体的负责人直接管理李森。最重要的是，柯维尔并没有像李森一样用自己的账户交易，而是越过银行的系统使用同事的密码和账户，自己进行实际操作。

两个事件之间的一个主要区别是可能对市场的影响不同，尤其是在非常动荡的时期。法国兴业银行大规模的平仓可能会对市场下行产生严重影响。李森则不会对市场造成相同的影响。两个事件之间的另一个主要区别是，巴林银行并没有在未授权的交易事件后幸存，而被荷兰国际集团（ING Group）象征性用了 1 英镑收购。法国兴业银行尽管损失惨重并有可能被视为收购目标，但仍有可能通过资本重组幸存下来。

这个案子出现于法国一个受人瞩目的案件开审日的几周之前。法国兴业银行首席执行官丹尼尔·布顿（Daniel Bouton）被安排在审判中作证，指控银行未遵守洗钱规定。与此同时，美国证券交易监督委员会宣布，正在调查流氓交易事件宣布之前法国兴业银行董事会成员出售银行股份的情况以及银行的次级贷款损失。

失败的原因分析

缺乏内部控制/未能设定或实施适当的限制

法国兴业银行的首席执行官谢德恩（Philippe Citerne）表示，柯维尔通过规避公司的计算机系统和控制措施在股指期货合约方面下了相当大的赌注。这个监控限制的流程也存在一定的缺陷，因为他的交易在几年之内超过了允许权限。柯维尔在调查期间表示，他经常“藐视”相关交易限制，而且他的交易伙伴也是这么做的。

员工的违法行为

银行评论说，柯维尔之前在中台部门工作三年所获得的经验让他了解内部风险控制方面的知识，进而懂得如何规避限制。银行认为他能够成功规避限制的原因之一是他熟悉银行的风险控制，并且能够通过迅速转移仓位来躲避每个控制层面的检查。根据银行的说法，每当柯维尔单向处理头寸时，他都会以相反方向的虚假交易来掩盖真实交易。银行认定了947笔被柯维尔用来掩盖实际采取的欺诈头寸而设定参数的交易。普华永道关于该事件的控制环境的最终报告列出了柯维尔的三类隐瞒措施：进行和随后取消在控制开始生效前的交易；进行虚假的反向交易；预设内部规定抵消隐藏活动所得收入。

不充分的尽职调查

一旦该银行发现虚构的对手交易，这一欺诈行为就会被发现。在联系交易对手后，很快会发现交易不存在。这种手动检查交易的行为表明，通过联系交易对手确认交易的过程可以更准确和及时地发现问题，特别是对于超出一定规模和频率的交易。

未能核对每日现金流量

虽然柯维尔可能当时通过欺诈手段批准自己的交易从而欺骗风险管理系统，但为什么如此大规模的未结算交易之前没有被银行会计和财务部门发现依然说不清楚。然而，鉴于衍生品业务量庞大，未结算交易的审查被积压也并不罕见。一位未表明身份的交易员指出，结算交易的过程费时费力，有助于了解后台流程的人员干扰操作。法国财政部长拉加德在她关于这个事件的报告中指出，银行本应该更好地监控柯维尔交易的名义价值，而不仅仅是净价值。

没有怀疑高于市场的回报

2008年1月25日《金融时报》询问银行的会计部门是否有权利或有必要怀疑盈利的衍生品交易部门。此外，有证据表明，柯维尔的交易在2007年下半年是盈利的，但他的盈利来源似乎未被仔细检查。事实上，在2007年底，他的交易获得了丰厚的利润，因此他为了对5亿欧元的收益作出解释，不得不制造虚假交易。法国兴业银行在2008年5月的《绿色任务》报告中指出，尽管柯维尔宣布的收益分别占2007年Delta One部门收益的27%和他所在部门的59%，他的高层并没有进行或要求实行对他行为的详细调查。

合规措施不足

柯维尔被报道在2007年仅休假4天，对交易者来说，休假不足通常被认为是违反银行要求连续休息一定时间的规定的，因此他的不足休假可能被认为是一个危险信号。当主管询问时，柯维尔说父亲近期去世使他太沮丧了，以至于不想休假。实际上，如果他休假就很难通过定期删除和重新进入虚假交易来继续掩盖他的交易活动。这种行为在未经授权的交易活动中并非不为人知，约翰·鲁斯纳克（John Rusnak）在负责与爱尔兰联合银行的分支机构第一银行的一项6.90亿美元的流氓交易活动时（本章稍后讨论），很少休息并且经常在家中交易。

缺乏管理上报流程

法国调查人员和法国兴业银行披露，2007年11月，欧洲期货交易所即欧洲最大的衍生品交易所对柯维尔持有的头寸表示担忧。交易所并没有提及法国兴业银行的哪位员工被告知了这个问题，但是《绿色任务》报告之后表示，柯维尔的直接主管未能对这一消息采取行动。巴黎检察官评论说，柯维尔在调查过程中表示，在欧洲期货交易所对其交易进行询问后，他为了证明他的头寸出示了虚假的文件。有证据表明，柯维尔的流氓交易行为在

2005 年被银行标记。财政部针对这一事件在报告中提到，缺乏管理上报是一个关键的失败因素。2008 年 5 月《绿色任务》报告引用到："面对众多警报时缺乏注意力和反应力表明对前台交易的欺诈风险缺乏敏感性。"

公司治理

这些事件，虽然看似是一个不良员工导致的，但其背后深层的原因是一种鼓励冒高风险行为的公司文化，鼓励的方式包括补偿、激励、为实现某种结果施加压力和偶像化明星交易员。这些组织中能够存在强大和复杂的风险部门，但是当与追逐利润的理念不一致时，要影响银行的风险文化很难。《纽约时报》2008 年 2 月 5 日报道，银行允许"风险文化蓬勃发展"，反过来"有可能导致流氓交易者的行为不被发现"。

过度的风险承担

法国兴业银行之前就因其使用自有资金冒高风险的倾向而闻名。在它的投资中，来自自营交易的收入逐渐占据越来越大的份额。2004 年，自营交易（相对于市场交易）占该部门利润的 29%，到 2007 年中期增长到 35%。

疏漏

柯维尔从事的交易活动被银行认为是相对低风险的。他的任务是在买入股票指数的同时卖出类似的投资组合。银行从两者之间的价差中获得小幅收益。交易的假设是投资组合通过套利交易相互抵消，且只承担很小的风险。这可能导致银行低估了 Delta One 交易团队所进行的活动中的固有风险，并且没有充分考虑业务部门的风险，尤其是操作风险。

员工疏忽

柯维尔补充道，银行另外一个疏忽是，当他的交易出现危险信号时，银行管理层没有对他提供的文件表示怀疑。《绿色任务》报告指出，该银行的内部控制系统自 2006 年起针对柯维尔发出了 75 个警报。当柯维尔被怀疑时，他提供的文件没有被非常详细地检查。即使柯维尔提供的报告缺乏合理性，其主管也没有发出警告。报告认为这种行为模式的原因一是其合规人员缺乏主动性，二是工作人员的检查不够彻底，包括在 8 个案例中。柯维尔的电子邮件出现了"异常现象"。

未检测数据精确度

普华永道会计师事务所在这一事件的报告中有针对性地提出交易者的经理和主管未对能够揭示交易者活动真实性质的现有数据表（详细头寸情况、估值、收益或现金流量）进行必要的分析。

组织缺陷/组织结构

普华永道会计师事务所指出了柯维尔所在职位的工作汇报程序存在结构性缺陷。例如，报告指出了"几个单位之间控制权分散的问题，其中包括任务划分不精确、缺少对报告的系统性集中和缺少对适当的高层进行反馈"。这种分割导致组织中缺乏一个系统程序将危险信号集中和升级到适当级别。

监督不力

普华永道表示，柯维尔的直属主管缺乏足够的"交易经验"。他刚上任不久，银行却没有提供指导或适当的培训。该银行表示，由于该主管不再是公司员工，因此无法直接询问，并称他未能监控他所管理的部门日间方向性头寸。法国兴业银行在2008年5月发布的《绿色任务》报告中重复了这一观点："尽管有过几个能促使人警觉或调查柯维尔的警报，但对柯维尔的监管工作（尤其是自2007年以来的监管工作）已被证明是很薄弱的。"2007年1月12日至2007年4月1日，在Delta One的部门经理辞职之后，柯维尔没有直接主管。银行认为，柯维尔在这段时期内开始"在指数期货上构建大量欺诈和隐瞒头寸"。

技术规划不足

这个事件的核心是交易量的问题和银行跟踪股票部门迅速增长的交易量的问题。普华永道的报告将这个问题称为"用于控制和支持服务的手段（包括信息系统）的增加与交易量的增长之间的差异"。咨询公司指出分配给支持和控制职能的资源与前台活动资源并不协调。此外，普华永道称银行信息系统"不能与复杂的整体交易环境的增长保持同步"，导致严重依赖手工操作。2008年5月的《绿色任务》报告指出，操作环境因快速、显著的部门增长变得越来越恶劣，许多信号表明操作状况恶化，特别是在中台部门。这种快速增长包括员工数在一年内翻一番，前台员工人数在两年内从4人增加到23人，但合规部门人数却不足。

公司/市场情况

在法国兴业银行的流氓交易事件宣布的同一天，银行宣布账面价值由于次贷风险下降20.5亿欧元。交易损失在市场极端波动的条件下宣布，此时市场在日间和日内都有大幅波动。首席执行官丹尼尔·布顿表示，未授权交易造成的损失被股市状况放大了。这是自2007年信贷危机开始以来法国被公开披露的第二次未授权交易活动。法国农业信贷银行还因此遭受了2.3亿欧元的亏损。

纠正措施和管理层反应

银行宣布决定在资本市场上筹集55亿欧元，并已经引起了潜在投资者的兴趣。优先股的配股由摩根大通和摩根士丹利承保。银行向投资者保证，资本增值会得到充分保证，并将抵消欺诈交易带来的损失。

法国兴业银行当时的董事长兼首席执行官丹尼尔·布顿（Daniel Bouton）在2008年1月24日向股东道歉。他宣布将放弃2008年6月以来的固定薪酬。布顿还提出辞职，但银行的董事会拒绝了他的辞呈。2008年3月，银行首席财务官乌迪阿（Frederic Oudea）晋升为副总裁。这是自从流氓交易事件宣布以来，管理层首次出现变动。随后，布顿在2008年4月17日宣布，他将不再担任首席执行官，仍继续担任银行董事长。

2008年5月2日，法国兴业银行宣布，米歇尔·贝拉缇（Michel Peretie）取代让－皮埃尔·马斯蒂尔（Jean－Pierre Mustier）成为银行的公司金融和投资银行部门负责人。马斯蒂尔将在银行内担任其他职务。2008年6月2日的《回声报》报道称，"马斯蒂尔的离职被认为是不可避免的"。

柯维尔和他上面的五名主管被银行停职。法国兴业银行表明，它向法国检察机关对流氓交易员提起诉讼。这些指控包括欺诈、伪造银行记录以及欺诈性使用银行文件和计算机系统。该银行还表示，柯维尔"精通并恶意"地了解法国兴业银行的内部控制，导致这种欺诈行为在一段时间内未被发现。

法国兴业银行成立了一个特别委员会来调查这件事，并于2008 年2 月20 日发布了第一个《绿色任务》报告，之后在2008 年5 月发布了更深入的报告。这个委员会的组成人员超过 40 人，其任务是调查事件发生的时间、确定相关控制的失败因素、分析可能的潜在动机和寻找其他的欺诈证据。普华永道被聘请与委员会合作，并于 2008 年 5 月发布了自己的报告。

特别委员会还宣布了一项三方面的改进方案，包括加强信息技术（IT）安全性和采用生物识别系统，加强管理控制和相关报告流程，从而使相关信息能够在管理层和业务单位之间共享，同时加强银行操作风险管理，从而让它以跨职能运作的方式来更好地管理欺诈风险。

2008 年 2 月 4 日，法国财政部发布了有关流氓交易事件的报告。财政部提出以下建议：加强对名义头寸的监督；对每笔交易强制审计追踪；跟踪、分析和整理有关撤销交易的信息；通过协调账户和联系交易对手核实交易；编制整理与交易对手达成条款和条件的文件；并且增强操作风险报告要求。法国兴业银行对财政部报告中的建议作了回应，发表声明表示将会考虑这些建议。

2008 年 4 月，银行宣布计划投资 5 000 万 ~1 亿欧元以改善其风险管理系统，包括对加强贸易监控的投资。银行还成立了一个大约由 20 人组成的独立的内部欺诈调查部门。

2008 年 7 月 4 日，法国银行业委员会因法国兴业银行内部控制不力而罚款其 400 万欧元，并指出该行动的内部控制薄弱。该委员会提到，监管不力是这一事件发生的一个因素。该委员会说：“监管不力，特别是在分级控制中，持续了很长时间并且控制系统既没有将其检测出来也没对其进行纠正。这些不足比简单重复的个人失败更为严重。它们使得欺诈进一步发展并产生了严重的财务后果。”

银行业委员会还提到了交易与控制人员职责分离的问题，并表示法国兴业银行违反了内部银行监管的几项基本规定。根据 2008 年 7 月 5 日《金融时报》，400 万欧元的罚款是银行业委员会迄今为止对风险控制失误所征收的最大罚款。

经验教训

这一超大的欺诈行为需要更多的监管。它也引起了一些对监管机构本身无法管控这样的大型潜在事件的担忧。法国央行表示将会检查哪些过程出现问题和调查内部控制是否充分。银行表示，一旦确定出现了哪些问题，就会考虑法国是否需要收紧法规。

法国央行行长克里斯蒂安·诺耶尔（Christian Nover）评论说：“我们需要了解在法国兴业银行发生的事情以确保类似事件不会再发生。”他还说法国央行并不认为这个事件代表对法国兴业银行监督的控制失败。诺耶尔补充道：“我们不能每个时刻都在每个银行的每个交易后面放个控制器。即使是最好的法律和最好的警察也不能总是阻止那些决心欺骗系统的人。”（Moore，2008）

欧洲央行提倡在所有金融机构加强控制。首席银行家让 – 克洛德·特里谢（Jean – Claude Trichet）表示：“能从过去这种级别的欺诈事件学到的教训就是，很有必要在所有机构中大力加强内部控制和内部风险控制。”首席执行官布顿（2008）说，衍生品业务正在以指数形式增长，但银行的风险系统却无法跟上其发展速度。

法国兴业银行被认为是一个拥有强大风险管理部门的运行良好的银行。一位分析师评论说，鉴于法国兴业银行的衍生品交易和风险控制如此强大，起初他认为流氓事件的消息是一个“笑话”。

赛讯咨询公司的一个分析师艾克塞尔·皮埃隆（Axel Pierron）表示，风险管理系统的一个问题是那些在该系统工作的人最终懂得如何规避风险。他评论说：“银行尽管实施了复杂的风险管理解决方案，但仍然会被很了解风险管理流程的员工钻空子以掩盖他造成损失的风险。”

最终，如果一个心术不正的聪明人士设法在银行的系统和流程中发现漏洞，那么即使最强大的控制也将失败。未经授权的交易事件的教训是，仅一个人的违法行为最终就可能导致严重的损失。

案例研究二：巴林银行[①]

事件概述

巴林银行是一家有233年经营史的英国老牌金融机构，于1995年2月遭受了灾难性的损失，这已成为操作风险控制的典型案例之一。在此次事件中，巴林银行新加坡分行声名显赫的交易员因擅自采取未经授权的交易行为给巴林银行造成了高达14亿美元（约合8.3亿英镑）的损失，而他本人最终也以两项欺诈罪被判处有期徒刑六年零六个月。

14亿美元的巨额损失早已超过巴林银行的资产总额，巴林银行因此遭遇了前所未有的流动性危机，之后被迫宣布破产。随后巴林银行以1英镑的象征性价格被荷兰国际集团（Dutch Bank ING Group）收购，并协议转让巨额债务。巴林银行倒闭事件震惊了全球金融市场，自此金融机构和监管机构对内部操作风险更加重视。

事件详情

当英格兰银行着手开始对巴林银行倒闭事件进行调查时，试图解开两个谜团：如此巨额的损失到底是如何造成的？为什么事故责任交易员的交易头寸未能被尽早地检测出来？中央银行最终得出了以下结论：巴林银行的倒闭源于一系列隐蔽且未经授权的衍生品交易，而这些交易未被及时披露的原因竟来自“巴林银行内控失误与管理混乱”。

尼古拉斯·李森（Nicholas Leeson），这位年仅28岁的巴林银行新加坡分行交易员本应对此次未经授权的交易行为负责，却于1995年2月23日从岗位上逃之夭夭，此时巴林银行伦敦总部的高管才终于意识到事态的严重性。李森是从一个毫无背景的普通交易员逐步成长为衍生品交易市场中的明星交易员，自1992年进入新加坡分行以来，李森对日经指数走

① 引自Algo操作风险案例研究第一数据库。

势的准确判断为公司赚取了大量利润，因此巴林银行的管理层给予了他很大的自主交易权。

英格兰银行的调查显示，李森一直都在进行未授权交易，他连续违反交易限额的规定，甚至越权进行了期货期权交易。他在新加坡任分行职后不久后开通了一个名为88888的账户，并在其中隐藏了他的交易损失。他一边忙于期权交易，一边不停地违反限额，截至1994年12月31日，李森违规的期权交易行为累计造成了2.08亿美元的损失。然而在这段时间里，他处心积虑地在巴林银行管理层面前伪装成了一个日日盈利的明星交易员。

其实，88888账户在李森隐瞒交易行为和交易损失的过程中确实起到了至关重要的作用。截至1995年2月27日，李森隐藏在该账户中的损失已经高达8.3亿英镑。该账户基本已被巴林银行伦敦总部禁止使用，关于该账户的一些记录也仅存在于一些不重要的文件里，当然这些文件也不会被总部审查。事实上，呈现在伦敦总部面前的是一份被篡改后的报告，这份报告完美地粉饰了李森的交易和对冲行为。

1994年12月，身负5.12亿美元损失的李森开始在东京股指期货上疯狂下注，企图挽回一切。然而事与愿违，指数并未如预期一般上涨，与此同时日本的后泡沫经济也持续在走下坡路，李森却执迷不悟，仍然不断买入日元期货合约。此时的日本正从神户地震的打击中艰难恢复，据李森判断，地震后的重建能带动疲软的日本经济，但是人算不如天算，日本经济也一直下行。为了扭亏为盈，短短3个月的时间里李森至少买入了20 000份期货合约。巴林银行最终13亿美元的损失有3/4都要归咎于李森这3个月的交易。

英格兰银行实在难以判断李森的行为动机，显而易见的是，李森得益于其所伪造的交易收益，即每年有超过百万美元的工资和奖金收入。

倒闭的原因分析

高于市场收益的回报未得到有效质疑

实际上几乎没人能完全搞懂李森到底是怎么盈利的，一方面这些衍生品交易本身的复杂晦涩使得20世纪90年代早期的高管们难以应付，另一方面巴林银行过于关注李森惊人的业绩而放松了警惕。随着事情的逐渐败露，人们开始意识到李森并不是所谓的天才，看似光鲜的背后隐藏着一次次失败的交易和高额的损失。

双重管理体制的缺失/职责划分的不恰当

在此次事件中，李森违背了操作风险控制理论中的核心原则：双重管理与相互制约机制。他既是后台监管者，又是前台操作者，这样的双重身份给他提供了隐瞒损失的便利条件使其隐藏他的累积损失超过两年。据推测，巴林银行是为了节省成本才给予了李森这样的双重权力。纸终究包不住火，1994年2月，巴林银行财务主管终于甄别到李森职责划分不明的现象，紧接着公司会计将这一情况列入内部审计报告并呈报给了管理层。尽管该审计报告对李森的职责划分作出了具体建议，遗憾的是该建议并未得到实施。

低效率的管理层反馈

巴林银行的高管，包括首席执行官、首席财务官、财务主管、风控部管理人员、首席运营官都收到了这份颇有含金量的审计报告。然而这份报告提出的，将李森的后台监管与前台操作权力分离的建议最后却不了了之。事后，审阅过审计报告的大部分高管们接受了英格兰银行的采访，在采访中，大部分人表示应由新加坡分行管理层来负责这些改进建议的实施。当然，这些建议从未被执行，而截至 1995 年 2 月，也就是银行遭遇的巨大损失被发现的时候，李森仍然掌控着新加坡分行的前后台业务。英格兰银行仔细斟酌后最终判定，“这份审计报告中提出的关于权责划分的观点至关重要，并且有必要监督以保证相关建议的实施”。

失败的监管/管理的缺失/混乱的汇报架构与组织结构

英格兰银行指出的另一项内部控制的疏漏则是监管的缺失，尤其是管理层对李森在新加坡分行交易行为的失败监管。李森当时几乎掌控着整个新加坡分行的运行，由于他手底下的员工大都级别较低，因此几乎都对他唯命是从。对于李森来说，并没有清楚明确的汇报程序，尽管李森还应该接受巴林银行日本分行资本市场部总经理的监管，但事实上这位总经理对李森的交易头寸知之甚少。至于李森到底该向谁汇报工作，恐怕谁都说不清楚。英格兰银行因此认为，汇报程序有着复杂的结构，只有在人们各司其职，清楚自己权责并充分沟通的基础上，这种结构才有可能是有效的，当然，这些在这次事件中都不存在。

内部监管的失效

虽然李森是这次事件的罪魁祸首，但巴林银行的管理层也负有相应责任。巴林银行的内部审计报告就曾经指出李森同时管控前后台业务存在风险，并且新加坡国际金融交易所也一度警告过巴林银行这种安排的潜在风险，可并没有记录显示巴林银行曾对这些警告作出过回应或作出改进措施，事实却与之相反，巴林银行从未间断过对李森的资金支持。由于监管的漏洞，李森的很多交易并没有得到正确的核对，而且账目核对程序在新加坡分行也没有相应的监管，内部监管失效程度可见一斑。

内部控制的缺失

鉴于巴林银行管理层在此次事件中的作为，英格兰银行表示新加坡分行内控机制的失败是“显而易见”的。时任巴林银行董事长的彼得·巴林，对此也持同样的看法。英格兰银行研究表明，内控的疏漏给了李森从事未授权交易活动的机会，同时也使得这些非法行为更加难以被监测到。

管理人员的玩忽职守

英格兰银行进一步指出，“那些与内控系统直接相关的人员应该受到更多的指责”（Eisenhammer and Brown，1995）。这次事件最值得注意的是，它表明，就操作风险而言，内控的疏漏与管理人员的玩忽职守对企业活动的失败是负有直接责任的。

纠正措施和管理层反应

巴林银行易主荷兰国际银行（Internationale Nederlanden Group，ING）几个月后，荷兰国际银行先后辞退了 21 名原巴林银行管理人员。这些人对新加坡分行的衍生品交易都负有直接或者间接责任。ING 还发布了一份声明称这些未授权的交易是“特别的”并且“非区域性的”。被解雇的高管包括处于内控系统顶端的投资银行部总监、金融产品部总监，此外还有首席运营官、财务总监、金融市场部、衍生品清算部经理、出纳、总部风险控制部经理、总部银行主管、市场风险部经理、全球股本衍生产品部经理等。而在 1999 年 5 月的这波裁员潮来临之前，巴林银行的两个最高级别的管理人员——董事长和副董事长均已引咎辞职。

经验教训

巴林银行倒闭事件给整个银行界上了宝贵的一课，敲响了操作风险控制的警钟，业内都希望这样的事永远不再发生。

事件后果

该事件造成的损失高达 8.3 亿英镑，造成了巴林银行的流动性危机，并且该银行也立即采取了措施。最终巴林银行的大部分资产和债务以 1 英镑的象征性价格被荷兰国际银行收购。此举也在一定程度上保护了银行存款人和债权人的利益，而银行股东却承担了大部分损失。

由于欺诈行为，李森在新加坡监狱中度过了几年牢狱生活。1996 年他出版了一部自传，讲述了过往的波澜起伏。在巴林银行破产清算后，李森对清算人仍负有 1 亿英镑的债务。李森被判处六年半有期徒刑。1999 年，也就是李森入狱后的第四年，李森离开新加坡返回了英格兰，而在这之前他已经被诊断出了结肠癌。先前在新加坡时，李森还经常出现在公众视野中，与大众讨论“到底哪里出了差错”。

案例研究三：爱尔兰联合银行/第一银行诈骗案[①]

事件概述

2002 年 2 月 6 日，爱尔兰最大的银行——爱尔兰联合银行（ALLIED IRISH）宣布，旗下一名外汇交易员在骗取该公司美国附属机构 6.912 亿美元后突然下落不明，如若属实，该事件将成为自巴林银行倒闭案后最大的金融诈骗案。2002 年 2 月 7 日，《金融时报》发文称“这一事件拉开了恶棍交易员的新序幕”。约翰·鲁斯纳克（John Rusnak），即《金融时报》提到的“恶棍交易员”，在诈骗事实公布于众后逃之夭夭，企图逃脱罪责。然而天网恢恢，2002 年 10 月 24 日，鲁斯纳克承认了诈骗银行的罪行并被判处有期徒刑七年零六个月，于 2003 年 1 月入狱。

事件详情

约翰·鲁斯纳克就职于爱尔兰联合银行附属子公司——位于马尔兰州的第一银行，鲁斯纳克每年有 10 万美元的基本工资，并且在 1998 年至 2001 年，每年有 12.2 万至 22 万美元不等的分红。尤金·路德维格（John Rusnak），前任美国货币审计署长在一个月内完成了对该事件的内部调查。2002 年 3 月初，爱尔兰联合银行在其官方网站（www.aibgroup.com）上披露了这一调查的详细内容。

① 引自 Algo 操作风险案例研究第一数据库。

2002 年6 月5 日，鲁斯纳克被检方指控7 项诈骗罪，4 个月后，他承认了其中的一项罪行。起诉书中指出，鲁斯纳克在5 年的时间内通过非法交易骗取了85 万美元，检方同时也提供了他处心积虑掩饰罪行的证据。比如，他化名为戴维·罗素在纽约的 MailBoxes Etc. 申请了一个邮箱，用以接收第一银行发出的交易确认书，而他则以戴维·罗素的名字签署交易确认书并寄回，以此进行秘密非法交易。

除了美国两家银行对其与第一银行的主要往来经纪安排颇有微词以外，尤金·路德维格并未发现鲁斯纳克与他人合谋串通的迹象。然而，鲁斯纳克曾同意与检察官合作调查其他人是否参与诈骗。至于非法交易的动机，除了有可能会提高个人年底分红，没有任何证据显示鲁斯纳克是为了个人利益。据路德维格所提供的报告所述，当鲁斯纳克尝试去弥补他的交易损失时，他早已陷入掩饰损失和扩大损失的恶性循环中。

可以明确的一点是，鲁斯纳克严重违反了交易限额的规定，而这一行为在长达5 年的时间内都未被发现，大多数的违法交易和损失发生在2000 年和2001 年间。按照规定，鲁斯纳克的交易限额是250 万美元，而实际上他经手的交易总额至少有1.5 亿美元，为了掩盖事实，鲁斯纳克费尽周折地掩饰交易中烦琐冗杂的细节以使得这种假象维持了5 年之久。

鲁斯纳克非法行为的数量与复杂程度令人瞠目结舌，但是很遗憾爱尔兰联合银行没能将其尽早发现和控制。作为一名“优秀”的交易员，鲁斯纳克懂得如何运用各种交易策略。纽约联邦储备银行货币市场委员会在1991 年还曾警告过其中一个策略的潜在风险，也就是所谓的“历史汇率展期交割”，即将原有的交割日向后延展。据1991 年美联储的文件所述，“交易员如果经常将客户的到期合约以历史汇率延期，很容易成为隐藏交易损失、避税、诈骗交易机构等非法行为的挡箭牌”。令人疑惑的是，数量如此多的展期交割合约竟然没有引起银行管理层的注意。当一名交易员意识到如期交割也许会带来损失时，交易员完全可以冒着风险将客户的合约展期交割，这是一把“双刃剑”，如果汇率向好发展，可以扭亏为盈，如果汇率持续走低，反而会扩大亏损，正如鲁斯纳克的例子。

此次事件的关键其实是鲁斯纳克失败的交易策略：鲁斯纳克预期多种货币将会升值，基于此购入了巨额日元以及其他种类预期升值的货币。事与愿违，日元等货币暴跌，损失惨重，导致超过鲁斯纳克交易额度的交易遭受重大损失。爱尔兰联合银行内部规定，在外汇市场进行有关外汇交易时，必须同时做对冲交易以预防外汇价格的波动。常见的做法是购买相应的期权获得以预期价格买入或卖出外汇的权利。

路德维格调查报告显示，爱尔兰联合银行的管理层对鲁斯纳克有明显的包庇现象，因为如此破绽百出的非法交易竟然都未被问询追责。事实上，为了保证交易的安全性，鲁斯纳克的这些非法交易是巧妙利用了美国银行和花旗银行作为主要经纪商并得到它们的协议支持。在这种经纪关系下，当鲁斯纳克与其他银行进行交易时，第一银行系统上显示的将是与这两大合作经纪商的交易。也就是说，鲁斯纳克在交易确认的过程中只需要与极少的银行打交道，同时他在市场上的信誉度也为他操纵巨额非法交易提供了便利途径。曾经他的经理质疑这些主要经纪人协议的有效性，但是这些协议被解释为“具有成本效益”。

失败的原因分析

双重管理的缺失/风险隔离的缺失/问询机制的缺失/高于市场平均水平的回报率

鲁斯纳克将虚假的对冲操作记录到了漏洞百出的账簿中，并且借此掩饰了累计的损失。按常规，每一笔交易完成后都应被银行内部人员重新审查一遍。事实上是，不但事后审查工作没有进行，而且当鲁斯纳克的交易策略包括交易规模和银行资产负债表的使用被质疑的时候，他的上级还积极为他辩护。尽管他的上级曾不止一次表示鲁斯纳克交易行为和策略经不起审查，任何一次审查都有可能导致其被炒鱿鱼，但他们还是担心银行利润会因为鲁斯纳克的离职而有所降低。

监管的缺失/对现金流核查的疏漏/内部控制的失灵

对鲁斯纳克的违规交易缺乏监督其实早有苗头，尤其是路德维格的报告中指出的那些没有经验的和不尽责的风险合规人员缺乏对鲁斯纳克交易行为的监管。举一个让人不可思议的例子，有内部监督人员发现鲁斯纳克在亚洲的交易并未得到第一银行的确认和批准，而按照公司规定，每一笔交易都应交由第一银行核准。对此那些风险合规人员则辩解道，鲁斯纳克的所有交易可以相互抵消，因此根本不需要第一银行的核准。似乎没人注意到鲁斯纳克涉及的交易合约到期日都不同，因此不可能相互抵消。直到 2001 年 12 月初，某内部监督人员无意中在另一名底层员工的桌上看到了未经核准的交易记录时，如此荒诞的事实才逐渐浮出水面。在此之前，这类交易可以不经核准的行为至少持续了 18 个月。随后，这名监督人员开始命令下属对所有交易记录进行核查核准。可笑的是，当这位监督人员在 2002 年 1 月下旬，也就是 8 周后来检查核查结果时，鲁斯纳克的亚洲交易记录仍旧不需要核准。

交易策略缺陷/员工选拔与补偿机制/内部规章程序的偏离

第一银行将未能核实鲁斯纳克的交易记录归咎于他对后台部门所谓的经验不足、员工的“欺凌”以及上级对其业务的模糊不清，正是这种内部控制的重重漏洞击垮了第一银行。事实上，路德维格的报告中描述的第一银行的整个交易和风控架构都是存在缺陷的，包括参与一些自营交易活动，由于其自身的资源和市场影响力是有限的，这些自营交易没有盈利的可能性。文中还引入了银行内部两个固有的缺陷，一是过于积极的补偿机制，二是对于鲁斯纳克独立交易的放纵。尽管鲁斯纳克采用迂回的方式来规避银行的内控，但其实许多内控机制在一开始就是失调的。

员工的恶劣行径/不充分的压力测试/数据失准

路德维格在其调查报告中称鲁斯纳克是一个“极度聪明同时又善于诡辩的极不诚实的人”。鲁斯纳克为了隐瞒自己日益增长的损失费尽心机，甚至不惜篡改历史汇率。更加荒诞的是，第一银行无视自己关于市场价格数据来源独立性的规定，仅仅是因为不想支付路透社约 1 万美元的服务费。此外，鲁斯纳克还涉嫌操纵数据，在银行所用风险价值评估模型中将自己所属的交易风险人为地降到最低以掩盖事实。对此，路德维格在报告中指出，第一银行过于依赖风险价值评估模型，而忽略了其他的替代评估方法，例如压力测试、情景模拟分析等。实际上，这些替代评估方法有可能使银行更好地防范其内在风险，即所谓长尾事件中的风险。

纠正措施和管理层对策

鲁斯纳克诈骗事件给爱尔兰联合银行带来了严重的公共关系危机。总部的管理团队纷纷从都柏林飞往美国，向那些担忧的证券分析师们保证爱尔兰联合银行可以继续经营下去，不会重蹈1995年巴林银行倒闭的覆辙。经过此次事件，第一银行的风险管理程序和控制受到攻击，其一级资本率低于正常水平。受此打击，爱尔兰联合银行的股价一度狂跌，截至2002年2月6日，该银行的市值已下跌16.6亿美元。巴林银行倒闭后，人们一度认为，银行已经采取了足够的管控措施，此类诈骗事件将不会再发生。然而现在银行业期望更多的内部控制和监管程序。

第一银行诈骗案迫使爱尔兰联合银行对其风险管理体系进行彻底的整改。对于爱尔兰联合银行一系列的后续补救措施，国际评级机构惠誉给予了积极的评价。在2004年7月的报告中，评级机构指出爱尔兰联合银行的欺诈事件“让人不得不重新审视其风险控制机制”。惠誉进一步提出，爱尔兰联合银行预计将进一步加强现有风险系统，完善其控制风险的保守策略。

2006年4月24日，美联储对两名爱尔兰联合银行前高管实施了禁入美国银行业的命令。鲁斯纳克前任上司、第一银行前任财务主管戴维·克洛林和鲁斯纳克直接监管人兼主管资金的前任高级副总裁罗伯特·雷伊，均被禁止以任何方式参与金融机构市场活动，包括存款机构、银行、储蓄协会等。根据美联储的说法，该处罚是基于“（克洛林）对其下属不负责任的不恰当的监管行为”。尽管如此，对其二人的处罚不等于认为他们是有罪的。在鲁斯纳克的行径曝光后，爱尔兰联合银行于2002年初辞退了包括克洛林（Cromin）、雷伊（Ray）等人在内的数名员工。美联储最终认定，克洛林是整个银行内部控制系统的“关键薄弱环节”，正是由于他与雷伊未能理解鲁斯纳克的交易细节，才丧失了对银行运行的整体把控。

经验教训

仅爱尔兰联合银行的一个小的分公司的场外市场交易就造成了近10亿美元的损失，引起了人们对该类交易管控的思考。这些损失的产生通常有两个原因，一是由于不恰当的双重控制，二是由于交易员与清算员职责分工不清。巴林银行倒闭后，业内自我感觉良好，认为上述两种可能导致重大损失的隐患早已得到有效控制。然而当市场遭遇投资者信心不足时，这种假设被分析师和投资者深深地质疑了。

鲁斯纳克事件再次敲响了企业非核心或非传统业务风险控制有效性的警钟，启示企业应非常仔细地审查该类业务的风险概况。业内一致肯定了进行业务可行性评估的必要性（如自营业务），以期判断公司是否存在潜在损失以及是否有足够的财力支撑风险投资业务，如建立风险系统、聘请风险专家。此外，鲁斯纳克事件暴露出了与巴林银行事件相同的事实：只有当公司的风险控制出现漏洞时，流氓交易员才有可能成功进行超额的非法交易。

事件后果

此次事件后，2002年9月，爱尔兰联合银行将事发银行——第一银行以31亿美元的价格出售给制造商和贸易商银行（M&T Bank）。爱尔兰联合银行保留了其22.5%的股份。

Chapter Twenty

第 20 章 固定收益案例研究：好事达保险公司的一场互换交易

算法软件有限责任公司[①]

案例研究：好事达保险公司[②]

事件概述

据报道，2009 年 2 月 6 日，2.5 亿美元的 Willow Re 巨灾债券出现了利息支付违约。该债券由好事达（Allstate）保险公司在 2007 年发行，并经雷曼兄弟（Lehman Brothers）背书，债券期限为 3 年，于 2010 年到期，其发行目的是覆盖美国东北地区风暴灾害发生的潜在风险。好事达保险公司是 Willow Re 巨灾债券的再保险人。雷曼兄弟特殊金融公司作为互换交易对手与包括 Willow Re 巨灾债券在内的 4 只巨灾债券签订了总回报互换交易协议。该互换协议因雷曼兄弟公司 2008 年 9 月的破产而终结。

事件详情

巨灾债券是一种保险联结证券（insurance - linked security），过去常用于管理保险公司的自然灾害风险头寸。对债券投资者来说，在约定期间内，如果没有发生巨灾事件，投资者将收到约定的债券利息；但如果约定的巨灾事件发生且达到触发机制要求，那么投资者将可能得不到利息，甚至损失部分或全部本金。巨灾债券产生于 20 世纪 90 年代，于 2005 年美国新奥尔良市卡特里娜飓风发生后而名声大噪。这场几乎摧毁新奥尔良市的飓风导致 1.9 亿美元的 Kamp Re 巨灾债券全部用于支付苏黎世金融服务所面临的索赔。在已披露的信息下，Kamp Re 债券成为公认的首只令投资者一无所有的巨灾债券。

Willow Re 是好事达保险公司在 2007 年发行、2010 年到期的一只巨灾债券，为了汽车和家庭保险公司免受纽约、新泽西和康涅狄格州风暴的影响。为确保在灾难引发索赔的情况下，利息和本金仍能得到偿付，该债券设置了抵押池。同时签订总回报互换协议，用于

---

① 此信息属于算法软件有限责任公司的私有财产，未经许可不得以任何方式转载或复制。算法软件有限责任公司（www. algorithmics. com）是世界领先的提供企业风险解决方案的公司，为顾客提供全企业视野的风险管理方案，协助企业实现最佳的经济决策和更高的股东价值。

② Algo 操作风险案例研究第一数据库。

弥补抵押品价值的下降，从而确保抵押池的价值稳定。

和 Willow Re 一样，Ajax Re、Carillon 和 Newton Re 巨灾债券都将雷曼兄弟特殊金融公司作为互换交易对手与之签订总回报互换协议。雷曼兄弟特殊金融公司是雷曼兄弟的下属公司，雷曼兄弟于 2008 年 9 月破产清算，据业界专家称，当时雷曼占巨灾债券互换市场 4.4% 的份额。雷曼的破产导致 Willow 的互换协议终止，使得持票人面临抵押池价值动荡的风险以及信用风险。评级机构迅速大幅度下调该债券的等级，由于不太可能及时找到可以代替雷曼作为互换交易对手的合作方以及抵押池的市场价值的不稳定性，持票人面临着巨大的违约风险。

失败的原因分析

过度的风险承担

在 2008 年的秋天，Willow Re 因总回报互换协议交易对手雷曼兄弟特殊金融公司的突然破产面临着信用和市场风险，但巨灾债券是作为一场“纯粹的保险游戏”出售的，所以并不会遭受此类风险。

公司/市场情况

债券抵押品市场价值的不确定性也导致了一笔原定于 2009 年 2 月支付的定期支付利息出现问题。

纠正措施和管理层反应

Willow Re 在 2009 年 2 月 6 日有一笔到期支付利息违约。好事达保险公司的一位发言人称“Willow Re 已经支付了该笔利息的 95%，并将继续履行其再保险义务”。公司称，“Willow Re 的违约不会对好事达产生任何合同义务”。

尽管利息支付违约，Willow 与好事达之间的再保险合同仍然有效：好事达将继续支付再保险费，Willow 也将在每季度向债券持有者支付利息，这些债券持有者还会收到抵押品资产产生的收入。如果约定的灾难在债券到期之前发生，且损害索赔达到一个特定的阈值，对好事达公司的赔付价值将取决于抵押品池的价值。

经验教训

由雷曼兄弟作为总回报互换交易对手的巨灾债券所引发的问题显示，此类债券的投资者除面临保险风险之外，还可能面临信用风险和市场风险。2008 年 12 月 10 日，路透社援引了拉纳金融有限责任公司（Lane Financial LLC，一家专注于保险行业和资本市场风险转移的咨询公司）的一份研究报告称，“建立与保险相关的证券市场的理念基础是一个纯粹的保险游戏，它不会受到信用风险这类的风险侵害。然而事实并非如此”。据报道，到 2009 年 5 月，雷曼背书的第二只巨灾债券——Ajax Re 也发生了利息支付违约。

雷曼兄弟事件的曝光揭示了四只巨灾债券的一个共同的薄弱环节，这也导致在此之后巨灾债券发行时，要求提高其透明度以及对抵押品质量实施更加严格的控制。新巨灾债券的发行由 2007 年的 27 只减少至 2008 年的 13 只，总价值由 73 亿美元跌至 27 亿美元。

普遍认为，雷曼兄弟的破产抑制了投资者对此类债券的热情。2009 年，此类债券的投资者开始要求对债券抵押品的信用风险管理进行更为严格的控制：这些要求包括抵押品需为美国国债或类似评级高的金融产品，而非流动性不足的长期证券。

2009 年 3 月 9 日，惠誉国际评级机构发布的一份报告建议，应加入新的业务方式以鼓励投资者重返巨灾债券市场。新举措包括投资于流动性更高的证券资产投资组合，例如与上述债券相匹配的更短期限的政府支持证券。同样地，优化的巨灾债券也将更多地披露其所拥有的资产、更频繁地盯住市场以及补足由互换交易对手带来的市场价值的下跌。

Chapter Twenty - One

第 21 章

基金公司的经验教训：长期资本管理公司、佛罗里达州和奥兰治县

算法软件有限责任公司①

案例研究一：长期资本管理公司②

事件概述

一个本来不应该被低估的风险导致长期资本管理公司（Long - Term Capital Management, LTCM）亏损 43 亿美元，最终走向破产的边缘。在 LTCM 的例子中，我们发现其主要问题在于不同种风险敞口的暴露，比如杠杆风险、主权风险、模型风险、流动性风险和波动率风险。此外，LTCM 缺少像华尔街的其他投资银行一样的多样化收入来源。总的来说，LTCM 的惨败案例表明其未能实施广义风险管理战略和风险模型缺乏合理压力测试。

事件详情

LTM 成立于 1994 年，因其高层管理者声誉而在所有无须监管的对冲基金中享有很高声望。其管理层涵盖了当时华尔街各个领域的精英，包括诺贝尔奖得主罗伯特·默顿（Robert Merton）和迈伦·斯科尔斯（Myron Scholes）。该对冲基金由约翰·梅里韦瑟（John Meriwether）建立，他在所罗门兄弟公司牵涉进政府债券丑闻之前一直是该公司固定收益部主管。梅里韦瑟为 LTCM 吸引了众多优秀人才。LTCM 的投资者中也涵盖了很多著名的金融公司。

在成立的最初几年，LTCM 的回报率远远高于市场平均水平。它使用了非常复杂的模型来挖掘市场中非有效定价的产品，利用价差和价格波动进行套利。根据美联储主席艾伦·格林斯潘（Alan Greenspan）在美国国会听证会的讲述，他认为只要市场在现在和未来都遵

① 此信息属于算法软件有限责任公司的私有财产，未经许可不得以任何方式转载或复制。算法软件有限责任公司（www. algorithmics. com）是世界领先的提供企业风险解决方案的公司，为顾客提供全企业视野的风险管理方案，协助企业实现最佳的经济决策和更高的股东价值。

② Algo 操作风险案例研究第一数据库。

循和过去相似的路径，那么这些模型是有效的。另外，一旦模型计算发现哪里存在异常定价，市场就会变得有效，实现超额收益的机会也随之丧失。

简而言之，LTCM和它的众多竞争者们使用的定价模型是十分有效的，它们发现了任何能带来超额收益率的价格偏差。为了弥补交易周期处于下行阶段时导致的收益降低，LTCM的策略就是借用高杠杆和承担高风险。LTCM的择时策略不是最优的，这就使得它在市场更多波动的非常时期会承担更多风险。但这也形成了LTCM的高风险管理的风格。

LTCM的另外一个风险因素就是基金过度使用杠杆。由于其管理层的声誉，该基金在华尔街享有很高的信誉。LTCM可以借到它抵押品价值100%的资金，用借来的资金去购买额外的债券，并且将这些债券作为抵押，进一步借入更多的资金。因此，LTCM的对冲基金便这样进入到了借款和抵押的无限循环中。它可以这样做的原因之一是对冲基金在市场上享有很高的声誉，原因之二是没有一个对手方曾经深入地了解和质问LTCM是否能够承担这些风险以及它是否能如约履行义务。在刚开始的一两年里，LTCM通过使用杠杆和反复的抵押融资，在股票方面连续获得了43%和41%的回报率。LTCM的平均杠杆在25倍左右，这个杠杆对于一个充分多元化经营的投资银行来说是可行的，但是对于一个市场中性的对冲基金来说，已经远远超过它所能承担的范围。

LTCM同样还面临着一个战略性问题，那就是它的交易策略被华尔街更多的竞争者模仿使用时，它的模型不再有效，也不再有竞争优势。LTCM从一些华尔街著名的公司，如摩根士丹利（Morgan Stanley）、美林（Merrill Lynch）和高盛（Goldman Sachs）等募集资金，同时需要向投资者披露信息，公开交易头寸。投资者开始模仿其策略，华尔街的竞争者都受到LTCM模型的影响，但是它的模型忽略了对该影响的估计。这意味着所有公司都在复制LTCM的模型，并在同一个时间点进行同样的操作，其结果早应该被预测，即抛售资产价格的下降同时伴随着流动性的危机。

1998年7月17日，当所罗门兄弟开始清算其美元套利交易头寸时，LTCM的问题开始暴露。但实际上，所罗门兄弟已经开始出售他所持有的LTCM资产。这种抛售行为使得LTCM资产价格进一步下跌。紧接着对LTCM有重要影响的事件是俄罗斯政府在1998年8月17日宣布债务重组，或延长短期债券的支付。事实上，这是一个明显的违约事件，并且引发了投资者的担忧，人们开始怀疑所有的主权金融工具，并大量抛售手中含有信用风险的头寸。

LTCM的分析师们仍然相信他们的数学模型能够承受得住压力，他们认为市场将会像往常一样回归遵循历史路线。LTCM预测市场仅会在修正自己的偏差前下降一定比例，但事实却超出了他们的预料。

仅1998年8月21日一天，LTCM就损失了5.5亿美元。有一半的损失来源于一笔单独的交易——5年期股票期权的空头头寸。LTCM的清算机构贝尔斯登（Bear Stearns）要求LTCM增加抵押品，因此LTCM的可用资金枯竭。基金的清算在9月中旬，随着主要自营商开始对冲与LTCM的衍生品交易，基金将被清算的消息产生了巨大的连锁反应。更令人担心的是，LTCM账目上的杠杆率尚无法得知。

失败的原因分析

公司/市场情况

美联储主席艾伦·格林斯潘在听证上曾说，很多市场因素导致中央银行决定介入市场对对冲基金行业进行紧急的财政救援。这些因素包括当“金融市场参与者”已经被全球事件扰乱并且信贷息差的上升也给资产价格带来了下行压力。格林斯潘认为，LTCM的行为在过去可能不会引起金融市场的过度震荡，但在目前脆弱的市场环境下可能会引起“严重的市场流动性枯竭的危机”（纽约时报，1998）。

过度的风险承担

LTCM模型早先的确创造了收益，但是随着时间的推移，它阻碍了对冲基金进一步获得超额收益的能力。为了弥补收益的减少，对冲基金调整了交易策略，开始尝试更高的杠杆承担更高的风险，但这却发生在市场波动性较大、投资者更厌恶风险的非常时期。同时，市场状况却没有遵循过去的路径，所以LTCM根据历史路径推演未来的模型并没有取得成功。

压力测试不充分

对于市场环境的改变，LTCM模型没有进行充分测试，特别是当投资者开始转向风险厌恶，且不论投资收益如何都倾向于抛售所有资产的情况下。这是一个之前没有见过的非理性的市场行为，早先的征兆是投资者开始偏好于安全性高、流动性更好的资产。1998年，投资者开始退出所有的投资组合。此时，LTCM也发现了自己的巨额亏损并且需要进行平仓。艾伦·格林斯潘证实，在这个时候平仓“只能在市场上以低价出售所持资产”（美联储，1998）。

策略的缺陷

LTCM最大的问题之一就是无法隐藏它的交易策略。这意味着它再也不能基于非有效的市场进行获益了。这也说明当需要平仓时，市场的卖家永远多于买家，这给资产价格施加了一个向下的压力。LTCM向华尔街所有主要的大公司进行融资，也意味它同时需要向这些公司揭示它的财务信息和投资策略。

纠正措施和管理层反应

LTCM的平仓行为对市场产生了极大的影响，使得联邦储备银行对对冲基金发起救助。这在历史上也是罕见的，足以见得官方对LTCM破产影响的评估。1998年9月23日，美联储组织14个银行成立财团，向LTCM基金注资36亿美元以换取基金90%的控股权。对于最终损失的44亿美元，19亿美元的亏损将由LTCM的合作伙伴和其他投资者一起承担。44亿美元的亏损中有30亿美元的损失来自两种类型的复杂交易：一种是复杂的利率互换，另一种是长期股票期权。最终，对冲基金将其控制权转交给了投资者组成的委员会。

艾伦·格林斯潘在为美联储的救助行为辩解时说道，美联储这样做是因为LTCM在对对冲基金的头寸进行平仓时，市场所有的资产价格都很低。他们担心不论资产过去的收益表现是否良好，下行压力会影响到市场中的所有资产，最终都会严重阻碍整个金融市场的活动。此外，纽约联邦储备银行认为，利用“强制清算”来解散LTCM的投资组合，会导致“一连串的连锁违约”出现（美国众议院，1998）。

经验教训

美联储主席格林斯潘证实银行财团达成的援助协议并非紧急救援，也不涉及公共资金。他认为如果救助委员会可以之后出售其收购的LTCM的资产，而不是使LTCM被迫强制清算的话，那么该援助协议对于救助委员会来说是一项很好的投资。然而格林斯潘也承认，“每当有政府机构参与救助私人部门的经济损失（如本案中的间接救助）时，就会引发道德风险的问题”。他进一步阐述说，任何政府机构的介入，都有可能放大“市场参与者之后要承担的风险”。

格林斯潘在为美联储的援助行动解释时说道：“如果LTCM的破产引发市场失灵，最终受到损失的还是市场中的参与者，其中也包括那些没有直接参与到LTCM投资中的机构和个人，并且许多国家可能会遭受潜在的损害，我们自己也是一样。”最后，他得出结论说，美联储的救助行动并不是在保护LTCM的股东，而是“为了避免市场失灵的蔓延”。否则，市场上无辜的金融机构也会受到牵连（美联储，1998）。

案例研究二：佛罗里达州管理委员会①

事件概述

佛罗里达州管理委员会（Florida's State Board of Administration，SBA）在2007年11月经历了历史上的一次重大事件——挤兑风暴，165亿美元的资产被从270亿美元的基金中提出。2007年11月，在当地政府的投资基金（Local Government Investment Fund，LGIF）将基金中的资产大量投资于抵押贷款支持证券（MBS）的事件被披露后，出现了资本流出的现象。基金为了达成承诺投资者的收益率出售了高质量的资产，问题就更严重了，这使得基金持有的剩余的投资组合中含有大量的高风险证券。随后基金暂停了所有资金的流出，并且将不良证券进行重组和隔离。

事件详情

LGIF是由佛罗里达州管理委员会运作的，它是为了佛罗里达州地方机构、市政当局和教育系统所建立的货币市场基金。该基金是美国同类基金中规模最大的，管理着大约1 000个州的资产。LGIF基金被明确要求投资于短期的、较为安全的证券。但是由于市场利率较低，佛罗里达州基金在几年中就偏离了这些要求，一直追求投资于相对高收益的资产。这使得它持有的都是些新兴的金融衍生工具，如抵押担保债券（Collateralized mortgage obligations，CMOs）和结构化产品。

---

① Algo操作风险案例研究第一数据库。

2007 年 11 月 29 日，州管理委员会宣布，LGIF 将“暂时不接受或处理存款或取款请求”。LGIF 将所有的“坏账”重组为一个新的基金，命名为基金 B 并且禁止取款。2007 年 12 月 7 日，LGIF 才再次向投资者开放。基金 B 主要包括与次贷问题相关的已经贬值的结构性投资工具（Structured Investment Vehicles，SIVs）。

佛罗里达州目前持有的证券组合可能在很长一段时间内都无法出售。据估计，LGIF 中 14% 的投资组合投资于不良证券。大约 86% 的投资组合投资于投资级证券和流动性证券。投资组合中的问题资产部分已被分离在基金 B 中，基金 B 中的资产约为 20 亿美元。其余 120 亿美元较为健康的资产属于 A 基金。

2007 年 11 月 29 日到 12 月 7 日，LGIF 宣布冻结可赎回的投资基金，导致许多学校和当地社区争先提取资金，因为它们依靠 LGIF 获取流动资产。冻结基金的新闻也使得该州的学校排起了长队，因为员工们担心自己的工资没有办法被支付。当地的一个学区兑现了员工们提取工资的要求，但是递延了本来应该支付给外部供应商的 70 万美元。

佛罗里达西北学区的首席财务官在 2007 年 12 月 1 日说：“我们把所有可投资的现金都放在那个基金的池子里，但是现在我们却无法提取。”他补充说道，“我们现在身无分文”。他进一步表示，在加州首席财务官发表声明表示该基金状况良好后，该学区将其资金保留在 LGIF 中。为避免“不可控局面发生”而决定将资金留在该基金中的学区和市政府表示，他们感到受到了政府官员的误导（英国《金融时报》，2007）。

希尔斯伯勒县（Hillsborough County）是该机构最大的市政银行客户之一，它威胁要提起诉讼。银行的挤兑以及随后优质资产的出售，使得该县在 LGIF 的 8 亿美元投资中，约有 1.12 亿美元（14%）暴露在 SIVs 的风险之下。希尔斯伯勒县要求撤回资金的佛罗里达郡，如奥兰治县，必须将资金返还。佛罗里达州奥兰治县从该基金中撤出了 3.7 亿美元的资产，因而没有遭受损失。

佛罗里达州管理委员会因如何披露其次贷风险敞口而备受批评。州管理委员会在 2007 年 10 月 31 日发表了一份声明，表明其投资基金中不包含与次级抵押贷款相关的抵押债券。然而，报告也表明，基金持有被降级为低于投资级的水平的抵押贷款支持证券，因此才导致出现了流动性问题。

对投资总额 15% 的提款限额限制了 A 基金的资金流出。这一上限预计最早要持续到 2008 年 3 月。2007 年 12 月进行的一项对当前投资者的调查发现，至少有 1/3 的投资者已经提取了资金总额的 15%。这样的情况也使得该基金面临吸引新投资者的困难。一位基金经理称：“在 SBA 对我们的投资进行锁定期间，董事会对再向 SBA 输送资金感到不安。”

佛罗里达州管理委员会管理着超过 1 700 亿美元的资产，其中约 1 380 亿美元资产属于该州的养老保险金和飓风基金。据称，它还持有美国公民财产保险和佛罗里达飓风灾难基金的抵押贷款支持证券的大量股份。一位基金经理表示，在 2008 年夏季飓风季节来临之前，任何与次级抵押贷款相关的资产都需要从这些基金中交易出去。然而，考虑到估值和流动性问题，到那个时候再出售这些资产可能很困难。

失败的原因分析

合规措施不足

希尔斯伯勒县的官员曾要求佛罗里达州将时间回溯到银行挤兑发生之前的日期，并要求提取资金的县返还流动性不足的部分。某一个郡的一位书记员援引《佛罗里达法律》第 218 章来阐述理由说，条款要求国家管理委员会为一个群体账户进行投资，在这个账户中，所有的参与者都要求按照董事会的规则，等比例地在资本利得、收入或亏损中进行分配，如果提前退出，将受到惩罚。此外，据州书记官说，“不得向任何一个账户发出数额超过其所适用的特定账户份额的命令或保证；如果使用这种命令或保证，负责官员应根据其担保对整个透支承担个人责任”。

过度的风险承担

在利率相对较低的时期，各州、养老基金和地方政府开始积累风险较高的证券。因此，它们能够获得更高的收益，但也承担了更高的风险。在这个案例中，次贷相关债券被发现问题后，佛罗里达州仍在继续购买该类债券。2007 年 7 月，贝尔斯登宣布旗下的两只对冲基金已经贬值超过 90%，全国的金融公司在 2007 年 8 月都面临流动性危机。但佛罗里达州却在 8 月以后继续购买与次级抵押贷款相关的投资，并持有直至 10 月。

薪酬激励

前佛罗里达州管理委员会主任，科尔曼·斯蒂帕尼维（Coleman Stipanovich）曾经通过他的补偿协议被鼓励去承担风险。如果他使得该州的养老基金回报增加，他将获得高达其年薪的 8% 的奖励。地方政府投资基金的经理也得到了类似的激励。通过激励机制鼓励管理者在不考虑风险的情况下获得回报，导致了许多操作风险的爆发。可以说，在佛罗里达的案例中，它不仅鼓励州的高级经理投资高收益证券，而且还导致了本来是一个安全性较高的货币市场基金承担了过多的风险。

公司和市场境况

2007 年 8 月，所有金融机构和贷款机构的市场状况变得如此不稳定，以至于美联储不得不介入这场危机向市场注入流动性进行救助。1998 年，在长期资本管理公司的倒闭案例中，美联储也最终向银行系统提供了现金。这也说明了佛罗里达州的案例至少是一件十年不遇的事件。当美国联邦储备理事会降低贴现利率时，也同时声明市场风险在明显增加。高盛首席美国经济学家简哈祖斯（Jan Hatzius）评论道：“按照美联储的声明惯例，一般都是使用‘略’或‘有点’这样的词汇，但是当美联储说风险‘明显’增加，说明对他们来说是一份强有力的声明”（Gosselin，2007）。

纠正措施和管理层响应

佛罗里达州将已退休的鲍勃·米利根（Bob Milligan）请回来，担任州管理委员会的临时执行董事。他取代了 2007 年 12 月 4 日辞职的前执行董事科尔曼·斯蒂帕诺维奇（Coleman Stipanovich）。米利根于 1995 年到 2003 年担任了佛罗里达州的审计官。与此同时，佛罗里达州请来了位于纽约的贝莱德（Black Rock），以帮助重组陷入困境的地方政府投资基金。

米利根上任后发现了一个问题，太多的人试图应对危机，结果贝莱德收到了来自国家高管的相互矛盾的指导。米利根的首要任务之一就是让贝莱德清楚无论是日常发生的事情还是紧急的事情，他们该向谁报告，为谁工作，和谁沟通。

75 岁的米利根正在为自己的继任者建立一个合理的管理制度。其中的一个建议是聘请有经验的基金经理并提供 300 000 ~ 350 000 美元的年薪。他的上一任，科尔曼 · 斯蒂帕诺维奇先生，每年收入仅为 180 000 美元。米利根说，该机构的下一位负责人应该有在私人部门管理大型基金的经验。但很多基金托管人评论说，下任基金负责人的薪酬水平听起来太高了，而公共部门的雇员应该获得更少的报酬，以换取为社会“服务的机会”。

经验教训

在这个案例中，一个担忧是贝莱德作为基金经理收取的费用，这些费用是用来重组陷入困境的国家基金的。据《奥兰多哨兵报》（*Orlando Sentinel*）2007 年 12 月 18 日的报道，其他地方政府最初被 LGIF 吸引的原因就是其管理费用相对较低。然而，有人担心贝莱德公司收取的费用过高，因为它比政府收取的费用高出约 26 倍。另一些人则认为，考虑到该基金面临的危机形势，这样的费用是合适的。贝莱德的收费结构分为两部分，基金 B 的收费高于基金 A。

另一个担忧就是贝莱德公司为何对基金 B 收取高昂的费用。因为之前贝莱德的基金经理建议让基金等待一年，在这一年中不要有任何显著的积极买进或卖出资产的行为。贝莱德公司解释说，收取额外的费用是必要的，因为分析证券和出售部分资产的最佳时机非常复杂。

此外，向佛罗里达州和其他州出售抵押贷款支持证券的投资银行正因信托问题而受到批评。雷曼兄弟（Lehman Brothers）在 2007 年 7 月和 8 月向佛罗里达州销售了 8.42 亿美元的抵押贷款债务，这也就仅仅发生在佛罗里达州政府基金事件的几个月前。彭博在 2007 年 12 月 18 日称，投资银行正试图出售证券，它们知道这些证券对政府来说不是优质资产且风险较大，但政府却是那些期望获得更高的收益的、愿意出价的买家。所以这些州很可能会将华尔街的公司告上法庭，指控华尔街的公司未尽到风险提示的义务。

那些选择把资金留在 LGIF 中的郡县和撤出资金的郡县在 2007 年 11 月的时候产生了冲突。希尔斯伯勒等郡县认为，州政府本应该在抵押贷款等相关投资使基金投资受损并遭受流动性危机时停止撤资，但却没有这样做。这增加了希尔斯伯勒等郡县的风险。希尔斯伯勒的抵押贷款支持证券敞口占其全部投资的比例从 3.4% 上升到 14% 以上。

郡县的一名职员说，他当时不想取出他的投资，因为他认为这种行为只会增加恐慌和长期的伤害。他补充说，他本不担心 3% 的不良资产。然而，在州政府开始出售其流动资产以满足为各郡县撤资的义务之后，决定留下来的郡县发现，不良资产占据了它们投资中的更大部分。

案例研究三：奥兰治县市场风险事件①

事件概述

1994年12月，南加州的奥兰治县公开宣布其投资池遭受了16亿美元的损失。这是市政当局自从开始登记损失以来最大数额的损失，并且导致了政府破产和市政雇员的大规模裁员。本次案例的关键人物就是奥兰治县的财务投资主管罗伯特·雪铁龙（Robert Citron）先生。雪铁龙曾为了提高投资池的回报率将奥兰治县的钱投资于利率衍生品。雪铁龙押注利率将会下降，而不是上升。然而，美联储在1994年多次加息，这导致了雪铁龙的投资策略遭受了重大损失。

事件详情

人们将16亿美元的亏损归咎于罗伯特·雪铁龙不受监督的投资策略。雪铁龙在审判中辩解道，他作为一个不成熟的投资者被美林证券投资顾问误导，并没有完全理解被建议购买的利率衍生品策略所涉及的风险。奥兰治县在法庭上辩称，由于雪铁龙的投资组合的杠杆比例达到了13:1而超出了自身职权范围，因此投资顾问们要为自己监督失职导致的损失负责。

雪铁龙通过购买反向回购协议下注利率将下降或保持在低位，然后用它的收入再投资于新证券，这些新证券主要是政府机构发行的5年期公债。雪铁龙的策略一直都有不错的表现，但是直到1994年2月，美国联邦储备理事连续6次上调利率，该基金也因而遭受了巨大的损失。1994年12月，奥兰治县被迫清算雪铁龙管理的投资基金，造成了16亿美元的损失。作为美国最富裕的一个郡，奥兰治县根据《破产法》第9章申请了破产保护，并被迫搁置了很多大型项目和扩张计划。

在奥兰治县的破产案例中，美林和前海洋经纪人迈克尔·斯德门森（Michael Stamenson）扮演了一个重要的角色。奥兰治县对斯德门森所在的经纪公司提起了诉讼，它们提供了一份斯德门森培训新经纪人的录像带。在录像带中，斯德门森告诉新经纪人，他们需要像“韧性的响尾蛇，有黑寡妇的心，和鳄鱼一样凶悍”。最后，美林与奥兰治县的交易使得该经纪公司损失超过4.8亿美元。

1998年，洛杉矶地方法院支持雪铁龙投资衍生证券的权利，尽管他有“严重的错误”和“轻率的决定”。在雪铁龙作证称自己在投资行业有20多年的经验后，他就很难将自己描述为一个“没有经验的投资者”和“外行”。有证据表明雪铁龙在投资方面对业界的影响：1993年高盛批评他的高风险策略时，他直接建议高盛以后可以不和奥兰治县合作。

这些经纪公司后来因在事件中扮演的角色而被起诉，它们认为雪铁龙不是一个“没有经验的外行人”。雪铁龙曾经创造了高于加州其他市政基金平均收益率2%的回报率，由于在艰难的市场环境下获得高于平均水平的回报而被市场视为投资能力的体现。雪铁龙自己也很享受这种社会名流的待遇，直到1994年12月，一切都被揭露，奥兰治县也宣布破产。最终，雪铁龙承认了6项罪名。

---

① Algo操作风险案例研究第一数据库。

失败的原因分析

雇员的错误/承担了过多的风险

雪铁龙最初把自己描绘成一个被华尔街经纪人误导的不成熟的投资者。然而，他最终承认了所有的罪行，包括为了说服投资于奥兰治县基金的学校和当地政府机构，去购买证券而进行了虚假的描述，伪造金融文件，未能支付适当利率给基金的投资者。

监督失职

雪铁龙在从事他的高风险投资活动时，似乎一直都没有受到奥兰治县政府的管理和监管。《华尔街日报》1996 年 6 月 4 日的报道称，该县的监管机构将该县的基金投资池称为"雪铁龙的投资组合"，并且聘请了一位律师为它们不应该负责监督雪铁龙的投资行为进行辩护。马特·拉比（Matt Raabe）作证说，授权出售投资组合中的证券可能被解读为承认董事会对损失负有一定责任。《华尔街日报》认为，奥兰治县人民投票选出的领导人竟然对该县的财政管理义务推卸责任，可能这种现象在奥兰治县很常见。

纠正措施和管理层响应

在发现雪铁龙利用杠杆利率造成了 15 亿美元的账面损失之后，奥兰治县于 1994 年 12 月 6 日宣布破产。该投资组合被清算后发现实际造成了 16.3 亿美元的损失。

奥兰治县的检察官请求判处罗伯特·雪铁龙七年监禁并处以 40 万美元的罚款。但最后，他只被判处一年监禁和 10 万美元的罚款。实际上，他都没有在监狱里服刑；相反，他在一个允许他每天晚上回家的工作保释计划中担任文书工作。

经验教训

值得注意的是，根据菲利普[①]教授在对奥兰治县的案例研究发现，在基金清算后不久利率开始下降，基于雪铁龙的利率策略而能实现的 14 亿美元潜在的收益也就不会再实现了。他认为奥兰治县最应该为"时机不对"而感到内疚。

诺贝尔奖得主默顿·米勒（Merton Miller）曾质疑清算奥兰治县投资组合的行为是否正确，他认为该县有足够的钱继续运作，本可能在一年或两年内补偿其损失。据《华尔街日报》1996 年 6 月 4 日报道，一些华尔街公司宣称它们也曾考虑过要购买部分基金。奥兰治县最终还是决定以破产清算终结这次危机。

从这次危机中我们认识到，雪铁龙和其他投资者缺乏使用经典的风险管理技术，如使用在险价值（如 VaR），以及缺乏对奥兰治县如何实现高于市场收益率的分析。

参考文献

Gosselin, Peter G. 2007. "Fed Gets Message, Lowers Key Rate," *Los Angeles Times*. August 18.

① 乔利奥·菲利普（Jorion, Philippe）. 失算的大赌注：奥兰治县的衍生品和破产［M］. 奥兰多. 学术出版社，1995.

Chapter Twenty - Two

第 22 章

信用衍生品案例研究：以美国国际集团和美林证券为例

算法软件有限责任公司①

案例研究一：美国国际集团（AIG）②

事件概述

2008 年 9 月 16 日，美联储在美国财政部的指导下，向美国国际集团（AIG）提供 850 亿美元的紧急财政救助。作为交换，政府将持有 AIG（世界上最大的保险公司）80% 的股票，并获得该公司的实际控制权。美国政府将在 AIG 能够进行资本重组时，通过销售其资产的方式退出。AIG 所遇到的问题大部分归因于其金融产品部门遭受的信贷衍生产品损失，该公司承担了太多的风险，当它所担保的债务凭证（CDOs）的价值开始暴跌时，也没有足够的资源来满足额外抵押品的需求。纽约州总检察长安德鲁·库默（Andrew Cuomo）正在调查该公司向要求补充抵押品的众多衍生品对手方所支付的现金流情况。AIG 对外披露的抵押品追加报告也在同一时间被调查。

AIG 的保险业务普遍被认为是健康的，许多潜在的并购者认为能够通过并购该业务获利。例如，AIG 的前首席执行官同时也是其创建者汉克·格林伯格（Hank Greenbery）就是公司部分资产的可能购买者。但不止一家养老基金控告 AIG 草率地承担了过多的风险。

事件详情

美联储干预拯救一家保险公司是史无前例的。美联储援助行动的背后实际上是其对 AIG 和金融市场的相互影响以及放任公司破产可能带来的更加严重的系统性风险的担忧。然而，就在美联储决定救助 AIG 的前几天，美联储却放任雷曼兄弟破产而不是为其提供资

① 此信息属于算法软件有限责任公司的私有财产，未经许可不得以任何方式转载或复制。算法软件有限责任公司（www. algorithmics. com）是世界领先的提供企业风险解决方案的公司，为顾客提供全企业视野的风险管理方案，协助企业实现最佳的经济决策和更高的股东价值。

② Algo 操作风险案例研究第一数据库。

金进行援助。2008 年 3 月美联储对贝尔斯登进行了救助，因此其此次放弃救助雷曼兄弟的举措令市场感到十分震惊。美联储所面临的政治环境在 3 月之后发生了一些改变，政治上的压力使得美国政府不得不拒绝对华尔街进行救助，尽管此举可能使得美国的中产阶级在经济衰退中遭受巨大打击。对于救助 AIG 这一决定，美联储解释道，“AIG 的破产将会显著加剧金融市场的脆弱性”。政府接管 AIG，是继其在 2008 年 9 月 7 日接管房利美和房地美之后的又一次市场救助行动。

2008 年 9 月 6 日，AIG 的现金短缺情况变得越来越明显。AIG 现金流的恶化，主要归咎于金融产品部门，该部门签订了大量信用违约互换（CDS）合同，其中包括基于抵押贷款支持证券（MBS）的信用违约互换。信用违约互换是为投资者在违约事件发生时提供保险保障的衍生金融产品。信用违约互换进行赔付的触发事件是信用违约事件，包括公司破产等。AIG 是全球市场上最大的保险公司，并且为许多公司和个人制定了保险政策，因此在国际市场上具有重要地位。市场担心 AIG 的破产会引发新一轮的信用违约产品合同赔付，由此导致恶性循环：一些机构基于 AIG 违约破产签订信用违约互换合同，当 AIG 破产时，就会触发新一轮的赔偿资金流出。《纽约时报》2008 年 9 月 18 日的报道称，尽管 AIG 的核心业务是销售保险产品和年金，但它却将业务延伸到了风险高、信息不透明的衍生品和其他一些复杂的金融产品市场，而这些市场极少受到监管。

AIG 的高级管理层目前面临着许多挑战，而将衍生品合同从其资产中剥离出去或许是其中最重要的一项任务。据估算，AIG 为 4 400 亿美元的负债类产品提供了信用保险。2007 年 8 月，AIG 承保的复杂债券产品资产池中的次级房贷的价值大幅度下跌，AIG 不得不对这些复杂债券产品的违约支付大量的赔偿款，与此同时 AIG 需要追加的抵押品也大幅增加。由于 AIG 还是数十亿美元其他种类衍生品交易的对手方，市场担忧如果 AIG 破产，基于 AIG 负债的保险产品也将触发赔偿。考虑到上述因素，政府在发布对于 AIG 的援助计划这一信息时，对于该项援助计划的描述是经过精心设计的，力求在最大限度上避免发生信用违约事件。

《金融时报》在 2008 年 9 月 18 日的报道称，AIG 实际上陷入了“监管套利”的游戏。全球性的银行使用信用违约互换产品来对冲它所持有的具有一定信用风险的资产。这些银行称，它们与 AIG 签订信用违约互换合同是为了对冲其持有的信用资产所存在的违约风险。通过签订这一合同，银行只需持有少量的保证金，并且银行持有这一合同的成本要低于维持监管要求的资本金额度的成本。AIG 认为，其所提供的信用保护类的产品为市场提供了一种“规避监管而不是消除风险”的途径。随着 AIG 提供的信用保险产品规模的扩大，它所承担的信用风险也更大更加集中。《金融时报》撰文称，随着信用违约互换产品市场的不断发展，许多公司和 AIGFP（美国国际集团金融产品公司）一样，乐意为市场提供更具有吸引力的保险产品，而对手方违约风险程度则随之不断增加。

在 AIG 第一次向美联储寻求帮助时，它们认为大约需要 200 亿美元的资金来使公司继续正常运行。纽约州政府允许 AIG 通过使用其保险业务子公司的资金来弥补其在其他业务上的资金缺口，而这种行为通常是被禁止的。摩根大通（J. P. Morgan）、科尔伯格·克莱维斯·罗伯特公司（KKR）和弗劳尔斯投资公司（J. C. Flowers）在对 AIG 的账簿进行了详细的分析后，发现 AIG 需要的援助资金不是 200 亿美元，而是 400 亿美元，或 650 亿美元，甚至最后可能需要 800 亿美元才能继续存活。AIG 接受了 J. C. Flowers 给出的 100 亿美元的并购报价，但 J. C. Flowers 给出的并购条件是 AIG 必须维持现有的信用评级。KKR 集团和 Texas - Pacific 集团愿意出价 200 亿美元购买 AIG 50% 的股权，但它们同样要求 AIG 维持现有的信用评级并且华尔街和美国政府会给集团提供额外的贷款。然而事实上，评级机构当时已经在计划调低 AIG 的信用评级了。2008 年 9 月 15 日，美国主要的评级机构宣布降低 AIG 的信用评级。AIG 信用评级的降低意味着其所签订的信用违约互换合同的对手方将要求其追加价值 133 亿美元的抵押品，而这将导致 AIG 出现现金短缺的情况并将接受检察长安德鲁·库默和联邦调查员的调查。

约瑟夫·卡萨诺（Joseph Cassano）是造成 AIG 出现严重财务困境的金融产品公司的经理。他在 AIG 被要求追加抵押品期间所扮演的角色也将被调查。卡萨诺曾对 AIG 的股东说："我们不时地会收到客户要求追加抵押品的通知。我们会对这些客户说，我们不同意你们所要求的金额。"他还补充道，顾客在得到这样的回答之后就离开了。卡萨诺对公司的审计人员也做了类似的陈述（Cohen，2010）。

哥伦比亚广播公司 2009 年 6 月 23 日收集到的相关材料证明了卡萨诺对于追加抵押品的评论是错误的。他们收到的一份 AIG 的内部备忘录上记录着公司在 2007 年 11 月末收到了 81 个追加抵押品的通知，总额超过 40 亿美元。而这 81 个要求中，有 38 个来自高盛，18 个来自美林，25 个来自兴业银行。哥伦比亚广播公司还报道称，AIG 在 2007 年 12 月 5 日召开了面向投资者的会议，在会议上公司高管们对于追加抵押品的数目保持沉默，并试图掩盖信用违约互换产品存在的问题。AIG 的前首席执行官马丁·莎莉文对公司的担保债务凭证产品组合做了如下评价，"莎莉文对能够弥补在金融衍生产品上损失的可能性几乎为零"。美国司法部正在调查 AIG 在被要求追加抵押品期间，其高管是否存在误导投资者和审计师并使他们认为公司的债务担保凭证产品是健康的情况。

AIG 的股票在美国员工 401（k）计划最受欢迎的股票中排名第十，同时也被众多的养老基金所广泛持有。2008 年 9 月 18 日，新奥尔良的员工退休基金对外宣称他们已经对 AIG 的首席执行官罗伯特·维伦斯坦德及董事会提起了诉讼，指控他们的不当管理以及无节制地承担风险。该退休基金希望 AIG 公司的被告退回他们从公司得到的全部补偿金以及其他形式的补偿。此外，AIG 的其他的股东也很有可能对其提起诉讼，指控公司没有对外公布真实的财务和风险状况。2008 年 5 月，AIG 对外发行股票以筹措现金，而承担此次承销业务的投资银行也很可能因为他们作为承销者的受托责任而遭到起诉。在此之前，这类起诉已经发生过：尽管监管机构要求房利美通过公开发行股票筹措资金，但为此进行承销的机构却遭到了起诉。

AIG 在 2007 年第四季度报告中披露了其因对信用违约互换资产计提减值而产生的损失，该衍生品的减值部分来源于次级抵押贷款价值的降低。在此之前的几年时间里，AIG 一直受到监管机构的调查，尤其是在前纽约州总检察长艾略特·斯皮策当政期间。一些分析师将公司出现的问题部分归咎于斯皮策的监管制度，而该制度最终造成了曾长期担任 AIG 首席执行官一职的莫里斯·格林伯格的离任。

失败的原因分析

公司和市场情况

AIG 在衍生品市场上持有大量以次级抵押贷款为资产池的资产支持证券，因而产生了大量的风险暴露。2007 年 8 月开始，人们意识到次级抵押贷款使得金融市场产生了大量的信用、市场和操作风险。此后，AIG 对于抵押贷款支持证券的偏好开始消散。

战略缺陷

AIG 在众多的保险公司中显得与众不同：它承担了过多的资本市场相关的风险并且激进地扩张其非核心业务。例如，AIG 在信用违约互换交易中扮演重要角色，以此向市场提供信用保险产品。AIG 的风险暴露大部分源自其为抵押贷款支持证券提供的保护。AIG 的内部文件显示，这些信用违约互换产品的构造本身就存在问题——这些产品并没有对触发追加抵押品的门槛值作出合理规定（门槛值是指当作为参考的担保债务凭证的价值下降多少个百分点之后，保险产品的出售方需要提供额外的抵押品）。文件表明，AIG 在一些担保债务凭证合同中没有设置门槛值，而其他的一些合同中的门槛值仅为 4%。这样的产品设计对于 AIG 是非常不利的，大量的追加抵押品要求是造成公司在 2008 年 9 月出现流动性危机的关键因素。

不充分的信息披露

哥伦比亚广播公司提供的证据表明，AIG 在 2007 年 12 月 5 日召开面向投资者的会议之前就已经充分意识到它的担保债务凭证组合很可能存在问题。在会议之前，公司就已经收到了许多要求追加抵押品的通知。然而，在这场媒体称为的“一场关键会议”中，公司的高级管理人员却告诉投资者其担保债务凭证组合不可能遭受持续性的损失。

过度的风险承担

AIG 的一个非核心业务分支将公司的其他业务分支置于危险的境地的业务模式被认为是一个高度风险承担的战略。AIG 在信用衍生品中的风险暴露最终导致其遭遇了巨大损失，反映出了信用衍生品交易的高风险和不透明的特征。AIG 在其衍生品业务中风险十分集中，而在其核心的保险业务中，如此集中的风险承担是不可能存在的。在市场出现大幅波动时，债券违约触发追加抵押品的要求呈指数型增长，AIG 因发行信用违约互换产品所承担的风险随之迅速增加。正如之前提到的，新奥尔良市退休基金就 AIG 的高度风险承担向法院提起了诉讼。

纠正措施和管理层响应

对 AIG 的援助计划包括向其提供 850 亿美元，为期两年的过桥贷款；而作为回报，美国政府将得到 79.9% 的公司股份。过桥贷款的利率被设定为伦敦银行间拆借利率（Libor）+ 8.5%。政府希望通过设定较高的利率消除可能存在的道德风险。而从 AIG 的角度来看，通过出售部分公司资产来尽快地还清贷款更符合其利益。美国政府将通过 AIG 直接向其发行认股权证的方式获得公司的控制权，此举是为了防止股东从该救助计划中直接获益。而股东从救助计划中直接获利正是道德风险。

援助计划还包括更换公司的首席执行官，爱德华·利德将取代鲍勃·维拉姆斯塔德出任 AIG 的首席执行官，同时利德同意接受 1 美元的薪水。在给员工的信中，好事达保险的前首席执行官利德先生表达了他不会关闭 AIG 的想法："我的目标并不是清算公司。AIG 的保险业务是非常可靠的，并且拥有充足的资本和资金。" 他一再向市场保证，"这场混乱是可以解决的"。利德在 2009 年 5 月 21 日对外宣布，他将辞去其在 AIG 的职位直到公司找到合适的人员来接替他的位置。

据估计，AIG 的破产清算价值大约有 1 500 亿美元。市场上有许多可能并购 AIG 业务的企业，包括保德信金融集团、保诚集团、英杰华集团、伯克希尔·哈撒韦公司、慕尼黑再保险公司以及安联集团。AIG 中盈利能力最好的航空租赁公司的高级管理人员正在寻求融资，试图进行管理层收购。

2008 年 9 月 16 日，AIG 的董事会对外发布了如下声明："集团的董事会已通过了这项援助计划，这项决定对于包括投保人、顾客、债权人、交易对手、员工以及股东在内的集团的所有支持者而言都是一个最好的选择。AIG 是一个拥有超过 1 万亿美元资产以及大量权益的稳定公司，但公司最近遇到了严重的流动性危机。我们相信这笔贷款，是基于公司的盈利能力以及资本充足、拥有巨大价值的子公司而发放的。这笔贷款可以保护全部投保人的利益，解决信用评级问题，并为集团提供了充分的时间进行有序的资产销售。我们预计，通过这些资产销售，公司将得到足够的资金偿还贷款，并且使得集团的不同业务能够在各自的市场上继续进行。为了回报政府提供的支持，美国的纳税人将得到公司大部分的所有权。"

经验教训

对于 AIG 的援助不可避免地使市场担忧随之而来的道德风险。美国财政部和美联储也面临着来自外部的巨大压力，它们需要向公众解释为什么在一天之内拒绝向雷曼兄弟提供救助的情况下，却给一家保险公司提供了救助资金。美国政府作出是否援助决策的关键因素包括公司和市场之间的联系以及公司破产可能带来的系统性风险的大小。由于 AIG 大而不能倒的特征以及和市场的密切相互影响，美国政府最终作出了援助 AIG 的决定。而这项决定也是多重因素共同作用的结果：AIG 的股票是许多养老基金和共同基金资产组合的组成部分，并且被众多的个人投资者持有；AIG 在信用违约互换交易的买卖两方都占据重要位置；AIG 是全球市场上最大的保险公司。与此相比，雷曼兄弟破产所带来的影响要可控得多。

美联储在稳定 AIG 的经营状况中扮演着重要角色，这也预示着监管环境的改变。美联储似乎在一夜之间从只关注货币和银行系统稳定性与资本充足性的机构转变成了整个经济体系的管理者。一些海外的分析师评论道，近几个月发生的一系列援助行为代表着对于纯自由市场经济的背离。美联储和世界银行曾经公开批评一些经济高速增长国家的政府救助出现问题的私人经济部门的做法，使得分析师们尽管能够理解为什么美联储对房利美、房地美和 AIG 进行救助，但依旧认为美联储的救助行为很可能是伪善的。

案例研究二：美林证券（MERRILL LYNCH）[①]

事件概述

2008 年 3 月 18 日，美林证券股份有限公司（以下简称美林证券）向债券保险公司 XL 资本保险有限公司（以下简称 XL 公司）提起诉讼。该诉讼称，XL 公司下属的一家债券保险部门在取消对 37 亿美元担保债务凭证（CDOs）的违约保护时违背了合同。XL 公司默认提供信用违约互换（CDSs）形式的保护。2008 年 4 月 1 日，证券资本保险公司（Security Capital Assurance，SCA）提起反诉，为其终止为美林证券国际背书 7 份信用违约互换辩护。2008 年 7 月 28 日，SCA 同意向美林证券赔付 5 亿美元来终止 7 份信用违约互换合同。几乎在同一时间，SCA 从 XL 公司中独立出来并更名为 Syncora 控股（Syncora Holdings）。

事件详情

自 2005 年以来，为了保护公司持有的以抵押贷款为担保发行的优先级担保债务凭证，美林证券需要购买债务保险。美国国际集团（AIG）曾为美林证券的部分贷款担保发行资产提供保险，然而在 2005 年底，AIG 决定停止出售此类资产的新保险。美林证券随后与 SCA 的经营子公司 XL 公司签订了 7 份信用违约互换合同来保护持有的担保债务凭证。尽管存在其他期限，信用违约互换合同通常持续 5 年。

据报道，2007 年 8 月，美林证券提议 XL 公司再为其担保债务凭证提供 200 万美元的保险。“不要犹豫。这对 XL 公司来说是一笔很好的交易，对美林证券也是一个很大的帮助。”一位美林证券的销售人员当时这样对 XL 公司的员工说。但是 XL 公司拒绝提供新业务，于是美林证券转向一家规模更小的保险公司，ACA 金融担保公司。

2008 年 2 月和 3 月，XL 公司试图取消这 7 份保护原有 37 亿美元债务抵押债券的信用违约互换，理由是美林证券在没有通知 XL 公司的情况下向第三方授予“控制权”，违背了合约条款。报道称，第三方是债券保险公司 MBIA。控制权的内容包含帮助违约担保债务凭证的优先级持有人获得全部赔付，这使得他们的利益与更低优先级持有人对立。本次事件中至少有两个有争议的担保债务凭证收到了违约（Event of default，EOD）通知。2008 年 3 月，SCA 记录的有关掉期交易的费用为 6.323 亿美元。

2008 年 3 月 18 日，美林证券在纽约联邦法院对 XL 公司提起诉讼。美林证券声称 XL 公司违背了合约，并要求法院判定 7 份信用违约互换合同维持有效。这一消息引发了美林证券股票的抛售，当日美林证券股票在纽约证券交易所成交的价格跌幅为 8.4%，因为投资者预期担保债务凭证的价值会进一步减记。

2008 年 4 月 1 日，SCA 在联邦法院对美林证券提起反诉，质疑美林证券的主张并为其终止信用违约互换合约的行为辩护。SCA 在诉讼中声称，美林证券在预测 2007 年第三季度

---

① Ibid。

次级抵押贷款相关资产将减记 79 亿美元后，“匆忙寻找愿意对冲或为其剩余（担保债务凭证）头寸提供保护的对手方……”美林证券决意在 2007 年第三季度之前不惜一切代价将账面上的担保债务凭证风险剥离，因此公然无视先前对 XL 公司资本的承诺。至少两份由 XL 公司签署的信用违约互换合同“疏忽大意”地省略了 XL 公司可能面临信用违约互换合约控制权被授予第三方的说明条款。SCA 辩称，虽然美林证券同意修改这两份合同，但从未付诸行动。

2008 年 4 月 17 日，美林证券公布了 2008 年第一季度业绩。该公司的资产减记包括“与金融担保人相关的 -30 亿美元信用估值调整，其中大部分与美国最优先级资产证券化债券债务凭证有关”。但是尚不清楚这是否直接涉及本案中的争议对象信用违约互换合约。

内控失误及原因分析

不充分的信息披露

SCA 声称美林证券未通知 XL 公司就将几份信用违约互换合同的控制权转交第三方，从而违反了合约。

公司和市场情况

美国住宅抵押贷款违约率的上升导致资产担保的担保债务凭证市场迅速恶化，这一情况反过来又给向此类证券提供债券保险的公司造成压力。

糟糕的合同文件

至少两份 XL 公司“疏忽”签署的合同中省略了 XL 公司可能面临信用违约互换合约控制权被授予第三方的说明条款。SCA 辩称，虽然美林证券同意修改这两份合同，但从未付诸行动。

应对措施和管理层响应

2008 年 7 月 28 日，美林证券不得不同意允许 SCA 终止为 37 亿美元贷款相关资产担保的担保债务凭证提供信用违约互换保护，诉讼结束。作为终止合约的代价，SCA 同意向美林证券支付 5 亿美元。这些交易是由纽约保险专员埃里克·迪纳洛（Eric Dinallo）促成的。在宣布和解协议的同时，总部位于百慕大的再保险公司 XL 资本（前 SCA 母公司），同意向 SCA 支付 17.8 亿美元现金，并发行 800 万股 SCA 股票。SCA 也将更名为 Syncora 控股。2008 年 6 月，SCA 股东同意对公司更名。几乎在和解协议宣布的同时，SCA 更名为 Syncora 控股。

经验教训

尽管书面合同数量庞大，迅速增长的信用违约互换市场在很大程度上仍然不受监管。这些证券不受一般违约情况的影响，也很少或几乎没有诉讼来测试合约的编写。因此，正如一位摩根大通（J. P. Morgan）的分析师在《金融时报》上评论的那样：“如果某个公司由于法律问题成功转移损失，保留或对冲优先 AAA 级担保债务凭证的交易商可能面临更大的损失，或者（他们）可能因为草率的文件而被低优先级投资者起诉。”然而，分析师还指出，如果信用违约互换纠纷在法庭上裁决，鉴于双方当事人都有成为资深投资者的资质，虚假陈述指控的举证标准将很高。但是这些合约中的一部分是投机性投资而非对冲，并且未知数目的金额由几乎没有储备的高杠杆实体持有，例如对冲基金。

知名投资者乔治·索罗斯（George Soros）4 月 4 日谈到这些工具时评论道："这是一个完全不受监管的市场，就像达摩克利斯之剑一样悬挂在金融体系之上。你不知道你的交易对手是否有能力赔付合约。"许多购买信用违约互换合同以对冲投资风险的公司不得不寻找当前合同的持有者。因为保险公司可能已将保险合同转让给另一方，然后另一方也可以进行转让。因此，当违约事件发生时，公司甚至可能不知道负责赔付的对手方的身份。

根据《纽约时报》2008 年 8 月 10 日的分析，以 5 亿美元结算合约的协议——约占合约面值的 13%——引发了投资者对其他未偿付信用违约互换合约估值的质疑。如果 SCA 有义务支付互换的全部价值，则很可能它根本无力偿付。那么 SCA 将被置于监管控制之下，而美林证券可能只会得到很少或几乎没有的赔付。正如专员迪纳洛（Mr. Dinallo）告诉《纽约时报》的那样："对我们而言迫在眉睫的威胁是即使我们将整件事情还原，发生什么仍然是不确定的。"在监管收购标准下，互换的优先级在 SCA 的其他赔偿之后。"这种不确定性影响了信用违约互换的市场清算价格"，迪纳洛说，至少有 13 家银行与 SCA 有类似的信用违约互换合约。

迪纳洛致力于让这些合约作为保险产品进行监管，这将要求买方拥有合同涵盖的"保险权益"，而卖方则保留足以偿付合同价值的准备金。还有人认为应将这些产品（也许还有货币和利率互换）作为衍生品进行监管。截至 2008 年 11 月，信用违约互换合约仍然不受监管，且没有合约清算所。

第五部分
金融工程专题

Chapter Twenty - Three

业绩报酬 第23章

马克·P. 克里兹曼[①]

引言

本章讨论投资管理费用的三个方面，这些方面通常不被人们所理解。第一，一组基金的业绩报酬高于其平均预期费用；第二，业绩报酬净回报的标准差低估了基金的风险；第三，共同基金的基金费相当于甚至高于对冲基金的基金费。下面将对这些问题进行解释。

业绩报酬

通常对冲基金会收取与基准相关的业绩报酬（按利润而非损失的百分比收取）和基础费用（按管理资产的固定百分比收取）。计算业绩报酬之前基础费用通常已经从利润中扣除。例如，基础费用占2%，业绩报酬占20%，如果一位对冲基金经理在1亿美元的证券投资组合下获得超过基准7%的回报，那么将收取200万美元（2% ×100 000 000 美元）的基础费用和100万美元［20% ×（7 000 000 -2 000 000）美元］的业绩报酬，共300万美元。因此，投资者的费用净回报率比基准高出4%（400万美元）。图23.1展示了在这种费用安排下相对业绩和总费用的函数关系。

图23.1表明，由于对冲基金经理在相对业绩表现好的时候获取一部分作为收益，而在业绩表现差的时候没有损失，因此业绩报酬对于基金经理来说相当于持有一个相对于业绩表现的看涨期权，而对于投资者来说相当于出售一个看涨期权。如果投资者面临几个要求业绩报酬的基金经理，投资者实际上是在做空一个期权的组合，而不是做空一个投资组合的期权，因为业绩报酬是根据基金各自业绩而不是平均业绩支付的。例如，如果一只基金上涨而另一只基金下跌同样数量，投资者仍需为盈利的基金支付业绩报酬，因此，这会降

① 马克·P. 克里兹曼（Mark P. Kritzman）是Windham资本管理公司的董事长兼CEO。他还担任State Street Associates的高级合伙人，并且在麻省理工斯隆学院教授金融工程课程。同时，他还担任*Emerging Markets Review*、*Journal of Alternative Investments*、*Journal of Asset Management*、*Journal of Derivative*和*Journal of Investment Management*等期刊编委。

低投资组合的预期回报。①

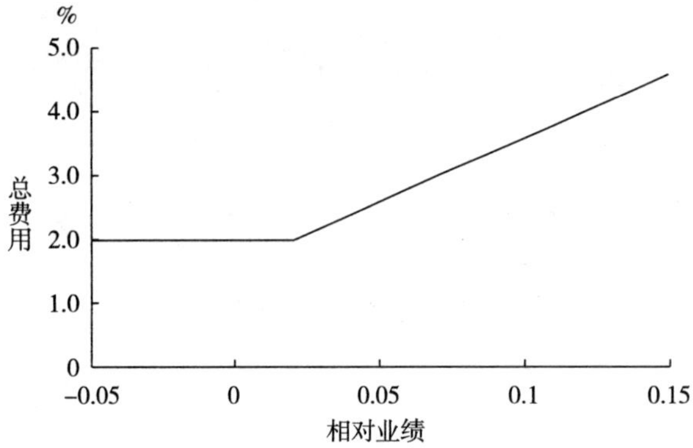

图 23.1　业绩报酬收益图

不对称的影响

假设一名投资者雇用了两名经理，他们都收取 2% 的基础费用，20% 的业绩报酬，并且他们的预期回报都超过基准 7%。每一名经理的预期费用都是 3% [2% +20% × (7% -2%)]；因此，投资者从两名基金经理那获取的预期总的净收益为 4%。然而，这一预期只有在两名经理的回报都超过基础费用的前提下才是合理的。相反，如果一名经理产生 25% 的超额收益，而另一名经理为 -11% 的超额收益，每名经理的资本配置一样，投资者将需要平均支付 4.3% 的费用，而不是 3%，并且平均回报是 2.7% 而不是 4%，尽管两名经理的平均超额回报仍然是 7%。

正如前文解释的那样，投资者期望回报 4% 和实际回报 2.7% 之间的不同是由于业绩报酬的不对称造成的。表 23.2 明确给出了本例的假设结果，在给定期望超额收益、超额收益标准差、基金经理超额收益平均相关性等假设下，通过蒙特卡洛模拟很容易确定这种典型的不对称性的影响。

表 23.2　　不对称惩罚

项目	超额收益	管理费用	投资者收益率
基金 1	7.0%	3.0%	4.0%
基金 2	7.0%	3.0%	4.0%
平均	7.0%	3.0%	4.0%
基金 1	25.0%	6.6%	18.4%
基金 2	-11.0%	2.0%	-13.0%
平均	7.0%	4.3%	2.7%
惩罚			1.3%

① 这个问题是埃里克·罗森菲尔德（Eric Rosenfeld）向我提出的，他要求我在麻省理工的学生衡量这一业绩被拖累的程度，之后这个问题被转到了我这里。

例如，假定我们投资10只对冲基金，每只基金的期望超额收益为7%，标准差为15%。我们来看看3种不同的收益相关系数情景下由不对称性造成的影响。这三种情形分别是-25%、0%、25%。为简单起见，我们假设所有10只基金的收益相关性取自上述三种情形。为了估计不对称性对一组对冲基金的影响，我们进行如下模拟。

（1）抽取10只基金的1 000个收益，这些收益来自一个多元正态分布，均值为7%，标准差为15%，相关系数分别为-25%、0%、25%。

（2）我们将该费用结构用于每一只基金上1 000次，计算出所有10只基金在1 000次抽样中的平均净收益。

（3）计算10只基金的平均收益1 000次。

（4）将该费用结构用于10只基金的平均收益1 000次，并且计算1 000次试验的平均净收益。

（5）计算步骤（2）和步骤（4）中的平均收益的差额。

假设基本费用为2%，业绩报酬为20%，表23.3给出了业绩报酬在扣除基本费用后计算的模拟的结果。

表23.3　　不对称惩罚模拟结果

相关性		
-0.25	0	25.00%
0.80%	0.69%	0.47%
alpha = 7%		
期望收益率 = 11%		
标准差 = 15%		

正如预料的那样，不对称性的大小与基金相关系数负相关，因为它们的业绩越有差别，越可能出现一些基金跑赢基准而另外的弱于基准。

不对称也影响风险。具体来说，它使得标准差作为估计风险损失失效。事实证明扣除费用之后的基金净收益的标准差低于费用扣除前的收益标准差，但这并不意味着风险减少。图23.4说明了为什么标准差不能衡量风险损失。

图23.4展示了不同收费策略的收益分布。菱形代表收益的中位数，而方框对应25%和75%分位数上的收益。延伸线代表最低和最高的收益。第一个图显示了没有费用下的收益分布。第二个图只减去了基本费用。第三个图假设业绩报酬适用于这10只基金的净收益，类似于一只多策略基金。第四个图假设业绩报酬单独适用于每只基金。最后第五个图是扣除了给FoF经理的补偿的1%的额外基础费用和10%的业绩报酬。

尽管在扣除业绩报酬后，收益的分布更加集中，即标准差更低，但这种波动性的降低并不意味着风险降低。标准差减小是因为业绩报酬减小了收益回报的上限而不是下限。扣除费用后，其下限只是与扣除费用前一样或者更低而已。因此，标准差不是一个可靠的衡量风险损失的指标，不应该被用来构建收取业绩报酬的基金的有效组合。相反，我们应该用下行偏差（downside deviation）来衡量风险并确定对对冲基金和其他收取业绩报酬的基金的最优配置。

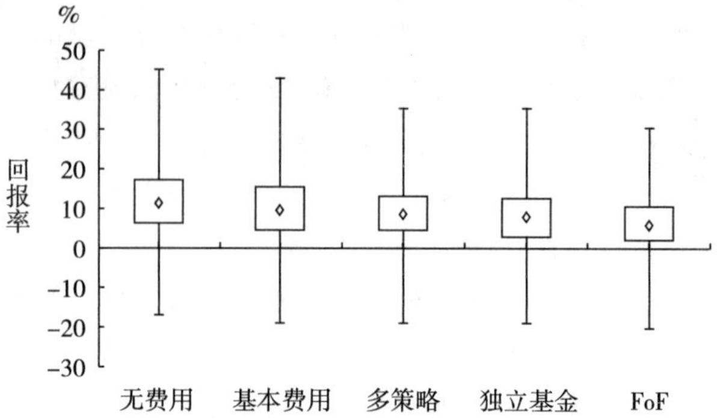

图 23.4　上行和下行波动

最优配置

现在我们来讨论一下业绩报酬对最优投资组合配置的影响。基于股票和债券的以下假设，我们希望用股票、债券和对冲基金构成一个投资组合。给定各种费用，并假设 alpha 为 7% ~ 10%，表 23.5 给出了相应的预期收益和下行偏差。

表 23.5　　费用的回报和风险净额

alpha = 7%，Libor = 4%					
	无费用	基础费用	多策略	独立基金	FoF
期望收益率	11.00%	9.00%	7.71%	7.24%	5.52%
下行偏差	8.55%	8.55%	7.70%	7.70%	7.26%
alpha = 8%，Libor = 4%					
	无费用	基础费用	多策略	独立基金	FoF
期望收益率	12.00%	10.00%	8.56%	8.10%	6.30%
下行偏差	8.55%	8.55%	7.64%	7.69%	7.20%
alpha = 9%，Libor = 4%					
	无费用	基础费用	多策略	独立基金	FoF
期望收益率	8.55%	8.55%	7.64%	7.69%	7.20%
下行偏差	8.55%	8.55%	7.49%	7.63%	7.09%
alpha = 10%，Libor = 4%					
	无费用	基础费用	多策略	独立基金	FoF
期望收益率	14.00%	12.00%	10.23%	9.83%	7.86%
下行偏差	8.55%	8.55%	7.71%	7.85%	7.23%

我们可以使用这些信息来确定对冲基金的最佳配置。假设投资者在初始的投资组合中配置了 70% 的股票，预计收益为 9.5%，标准差为 20%；债券 30%，预计收益为 8%，标

准差为 10%。假设股票和债券相关性为 30%。①

图 23.6 显示，7% 的 alpha 不足以保证覆盖对冲基金的风险。如果 alpha 高达 8% 或 9%，在多策略投资组合中应大量配置对冲基金，甚至配置单独收取业绩报酬的基金；然而，这种情况下仍然不适合配置 FoF。只有当 alpha 达到 10%，少量配置 FoF 才有意义。

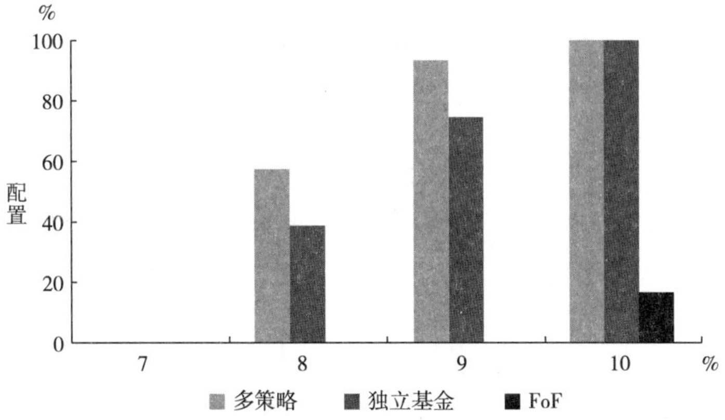

图 23.6　不对称惩罚和下行波动下的最优对冲基金配置

小结

业绩好时要求投资者支付业绩报酬，而业绩不佳时投资者却没有获得相应的补偿，这会成为业绩报酬中的一项潜在成本，称为不对称惩罚。

业绩报酬虽然降低了波动性但没有降低风险，因为上行偏差（upside deviation）受到了限制。在确定对冲基金最优配置时，对冲基金的投资者应考虑不对称惩罚和下行波动（downside volatility）。投资者应该以数百个基点的溢价预期来证明配置 FoF 的合理性。

对冲基金和共同基金费用

大多数投资者认为，对冲基金的费用远高于共同基金费用。毕竟，对冲基金收取的基础费用远远高于共同基金费用，最重要的是，对冲基金以业绩报酬的形式占据了利润的很大一部分。这样看来，对冲基金费用肯定高于共同基金费用，但事实可能并非如此。对冲基金原则上对冲市场风险，从而产生纯 alpha，因此它被称为对冲基金。alpha 原则上与市场收益无关。相比之下，共同基金的回报则包含了市场因素和 alpha。共同基金的收益与市场收益的相关性通常会在 95% 以上。考虑到这些因素，很难判断对冲基金和共同基金究竟哪个更贵。以下示例说明投资对冲基金和共同基金的相对成本。

表 23.7 显示了我们假设的共同基金和指数基金的每月回报和价值，这里假设初始投资为 100 万美元。指数基金作为共同基金的基准。

① 在这些假设下，对于一个偏好符合二次效用函数、风险厌恶系数是 1/3 的投资者来说，一个 70/30 的投资组合是最优的。

表 23.7　　共同基金和指数基金的收益率和市值

月份	共同基金		指数基金		alpha
	收益率	市值	收益率	市值	
		1 000 000		1 000 000	
1月	0.41%	1 004 078	-1.13%	988 744	1.53%
2月	6.03%	1 064 613	5.87%	1 046 783	0.16%
3月	-8.30%	976 258	-8.08%	962 172	-0.22%
4月	6.09%	1 035 759	6.23%	1 022 096	-0.13%
5月	6.08%	1 098 733	7.03%	1 093 908	-0.95%
6月	-4.74%	1 046 667	-5.66%	1 031 986	-0.92%
7月	-0.95%	1 036 682	-1.85%	1 012 925	-0.89%
8月	-5.83%	976 241	-4.41%	968 206	-1.42%
9月	1.72%	993 060	1.59%	983 618	0.13%
10月	2.49%	1 017 814	3.45%	1 017 575	-0.96%
11月	-1.84%	999 069	-3.10%	985 983	1.26%
12月	10.10%	1 100 000	9.54%	1 080 000	0.57%
累计收益率	10.00%		8.00%		2.00%
标准差	19.29%		19.59%		3.23%

共同基金经理当年的业绩相当不错。他管理的基金的 alpha 为 2%，主动投资的风险为 3.23%，信息比率为 0.62（alpha 的累积回报除以 alpha 的标准差）。此外，他过去几年的业绩表现与此类似。由于他长期稳健的业绩记录，他收取基金价值平均值 75 个基点的费用。

我们可能很想聘请这位业绩突出的共同基金经理。但是，此时我们发现他还有一个同样有才华的孪生姐姐。他们的选股技能相当，因为他们会作出完全相同的主动投资选择。不过，这位基金经理的孪生姐姐并不是一名共同基金经理，而是一名对冲基金经理。她没有投资于她预期表现优于基准的股票，而是将资本投资于能赚取 4% 收益的短期投资基金（STIF）。然后，她将指数基金卖空，并使用这些卖空收益购买了她预期表现突出的股票，并且加了 12 倍的杠杆。因此，她管理的基金的收益是一系列的纯 alpha，而不像她的孪生弟弟管理的共同基金，获取的是市场收益和 alpha 的组合。表 23.8 显示了假设初始投资为 100 万美元时，对冲基金的收益和价值。

表 23.8　　对冲基金的收益率和市值

月份	STIF		共同基金		指数基金		对冲基金	
	收益率	市值	收益率	市值	收益率	市值	收益率	市值
		1 000 000		12 000 000		-12 000 000		1 000 000
1月	0.33%	1 003 274	0.41%	12 048 933	-1.13%	-11 864 929	18.73%	1 187 278
2月	0.33%	1 006 558	6.03%	12 775 360	5.87%	-12 561 400	2.80%	1 220 518
3月	0.33%	1 009 853	-8.30%	11 715 098	-8.08%	-11 546 068	-3.41%	1 178 883

续表

月份	STIF		共同基金		指数基金		对冲基金	
	收益率	市值	收益率	市值	收益率	市值	收益率	市值
4 月	0. 33%	1 013 159	6. 09%	12 429 110	6. 23%	– 12 265 152	– 0. 15%	1 177 118
5 月	0. 33%	1 016 476	6. 08%	13 184 899	7. 03%	– 13 126 891	– 8. 73%	1 074 385
6 月	0. 33%	1 019 804	– 4. 74%	12 560 008	– 5. 66%	– 12 383 827	11. 32%	1 195 985
7 月	0. 33%	1 023 142	– 0. 95%	12 440 182	– 1. 85%	– 12 155 104	9. 38%	1 308 221
8 月	0. 33%	1 026 492	– 5. 83%	11 714 890	– 4. 41%	– 11 618 472	– 14. 17%	1 122 910
9 月	0. 33%	1 029 852	1. 72%	11 916 718	1. 59%	– 11 803 419	1. 80%	1 143 152
10 月	0. 33%	1 033 224	2. 49%	12 213 770	3. 45%	– 12 210 897	– 9. 36%	1 036 097
11 月	0. 33%	1 036 606	– 1. 84%	11 988 828	– 3. 10%	– 11 831 800	15. 20%	1 193 634
12 月	0. 33%	1 040 000	10. 10%	13 199 999			7. 24%	1 280 002
累计收益率	4. 00%		10. 00%		8. 00%		28. 00%	
标准差	0. 00%		19. 29%		19. 59%		35. 56%	

该短期投资基金投资 100 万美元，月复合投资收益为 0. 33%，累计年收益率为 4%。共同基金的初始敞口等于 1 200 万美元（12:1 的杠杆），而指数基金的初始敞口等于 – 1 200 万美元（12:1 的杠杆）。因此，每一期，对冲基金的价值等于短期投资基金头寸与共同基金和指数基金头寸的总和。

基金经理的孪生姐姐管理的对冲基金策略每年回报率为 28%，与她孪生弟弟管理的共同基金的 2% alpha 的 12 倍加上短期基金投资的 4% 之和相等。由于对冲基金配置了短期投资基金，其每月收益的年化标准差略低于她孪生弟弟主动管理风险的 12 倍。因此，她的信息比率为 0. 79，其弟弟的信息比率为 0. 62。跟她弟弟的管理表现相似，姐姐今年的管理表现与往年一致。因此，基于对冲基金初期和期末价值的平均值，她按 2% 的比例收取基础管理费；然后，在从收入中扣除短期投资收益和基础管理费后，以 20% 的比例收取业绩报酬。

虽然对冲基金的表现可能会给我们留下不错的印象，但其 36% 的标准差对我们来说可能是难以承受的风险。此外，我们可能不愿意支付这么高的费用。首先，我们必须支付 22 800美元的基础管理费：

$$2.00\% \times (1\ 000\ 000 + 1\ 280\ 002) \div 2 = 22\ 800\ (\text{美元})$$

然后除了基础管理费用，我们还必须支付 43 440 美元的业绩报酬，如表 23. 9 所示。

表 23. 9　　　　业绩报酬

对冲基金毛利润	1 280 002 – 1 000 000	280 002
STIF 利润	1 000 000 × 4%	40 000
基础费用	2% ×（1 000 000 + 1 280 002）÷ 2	22 800
对冲基金净利润	22 802 – 40 000 – 22 800	217 202
业绩报酬	20% × 217 202	43 440

因此，对冲基金的总费用为66 240 美元，相比之下，共同基金的费用只有7 875 美元[0.75% × (1 000 000 + 1 100 000) ÷2]。所以，对冲基金经理收取的费用是她的孪生兄弟的8 倍——真的是这样吗？

记住，共同基金的回报是市场敞口和 alpha 敞口的组合。通过投资低成本的指数基金，我们能够获取共同基金80%的收益。并且，假设共同基金回报与指数基金回报的相关性超过98%，那么共同基金的风险构成有相当大的部分是被动的成分，而我们支付的费用包含基金经理主动管理风险的部分，既然如此，为什么我们要支付这部分费用呢？

相比之下，对冲基金被设计为没有市场风险敞口，并且在所示期间，对冲基金的收益实际上与指数基金收益呈轻微负相关。对冲基金的回报是一系列的 alpha，而共同基金由市场驱动，当我们比较对冲基金与共同基金的费用时，我们就像在拿苹果和橙子进行比较。如果我们构建一个投资组合，包括低成本的指数基金和对冲基金投资，而不是专门投资共同基金或对冲基金，情况会如何？表23.10 显示了当指数基金和对冲基金的比例为9:1 时，投资组合的收益和价值。

表23.10　各基金的收益与市值对比

月份	指数基金		对冲基金		90/10 投资组合	
	收益率	市值	收益率	市值	收益率	市值
		900 000		100 000		1 000 000
1 月	-1.13%	889 870	18.73%	118 728	0.86%	1 008 597
2 月	5.87%	942 105	2.80%	122 052	5.51%	1 064 157
3 月	-8.08%	865 955	-3.41%	117 888	-7.55%	983 843
4 月	6.23%	919 886	-0.15%	117 712	5.46%	1 037 598
5 月	7.03%	984 517	-8.73%	107 438	5.24%	1 091 955
6 月	-5.66%	928 787	11.32%	119 598	-3.99%	1 048 386
7 月	-1.85%	911 633	9.38%	130 822	-0.57%	1 042 455
8 月	-4.41%	871 385	-14.17%	112 291	-5.64%	983 676
9 月	1.59%	885 256	1.80%	114 315	1.62%	999 572
10 月	3.45%	915 817	-9.36%	103 610	1.99%	1 019 427
11 月	-3.10%	887 385	15.20%	119 363	-1.24%	1 006 748
12 月	9.54%	972 000	7.24%	128 000	9.26%	1 100 000
累计收益率	8.00%		28.00%		10.00%	
标准差	19.59%		35.56%		17.39%	

初始用90 万美元投资指数基金，用10 万美元投资对冲基金，这种特定投资组合的收益与共同基金的收益相同，为10%；同时这个投资组合的风险略低，为17.39%，而共同基金的风险为19.29%。此外，这一策略的收益与共同基金收益有99.85%的相关性。这一投资组合几乎是共同基金的完美替代品。但是它的成本是多少呢？

我们假设指数基金按5 个基准点收取管理费，比一般机构在指数基金上收取的管理费略高。表23.11 显示了这种投资策略的总费用。

表 23.11　　90/10 策略的总费用

指数基金费用	0.05% ×（900 000 +972 000）÷2	468
对冲基金基础费用	2% ×（100 000 +128 000）÷2	2 280
对冲基金毛利润	128 000 – 100 000	28 000
STIF 利润	100 000 ×4%	4 000
对冲基金净利润	28 000 – 2 280 – 4 000	21 720
业绩报酬	20% ×21 720	4 344
总策略费用	468 +2 280 +4 344	7 092

这一投资策略的总费用为 7 092 美元，而共同基金的费用为 7 875 美元。相比投资共同基金，同时投资对冲基金和指数基金的费用更低。这个比较则是像在苹果与苹果之间的比较，因为共同基金的风险是市场风险敞口和主动投资风险的组合，而 90/10 这一投资策略则构建了一个模仿共同基金的策略。然而，在 90/10 的投资策略中，我们分别为主动投资风险和市场风险各自支付了费用；但在投资共同基金的策略中，我们并不区分主动投资风险和市场风险，而为所有风险支付了积极的管理费用。共同基金和 90/10 的投资策略有相同的被动风险敞口，但投资共同基金的费用超过了 90/10 投资策略的费用。因此，共同基金隐含的积极管理费用要大于为 90/10 投资策略中所支付的积极管理费用，这就是对冲基金管理费用。

上述分析有几个简化的假设。例如，我们假设卖空证券的收入正好抵消了购买证券保证金的成本。在实践中，例子所描述的多/空策略是存在净成本的。我们举的例子也取决于对收益率、波动性、利率和管理费用表的具体假设，这些因素共同决定了你所看到的结果。尽管如此，这些假设的变化并不会改变我们的观点的实质，即如果采用恰当的度量方法，对冲基金费用和共同基金费用是非常接近的。也有可能这种接近程度没有那么显著，这是由市场的有效性所决定的。

小结

共同基金的外在费用通常低于所管理资产的 1%。典型的对冲基金收取 2% 的基本费用，除此之外，还要收取净利润 20% 的业绩报酬。共同基金优势是，其业绩由被动的市场风险决定，但这个费用是分摊给整个基金的。根据设计，对冲基金的业绩独立于市场表现。通过组合指数基金（替代共同基金的基于市场表现的被动风险）和对冲基金（替代共同基金主动投资带来的风险），我们能够模拟共同基金的表现。这一组合基金的费用是由低成本的指数基金费用和高成本的对冲基金费用构成，且共同基金的费用非常相近，这表明共同基金主动投资部分隐含的管理费用与对冲基金的费用非常相近。

Chapter Twenty – Four

浅谈套期保值 第 24 章

艾拉·卡瓦勒[①]

引言

我有幸从事金融及会计事业超过 25 年。在这期间几乎所有的时间里我都在处理各种形式的衍生工具合约。我职业生涯的前半段集中于交易所交易的衍生产品。作为芝加哥商业交易所（CME）纽约办事处主任，我设计了 CME 交易的各类金融合约，包括与利率、货币和证券市场相关的期货和期权。从那时起，我也开始涉足场外衍生品。然而在大多数情况下，我仍是与传统的金融工具打交道：期货、远期、期权和互换——一些传统的衍生品及其在书上的应用。

1998 年末，芝加哥商业交易所关闭了其纽约办事处，于是我做起了顾问，这对我来说是一个合适的职业。就在那时，美国财务会计准则委员会（FABS）推出了新的针对衍生品和对冲交易的会计准则，这个准则之前（现在仍然是）很复杂并且很难应用。财务会计准则委员会认识到了问题的存在，并且知道这些问题一定会出现。为了协助应对这些问题，财务会计准则委员会成立了一个衍生品实施小组，就公众提出的实践性问题向财务会计准则委员会提供咨询意见。我有幸受邀并成为该小组的一员。我的咨询工作主要是协助公司解决这些问题。

在离开芝加哥商业交易所后不久，我自己也开始交易期货和期权，这些事情在我还是交易所雇员时是被禁止的。小有成就后，我创立了 Kawaller 商品基金，并作为货币经理提供相应的服务。

我发现许多被一个细分市场所理解和接受的经验会被其他的细分市场所忽视。换句话说，套期保值者倾向于以一种方式看这个世界，交易员们则会有一些不同的看法，而会计人员又会从另一个不同的角度看。不管怎样，各方的观点都值得其他各方深思。这就是本章想要描述的。

套期保值的角度

套期保值者会面临一些既有风险，他们使用衍生工具作为叠加头寸来减轻风险。根据

① 艾拉·卡瓦勒（Ira Kawaller）是卡瓦勒公司创始人，国际金融工程师协会理事。他曾在哥伦比亚大学和纽约大学理工学院担任副教授。

我自己的经验，大多数公司不能发挥衍生工具的最大优势，绝大多数公司倾向于依赖单一工具来处理一种风险。例如：出于对冲目的，大多数公司只利用利率互换来对冲利率风险。这种策略有优点，但是其他的策略也可以达到目的，这些策略也是值得我们考虑的。

例如，公司可能发现使用利率上限期权在管理利率上涨风险上有优势，完全不顾利率下跌而可能带来收益。或者，他们可以考虑使用领式期权或利率走廊，而不是互换。① 在不考虑其他选择的情况下就决定选择一种策略是目光短浅的一种表现。如果完全忽略这些选项，原本的潜在机会可能就会丢失。

单一的套期保值方法不只是利率套期保值者在使用，几乎在任何与利率、货币或商品价格有关的市场部门、公司都倾向于依靠单一风险管理工具实现单一的对冲目标。时间不同、条件不同（即不同的价格关系）对工具的偏好也不同，但你必须持续评估相关成本和收益，才能够在机会出现时加以利用。

除了确定套期保值目标（及相应的衍生品结构），接下来的问题就是决定对冲份额。我偏向使用一套系统化的程序，设定一个具体的计划期限和在该期限内套期保值的覆盖率。例如，考虑一家需要持续购买以欧元计价的商品公司。公司可以实行一个为期 3 年的计划，按照政策规定，第一年对冲预期欧元计价采购额的 50% ~70%，第二年对冲头寸的 30% ~50%，第三年对冲头寸的 10% ~30%。在其他条件保持等同的情况下，对冲头寸可能会随着时间的推移而调整。这种方法给对冲经理提供了相当大的判断余地；同时，该方法也确保了至少会缓解一部分风险。

假定，降低对深层风险暴露进行对冲的动力来自对更遥远未来的更大的不确定性。那么，尽管存在许多完全相反的意见，套期保值者仍可能会对冲更多的风险敞口，因为他们对不利的市场走势的担忧会更加迫切，反之亦然。更重要的是，相比于长期预测，我们倾向于对自己的短期预测能力更有信心。

虽然这种方法对外汇套期保值者是很常见的，但它往往不会用于利率变动风险。这让我吃惊。如果这个概念有吸引力，为什么不能更广泛地应用呢？这可难倒我了。在大多数对利率风险进行对冲的背景下，平行对冲交易可能需要应用分期偿还互换（即随着期数增加，名义金额逐渐下降的互换），但这种情况很少发生。分期偿还互换往往与风险敞口的名义摊还金额一起使用，或根本不使用。②

对冲数量多少，这一问题也值得持续思考。套期保值是一个过程，而不是一场交易。因此，谨慎的做法应该是跟踪净风险暴露（即公司风险的未对冲部分），并在净风险暴露尚超出可接受范围之时修改对冲覆盖率。通常，这些对对冲头寸的后续调整没有任何规律可循。

假设你已经进行了对冲（任意市场、任意对冲结构），而且进一步假设在进行对冲之

---

① 在本章中，利率上下限可以通过买入上限和卖出下限来构造，从而给利息费用加上一个最好情况的结果和一个最坏情况的结果。利率走廊是指买入一个执行价格较低的利率上限和出售一个执行价格较高的利率上限。当市场利率落入两个执行价格之间时，这一组合将利率锁定，当市场利率低于利率下限时对公司有利，而当市场利率高于利率上限时对公司不利。

② 使用互换对套期保值进行增量调整可能会很麻烦。然而，欧洲美元期货/期权可以很方便地达到目的之一。

后，被套期保值的风险也真的开始出现。在这种市场情况下，套期保值实现增值。现在怎么办呢？对冲应终止还是继续？虽然这里没有正确的答案，但应该好好考虑——而不是临时决定。要明白，一方面，如果对冲终止，我们将会得到对冲收益；但当未来不利的市场波动出现时，我们将不再受到保护。另一方面，如果对冲头寸保持不变，而潜在价格反向变化，我们就必须放弃先前产生的对冲收益。显然，我们的行动应该反映我们对未来的最佳判断。这是必须要面对的。唯一错误的反应是忽视这种情况，盲目地进行，而不考虑应保留多大的对冲覆盖率。

一些公司没有对套期保值进行定期的和有计划的评估。即便如此，他们可能（或未必）会对某些急剧的市场波动或组织中的一些重大结构变化作出反应。随着事件的发展，他们应该意识到净风险暴露已经失常，需要采取一些措施了。更好的方法是定期地有计划地进行审查，并根据经济形势的变化，考虑更多的情形。

那么应该多久做一次重新评估呢？每年、每季度、每月、每周、每天或是每小时？我倾向于应该比现在的报告间隔要频繁，但我没有偏向任何特定的时间长度。也就是说，我怀疑很少有套期保值者会选择每小时或每日的评估报告。从某种程度上来说，这种频率似乎将会把我们从套期保值者的位置变成了交易员的位置。经过特别频繁的重新评估，随着时间的推移，套期保值的累计收益或损失不可能对应于几乎任何会计期间的风险敞口的收益或损失，不过，这一结果未必是件坏事。

假设在这些价格大幅上涨之前，套期保值者就采取了一种对冲措施来防止价格上涨。然后，价格处于峰值或徘徊在峰值附近，而且价格进一步上涨的威胁不再紧迫，假设套期保值者现在终止其衍生品头寸。显然，如果价格回到原来的水平，套期保值者就可以获得对冲收益，而对冲产品的价格没有相应变化。在我看来，这个例子说明了无数可能出现的事后对冲结果中一个更有吸引力的场景。对冲收益与对冲损失不相称的事实一点也不使我感到困扰。

在进入下一话题之前，我有一个关于对冲的另一种观点：在对冲的起始阶段，对于任何一个衍生合约的应用，我们都不清楚这会带来收益还是亏损。不过很显然，套期保值者一定是期望衍生工具能赚钱，否则，对冲交易不大可能会被放在首要位置。换句话说，当我们认为价格走势更有可能是不利的时候，我们更倾向于对冲。作为一个套期保值者，我们并不关心对冲是获利还是损失，因为风险的暴露会产生相反的效果，但很难想象一家公司在预期到对冲会带来损失时还会进行对冲。

不考虑预期损益，我们可能仍然青睐对冲，因为我们预期它能实现较低的收入波动，这可能会对我们公司的估值有所帮助（在其他条件都一样时，投资者倾向于那些收入波动较低、市盈率较高的公司）。因此，我们可能会在短期内损失部分资金。然而，从长远来看，以降低预期收入为代价来获得较低收入波动，这种交易是否恰当还不能确定。

这种担忧尤其令人烦恼，因为在一般情况下，对冲往往只覆盖其风险的一部分。因此，就公司业绩的底线而言，该公司实际上会从套期损失中获得好处，因为这意味着在更大的风险上产生更多的收益。很奇怪，我们发现自己处于一种尴尬的境地，即增加衍生品头寸，然后希望它们能产生损失。

交易的角度

虽然不同的交易员有不同的交易风格，但我认为绝大多数专业交易者都会在以下几点上达成一致（没有特定的顺序）：

- 金融市场价格（以及衍生品价格）表现出相当大的随机变异性；
- 你无法可靠地确定市场的顶部和底部；
- 要想成功，你必须限制损失——这对于活跃的交易商是不可避免的；
- 所有的价格预测都值得怀疑，但怀疑的程度应该随着预测时间的长度而上升（相比长期预测，我们可以对短期预测更有信心）。

这四点应该影响套期保值者的行为。例如，在决定进入或退出对冲的情况下，逐步进入对冲头寸而不是进行单笔交易可能是一种有吸引力的策略。公司会把对冲仓位的大小放在第一位，意识到这一点尤为重要。除非在极特殊的情况下，对冲在我看来不需要也不应该是孤注一掷的主张。一般情况下，当风险逼近时，大多数公司会决定只对冲部分风险，而不是全部。

在做决定时，主体选择对冲风险的部分是有提示性的，意识到这一点是有帮助的。它说明了对冲主体的市场观点。考虑外汇套期保值者暴露于更强势的外汇风险，使用远期合约锁定了未来某个到期日的汇率。实际上，今天签订这项合同（与保留的未对冲风险相反），是预计汇率将从今天开始向不利方向变动。相反，保留的未对冲风险是预计预期汇率变化（到到期日）会向有利方向变动。在这种情况下，对冲这个术语有些不正确。50－50 的覆盖率意味着 50% 的风险被对冲，另外 50% 的风险没有被对冲，但这是唯一能够反映汇率走势中性或未知性的对冲头寸。这是否就意味着应该建立 50－50 对冲比？未必。尽管商业决策应该是能够修正的，但决策者在观察市场时应该对市场有着深入理解，并且当对冲组合偏离风险中性标准时，他应为此负责。

一种可能的例外情况发生在那些使用衍生产品来寻求利差的公司身上，例如寻求锁定固定净利息差额的金融中介或从供应商购买产品，并将其卖给客户的商品分销商。在这种情况下，企业可能在很大程度上不受利率或商品价格剧烈变动的影响，因为收入和支出与基本利率或价格的变动类似。因此，对冲的目的是弥补时间差。即使在这种情况下，一家在完全对冲基础上经营的公司也是极少见的，公司保留一部分风险敞口的情况通常更为普遍。

在任何情况下，大多数对冲者渐渐地很随意的决定对冲多少。换句话说，对冲覆盖率的决定通常是不太严格的。通常，风险中一部分会被相当随意地挑选出来作为对冲的数量。例如，负责调整对冲规模的个人或委员会选择对冲 50% 的风险，而不是 40% 或 60%。这个决定并不是高等数学的内容，它只是一个商业决策。

尽管对于对冲数量的选择可能会受到衍生品定价的影响，但这种考虑常常被忽视。再次考虑一个使用远期合约来锁定未来购汇汇率的外汇套期保值者，相比于一次性对冲，在开始时先覆盖一小部分风险，等待更有吸引力的远期汇率出现时或者出现可以增加风险覆盖率的订单时再进行第二次对冲，这种策略显然更有意义。

如果汇率开始向有利方向变动，这种方法也可以被反向应用。请注意，这种调整过程将导致对远期的低买高卖。因此，如果汇率在交易区间内波动，我们的做法最终会产生增值的交易收益。和往常一样，一直存在的风险是那些没有被对冲掉的风险。因此，无论我们倾向于使用什么交易规则，对冲多少——这一最初始的问题需要被定期地拿来审视，需要独立于我们可能会做的任何技术（由交易所决定的）调整。

会计角度

在衍生品会计记账方面，对纯交易情景与公司财务情景进行区分是至关重要的。

在纯交易情景中，交易主体会组合一系列工具（包括衍生品），目的只是通过利息收入、股息和资本收益的任意组合来产生收益。在这里，衍生品会计是一项微不足道的工作。衍生工具按市场价值计入资产负债表，收益或亏损计入当期收益。

在一个非纯交易的公司财务情景中，事情要复杂得多。在这里，特殊对冲记账法的概念是具有特殊意义的。在这种环境下，套期保值者同时记录衍生工具和被套期保值项的收益效应的做法是合乎逻辑的和可取的。例如，如果用互换来对冲预期的利率变动风险，套期保值者会希望当期的互换交易能够影响的是现时盈余而非其他的东西，这是可以理解的。也就是说，由于互换的公允市场价值要计入到资产负债表中是硬性要求，因此这种类型的套期保值者不愿意将互换现值的变动记录在当前收益中，他们希望将这部分变动延迟记录。① 不幸的是，尽管所需的会计处理可能是存在的，但这些处理方法不一定可行。特殊对冲记账法能够保留衍生品收益的影响和对冲项目的匹配，但是采用这种会计处理时需要严格的对冲证明文件，而这一标准通常难以满足。即使在一开始满足了诸多标准，在许多情况下，使用特殊对冲记账法的权利也可能会在对冲中途被中止。

人们常说，《财务会计准则》第 133 号（FAS133）② 是“形式主义”的，意思是如果申请人提交的文件中描述有误，那么使用对冲记账法的申请就会被驳回。因此，套期保值者需要确保他们提交的文件详细说明了其满足使用对冲记账法的合格标准，并且他们将会遵守这些要求。在过去，许多公司在它们的文件中说明了其自身情况，最后这些条件由于一些格式上的或其他琐碎的原因而无法得到满足，导致使用对冲记账法的申请未获批准。无论是作为企业内部人员还是作为顾问，承担这一责任都需要拥有专业知识和经验。在这其中有太多的“陷阱”在等着我们，而落入这些“陷阱”的后果可能会很严重。

不能使用对冲记账法时，套期保值期间内各期所有尚未实现的未来收益或损失都将被记录在当期收入中。例如，一个可变利率套期保值者持有剩余期限为 5 年的互换，对他来说，如果利率发生变化，当期收益效应不仅包括最直接的结算金额，还包括与所有未来结

① 互换现值的变化是很短暂的（即互换通常在初始和终止时具有零现值）。换句话说，根据以往的情况，持有互换合约至到期所产生的收益和损失等于结算总和。从互换交易以外的其他来源中得到的任何收益或损失必须在互换期限内扣除。

② 关于衍生品记账和对冲记账的会计准则，已经被重新编入《会计标准汇编》第 815 号（ASC185）。

算有关的收益或损失。实际上，如果未进行对冲，公司的收益波动仅与当期有关。而进行对冲却未采用对冲记账法时，当期收入波动可能会高出许多倍。

这种情况让对冲管理人进退两难。如果不能采用对冲记账法，那么问题产生了，是在对冲会计不能用时，选择持有衍生品头寸，承担（实质上）更高收入波动性的风险，还是选择保持不对冲，从而使预期收入波动可能不那么严重。在其他方面都相同时，那些面临无法使用对冲记账法风险的公司主体将会选择不对冲，并且出于短期考虑，有些可能无法进行谨慎的长期风险管理策略。

为了公平起见，我们也要提到，在撰写本书时，财务会计准则委员会（即负责颁布会计规则的主体）正在评估衍生工具的现行会计规则，并正在考虑作出调整。明智来看，拟议的新规则似乎倾向于在对冲记账法使用的先决条件方面降低门槛。但俗话说，细节决定成败，我还不能完全相信这个过程的最终结果必然会使对冲记账法变得更容易。这个问题值得持续关注。

然而，在会计准则下，固定利率债的利率对冲方面的问题格外特殊，而且这一问题很可能会持续下去。具体来说，有两种主要的对冲记账法，即现金流对冲记账法和公允价值对冲记账法。现金流对冲记账法适用于与未来不确定性现金流相关的风险。因此，默认情况下，固定利息支付的任何风险敞口都不能应用现金流对冲记账法。这种风险敞口的唯一记账法是公允价值对冲记账法。

公允价值对冲记账法要求在当前收益中记录衍生品的收益或损失，对于被对冲项目的收益或损失同样要求记录。取得这种结算资格的先决条件是要说明预期衍生业期将（近似）抵销掉被对冲项目（即固定利率债务）的公允价值变动。问题是，对于经典的利率目标——从固定利率到浮动利率互换，这一结果是看不到的。

考虑一家公司发行 5 年期固定利率债券，并同时进入 5 年期浮动/固定互换的情况。假设互换的名义金额与债务的本金相匹配，而且互换的权责发生期与债务的权责发生期是一致的，则这种互换是完全以基于互换可变指数的可变支付来替代固定利率支付。然而，这一互换的收益或损失几乎不可能抵销债务公允价值的变化。请记住，在债务期限中，公允价值的变化是零，但互换的收益或损失是在互换期中支付或收到的现金流的总和。虽然我们不知道这个互换的收益或损失是什么，但我们可以肯定它不会是零!

这并不是说，在这些情况下，公司不去使自己具备使用公允价值对冲记账法的资格或不去应用公允价值对冲记账法。只是这样会很困难。事实上，除非美国财务会计准则委员会授权对公允价值对冲准则进行重大改革，否则这个问题很可能会持续存在。

小结

通常情况下，管理者一次会学习一个对冲工具。他们从主要风险类别（例如，利率风险、货币汇率风险或商品价格风险）开始，然后确定衍生工具的选取，并学会如何使用它。教科书上的应用在概念上相当简单：确定要对冲的头寸，选取一种衍生品以及头寸来管理风险。

本章力求在学习曲线上更进一步，目的是强调对冲是或者说应该是一种动态的过程。本章建议套期保值者定期审查其风险和对冲，并根据市场情况和风险偏好的变化，在类型和规模上对对冲头寸进行调整。本章进一步把交易者的经历看作知识和经验的来源，这些经验可能与对冲交易的战术是相互关联的。最后，本章提出警告，套期保值者需要充分认识到他们的对冲头寸是如何影响盈余报告的。不幸的是，出于与收入确认时间的有关考虑，现行的会计制度可能会阻碍套期保值者追求更谨慎的风险管理目标。

Chapter Twenty - Five

操作风险 第25章

莫妮克·米勒[①]

引言

金融界对操作风险的定义已经争论了数十年。许多人以前使用了一个宽泛的定义，即把操作风险归类为任何不属于市场风险或信用风险的风险。巴塞尔委员会几年前提出了一个被金融服务业普遍采用的定义，尽管其全面性仍然受到争议。巴塞尔委员会与银行界共同商讨将其定义为："操作风险是指由于内部流程、人员和系统的不足或失效，或由于外部事件所造成损失的风险。"该定义包括法律风险，但并不包括战略和信誉风险。[②]

无论定义如何，操作风险的管理不足会对任何一类机构造成致命的损失。众所周知，导致安然和世通公司破产的丑闻可以部分归因于操作风险。银行和贸易公司每年花费数千万美元用于管理和衡量操作风险；为了避免欺诈和其他与运营相关的损失，买方投资者会对他们的投资经理进行更严格的监督和要求更高的透明度。

随着更复杂的金融产品的出现，再加上诸如全球化、电子交易的兴起以及对冲基金行业的发展等经济和市场因素，这些都增加了操作风险事件的可能，并使其变得更加难以识别、衡量和管理。复杂的衍生工具、风险转移市场以及缺乏透明度和流动性的场外产品的出现，都导致风险的增加，并且增加了监控操作风险的难度。

对管理者和投资者而言，在现代的市场环境中降低操作风险的最佳途径是识别出潜在风险预警信号，理解风险之间的关联性。仅把风险事件分类为由市场风险驱动或仅由信用风险驱动已不再合适，大多数损失事件都包括操作风险因素。随着金融产品变得越来越复杂，各种类型风险之间的关系也日趋复杂。

为了能够衡量、管理并降低风险，必须认清并理解各类风险之间的联系及各部门之间的相互依存关系。机构内部的各类风险不应被视为是彼此独立的孤岛。对风险的管理需要一种各部门协作的方法。协调业务流程，对员工进行良好的培训，使得他们对业务策略、市场环境和财务工具的复杂性有全面深入的了解。

---

① 莫妮克·米勒（Monique Miller）目前是WR管理账户有限责任公司的首席运营官和负责人、国际金融工程师协会（IAFE）的董事会员，也是IAFE操作业务风险委员会的联席主席。他主要从事投资管理、研究和风险管理。

② 巴塞尔委员会．巴塞尔协议Ⅱ：资本计量与资本标准的国际趋同：修订框架［Z］．2005－11．

操作风险业务简史

作为一项好的业务实践，金融机构要始终专注于人员、流程和程序的有效管理。由于包括巴林银行倒闭在内的一些备受关注的损失事件，20 世纪 90 年代操作风险管理作为一项业务学科出现。

1995 年 2 月，巴林银行（Barings Bank），一家历史悠久、盈利良好、受人尊敬的机构却遭受了 13 亿美元的交易亏损，比其拥有的全部资本基数还多。银行被迫宣布破产，对此损失负责的交易员被判处六年半监禁。①

这场引起公众高度关注的倒闭事件使金融界开始关注操作风险。对当时的金融界而言，没人能想到单独一个人的行为竟会对一家成熟的机构造成如此致命的伤害。在巴林银行倒闭之前，管理层很少会因其对散漫的内控和潜在风险置之不理而被追责。巴林银行的倒闭敲响了警钟，许多经理开始审视自己公司内部有没有类似的缺陷。

这笔损失是由衍生品交易员尼克·李森（Nick Leeson）在新加坡国际货币交易所进行的日经指数期货和期权的交易造成的。李森利用期货合约进行了未经授权的投机交易，他最初给巴林银行创造了巨大利润，但是损失很快就发生了。在 1992 年底李森已经损失了 200 万英镑，而到 1994 年底，损失剧增到了超过 2 亿英镑。

许多操作的不当和管理的失职导致了巴林银行的损失。一个主要因素是银行内部缺乏责任分工。由于巴林银行实施了各项成本削减措施，李森身兼交易员和清算员两职。这使他能够参与公司的业务运营，让他在数年内隐瞒亏损。此外，巴林银行缺乏清晰的汇报程序，未能对交易员的投资和非投资身份进行有效的管理也是重要原因。因为其交易的是复杂的衍生工具，管理人员并没有看出其中的异常活动。虽然内部审计报告指出职责分离方面存在多项缺陷，但管理层未将这些建议付诸实施。

由于巴林银行的倒闭以及其他损失事件，金融业的专家们开始关注操作风险的重要性，以及如何在大型机构中更好地管理风险。1998 年 9 月，巴塞尔委员会公布了对 30 家主要银行的调查，以下是与操作风险相关的内容。②

- 管理监督。高层管理人员越来越意识到操作风险的重要性，但大多数高管认为管理风险的主要责任在于每个单独的业务部门。
- 风险测量和信息系统。随着调查的深入，人们才开始意识到操作风险是一个单独的风险类别。许多银行对操作风险监控和测量框架的开发还处于早期阶段。
- 监控。银行有对成交量、换手率、错误、清算等方面的监控程序，但很少有银行将这些数据纳入正式的操作风险测量中。
- 操作风险控制。内部控制和内部审计被视为控制操作风险的最有效的方法。
- 政策与程序。银行正在积极审查其政策和程序，检查这些政策和程序是否足够或是

① Algo First 操作风险案例研究库。

② 巴塞尔委员会．操作风险管理．1998 – 9.

否可以扩展以减轻风险。

- 管理人可能扮演的角色。对于这一内容的考察，倾向于定性管理，以及考察管理人在降低整个机构的风险、提高对潜在风险识别等方面的潜力。

操作风险管理成为银行业的重中之重，1999 年 6 月，作为资本充足框架的一部分，巴塞尔委员会呼吁对操作风险设定资本要求。当巴塞尔委员会在 2005 年 11 月发布修订后的框架时，操作风险测量就逐渐演变成一门不断发展的学科，整个业界开始关注如何更好地量化风险。

在框架发布后的几年里，国际银行界在改善风险管理方面取得了长足的进步。大多数大型银行开始使用复杂的计算方法来衡量操作风险，并借助详尽的数据库来监控内部和外部损失事件。

不幸的是，这些措施未能预测和防范 2007—2009 年的金融危机所造成的空前损失。事实上，部分金融机构和评级机构对操作风险的控制不足很大程度上推动了这次危机的发展。金融机构显然没有对其内部估值模型进行过足够的压力测试，也未能尽力监控其账面上的风险的规模和集中程度。显然，管理层应该采取更多行动来监督并了解各个业务部门所面临的风险。

概况

虽然《巴塞尔协议Ⅱ》框架以及为之所付出的各种努力有助于使业界关注操作风险问题的重要性，但历史告诉我们，为了了解风险来源和各类风险之间的相互关系，公司需要做的还要更多。为了降低风险，金融工程为风险转移市场的建立、对冲产品和日益复杂的金融工具的开发作出了重大贡献。但是，随着这些金融创新而来的，是不断产生的额外的风险来源和各类风险之间新的相互关系。我们必须解决由新市场、新产品和新参与者所带来的额外的复杂性，在评估潜在损失时必须考虑到极端情况的发生。

由巴塞尔委员会、国际证监会组织和国际保险监督协会组成的联合论坛认识到了这种新的风险格局，指出“大多数金融集团对风险的关注主要侧重于不同业务内各类不同风险的识别、测量和管理”[①]。联合论坛将这种风险识别称为“孤岛管理”。

联合论坛确定了应该纳入公司风险管理策略的“二级效应”。这是指由政策冲击或变动而引发的经济或金融市场状况的变化，进而对公司造成间接影响。这种效应可以发生在同一风险类别下，也可以是从某一风险类别蔓延到另一风险类别。[②]

联合论坛指出，公司对风险进行跨业务整合的努力促进了风险转移市场（例如资产支持证券和债务抵押债券）的发展，但新风险敞口的引入可能会使风险的识别和衡量变得更加复杂。报告继而指出，某些衡量和降低风险的技术在市场出现高压的情形下可能不够充分。

---

① 联合论坛．集团范围内风险公司识别和管理的跨部门审查．2008-4.

② Ibid.，4.

这在最近的信贷危机中变得尤为明显。大多数风险模型没有考虑到随着信用市场压力增加而带来的额外的流动性风险。此外，模型无法预测风险在不同类别资产间和地域间的传染性。随着2007年末到2008年信贷额度的冻结，国际股市也压力重重，造成了额外的损失。

Algorithmics发表的白皮书进一步分析了各风险类型之间的关系，特别是操作风险与市场风险之间。[①] 白皮书发现，在市场剧烈波动时，操作风险损失事件发生的数量和严重程度都出现峰值。操作的损失事件通常在其被发现时予以记录（对应于市场处在高压时期），但导致损失的行为通常会发生很长一段时间。本章的结论是，市场波动的加剧增加了损失事件被发现的可能性，或者可能增加了损失的严重性，但不会增加操作风险事件的数量。报告还指出，不稳定的市场环境通常导致对金融机构采取更严格的监督管理，这也可能会增加损失被发现的可能性。

识别伯纳德·马多夫的庞氏骗局就是如此。整体市场的波动和投资者的提现要求导致了欺诈的曝光。尽管有人向证券交易委员会和其他监管机构举报，指出在数学上根本无法实现马多夫向投资者宣称的持续收益，而且对于这种规模的合法基金而言，马多夫的三个人的会计师事务所无法应付这种高频率的交易，但监管机构几乎没有对此进行调查。这起庞氏骗局可能始于20世纪80年代末或90年代初，但直到2008年底才暴露出来，此时马多夫难以应付70亿美元的赎回要求。

知名的贝尔斯登对冲基金的失败进一步说明了各类风险之间的内部相关性，以及市场波动是如何放大操作亏损的。在贝尔斯登对冲基金业务中有两笔亏损巨大。拥有10亿美元资产的优先级资金（High Grade Fund，HGF）在2007年初亏损了5%，拥有6亿美元资产的杠杆加强型基金（Enhanced Leverage Fund，ELF）在同一时期亏损了23%。这两个基金均投资于债券、抵押贷款支持证券、担保债务凭证（CDO）以及由次级抵押贷款支持的难以估值的奇异CDO。2006年秋募集的ELF基金投资风险更高的标的，相比于HGF基金其杠杆水平更高。[②]

对冲基金的亏损主要来自市场风险、信用风险和流动性风险，但操作风险也在其中起作用。随着市场压力的增大，一些流动性较差的工具变得难以估值。Algo First案例研究库在其报告中指出，2007年6月在给投资者的信中，贝尔斯登对冲基金将其4月的亏损从6.5%修正为18.97%。根据2007年10月《商业周刊》的报道，"在缺乏容易确定的市场价值的情况下"，[③]基金管理团队历史性地对许多流动性更差的工具进行了定价，但直到严重的市场事件发生之后其错误定价才被公布。

此外，基金使用高杠杆投资高风险资产的决定也必须受到质疑。由于之前HGF的成功，截至2007年1月该基金取得了连续40个月的正收益，于是ELF也随之推出。但是，两只基金的风险状况差异很大，特别是当市场面临压力时。这不仅是因为杠杆更大，而且

① Cagan, Penny, and YakovLantsman. "操作风险的周期：现象追踪论文：操作风险事件发生数目跟踪市场波动周期". Algorithmics 白皮书.

② Algo First 操作风险案例研究库.

③ Goldstein, Matthew, and DavidHenry. 2007. "贝尔的错误赌注：两只贝尔斯登对冲基金因为从事奇异证券和非传统实践而恶化崩溃，引发了全球信贷市场的崩溃". 商业周刊. 10月22日.

在于新基金投资了更多奇异的、低流动性的资产。

由于亏损的发生，2007 年 6 月，贝尔斯登承诺 16 亿美元的贷款，以确保 HGF 不会破产，但并没有救助 ELF。然而 ELF 的失败削弱了人们对于 HGF 的信心，迫使两只基金在 2007 年 7 月申请破产。对冲基金的失败致使贝尔斯登声誉受损，这是导致贝尔斯登业绩下滑并随后在 2008 年 3 月接受紧急援助的众多原因之一。

更多对冲基金和操作风险的介绍

在过去 20 年里对冲基金行业急剧增长。目前市场上有超过 8 000 只对冲基金管理着 2 万多亿美元的资产。① 对冲基金产品的投资者类型在过去十年间也有所改变。随着对冲基金行业变得更加制度化，更多的养老金和机构资产正在转向另类投资。此外，业界也为散户投资者开发新的基金产品。

随着行业的持续发展，风险也随之增加。由于对冲基金通常会使用比共同基金更复杂的投资策略，因此它们被认为具有更高的市场风险特征。但是由于目前行业无须对外披露策略或业务模式细节，因此存在操作风险事件的更大可能性。2003 年发布的 Capco 白皮书指出 50% 对冲基金的失败归结于操作风险。该研究发现最常见的操作缺陷是投资失实、挪用资金、未经授权的交易和资源不足。②

负责资产管理委员会金融市场主席工作小组会于 2008 年 4 月发布了实践指南文档，内容如下。

我们正试图确定关键领域，并解决在这些领域中的最佳实践方法以便能有效地保护投资和降低系统性风险。这些领域包括：

披露：强有力的披露可以为投资者提供相关信息，使其能够确定是否投资某一只基金、监督某一笔投资或者作出是否赎回投资的决定；

估值：可靠的估值程序要求职责分离，通过书面政策、监督和其他资产估值措施，包括对难以估值的资产给予特别关注，以确保估值的可靠；

风险管理：全面风险管理强调对风险的评估、监控和管理，同时包括对组合进行市场压力测试和流动性风险管理；

交易和业务运营：健全且可控的运营和基础架构，辅以充足的资源以及运营中的制衡机制，能有效帮助各个领域的经理人实现最佳行业实践；

合规、冲突和业务实践：要有解决利益冲突，推行最高职业道德和合规文化的特定实践措施。③

各基金的披露政策各不相同，正因为如此，投资者往往难以理解对冲基金经理所提供的信息。很少有基金会提供投资头寸级别的透明度，这使得投资者难以监督基金的估值政

---

① 资产管理委员会. 2008. “对冲基金行业的最优实践：资产管理委员会给总统金融市场工作组的报告” 4 月 15 日.

② Capco. 2003. “理解和降低对冲基金投资中的操作风险，” Capco 白皮书（3 月）.

③ 资产管理委员会，“对冲基金行业的最优实践.”

策或总体风险。如果越来越多的对冲基金继续产生大量的操作风险亏损，投资者将会进一步要求投资经理提高其管理透明度。

由于缺乏透明度，许多投资者正转向对冲基金投资的管理账户。在管理账户的结构中，对冲基金在一个投资者拥有的独立账户中执行交易策略。这样一来，投资者就可以更加清晰地了解交易策略，有能力汇总不同投资的风险敞口，以此来达到监控的目的。虽然据估计对冲基金增长的很大一部分将来自管理账户，但投资者需要确保他们正在有效地使用信息。如果风险敞口没有被适当地汇总、测量和监控，那么即使拥有投资头寸级别的细节数据也无济于事。

投资者应仔细检查基准基金与独立管理账户之间的业绩差异。如果存在跟踪误差或者管理账户业绩存在亏损，投资者应了解差异的根源。在有些情况下，由于资本约束或流动性因素，对冲基金经理无法在管理账户中按同一比例进行交易。但在经纪人或经理分配不当的情况下，管理账户也可能产生操作风险。

无论投资的是管理账户还是基金组合，正式的投资者尽职调查都是至关重要的。虽然有些对冲基金公司看起来更像投资银行，拥有庞大的基础设施与运营技术人员来支持各种业务，但是大多数基金公司规模都很小，它们要么外包其运营职能，要么只有少量员工执行非投资相关职能。许多行业组织都公布过尽职调查表，其中包括对验证流程和程序、访谈员工、确保适当的法律合规政策到位的有关建议。但投资者应该注意，在模板上打钩并不是有效的尽职调查；这只是进行更详细考察的起点。

机构投资者有受托责任去了解对冲基金固有的风险类型，并提出问题以确定这些风险是否被控制在可接受的水平。投资者应该熟悉对冲基金的结构和策略，并有能力识别资源不足、潜在程序缺陷或操作控制的显著变化。如果投资者因某一特定基金缺乏透明度而感到不适，也许放弃这笔投资或者要求使用独立托管账户而不承受额外风险是个更好的选择。

一次性的尽职调查工作是不够的。投资者需要定期跟进，以确保没有投资风格的转变或操作流程的变化。投资者还应了解员工或第三方提供商的重大变化。投资者应有责任确保有适当的操作控制，并且坚持要求对冲基金在进行投资时要保持充分的透明度和流动性。

降低操作风险

如前所述，为了识别和降低操作风险，近年来监管者和投资者已经作出了巨大的努力。但是正如我们所看到的，操作风险往往与其他投资组合风险密切相关，可能难以衡量和监控。操作风险事件摧毁了大型机构和小的投资者。管理者和投资者所面临的挑战是识别这些潜在风险可能会出现在哪里，从而限制风险损失的目的。

下文列出了在评估潜在的操作风险时，管理者和投资者应注意的各类预警信号。

- 某一特定市场或行业的大规模增长。急速的增长可能导致市场泡沫和基础设施的失效。2008 年 4 月，国际互换与衍生品协会（ISDA）① 的报告称，信贷违约互换市场的名义

① www.isda.org.

规模比上年增长了81%[1]。当有泡沫参与时，信贷市场变得压力重重也就不足为奇了。随着市场的迅速发展，机构通常也难以及时采用适当的技术、估值流程和基础设施以支持业务运营。

- 超额的利润往往意味着超额的风险。对冲基金Amaranth[2]2006年在天然气价差交易中亏损超过60亿美元，而据报道上一年其能源交易部门获利超过10亿美元。2006年前四个月，该基金涨幅超过30%，远超同类的多策略基金。而当该基金在2006年秋关闭时，创造了当时最大的对冲基金亏损纪录。导致基金失败的一个因素就是，公司的风险模型无法正确识别能源市场中日历价差交易所固有的独特风险。风险管理人员本应更好地评估其模型的结果，并对几种模型的结果进行基准测试，以便正确评估在某些交易策略中发生损失的概率。

- 新的市场参与者增加新的风险。近年来，金融机构变得越来越复杂，已经不再局限于传统的业务领域。对冲基金已成为国际金融市场流动性的重要来源。私募股权基金正在越来越多地参与公司治理，投资银行积极从事自营交易和资产管理。对于许多新的市场参与者，他们需要时间来配置健全的基础设施和培养可靠的员工以支持其业务运营。操作风险可能是由于缺乏经验或投入所造成的。

- 市场复杂性。金融工程领域给我们带来新的市场和产品，而这些新兴市场的复杂性往往也会是一个风险因素。流动性不足、对冲不当、估值错误和基础设施不足都是投资新产品时的常见问题。

- 业务策略。有时特定业务的运营部分已经准备就绪，但该业务总体策略并不健全，这也是操作风险的一种来源。例如，北岩银行[3]的增长策略依靠的是资本市场融资而不是存款。由于信贷危机和贷款市场错配，该银行面临重大的流动性危机。[4]

- 投资环境或商业周期的变化。波动性冲击可能会暴露那些在一般市场环境中得以隐藏或不太严重的操作风险事件。

- 涌入某一特定投资策略。市场参与者经常会拥有相似的策略或投资于相同的资产。面临市场冲击时，可能会发生流动性制约，从而进一步放大事件的影响。2007年夏季，股市波动大幅增加。由于许多对冲基金（特别是量化策略基金）开始解套以降低风险，一些市场和板块因为羊群效应和某些交易的过度拥挤而产生异常波动。

- 深度的成本削减。机构削减成本会增加操作风险。我们在巴林银行的案例中可以看到，由于预算限制，李森负责监督公司的运营。机构往往会尝试通过将经营转移到更便宜的地点、雇用更少的合格员工或使用不适当的技术来节省资金。如果操作风险事件发生，公司会为这些行为付出昂贵的代价。

---

① 国际互换与衍生品协会，Inc. 2008. “2007年底市场调查”，4月16日.

② Amaranth Advisors LLC是由尼古拉斯·毛努尼斯（Nicholas Maounis）创立的规模达90亿美元的多策略对冲基金，在能源交易遭受重大损失后于2006年被清算。

③ 北岩银行（Northern Rock PLC）是一家英国银行，由于次贷危机造成的损失，该银行于2007年9月获得了英格兰银行的流动性支持。

④ Algo First操作风险案例研究库。

- 风险文化。特别是在配置对冲基金时，投资者应该了解并认同公司的风险文化。一些公司拥有复杂的操作流程，并且也明白风险管理的重要性。它们保守地使用杠杆，不会过分集中头寸，但有些公司并不会为了减少不必要的风险而加强管理。尽职调查可以揭示这些风险文化，帮助投资者了解这些机构的内在风险。

鉴于这些风险因素，机构降低操作风险的最重要的工具就是要有一支合格且知识渊博的团队。如上所述，为了试图节省运营成本，企业往往将重要的业务部门转移到偏远地区或者聘请经验不足的员工来执行和管理非投资活动。考虑到市场新增的复杂性、不同类型风险的相关性以及操作风险事件的潜在成本，企业必须吸引并培养高质量的运营管理团队。

不同业务之间有时会有相似的风险，这些风险要予以汇总。重要的是不要把风险集中暴露在某些特定的业务或部门。风险管理人员应熟悉所有业务单元上的企业战略，以进行全面的风险评估。

公司必须拥有强大的技术和数据库来管理业务运营及其风险，但理解如何正确使用技术和信息来评估风险比单纯的拥有系统更为重要。风险管理人员会使用压力测试来衡量特定假设条件下的市场风险。类似的测试也应该应用于操作风险管理。但是，如果对潜在的风险指标或对市场环境了解不深，管理人员就无法设计出适当的衡量方法，无法提出正确的问题，无法发现操作风险事件的预警信号。

类似地，公司的流程和程序应该记录在案并贯彻执行。然而，降低操作风险不只需要盲目地遵循程序流程。员工应该要充分了解相关业务，以确定这些流程是否有效。经常能看到的是，业务员工只会机械地执行程序，而并不考虑执行特定程序的原因，或者各种流程应该如何改进。书记员和运营经理最容易发现流氓交易或其他风险事件。如果员工没有经过适当的培训或没有得到适当的薪酬补偿，他们不太可能会积极地帮助识别风险。

为了能够有效地管理操作风险，公司应当形成恰当的风险管理文化。风险委员会的成员应该来自各个部门，也包括非投资专业人员。风险委员会应该对业务细节、基础设施和风险管理流程进行审查。风险管理应该是整个机构的优先事项，并且风险应该是跨业务线的总体考虑。

金融工程师的职责是进一步探索风险管理方法、政策和技术，在不断变化的市场环境中对风险进行适当的衡量和监测。从近期市场的危机来看，依赖历史数据的传统风险管理工具是不充分的。行业需要向适应性风险技术和分析发展，采用将损失概率纳入风险衡量方法的前瞻性衡量方法。

Chapter Twenty – Six

法律风险 | 第 26 章

乔丹·克罗利①

引言

法律风险不仅仅是律师们所关心的问题，对于首席执行官、首席财务官、首席运营官、合规监察员、监管人员、管理人员、股东以及公司债券持有人而言，法律风险很可能是他们生活当中极其重要的组成部分。近期，进行如下投资行为的主体均受到来自法律风险的影响：购买担保债务凭证（Collateralized Debt Obligation，CDO）、利用互换合约对冲拍卖利率证券（Auction – Rate Security，ARS）、与伯尼·麦道夫（Bernie Madoff）共同进行投资、作为雷曼兄弟公司或美国国际集团的交易对手、持有通用汽车公司股权或债务、与外国国有银行的子公司或附属机构签订衍生品合约、持有冰岛信用违约互换、持有受保于美国城市债券保险公司（MBIA）的高级信用违约互换、与金融危机期间破产的地方银行有金融工程业务往来。因此，分析法律风险成为所有金融市场参与者在进行尽职调查过程中的关键一环。如果当事人忽略了这一环节可能会遭受民事或刑事的处罚、无法执行与交易对手的合同或者发现其承担了对另一主体的某种预料之外的债务或法律责任。

遗憾的是，金融业在如何界定法律风险这一问题上缺乏一致的意见，这恰恰表明了我们对这个话题的模糊性和复杂性。根据不同的目的，对法律风险概念的定义也有所不同，并且对法律风险的定义与其他种类的风险也有重叠之处。到目前为止，巴塞尔委员会并没有定义法律风险本身，而是将它归为操作风险的一种。② 另一方面，法律风险通常与市场风险和信用风险相联系。与市场风险相联系的法律风险表现为，当市场主体在交易行为中发生大额损失时，他们可能会诉诸法律以弥补部分损失。类似地，与信用风险相关联的法律风险表现为，违约情况的发生会导致合同的强制执行问题，这又会产生法律上的不确定性。此外，由于特定司法管辖区的法律框架会影响在该地区进行商业活动的风险，法律风险也可以被视为一种社会环境风险。最后，法律风险也可以被视作一种战略风险，对公司是否

---

① 乔丹·克罗利（Jordana Krohley）从事结构性金融和衍生产品、证券化以及股票和债务证券的国际发行。他获得范德比尔特大学（Vanderbilt University Law School）法学院的法学博士学位和范德比尔特大学的理学学士学位。

② 参见 Basel Committee on Banking Supervision. Basel II：International Convergence of Capital Measurement and Capital Standards：A Revised Framework. November，2005.

进入特定商业领域的决策产生影响。

然而，不管如何看待法律风险，对其而言，有意义的定义聚焦于如下两方面内容。首先，法律风险是在特定的交易行为中解决法律问题时产生的。虽然衍生品本身的价值来源于标的金融工具的价格、收益率、指数的变动，但由于大多数的衍生品交易采用的是双边合同，双边合同本身以及谈判合同的对手方往往存在着不同程度的法律风险。当合同或交易对手方出现问题时，关于双方权利和补偿事宜的决定会产生一系列法律问题。其次，法律风险也可以是这样一种风险，即监管环境可能会阻碍市场参与者执行衍生品合约，或者对未履行规定义务者施加处罚。现实法律和监管行为通常是相互交叉的，例如，目前法院接受了金融监管的观念及其最优秀的实践经验，并以此来决定大量实体法能否通过检验测试。由此，可得出法律风险一个有用且可行的定义：法律框架的不完善、文件的失效、交易对手方经营不善及违约导致损失可能性上升，进而导致交易无法被执行的风险。

金融工程产品的法律风险相较于传统商业银行和投资银行产品的法律风险往往更加复杂。与贷款不同，大多数衍生品交易的信用风险暴露是双向的，这意味着交易双方都有在未来打官司的动机。然而衍生品市场是相对不成熟的，而其产品发展速度很快，这就意味着关于如何解决新型合同条款的司法先例往往很少。此外，由于衍生品通常被进行国外交易的借款人和投资者用于对冲其货币风险，因此它们可能涉及比贷款和投资更多的跨国问题。并且这类问题频繁产生，也带来了比较严重的多重法律制度问题。更进一步，由于衍生品监管在历史上落后于市场发展，在合同期间，特定司法管辖区的法律变动风险增加了。

对于交易参与主体和市场本身而言，法律风险的成本都是高昂的。除诉讼费这种显性成本之外，法律纠纷引起的机会成本也同样会造成损失，这些机会成本包括高级管理人员的时间、前台和后勤的资源、名誉的损害以及内部政策的公众曝光等。在许多情况下，即使金融公司仅能弥补很小一部分损失，也选择用非诉讼的方式来解决问题，而这仅仅是为了避免诉讼成本。对于市场而言，由于法律风险会对合同权利和义务的可执行性产生负面影响，并产生了不确定性，因此对整体市场效率构成了明显的负面影响。

曾经的雷曼兄弟公司副董事长兼首席法律顾问在2003年衍生品和风险管理会议上的主题演讲中，曾引用了1993年G30峰会的声明："衍生品行业所面临的最大风险并不是市场风险、信用风险或操作风险，而是法律风险。"① 十多年过后，由于衍生品市场遭受了来自交易员及其客户的各类违约行为，并且法律风险愈发与其他类型的风险相互交织，当前，理解法律风险比市场历史上的任何时候都更为重要。本章内容包括：关键法律风险的概述；法律风险的缓解措施；管理金融工程产品的主要监管制度的检验；深刻影响市场功能走向的相关立法调整的回顾。②

---

① 参见 Thomas A. Russo. Keynote Address at the 13th Annual Derivatives Securities and Risk Management Conference. April 25, 2003.

② 由于衍生产品合同通常受纽约州或英格兰法律的管辖，因此这些司法管辖区是本章讨论的重点。

关键法律风险

衍生品引发了无数的法律风险，但是理解衍生品及其法律风险的一个合适的出发点是研究那些通常会引发法律诉讼的事件。部分这类事件（例如文件资料是不准确的）所带来的风险是持续性的。其他类型的事件（产品特征描述问题、破产等），虽然在历史上已经通过推行能够提高法律确定性并促进市场灵活度的法律条款，使得其法律风险得到了较为显著的缓解，然而，由于金融危机使得政策制定者重新调整了其风险偏好并致使他们显著地修改了立法，这些问题有可能重新浮现或以其他形式再次发生。

监管特性

在历史上，美国和英国的衍生品受制于名为“反价差合约规则”① 的普通法准则。该准则允许对从小麦价格到利率的任何事物“下注”，但如果要法庭去强制执行该“赌注”，则要求交易中的至少一方必须持有合同中标明的标的工具。例如，只有当交易方真实拥有信用违约互换（CDS）所担保的债券时，信用违约互换才会被执行。在此背景下，如果没有标的资产的真实交易发生，那么各类衍生品交易将会被界定为非法赌博而不是正当的衍生品交易。此时，合约交易可能无法被执行，从而使得衍生品合约受损方（即赌注的输家）完全逃避其责任。实际上，由于官方对于这种衍生品赌博行为结果的关注已成为一个公共政策问题，即使参与交易的双方愿意履行各自的义务，他们在实际上也可能被阻止。在最近一段时间，这些担心在很大程度上被美国和英国的立法所消除了，这些立法保护衍生品不受禁赌法律的约束。然而在 2010 年中期，美国在金融危机复苏期间颁布了一系列立法改革，这些改革消除了部分对于衍生品交易的保护，这意味着在不久的未来，关于衍生品交易的问题可能重新出现（参见下文“监管发展”部分关于美国的内容可获得更多信息）。

衍生品交易的监管特性所带来的另一个潜在缺陷是，交易一方可能会辩称，其所执行的某项交易或多项交易的联合实际上构成了另一种类型的交易（如贷款），从而寻求逃避义务。在 2003 年针对摩根大通和花旗银行的诉讼中，考虑到二者在安然公司操纵财务报表事件中所扮演的角色，美国证监会认为它们有欺诈行为，美国证监会的理由是二者均参与了本质上为贷款的相关衍生品交易，而这些衍生品交易采用刻意复杂化的方式来掩盖其本质上是贷款的事实。② 摩根大通和花旗银行分别同意支付 1.35 亿美元和 1.2 亿美元来解决这场诉讼。

---

① 价差合约是期货和期权的“近亲”。在价差合同中，缔约双方同意通过支付履行时的合同价格与市场价格之间的差额来履行合约，而不是通过实际交付合同标的商品来达成。因此，一个不拥有小麦的“卖方”和一个不希望小麦的“买方”可能已经以每吨 1 000 美元的合同价格签订了 1 吨小麦的差价合同，该合同将在 6 个月内执行。

② 参见 SEC v. J. P. Morgan Chase, SEC Litigation Release No. 18252; In the Matter of Citigroup, Inc., Securities Exchange Act of 1934 Release No. 34 – 48230; Accounting and Auditing Enforcement Release No. 1821; Administrative Proceeding File No. 3, 11192 (July, 28, 2003).

类似地，在一场玛荷利亚有限公司向摩根大通银行于英国发起的私诉中，被告方西德意志银行试图避免支付它发行给玛荷利亚的信用证，其理由是它所参与的一系列互换交易的经济效益实质上是一种贷款，而这些交易本质上是贷款的这一事实本应当在发行信用证之前被披露。[①] 然而在该案例中，由于发现在上述交易的其他特征中存在着价格风险和绩效风险，表明这一系列交易应被视为“价格风险管理行为”，因此法庭驳回了西德意志银行的上诉。

模糊的文件资料

随着互换市场的出现，合约化衍生品交易的法律风险愈发显著。与标准化的交易所交易期货不同，场外交易市场的交易方合约都是个性化定制的。这种客户定制化的法律合同文件存在更大的出错空间，并创造了额外的风险。标准化文件的出现是对抗这个问题的一种有力手段，也是衍生品交易增长的动力之一。它为存在问题的金融合约的内在特质带来了确定性和可预测性，并增强了投资者的信心。然而，标准化的合约文件并不能消除人类简单失误所造成的问题。

在2000年的春季，瑞士银行为阿姆斯特朗世界工业集团向德意志银行购买了1 000万美元的信用保护。由德意志银行准备的通话记录和指示性条文也证实了此事。然而在同年5月，随后由德意志银行寄送给瑞士银行的一份证明文件中错误地将阿姆斯特控股有限公司作为受保护主体，该公司是阿姆斯特世界工业集团的间接控股公司，但却未持有任何相关债务。2000年12月，阿姆斯特世界工业集团申请破产。当瑞士银行向德意志银行提交信用事件通知时，后者却拒绝支付，其理由是证明文件中提到的受保护主体是阿姆斯特控股有限公司，而不是阿姆斯特世界工业集团。

时事评论者们普遍认为瑞士银行会赢得它的索赔（该案件在向伦敦最高法院提交之前就已庭外解决了，但未披露结算条款），这是因为如果有证据表明合同文件并未反映交易双方的真实约定，那么法官在看了这个错误的合同后就会修正它。然而，该案例强调了有缺陷合同文件所包含的风险以及损失的利害关系。在此案例之后，以高盛为首的银行财团创立了名为参考实体数据库（Reference Entity Database，RED）的集中化用户数据库，该数据库在法律上明确了经济实体与其对应责任的关系。该数据库有助于缓解确认单一名称或一揽子交易时的错误，并确保正确反映潜在的信用风险。

资格或权限的缺乏

在通常的规则下，交易方必须同时拥有资格和权限才能开展一场交易。一个实体对某合约的资格取决于该实体是否拥有进入这场交易的理论能力。如果宪章对某个交易主体的运营进行了限制，或存在其他形式的法律禁令阻止其参与衍生品交易，那么该主体可能就不具备进入衍生品合约的权限。例如，市政公债等某些由法令法规创造的实体受到宪法条款的管控，限制了它们创造额外负债的能力。当一场交易的参与者缺乏参与资格时，其对

① 参见 Mahonia Ltd. v. J. P. Morgan Chase Bank, Court of Appeal—Commercial Court [2004] EWHC 1938 (Comm) Case No: 2001/1400.

于资格缺乏的情况可以成为之后不履行义务的借口，这就是所谓的越权主义。

在黑兹尔对汉默史密斯和富勒姆的案例中，伦敦区政府作为当地的官方机构建立了一个资本市场基金，目的是进行涉及利率波动的交易。① 该机构参与了包括利率互换在内的大量衍生品交易。由于英国利率随后几乎翻了一倍，该机构所持有的头寸使它们遭受了重大损失。英国最高法院认为这些交易是无效的，理由是当地官方机构不具备相应借款权力因此也就无权参与相应的交易。随着合约被无效化，该官方机构理所应当地不再承担赔偿 1.78 亿美元损失的责任，这笔损失反而被它们的交易对手方所承担。一个极相似的情形发生在 1990 年中期的美国，当西弗吉尼亚州在利率互换中损失了 2.8 亿美元并起诉作为其交易经纪人的摩根士丹利时，该州宣称它缺乏进入衍生品交易的必要资格。②

一个实体进入一场交易的权限，取决于代表公司实体进入交易的个人是否有这样做的权限。如果代表实体进入交易的个人并没有实际或宣称的权限去这样做，那么该交易通常不会对实体有约束力。但实体如果愿意接受该交易，那么它可以正式批准这个交易。这在衍生品交易的情况下是相当麻烦的，如果结果是获利则交易会被批准，反之则得不到批准。

违背信托责任

如果衍生品交易的某个交易方与对手交易方确立了信托关系却未能履行信托责任，可能会产生违约责任。信托关系产生的主要情形是，委托人出于对受托人专业知识和判断力的信心和信任，请求受托人代替自己行使相应的权力。这种关系在大多情况下是非平等的，这是因为受托人有专业的技能和知识，而信托关系的另一方（即委托人）却没有。例如，信托关系可能存在于投资经理和市政当局这种无经验的投资者之间。对于受托人而言，下述情况是法律所禁止的：在进入某头寸时，受托人对信托关系受益人的责任与其对其他客户的责任相冲突；进入某头寸时，受托人的个人利益与信托关系受益人的利益相冲突；利用自身在信托关系中所处的受信地位牟利；利用从信托关系受益人处所获取的信息为自己或他人牟利。

在交易关系中，上述要求可能会引发难题并使得公司面临违背信托责任的诉讼。例如，一家机构打算与客户 A 开展一个某公司股权的衍生品交易时，可能同时知道该机构的另一客户 B 正准备发起对该公司的要约收购，而该行为很可能会影响股票价格。信托责任要求向客户 A 披露一切机构可得信息，但这样做违背了该机构保密的责任，从而会使公司遭受客户 B 的起诉。

在公司中，衍生品交易的内在风险使得管理层关于衍生工具的实践和政策可能会由于违背信托责任而被股东起诉。股东是公司的所有者，主管和经理们受信于股东，并且他们的主要信托责任是按照股东的利益来运营公司（即最大化其价值）。在德尔格公司与宝洁公司的案例中，宝洁公司及其几位高管成为股东衍生品案件的控告对象，股东们希望追偿一些由于被告参与“明显高危的衍生品杠杆互换”而造成的公司损失，即 1.02 亿美元税后费

---

① 参见 Hazell v. Hammersmith and Fulham London Borough Council [1992] 2 A. C. 1, 22.

② 参见 State v. Morgan Stanley & Co. 459 S. E. 2d 906 (W. Va. 1995).

用。控告者声称所投资的互换合约的风险级别过高，特别是考虑到管理者在这个领域缺乏经验，这表明被告人构成对信托责任的违背。尽管该案件依程序理由被驳回，但它说明了管理者的无知以及复杂的金融工具会产生怎样的法律风险。①

欺诈

金融工具的销售者如果基于明知是不真实的虚假陈述而订立合同，而购买者是根据该虚假陈述采取了损害自身利益的决策，那么该销售者可能要承担欺诈责任。在德里对匹克这场历史性的英国案件中涉及了一家公司，该公司在其募股章程中声明自己拥有运营蒸汽火车而不是马拉火车的权利，但实际上只有商务部授权的情况下它才可以使用蒸汽机。② 当招股许可实际上被拒绝时，作为原告的股东向董事们发起了欺诈诉讼，然而董事们并未被判负有法律责任，这是由于他们确实相信在招股说明书中的陈述是真的。

作为对比，在2008年州立监管机构和美国证监会控告瑞银证券和瑞银金融服务的案件中，它们指责瑞士银行通过其销售活动中的欺诈性虚假陈述而造成了数十亿美元的损失。③ 指控的中心问题是拍卖利率证券（一种利率按规律的间隔重新设置的股份或债务工具）的销售，银行金融顾问将该证券宣传为与现金一样安全且具有流动性。监管机构声称，事实上，这种陈述是具有欺骗性的，因为拍卖利率证券市场承受着巨大压力，甚至促使瑞银内部人士在鼓励投资者购买的同时处置自己持有的拍卖利率证券。这些债券产生了越来越多的流动性风险，以至于最终使得上千万的美国客户无法变现所持有的证券。监管机构列举了针对大约30家金融机构的一系列与拍卖利率证券相关的案例。依据解决协议，银行同意从零售客户那里购回价值数十亿美元的拍卖利率证券，并支付数百万美元的政府罚款。

与上述对事实错误陈述的情况紧密相关，并且经常同时发生的是，故意不陈述重要的事实，如果这种不披露是蓄意误导，那也将其视为欺诈。2010年4月，美国证监会起草了针对高盛公司的证券欺诈诉讼，理由是后者在对潜在客户推销产品时遗漏并谎报了关键事实。2007年初，在美国房地产市场摇摇欲坠之际，高盛公司创造并销售了一种合成担保债务凭证（synthetic CDO），该债务凭证价值依赖于住房抵押贷款债券的表现。美国证监会声称高盛公司没有披露一个事实，即一家名为鲍尔森的大型对冲基金帮助高盛挑选标的证券并根据该金融工具进行反向操作。④ 美国证监会声称如果高盛公司的客户知道这事，他们将不会购买该金融工具。即使陪审团发现客户就算知道了鲍尔森的角色也会购买该产品，而如果这些事实被刻意隐瞒，诉讼仍将有利于美国证监会。2010年7月，高盛公司承认其营销材料中包含了不完整的信息，并同意支付5.5亿美元来处理美国证监会的控告，这是华尔街公司有史以来所支付的最大一笔罚金。

---

① 参见 Drage v. Procter and Gamble et al., 694 N. E. 2d 479 (Ohio Ct. App. 1997).

② 参见 Derry v. Peek, (1889) 14 App. Cas 337.

③ 参见 SEC v. UBS Securities LLC and UBS Financial Services Inc., No. 08 CIV 10754 (S. D. N. Y. Dec 11, 2008).

④ 参见 Securities and Exchange Commission v. Goldman, Sachs & Co. and Fabrice Tourre, 10 Civ. 3229 (S. D. N. Y. April 16, 2010).

违背合约

未能遵守交易合约的明示条款自然会导致违约索赔。例如，雷曼兄弟控股公司和雷曼兄弟特殊金融公司在 2010 年起诉野村国际集团，声称后者违背了双方的互换协议，其中一条指控其采用恶意的方式来计算自身损失。① 合约早期的终止条款在 2008 年 9 月雷曼兄弟控股公司申请破产时被触发，并且野村国际集团被明确要求依据该事件的时期按合约条款计算结算金额。在雷曼兄弟控股公司破产的当晚，野村国际集团计算了互换合约的价值并发现该合约极大程度上有利于雷曼兄弟特殊金融公司，然而在雷曼兄弟控股公司破产几天后，野村国际集团改变了计算方法并宣称实际上是雷曼兄弟特殊金融公司需要向自己支付一笔款项。野村国际集团并未依照互换合约的要求从多个独立的经销商处获取市场报价，反而承认自己使用了公司内部模型来计算所欠金额。同年 11 月，与野村国际集团有业务往来的冰岛国内的某些商业银行发生了违约，野村国际集团以这些银行索赔情况为基础，利用之前的方法，将其与雷曼兄弟特殊金融公司的结算金额修改得甚至更高。这些过高的索赔将剥夺雷曼兄弟公司数亿美元的资产。

另一起违约诉讼发生在 2009 年，两家信托公司起诉美国城市债券保险公司，这是一家大型保险公司。原告方声称美国城市债券保险公司向其子公司出售了大部分资产，仅剩下了一些存疑资产和相关债务，这些资产在其结构化金融产品中占据了大约 2 320 亿美元。② 在宣布本次资产分离后，美国城市债券保险公司被评级机构下调到“深度垃圾”领域。信托公司认为美国城市债券保险公司的行为是极度恶劣的，这是由于该公司并未将发行票据所得收益用于本公司的投资，而是用于将公司分为好坏两个部分并将一个资不抵债的公司作为票据抵押，这在它 2008 年 1 月向投资者发行 4 亿美元的票据时并未作说明。信托公司认为该交易违背了关键协议中的承诺，即美国城市债券保险公司不得“出售、输送、转让或以其他形式处理其全部或大部分资产”，除非该公司赎回其票据或有受让人承担票据项下的责任。

虽然在上述案例中，违约诉讼集中于明确的合同条款上，但如果合同文件中未明确包含责任义务条款也可能会产生问题。原则上，销售衍生品的文件或交易双方的一些谈话中所包含的一条声明也可能被列入交易双方合约中，特别是在该条款对交易和交易双方的共同目的都特别重要的情况下。这种列入是否适当取决于一个客观的观察员是否会得出这样的结论，即当事各方打算使该声明成为交易的一部分。因此，在谈判过程中，如果口头协议不能准确、充分地反映在最终的书面合同中，法律风险就会产生。

破产

衍生品市场一直以来都遭受着严重违约的影响。实例包括雷曼兄弟公司的破产、安然

---

① 参见 Lehman Brothers Holdings Inc. et al. v. Nomura Securities Co. Ltd. (Adv. Proc. No. 10 – 03228) and Lehman Brothers Holdings Inc. et al. v. Nomura International plc (Adv Proc. No. 10 – 03229) (2010).

② 参见 Third Avenue Trust et al. v. MBIA Ins. Corp., et al., C. A. No. 4486 – VCS (Del. Ch. Oct. 5, 2009).

公司的倒闭以及德国金属公司的流动资金不足。如果衍生品交易的一方成为破产者并根据破产法或类似的保护措施寻求保护，潜在损失将会十分巨大并且补偿支付也很缓慢。2008年雷曼兄弟公司破产之后，英国破产委员会预测最终解决其公司内部和第三方的索赔将会花费许多年的时间。此外，寻求从对手交易方破产事件中得到补偿的债权人不仅与破产公司存在矛盾，并且与竞争补偿的其他债权人之间也有矛盾。在之前描述的雷曼兄弟公司控诉野村国际集团的案件中，雷曼兄弟公司声称日系银行随意选择对所欠债务数量的计算方法，反映出它们希望牺牲应得债权人利益并从雷曼兄弟公司的破产中“大捞一笔横财”。①

由衍生品交易的跨国境特点引发的一个非常严重的问题是，任何一个在全球多个市场上进行交易的实体都可能引发无法被单个国家法律所解决的法律事件。例如，一家名为长期资本管理公司的美国对冲基金在其 20 世纪 90 年代后期破产之前，曾持有大量的期货头寸并在场外交易市场拥有数十个交易对手方，该公司以一种特拉华（Delaware）有限合伙形式构建，但其管理的长期资本投资组合却采用了一种被称为开曼岛（Caymans Island）有限合伙的组织形式。尽管美联储安排的重组协议最终使得长期资本管理公司避免申请破产，但这场危机揭示出美国和开曼群岛的破产准则是存在冲突的，这种冲突由于公司两个不同实体在不同的司法管辖区宣告破产而暴露了出来。在长期资本管理公司于其特许司法管辖区——开曼群岛宣告破产的事件中，关于交易对手方依据美国破产法变现破产方抵押品的权利是否会被延迟，仍然有些许不确定性。

由于雷曼兄弟公司在全球有数十个受担保的子公司，之前对于其倒闭事件的破产管理体制更是多种多样，这使得长期资本管理公司的案例显得相对简单。扮演着“中央银行”角色的雷曼兄弟控股公司与其为数众多的子公司共同遭受美国第 11 章法案的制裁；雷曼兄弟公司面临着由证券投资者保护公司监督的独立清算程序；雷曼兄弟国际公司（欧洲分部）和其名下一些位于英国的实体正遭受英国行政诉讼；其他的外国子公司也遭受了它们各自所在司法管辖区（如中国香港、澳大利亚、新加坡、日本、荷兰、法国和德国）的破产诉讼。

2005 年和 2006 年，美国实施了破产法修正案，目的是扩大对交易对手的破产保护，限制破产仲裁法官的自由裁量权。然而，随后雷曼兄弟公司倒闭的决议与修正案中加强对互换和其他衍生品保护的趋势相违背。在 2010 年的一个案件中，破产法庭引用了一条规定支付优先权的合约条款，涉及了作为票据持有人的永久信托有限公司和作为互换交易对手方的雷曼兄弟特殊金融公司，该优先权涉及双方在抵押担保的某些信贷挂钩合成组合票据上的利益冲突。法庭发现要求变更在破产事件中优先顺序的“反转条款”（凭此永久信托有限公司将得到本该支付给雷曼兄弟特殊金融公司的款项），事实上是被破产法禁止的破产约定条款②，这是由于该条款使得雷曼兄弟特殊金融公司的权利仅仅因破产而得不到保障。任何企图实施票据持有人优先权的行为都将违反破产法中规定的自动中止条款。有趣的是，一桩在英国提起的诉讼产生了与此相反的结果，在那里法庭认为优先权的反转是被英国法

---

① 参见 Lehman Brothers Special Finance v. BNY Corporate Trustee Services Ltd. No. 09 – 1242（Bankr. S. D. N. Y. Jan 25, 2010）.

② 破产约定条款是实施合同中的条款，这些条款会根据公司的破产或财务状况修改或终止合同权利或权益。

律许可的。[①] 而美国破产法官承认这种情形需要交易双方"通过协调与合作的方式找到调解相互冲突的审判的方法"。然而，融合两种决议的方法是否可行仍然是不确定的。

缓解法律风险

如何缓解法律风险是大大小小的市场参与者所关心的。负责投资者保护和系统风险管理的监管机构，可通过不断阐明并修订法律来纠正模糊性并跟上产品的进化，从而缓解法律风险。行业集团也是缓解法律风险的强大力量。例如，国际互换与衍生品协会已经制定了标准化的文件和工具来覆盖各种各样的交易类型，并从公共政策和资本管理的角度促进了对衍生品和风险管理的理解和处理。从结果上来看，私下协商交易的衍生品的法律明确性有了重大进步。

然而，缓解法律风险的主要任务，仍依赖于投资者们对相关法律、制度和商业规则的遵守。一个组织如何应对这种挑战取决于它的规模、潜在法律风险、历史以及合适的行业实践。但是公司如何识别并衡量法律风险呢？缓解法律风险的基本原则与缓解其他类型的风险相类似；原则上需要法律风险被完全理解，并且被正确识别。然而，无论法律风险是与金融工程产品相联系抑或是与已经长期建立起的成熟市场相联系时，缺乏对其共同的定义都会产生不确定性。相对于市场、信用或操作风险，为定义和缓解法律风险提供指导的相关文献很少。对于投资者及其法律顾问而言，其所面临的挑战是设计出对自身法律风险管理具有建设性贡献的管理体系和控制工具。

对于企业风险的分析应当结合上文中所提到的关键法律问题进行。一个企业实体的实际素质以及它适合如何去衡量并处理风险也都应加以考虑。以下是一份分析企业实体法律风险时应当被评估的问题类型的参考清单。

- 企业结构和文化。企业的类型是什么？从历史上看，商业银行和投资银行作为衍生品的做市商时比保险公司享有更多的法律确定性。员工们究竟有多熟悉诸如利益与信托责任冲突这类道德问题？员工们对管理他们交易的法律和程序有多熟悉？开展交易的交易者和营销商需要知道，他们对自身机构关于衍生品交易作出承诺协定的电话录音是具有约束力的口头合同。什么样的内部上报结构是合适的？什么样的尽职操作是适当的？过去有多少失职的例子存在？相应处罚是什么？行业中的失职出现有多频繁？政府和私人产生这种风险的频率各是多少？当员工们理解了法律因素背后的"为什么"后，他们就能在面临"灰色地带"时更加恰当地调整自身行为。

- 公司资源。公司法律团队或法律资源的规模和质量如何？公司可能会因对合同下各自权利和义务的简单误解而遭受意料之外的法律风险，并且在承受压力时无法按预期表现。随着监管要求的进一步提高，法律服务的质量和广度也会影响一个公司与法律发展保持一致的能力。

公司工作人员的规模有多大？公司处理法律风险时有什么技术？技术也是控制法律风

---

① 参见 Perpetual Trustee Company Limited v. BNY Corporate Trustee Service Limited [2009] EWHC 1912 (Ch).

险的一个重要变量。在危机时期，必须迅速确定相关的合同条款，并且在数量很大的情况下，人工审核可能会花费大量时间。机构应该配备在线自动访问功能，该功能可以立即向他们发出警告，对其标准清算政策以外的任何文档进行提示。此外，电话应当配备录音功能以便录音并保存口头协议。

- 司法考虑。公司主体及其子公司在哪里运营，而在各自司法区域的监管制度本质又是什么？其交易对手方怎么样？相较于法律框架不太确定的司法管辖区的交易方及其交易，位于美国或英国的交易方及其衍生品交易在历史上拥有更多法律确定性。如何理解相关司法权中司法决策主体、行政管理主体及监管解释主体的成熟性和复杂性？合约应当受英国法律管理还是受纽约州的法律管理？
- 文件资料。哪些措施在保证文件的准确性和完备性方面是合适的？企业是否订阅参考实体数据库？
- 产品类型。什么类型的产品被交易？引起了哪些监管限制和分类？与标准货币互换相联系的法律风险，虽然不常见，但与英国同业拆借利率平方化互换相关的风险在历史上一直处于缺乏透明度和隐性杠杆的控诉之下。
- 交易对手方。对于任意特定的交易对手方，信用风险有多大？交易对手方是什么类型的实体？正如之前讨论过的，同市政当局或零售交易对手而不是大型综合性公司和金融机构进行交易，会使公司遭受违背信托责任的指控，并且使公司面临缺乏相应资格或权限的诉讼。

监管环境

尽管在全球范围内对金融工程产品进行监管的方法不同，但对于大多数国家而言，其监管的基础还是一些普遍的公共政策目标。监管者旨在保护集资市场的完整性（例如，阻止欺诈、操纵和其他不公平行为），管理系统性风险，保护缺乏经验的人，为了公共利益对机构进行监督（例如，通过控制资本充足率来对银行和保险公司加以限制）。一些司法管辖区还努力防止提供商品价格投机渠道的工具（这些工具可能会使相应商品价格产生大幅波动，例如，政府认为对经济运转至关重要或有利于政治意图的能源或农产品），并保护货币体系（例如，通过外汇管制以保护当地货币的完整性并限制资本外流）。

在任何市场上进行衍生品监管都是一项复杂而令人困惑的工作。然而，了解不同的监管规则和计划是投资者的一个重要能力，因为衍生品市场的跨境性质自然使其易于进行监管套利。金融工具通常经过有意设计，以整合或隔离某些特征，以实现所需的监管结果。如果某个特定的司法管辖区出台了一项限制性法律，相应业务通常会转移到另一个限制性较小的司法管辖区，从而使得前者的竞争力降低。实际上，1998 年 5 月，当一家高级监管机构建议对场外交易市场进行监管时，美联储主席艾伦·格林斯潘有力地反驳了这个倡议，其理由是新监管限制的实施会扼杀创新并使得那些本能够实现的非常具有吸引力的交易为了跨国监管套利而向海外转移。

以下是在两个主要市场（美国和英国）中监管制度的发展和当前监管框架的案例研究。

美国

与许多司法管辖区不同的是，在美国没有专门的机构对衍生品市场进行监管。美国的衍生产品监管实质上是“功能性”监管与“机构性”监管的混合。首先，将特定类型的衍生产品（即期货和某些期权）作为金融产品进行监管。其次，某些已经受到监管的机构（例如银行）可能会由其监管机构对其衍生产品活动进行审查。

一般来说，股票、债券和基于证券的衍生品的交易是由美国证券交易委员会（SEC）监管，商品交易和期货交易是由美国商品期货交易委员会（CFTC）监管。因此，对衍生工具的监管主要取决于标的资产或收益率（权益、利率、信贷或固定收益、外汇或商品衍生工具）的性质，以及是否被归类为商品期权、期货合约或证券。混合金融工具将证券的特征与期货合约或商品期权的特征相结合（例如现金结算的远期合约），对这些产品的分析尤为复杂，因为它们同时受证券法和商品法的监管。在广泛的证券和商品类别中，基于工具与基础资产或权益的特征，可能会引发不同层面的监管影响。互换、期权、远期、指数或混合工具可能各自面临不同的监管。

历史上，由于在《商品交易法》中有专属管辖权规定（可以凌驾于其他适用的监管制度之上），金融工具是否受 CFTC、SEC 或两者共同的监管就显得极为重要，比如该法普遍禁止对期货合约或商品期权的买卖，这与 CFTC 监管下的市场交易显著不同。由此产生的 SEC 和 CFTC 之间的紧张关系，特别是衍生工具的不断发展，使得美国对衍生产品监管专项改革从 20 世纪 70 年代一直持续到 20 世纪末。其中尤其重要的是 1983 年的《肖德—约翰逊协议》，它授予 SEC 对于证券、存款凭证、股票组合的期权的唯一监管权。对于期货和基于豁免证券与股指的期货期权的监管则归于 CFTC。该协议禁止发行交易基于个股（特定豁免证券除外）和狭义股票指数的期货合约。

在此背景下，2000 年《商品期货现代化法》（CFMA）的通过标志着监管体制发生了根本性的转变，它的通过也预示着监管宽松时代的到来，而这种监管宽松通常被认为是在接下来不到 10 年的时间里导致金融危机的罪魁祸首。《商品期货现代化法》修改了《肖德—约翰逊协议》，更重要的是阐明了哪些是在 CFTC 的监管之外的场外交易市场衍生品交易。在一定条件下，该法允许由 CFTC 和 SEC 共同监管的基于个股和狭义股指的期货合约的交易，由 CFTC 和 SEC 共同承担监管责任。《商品期货现代化法》同时还取代了各个州对于金融投机监管的法律法规，消除了各州被禁止或豁免的衍生品交易可能因为违反当地法律而被废除的担忧。

除了 SEC 和 CFTC 的功能性监管之外，银行监管机构还提供了一层机构性监管。与功能性监管一样，机构性监管在对金融市场发展和危机的一系列应对处理中得到发展。为了控制银行在大萧条之后的证券活动过热，美国制定了相关法规将证券行业活动限制在一个狭窄的范围之内，这些法规主要有《格拉斯—斯蒂尔法》（1933 年颁布）和 1956 年的《银行控股公司法》。除了个别银行，大部分接受存款的银行被禁止交易、承销和购买证券。然而随着金融市场的国际化程度越来越高，近 20 年来证券与银行业务的重叠日益加剧，银行纷纷采取行动以争取更多的从事证券业务的机会。1999 年，美国国会通过了《格莱姆—里奇—布莱利法》，对金融业实施彻底的改革，该法废除了长期以来对商业银行和投资银行实施分业经营的《格拉斯—斯蒂尔法》，为证券业务发展建立了更为宽松的环境。

银行从事证券业务的监管环境的变化对解决业务本身的复杂性并没有起到多大作用。每个经营实体、每一种业务类型或单个交易仍会受制于银行、证券和商品法律法规体系的制约。SEC 和 CFTC 分别保留了对证券和商品的监管，有 3 家联邦银行监管机构可以对银行业实体企业行使重要权力：联邦储备委员会、货币监管委员会和联邦储备保险公司。《金融服务法》明确了美联储对银行业实施总体监管的角色，同时吸纳 SEC、CFTC 和国家保险监管机构进行补充监管。因为不同的监管机构往往会对银行监管作出相互矛盾的决策，所以监管体制的这种不合时宜的结合导致了对银行监管的司法管辖权和法律上的不确定性。

英国

与美国相比，英国的衍生品监管体制更完整，但二者的发展轨迹较为相似。同美国一样，英国的衍生品交易历来要受到《反价差合约规则》法规的制约。废除这一限制性制度的过程始于英国 1986 年通过的《金融服务法》（FSA），该法废除了过去对差价合同的规定，使得金融法律法规更符合现代化要求。该法规定无论是用于套期保值还是投机的衍生工具，都要依法执行合同。1986 年的“大爆炸”改革使得监管体系进行了全面改革，重组整个行业的监管机构，并寻求实施一致的监管理念。

根据 1986 年《金融服务法》，对于所谓“投资品”（即提供的各类金融工具）的监管，是通过将“投资业务”的交易限制在那些受监管的授权人员（以及某些豁免人员）来实现的。安全投资委员会（SIB）主要负责对金融业实施监管。此后，它又将监管职责委派给管理金融活动不同方面的自律监管组织（SRO）。衍生品交易方面，监管职责最初由几个不同的自律监管组织承担，但到了 1991 年，经过一系列合并之后，证券和期货监督委员会（SFA）成为主要的监管机构。为了获得 1986 年《金融服务法》中规定的投资业务的授权，公司、经销商和某些个人（例如合规人员）必须加入 SFA，委员会对这些实体或个人有严格的要求，比如必须严格遵守业务规范等。同时，英格兰银行保留了对银行业的最高监管权力。它发布了“伦敦行为准则”，其中规定了在法定交易所以外的金融产品场外市场的交易行为准则，包括衍生品交易准则。尽管衍生工具被纳入 1986 年《金融服务法》定义的“投资品”范畴内，并且成为受“伦敦行为准则”交易要求约束的金融产品，但在英国，衍生工具本身并没有受到特别监管。

21 世纪初，英国议会颁布了《金融服务和市场法》（FSMA 2000），该法进一步简化了监管体系结构。该法将国家投资和相关金融服务（包括保险公司）的监管分配给一个独立的监管机构——金融服务管理局（FSA），该机构创建于 1997 年，现在已经被安全投资委员会（SIB）所替代。英格兰银行下放了对银行业的监管职责职能，从而获得了新的对货币发行的控制权。在英国金融服务管理局的临时性审慎资料手册中，各个银行为英国银行业制定了一般性监管制度，这些制度在 2000 年 FSMA 法下保持不变，即只有授权人员（或某些豁免人员）可以在英国进行受监管的金融活动（投资以及保险业务）。同样，1986 年《金融服务法》制定的金融行业准则也保持不变。2000 年的 FSMA 法对各种形式金融产品的定义也体现在 2001 年制定的《金融服务与市场法》（ROA）中，该法定义了衍生品监管的范围。任何从事与 ROA 中规定的金融交易有关商业活动的个人必须获得金融服务管理局的授权。

英国金融服务管理局是对金融服务市场、交易所、公司进行监管的唯一监管机构，这使得英国金融工程产品的监管体系比美国更有效。此外，英格兰银行作为最后贷款人，负责维持宏观金融系统整体的稳定，财政部负责设计金融监管的制度性结构，并为如何实施监管制定法规，二者与金融服务管理局共同构成金融监管的三大机构。同样，英国也无法避免分权管制带来的机构间相互冲突。在金融危机之后，这种三元制度因为在职责、权力和能力划分上的相互推诿而受到严厉批判。尤其是，该系统将审慎监管、消费者保护和市场行为监督三项职责放在了同一个监管机构（英国金融服务管理局）。因此英国正在努力废除英国金融服务管理局并对整个金融监管体系进行彻底改革（参见后面“监管演变”中关于欧洲的部分以获取更多信息）。

英国的金融服务监管同时也受欧盟法律的约束，这有效地扩大了监管领域。《金融工具市场指令》（MiFID）为欧盟经济区的各成员国的投资服务提供了统一的监管法规。该法规通过区分“金融投资服务和活动”与“辅助服务”，以确定公司是否受其监管。受该法规监管的公司将在本国（广义上指有该法规注册办事处的国家）获得授权和监管。公司一旦获得授权，可以使用该法规提供的“护照”在欧盟其他国家为客户提供服务。这些服务将受到金融工具市场法规会员国的公司所在国的监管。正如前文所述，英国金融服务管理局目前负责对英国公司及其经营活动实施监管一样。

国际监管措施

国际准则的制定、采用和成功实施，是缓解全球监管制度之间冲突的宝贵力量。国际准则通过实现更明智的投资决策、改善市场完整性、减少财务危机和传导性风险来促进金融稳定。以下标准制定小组负责领导制定一般监管标准、指南以及最佳实施方案，以使各个监管机构采取适当措施在各地实施这些准则。

• 国际清算银行（BIS）：主持多个常务委员会的会议，其主要目标是促进货币和金融稳定。其中包括 G10 中央银行设立的两个委员会：巴塞尔委员会（制定了一般的监督标准和指导方针，并为银行业最佳实践做法提供建议，希望银行监督机构采取措施落实）、支付和结算系统委员会（监控和分析国内支付、结算和清算系统以及跨境和多货币净额结算计划的发展情况）。

• 国际互换与衍生品协会（ISDA）：识别并减少衍生工具和风险管理业务中的风险来源。其突出成就有：制定合同标准，特别是 ISDA 主协议和相关材料；就净额结算和抵押安排的可执行性提出法律意见；从公共政策和监管资本的角度推进对衍生产品和风险管理的理解和处理。

• 国际证券委员会（IOSCO）：制定和推广有效监控国际证券市场的标准。其技术委员会在金融衍生品监管领域已经发表了多篇论文。

监管演变

对全球金融危机可预测的反应向我们发出了对全球衍生品市场监管进行改革的信号。为了洞察新的监管法规的改革方向，我们需要了解金融危机所带来的关键问题，这些问题正是决策者和监管机构监管政策调整的目标。美国商品期货委员会（CFTC）主席加里·根斯勒在向金融危机调查委员会作证词时提出并质疑了金融危机发生前存在的几个谬论。

（1）衍生品市场作为一个机构参与者主导的市场，有着众多“精明”的交易者，其机构参与者所需要的保护措施与普通投资者投资证券或期货时所需的保护措施有所不同。但衍生工具是复杂的金融工具，即使最精明的从业者也将受益于保护措施。当透明度和市场完整性得到提高时，市场甚至机构之间的交易，都能够更好地运行。透明度将使银行能够确定特定合同的流动性，而不是积累无法合理定价的“有毒资产”。场外交易市场的信息不对称也大大降低了政府和其他市场参与者的市场预期能力和抢占市场先机的能力，造成市场压力增大，市场失灵或市场操纵情况发生。

（2）场外衍生工具不需要监管，因为参与场外衍生品交易的机构本身已经受到监管。参与衍生品交易的银行并没有因其衍生品业务而受到额外的监管。衍生品交易商仍然主要以非银行机构为主体，如保险公司或投资银行，这些机构受到的监管却很少。美国国际集团（AIG）、雷曼兄弟和贝尔斯登的衍生品交易分支机构对资本、商业标准或记录保存都缺乏有效的规章制度。在没有资本要求的情况下，银行仅有较少的资本支持却承担了较多的资本风险，从而增加了整个金融体系的杠杆。

（3）有着丰富交易场外衍生品交易经验的大型金融机构及其交易对手都是非常专业并且以利己为首要目标的，因此市场会自我监管。为了提高收入，所谓“精明”的投资者愿意承担更多风险。由于所使用交易工具的复杂性、市场透明度的缺乏以及交易对手的信用风险，他们往往无法充分判断所承担风险的大小。在国际金融危机爆发之后，格林斯潘公开向国会承认，他对自己关于市场自我监管能力的判断是错误的。

（4）场外衍生工具不适合集中交易或清算，因为它们是定制的而非标准化产品。在期货和证券市场，交易清算是通过受到严格监管的集中交易所进行的。因为交易所是交易双方的中介，每个交易方都得到了防止其他交易对手违约的保护。由于互换合约市场上缺乏清算机制，各个金融体系的风险联系在一起。当对一家公司经营状况的担心增加时，所有其他处在该公司风险敞口内的金融公司的风险溢价必然会扩大。衍生品在过去10年中标准化程度不断提高，因此更容易受到核心市场结构的影响。一位华尔街首席执行官向美国商品期货委员会证实目前高达75%～80%的场外衍生品市场达到了被集中清算的标准。

金融危机发生前，相较于修复市场监管方式中的缺陷而言，识别这些缺陷相对更容易一些。在许多国家，市场监管改革仍处于讨论阶段。经过立法机构长达数月的审议，已经制订的改革方案相比最初的版本已经发生了很大的变化。尽管二十国集团制定了改革议程，但各国的反应却存在很大差异，因为每个国家现有体制差异以及金融危机的影响决定了需要采取的改革措施也有所不同。

美国

2010 年 7 月，奥巴马总统签署了《多德—弗兰克华尔街改革和消费者保护法》（以下简称《多德—弗兰克法》），这是自大萧条以来美国金融监管体系规模最大的改革，这将彻底改变终端用户、对冲基金、私募股权公司、商品交易商、银行和经纪商使用和交易衍生品的方式。从广义上讲，该法为大多数衍生品交易（包括场外衍生产品）制定了一个综合框架，而场外衍生品曾在 2000 年《商品期货现代化法》中被解除了管制。

该法涉及衍生品改革的内容中，最重要的方面是：第一，它强制要求通过受监管的中央结算机构进行清算，并强制要求通过受监管的交易所或互换合约执行机构进行交易（在每种情况下，都要遵守一些关键的例外规定），赋予了监管机构和结算所决定哪些合同应该被清算的职能；第二，该法创建了受监管市场参与者的新类别，包括互换交易商和主要互换参与者；第三，“沃尔克规则”限制了“银行实体”进行互换交易的权利，并禁止联邦政府向包括银行在内的任何“互换实体”提供政府援助，从而使有资格获得联邦援助的银行将其大部分互换业务转移到一个单独分支机构，这在表面上看起来是结束了对金融机构“大而不倒”的救助。“沃尔克规则”还禁止银行实体在某些例外情况和过渡期内收购或保留任何对冲基金或私募股权基金的一切股权、合伙企业或其他所有权权益或发起对冲基金或私募股权基金的任何赞助。

在司法管辖权分配方面，该法大体上沿用了美国商品期货委员会与美国证券交易委员会历史上的职权划分。归类为“互换交易”的衍生品交易，主要受美国商品期货委员会监管，“基于证券的互换交易”则主要受美国证券交易委员会监管，而“混合型互换交易”则要同时受到来自二者的双重监管。

该法禁止各州立投机性证券交易机构的投机性交易，以防止符合条件的合同双方基于证券的互换协议失效，或给国家证券交易所带来不利影响。然而有趣的是，上述条款仅针对基于证券的互换协议却并不包括其他类型的互换协议。事实上，之前版本的《商品交易法》对场外衍生品交易优先权做了规定，但这些条款在新版商品交易法中被删除了。

虽然这些条款预示着美国监管框架的深刻变革，《多德—弗兰克法》的最终结果将取决于联邦监管机构制定的法规条例。法规通常需要在其通过后 360 天内才正式实施。因此，该法的大部分具体影响只有根据监管机构在法案通过及之后 1 年对法案的解释、应用和执行的情况下才会变得更加清楚。

欧盟

2010 年春季，欧盟委员会与美国就衍生品市场监管原则上达成共识。改革的优先项主要包括对市场进行严格监管，将日常大量交易的衍生品合约放到交易所或其他受监管的交易平台进行交易，使所有标准衍生品交易者进行集中清算，并赋予监管机构交易监督权，包括设置仓位限制。

随后，欧洲各国政府和机构经过共同努力，就实施这些改革的方法达成了共识。但部分国家由于对改革进展缓慢感到不满而采取了单方面措施来实施改革。由于希腊债务危机引发了对欧元投机加码，德国于2010年7月通过了旨在防止滥用证券和衍生品交易的法案，该法案禁止对在德国证券交易所上市的所有股票、欧元区政府债券进行无货卖空，以及基于欧元区政府债券的信用违约互换。法国也通过立法来遏制无货卖空。作为全国性综合改革的一个典型，英国于2010年6月发布了一项提案，旨在从根本上改革金融服务监管结构，废除三方监管体制，使得现在英国金融服务管理局的存在形式发生改变。该提案将于2010年10月进行审议，政府计划在2011年提出更详细的建议，并希望在2012年之前初步完成立法。

同时，欧洲证券监管机构委员会在审查了《金融工具市场指令》（MiFID）的情况后向欧盟委员会提供了技术咨询意见，以改善证券市场的功能、透明度和对投资者的保护。关于非股票市场透明度的建议，欧洲证券监管机构委员会的建议聚焦于为结构性融资产品阶段性地引入一个交易后的市场透明度机制，并将范围扩大到对符合条件的主权信用违约互换的清算上，以提高衍生品市场交易后的透明度。

2010年6月，欧盟议会通过了关于衍生品监管的决议。广义上讲，该决议要求制定严格的规则，以防止经验不足的用户和投机者造成重大风险，要求欧盟委员会考虑如何大幅度减少衍生品交易总量，支持禁止对商品和农产品进行纯粹的投机性交易，并对这些市场的交易设定仓位上限，强调集中清算机构要加强强制性监管标准的引入。

2010年9月初，欧盟外交和立法机构最终批准对欧盟银行和市场监管方式进行的大范围改革，并得到欧盟各国领导和欧洲议会的支持。新体系要求为银行业、保险业和证券市场部门成立三个新的欧盟级别的监督机构，预计将于2011年1月投入运行。根据提案，新的监管机构不会直接监督公司或市场（由各国当局监管），但欧盟整体需要制定共同的技术规则和标准，并可以获得额外的法律约束力，包括在“紧急情况”下对单个公司的监管。欧洲中央银行将在评估未来欧洲金融体系的风险中发挥核心作用，并允许欧洲央行行长在最开始的5年担任新的欧洲系统风险委员会主席。

虽然这一改革被认为是缩小金融监管方面主要差距的重要一步，但从欧盟各国到总部布鲁塞尔，有一些人对这些监管规则上的变革表示担忧。作为欧洲最大的金融中心伦敦，担心布鲁塞尔在衍生品卖空规则上的改革举措会通过新的监管机构为其他金融中心带来更多好处而对自己不利。与美国一样，在新的监管框架完成和实施之前，欧洲正在进行大量准备工作。

其他司法管辖区

除了美国和欧盟外，世界各地都在努力进行监管改革。例如，日本和加拿大相继采取了一些对应的限制措施。自20世纪90年代后期的金融危机以来，日本的监管制度一直在不断调整，这使其拥有了在先进工业化经济体中最严格的监管体制。加拿大在美国次贷危机中并没有遭受太大损害，因此对监管改革并不迫切。实际上，加拿大作为唯一没有国家证券监管机构的发达国家，最近才提出要在2011年中期之前建立联邦证券监管机构，以取代现行的省级监管机构。

未来展望

未来一年对于大部分的市场参与者来说将极具挑战。一方面，回顾过去，未来需要付出更大的努力来恢复之前遭受的损失。例如，对于那些已经对美国国际集团、雷曼兄弟、贝尔斯登、冰岛银行、保险公司等金融公司的合同和交易对手方进行了审查后，仍然发现自身处于非理想仓位情况下的投资者要在几个不同的司法管辖区内确认自身的权利并采取相应的补救措施。另一方面，为了在快速变化的竞争环境中保持竞争力和合规性，必须进行大量的前瞻性努力，重视监管的未来发展。以下是关键市场参与者即将面临的挑战和责任的例子。

- 首席运营官

首席运营官在银行和其他金融机构中的地位将会越发重要，因为法律法规增加了许多新的监管措施或加强了原有的控制措施，包括审查和授权协议、政策、流程和标准、重新设计的工作流程、员工培训、管理培训和系统控制等方面。此外，相较于投资银行更为成熟的合规部门而言，之前合规部门专业性较差的企业将更加需要快速有效地发展。例如，《多德—弗兰克法》删除了之前被许多对冲基金所依赖的私人顾问豁免权，这将使大量尚未注册的投资顾问向证券交易委员会注册。

- 评级机构

评级机构通常因其在金融危机中的作用而受到抨击，因此成为监管改革的目标之一，它们要明白在以后需要履行的义务，如《多德—弗兰克法》规定的义务。2010 年 7 月，惠誉和穆迪两家美国主要评级机构宣布不允许发行人将其评级纳入招股说明书或注册声明中，而美国证券交易委员会没有说明评级机构是否可能面临《证券法》第十一条规定的“专家”责任的追究。在该法通过之前，评级机构从未被视为《证券法》上的专家，因为评级本质上是前瞻性的，是对未来事件的假设和预测，评级结果本质上不能被证实为事实。

- 交易商

虽然国际互换与衍生品协会的合同与内部程序、政策和控制措施的发展改善了金融机构的法律风险管理，但金融危机的发生表明这些措施改善还远没有达到最优的监管效果。此外，新的监管意味着大型机构可能需要对其业务进行重新洗牌，例如将某些衍生品交给附属机构去交易。而更小的企业组织则别无选择，需要根据自己的需求应用先进技术，从而能够针对新法案采取最优改进措施并达到监管合规。只有实现自动化，才能缓解内部风险并到达监管机构要求，所以，更好地协调和报告是至关重要的，特别是在那些主要靠手工收集信息的流程中。

- 律师

律师在应对新规则的冲击时面临许多挑战。正如 2002 年《萨班斯—奥克斯利法》刚刚通过时一样，在美国，公司律师、客户和内部法律部门正在为多德—弗兰克金融改革而忙碌。在欧洲，同样需要做很多工作来适应在下一年将要开始运作的新监管框架。

Chapter Twenty - Seven

可转移阿尔法 第 27 章

坦尼娅·比德尔

乔瓦尼·贝廖西①

引言

可转移阿尔法（portable alpha）是机构投资者以及其他投资者在投资组合中使用的金融工程的一种形式。可转移阿尔法在 20 世纪 90 年代后期开始流行，此时尚处于亚洲货币危机、俄罗斯商品危机以及长期资本管理公司危机的余波中。此时的市场状况呈现出低波动性、高流动性、紧利差、低风险溢价以及高度的市场信心，这些因素导致投资者开始寻求新的方式去增加投资回报。可转移阿尔法正是被设计来提供这种超额投资回报的。

可转移阿尔法被一些人看作是一项重大的进展，并且可以与一些最伟大的金融成就相比肩。他们说道："金融世界里时不时便会出现一个发展来导致一个重大的范式转移。已有的范例包括引入现值作为金融决策工具、莫迪利安尼和米勒关于资本结构的假设以及在投资中引入现代证券投资组合理论……使用各种可转移阿尔法金融工程技术去增加回报率、减少证券投资组合的波动率以及实现更好的资产负债匹配。"②

可转移阿尔法可以按照许多方式构建。在其开始被使用的 10 年间，对大多数使用它的机构投资者而言，使用可转移阿尔法是一个成功的故事。这些投资者包括就职于哈佛管理公司、约翰·汉考克、富达投资、高盛集团、罗所门兄弟证券、雅努斯、美林证券、摩根士丹利这些公司的著名资产经理。但由于 2007 年信用危机的发生，市场转向为高波动性、低流动性、宽利差、高风险溢价和低市场信心，一些机构投资者便开始逐步收缩他们的可转移阿尔法项目，取消了贝塔比例或者清除了阿尔法相关杠杆。这些投资者包括任职于加

---

① 坦尼娅·比德尔（Tanya Beder）现在是总部位于康涅狄格州的 SBCC 集团有限公司纽约分部的主席。坦尼娅在 *Journal of Portfolio Management*、*Financial Analysts Journal*、*Harvard Business Review* 以及 *Journal of Financial Engineering* 发表了多篇学术论文。她在哈佛大学获得 MBA 硕士学位，在耶鲁大学获得数学与哲学学士学位。乔瓦尼·贝廖西（Giovanni Beliossi）是伦敦 FGS 资本有限责任公司的管理合伙人，他于 2002 年创立此公司并曾担任公司首席执行官，负责证券投资组合管理。坦尼娅和乔瓦尼都是国际金融工程师协会（IAFE）的委员会成员，并且他们共同担任国际金融工程师协会名下投资者风险委员会的主席。

② 参见 Coates 和 Baumgartner.

州公务员退休系统（CalPERS）、宾夕法尼亚州雇员退休系统（SERS）、马萨诸塞州公共储备投资管理委员会（Mass PRIM）以及科罗拉多消防和警察养老金协会的著名资产经理。[①] 因此，在过去 10 年多一点的时间里，可转移阿尔法已经经历了出生、成长并作为一项重大金融发展而获得嘉奖，与此同时又在一些重要的投资经理眼中面临着死亡。但在最近，可转移阿尔法经历了一次重生。在本章中我们将讨论可转移阿尔法以及它的一些优点和缺点。

什么是可转移阿尔法?

为了定义“可转移阿尔法”，首先我们需要定义“贝塔”和“阿尔法”。贝塔是衡量投资头寸随市场波动的一种尺度。例如，0.5、1 或 2 的贝塔分别表达头寸变动是市场变动的一半、相等量或两倍（或升或降）。阿尔法则是衡量有多少投资活动相对于市场是不相关的并且是非系统性的。因此，阿尔法所衡量的是给定时期内投资活动（或经理）产生的高于市场水平的回报率。此处一个自然的问题便是“哪一个市场?”这个市场是由投资者界定的。它有可能是一个广义的股市指数，例如标普 500 指数、罗素 1000 指数、富时指数、日经指数、欧洲股市或亚洲股市或全球股市前 100 强指数、顶级能源股指数或顶级科技股指数等。它也可能是一个广义的债券市场指数，例如雷曼综合债券指数（现在的巴克莱综合债券指数），或是一个综合市场指数，例如 ARIX、摩根士丹利资本国际指数，或是一个对冲基金指数，或是一个自定义的指数，例如信用利差。另一个办法便是从成功的积极投资经理的回报中“剥离”贝塔，从而留下阿尔法作为残差。例如，投资者在一个经理处有一项投资，该经理交易美国证券的分散化投资组合并取得了标普 500 指数外加 200 个基点的净回报。这样的话，这个投资者将会进行一项股权互换，支付标普 500 指数并获得伦敦同业拆借利率，该互换会产生伦敦同业拆借利率加 200 个基点的正回报。在这个例子中，股票经理的阿尔法（200 个基点）被转移到了债券投资上。

不同于得到相应贝塔的市场指数投资方法，可转移阿尔法通过投资活动从贝塔中分离出阿尔法。目的则是将收益相关性较低的资产加入证券投资组合中，同时维持目标资产分配（系统性贝塔暴露）。通常有三种方式来实现可转移阿尔法。

（1）阿尔法覆盖

在这种方法中，投资者会进入一个总收益互换，通常是支付短期利率来换得阿尔法表现。阿尔法表现可能通过一个或更多的对冲基金经理取得，也可能通过一个投资对冲基金指数取得。

（2）阿尔法转移

在这种方法中，投资者会进入一个衍生品交易，通常是支付市场指数来换得一个或更高“阿尔法”经理的业绩，或是一个可投资的“阿尔法”投资指数的业绩。

（3）阿尔法替换贝塔

在这种方法中，投资者常常会售出“贝塔暴露”并购买一个纯粹的阿尔法投资。在实

---

① 参见 Pensions 和 Investments（2009）.

施过程中，证券投资组合的资产分配必须经常改变。阿尔法投资会替换贝塔暴露而不是获得系统性贝塔暴露之上的阿尔法。

目标是创造一个不相关的策略来增加风险调整后的回报，实现方法是增加不论任何类型资产的期望“阿尔法”。在上述几种方法中，方法 1 和方法 2 允许投资者投资高阿尔法的策略，与此同时维持传统股票和固定收益市场的期望策略资产分配。一个常见的办法便是从对冲基金投资、对冲基金的基金或投资型对冲基金指数中获得阿尔法，例如这些由对冲基金研究公司（HFR）、瑞士信贷（CSFB）、摩根士丹利对冲投资指数、标准普尔（S&P）、富时指数等计算并发布的指数。

在 2007 年的咨询搜索预测中，卡西奎克咨询公司报告了机构咨询搜索的预期趋势，将可转移阿尔法放在了“极具潜力”板块中，表明了尽管它可能还未代表一个搜索焦点，但它看上去“提升了搜索的兴趣”。然而，在他们 2010 年的产品机会矩阵中，可转移阿尔法已经从卡西奎克咨询公司关于“增加搜索活动”或“减少搜索活动”的分类中消失了，如图 27.1 和图 27.2 所示。

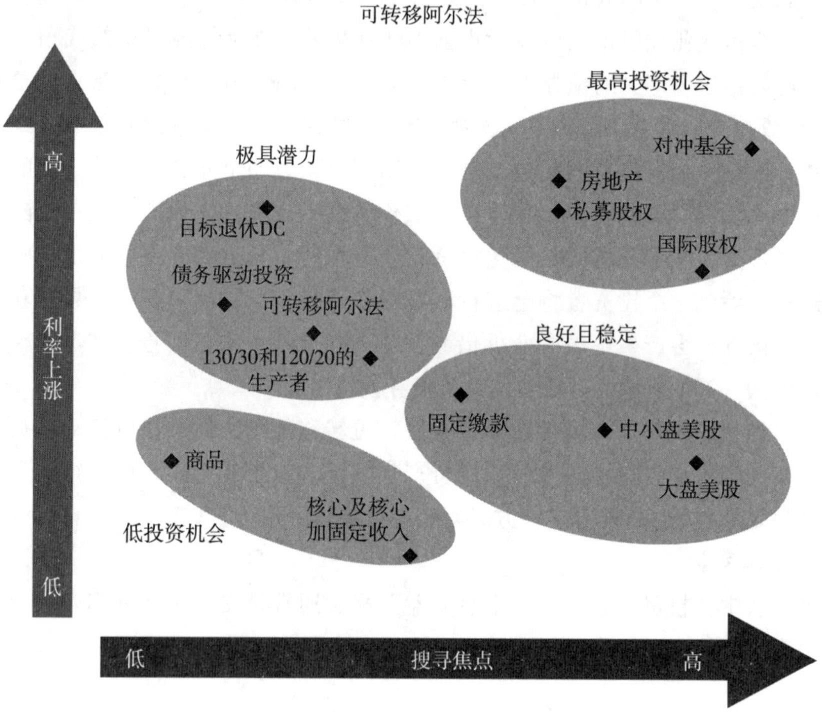

图 27.1　2007 年卡西奎克咨询公司的搜索机会图

阐述：实施阿尔法转移（AT）

图 27.3 阐述了阿尔法转移交易的一个常规形式。

我们下面以数值例子来阐述阿尔法转移如何实现。假设投资者通过使用可投资的对冲基金指数将现有证券投资组合名义金额的 20% 投入到了一项阿尔法转移策略中。在表 27.4

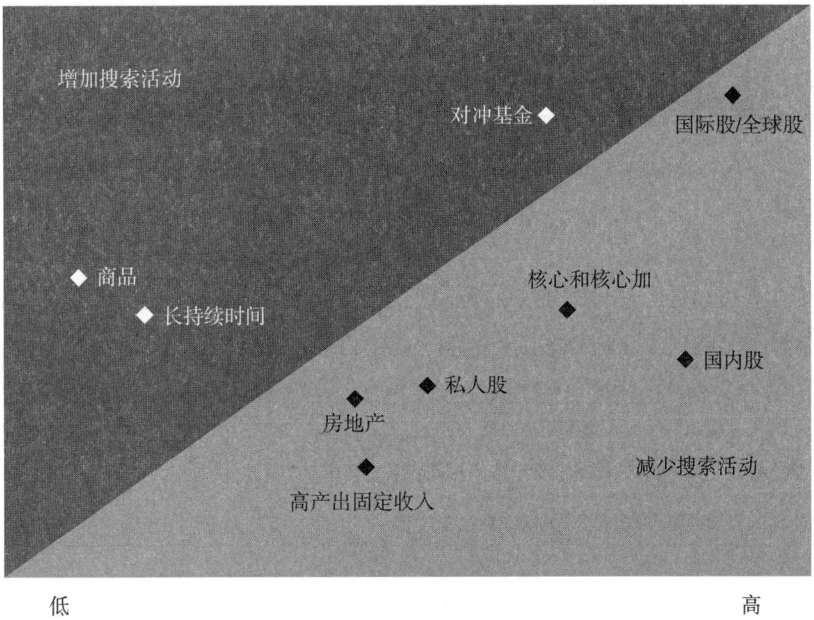

图 27.2　2010 年卡西奎克咨询公司的产品机会

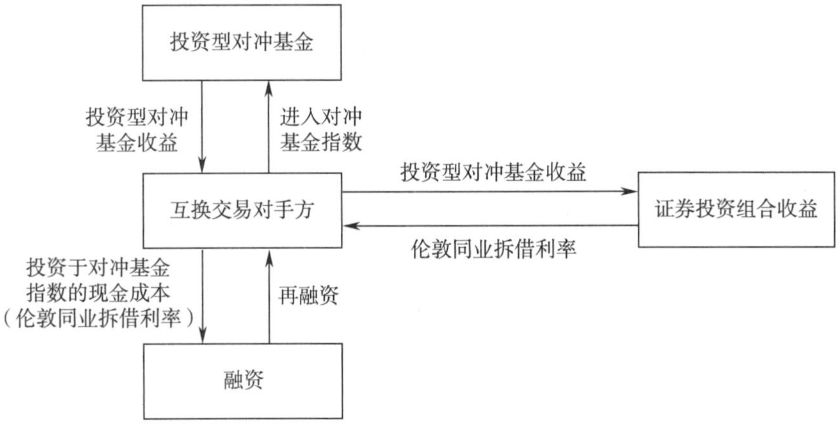

图 27.3　实施阿尔法转移

中，我们提供了两个案例，在其中一个案例中，对冲基金指数（HFI）的收益超过了证券投资组合的收益，而在另一个案例中情况恰好相反。所有其他因素都被认为是不变的。两个案例中假定的资本收益和资本成本在上文中可见。值得注意的是这些例子都假定在整个交易过程中，对冲基金指数和证券投资组合收益的相关性是不显著的。

正如本例中所阐述，阿尔法转移并不是在所有情况下都具有吸引力。右侧的情况除了反转证券投资组合收益和对冲基金指数收益的关系外，保持所有假设不变（证券投资组合收益在两个方案中分别低于和高于对冲基金指数收益 4 个百分点），这种情况说明了阿尔法转移在某些情况下可能会降低投资者的证券投资组合收益。此外，在 2007 年开始的信贷危机期间，一些阿尔法转移的参与者发现互换交易对手方发起的担保催缴加重了投资者的负担。

表 27.4　两个假设的阿尔法转移业绩结果

项目	对冲基金指数 > 证券投资组合	证券投资组合 > 对冲基金指数
阿尔法转移策略名义投资	20%	20%
对冲基金指数收益	10%	2%
证券投资组合收益（PR）	6%	6%
伦敦同业拆借利率	3%	3%
互换收益（对冲基金指数收益——伦敦同业拆借利率）	7%	-1%
互换收益×名义投资（阿尔法转移）	1.4%	-0.2%
使用阿尔法转移的收益（证券投资组合收益+阿尔法转移）	7.4%	5.8%

可转移阿尔法的吸引力

在机构投资情境下，可转移阿尔法架构的吸引力是什么？从理论上说，阿尔法覆盖和阿尔法转移能够从交易技术和证券投资组合技术所获得的收益中分离出具有战略重要性资产的收益。在大多数机构投资者眼中，第一类投资者代表“贝塔”——以中长期和不频繁变动定义的战略资产配置。相对而言，“阿尔法”包含了积极管理的证券投资组合资产：定义有很多，但是与本情境有关的一个是产生的阿尔法证券投资组合应该具有期望回报和期望风险特征，同时对投资者的特定“贝塔”资产组合有低风险暴露。一个如此定义的阿尔法可能会包含一些潜在风险可被分散化的资产，正如夏普（1964）最初的理念，但也有一些“贝塔”资产的管理化证券投资组合，例如战术资产以及现金配置项目。它们也可能包含不属于“贝塔”组合的一项或多项积极或消极管理配置的资产组合，例如商品和房地产。这里重要的不是学术上的纯粹性，而是在每个投资者的资产配置背景下，哪些东西是相关的并且是可接受的。

许多限定收益的养老金计划采纳了可转移阿尔法，这是由于在特定风险预算下它可以自由选择最好的阿尔法或最难获得的阿尔法（例如商品），但许多捐赠基金并非如此。捐赠基金常常按照比养老基金更大的波动率做预算，并为高风险预算寻求最优回报来源——这可能无法说明可转移阿尔法策略是有效的。

现在的问题是对于目标波动率，可转移阿尔法策略的收益究竟是否会更高。相对于高波动率、低流动性、高利差的环境而言，这个答案在低波动率、高流动性、低利差的环境中可能会有所不同。此外，在一个具有很强方向性的市场中，可转移阿尔法可能在绝对收益和风险调整收益上均会滞后。最为重要的是，在资本市场交易从一个状态进入另一个状态的过渡期间，诸如可转移阿尔法这样的策略可能会面临最多的挑战。

可转移阿尔法的概念是吸引人的，因为分离这些成分允许了独立风险预算、业绩归因以及“阿尔法”和“贝塔”投资的风险控制。可转移阿尔法严重依靠于事前限定期望结果（即发生前）。但如果波动率和相关性的期望分布（即波动率的波动率和相关性的波动率）都能被准确预测，可靠的可转移投资便会产生。在最近高波动率和低流动性的环境下，或许更难规划期望结果。相比而言，以一项积极管理且仅限长期股票的投资组合为例，许多传统的“混合”阿尔法/贝塔投资仅允许通过追踪错误管理等技术实现阿尔法/贝塔的部分分离，而结果常常是不令人满意的。这样，为了保证贝塔暴露，经常会限制阿尔法来源。

实际实施问题

在实践中，即使是最简单的阿尔法结构也需要留意一些问题，这些问题在常规证券投资组合管理步骤中通常不会遇到。可转移阿尔法结构常常会导致对一些不在原始资产配置组合中的资产或市场的额外暴露。早在20世纪80年代中期机构投资者就使用过的一个可转移阿尔法的早期形式提供了一个很好的案例：通过在指数组合和指数期货的基础上加上美元中性的多/空组合（类型一，或“阿尔法覆盖”）来复制一个主动管理的上市股票的投资组合。

这样的结构类型显得很简单：在最后，相对基准衡量业绩的任何积极管理组合的权重矩阵将是基准加上结构上是同值方向（绝对值）的多/空组合的代数和。熟悉这种结构的专业人员将会知道“复制”这种积极股票结构需要关注至少两个额外的问题。

第一个问题是“净空头”头寸的可能性。那便是，积极长/短期证券投资组合中的一个“空头”权重超过了基准中相对应的“多头”权重，使得潜在投资者有一个净负债空头。对于潜在投资者而言，这可能不被允许也可能不是他想要的。但是消除它需要对小盘股的一个空间施加限制，而那里经常是主动投资者寻求增加价值的地方，并最终重新引进了被认为是一开始就消除基准阻力的可转移阿尔法结构。

第二个问题是潜在的积极“阿尔法”经理通过股票借用和做空交易来实现空头暴露。这些活动包括了在传统长期证券投资组合权重不足/权重过度情况下不被允许的额外技术、信贷以及需求/供给暴露。它们中的每一个都需要合适的管理，并且需要关注空头名目的保证金及来源。

此外，分离“阿尔法”和“贝塔”投资或对“阿尔法”比例的多头和空头保持充足暴露有可能是不现实的。在流动性紧张时期通过指数实施贝塔暴露可能会更加昂贵（正如我们最近看到的那样），建立互换头寸的成本来补偿必需的暴露也是如此。因此，直接投资者或为投资者制定策略的经理们面临的经济因素将依据市场环境的状态而差异巨大。许多新兴股票市场不允许卖空，或将其严格限制。在这些情况下，卖空指数或期货合约以对冲长期持有证券投资组合是有可能的，但空头权重会被标的指数所限制，正如只能做多的基础组合中的情形。在市场混乱时期甚至会更难，正如我们现在经历的情况。或者说，正如当前的房地产和更新形式的另类投资面对的情况，一个捕捉相关“贝塔”的代表性指数或指数合约可能无法从潜在资产的积极管理中单独获得。

当一个解决方案可行时，它往往包含银行的架构，并且现在越来越多地包含了专业中介机构的架构。在所有情况下，流动性和交易对手方问题/信贷风险需要合理的重视以及监管。

实施可转移阿尔法结构的关键领域

很容易看出，如果构造得当，一个可转移阿尔法结构将优于更为传统的“混合”同类产品。同时也不难发现，如果市场环境大幅改变，由于增加的摩擦、利差风险和交易成本，一个传统的“打包”贝塔加阿尔法结构可能会超过可转移阿尔法的收益。在过去数十年，专业中介机构一直在提供解决方案，目的是管理与可转移阿尔法策略相关的额外暴露及其风险。它们还提供了合约构造方面的技术专家。但是额外的暴露需要被识别并被合理管理。它们包括：

- 合理识别可转移阿尔法预实施过程中投资组合的贝塔；
- 合理识别阿尔法生成器中的任何贝塔；
- 合理识别上述两个项目的相关性，以及不同市场环境中该相关性的稳定性；
- 管理金融风险的法律、架构、信用和公司管理工具，以及来自空头头寸的法律责任；
- 通过场外架构，或在正常及紧张环境中，流动性无法按投资者要求匹配的情况下通过合约实现阿尔法/贝塔分离时的流动性风险或交易对手方风险；
- 对包含在结构中额外风险暴露（卖空、股票借贷、衍生品、保证金/杠杆）的评估、监管和管理；
- 波动率的稳定性以及与预测水平的相关性的稳定性；
- 在特定架构下对潜在现金流作出预测和规划（例如包含互换的可转移阿尔法结构）；
- 在通过杠杆化衍生品和投资“过度”现金到阿尔法暴露来获得贝塔暴露的结构中，正确识别嵌入式杠杆；
- 阿尔法的相关性的波动率——一些阿尔法生成器提供了具有小标准差的低水平阿尔法，其他的则提供了具有更高标准差的更高水平阿尔法——2008 年下半年，几乎所有的基金经理都产出了负阿尔法，它们的相关性加上负阿尔法导致了可转移阿尔法实施过程中不同程度的痛苦；
- 正确识别交易对手方风险。

上述列表是远未穷尽的，但在我们看来它代表了一个合理的出发点去识别和处理可转移阿尔法的关键实施问题，尤其是在一个比我们刚经历的更加混乱的投资环境中。

使用了头一个十年后的结论是什么呢？成功实施可转移阿尔法是很少见的。对于一些投资者而言，从低波动率、高流动性、紧利差、低风险溢价和高信心的市场转移到伴随着信用危机的对立环境中，就必须了解本章所讨论的杠杆、信贷和现金流动相关问题。这在很大程度上以一个稳健而复杂的方式定义了可转移阿尔法的概念。也有可能是在观察了可转移阿尔法最初实施的全部生命周期后（出生、发展、成熟、被一些人抛弃），我们现在开始走向一个更为动态的方法，在这个方法中可转移阿尔法成为战略和战术资产配置的关键工具。

参考文献

Coates, Jack, and M. Baumgartner. "Portable alpha: A Practitioner's guide, unraveling the hype behind the latest phenomenon." Morgan Stanley Alternative Investment Partners [date not included in publication].

Pensions & Investments. 2009. "Plans Dump Portable Alpha as Returns Sour."

Sharpe, William F. 1964. "Capital Asset Prices–A Theory of Market Equilibrium Under Conditions of Risk." *Journal of Finance* 19:3, 425–442.

Chapter Twenty - Eight

第 28 章 金融工程中无套利方法的应用和误用

安德鲁·阿齐兹[①]

引言

金融工程中使用的定价模型，通常以投资者行为的两个基本假设为基础。第一，投资者往往偏好更多的财富，因而会采用不同的投资手段来获取最大的财富。第二，投资者是风险厌恶型，这使得他们会在追求更多财富和规避风险之间进行权衡。

“投资者偏好更多的财富”，这一假设符合常识也容易理解，并且财富容易被量化。相比之下，风险厌恶的假设则具有一定的模糊性，而更重要的是，风险厌恶的概念很难直观地定义，也不能直接度量。实践已经证明，仅仅依赖于第一个假设的定价方法，要比必须同时满足两个假设的定价方法更有效。

在实践中，这些定价方法已经被证明是有效的，但是在市场失灵时，这些方法的局限性也会凸显。除了关于投资者行为的假设，这些定价方法还需要其他一系列与市场有效性相关的假设条件，包括有效市场假设和完备资本市场假设。好的一面是，当市场正常运转时，估值模型已经被证明是相当稳健的，就好像市场已经满足了所有假设一样（即使在严格意义上来说这些假设条件并不能完全满足)。坏的一面是，这种稳健性可能会导致人们对风险认识的偏差，当市场波动超过一定限度时，定价模型可能因为无法及时调整而失效。尤其在市场失灵时，很多容易被忽视的关键假设不再合理，最终导致模型失效。

本章概述了估值模型的基本框架，也就是“偏好更多的财富”假设下的最优化问题。我们将通过大量的例子说明，偏好更多的财富这一假设，对于定价已经是足够了。此外，本章还探讨了在相关的假设条件不成立时，特别是“无摩擦”和“完备市场”这两个关键假设不成立时，定价方法会受到什么影响。

最优规划

由于套利者“偏好更多的财富”，因此期望在不持有净头寸的情况下，获取无风险收

---

① 安德鲁·阿齐兹（Andrew Aziz）获得纽约大学金融博士学位、皇后大学金融 MBA 和麦克马斯特大学化学荣誉学士，是 Algorithmics 公司风险控制部门的执行副总裁，管理该公司的投资和风险分析业务。

益。套利通常划分为“一阶套利”和“二阶套利”两类。

一阶套利是指，通过构建一种投资组合，使得当前收益为正，而未来无须进行任何支付。二阶套利是指构建一个无成本的投资组合，这个投资组合能够保证未来不需要进行任何支付，但是有一定正的概率能够获得正的收益。

我们假设，在 t 时刻，市场上有 n 个相互独立的证券，以及 s 个未来可能出现的状态，每一个状态 j 发生的概率 $p_{jt}>0$。向量 $\boldsymbol{P}_t=(p_{jt})$ 是 $s\times1$ 的列向量，代表 t 时刻的状态概率。$n\times s$ 矩阵 $\boldsymbol{M}_t$ 代表证券价格，其中 m_{ijt} 表示 t 时刻证券 i 在状态 j 下的价格。虽然对于给定的某个证券来说，其不同状态下的价格分布可以通过不同的度量指标来描述，比如方差等，但是并不要求满足正态分布。同样，对于两个证券来说，其不同状态下价格的联合分布，可以用相关系数等指标来度量，但是联合分布也并不要求必须满足正态分布。

证券 i 的市场价格记为 q_i。$n\times1$ 的向量 $\boldsymbol{Q}$ 代表证券价格。向量 X 代表所持证券的数量，其分量 x_i 表示投资组合中证券 i 的数量。假设没有做多和做空的限制，则证券数量向量 X 是不受约束的。我们建立以下多状态、单期的线性模型，可以使一阶套利收益最大化：

最小化：$c=\boldsymbol{Q}^T\boldsymbol{X}$

关于 X 的约束：$\boldsymbol{M}_t^T\boldsymbol{X}\geqslant\boldsymbol{0}$ 对任意的 X 均成立

其中 $\boldsymbol{0}$ 代表了一个 $s\times1$ 的零向量。这个公式借鉴了 Ross（1976）采用的多状态、单期离散模型。

在这个模型中，投资者套利收益最大化的目标通过最小化交易成本 c 来体现。在任何一种状态下，任何一个净值非负的交易，模型中对状态的约束条件限制了该优化问题可行解的取值范围。该模型对于投资者可以买入（$x_i>0$）或者卖出（$x_i<0$）的证券数量没有限制，并且假设所有的投资者都遵循同样的价格矩阵 M_t，没有税收差别和特定的交易成本以及做多或做空的限制。在以上假设基础上，可以认为市场是无摩擦的。

可行解

显然，不做任何交易时的解（$\boldsymbol{X}=\boldsymbol{0}$）总是可行的，因而最小化问题的最优投资组合的成本总是非正的。最优问题总有一个可行解，它可以是有界的，也可以是无界的。

我们需要考虑三种不同的情况。在第一种情况下，最优问题的解是无界的，当给定某一组证券的价格时，目标函数（投资组合的成本）的解是负无穷。这是一阶套利的情况，在这种情况下，当前可以获得收益，而且在未来不需要进行任何支付，并且收益可以不受限制地增加。在第二和第三种情况下，最优问题的解是有界的，因为目标函数的解等于0，也就是说，当前不能获得任何收益。

在上述的第二种情况下，至少有一个约束条件可以被表示为一个严格不等式，此时满足二阶套利的情况。在这种情况下初始净投资为0，未来仍然有可能获得收益。在第三种情况下，所有的约束条件都可以表示为严格的等式。这些等式的解就是无套利均衡，即在给定的一组证券价格下，不存在一阶或者二阶套利机会下的均衡。

市场均衡

在这个一般模型中，投资者行为满足“偏好更多的财富”的假设，进而在无摩擦的有效市场中对证券进行均衡定价。套利交易者的套利行为，使得市场中相对低估的证券价格上升，相对高估的证券价格下跌，直到所有一阶套利和二阶套利的机会消失，此时的价格到达均衡。

由于市场的变动符合上述的动态均衡过程，我们可以假设，一般的投资者都可以获得证券价格的信息，并且其交易并不能够获得套利。我们将单独考虑套利交易者的行为。该模型的关键结论，也就是我们通常所说的“一价定律”（law of one price）。

对偶问题

假设在均衡市场中不存在一阶套利机会（即原始最优问题是有界的），则可以从对偶问题得到以下关系：

$$\boldsymbol{M}_t \boldsymbol{D}_t = \boldsymbol{Q} \tag{28.1}$$

并且由于不存在二阶套利机会（状态约束条件可以通过等式解出），也可以得出以下关系：

$$\boldsymbol{D}_t > \boldsymbol{0} \tag{28.2}$$

其中，$m \times 1$ 向量$\boldsymbol{D}_t$代表对偶价格，d_{jt}表示在 t 时刻状态 j 下的对偶变量。对偶价格向量$\boldsymbol{D}_t$即是状态价格向量。式（28.1）和式（28.2）是基本资产定价理论（Fundamental Theorem of Asset Pricing，FTAP）的一种表述，这一理论在 Prisman（1986）中给出。

对偶变量在线性规划问题中有严格的解释。如果一个投资者在状态 j 下需要至少赚取一单位收益，那么目标函数就会增加d_{jt}个单位。因此，如果在 t 时刻，一个证券在状态 j 下的价格为一个单位，在任意其他状态下的价格为 0，那么这个证券的价格必定为d_{jt}。这样的证券被称为 Arrow – Debreu 证券。

在 t 时刻，当相互独立的证券数量 n 等于状态数量 s 时，我们说市场是完备的。完备市场的一个重要特征，就是任何新的证券的状态价格，包括 Arrow – Debreu 证券，都可以被 n 个证券所构成的投资组合完全复制出来。同时，为了防止套利机会的出现，这些新证券的价格必须等于所复制的投资组合的价值。

只有在完备市场下，才能确定 Arrow – Debreu 证券的价格。而在不完备市场中，由于不能保证 Arrow – Debreu 证券被完全复制，因此无法确定其价格，但是可以确定 Arrow – Debreu 证券的价格区间。

定价关系

假设市场无摩擦，并且完备，同时满足无套利条件。由基本资产定价理论可知，任意一个新的证券 z 的价格，在任何状态下，必须要与由一组 Arrow – Debreu 证券构成的投资组合的价格相等。公式如下：

$$q_z = \sum_{j=1}^{s} m_{zjt} d_{jt} \tag{28.3}$$

其中，m_{zjt}表示在 t 时刻状态 j 下新证券的价格。式（28.3）表示上文所描述的构造投资组合的方法。唯一不同的是，所建立的投资组合是由 s 个 Arrow - Debreu 证券组成，而不是 n 个初始证券。

例如，一个无风险证券 f, 在 t 时刻的价格为 1。根据无风险证券的定义，它在未来每一状态下价格都为 1，因此它的价格 q_f 必然是

$$q_f = \sum_{j=1}^{s} d_{jt} = d_t = e^{-r_t t} \tag{28.4}$$

其中，$m_{fjt}=1$ 代表在 t 时刻所有状态 j 的无风险证券的价格为常数 1。d_t为时刻 t 的折现因子，r_t表示在 t 时间段内连续复利下的无风险利率。

由式（28.3）可以看出，根据基本资产定价理论，即使 t 时刻的期望价格 $E(m_{zjt})$ 和单个状态概率值p_{jt}是未知的，我们也可以对任一证券进行定价。这是一个非常重要的结论。这一结论意味着，在完备市场中，证券的定价既不需要直接地度量投资者的风险偏好，也不需要不同状态下价格的分布。如果一定要对于投资者的风险偏好进行建模，则需要知道上述的统计信息。但是在完备市场中，信息已经完全包含在 Arrow - Debreu 证券的价格中了。因此，证券估值问题中无套利条件的前提条件，只需要“偏好更多的财富”这一假设即可。

证券定价不需要依赖于状态概率发展了现代的风险中性定价方法。之所以称之为“风险中性”，是因为这种定价方法独立于投资者风险偏好。如果投资者是风险中性的，那么时刻 t 证券在不同状态下的期望价格可以通过无风险利率来折现。然而，在现实中投资者并非是完全风险中性的，一般情况下，真实的期望价格并不能用无风险利率进行贴现。

尽管如此，我们还是可以在一定的范围内进行估值。根据资产定价理论，我们定义了一个新的变量π_{jt}（使得 $\sum_{j=1}^{s} \pi_{jt} = 1$），表示 t 时刻在状态 j 下的概率。式（28.1）到式（28.4）计算了每个状态概率π_{jt}的大小，使得债券在 t 时刻、不同状态下的风险中性条件下的期望价格，可以通过连续复利形式的无风险利率折现得到，即

$$\boldsymbol{Q} = \boldsymbol{M}_t \boldsymbol{D}_t = \boldsymbol{M}_t \boldsymbol{\pi}_t d_t = \boldsymbol{M}_t \boldsymbol{\pi}_t e^{-r_t t}$$

其中：

$$\boldsymbol{\pi}_t = \frac{\boldsymbol{D}_t}{\boldsymbol{d}_t}$$

π_t是 $s \times 1$ 的列向量，代表在 t 时刻的风险中性概率。这一方法的结果来源于简单的代数运算，并且不需要知道真实的概率值，因此不论投资者真实的风险偏好是什么样，这种风险中性的方法都是适用的。从式（28.3）到式（28.4）可以得到，新的证券 z 的价格可以采用风险中性定价的方法来获得：

$$q_z = \left[\sum_{j=1}^{s} \pi_{jt} m_{zjt} \right] e^{-r_t t} \tag{28.5}$$

其中，π_{jt}表示t时刻状态j下的风险中性概率。换句话说，我们可以认为证券的价格等于风险中性条件下，新证券未来t时刻的期望价格用无风险利率贴现得到的现值。

完备资本市场

在上文中，我们基于单一的投资者行为假设，建立了基本资产定价理论，这一理论中还暗含着三个关键市场动态变化的假设。接下来，我们将详细讨论这三个假设。这三个假设共同构成了完备资本市场（perfect capital market，PCM），保证了市场信息和市场配置都是有效的。

无摩擦的市场

在这一假设条件下，市场上的证券可以任意分割，并且没有交易上的限制，如限制卖空等。此外，我们还假设没有交易成本或者税收，无税收这一条件也可以弱化为没有税收差异。

完全竞争

在这一假设条件下，所有的投资者都是价格接受者，而不是价格影响者，这一假设确保了任何一个投资者都不能通过其自身的交易来影响价格。市场的均衡价格是由市场中的全体参与者共同决定的，也即是说市场是由亚当·斯密所说的“看不见的手”调控的。这一假设也表明市场是完全流动的，价格可以自动出清。

信息是有效的

在这一假设条件下，所有投资者可以同时、无成本地获取关于证券价格的信息，在上文所描述的多状态框架下，这一假设意味着，在任何未来可能状态下，证券价格都是已知的，并且为所有投资者所接受。风险模型仅由各种状态发生的不确定性来构建，它与给定状态下证券价格实现的不确定性无关。

一个两种状态，单一时期的例子

为了验证前面所描述的模型，我们考虑两个状态下的模型，如图 28.1 所示，在t时间

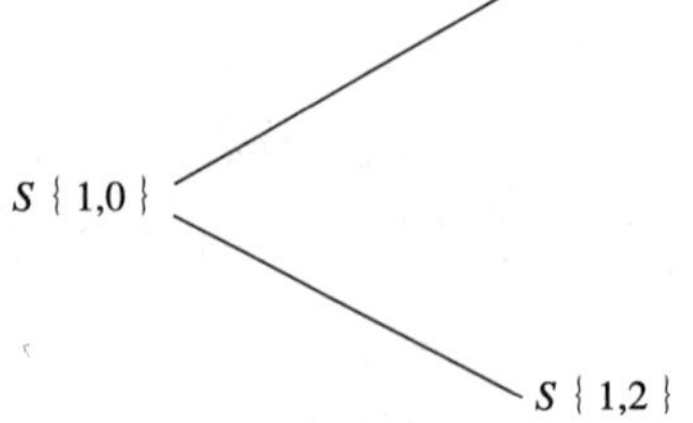

图 28.1　双状态单步模型

段内状态 j 下时点 k 所发生的事件用 $S\{j,k\}$ 表示。在单步模型中，对于 t 时间段内未来所有的状态，j 都为 1。而 $S\{1,0\}$ 则代表了当前状态。

我们考虑两个相互独立的证券，在今天的价格分别为 q_1 和 q_2。并且在 $S\{1,1\}$，$S\{1,2\}$ 下的状态价格分别为 m_{111}，m_{211} 和 m_{121}，m_{221}。由于状态的数量与独立证券的数量是相同的（即 $n=s=2$），因而市场是完备的。我们还假设该市场满足完备资本市场（PCM）的条件。这些证券的状态价格见图 28.2。

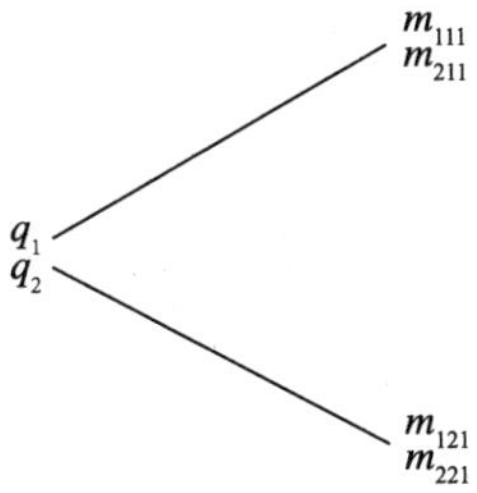

图 28.2　完备市场：两只证券

最优化模型

在这个例子中，套利者的行为可以通过以下线性规划问题描述：

最小化：$c = q_1 x_1 + q_2 x_2$

对于 $\boldsymbol{X} = (x_1, x_2)$ 要满足：

$$m_{111} x_1 + m_{211} x_2 \geqslant 0$$

$$m_{121} x_1 + m_{221} x_2 \geqslant 0$$

以上公式可以这样来解释，包含两个证券的投资组合的成本要最小，并且在期限为 1 的未来两种状态中，每种状态下的投资组合的价格都必须是非负的。

这一优化问题可以用图 28.3 来说明。其中，虚线表示两种状态下的约束边界，阴影部

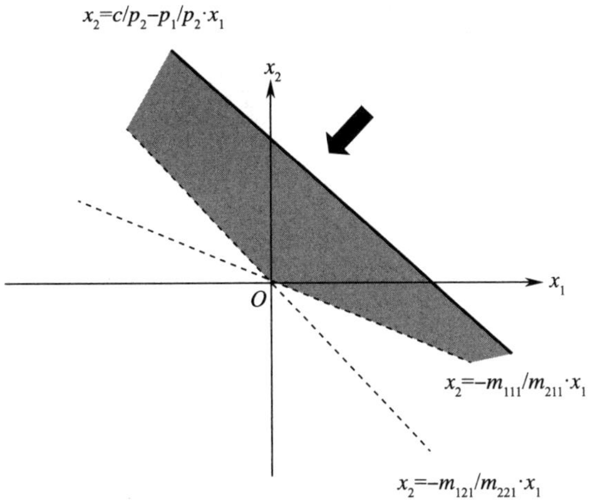

图 28.3　可行域和目标函数

分表示持有证券 x_i 和 x_j 时可行解的交集。粗线代表目标函数，箭头表示使成本最小化的移动方向。一阶套利、二阶套利和无套利这三种情况则是由这三条直线相对的斜率决定。

在一阶套利的情况下，目标函数的斜率要同时大于或者同时小于两条约束条件直线的斜率。在图 28.4 中，目标函数斜率的绝对值同时小于两条约束线斜率的绝对值，即 $m_{121}/m_{221} > m_{111}/m_{211} > q_1/q_2$。

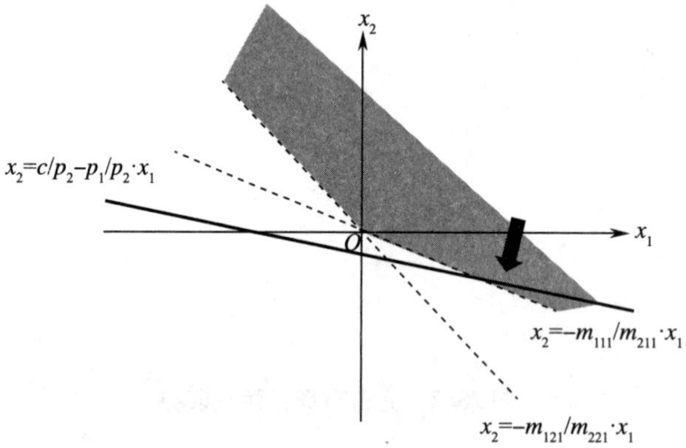

图 28.4　一阶套利的情况

这种情况下，粗线代表目标函数可以无限远离原点（负数 c 的绝对值增大），套利者会买入更多的证券 1，卖出更多的证券 2（x_1 增大，x_2 减小）。代表最优投资组合交易成本的坐标位于第四象限，并且逐渐远离原点，目标函数的解是无穷的，套利者可以获得无界的一阶套利收益，直到价格重新调整后套利机会消失（粗线的斜率随着 q_1 和 q_2 的重新调整而改变）。在二阶套利的情况下，目标函数线的斜率等于任意一个状态约束线的斜率。在图 28.5 中，目标函数直线的斜率等于约束条件直线 1 的斜率，即 $m_{121}/m_{221} > m_{111}/m_{211} = q_1/q_2$。

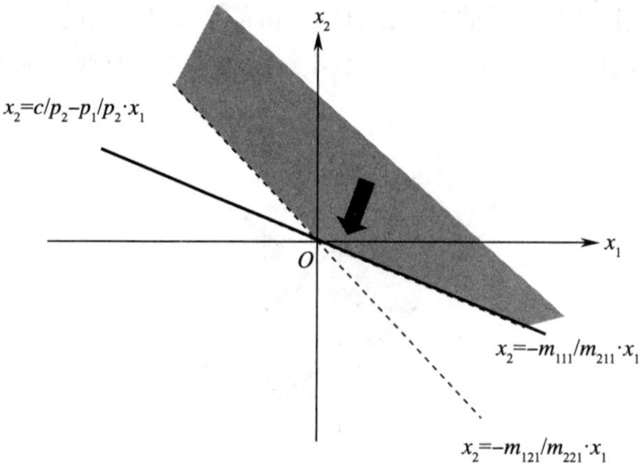

图 28.5　二阶套利的情况

在这种情况下，粗线表示目标函数线只能够移动到坐标原点，也就是三条直线的交点，因此最优解是有界的（$c = 0$），这说明不存在一阶套利的机会。但是，在状态 2 的情况下，套利者可以通过购买更多的证券 1，卖空更多的证券 2（x_1增大，x_2减小），获得无限的二阶套利收益，代表最优投资组合成本的坐标会再次在第四象限中逐渐远离原点，直到价格重新调整，套利机会消失。

在无套利的情形下，目标函数直线的斜率一定小于其中一个约束条件直线的斜率，而大于另一约束条件直线的斜率。在图 28. 6 中，目标函数直线的斜率小于约束条直线 2 的斜率，大于约束条件直线 1 的斜率，即 $m_{121}/m_{221} > q_1/q_2 > m_{111}/m_{211}$。

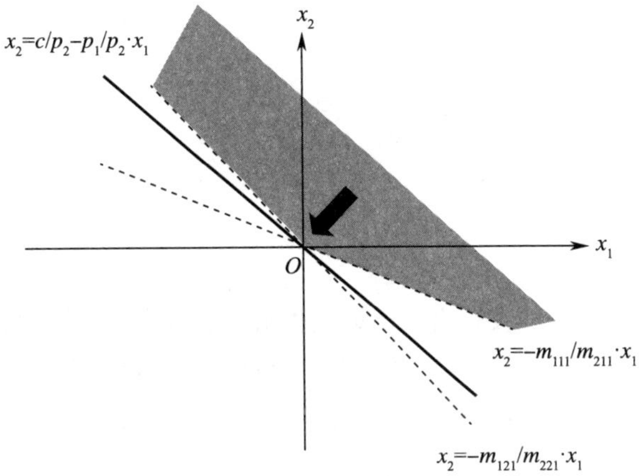

图 28. 6　市场均衡的情况

在这种情况下，粗线所代表的目标函数直线只能够移动到坐标原点，也就是三条直线的交点，此时可行解是有界的（$c = 0$），这表明不存在一阶套利的机会。由于可行解是通过单个最优投资组合解出来的（$x_1 = 0$ 并且$x_2 = 0$），因此也不存在二阶套利的机会。

在金融工程的定价方法中，关键假设是所有投资者都可以获取价格信息，因此，市场上不存在一阶或二阶套利机会，无套利的情况一定出现在市场均衡时。换句话说，套利者行为将使价格达到均衡，从而使得市场上不存在套利机会。

资产定价的基本定理

在本例中，我们假设无套利条件和完备市场假设均成立，根据式（28. 1），我们可以得出以下等式：

$$m_{111}\, d_{11} + m_{121}\, d_{21} = q_1$$

$$m_{211}\, d_{11} + m_{221}\, d_{21} = q_2$$

其中，d_{11}和d_{21}分别代表在状态 1 和状态 2 下 Arrow – Debreu 证券的价格，在时间步长为 1 的情况下，价格可以表示成如下形式：

$$d_{11} = \frac{q_1\, m_{221} - q_2\, m_{121}}{m_{111}\, m_{221} - m_{121}\, m_{211}}$$

$$d_{21} = \frac{q_2 - m_{211}\, d_{11}}{m_{221}}$$

根据式（28. 3），我们可以得到，在期限为 1 的情况下，新的证券 z 在状态 1 和状态 2

下的价格分别为m_{z11}和m_{z21}。在任何状态下，该新证券都可以通过构造一个 Arrow - Debreu 证券组合进行定价。因此，为了防止套利行为的出现，在市场均衡的状况下，新证券的价格q_z必为

$$q_z = m_{z11} d_{11} + m_{z21} d_{21}$$

如果采用风险中性的方法为新证券进行定价，应用式（28.5），将新证券的风险中性期望报酬（$m_{z11}\pi_{11} + m_{z21}\pi_{21}$）用$t$时刻的无风险利率折现，得到以下公式：

$$q_z = (m_{z11}\pi_{11} + m_{z21}\pi_{21})\mathrm{e}^{-r_t t}$$

其中：

$$\pi_{11} = \frac{d_{11}}{d_{11} + d_{21}}, \pi_{21} = \frac{d_{21}}{d_{11} + d_{21}}$$

考虑违约事件

由于在某些状态下，证券发行者可能无法偿付本金或利息，因此我们将违约加入到模型中。证券z的违约风险是指，在每一个非违约状态下的单位价格 1，在违约的状态下，只能收回一部分金额，这部分金额用回收率Φ_{zjt}表示，Φ_{zjt}与t时刻在违约状态j对应，且满足$0 \leqslant \Phi_{zjt} \leqslant 1$。

在期限为 1、有s个可能状态的模型中，假设前s^*个状态$j = 1, \cdots, s^*$表示债务人U（即证券发行人）不违约，而状态$j = s^* + 1, \cdots, s$代表债务人U违约。同时，我们也假设市场是完备的，即存在$n = s$个相互独立的证券。基于我们之前的结论，完备市场中的任何一个证券都可以用一组 Arrow - Debreu 证券进行复制，因而，根据式（28.3），依赖于债务人U新的风险证券的价格q_z^u必为

$$q_z^u = \sum_{j=1}^{s} m_{zj1}^u d_{j1} = \sum_{j=1}^{s^*} d_{j1} + \sum_{j=s^*+1}^{s} \Phi_{zj} d_{j1}$$

其中，m_{zj1}^u表示在时间步长为 1，状态j下信用风险证券的偿付，在不违约状态下$m_{zj1}^u = 1$，在违约状态下$m_{zj1}^u = \Phi_{zj}$。

我们现在引入一个新的变量R_t，表示与债务人U相关的连续复利条件下的风险贴现率，那么t时刻信用风险证券的价格可以表示为

$$q_z^u = \mathrm{e}^{-R_t t} \tag{28.6}$$

其中，这儿的“风险”是特指与债务人U相关的违约风险。

根据式（28.5）和式（28.6），信用风险证券的定价也可以采用风险中性定价的方法：

$$q_z^u = \left[\sum_{j=1}^{s^*} \pi_{j1} + \sum_{j=s^*+1}^{s} \Phi_{zj}\pi_{j1}\right]\mathrm{e}^{-r_t t} = \mathrm{e}^{-R_t t} \tag{28.7}$$

上式反映了无风险贴现率和风险贴现率的关系。我们现在做一个简单的假设：在所有不同状态下的回收率是不变的，那么式（28.7）可以简化为

$$q_z^u = \left[\sum_{j=1}^{s^*} \pi_{j1} + \Phi_z \sum_{j=s^*+1}^{s} \pi_{j1}\right]\mathrm{e}^{-r_t t} = \mathrm{e}^{-R_t t} \tag{28.8}$$

其中，Φ_z代表证券z在所有违约状态下的回收率。

在假设了一个相同的回收率 Φ_z 之后，我们可以将所有状态划分为违约和不违约两个状态，因而我们可以计算出时间步长为 1 时的风险中性违约概率 π_{D1}：

$$\pi_{D1} = \sum_{j=s^*+1}^{s} \pi_{j1} \tag{28.9}$$

据此可知，风险中性下的不违约概率为 $1 - \pi_{D1}$。此时，这个加入违约事件的模型与上文所述的两种状态模型一致，如图 28.7 所示。

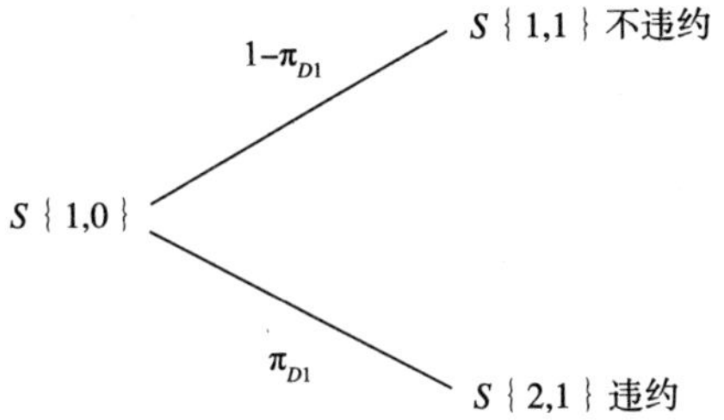

图 28.7 两状态模型：违约与不违约

一致回收率假设的优势就在于，我们只需要违约和不违约两个状态下的两个相互独立的证券，就可以定义完备市场。图 28.8 中，市场中恰好有一个无风险证券和一个有违约风险的证券。

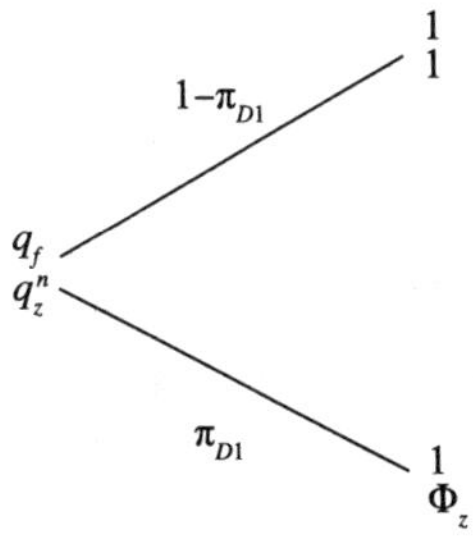

图 28.8 无风险和信用风险证券的状态价格

根据式（28.8）和式（28.9），我们可以应用基本资产定价理论对有信用风险的证券进行定价：

$$q_z^u = [(1 - \pi_{D1}) + \Phi_z \pi_{D1}] e^{-r_t t} = [1 - (1 - \Phi_z) \pi_{D1}] e^{-r_t t} = e^{-R_t t} \tag{28.10}$$

计算信用利差

我们将信用利差定义为风险利率和无风险利率的差，即 $\rho_t = R_t - r_t$，因此：

$$[1 - (1 - \Phi_z) \pi_{D1}] e^{-r_t t} = e^{-(r_t+\rho_t)t}$$

$$1 - (1 - \Phi_z) \pi_{D1} = e^{-\rho_t t} \tag{28.11}$$

整理式（28.11），我们可以得到 $t=1$ 时的信用利差为

$$\rho_t = -\ln[1 - (1 - \Phi_z) \pi_{D1}] \tag{28.12}$$

当 π_{D1} 充分小，将式（28.12）用泰勒级数展开，可以得到信用利差近似的形式：

$$\rho_t \approx (1 - \Phi_z)\, \pi_{D1}$$

由此可以看出，信用利差可以表示成违约概率和回收率的函数。这一关系中的违约概率指风险中性违约概率，而并非真实的或者统计意义上的违约概率。

式（28.10）说明，无风险证券的价格往往高于风险证券的价格（$q_f > q_z^u$）。式（28.12）说明，有违约风险的证券到期收益率往往高于无风险证券的到期收益率（$\rho_t > 0$ 或者 $R_t > r_t$）。这一结论表明，尽管在定价模型中，既不需要考虑违约的统计概率，也不需要考虑投资者的风险偏好，但是在实际投资具有违约风险的证券时，需要考虑信用风险溢价。

上述结论体现了违约风险与信用利差的联系。在古典金融理论中，人们普遍认为，风险溢价往往会诱使风险厌恶者投资于风险证券，而他们所期望的回报，是根据当前市场价格的统计数据计算得到的期望价格。这意味着每个状态概率必须是已知的，这样才可以计算出期望回报和风险溢价的大小。

而与此相反，式（28.12）中的信用风险溢价，仅仅是依据基本资产定价理论计算而得到。因此，计算风险溢价时并不需要知道每一种状态发生的实际概率。这也说明了，风险溢价的来源，并不是投资者权衡收益与风险的行为，仅仅是“偏好更多的财富”和无套利假设所得出的结论。事实上，即使投资者都是风险偏好者，信用风险溢价也总为正值。

多期模型

在一个给定的时间段 t 内，未来不确定状态的数量超过相互独立的证券的数量时，我们就称市场是不完备的。因为 Arrow – Debreu 证券无法定价，并且基本资产定价理论也不能应用到任何新证券的定价过程中。既然我们不能引入足够多的相互独立的证券去使市场变得完备，同时也不能引入其他的行为金融学上的假设条件，那么我们必须完备化 t 时间段内的状态过程，从而给 Arrow – Debreu 证券进行定价。

通过引入一个多步状态过程，使得在任意一个中间状态下，下一步可能发生状态个数都不会超过市场上相互独立的证券个数，这样我们仍然可以在一个不完备的市场中应用无套利定价法则。对于一个状态过程，在给定的时间 t 内，重新调整这一时刻每个状态下的资产组合，使得下一时刻的市场是完备的，则称这个市场是动态完备的。

图 28.9 所示的双状态、两步过程代表了一个动态的完备市场。虽然在 t 时刻共有四种可能状态，但是在第一步只能实现两种状态，并且第一步的状态实现后，第二步可能实现的状态也只有两个。在这个特定的模型中，整个时间段 t 被分成 $\tau = 2$ 个时点，每一个未来的时间点用 $k = 1, \cdots, \tau$ 来表示，$k = 0$ 代表今天已知的状态。在时点 k 已实现的状态 j 用 $S\{j,\ k\}$ 来表示。

我们扩展式（28.1）的结果，在多时期的例子中，资本资产定价理论可以表示成以下形式：

$$\sum_{k=1}^{\tau} \boldsymbol{M}_k \boldsymbol{D}_k \{1,0\} = \boldsymbol{Q} \tag{28.13}$$

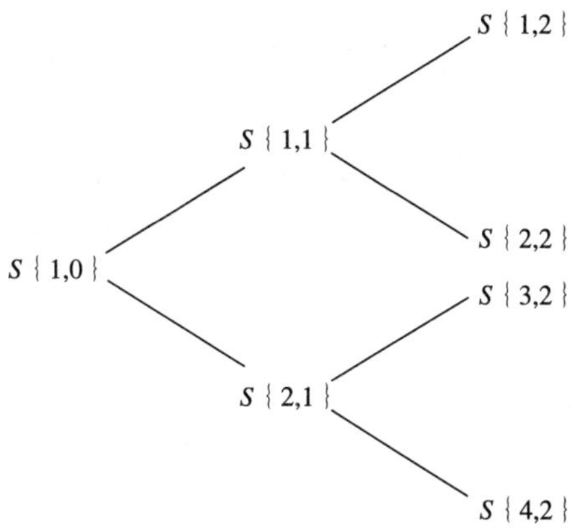

图 28.9 双状态两步模型

其中，$n\times1$ 的向量 $\boldsymbol{Q}$ 代表证券的价格，而 $s_k\times1$ 的向量 $\boldsymbol{D}_k$ {1，0} 代表在 S {1，0} 条件下观察到的 Arrow – Debreu 证券的价格，这一价格与给定步长 $k>0$ 时每一状态下的未来价格相对应，$n\times s_k$ 的矩阵 $\boldsymbol{M}_k$ 代表每一个时间点、每一状态下的证券价格，其中每一个矩阵元素 m_{ijk} 代表证券 i 在 $S\{j,k\}$ 状态下的价格。

假设有一个动态的完备市场，在状态 S {j，k} 下 Arrow – Debreu 证券的价格是唯一的，等于 $d_{j,k+1}\{j,k\}$ ——如果状态 $S\{j,k+1\}$ 发生，那么 Arrow – Debreu 证券的价格为一单位；如果状态 $S\{j,k+1\}$ 不发生，那么 Arrow – Debreu 证券的价格为 0。比如在图 28.9 所示的双状态、两步的模型中，在状态 $S\{1,0\}$ 下，两个 Arrow – Debreu 证券的价格都是唯一的，与时间点 1 时的两个状态相关联，分别等于 $d_{1,1}\{1,0\}$ 或者 $d_{2,1}\{1,0\}$；相应地，Arrow – Debreu 证券在时点 1 的价格与时间点 2 的状态相关联，如果状态 $S\{1,1\}$ 发生，两个 Arrow – Debreu 证券的价格可能分别等于 $d_{1,2}\{1,1\}$ 或者 $d_{2,2}\{1,1\}$，同理，如果状态 $S\{1,2\}$ 发生，它的价格可能分别等于 $d_{3,2}\{2,1\}$ 或 $d_{4,2}\{2,1\}$。

图 28.10 详细地展示了在图 28.9 所描述的基本架构下，Arrow – Debreu 证券在时点 1 和时点 2 的价格。

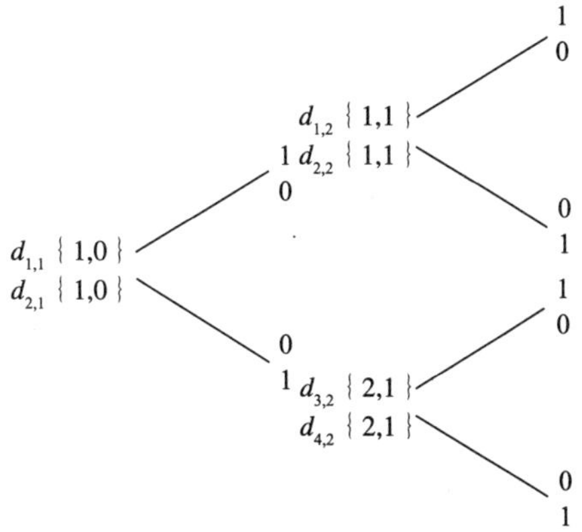

图 28.10 Arrow – Debreu 证券的或有价格

在这一动态过程中，为了防止套利机会的产生，在当前的已知状态 $S\{1,0\}$ 下，一个证券投资的价值 $d_{j,2}\{1,0\}$ 必然等于这一自融资策略的成本，也就是在状态 $S\{1,0\}$ 下购买 Arrow – Debreu 证券的成本，加上使 Arrow – Debreu 证券在状态 $S\{j,1\}$ 下可以获得的成本。其中，当处在时点 2 时，如果状态 j 发生，$d_{j,2}\{1,0\} = 1$；如果状态 j 未发生，$d_{j,2}\{1,0\} = 0$。

$d_{1,2}\{1,0\}$ 表示，在状态 $S\{1,0\}$ 下，时点 0 时 Arrow – Debreu 证券与时点 2 相关联的价格——当状态 $S\{1,2\}$ 发生时，价格为 1；当状态 $S\{1,2\}$ 不发生时，价格为 0。Arrow – Debreu 策略具体是这样的：买入 $d_{1,2}\{1,1\}$ 个 Arrow – Debreu 证券，如果状态 $S\{1,1\}$ 发生，那么当状态 $S\{1,2\}$ 发生时，这一策略的收益为 1。这是一个自融资的策略，因为如果状态 $S\{1,1\}$ 发生，购买 $d_{1,2}\{1,1\}$ 单位的 Arrow – Debreu 证券将获得收益，且收益恰好等于时点 2 状态 $S\{1,2\}$ 发生时，时点 0 的 Arrow – Debreu 证券价格，因此一定有 $d_{1,2}\{1,0\} = d_{1,2}\{1,1\}\ d_{1,1}\{1,0\}$。注意，如果在时点 1 状态 $S\{2,1\}$ 发生，那么这个投资将不会有任何收益。图 28.11 展示了图 28.10 中每个与两步 Arrow – Debreu 策略相关的可得证券的价格：

$$d_{1,2}\{1,0\} = d_{1,2}\{1,1\}\ d_{1,1}\{1,0\}$$
$$d_{2,2}\{1,0\} = d_{2,2}\{1,1\}\ d_{1,1}\{1,0\}$$
$$d_{3,2}\{1,0\} = d_{3,2}\{2,1\}\ d_{2,1}\{1,0\}$$
$$d_{4,2}\{1,0\} = d_{4,2}\{2,1\}\ d_{2,1}\{1,0\}$$

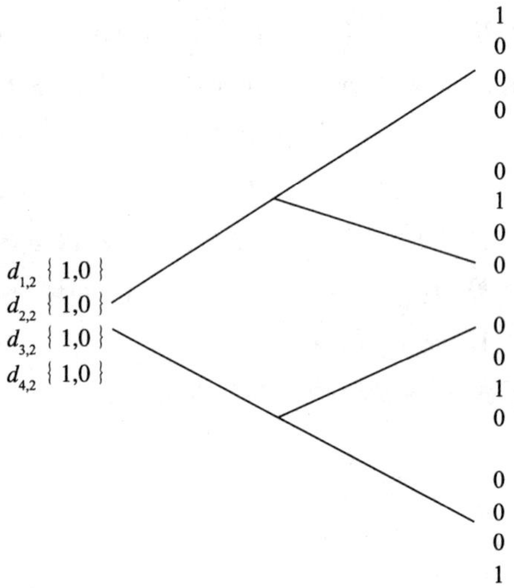

图 28.11 Arrow – Debreu 策略的价格

上式说明，在一个完备的无套利的市场，在每一个状态 $S\{j,k\}$ 下，一个新证券需要支付的现金流等于投资组合需要支付的现金流，则这个新证券的价格一定与 Arrow – Debreu 的投资组合的价格相等。由式（28.13）可知，新证券 z 的价格可以通过 Arrow – Debreu 策略的投资组合来定价，在任一时间点和任一状态下，证券 z 的收益和投资组合的价格都相等。因此，为了避免套利机会的出现，市场均衡时证券 z 的价格可以这样来表示，其中 m_{zj1} 和 m_{zj2} 分别表示证券 z 在时点 1 和时点 2 的价格：

$$q_z = \sum_{j=1}^{s_1} m_{zj1}\, d_{j,1}\{1,0\} + \sum_{j=2}^{s_2} m_{zj2}\, d_{j,2}\{1,0\}$$

当 $k=1$ 时，$d_{j,1}\{1,0\}$ 代表单步模型下的 Arrow – Debreu 证券的价格；当 $k=2$ 时，$d_{j,2}\{1,0\}$ 代表的价格与之前所述的用一步价格来表示的两步价格是一致的。换句话说，任何新证券都可以通过一系列单步的 Arrow – Debreu 证券动态复制。

在式（28.13）的基础上经过一个简单的代数运算，多时期的风险中性定价方法可以如下表示：

$$Q = \sum_{k=1}^{\tau} M_k D_k = \sum_{k=1}^{\tau} M_k \pi_k\{1,0\} \cdot d_k\{1,0\} = \sum_{k=1}^{\tau} M_k \pi_k\{1,0\}\ \mathrm{e}^{-r_k\{1,0\}\cdot k} \quad (28.14)$$

其中：

$$\pi_k\{1,0\} = \frac{D_k\{1,0\}}{d_k\{1,0\}}$$

$s_k \times 1$ 向量 $\pi_k\{1,0\}$ 表示当前观察到的 $S\{j,k\}$ 状态下的风险中性概率，因此，风险中性期望价格 $M_k \pi_k\{1,0\}$ 可以看作从每个时点 k 折现到 $S\{1,0\}$ 后的价格，折现率为连续复利形式的无风险利率，$r_k\{1,0\}$，与时点 k 有关。

考虑一个特殊的例子，在给定期限为 k 的条件下，一个在所有状态下都有一单位价格的无风险证券，其价格q_f必定等于包含s_k个 Arrow – Debreu 证券的证券组合的价格，s_k与时点 k 有关。或者，该价格可以简单写成：

$$q_f = \sum_{j=1}^{s_k} d_{j,k}\{1,0\} = d_k\{1,0\} = \mathrm{e}^{-r_k\{1,0\}k} \quad (28.15)$$

正如之前所描述的，$m_{fjk}=1$ 表示无风险债券在期限 t 内任意状态下的不变价格，$d_k\{1,0\}$ 表时点 k 的折现因子，$r_k\{1,0\}$ 表示时点 k 时的无风险连续复利（当前状态均为 $S\{1,0\}$）。

利率期限结构

在一个多时期模型下，对于任意一个固定收益证券 z，如果在任意时点、任意状态时，z 需要支付的现金流都与一个投资组合需要支付的现金流相等，那么该证券的价格与投资组合的价格相等。或者 z 的价格可以用式（28.15）表示：

$$q_z = \sum_{k=1}^{\tau} m_{zk}\, d_k\{1,0\} = \sum_{k=1}^{\tau} m_{zk}\, \mathrm{e}^{-r_k\{1,0\}k}$$

m_{zk}代表固定收益证券在时间步长 k 的所有状态下的固定支付。

如果证券市场只由这类现金流的固定收益证券所组成，那么多步多状态模型就可以简化为本章第一部分所讨论的多步单状态模型。我们需要计算每个单步 Arrow – Debreu 证券的价格，可以直接利用完备市场的无套利条件（这里是指相互独立的证券数量 n 等于时点数 τ），计算出每个时间点 k 时的折现因子。由于现在每一个时间点下，状态空间中只有一个状态，因此可以直接求出折现因子，而不需要先计算每个 Arrow – Debreu 证券的价格，再计算折现因子。这就是著名的自组法（boot – strapping）的应用。

在一个动态的完备市场中（或者在只有现金流固定的证券的静态完备市场中），连续复利形式的无风险即期利率期限结构定义如下：

$$r_k\{1,0\} = -\ln\frac{\left[\sum_{j=1}^{s_k} d_{j,k}\{1,0\}\right]}{k} = -\ln\frac{d_k\{1,0\}}{k}$$

其中，k 代表期限。

此外，在一个动态的完备市场中（在此，只含有现金流固定的证券的静态完备市场不再使用），在未来某个状态 $S\{j,k>0\}$ 下，也存在着一些无风险证券。我们可以利用远期利率对这些证券进行定价，同样，也可以定义远期利率期限结构。下式表示了 τ 个时间点下的利率期限结构：

$$r_{k+x}\{j,k\} = -\ln\frac{\left[\sum_{j=1}^{s_{k+x}} d_{j,k+x}\{j,k\}\right]}{x} = -\ln\frac{d_{k+x}\{j,k\}}{x}$$

其中，x 代表给定的期限。

加入违约事件

在未来的一个或者多个状态 $S\{j,k>0\}$ 下，债券发行者可能无法偿付本金或利息，因此我们将违约事件加入多步多状态模型中。图 28.12 展示了在图 28.10 所描述的两步两状态的框架中，加入某发行人违约事件的情况。在多阶段模型中，违约事件可能在时点 1 发生，也有可能在时点 1 时没有发生，而在时点 2 发生。

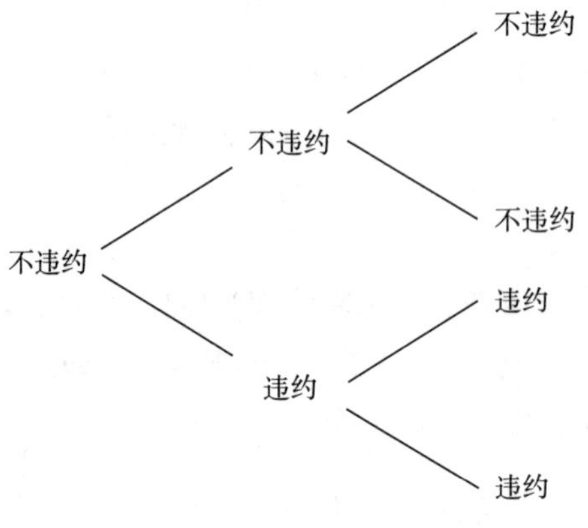

图 28.12　在时点 1 和时点 2 发生违约事件

一个由发行人 U 发行的信用风险证券 z，在不违约时每一期都会支付固定金额，在违约状态下只会支付部分金额，这一部分可回收金额占固定支付的比例用 $\Phi_z\{j,k\}$ 来表示。图 28.13 展示了两个信用风险证券的价格 q_1^u 和 q_2^u，以及未来需要支付的金额，其中一个证券在时点 1 到期，另一个证券将在时点 2 到期。

图 28.13 中时点 2 的"－"符号表示该证券在时点 1 已经到期。注意，在这一两步模型中，证券可能在到期日，也就是时点 2 违约，也可能在时点 1 违约。在这个模型中，我们假设如果该证券在时点 1 违约，那么在时点 2 不可能恢复到正常状态，即债券如果发生违约就一直处于违约状态。

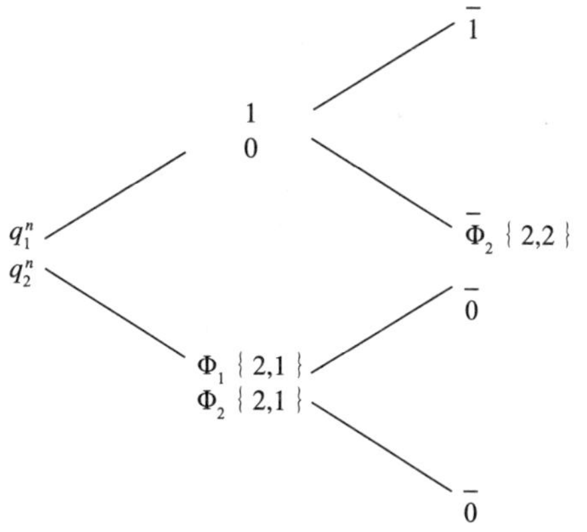

图 28.13　信用风险证券的偿付

假定任意证券都可以用 Arrow - Debreu 证券的投资组合进行复制，那么根据式（28.13），在时点 1 到期的信用风险证券的价格q_1^u可以表示为

$$q_1^u = e^{-R_1\{1,0\}} = m_{111}\, d_{1,1}\{1,0\} + m_{121}\, d_{2,1}\{1,0\} = d_{1,1}\{1,0\} + \Phi_1\{2,1\}\, d_{2,1}\{1,0\}$$

其中，$R_1\{1,0\}$ 代表时点 1 时连续复利下的风险利率。

我们在前一部分介绍过利用单步模型给单步有风险债券定价的方法，与之相比，期限为 2 的信用风险证券的定价稍显复杂，需要考虑在到期日前违约的情况。同样根据式（28.13），由发行人 U 发行的、期限为 2 的有违约风险零息证券的价格q_2^u可以这样来表示：

$$\begin{aligned} q_2^u = e^{-R_2\{1,0\}2} &= m_{212}\, d_{1,2}\{1,0\} + m_{222}\, d_{2,2}\{1,0\} + m_{221}\, d_{2,1}\{1,0\} \\ &= d_{1,2}\{1,0\} + \Phi_2\{2,2\}\, d_{2,2}\{1,0\} + \Phi_2\{2,1\}\, d_{2,1}\{1,0\} \end{aligned}$$

其中，$R_2\{1,0\}$ 代表连续复利形式下的第二期的风险利率。

风险中性定价法

根据式（28.14），期限为 1 的零息风险证券的价格可以用风险中性定价法重新表示：

$$\begin{aligned} q_1^u = e^{-R_1\{1,0\}} &= [\pi_{D1}\{1,0\} + \Phi_1\{2,1\}(1-\pi_{D1}\{1,0\})]\cdot e^{-r_1\{1,0\}} \\ &= [\Phi_1\{2,1\} + (1-\Phi_1\{2,1\})\cdot\pi_{D1}\{1,0\}]\cdot e^{-r_1\{1,0\}} \end{aligned} \qquad (28.16)$$

其中，$\Phi_1\{2,1\}$ 表示状态 $S\{2,1\}$ 发生违约时的回收率，$\pi_{D1} = (1-\pi_{D1}\{1,0\})$ 表示状态 $S\{1,1\}$ 没有发生违约时，期限为 1 的风险中性概率，或者说是直到时点 1 未违约的风险中性概率。

同样，根据式（28.14），在第二步到期的信用风险证券的价格可以用风险中性定价法重新表示：

$$\begin{aligned} q_2^u = e^{-R_2\{1,0\}2} &= [\Phi_2\{2,1\}(1-\pi_{D1}\{1,0\})]\cdot e^{-r_1\{1,0\}} + \\ &\quad (\pi_{D2}\{1,0\} + \Phi_2\{2,2\}\cdot\pi_{D\cap D_2}\{1,0\})\cdot e^{-r_2\{1,0\}} \end{aligned} \qquad (28.17)$$

π_{D2} 是直到时点 2 未违约的风险中性概率，$\pi_{D\cap D_2}$ 是时点 1 未违约而时点 2 违约的风险中性概率，$\Phi_2\{2,2\}$ 表示时点 1 没有发生违约，但时点 2 违约的回收率。

为了分析方便，我们在多步模型中提出如下两个假设（可能和实际有一些偏离）：第一，无论何时发生违约，资金的回收都会延期到预期偿付的时间步长才能实现；第二，对于 U 发行的任何一个证券，在任意状态 $S\{j,k\}$ 下的回收率都是不变的。图 28.14 展示了在这些修正后的假设下，两个信用风险的零息证券的每一期的价格，其中 Φ 代表固定的回收率。类似式（28.16）的单步模型，式（28.17）可以进行简化，得到一个更一般的关系式：

$$q_2^u = e^{-R_2\{1,0\}} = [\pi_{D2}\{1,0\} + \Phi(1-\pi_{D2}\{1,0\})] \cdot e^{-r_2\{1,0\}\cdot 2}$$
$$= [\Phi + (1-\Phi)\cdot\pi_{D2}\{1,0\}] \cdot e^{-r_2\{1,0\}\cdot 2} \quad (28.18)$$

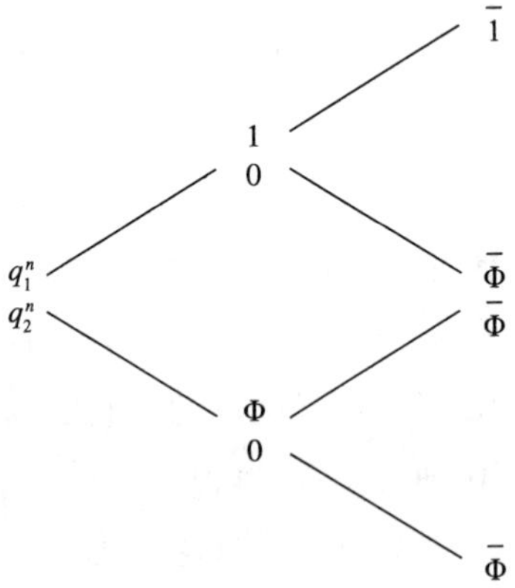

图 28.14　回收金额假设的影响

注意，在期限 x^* 内未违约的风险中性概率 $\pi_{Dx^*}\{1,0\}$，等于在期限 x 内未违约的风险中性概率（$x^* > x$），乘以在时间 x^*-x 内未违约的条件风险中性概率（即 $\pi_{Dx}\{1,0\}\cdot\pi_{Dx^*}\{D,x\}$），但这并不是一般性的结论。这一结论仅仅在代数上成立，并不能代表真实的统计概率。确保上述等式成立的条件是利率过程和违约过程需要相互独立，或者通过非随机利率这一更强的条件来保证等式成立。

计算信用利差

对于每个期限 $k=x$，信用利差期限结构可以定义为有违约风险的利率期限结构和无风险的利率期限结构的差，即

$$\rho_x\{1,0\} = R_x\{1,0\} - r_x\{1,0\}$$

在之前模型相同的假设下，根据式（28.18），由 U 发行的期限为 x 的信用风险证券的价格可以表示成如下形式：

$$e^{-\rho_x\{1,0\}} = [\Phi + (1-\Phi)\cdot\pi_{Dx}\{1,0\}]$$

因此，期限为 x 的即期信用利差可以表示成如下形式：

$$\rho_x\{1,0\} = -\ln[1-(1-\Phi)\cdot(1-\pi_x\{1,0\})]$$

或者说，在接下来的 x 期内，如果违约的风险中性概率是充分小的，那么就可以通过泰勒展开写成如下形式：

$$\rho_x\{1,0\} \approx (1-\Phi)\cdot(1-\pi_x\{1,0\})$$

现在，信用利差可以简化为期限 x 内未违约的风险中性概率和固定回收率的函数。Das 和

Tufano（1996）、Duffie 和 Singleton（1999）都详细给出了无套利模型下信用风险证券的定价公式。

从上文中也可以看出，在一个模型中，数学的技术处理和客观的经济规律往往不可兼得。但是在实际应用中，当市场处在正常的情况下，这些数学处理能够较好地吻合市场规律，但是在市场出现异常情况时，这样的模型往往会失效。

小结

在金融工程中，无套利定价原则是最有效的定价方法。在这一章里，我们所做的唯一假设，就是投资者偏好更多的财富。对于所有套利者，他们都能够获得价格信息，而套利者追求无风险套利收益的行为，推动市场价格达到均衡。

事实上，市场往往不能满足模型所需要的条件。从严格意义上来说，完备市场是不存在的，完备资本市场（PCM）假设也很难成立，许多为了简化分析作出的假设也不成立（如在本章的例子中，我们用到的不变回收率的假设）。数学建模时为了达到简化的目的，我们往往忽略了客观经济规律。

即便如此，在流动性充足、有足够大的时间跨度实现未来可能状态的竞争性市场中，无套利定价已经被证明是非常有效的。我们通过将整个状态空间简化为单一状态空间［见我们之前论述的自组法（boot - strapping）和单期信用利差的例子］，并且在模型中加入额外的状态过程（见之前的多时期信用利差的例子），则可以定义局部完备市场。然而，所有这一切的关键在于，我们需要适当地确定未来状态下证券的联合价格分布，从而获得每个证券之间的相关性。

无套利定价面临的主要挑战，就是如何确定模型假设何时是适当的，何时是不合理的。在正常的市场中，流动性是充足的，证券价格的联合分布可以通过历史数据反映出来，此时模型往往表现很好。然而，在市场失灵时，流动性缺乏，证券之间有很强的相关关系，此时应当重新考察模型的假设条件，否则模型会显著失效。

在很多情况下，市场上金融创新的速度要远远快于用来对新产品定价的数学工具发展的速度，特别是在市场失灵时，这一现象更为突出。近年来，通过借助自然科学中广泛应用的数学方法，金融工程取得了显著的发展。但是，金融学从本质上来说是一门行为科学而不是自然科学，如果我们忽略这一事实的话，金融体系将暴露在极大的模型风险之中。

参考文献

Das, S., and P. Tufano. 1996. "Pricing Credit Sensitive Debt when Interest Rates, Credit Ratings, and Credit Spreads Are Stochastic." *Journal of Financial Engineering* 5:2, 161–198.

Duffie, D., and K. Singleton. 1999. "Modeling Term Structures of Defaultable Bonds." *Review of Financial Studies* 12:4, 687–720.

Prisman, E. Z. 1986. "Valuation of Risky Assets in Arbitrage Free Economies with Frictions." *Journal of Finance* 41:3, 545–556.

Ross, S. 1976. "Risk, return, and arbitrage." In *Risk and Return in Finance*, I. Friend and J. Bicksler, eds., 189–218. Cambridge, MA: Ballinger.

Chapter Twenty - Nine

第 29 章 影响金融创新的因素：系统性风险的管理和公共部门的角色

托德·葛罗姆

约翰·基夫　保罗·米尔斯[①]

引言

本章主要讨论市场化的风险转移和风险缓释工具的局限性，以及长期系统性风险管理的含义。迄今为止，此类风险的跨机构转移和管理工具的发展正处于一个初期阶段，目前并没有很好管理此类风险的方式。究其根本，本章探究了此类市场依旧不完备的原因，并且探讨了政策的制定者用于鼓励金融创新和发展市场的一系列手段，以及政府作为风险管理者应当如何发挥好推动市场发展的作用。

虽然金融市场在管理各种非传统性风险方面已作出极大的创新，显著的长期性风险变得越来越少。但是，研究显示，一些创新可能对风险管理工具和市场的进一步发展造成阻碍。此外，我们将讨论可能会阻碍市场规模进一步扩大的结构性障碍，包括数据可得性、监管框架、评级机构监管、税收和会计政策，以及市场结构等。

接下来我们将概述主要的长期系统性风险，特别是长期的、累积的风险，这类风险可能对于国民经济和金融市场有潜在的重要影响。我们重点评估了养老金储蓄及其所面临的相关挑战，包括长寿风险、保健费用和相关负债，以及房价风险（与家庭的退休储蓄息息相关）。接下来我们探讨了为什么在这些领域，风险转移举措会失效，甚至缺失。本章主要强调了政府当局推动市场发展和风险管理的能力，从而促进在不同市场的风险转移工具的进一步金融创新。政府政策主要用于更准确地度量风险，而机构和个人则是管理风险和转移风险。

---

① 托德·葛罗姆（Todd Groome），国际货币基金组织（IMF）货币和资本市场部前顾问，被任命为另类投资管理协会（AIMA）主席，AIMA 是对冲基金行业的全球性组织，在 2009 年 1 月成立。约翰·基夫（John Kiff）自 2005 以来一直担任国际货币基金组织高级金融部门专家。保罗·米尔斯（Paul Mills）在 1992 年获得剑桥大学金融经济学博士学位后，加入英国财政部，研究宏观经济模型和金融监管，他现在在国际货币基金组织的伦敦办事处工作，主要关注金融稳定和监管政策方面。

最后，本章为政府提供了一个政策建议，政府作为宏观风险管理者，应当如何采取长期、全面和积极的方式来管理跨部门的系统性风险。其中三个配套的政策方法包括：（1）政府运用不同的政策，促进私人和市场共同培育出更完善的市场；（2）在某些情况下，成本最低或者最有效的方式，就是政府通过自己的资产负债表充当“最后担保人”角色；（3）政府应该把家庭作为金融体系的最终控制股东，最好由家庭作为独立单元来管理他们自己面临的风险。

在早期阶段，为了使私人部门更好地执行相关政策，积极、创新地开发更多风险管理工具，政府（及其分支机构）会严格地制定和评估公共政策、深入贯彻落实政策的执行。从这个意义上来说，政府和私人部门为扩大市场风险管理活动所做的努力，产生了良性循环。

金融市场创新

迄今为止，大部分有助于识别、度量和管理系统性重要风险的金融创新已经应用于传统的保险业中，如高峰死亡率（peak mortality）和自然巨灾（catastrophe，CAT）风险。这些创新性市场虽然规模比较小，但是正在日益扩张，我们从中可以吸取到重要的经验教训，并且更好地应用于度量和管理长期系统性风险。

近几年，保险行业进行了许多度量和管理信用风险的金融创新。部分创新凸显了保险型风险管控工具的重要特征，包括：（1）更精确地定义、分离和衡量风险敞口的能力；（2）对风险进行动态建模的能力；（3）风险事件的报告和信息化建设中降低道德风险的能力；（4）监管机构和评级机构对降低风险的策略、方法的认知；（5）结构化此类风险以吸引全球资本，从而扩大保险覆盖面，并解决新生风险。

此类特征体现在近些年来成熟的以市场为基础的风险管理工具上，这些风险管理手段已经被市场参与者广泛接受，我们将在后文进行讨论。根据发生风险时的偿付方式，这些风险管理工具广义上大致可以分为三组。

- 第一组，参数化工具是基于客观数据和相关模型构建的。这些模型中的标的事件与发行人或者投保方的潜在损失互相关联。
- 第二组，指数化工具与更通用的行业指标或地理指标相联系，这些指标（更广泛地）与导致承保风险的事件有关。它比参数工具更容易执行，虽然两者都将风险转让人（如再保险机构）暴露在基差风险之中（即保险覆盖的范围与实际损失不匹配的风险）。
- 第三组，赔偿金是以发行人的实际损失为基础进行支付，这使其成为再保险合同的一个近似替代品。

参数化和指数产品的使用日益广泛，它们在被保险人发生损失后能够迅速付款赔偿，因而吸引了更多不同的投资者参与。

近几年保险业风险管理创新的应用

人寿保险证券化通常基于规范、明确的保险精算来度量风险，这有助于对寿险更好地建模，在某些方面类似于住房抵押贷款资产证券化和汽车保险。人寿保险资产证券化从1997年开始发展，到2007年增加到接近70亿美元。① 同一时期，非人寿保险资产证券化从约10亿美元增加到约90亿美元。这些交易在大约20家保险公司和再保险公司之间展开，主要涉及自然灾害风险，部分交易也涉及汽车和工业意外保险（见图29.1）。

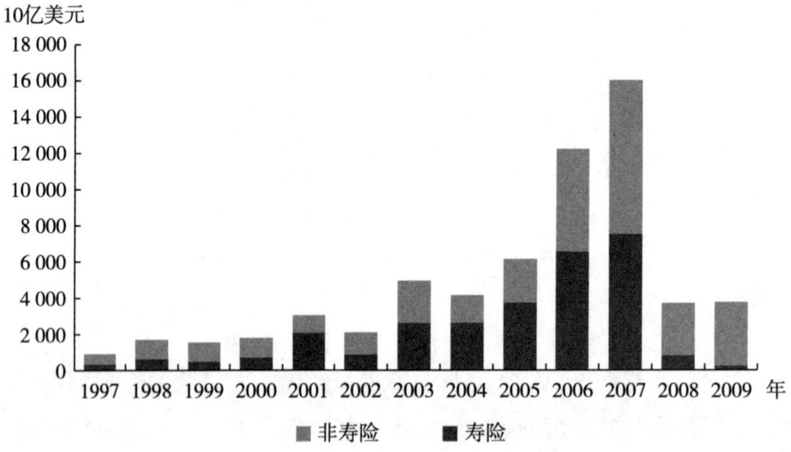

图29.1 保险业资产证券化

（资料来源：高盛集团）

自2007年以来，这两个行业的资产证券化发行量急剧下降，人寿保险证券化发行量下降主要是由于投资者对单一保险公司担保交易的需求不足（见后面的讨论）；而非寿险资产证券化数量在2008年初下滑，并且在2008年9月雷曼兄弟倒闭后陷入完全枯竭，是由于传统再保险产能过剩。一些CAT风险债券由于受雷曼兄弟信用衍生品合约保护的劣质抵押品影响，评级大幅下调，投资者担心其他的CAT债券同样会面临信用风险，纷纷退出。② 但是，市场在2009年2月重启了，发行人引入了更为保守的担保程序，并且收紧了再保险市场。至此，交易量虽然仍旧没有达到2007年的高峰期水平，但大幅回升。即使在高峰期，与保险相关的风险转移交易的数量仅占潜在风险敞口的一小部分。③

峰值死亡率风险证券化主要与流行病风险相关，并且依赖于参数触发。峰值死亡率风险证券化说明了识别并精确度量具体风险的重要性，包括在可能的情况下，应由独立机构去构建的指数。④ 指数是基于保险公司披露的人口死亡率，以及在预先设定的水平下触发风

---

① 这些数据不包括“保单贴现”的交易，其中人寿保险单由受益人或保险人出售，其金额大于退保金额，但低于保单的面值或保险价值；见Stone和Zissu（2006）。

② 对于一个典型的CAT债券，将收益投资于抵押品，以确保所有利息、本金和CAT未来偿付都能及时得到偿付。这四个债券的发行人选择持有次级抵押品，再加上与雷曼兄弟的总回报互换，以防止抵押品贬值的风险。

③ 根据高盛公司的数据，2009年末大约有240亿美元的人寿保险交易，近130亿美元的CAT债券和保险（见下面）。在2007年末已经有将近180亿美元的巨灾债券和保险。

④ 瑞士分保公司发行的四参数极端死亡债券（Vita Capital I、Vita Capital II、Vita Capital III和Vita Capital IV）共计15.37亿美元，而苏格兰再保险公司紧随其后，发行类似的1.55亿美元债券（Tartan Capital），安盛发行4.44亿美元（Osiris Capital），以及慕尼黑再保险公司进行1亿美元的交易（Nathan Re）。

险事件而应偿付的金额来计算的。事实上，编制稳健的指数是保险资产证券化发展的关键因素，也是发展相关资本市场保险产品和相关风险管理工具的重要因素。

保险公司转移风险的重要动机与经济资本和监管资本的要求紧密相关。例如，受第×××条规定的影响，美国人寿保险公司出现了大量的资产证券化，该规定在 2000 年生效。这项规定要求保险公司预留保险准备金高于基于精算经验和实际数据所需要的。通过将部分风险转移到资本市场，如进行资产证券化，保险公司可以持有少于第×××条规定的资本储备。高盛公司的数据显示，在 270 亿美元的人寿保险中（相关债券从 1997 年起在全球发行），有 130 亿美元纯粹是为了规避第×××条和资本管理目标而成交。① 但是，×××条款的证券化需要依靠单一险种来实现投资者所期待的 AAA 评级，因此，伴随着单一险种保险公司面临大量的自身财务挑战，自 2007 年起一级市场被关闭。流动性和融资能力作为保险资产证券化的内含价值，也是其资产化发展的驱动力。自 1997 年以来已经有约 130 亿美元的相关保险资产证券化债券发行。这种保障型交易的主要目的是赚取未来的利润（内含价值），因为相关费用和监管资本要求往往是针对交易初期的，而利润则在该政策的整个生命周期内累积。②

非人寿风险（如自然灾害）更不容易被精确度量。迄今为止，资本市场上有关自然巨灾风险的保险的销售量仅仅是被保险的巨灾风险保险总量的一小部分。③ 然而，CAT 债券的增长和承保范围的扩大说明，为了评估给定置信水平下的风险，创新性的度量方法往往是由数据和模型的发展推动的。虽然参数型和保障型工具都用于保险并转移此类风险，但是保险机构和投资者偏好参数型工具，而监管者偏好保障型工具。

自然巨灾债券和峰值死亡率债券交易目前正在应用信贷市场常见的结构化技术。例如，2006 年发行的 3 亿美元的 Bay Haven 交易，非常像传统的担保债务凭证（CDO），它由多个部分组成，使投资者承担不同级别的、分层的风险（例如，一个相对高风险的、最先受到损失的级别，或者说权益级债券，相对于有更低风险的高级别债券来说，往往要承担更大的损失）。3.1 亿美元的 Gamut Re 公司的“抵押风险”债券在 2007 年发行，涉及主动型标的自然巨灾风险资产池；2 亿美元的 Freemantle 和 11.38 亿美元的 Merna 交易均包括 AAA 层级。一些已发行的峰值死亡率风险债券，往往包括由保险商担保的被包装的层级，这使得它们可以被穆迪投资者服务公司和标准普尔公司评为 AAA 级别。但是，那些没有经过包装的层级往往评级不高于 AA-，大部分都在 BBB 级到 A-级之间。在以前，CAT 债券的投资

① 保单通过一个专门设立的再保险机构进行再保险，这类机构不需要面对同样高的准备金要求，通过交易结构的设计使得超过经济储备的损失转移到资本市场。

② 约 40 亿美元的内含价值债券于 2007 年（高峰年）发行，约 70 亿美元债券在 2007 年前发行。相比之下，根据美国人寿保险委员会披露，美国人寿保险公司在 2006 年度收取了 1 490 亿美元的保费，而现有生效的人寿保险金额为 19 万亿美元。

③ 1997—2005 年，自然巨灾（CAT）债券发行量在 7 亿美元（1997 年）和 20 亿美元（2005 年）之间波动，在 2006 年增加到 47 亿美元，2007 年增加到 70 亿美元（GC Securities，2008）。1997—2007 年，CAT 债券发行总额为 220 亿美元，按预期损失计算，美国风险为 140 亿美元，欧洲风险为 50 亿美元，日本风险为 30 亿美元（GC Securities，2008；Lane Financial，2008）。相比之下，2007 年全球发行的 CAT 债券损失约为 230 亿美元，在 1990—2006 年间为 100 亿～300 亿美元不等（编入 2007 年美元指数），仅在 2006 年超过 1 000 亿美元（Swiss Re，2008）。

者主要由专业的对冲基金公司和再保险公司组成。所以，值得注意的是，这些类似 CDO 交易的高层级已经引起了人寿保险公司和基金经理的关注。[①]

自然巨灾风险也通过 CAT 互换和行业损失权证（ILWs，一种具有衍生工具特征的再保险合同）来转移，它们都是比较新的金融工具。CAT 互换通常涉及寻求多元化利益的两家分保公司（即按照类型或者发生风险的地点来划分，例如，日本地震与欧洲飓风的风险）。近几年来，对冲基金和其他机构投资者对这些市场表现出强烈的兴趣，对冲基金也已经参与到 ILWs 市场中。[②]

对冲基金在保费上涨期间也组建了再保险公司，并且更加支持一级保险市场的项目。例如，从 2005 年到 2009 年 6 月底，在百慕大，对冲基金公司和私募股权基金公司共筹集了约 240 亿美元新的再保险资金，其中包括约 90 亿美元的结构化 sidecars。[③] sidecar 是一种有限期限的再保险产品。开发这一产品的目的是与单一的再保险机构做生意，以及给某一个特定的风险进行保险。[④] 因为 sidecars 的保费在 2006 年创历史新高以后开始下降，以及信用评级机构提高了再保险初创企业的评级标准，这一项目从 2007 年开始减少。

私营部门为管理逐渐加剧（slow - burn）风险的创新

在英国，养老金基金受到了广泛关注和讨论。投资者关于养老金的热度高涨，金融市场机构纷纷行动起来，开始转移养老金相关风险。例如，私募股权类基金（并购基金）正在英国以及其他地方成立，寻求收购封闭的养老金固定收益计划的资产和负债，包括它们的长寿风险敞口。与现有的几个保险公司一样，新成立的基金也在寻求并购，继而管理金融市场和再保险市场的此类风险，这可能进一步刺激金融创新。

对长期系统性风险感兴趣的投资者可能需要更准确、更及时的数据来获取与风险相关的更加精确的定价和偿付。[⑤] 因此，指数的设计在其中扮演着一个重要的角色，例如，美国房地产价格指数期货从 2006 年开始在芝加哥商业交易所（CME）进行交易，CME 为 10 个美国大都会地区交易相关合约，并且基于相应的标准普尔或者 Case - Shiller 房地产价格指数的值进行计算，这一指数值每月都会公布在相关刊物上。[⑥] 而对于卫生保健费用来说，

---

① 事实上，实现高投资级（IG）的信用评级（如 AAA 和 AA）可能是 CAT 债券市场增长的关键。大部分发行都是非投资级的，评级机构一直不愿意突破 AA 上限。事实上，标准普尔已在自然巨灾债券评级上给了一个明确的 AA 评级，穆迪似乎已经设定了一个 Aa1 级的上限。

② 一个 ILW 由赔偿金和指数触发所组成，为了实现到期偿付，必须要满足这两个条件（见 Green，2006）。

③ 来源于 Aon Benfield 的各种出版物（www. benfieldgroup. com）。

④ 见穆迪投资者服务公司（206b）。

⑤ 2006 年，瑞士信贷根据美国政府公布的死亡率数据，引入了美国长寿指数。标的美国死亡率数据每年更新一次，有为期 3 年的滞后，这是典型的 G - 10 官方的死亡数据的时效性。2007 年，摩根大通推出类似的每年更新的指标（LifeMetrics），目前包括德国、荷兰、美国、英国和威尔士。同样在 2007 年，高盛公司推出死亡率/长寿指数（QxX），针对美国 65 岁以上的保护，主要针对保单贴现行业（见 414 页注②）。然而，高盛在 2009 年末关闭了这项业务。2008 年，德意志交易所推出长寿指数（Xpect），其中以月度频率覆盖德国和荷兰的相关数据。

⑥ 见 Case 和 Wachter (2005)。由于初始 CME 合约流动性差，在 2009 年初推出了两个交易所交易基金，允许投资者在未来 5 年内 10 个城市综合房价希勒房价指数上涨或下跌的程度上采取杠杆式头寸。然而，更大的交易活动发生在场外市场上（OTC），主要交易与 Radar Logic's RPX 指数相关的 25 个美国都市区的每平方米房地产市场价格合同。英国在关于英国国家房价指数的期货和互换交易中有一个流动性充足的场外（OTC）市场。

Milliman医疗指数在2006年首次发布，这一指数主要是基于雇主资助的美国管理托管账户中的医疗费用。① 这一指数在14个主要的大都会地区都可以使用，它反映的是实际医疗的费用（而不是保费），旨在追踪员工每年的医疗支出。然而，Milliman指数更新不频繁（一年只更新一次），因而它不能成为卫生保健产品供应商和保险公司的有效对冲工具。尽管如此，这些产品都是重要的金融市场创新，为度量和管理重要经济风险提供了帮助。②

如下所述，扩大非传统型风险管理工具的主要挑战，就是监管监督框架、评级机构的专业性，以及政府对近期和未来金融创新的扶持。由于以上原因和其他原因（如投资者的知识水平、会计处理和市场结构等），即使是一个可以很好地管理各种重要风险的市场，依旧可能是不完备的市场。

近期公共部门风险管理创新方法的应用

迄今为止，公共部门尚未大规模使用风险管理工具和进入风险转移市场，只有少数几个主权国家希望投保或者以其他方式对冲各种各样的风险，包括进入资本市场以及发行CAT债券。然而，在2006年，墨西哥发行了一个地震风险的CAT债券，此后农业和牲畜保险也变得越来越广泛（见专栏1和专栏2）。这样的交易凸显了保险和对冲工具日益增长的吸引力，包括或有资本类型工具。这些公共部门的交易越来越多地体现了参数型和指数型的特征，因此提高了关于触发事件的确定性，并且可以更快地向被保险方支付款项。

专栏1 墨西哥地震CAT债券

2006年5月，墨西哥政府成立了一个代理机构Fondo de Desastres Naturales（FONDEN），来为自然灾害提供紧急援助。1985年那场地震使得1万人丧生（震级为里氏7.5级以上）③，为了减轻类似于1985年大地震或者比其规模更大的地震发生所带来的潜在财政影响，墨西哥政府发行了1.6亿美元的CAT债券，④ 这些债券是4.5亿美元3年期保险业务的一部分。

对于主权国家，发行CAT债券的基本原理就是使得保险范围多元化，这样可以提高保险的覆盖范围，改进保险定价。对于中等收入国家而言，CAT保险有重要意义，对于这些国家来说，完全由政府提供保障并不是一个很好的选择。相对而言，CAT保险是它们可以负担得起的，并且是相对有效的（从保险覆盖范围和支付的及时性来说），并与传统的救济基金或者捐助基金是互补的（见图29.2）。

---

① 见Milliman网站（www.milliman.com/expertise/healthcare/publications/mmi/）。

② 见Swiss Re（2009），全面探讨指数在保险风险向资本市场转移中的运用。

③ 更特别的是，当墨西哥城及周边地区发生7.5级地震，或者两个太平洋沿岸地区之一发生8.0级地震时，才会进行相关的偿付。

④ 更特别的是，当墨西哥城及周边地区发生7.5级地震，或者两个太平洋沿岸地区之一发生8.0级地震时，才会进行相关的偿付。

图 29.2　墨西哥 CAT 债券结构

标普公司对于该债券作出了评级，投资者可以收到浮动利率票息。如果未来发生一场地震触发了这个标准，那么 FONDEN 会迅速地从 CAT - Mex Ltd 收到全部的本金，债券被注销。2009 年 10 月，FONDEN 又发行了 2.9 亿美元的“MultiCat”债券，这只债券的保险范围涉及地震和飓风风险。①

专栏 2　支持人道主义援助的金融创新

新兴市场和低收入国家往往会发生大量的自然灾害，而国际机构和慈善团体可以提供绝大部分的恢复和重建费用。类似 CAT 这样的金融工具就可以提供额外的资金来支持传统援助。

例如，在 2006 年 3 月，联合国世界粮食计划署（United Nations World Food Program，WFP）通过与法国保险公司的衍生品交易，投保埃塞俄比亚干旱风险（覆盖 2006 年 3 月到 10 月这一时期）。② WFP 与法国保险公司在合同中约定，如果事先定义的埃塞俄比亚干旱指数上升超过某一约定的临界点，那么保险公司就要支付约定的金额。由于传统的援助措施往往要很长一段时间才能实现，而保费的结算也需要漫长的核实过程和损失调整过程，因此这样的交易结构使得风险发生时，投保者可以在短时间内获得偿付。

参与埃塞俄比亚交易的世界银行也开发了一个试验项目，为蒙古国畜牧牧民提供了牲畜（牛和牦牛）峰值死亡率保护指标。它的特点是有一个分层结构，通过这个结构，商业保险公司可以承保死亡率在 7% 到 25% 或者 30% 之间的物种，蒙古国政府会承担超过 30% 部分的损失。牧民们支付基于其畜群价值 7% ~ 30% 的保费，这将推动风险缓释工作的展开。③

这些项目是发展中国家开发市场化保险方案的重要起点和举措，也是承保各种风险的重要举措。

工业国家（以及很多发展中经济体）在中长期面临着几种重要的经济风险，有可能产

① 世界银行开发了“MultiCat”发行平台，目的是向成员国提供标准化产品，该产品使用共同的法律结构和规则，同时在保险范围方面保持一定的灵活性。

② 见 Syroka（2006），自 2003 年以来，一个类似的项目在印度开始运作（见世界银行，2005）。

③ 见 Mahul 和 Skees（2006）。

生巨额的经济损失，冲击金融的稳定。这些风险的存在，可能会对GDP、实体经济和福利待遇等多方面产生影响。一些最重要的与全球人口趋势和老龄化人口有关的风险，如退休金和医疗保健等，预计将会对公共和私人财政施加巨大压力，使得一些国家开始重新思考福利的作用和范围。当然还有一些相关因素，比如很多国家在重要商品市场供需紧张的情况下，需要去重新思考，如何开发能源，如何制定新的粮食策略。此外，在每一种情况下，如果政策的制定者通过推迟采取措施，以减轻或者更好地管理这些风险时，那么这些正在蔓延的风险对于经济和金融稳定性的不利影响可能会更加显著。

G-10政策的制定者已经意识到，在未来的几十年内，这些长期风险对于公共和私人财政来说，将是一个巨大的挑战。然而，很多国家已经表示计划对福利体系、津贴、关税和政策条件进行必要的改革，以应对这些挑战，但是这在政治上是很难实施的，而且这些改革可能推迟，或导致不必要的妥协。当然，市场不喜欢不确定性，这些日益增加的长期风险只会增加市场的不确定性。此外，2007—2009年的金融危机更是进一步扩大了政府资产负债表，并加大了财政压力。因此在某种程度上，如果政府不采取行动，当金融市场可以更加明确地度量和预测这些挑战所带来的经济影响时，其产生的问题和后续的调整可能会引发混乱。①

政府有多种选择，包括增加税收和减少福利，特别是在解决诸如医疗保健和养老金等风险方面。在一些国家，公共部门承担了许多这些长期风险，但目前的政府会计准则往往不需要对这些未来的责任进行量化、报告或提供资金。因此，金融部门并不会被一些要求所约束，也不会有强烈的动机去积极主动地管理不断扩大的养老金和医疗保健的风险。② 展望未来，政府对长期风险管理的问责机制可能需要改进公共会计和报告准则，需要更稳健的财政框架，需要明确估计可能的负债，以及加大投资组合风险管理。在此之前，公共部门利用市场化风险转移工具仍然会受到一定的限制。

近期其他风险转移工具

2007—2009年国际金融危机的冲击，使得许多风险转移领域的创新有所减少，但是突出了其潜在好处。例如，纯粹的宏观经济风险转移机制（国内生产总值期货和互换）只在双边基础上进行了少数的交易。然而，这场危机加速了主权信用违约互换（CDS）的发展和交易，后者往往更多地作为一种宏观对冲手段，避免给一个国家或银行体系带来冲击，而不是纯粹保护主权借款人的信贷。例如，购买美国政府的信贷保护是一个有点奇怪的概念。因为，当美国政府发生违约时，几乎不可能有对手出售保护（或抵押）去履行义务。

---

① 见Groome等（2006），更全面地讨论了政府在老龄化和保健费用及负债方面的长期成本和风险。

② 例如，美国政府的年度财务报告旨在说明政府长期财政承诺和责任的含义。然而，总审计长的2005年报告显示，政府财务报告体系并不能清晰地揭示其所有未来的责任。见U.S. GAO（2006）的详细信息。为了更准确和完整地展现中央政府的净资产和财务状况，法国在2001年修订了更全面的政府会计框架（Loi Organique Relative aux Lois de Finances），改编了私营企业使用的标准。然而，这项工作仍然在进行中，因为这种账户目前只包括中央政府，并且省略了公共养老金的未来/或有负债，这在附件中都有概述。同样，英国按照公认会计原则的标准，开发了资产负债表账户体系（Whole of Government Accounts），预计将在2010—2011年财政年度予以公布。

实际上，这种看法忽略了主权信用违约互换被用来防止主权评级下调或银行业崩溃的宏观对冲用途。

在另一领域，控制二氧化碳排放的限额交易机制政策、二氧化碳排放交易许可证和期货的交易，在现如今是有效降低和减轻排放负担的重要措施。这种期货合约是在特定交易所和代理市场上进行交易的（特别是在欧盟内部运作，有些交易发生在美国境内）。然而，这些市场的流动性，在很大程度上取决于供给许可和分配决策框架的可靠性，以及精心设计的方案（例如，在分配期间银行的可贴现性）。近几年来，欧盟在这些领域的政策失误阻碍了市场的发展。①

保险风险的不完备市场

本部分讨论以资本市场为基础的、用于管理保险风险的解决方案。这些方案相对于银行用于管理信用风险的方案来说，发展得还不够完善，本部分将重点解释其潜在的原因。某些原因可能反映了特殊风险的基本性质和特征，以及它们的可保性或可转让性程度（见专栏3）。其他一些原因可能反映了机构的发展势头。因为，从历史上看，保险公司都面临了本章中讨论的风险，但它们并没有主动地管理这些风险。

以下是对市场行为、风险管理和金融创新的一些关键因素的影响：（1）监督管理；（2）评级机构；（3）会计和税收政策；（4）市场结构；（5）数据的可获得和质量；（6）风险分摊安排。② 下面将重点研究这些影响因素为何会导致某些市场不完备，并提出一些市场完备化的政策建议。

监管的影响

新巴塞尔协议监管框架促使银行加强风险度量和风险管理。正如巴塞尔协议所表示的，国家的政策制定者，应该鼓励银行通过风险资本监管条例更好地衡量、更积极地管理不同的信用风险和资产负债表中的风险，从而增加给定的资本水平下资产负债表的弹性。这导致了大量的资本市场创新，包括越来越多的风险转移工具等。总之，巴塞尔协议监管框架促使人们开发更为积极和创新的风险管理工具。

类似的监管对保险公司风险管理实践还没有产生很大的影响。事实上，对于保险公司是否应该通过资本市场来管理和转移它们的风险，而不是作为这种风险的最终持有人这一问题，保险监管机构的回答往往是模棱两可的，甚至是矛盾的。传统上，保险监管的重点主要是消费者保护与管理资产组合相关规定，而不是出于宏观审慎和金融稳定的考虑，也不是为了优化风险管理。因此，保险监管者可能经常假设保险公司作为（或者说应该作为）风险最终承担者，必须对所承保的每一份保险建立相应的储备金，以应对相关的风险。此外，储备金通常被限制在承保风险的范围内，很少被一些监管者视为等同于经济资本，从

① 见 Mills (2008)，概述了碳交易和天气衍生品。

② 见三十国集团（2006）。

而对其进行管理以及用来解决各种的风险敞口。基于保险监管的这一视角，如果风险通过资本市场被积极地管理、转移或对冲，那么通常要求储备金不作调整。同样，只有在风险全部转移（例如，获得赔偿）的情况下，传统的再保险公司才需要储备金救济，即通常要求分保公司在所覆盖的权限内持有一定的储备金（通常称为行业内的“受困”资本）。

当然，显而易见的是，这种监管资本制度比动态或市场风险管理方法更为稳定和安全。这种传统的监管方法似乎不太可能吸引新资本，也不太可能鼓励开拓更好的风险管理方式。根据我们的判断，如果想要有效地解决全球经济中长期累积的风险，从系统、整体的角度来看，我们需要更多的资本、更好的风险度量和风险管理方式。事实上，在某些市场（如零售市场），保险资金和保险能力近年来都有所削弱，部分原因是价格和保险范围（如佛罗里达州财产损失和人员伤亡）的政治干预，同时也与受困资本有关。政策的制定者除了需要专注于宏观审慎和消费者监管保护，还必须吸引更多资金，以应对广义上的保险业风险。

然而，一些保险监管机构已经开始制定更全面的基于风险的资本要求条例，并认识到了再保险、资产证券化和多样化在风险投资组合中的好处。例如，瑞士实施原则性监管框架，加强对风险和资本的管理，更专注于给保险公司提供针对资产证券化的监管资本救济。在荷兰，政府当局已加强养老金的监管，尤其是通过更多的风险监管，鼓励养老基金经理更多地关注风险管理和资产负债管理。英国金融服务管理局也表示，要通过保险业的特殊机制，促进保险业风险转移市场的发展，从而建立起新的基于风险和准则的保险业风险资本充足率计量方法。在亚洲，一些监管机构（例如，新加坡金融管理局）也鼓励在保险业实施更积极的风险管理方法。

欧盟的《偿付能力监管标准Ⅱ》框架中也包含了风险管理方法，并同时在国际协会的保险监管部门发挥着相应的作用。《偿付能力监管标准Ⅱ》的颁布是欧洲保险业加强风险管控的重要举措。通过制定更完善的资本管理原则，欧盟的监管机构可以更好地运用经济资本来调节监管资本。

尽管有这些举措，一些市场参与者对于保险行业跨境监管合作的潜力依旧表示怀疑。如前所述，他们看到新的管理方法与传统的基于消费者保护的风险管理方法一样难以协调，并且不太可能形成普遍、一致的国际标准。因此，《偿付能力监管标准Ⅱ》和相关工作的影响以及效果仍旧是难以预测的。

专栏 3　什么使得风险可保，并能够转让和交易？

各种风险的可保性程度，以及对其进行管理或转移的方式，取决于多方面的因素。总的来说，当风险发生的频率和风险的严重程度可量化、保险事故相互独立、损失不相关以及当风险可以通过合并或其他方式分散时，可保性增强。此外，在金融市场中转移风险的能力大小，取决于识别、衡量和分离特定风险的能力，因此最好使用独立的评估机构（例如，评级机构或专业的风险建模公司）。

由于金融创新的发展，关于风险类型的认知会随着时间的变化而不断改变。此外，风险管理的创新，特别是在更好地衡量和分解复杂的风险敞口的能力方面，往往会受到监管框架和技术进步的影响。

金融创新使得信贷风险和利率风险可以更好地被管理，因而提高了风险的可保性和可转移性。金融市场相关技术的提升，使得以前被认为不可保的风险，现在可以更加精确地被度量和积极主动地管理，从而可保。保险公司处理这些问题和分类风险的一种方法，是考虑风险敞口是否反映单边或双边市场。后者通常存在可以抵消交易对手的初始风险（如货币风险），从而保险公司可以从交易中获益。因此，双边风险被认为是最适合的以市场为基础的风险管理活动。相比之下，单边的风险以相似的方式（如自然灾害和长寿风险）影响风险暴露主体，但存在的交易对手则更少。因此，传统上管理单边风险是由保险公司或者再保险公司进行，并在一段时间内收取此类风险的保险费用。另外，很重要的一点是，保险公司和再保险公司也经常定期重新定价受保风险（通常每年一次），这有助于调整或限制它们的风险敞口，并导致保险客户分担保险损失的成本。

有趣的是，一些风险以前被认为是单边的，现在可能会变成双边的，并且随着新技术和金融工具的发展，可能会转移给更广泛的投资者群体。通过为这些单边风险创造市场定价，使保险公司和其他市场参与者能够更准确地度量和管理其风险敞口，从而进一步增加单边风险交易的可能性。

由于缺乏对保险公司角色界定的明确办法或监管框架，只有少数大型、创新性的保险公司开发市场化的风险管理技术。这些保险公司的动机部分是经济资本、规模、扩大资产负债表和利润目标。出于上述这些动机，保险公司很难获得监管资本救济。[①] 例如，当美国保险公司为了计算基于风险的资本要求时，可以从总的保费收入中扣除再保险的成本，而当证券化的风险转移到资本市场时，它们一般是无法计算的。在某些情况下，监管者会关注资本市场交易中的剩余风险（正如我们之前所提到的非补偿结构中存在的），这在典型的再保险制度中不会出现。因此，基于补偿机制偿付的风险缓释方法更有可能获得充分的资金救助，而基于指标或参数机制偿付的监管结构通常是不确定而且不太有利的。相对于银行的监管机制，大多数国家的保险公司在部分对冲或动态套期保值策略上几乎不存在监管优待（例如期限错配交易），从而阻碍了保险领域采用积极的风险管理策略。

评级机构的透明度

评级机构像监管机构一样，并没有促进保险公司使用市场风险管理工具。在信贷市场中，评级机构就信用风险的分析和管理产生了很大的影响。但迄今为止，评级机构在保险领域并没有展示出支持市场化风险管理工具发展所需要的主导力或专业性。此外，与监管机构类似的是，评级机构认为任何有利于保险公司的风险缓解方法通常取决于风险转移机制。因此，相比之下，再保险（如赔偿政策）虽然会就交易对手风险给予一定的补贴，但

---

① 例如，无论是否给予德意志银行（FCC SPARC）监管资本救济，外部监管者依旧不易了解法国汽车贷款资产证券化交易（IMF，2006：专栏 2.3）。不过，我们通常认为保险公司没有获得监管资本的好处。

是由于潜在基本风险的存在，通常认为不会给予参数或指数结构（这种结构通常受保险方和资本市场投资者的青睐）一定的风险缓释。

鉴于评级机构可能遭遇批评和日益严格的审查监管，它们可能不会在近期内向保险公司提供更多用于风险转移活动的信贷。然而，主要的评级机构已修订其针对保险风险的评级方法，包括保险公司内部资本和风险管理模型，并与较大的保险公司共同使用，从而促进了保险风险指标的完善。[①] 这些举措可以激励保险公司更多地通过市场进行风险管理，并可能吸引更广泛的市场参与者和额外的资本进入保险市场，从而导致新的不同类型的风险。

会计政策

在现行会计规则下，具有相同经济效果的交易并不总是被同样地对待，这可能会抑制保险公司市场化风险管理技术使用的动机。此外，现行对冲会计准则可能阻碍保险公司使用市场化的风险管理手段，特别是与再保险合同的处理方式进行对比。事实上，目前的标准可能无法从不完全对冲（例如，指数化工具）中获得任何的收益，这会引起公司财报收益的增加和资产负债表的波动性加剧。然而，如此高的波动性可能与公司实际的经营状况并不一致。评级机构也承认对冲（管理）会计准则并不利于它们提供一个明确的、有利于市场化的风险管理技术的评级，因为一家公司财务报表的波动，可能会导致其公司证券价格的波动。

广义上，公允价值会计准则的转变，可能给保险和养老基金的财务报告带来更多的关注。但是，公允价值会计核算方法是否会使得保险公司和养老基金采取更有效的风险管理目标，这一点仍然不确定。[②] 因此，政策制定者也需要考虑，更广泛地披露资产负债结构（包括负债的到期期限和利率敏感性）是否会给投资者和相关受益人提供更多有用的信息。

市场结构

有观点认为，在保险业，股东要求最大限度地提高资本回报率的压力相对于银行业来说要小得多，这可能使得风险转移活动在保险业不那么迫切。此外，共同保险公司的盛行可能会降低资本回报率。[③] 市场参与者期望一个宽松的市场环境，从而使得（非人寿）再保险公司能够有效地筹集到资金，特别是在发生大灾难之后的、保费有望提高的融资环境中。因此，行业参与者一再指出，保险行业是不受资本约束的。

对于需求方，一方面缺乏公认的准则或者指标，同时也缺乏评级机构的指引。尽管可能受益于分散化投资，但是保险型风险之间缺乏太多相似性，使得保险型风险产品很难广泛吸引投资者的参与。迄今为止，大部分的投资者需求来自其他保险公司和熟悉此类风险的专家。类似于其他市场的发展，即使在专门性的市场中，风险的分散和多样化都有助于金融稳定性的增强。此外，增加一级市场的流动性会带来行业的良性循环。市场流动性指标

---

① 见惠誉评级公司（2006）、穆迪投资者服务公司（2006a）以及标准普尔评级公司（2006a）。

② 见国际货币基金组织（2005，第三章第四模块）。

③ 互助保险公司以最大限度地提高其成员的利益为经营目标，其中可能包括以低于市场资本回报率所要求的低成本提供保险。

的构建将对这个行业的发展产生重要影响，并能够吸引到更多新的、多样化的资本参与市场。

最后，（再）保险公司之间不断地合并，可能最终会限制它们通过传统的风险管理方式（如投资组合风险分散）提高承受风险的能力。这一现象，可能导致需要更多市场化的方式来分散风险和吸引新的资本注入。[①] 此外，这些机构的系统重要性也将逐渐增加，使得越来越少的保险公司扮演日益重要的角色，特别是和某一具体风险相关的业务，如退休和医疗保健的需求。这一趋势反过来又可能导致政策制定者重新考虑对保险公司的审慎监管，并可能鼓励保险行业以外的风险转移方式，以减少风险集中度和对于单一公司或集团的系统重要性和风险敞口，以及吸引更多的资金参与来应对不同的风险。

展望未来，在保险业会有更多的资本投入和投资者参与（以及相关的风险管理能力）。最近一些新增投资者的出现，如私募股权基金和对冲基金，包括股东和（再）保险公司的所有者，正反映了这种变化的开始。

数据可用性

可靠的数据对建立以市场为基础的风险管理方法至关重要。事实上，市场参与者经常面临数据缺乏可用性、可靠性和及时性。这也是导致市场中在管理长寿风险、医疗保健风险和其他风险上产品发展缓慢的原因。我们需要数据来支撑风险的定价和交易、风险模型的开发和基准或指数的构建。虽然基础数据通常存在（如医院记录中的死亡统计数据），但它们往往没有系统地汇编或及时地记录和发布。

长期风险，如退休和医疗费用，往往是难以衡量的。因为，影响这些风险的因素可能是不可预测的，并且通常只有少量的、时滞期长的数据可用来预测和评估风险。例如，年金产品的定价受制于高年龄段（例如，85～90岁及以上）死亡率或低于高年龄段15～20岁（即，通常年龄在60～70岁）的死亡率这种高质量数据的可得性。因此，缺乏足够的数据增加了长寿风险的不确定性，导致更高的资本要求。有市场人士指出，在英国，20%～25%的风险年金出售给了65岁男性，并且他们一般可能活过90岁（见专栏4）。

对于每一类风险，增加数据的可得性都可能会带来更好管理风险的方式。例如，为了开发房价指数合约，基础数据需要反映当地市场情况，为了支持市场流动性，这些数据应该定期发布并且频繁更新。尽管标的房价数据是每月公布的，但是芝加哥商品交易所房屋价格期货合约还是成交量低，流动性差。另一个例子是医疗保健领域，数据的匮乏加剧了不同地方使用不同的数据采集系统，使得很难对行业数据进行标准化（例如，各种专门的卫生保健供应商和保险公司的非标准化系统的使用）。[②] 这些因素导致很难编制可靠的健康保健数据，从而阻碍了市场风险度量和风险管理工具的发展。

对于更好地管理各种风险所必需的数据，政府在提高这些数据的可用性、可靠性和及时性方面具有相对优势。事实上，提供数据可能是一种相对低成本的支持市场化解决措施

---

① 行业观察家指出，《偿付能力监管标准Ⅲ》可以增加巩固（欧洲）保险业的压力（见标准普尔，2006C）。又见 Walter Kielholz 评论、Swiss Re、in Ladbury（2006），以及 Swiss Re（2006）。

② 一些医疗保健供应商已经认识到其内部数据的价值，并组织子公司收集、整理和出售这些数据。

的方式。例如，天气数据现在比较容易可靠地获取，中等收入国家和低收入国家可利用天气数据促进农业保险产品的发展。但是，在医疗和房地产行业，由于数据缺乏和更新不及时这些行业风险管理工具一直发展缓慢。① 仅依靠政府推动高质量数据的收集和发布应该只是暂时的，不断增长的市场需求会促进行业的市场化，从而吸引更多的私营部门参与，并实现数据的收集和传播完全通过私营部门来完成，做到完全市场化。

英国商业地产指数衍生品市场提供了关于监管、税收和数据相结合的一个典例。这个市场的发展是基于：（1）差价合约和互换合约的可靠的商业地产指数；（2）2002 年 11 月，英国金融服务管理局（FSA）规定，允许人寿保险公司持有房地产衍生品资产，从而计算它们的偿付能力监管指标（此外，在 FSA 的风险资本管理机制中，保险公司对冲房地产指数标的头寸的能力，使其可以节约资本）；（3）2004 年 9 月的税收改革对房地产衍生品和其他衍生品采用相同的处理方式。自 2005 年初，房地产衍生品交易额显著增长，2007 年已超过 80 亿英镑。②

专栏 4　年金债务与长寿风险

年金给个人提供了对冲长寿风险的工具。最简单的形式就是，终身年金为个人的生命期内提供有保障的收入来源，从而对冲个人的长寿风险。③ 然而，年金提供者面临与受益人相关的累计长寿风险的挑战，因为大量的外部因素（例如，医学的进步）导致受益人寿命之间具有相对较高的相关性。

个人年金领取者的回报率由市场回报率加上群体死亡收益（mortality credit）④ 而成。这种死亡收益是年金提供者无法轻易对冲的风险来源。例如，在一个 65 岁男性的固定收益年金池中，大约 2% 的人预计在第一年就会死去，⑤ 如果收益率为 5%，那么资产池提供了大约 214 个基点的一年期死亡率贷款。这种死亡收益的价值随着年金池受益人年龄的增加而上升。例如，一组 90 岁男性达到 1 853 个基点，其中 15% 的男性预计不会活过一年。然而，如果实际的 90 岁男性死亡率只有 14%，那么支付死亡收益的可用资金将减少 144 个基点，年金提供者将不得不弥补差额。事实上，受益人死亡率的预测往往低估了未来的预期寿命，如图 29.3 所示，未来寿命趋势存在很大的不确定性。⑥ 考虑到寿命的增加以及预测的不确定性影响到了这一类所有的年金产品，而且这种风险在很大程度上是不可分散的，年金提

① 流动性住房价格指数市场的发展也有利于反向抵押贷款产品的增长，使家庭更容易实现年金般的收入流，从而更好地对冲长寿风险。

② 见 Fabozzi 等（2010），欧洲房地产衍生品市场最近的发展动态。

③ 见 Poterba（1997）对标准年金许多变化进行的描述，同时 Milevsky（2006）为这里讨论的许多概念提供了数学理论支持。

④ 译者注：死亡收益表示在一个购买保险的群体中，由于投保人比预期存活时间短而给整个受保群体带来的收益。

⑤ 这个例子假设了幸存者福利的存在可以降低死亡率。一年的死亡信用等于 $R \times \left[\frac{M}{1-M}\right]$，其中 R 是总收益率，M 是死亡率。Milevsky（2006）对此进行了更多的解释。

⑥ 见 Watson Wyatt（2005）对于乐观和悲观长寿预期的推动力进行了讨论。

供者需要更多的资金来应对极端长寿风险敞口。①

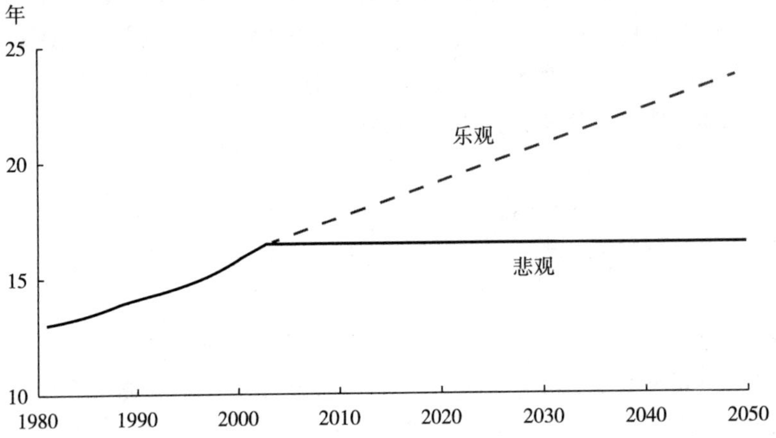

图 29.3　英国男性受益人在 65 岁时的预期寿命：乐观与悲观的预测

（资料来源：英国政府精算部门；国际货币基金组织工作人员估计）

对冲长寿风险的一种方式是，可以通过所谓的长寿债券或互换合约，转移一些风险给投资者。② 然而，这种交易很难找到潜在的对手方，因此这个市场更多的是一个单边市场。此外，长期避险工具的需求增加了交易对手风险。但是，自 2008 年 1 月开始，英国的养老基金交易完成了 26 亿美元的长寿风险互换。③ 在这些交易完成之前，政府经常被视为有吸引力的交易对手方，尽管大多数政府的公共养老金和社会保障体系已经让他们有了很大的长寿风险敞口。然而，AAA 级欧洲投资银行（EIB）在 2004—2005 年发行长寿债券并未成功，这也说明了设计这种市场化的长寿风险转移工具是不容易的。④

公共政策的考虑

通过政策杠杆的调节，政府会影响金融体系的风险流动，并促进新产品和新的风险管理工具的开发，有助于推动金融市场的稳定。在整个 20 世纪 90 年代的信贷市场中，许多

① 人寿保险业务有时被视为是自然具有一定对冲机制的业务（Cox 和 Lin，2005），但是往往这种自发对冲机制比人们设想的作用小。事实上，由于受益者不匹配现象的出现——一个典型的年金池受益人的年龄分布（一般是 55 岁以上）通常比一个人寿保险投资组合投资人的年龄更大，这样的对冲机会通常是相当有限的。而这个投资组合往往体现了投保者早期的人生经历，如结婚和生子（Brown 和 Orszag，2006）。

② 见 Blake 和 Burrows（2001）、Dowd 等（2005）以及 Lin 和 Cox（2005）。

③ 根据 Aon Benfield（2009）所描述的，立法的变化和新的会计准则推动英国养老基金寻求长寿风险的转移方案。此外，法律监管使得长寿风险转移更加可行。

④ 欧洲投资银行长寿债券发行失败是由于几个设计上的缺陷，定义狭隘的标的指数（基于 65 岁的英格兰和威尔士的男性）和（更重要的）25 年的到期日，使得极端的长寿风险（即 90 岁以上）无法覆盖（Blake 等，2006）。

亲历者都认为，信用风险是固有的、不可转让的并且是无法交易的，现在已被证明事实并非如此。同样，今天许多保险公司和其他市场参与者认为本章所强调的某些风险只能片面反映风险或市场情况，因此可能只适用于传统的保险风险的管理，如投资组合多样化和资产池。然而，政府可能会影响这些市场和风险管理措施。政府可以使用一些政策工具去鼓励市场创新和我们之前已经讨论过的其他的风险管理方法（监管和监督框架、会计标准和数据可用性），以及税收政策和强制措施等其他政策。此外，事实上，在当前日益增长的财政压力下，政策的制定者应该探索吸引更多私人投资者参与市场，来解决这些长期风险。

税收政策

税收结构也会对风险管理方式的发展产生重大影响。首先，政府需要考虑现有的税收制度是否会阻碍风险转移给其他市场参与者。① 例如，衍生工具的资本损失和资产证券化的成本，政府是否应该与保险公司使用同样的方法征税，以确保在市场风险转移、再保险以及资产负债表保留风险三者之间保持中立。

此外，在某些情况下，即使是暂时的，也需要考虑提供税收优惠，以推动所需的风险管理工具的发展。例如，公司养老基金的税收制度的设计应该鼓励谨慎的、可能连续提供资金的政策，从而促使企业建立合理的资金缓冲（例如，两年或三年的正常工作）。② 对于家庭部门来说，清晰和稳定的税收制度是必要的，以鼓励长期储蓄和投资产品。广义上来说，税收优惠也可以促进新的市场的发展，如宏观互换。通过互换，养老基金和医疗保健行业可以交换它们互补的现金流和长寿风险敞口。寿命的增加导致养老基金的负债增加，也使得医疗保健公司的收入增加（老年人的医疗支出增加）。一个反映某一特定人群累计生存率的指数，将为双方提供对称风险交易的基础，并对冲寿命意外变化带来的风险。例如，政府可以通过为医疗保健行业提供适当的税收优惠来鼓励这些交易，同时可以为关于老龄人口的研究或产品开发提供条件。

义务

汇集各种风险的需求是保险的一个重要特征，包括年金和医疗保险。为了减少逆向选择，政府可以要求公民购买最低限额的保险。这样也有助于限制可能最终转移到公共部门的潜在成本。在长寿风险管理方面，强制性年金（类似于更具体的风险度量）可以促进更简单的年金产品的出现，并提高居民对这样的产品的理解和接受程度。在卫生保健部门，许多经济合作与发展组织国家实行强制性公共或私人的卫生保健，这也是政府克服市场局限性的一种方式。例如，在 2006 年，荷兰实行强制性的私人医疗保险，其中不论个人的健康状况或年龄，私营保险公司必须接受任何荷兰公民的基本医疗保险。

---

① 然而，在某些情况下，对大多数纳税人来说，在金融工具征税方面实现中立是不可能的。例如，在大多数国家，房主自用住宅享有税收优惠政策，但是以同样的方式管理房屋价格衍生品却是很困难的。

② 例如，美国 2006 年的《养老金保护法》将可扣税款的最大免税额提高到可适用资金目标的大约 150%（包括其他标准）（以前是 100%）。

小结

金融市场在管理较长期的系统性风险方面可以发挥更大的作用。政府应力求鼓励和积极引导这些领域的市场发展，以加快市场完备化进程。一个清晰、相融的监管框架可以鼓励风险管理技术的创新。在某些情况下，政府可能需要暂时直接干预某些市场，去提供一些最低限额或极端保险，最理想的情况是促进私营公司运营能力的发展。

前面的讨论强调了政策制定者如何影响金融市场的发展，以及解决与管理较长期的系统性风险有关的一些具有挑战性的市场化方法。它的重点是如何利用政府的一些政策杠杆来促进和深化改革。一个中心思想是，考虑到政府明确的、隐含的以及或有的责任，政府应当作为一个风险管理者去迎接这些挑战。在此过程中，政府将受益于更大的市场投入和风险管理工具的发展，包括更好地衡量和监测这些债务的能力（例如，波动性监控和测度）。

到目前为止，只有少数的政府采取这种方式看待这些金融挑战。仅在过去的几年里，财政部和公共审计部编制并公布了一些长期计划，以解决老龄化带来的消费问题和长期财政可持续性的问题。同样，很少有中央政府使用与私营公司类似的会计标准来公布资产负债表，政府账户中负债的风险和数量很少被量化。因此应该鼓励这些新的措施和发展趋势。①

此外，作为关注焦点的评级机构，越来越多地牵涉主权借款人的长期财政问题。如果这些风险没有得到妥善解决，政府将面临潜在评级下调的风险。② 的确，虽然短视的政治家和选民往往会阻碍这些风险的解决，但是公共审计师和立法者、财经媒体、国际金融机构和投资者将更加关注这些系统性风险，同时更加关注各国政府追求更全面的风险管理策略的需求。

其他长期系统性风险，以及这些风险对金融市场的影响，与所有国家都相关。一些国家的政府和国际金融机构已经采取措施，提高公众对这些挑战的认识，并已开始尝试解决一些问题。然而，这些问题并不会消失。相反，这些风险可能会累积起来，并且随着时间的推移可能会给社会、经济和金融带来更大的挑战。此外，政府、国内企业和金融市场都会在全球争夺投资资本。养老金、医疗保健的义务、粮食和能源安全对于经济和金融市场的影响，都可能会对竞争地位产生不利效果，甚至影响各国的宏观经济和金融稳定。决策者可能为了获取更多的公众支持，从而及时采取措施减轻这些不利影响。鉴于不同风险需要采取不同的改革措施，因此政府采用更加有效的手段和更加多样化的风险管理方法是至关重要的。

---

① 国际货币基金组织的《政府财政统计手册》（2001）和《财政透明度手册》都试图通过鼓励将未来可能的负债纳入政府预算文件中而进一步完善。

② 标准普尔评级公司（2006b）。

参考文献

Aon Benfield Securities. 2009. "Insurance-Linked Securities 2009: Adapting to an Evolving Market." December.

Blake, David, and William Burrows. 2001. "Survivor Bonds: Helping to Hedge Mortality Risk." *Journal of Risk and Insurance* 68:2, 339–348.

Blake, David, Andrew Cairns, and Kevin Dowd. 2006. "Living with Mortality: Longevity Bonds and Other Mortality-Linked Securities." Cass Business School Pensions Institute Discussion Paper, PI-0601, January.

Bodie, Zvi, and Robert C. Merton. 2002. "International Pension Swaps." *Pension Economics and Finance* 1:1, 77–83.

Brown, Jeffrey R., and Peter R. Orszag. 2006. "The political economy of government issued longevity bonds." Paper presented at the 2nd International Conference on Longevity Risk and Capital Market Solutions at the Cass Business School, April.

Case, Bradford, and Susan Wachter. 2005. "Residential real estate price indices as financial soundness indicators: Methodological issues." In *Real Estate Indicators and Financial Stability*. Proceedings of a joint BIS-IMF conference in Washington, DC, October 27–28, 2003. Bank for International Settlements.

Cox, Samuel H., and Yijia Lin. 2005. "Natural Hedging of Life and Annuity Mortality Risks." Georgia State University Center for Risk Management Insurance Research Working Paper 04–8, July.

Davies, Sir Howard. 2006. "A Word of Advice to Hank Paulson." *Financial Times*, July 5, 15.

Dowd, Kevin, David Blake, Andrew Cairns, and Peter Dawson. 2005. "Survivor Swaps." *Journal of Risk and Insurance* 73:1, 1–17.

Fabozzi, Frank J., Robert J. Shiller, and Radu S. Tunaru. 2010. "Property Derivatives for Managing European Real-Estate Risk." *European Financial Management* 16:1.

Fitch Ratings. 2006. "Exposure Draft: Insurance Capital Assessment Methodology and Model (Prism)—Executive Summary." Fitch Ratings Insurance Criteria Report, June.

GC Securities. 2008. "The Catastrophe Bond Market at Year-End 2007." GC Securities.

Green, Meg. 2006. "Hot CAT Contracts." *Best's Review*, April.

Groome, Todd, Nicolas Blancher, Parmeshwar Ramlogan, and Oksana Khadarina. 2006. "Population Ageing, the Structure of Financial Markets and Policy Implications." G-20 Workshop on Demography and Financial Markets, Sydney, Australia, July 23–25.

Group of Thirty. 2006. *Reinsurance and International Capital Markets*. Study Group Report. (Washington, DC, January).

IMF (International Monetary Fund). 2005. "Global Financial Stability Report." World Economic and Financial Surveys. Washington, DC, September.

IMF (International Monetary Fund). 2006. "Global Financial Stability Report." World Economic and Financial Surveys. Washington, DC, April.

Ladbury, Adrian. 2006. "Head for the Capital." *Insurance Day*, May, 24–25.

Lane Financial. 2008. "The 2008 Review of ILS Transactions." Lane Financial LLC, March 31.

Lin, Yijia, and Samuel H. Cox. 2005. "Securitization of Mortality Risks in Life Annuities." *Journal of Risk and Insurance* 72:2, 227–252.

Mahul, Olivier, and Jerry Skees. 2006. "Piloting Index-Based Livestock Insurance in Mongolia." World Bank Group *AccessFinance* Newsletter, March.

Milevsky, Moshe A. 2006. *The Calculus of Retirement Income: Financial Models for Pension Annuities and Life Insurance*. Cambridge, U.K.: Cambridge University Press.

Mills, Paul S. 2008. "The Greening of Markets." *Finance and Development*, International Monetary Fund, March, 32–36.

Moody's Investors Service. 2006a. "Company Built Internal Models Expected to Play Greater

Part in Moody's Insurance Rating Process." Moody's Investors Service Global Credit Research Special Comment, June.

Moody's Investors Service. 2006b. "Reinsurance Side-Cars: Going Along for the Ride." Moody's Investors Service Global Credit Research Special Comment, April.

Poterba, James M. 1997. "The History of Annuities in the United States." National Bureau of Economic Research Working Paper 6001, April.

Standard & Poor's (S&P). 2006a. "Credit FAQ: An Advance Glimpse at the Upcoming Changes to the Insurer Capital Model." *RatingsDirect*, June.

Standard & Poor's (S&P). 2006b. "Global Graying: Aging Societies and Sovereign Ratings." *CreditWeek*, June 7, 55–66.

Standard & Poor's (S&P). 2006c. "Credit FAQ: The impact of Solvency II on the European insurance market." *RatingsDirect*, July.

Stone, Charles A., and Anne Zissu. 2006. "Securitization of Senior Life Settlements: Managing Extension Risk." *Journal of Derivatives* (Spring).

Swiss Federal Office of Private Insurance. 2004. White paper on the Swiss solvency test, No. 2, November.

Swiss Re. 2006. "Solvency II: An Integrated Risk Approach for European Insurers." *Sigma*, No. 4.

Swiss Re. 2008. "Natural Catastrophes and Man-Made Disasters in 2007." Swiss Re.

Swiss Re. 2009. "The Role of Indices in Transferring Insurance Risks to the Capital Markets." Swiss Re.

Syroka, Joanna. 2006. "Macro-Level Weather Risk Management for Ethiopia." International Task Force on Commodity Risk Management in Developing Countries, presentation given at annual meeting, Pretoria, South Africa, May.

UK FSA (Financial Services Authority). 2006. "Implementing the Reinsurance Directive." CP06/12, June.

U.S. GAO (Government Accountability Office). 2006. "Fiscal Year 2005 U.S. Government Financial Statements." Washington, DC, March.

Watson Wyatt. 2005. "The Uncertain Future of Longevity." Watson Wyatt/Cass Business School Public Lectures on Longevity, March.

World Bank. 2005. "Managing Agricultural Production Risk: Innovations in Developing Countries." World Bank Agriculture and Rural Development Department, Washington, DC.

第六部分

附　　录

Appendix A

附录 A 金融资产管理与金融工程中的 IT 工具

卢卡斯·伯纳德[①]

引言

金融研究涉及理论与实践两个方面。例如，不同证券之间的波动性与相关性，和由那些证券构成的投资组合的波动性，是理论的一个典型例子。而止损指令被触发后的执行速度则是一个典型的实践问题。理论问题与实践问题当然不一定相互独立，但它们通常由不同的人群来处理。为了解决理论问题人们需要努力去实现理论方法，同时理论问题本身也包含着一些计算问题。这些计算问题一般可以借助合适的信息技术（IT）工具来解决。在本附录中，我们将探讨这些工具如何解决计算问题。在此过程中，我们将介绍建模工具、数学/统计工具和数据工具。目前已经有大量的书籍介绍这些工具，而且这个简短的附录无法充分完整地说明如何使用这些工具。但是，我们希望学习金融工程的初学者在遇到问题时，能意识到可以使用这些工具。

一般来说，我们可以区分四类问题：

（1）由于没有足够的时间或计算能力而难以解决的问题；

（2）由于不明白如何去解决而难以解决的问题；

（3）由于参数不断变化，需要不断更新的问题；

（4）需要准确的、定义明确的数据输入的问题。

重要的是，这些问题不是互斥的，它们有很多重叠之处。

我们会为每类问题举一个例子，并介绍有效解决这些问题的方法和工具。读者会认为主要工具是电脑。但从更广泛的层面说，在过去 20 年里发展起来的整个计算/信息体系基础结构才是关键。具体包括个人计算机、局域网、互联网和软件。

我们首先考虑第一类问题（即知道如何解决，但没有足够的时间或计算资源而难以解决的问题）。为了方便讨论，想象一下我们拥有一大笔次级抵押贷款。假设这些抵押贷款具

① 卢卡斯·伯纳德（Lucas Bernard）获得社会研究新社（New School for Social Research）金融经济学博士学位、纽约市立大学（CUNY）数学硕士学位和纽约大学数学科学研究所（CIMS）计算机科学硕士学位。他目前在纽约市立大学技术学院（CUNY－CityTech）商学部做助理教授。他的个人网页是 http：//www. lucasbernard. com。

有相同的违约概率，并且都丧失了抵押品赎回权。此外，为了简单起见，假设抵押贷款的违约事件相互独立（即交叉违约相关性为0）。给定独立性后，任意两个抵押贷款x_i和x_j的联合违约概率表示如下：

$$\Pr(x_i, x_j) = \Pr(x_i)\Pr(x_j)$$

其中，$\Pr(x_i, x_j)$ 表示联合违约概率，$\Pr(x_i)$ 和 $\Pr(x_j)$ 分别表示x_i和x_j各自的违约概率。我们用p代表每个抵押贷款具有的相同的违约概率。接下来我们进一步扩展这个问题，假设我们拥有一个庞大的资产池，包含100 000个规模相等的抵押贷款，在未来一年中任意一个抵押贷款的违约概率为0.05（即5%）。现在有一个抵押贷款关联产品，它的回报基于这个资产池的表现。更具体地说，假设它是一个障碍期权，当且仅当下一年的违约数量，用X表示，落在一个下界为a，上界为b的指定范围内，才能得到赔偿。也就是说，我们要关注违约总量X落在a与b之间的概率，即我们需要算出$\Pr(a < X < b)$。

在这种情况下，统计学家利用二项分布可以很好地解释这个问题：

$$\Pr(a < X < b) = \sum_{i=a}^{b} \frac{n!}{i!(n-i)!} p^i (1-p)^{n-i}$$

最后，我们假设$a = 5\ 100$，$b = 10\ 100$。现在的问题是，如果资产池中的抵押贷款数量很少，那么利用科学计算器都可以执行这个操作。但是，在我们的例子中，$n = 10\ 000$，而且i的取值范围为5 100 ~ 10 100。下面这个公式是许多要做的计算之一（仅仅是求和公式中第一步的一部分）：

$$\binom{100\ 000}{5\ 100} = \frac{100\ 000!}{5\ 100!(100\ 000 - 5\ 100)!}$$

把这个公式输入到TI－83计算器中，结果会是ERR：OVERFLOW（即计算溢出了）。而且这仅是要算出5 100 ~ 10 100违约概率的5 000个相似计算中的一个计算。

这不是理论问题，而是计算能力问题。TI－83计算器不具备这个计算能力，功能更强大的TI－89计算器具备。但是也要做类似的4 999个计算。即使每个计算能在30秒内完成，仍需要40个小时以上才能得出一个可行解。但是，一个衍生品交易员需要在一秒以内就能得到结果。因此，仅仅掌握理论对交易员没有帮助。

这个特定问题有一个简单的解决方法，我们可以用该解决方法说明以下两点：第一点，理论如何简化成可计算性的问题；第二点，通用软件的特定功能如何更快地解决问题。

统计理论告诉我们一个二项分布随机变量可以由一个正态分布变量近似表示，其中$\mu = np$，$\sigma = [np(1-p)]^{1/2}$。因此，上述计算公式可以近似表示为

$$\Pr(a < X < b) = \frac{1}{\sigma\sqrt{2\pi}}\int_a^b e^{-\frac{1}{2}\left(\frac{x-\mu}{\sigma}\right)^2} dx$$

乍一看，这个公式似乎比前面的更复杂。但事实上，MS－Excel ® 用一个公式就能很容

易地解决这个问题。①

基础的 MS - Excel® 工具

MS - Excel 内置了大量的计算公式，接下来我们将研究它的几项功能。但我们首先要解决上述问题。在 MS - Excel 中输入下面这个表达式：

$$= \text{NORMDIST}(b,\mu,\sigma,\text{true}) - \text{NORMDIST}(a,\mu,\sigma,\text{true})$$

正常情况下，MS - Excel 中已经编好的程序能够帮助我们解决复杂的积分问题。这个案例的计算结果是 7.34%。所以我们能得出结论，这项期权被偿还的概率为 7.34%。

一些其他预编好的程序，包括算数平均数、几何平均数、标准差、方差、最大/最小元素（集合）、二项分布、矩阵计算和相关性，以及一个完整的 Visual Basic 编程环境在金融建模中都非常有用。这些只是可用工具的小部分，我们将在以下示例中使用其中一些工具。针对缺乏甚至不具备 MS - Excel 建模经验的读者，MS - Excel 提供了有效的“帮助”程序——一个包含详细说明的参考内容。如果不知道某些 MS - Excel 函数的名称，或者不确定使用哪个函数合适，可以从“插入”菜单中选择“函数”（或者可以单击工作表顶部的f_x图标）。你会找到合适的函数，而且能知道函数的参数分别是什么。

假设给定了 n 年的收益率，每年的收益率为r_i，我们想算出这些年的平均收益率。在这种情况下，平均收益率为

$$\bar{r} = n\sqrt{\prod_{i=1}^{n}(1 + r_i)} - 1$$

可以使用 MS - Excel 里的函数 = GEOMEAN（）算出答案。只需要在新的一行或一列中将每年的收益率加 1，然后对新数列使用 GEOMEAN（）函数，最后将结果减 1，就可以得到几何平均收益率。

如果你想频繁地使用某一函数，但是这个函数不包含在 MS - Excel 的内置函数里，你可以简单地创建它。这被称为“用户定义函数”，利用 Visual Basic 编辑器来创建。举个简单的例子，假设我们希望把一个函数定义为将变量平方后加 5，函数名称是“Our Function”。即

$$F(x) = x^2 + 5$$

我们只需到“工具”菜单里找到“宏”，然后打开“Visual Basic 编辑器”。屏幕上显示出一个插入的模块，如图 A.1 所示。

现在我们关掉界面，重新回到 MS - Excel 中。我们可以到 Excel 表格的任意单元格中输入并使用我们刚刚构建的函数，如图 A.2 所示。

结果在图 A.3 中显示。

① Excel 是 Microsoft 公司的注册商标。

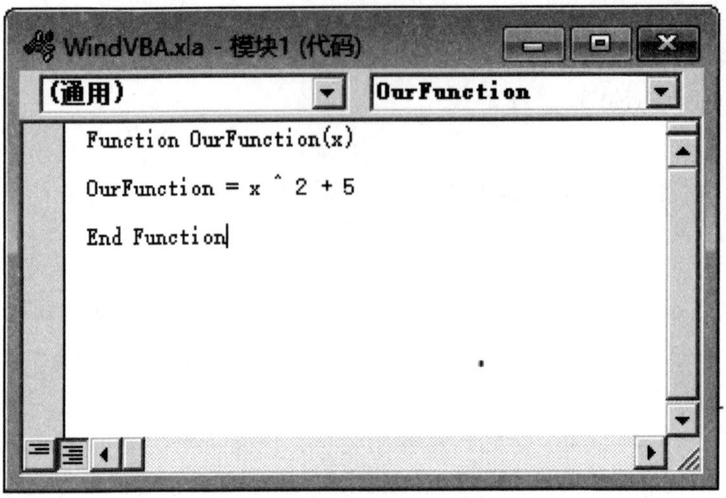

图 A.1　创建用户定义函数

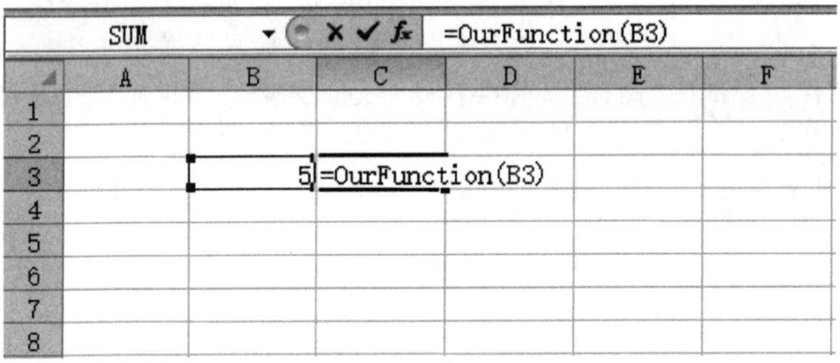

图 A.2　使用用户定义函数

Mathematica®、Gauss™、Maple® 和 MatLab® ①

长期以来，计算机帮助研究员、分析师和工程师进行数值计算，例如求定积分的近似值，这些计算以前需要通过手工完成。但是符号计算，也称代数计算，直到现在也不是很容易算出结果。因此，方程组一般需要手工算出，比较难的积分需要用 Excel 算出，这种方法也可以用于解偏微分方程等。Mathematica、Gauss、Maple、MatLab 和其他符号计算引擎也可以使用，而且发挥了很大的作用。接下来以 Mathematica 为例，说明如何解决第二类问题。

首先，让我们回顾前文提到的那个易懂却比较复杂的积分，即计算正态分布的累积分布函数（cdf）：

---

① Mathematica 是 Wolfram Research（沃尔夫勒姆研究）股份有限公司的注册商标；Gauss 是 Aptech Systems 股份有限公司的商标；Maple 是 Waterloo Maple 股份有限公司的分公司 Maplesoft 的注册商标；MatLab 是 MathWorks 股份有限公司的注册商标。

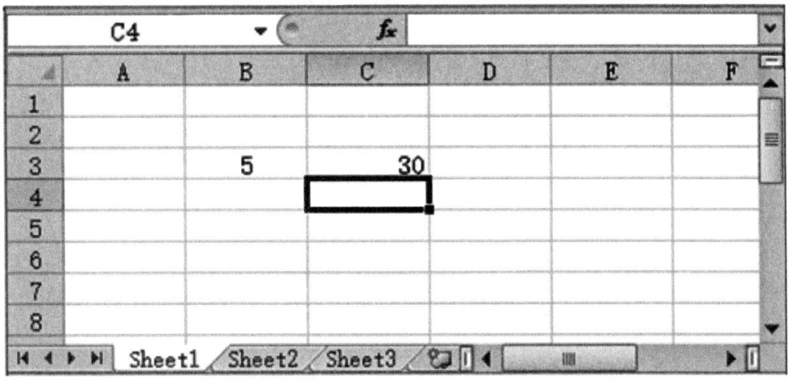

图 A.3 用户定义函数生成的输出结果

$$\Pr(X < b) = \frac{1}{\sigma\sqrt{2\pi}}\int_{-\infty}^{b} e^{-\frac{1}{2}\left(\frac{x-\mu}{\sigma}\right)^2} dx$$

在 Mathematica 输入积分公式，如下所示：

$$\text{In}[16]:= \frac{1}{\sigma\sqrt{2\pi}}\int_{-\infty}^{b} e^{-\frac{1}{2}\left(\frac{x-\mu}{\sigma}\right)^2} dx$$

$$\text{Out}[16] = \frac{1}{\sqrt{2\pi}\sigma}\text{If}\left[\text{Re}[\sigma^2] > 0, \sqrt{\frac{\pi}{2}}\left(\sqrt{\sigma^2} + \sigma Erf\left[\frac{b-\mu}{\sqrt{2\pi}\sigma}\right]\right)\right]$$

$$\text{Integrate}\left[e^{-\frac{(x-\mu)^2}{2\sigma^2}}, (x, -\infty, b), \text{Assumptions} \rightarrow \text{Re}[\sigma^2] \leqslant 0\right]$$

Mathematica 不清楚我们要做什么，因此它会提醒我们方差必须为正值。但是在消除一些项后，它正确地计算出了 cdf，如下：

$$\Pr(X < b) = \frac{1}{2}\left(1 + Erf\left(\frac{b-\mu}{2\sigma^2}\right)\right)$$

其中 *Erf* 是高斯误差函数：

$$Erf(x) = \frac{2}{\sqrt{\pi}}\int_{0}^{x} e^{-t^2} dt$$

如果希望在点 $x = a$ 周围作该函数的泰勒级数逼近的前几项，则在 Mathematica 中简单地按照如下所示的符号输入：

$$\text{In}[18]:= \text{Series}\left[\frac{2}{\sqrt{\pi}}\int_{0}^{x} e^{-t^2} dt, \{x, a, 3\}\right]$$

$$\text{Out}[18] = Erf[a] + \frac{2e^{-a^2}(x-a)}{\sqrt{\pi}} - \frac{2(ae^{-a^2})(x-a)^2}{\sqrt{\pi}}$$

$$\times \frac{2(-1+2a^2)e^{-a^2}(x-a)^3}{3\sqrt{\pi}} + 0[x-a]^4$$

$$\text{In}[15]:= \text{Series}\left[e^{-x(x-t)}\frac{x^{\beta}(a \times x)^{1-\beta}}{x!}, \{x, 1, 2\}\right]$$

$$
\begin{aligned}
\text{Out}[15] = & a^{1-\beta}\,e^{-r+rt} + \left(a^{1-\beta}\,e^{-r+rt}(-1+\text{EulerGamma}) + a^{1-\beta}\,e^{-r+rt}(1-\beta)\right. \\
& \left. + a^{1-\beta}(-e^{-r+rt}r + e^{-r+rt}\beta)\right)(x-1) \\
& + \left(a^{1-\beta}\,e^{-r+rt}\left(1-\text{EulerGamma}+\frac{\text{EulerGamma}^2}{2}-\frac{\pi^2}{12}\right)\right. \\
& - \frac{1}{2}a^{1-\beta}\,e^{-r+rt}(1-\beta)\beta + a^{1-\beta}(1-\beta)(-e^{-r+rt}r + e^{-r+rt}\beta) \\
& + (-1+\text{EulerGamma})\left(a^{1-\beta}\,e^{-r+rt}(1-\beta) + a^{1-\beta}(-e^{-r+rt}r + e^{-r+rt}\beta)\right) \\
& \left. + a^{1-\beta}\left(\frac{1}{2}e^{-r+rt}\,r^2 - e^{-r+rt}r\beta + e^{-r+rt}\left(-\frac{\beta}{2}+\frac{\beta^2}{2}\right)\right)\right)(x-1)^2 + 0[x-1]^3
\end{aligned}
$$

其中，级数 $[f,\{x,x_0,n\}]$ 将 f 在 $x=x_0$ 点展开为 n 阶的幂级数。

彭博® ①、信息和 API

到目前为止，我们可以看出使用软件能够解决前两类问题。也就是说，我们可以解决因时间限制或计算能力不足而难以解决的问题，和因为不明白如何去解决而难以解决的问题。现在我们来看第三类问题：参数需要不断更新的问题。

在金融领域，我们经常遇到不断变化的数据集。例如，交易频繁的金融产品的报价可以在毫秒内改变。即使有人构建了一个理论健全、可计算的模型，缺少当前的数据仍然会阻碍我们解决问题。

回想 1849 年的加利福尼亚州。1848 年萨特的磨坊（Sutter's Mill）发现了黄金。到 1849 年，淘金热开始。其中一些探矿者变得很富有，但是多数并没有暴富。事实上，大部分人没有找到任何黄金。然而几乎每个探矿者都会做一件事：买一把铲子。因此，比起探矿，出售铁铲是不那么令人兴奋但是一种更可靠的生意。这就是迈克尔·布隆伯格（Michael Bloomberg）在 20 世纪 70 年代所理解到的原则。他意识到，虽然大多数投资者在新（当时）计算机时代不会变得富有，但几乎所有人都要求得到最新的信息。因此，本着路透社的精神，布隆伯格成立了一家公司，向华尔街出售金融信息终端。目前他的净资产已经超过 100 亿美元。

Bloomberg 终端是金融工程师的铲子。利用这个终端，人们不仅可以获得实时交易数据，还可以获得分析结果、新闻以及更多的信息。但它提供了如此大量的信息，以至于人们在一个人看到之前就已经消失了。能够查找到所有这些数据是很好的，但是只有当 Bloomberg 系统提供的信息检索服务与需要输入数据的建模软件结合起来使用时，Bloomberg 系统的真正功能才能完全得以实现。在这里，我们会介绍其中一些功能。

当打开一个 Bloomberg 账户时，需要激活 API 功能。API 代表应用程序编程接口。它是 Bloomberg 终端和 MS－Excel“交流”的桥梁。

---

① Bloomberg 是 Bloomberg 有限合伙公司的注册商标。

可以通过在彭博菜单栏中选择适当的选项或输入直接代码来指定数据请求。直接代码可以如图 A.4 所示。

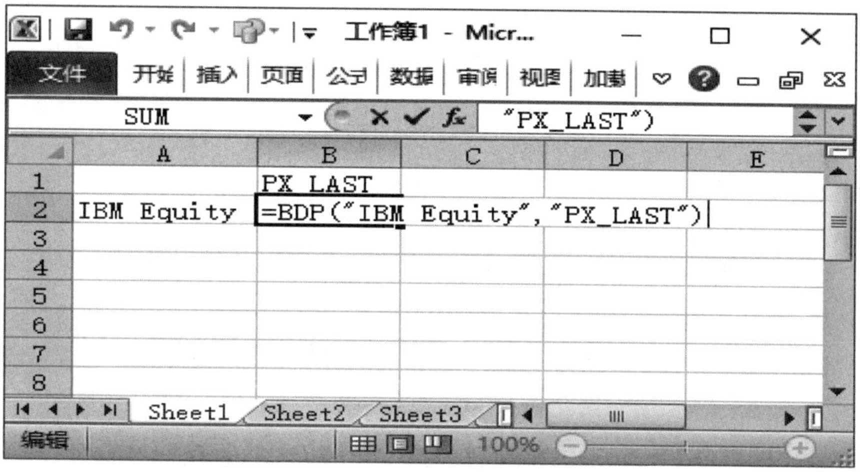

图 A.4　直接代码检索 IBM 最后交易价格

或者可以在代码中结合单元格引用得到相同的结果。如图 A.5 所示，利用与图 A.4 相同的案例进行说明。

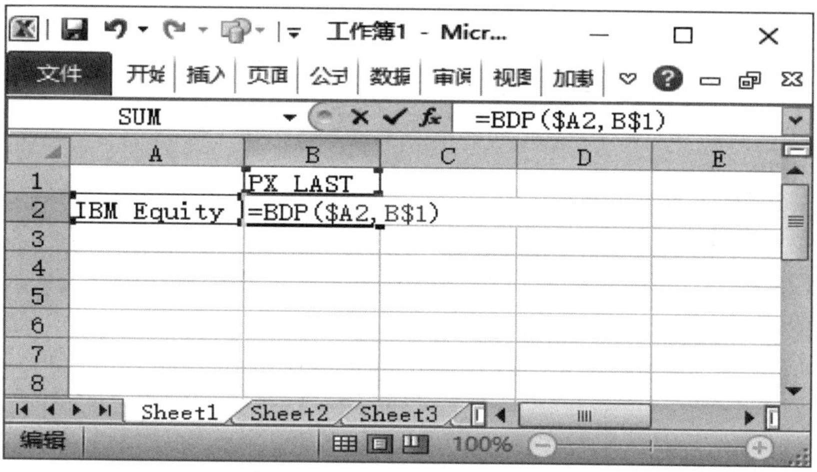

图 A.5　直接代码结合单元格引用

通过 API，我们可以快速简便地将实时数据填充到整个表中，还可以获得更复杂的信息。例如，BDS（Bloomberg Data Set，彭博数据集）命令使用以下语法将多单元描述性数据返回到 MS－Excel 电子表格中：

= BDS(security,field,optarg1,optarg2)

其中"security"可以是任何有效的标识符，例如股票代码、报价机/交易所、CUSIP 或 ISIN，随后是相关部门指标（例如 Equity 或 Corp）。"field"表示需要的信息类型（例如最新报价等）。最后，optional arguments（可选参数）用于可能具有特定关联性的设置，但它不是必需的。CUSIP 用于表示北美证券编码。国际证券识别编号体系（ISINs）具有相似功能。

可以用这种方式检索几乎任何信息。由于 API 软件不断更新，创建实时模型非常简单。

更复杂的 MS – Excel 计算

我们已经探讨了 MS – Excel 的一些实用功能。下面的列表是对其功能的扩展。

使用工具 | 数据分析 | 描述性统计计算描述性数据

使用工具 | 数据分析 | 相关性分析计算 n 个收益率序列的相关矩阵

使用工具 | 数据分析 | 直方图计算数据的经验分布或累积分布

使用工具 | 数据分析 | 线性回归执行回归

MS – Excel 也可以做矩阵计算。可用以下矩阵函数：

使用 MMULT 计算矩阵积。

注意：在矩阵运算中，必须突出显示矩阵，并输入 Ctrl – Shift – Enter 进行确认。

使用 TRANSPOSE 计算转置矩阵。

使用 MINVERSE 计算逆矩阵。

作为矩阵操作的第一个例子，思考如何求解下列线性方程组：

$$x_1 + x_2 + x_3 = 1$$
$$1.2x_1 + x_2 + 0.4x_3 = -0.5$$
$$0.4x_1 + 2x_2 + 1.1x_3 = 5$$

注意，如果系数（A）的矩阵是方阵，且非奇异，则方程组 $AX = Y$ 总是具有唯一的解。通过在方程组 $AX = Y$ 的左边乘 A 的逆矩阵得到方程组的解：$AX = Y \Rightarrow A^{-1}AX = A^{-1}Y \Rightarrow X = A^{-1}Y$。

A 是矩阵系数，X 是包含我们寻求的解（$x's$）的列向量，Y 是常数组成的列向量（方程右侧的数字）。

这样我们可以利用 MS – Excel，得到图 A.6 和图 A.7。

A7 fx =MINVERSE(A2:C4)

	A	B	C	D	E	F	G	H
1	原矩阵				X向量		Y向量	
2	1	1	1		x_1		1	
3	1.2	1	0.4		x_2		-0.5	
4	0.4	2	1.1		x_3		5	
5								
6	逆矩阵				Y向量		X向量的解	
7	0.26316	0.78947	-0.52632		1		-2.76316	
8	-1.01754	0.61404	0.70175		-0.5		2.18412	
9	1.75439	-1.40351	-0.17544		5		1.57895	
10								

图 A.6 原矩阵和逆矩阵以及求解逆矩阵函数的解

结果为：$x_1 = -2.76316, x_2 = 2.18421, x_3 = 1.57895$。

G7 | f_x =MMULT(A7:C9,E7:E9)

	A	B	C	D	E	F	G	H
1	原矩阵				X向量		Y向量	
2	1	1	1		x_1		1	
3	1.2	1	0.4		x_2		-0.5	
4	0.4	2	1.1		x_3		5	
5								
6	逆矩阵				Y向量		X向量的解	
7	0.26316	0.78947	-0.52632		1		-2.76318	
8	-1.01754	0.61404	0.70175		-0.5		2.18412	
9	1.75439	-1.40351	-0.17544		5		1.57895	
10								

图 A.7 原矩阵和逆矩阵以及求解矩阵乘法的解

为了更清楚地解释复杂应用，现在回到一篮子风险抵押贷款的案例中。我们想为整个结构构建一个信用违约模型。整个过程的其中几个步骤举例说明了前面所介绍的方法。具体来说，我们采用罗伯特·默顿（Robert Merton）对违约的定义，即当负债规模超过资产规模时，违约就会发生。在默顿（1974）模型中，资产估值可以表示如下：

$$V_t = V_0\, e^{\left(r-\frac{\sigma_V^2}{2}\right)t+\sigma_V\sqrt{t}\times z}$$

其中，V_t代表资产价值，V_0代表负债价值（即债务本金），z是正态分布，满足$z \sim N(\mu,\sigma)$。

可以看出，给定违约定义后，违约概率可以表示为

$$\Pr(default) = 1 - \frac{1}{\sigma\sqrt{2\pi}}\int_{-\infty}^{d} e^{-\frac{(x-\mu)^2}{2\sigma^2}}dx$$

$$d = \frac{\text{In}\left(\frac{V_t}{V_0}\right) + \left(r - \frac{\sigma_V^2}{2}\right)\times t}{\sigma_V\sqrt{t}}$$

使用以下 MS - Excel 表达式（图 A.8 中所示的电子表格中所用）可以得到任意时刻的价值和潜在风险概率：

=B20 × EXP（（B21 −0.5 × B22^2） × B23 + B22（ | 11） × SQRT（B23））

=1 − NORMSDIST（（LN（B19/B20） +（B21 − 0.5 × B22^2） × B23）/B22 × SQRT（B23）））

注意 d 只是所示积分，即累积正态分布的上限。简单起见，我们假定一个抵押支持证券（MBS）的结构仅包含五个参考资产（抵押资产）和三个档次：权益层、中级层和高级层，各自分别承受最低的 10%，稍高的 10% 和其余 80% 的违约风险。放宽了之前所说的没有交叉违约相关性的假设。

假设当$V_t < V_0$时违约事件发生。在这种情况下，特定目的载体（SPV）的损失给定为$L_i = (1 - \delta_i)V_t$，其中δ_i是第 i 个资产的回收率，首先被分配给最低层。

问题是我们想将传导性与对冲效应结合起来，所以假定一个初始相关矩阵为

$$P=\begin{bmatrix}1 & 0 & 0 & 0 & 0\\ \rho_{2,1} & 1 & 0 & 0 & 0\\ \rho_{3,1} & \rho_{3,1} & 1 & 0 & 0\\ \rho_{4,1} & \rho_{4,2} & \rho_{4,3} & 1 & 0\\ \rho_{5,1} & \rho_{5,2} & \rho_{5,3} & \rho_{5,4} & 1\end{bmatrix}$$

现在计算乔里斯基变换（Cholesky transformation），$\prod$，表达式为：

$$\pi_{i,j}=\frac{\rho_{i,j}-\sum_{k=1}^{j-1}\pi_{i,k}\,\pi_{j,k}}{\sqrt{1-\sum_{k=1}^{j-1}\pi_{j,k}^{2}}};1\leqslant j\leqslant i\leqslant n$$

乔里斯基变换的一个实用特征是给定一个从标准高斯分布中随机抽取 n 个数字的向量 $z=(z_i)$，对于$\rho_{i,j}=k$，向量 $c=P\times z$ 由 n 个彼此相关系数为$\rho_{i,j}=k$ 的随机数组成。

	A	B	C	D	E	F	G	H	I	J	K
1			相关矩阵								
2	1.00							相关性	0.60		
3	0.60	1.00						无风险利率	0.04		
4	0.60	0.60	1.00					违约率	0.03		
5	0.60	0.60	0.60	1.00				回收率	0.40		
6	0.60	0.60	0.60	0.60	0.60			息票率	0.07		
7								波动性	0.20		
8								期限	1.00		
9											
10			乔里斯基归纳				V	随机变量	C		Slgma
11	1.0000	0.0000	0.0000	0.0000	0.0000		1.7500	1	1.7500		0.75
12	0.6000	0.8000	0.0000	0.0000	0.0000		1.7500	1	0.3500		
13	0.6000	1.2000	0.8000	0.0000	0.0000		1.7500	1	4.5500		附件
14	0.6000	1.2000	0.0000	0.0000	0.0000		1.7500	1	3.1500		高级档
15	0.6000	1.2000	0.0000	0.0000	0.0000		1.7500	1	3.1500		中级档
16											权益档
17											
18	资产	1	违约	损失	收入	潜在违约率		预期损失占比	分层	%	$→投资者
19	资产价值	1447734.61						高级层（超过20%）	0.00	0.00%	0
20	本金值	1000000.00	否	0.00	65000.00	0.02558806		中级层（第二个10%）	382792.44	76.56%	382792.4388
21	无风险利率	0.04						权益层（第一个10%）	480394.72	96.08%	480394.7196
22	波动性	0.20									
23	期限	1.00									
24	回收率	0.40						SPV盈利	733187.16		
25	息票	0.07									

图 A.8　违约模型

在前面的估值公式中，把 z 替换为 c，可以生成具有已知相关性的违约事件。进一步利用蒙特卡洛模拟，我们可以为每个层级确定合适的定价结构。

即使采用 MS - Excel 的预定义函数，计算矩阵依然是一项冗长的工作。因此，我们可以采用如图 A.9 所示的 VB 程序。

结果如图 A.10 所示。

蒙特卡洛模拟

我们已经理解现代软件如何帮助我们解决本附录导言中描述的全部四类问题。但是有时我们面临的问题是对其结构知之甚少，甚至没有可用的分析方法去解决。在这种情况下，蒙特卡洛模拟通常是一项可用工具。该方法的原理是对变量生成随机观测。有了足够数量的观察值，那么平均值会趋于收敛到变量的真实值。重要的是，当我们确实需要一个分析模型时，蒙特卡洛模拟通常是一项有用的方法。假如我们想知道“π”的值，定义是圆面积与圆半径的平方的比值：

MBS_run_1.xls - Module1 (Code)

(General)

```
Function Cholesky(Mat As Range)
Dim A, L() As Double, s As Double
A = Mat
n = Mat.Rows.Count
M = Mat.Columns.Count
If n <> M Then
    Cholesky = "?"
    Exit Function
End If

ReDim L(1 To n, 1 To n)
For j = 1 To n
    s = 0
    For k = 1 To j - 1
        s = s + L(j, k) ^ 2
    Next k
    L(j, j) = A(j, j) - s
    If L(j, j) <= 0 Then Exit For
    L(j, j) = Sqr(L(j, j))

    For i = j + 1 To n
        s = 0
        For k = 1 To j - 1
            s = s + L(i, k) * L(j, k)
        Next k
        L(i, j) = (A(i, j) - s) / L(j, j)
    Next i
Next j
Cholesky = L
End Function
```

图 A.9　自动化乔里斯基变换的 VB 代码

	A	B	C	D	E	F
1			**相关矩阵**			
2	1.00					
3	0.25	1.00				
4	0.25	0.25	1.00			
5	0.25	0.25	0.25	1.00		
6	0.25	0.25	0.25	0.25	1.00	
7						
8						
9						
10			**乔里斯基归纳**			
11	1.0000	0.0000	0.0000	0.0000	0.0000	
12	0.2500	0.9682	0.0000	0.0000	0.0000	
13	0.2500	0.3277	0.9129	0.0000	0.0000	
14	0.2500	0.3277	0.4564	0.7906	0.0000	
15	0.2500	0.3277	0.4564	0.7906	0.0000	
16						
17						

图 A.10　VB 生成乔里斯基归纳

$$\pi = \frac{\text{Area}}{\text{Radius}^2}$$

我们可以简单地测量出半径，用 r 表示，但直接测量圆的面积要困难得多，所以我们尝试通过只使用 MS - Excel 的内置函数的蒙特卡洛模拟来得到圆的面积。先绘制一个边长为 1 的正方形。接下来，从正方形的左上角到右下角画一个 1/4 圆，如图 A. 11 所示。

这个四分之一圆的面积正好是整个圆面积的 1/4。现在设想我们向这个正方形区域内随机射飞镖，每个飞镖有相同的概率射入区域内的任一点。在投射足够数量的飞镖后，计算落入图 A. 11 所示的 1/4 圆内（即曲线下方）的飞镖数量。由于正方形的边长与圆的半径相等，易知正方形面积为 1。投射在曲线下方（即 1/4 圆内）的飞镖与飞镖总数的比值是 1/4 圆面积的近似值，用 g 表示。

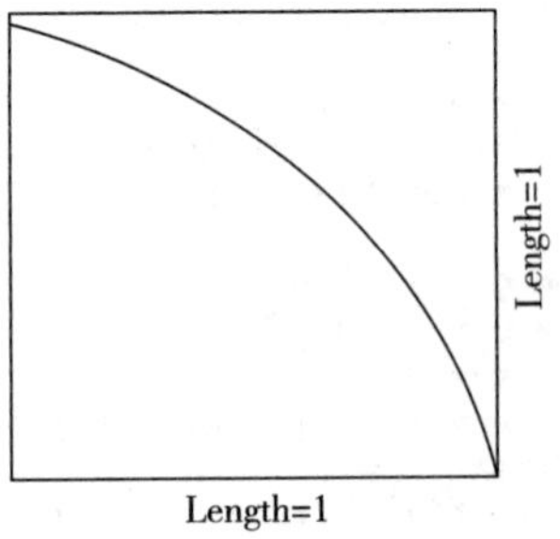

图 A. 11　1/4 圆（Length 为长度）

但是我们如何模拟投射飞镖场景，让它们有相同的可能性落入正方形区域内的每一点呢？答案就是我们可以使用 MS - Excel 中的随机数生成程序 RAND（）。每次运行这个程序，都会生成一个 0 ~ 1 的任意值，每个值出现的可能性都相等。如果我们运行 = RAND（）两次，可以将两个模拟值视为正方形区域内的 x，y 坐标。

因为我们只画出了半径为 1 的圆的 1/4，所以半径为 1 的整个圆面积为 $4 \times g$。因此，π 近似等于：

$$\pi \approx \frac{4 \times g}{r^2}$$

由于该案例中圆的半径等于 1，所以结果为

$$\pi \approx 4 \times g$$

除了采用随机数生成程序来模拟飞镖场景，我们还采用了 MS - Excel 的计数和逻辑测试功能。

参考图 A. 12 所示的电子表格。A 列表示飞镖计数，B 列和 C 列是使用公式 = RAND（）生成的 x，y 坐标。D 列是逻辑测试：如果飞镖落在 1/4 圆内，则为“正确”（TRUE）；如果飞镖不在 1/4 圆内，则为“错误（FALSE）”。

观察第 100 号飞镖（A 列）。可以发现逻辑测试判断这个飞镖落入了 1/4 圆内（第 99、101 号飞镖也是如此）。逻辑测试函数如图 A. 13 所示。

最后，注意 E 列是判断为“TRUE”的飞镖计数，F 列是 π 值的估计值，通过将判断为“TRUE”的计数与飞镖总数相除，所得值乘 4 得出。计数函数如图 A. 14 所示。

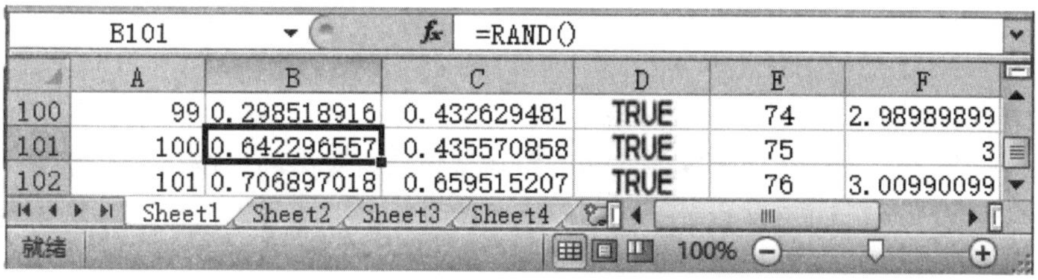

图 A.12 投射飞镖的蒙特卡洛模拟

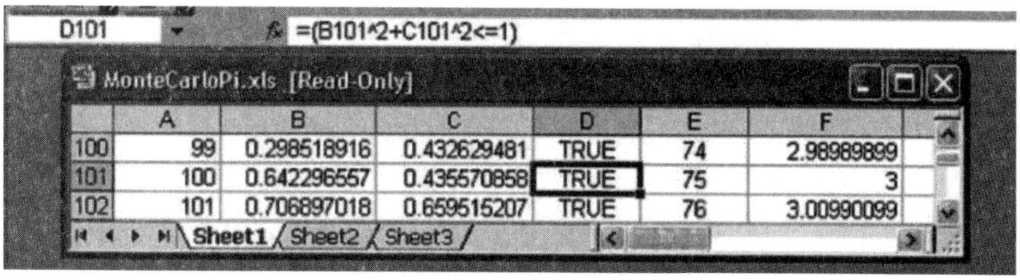

图 A.13 逻辑测试函数的使用

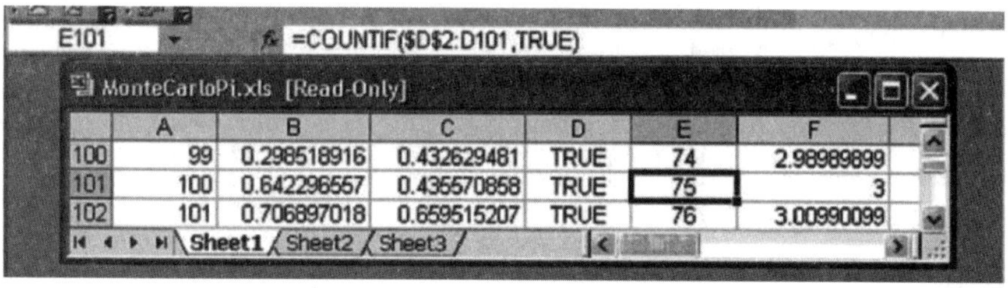

图 A.14 结果为“TRUE”的计数

最后一张图（图 A.15）显示了模拟飞镖数量的函数绘制的 π 估计值曲线图。很容易看出运行（即模拟飞镖）的数量越多，估计值越精准。当使用蒙特卡洛模拟时，“运行”数量越多，结果越趋向于真实值。

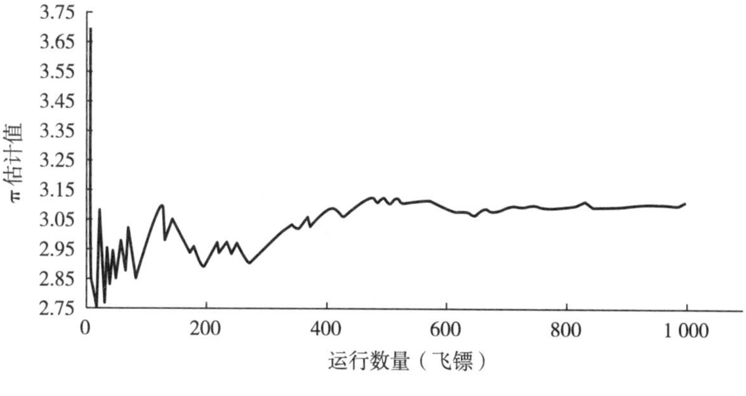

图 A.15 蒙特卡洛模拟收敛

小结

我们已经看到，现代软件能够让金融工程师无须学习复杂的编程、高等数学，甚至不需要太了解数据库，就可以处理多方面的问题。但这并不意味着不应该学习这些知识，只是没有必要学习到像在高度量化细分领域内的金融工程师们达到的深度。

本附录的长度限制了我们对上述工具进行真正的深入讨论，下面列出了一份有用的参考资料清单。

读者资源

金融工程职业书籍

Derman, Emmanuel. 2004. *My Life as a Quant: Reflections on Physics and Finance.* Hoboken, NJ: John Wiley & Sons.

Jui, Brett. 2007. *Starting Your Career as a Wall Street Quant.* Denver, CO: Outskirts Press.

Neftci, Salih N. 2004. *Principles of Financial Engineering.* New York: Academic Press.

Schachter, Barry, and Richard R. Lindsey, eds. 2007. *How I Became a Quant: Insights from 25 of Wall Street's Elite.* Hoboken, NJ: John Wiley & Sons.

MS – Excel 金融建模

Benninga, Simon. 2008. *Financial Modeling*, 3rd ed. Cambridge, MA: MIT Press.

Mathematica

Stinespring, John Robert. 2002. *Mathematica for Microeconomics.* New York: Academic Press.

Visual Basic

Bovey, Rob, Dennis Wallentin, Stephen Bullen, and John Green. 2009. *Professional Excel Development: The Definitive Guide to Developing Applications Using Microsoft Excel, VBA, and. NET*, 2nd ed. Ann Arbor, MI: Addison – Wesley Professional.

蒙特卡洛模拟（Monte Carlo Simulation）

可以采用 MS – Excel 和其他软件包来执行蒙特卡洛模拟。甲骨文公司（Oracle Corp.）发布的水晶球（Crystal Ball®）就是这种软件之一。工程师们可以利用这个软件使用任意电子表格并定义自己的输入和输出变量，以便执行模拟。另一个受欢迎的软件产品是由决策树软件有限公司（TreeAge Software, Inc.）发布的决策树（TreeAge Pro），也是该公司的商标。

Bloomberg

进入 Bloomberg 终端才能得到 Bloomberg 数据。当使用用户名和密码访问终端时，BU 命令会将你带进 Bloomberg 大学，里面包含大量的文档并有全天候协助你的工作人员。

其他值得关注的资料来源

www. contingencyanalysis. com/

www. defaultrisk. com/

http：//fisher. osu. edu/fin/journal/jofsites. htm#otjnl

www. iafe. org/

www. isda. org/

www. securitization. net/

www. vinodkothari. com/

参考文献

Chacko, G., A. Sjöman, H. Motohashi, & V. Dessain, 2006. *Credit Derivatives: A Primer on Credit Risk, Modeling, and Instruments*, Upper Saddle River, New Jersey, Wharton School Publishing.

Merton, Robert C., 1974. "On the Pricing of Corporate Debt: The Risk Structure of Interest Rates," *Journal of Finance* 29: 449–70.

关于附属网站 附录 B
Appendix B

更多关于调查

130 所高校参与了这项调查，我们收到了 60 所高校的回复。

学校	地点	项目
美国大学（American University）	华盛顿，哥伦比亚特区，美国	金融学硕士；房地产学硕士
巴兰大学（Bar - Ilan University）	拉马特甘，以色列	金融数学硕士（无论文、有论文）
纽约市立大学巴鲁克学院（Baruch College，City University of New York）	纽约，纽约州，美国	金融工程学硕士
海峡大学（Bogazici University）	伊斯坦布尔，贝西克塔斯，土耳其	金融工程学硕士
波士顿大学管理学院（Boston University School of Management）	波士顿，马萨诸塞州，美国	数学金融硕士；数学金融博士
卡内基梅隆大学（Carnegie Mellon University）	匹兹堡，宾夕法尼亚州，美国	计算机金融学硕士；金融工程工商管理硕士；数学金融博士
凯斯西储大学（Case Western Reserve University）	克利夫兰，俄亥俄州，美国	数学金融硕士；数学金融硕士/工商管理硕士双学位；本科提前录取——数学金融硕士
克莱蒙特研究生院（Claremont Graduate University）	克莱蒙特，加利福尼亚州，美国	金融工程硕士（MSFE）
克拉克大学（Clark University）	伍斯特，马萨诸塞州，美国	金融硕士（MSF）；工商管理硕士（MBA）/金融硕士
哥伦比亚大学（Columbia University）	纽约，纽约州，美国	金融工程硕士；金融数学硕士
康奈尔大学（Cornell University）	伊萨卡，纽约州，美国	工程硕士，研究领域是金融工程；运筹学和信息工程（重点研究金融工程）博士
德保罗大学（DePaul University）	芝加哥，伊利诺伊州，美国	计算机金融硕士
都柏林城市大学（Dublin City University）	都柏林，都柏林郡，爱尔兰	金融和工业数学硕士

续表

学校	地点	项目
洛桑联邦理工学院（Ecole Polytechnique Fe de rale de Lausanne）	洛桑，沃州，瑞士	金融工程硕士
佛罗里达州立大学（Florida State University）	塔拉哈西，佛罗里达州，美国	硕士课程；金融数学博士
福特汉姆大学（Fordham University）	纽约，纽约州，美国	量化金融硕士课程；计算机科学系金融计算高级证书
乔治华盛顿大学（George Washington University）	华盛顿特区，美国	金融硕士常规课程；金融硕士强化课程
佐治亚理工学院（Georgia Institute of Technology）	亚特兰大，佐治亚州，美国	量化与计算金融硕士
佐治亚州立大学（Georgia State University）	亚特兰大，佐治亚州，美国	数学风险管理硕士（MS MRM）；精算学硕士（MAS）；MAS 和 MS MRM 双学位
香港科技大学（Hong Kong University of Science and Technology）	香港，中国	投资管理硕士；财务分析硕士
帝国理工商学院（Imperial College Business School）	伦敦，英国	风险管理和金融工程硕士
肯特州立大学（Kent State University）	肯特，俄亥俄州，美国	金融工程硕士
利哈伊大学（Lehigh University）	伯利恒，宾夕法尼亚州，美国	分析金融硕士
麦克马斯特大学（McMaster University）	汉密尔顿，安大略省，加拿大	理学硕士（数学）
南洋理工大学（Nanyang Technological University）	新加坡	理学硕士（金融工程）
北卡罗来纳州立大学（North Carolina State University）	罗利，北卡罗来纳州，美国	金融数学硕士；应用数学学士，研究领域为金融数学
纽约大学理工学院（NYU – Polytechnic Institute）	布鲁克林，纽约，美国	金融工程硕士；金融工程证书课程；金融技术管理证书课程；风险管理证书课程
俄克拉何马州立大学（Oklahoma State University）	斯蒂尔沃特，俄克拉何马州，美国	量化金融经济硕士
普林斯顿大学（Princeton University）	普林斯顿，新泽西州，美国	运筹学和金融工程学工程硕士和博士；金融硕士；金融学士
纽约市立大学皇后学院（Queens College，City University of New York）	皇后区，纽约州，美国	风险管理硕士：专业为会计、金融和动态财务分析建模
伦斯勒理工学院（Rensselaer Polytechnic Institute）	特洛伊，纽约州，美国	金融工程和风险分析硕士

续表

学校	地点	项目
斯坦福大学（Stanford University）	斯坦福，加利福尼亚州，美国	金融数学硕士
史蒂文斯理工学院（Stevens Institute of Technology）	霍博肯，新泽西州，美国	金融工程硕士；金融工程硕士（量化方向）；金融工程硕士（系统与管理方向）；金融工程硕士（软件与技术方向）；金融工程博士；技术管理工商管理硕士（金融工程方向）
维也纳技术大学（Technical University Vienna）	维也纳，奥地利	金融和精算数学课程
亚拉巴马大学（University of Alabama）	塔斯卡卢萨，亚拉巴马州，美国	金融硕士
亚利桑那大学（University of Arizona）	图森，亚利桑那州，美国	管理学硕士，研究领域是金融
伯明翰大学（University of Birmingham）	埃德巴斯顿，英国	数学金融硕士
加州大学伯克利分校（University of California at Berkeley）	伯克利，加利福尼亚州，美国	金融工程硕士
加州大学洛杉矶分校（University of California at Los Angeles（UCLA））	洛杉矶，加利福尼亚州，美国	金融工程硕士
加州大学圣芭芭拉分校（University of California at Santa Barbara）	圣芭芭拉，加利福尼亚州，美国	金融数学和统计学士；统计与应用概率（重点研究金融数学与统计学）博士
康涅狄格大学（University of Connecticut）	斯托尔斯，康涅狄格州，美国	应用金融数学硕士
代顿大学（University of Dayton）	代顿，俄亥俄州，美国	金融数学硕士
佛罗里达大学（Univerisity of Florida）	盖恩斯维尔，佛罗里达州，美国	金融硕士
伊利诺伊大学（Univeristy of Illinois）	厄巴纳，伊利诺伊州，美国	金融工程硕士
利默里克大学（Univeristy of Limerick）	利默里克，爱尔兰	计算金融硕士
明尼苏达大学（Univeristy of Minnesota）	明尼苏达，明尼苏达州，美国	金融数学硕士（MFM）；量化金融基础学士后证书（FQF）
纳沙泰尔大学（Univeristy of Neuchatel）	纳沙泰尔，瑞士	金融硕士
牛津大学（Univeristy of Oxford）	牛津，牛津郡，英国	数学和计算金融硕士
牛津大学（Univeristy of Oxford）	牛津，牛津郡，英国	数学金融研究生文凭；数学金融硕士
南加州大学（Univeristy of Southern California）	洛杉矶，加利福尼亚州，美国	数学金融硕士
悉尼科技大学（Univeristy of Technolog，Sydney）	百老汇，新南威尔士州，澳大利亚	量化金融硕士

续表

学校	地点	项目
约翰内斯堡威特沃特斯兰德大学（Univeristy of Witwatersrand, Johannesburg）	约翰内斯堡，豪登省，南非	高等数学金融学士；高等数学金融硕士；高等数学金融博士
塔尔萨大学（Univeristy of Tulsa）	塔尔萨，俄克拉何马州，美国	金融硕士；工商管理硕士/金融硕士双学位；法学博士/金融硕士双学位；金融硕士/应用数学硕士双学位
特温特大学（Univeristy of Twente）	恩斯赫德，上艾塞尔省，荷兰	应用数学硕士；工业工程与管理硕士
滑铁卢大学（Univeristy of Waterloo）	滑铁卢，安大略省，加拿大	量化金融硕士
西安大略大学（Univeristy of Western Ontario）	伦敦，安大略省，加拿大	理科硕士；应用金融——金融数学博士
威斯康星大学麦迪逊分校（Univeristy of Wisconsin – Madison）	麦迪逊，威斯康星州，美国	商科硕士
圣路易斯华盛顿大学（奥林商学院）（Washington Univeristy in St. Louis）	圣路易斯，密苏里州，美国	金融硕士
伍斯特理工学院（Worcester Polytechinc Institute）	伍斯特，马萨诸塞州，美国	金融数学硕士
约克大学（York University）	多伦多，安大略省，加拿大	金融工程硕士文凭；金融工程文凭；金融工程证书课程

参加的学校需要提供：

- 课程联系人和网站。
- 课程的授予/认证说明。
- 该课程在哪些方面与其他大学提供的类似课程有区分？
- 提供的学位。（最多 6 个）
- 核心课程有哪些（基础课程和高级课程）？（最多 6 个）
- 选修课有哪些？（最多 6 个）
- 有哪些可用的修课资料？（最多 6 个）
- 需要什么类型的研究？（最多 6 个）
- 院长/系主任。
- 课程电子邮件地址。
- 每位教职员的学生。
- 教授/讲师。（最多 6 位）
- 入学统计。
- 补考学生（百分比）。
- 主要民族（国家）。

- 所代表的国家总数。
- 工作经验。
- 完成课程的最短时间。
- 就业统计（百分比）。
- 其他意见或建议。

提供的资料由大学或学院酌情决定，非必须完整。不符合问题标准的回复不包括在结果中。编辑及其从属公司或大学不会就个别学校提交信息的准确性作出任何陈述。

希望加入的学校可以联系 survey@ sbccgroup. com，以便参与更新和未来的调查。